商法学
——原理·图解·实例
（第四版）

内容简介

　　本教材是21世纪法学系列教材（民商法系列）之一，融商法原理、图解和实例于一体，渗透着新锐学人的严谨、务实与创新的学术精神，匠心独运，深入浅出，体例新颖，脉络清晰，整体风格统一。

　　本教材涵盖商法导论、公司法、企业破产法、证券法、票据法和保险法，熔铸中西，贯通理论与实践，梳理和解读中西最新商事立法及发展态势，敏锐地探讨和剖析商法学前沿问题，讲述精当，言之有物。

　　本教材创制151幅图表，化繁为简，诠释了深奥的商法原理和抽象的商法规范，直观化的模型使其纵横关系一目了然，可读性强，学习效率高。

　　本教材精选144个典型案例，鲜活的本土案例不仅反映商法规范的实际运作，而且深刻并富于启发性，举一反三，锤炼商法思维。

作者简介

　　朱羿锟，1967年生，四川仪陇人，博士。现任暨南大学法学院/知识产权学院教授、博士生导师、院长，教育部新世纪优秀人才，广东省省级教学名师，广东省政协委员；兼任教育部法学类教学指导委员会委员、中国商法学研究会常务理事、广东省法学会副会长、广东省人大常委会立法顾问、广东省人民检察院专家委员会咨询专家、广东省社会工作委员会咨询专家和英国行政管理协会资深会员（FInstAM），曾挂职任广东省东莞市人民检察院副检察长。先后出版中英文著作17部，在《法学研究》《中国法学》等学术刊物上发表论文100多篇；主持国家自然科学基金等国家和省部级科研项目17项，主持《英美商法》国家级双语示范课程和广东省精品课程及精品资源共享课程2门。荣获司法部法学教材与科研成果奖法学教材类优秀作品奖（2006）、中国大学出版社协会教材奖一等奖（2009）、广东省哲学社会科学优秀成果一等奖（2008—2009）、广东省高等教育教学成果奖一等奖2项（2010、2014）、广东省政协优秀提案奖（2010）、第六届中国高校科学研究优秀成果奖（人文社科）三等奖（2013）。

21世纪法学系列教材

民商法系列

商法学
——原理·图解·实例
（第四版）

朱羿锟 著

图书在版编目(CIP)数据

商法学:原理·图解·实例/朱羿锟著.—4版.—北京:北京大学出版社,2014.10
(21世纪法学系列教材·民商法系列)
ISBN 978-7-301-24876-8

Ⅰ.①商… Ⅱ.①朱… Ⅲ.①商法—法的理论—中国—高等学校—教材 Ⅳ.①D923.991

中国版本图书馆 CIP 数据核字(2014)第 224985 号

书　　　名:	商法学——原理·图解·实例(第四版)
著作责任者:	朱羿锟　著
责 任 编 辑:	罗　玲
标 准 书 号:	ISBN 978-7-301-24876-8/D·3682
出 版 发 行:	北京大学出版社
地　　　址:	北京市海淀区成府路 205 号　100871
网　　　址:	http://www.pup.cn　电子信箱:law@pup.pku.edu.cn
新 浪 微 博:	@北京大学出版社　@北大出版社法律图书
电　　　话:	邮购部 62752015　发行部 62750672　编辑部 62752027　出版部 62754962
印 刷 者:	北京宏伟双华印刷有限公司
经 销 者:	新华书店
	730 毫米×980 毫米　16 开本　35.75 印张　657 千字
	2006 年 8 月第 1 版　2007 年 4 月第 2 版
	2012 年 5 月第 3 版
	2014 年 10 月第 4 版　2017 年 12 月第 5 次印刷
定　　　价:	58.00 元

未经许可,不得以任何方式复制或抄袭本书之部分或全部内容。
版权所有,侵权必究
举报电话:010-62752024　电子信箱:fd@pup.pku.edu.cn

第四版序

此次修订以"新""融"和"简"为主旨,系本书首版后的一次"大修"。

"新"乃商法教科书的固有属性。商事活动日新月异,商法新规不断涌现,商事司法精彩迭出,商法学空前繁荣,新理论、新成果层出不穷。自然,本次修订要注入商事登记改革、公司注册资本登记改革等立法与司法的最新发展,反映商法学前沿发展态势。为此,篇章结构和章节安排均有大幅度调整,重写商法导论、公司法和企业破产法三编,"大修"证券法、票据法和保险法三编,囊括了新规则、新举措、新案例和新理论,典型案例更新达到82%。

"融"和"简"乃本书一贯的风格,既为"大修",自应加以深化。就"融"而言,继续坚持理论与实践的融通,学理与案例、学理与图解相互融合,并开辟营商环境的新视角,在营商环境中审视商法规范的适应性与正当性,拓展商法的视野。至于"简",坚持以图表和案例化繁为简,增强直观性和鲜活性,强化可读性和启发性。更重要的是,还要"瘦身",即既要注入新知识、新材料,还得大幅度削减篇幅,因而最具有挑战性。此次"大修",学理案例和图解各自定位明晰化,相互支撑,相互补充,而无功能性重叠累赘,有效地控制了篇幅,大部头形象得以改观,真正走向"简明"化。

此次修订虽历时半年,全力以赴,全神贯注,不敢懈怠,而囿于自身学识与浅见,错漏仍在所难免,诚望专家和读者不吝批评指正。

朱羿锟

2014 年 8 月

第三版序

本书于 2007 年第二版出版后,承蒙同行和广大读者的厚爱,分别于 2008 年和 2009 年重印,并于 2010 年荣获中国大学出版社协会的一等奖。正因为如此,本人倍感压力,一直在思考进一步系统地修订,因为无论商事立法和理论研究在此期间均有诸多新的发展。此次修订主要做了三项工作:一是融入商事法学理论研究的新成果,如金融商法、董事问责等;二是反映商事立法和司法的最新发展,主要是依据我国 2009 年《保险法》和最高人民法院关于适用《公司法》的最新司法解释,分别修订了公司法编和保险法编的有关内容;三是文字校对。尽管如此,我相信错漏在所难免,诚望专家和读者批评指正。

朱羿锟

2012 年 4 月 29 日

第 二 版 序

本书第一版付印之后,全国人大常委会就通过了《企业破产法》(2006)和《合伙企业法》(2006),将于 2007 年 6 月 1 日起施行。虽说写作之时,第一编有关合伙企业、有限合伙(LP)和特殊的普通合伙(有限责任合伙,LLP)的内容已反映有关立法精神,而企业破产法编还引用了全国人大的立法草案,还是倍感忐忑不安,唯恐本书在这些法施行后仍滥竽教科书市场。侥幸的是,今年 2 月出版社就通知第一版已脱销,可以重印了。此时正值春节假期,于是决定沉下心来,系统地进行修订。

此次修订主要有三方面。一是反映商事立法的最新发展。依据《合伙企业法》(2006)修订第一编和第二编,依据《企业破产法》(2006)重新撰写第三编破产法。二是除依据有关案例最新进展对其进行更新外,还为第二编增补了 3 个案例,全书案例增至 183 个。三是文字校对。虽说是尽心尽力,我相信错漏在所难免,诚望专家和读者批评指正。

朱羿锟
2007 年 3 月

第一版序

商法教科书品种繁多,琳琅满目,本书何以才不至于"多余"?为此,本书有两大尝试,一是勾勒商法的新脸谱,二是创新体例。

一、勾勒新脸谱

社会经济发展日新月异,商事活动一日千里,商法自应与时俱进,适应其发展变迁的需要,多变性乃其显著特征。可以说,商法唯一不变的就是变化。本书通过三方面的努力和尝试,以反映中西商法的最新发展,敏锐地探讨和剖析商法学的前沿问题,勾勒商法的新脸谱。(1)解读最新商事立法及其实践。诠释我国最新商事法律法规文本,包括《公司法》(2005)、《证券法》(2005)等,2006年9月1日实施的《上市公司收购管理办法》亦在此列。同时,梳理和解读世界各国最新商事立法,比如美国的《SOX法案》(2002)、《破产法》(2005)、《统一商法典》(2002),英国的《企业法》(2002),日本的《公司法》(2005)、《破产法》(2004),意大利的《民法典》(2004)以及我国台湾地区的"公司法"(2005)等,不一而足,从而将中国商法制度的变迁置于国际坐标体系,其参照系一目了然。(2)反映商事制度的最新发展。比如,20世纪90年代兴起于英美,并迅速推广到世界各国的准法(软法)(soft law);欧盟于2004年推行的欧洲公司制度(SE);日本对英美的私公司、公公司以及美国有限责任公司(LLC)和有限责任合伙的移植(LLP)等。(3)提炼商法的精神:促进价值最大化。无论是维护企业自由、提高交易效率,还是确保交易安全、维护交易公平,最终还是为了促进增加价值(value addition)。这也是商法多变性的原动力。以其为红线,商法各部门不再各自为政,而是相互分工,相互支持,融为一体,凸显其整体性风格。

二、创新体例

商法来自社会,最终要回归社会,服务于商事活动,实用性乃其生命力之所在,商法学也是如此。让读者立刻把握深奥的商法原理,领悟高度技术性的商法规范的实操本领,而不至于因枯燥的概念和规则而坠入云山雾海,这是商法教科书的本分。本书通过3个层面的体例创新,突出其实用性:(1)商法原理、图解与和实例三位一体。简明扼要,深入浅出,讲解精细,言之有物。(2)创制179幅图表。通过图表诠释深奥的商法原理和抽象的商法规则,直观化的模型使其纵横关系一目了然,可读性强。(3)精选180个典型案例。取材于真实事件,案情简要,但充分反映案件全貌,不仅是理解与掌握商法原理、进行理论推理的工具,更是对处理真实事件的实战演练。鲜活的本土案例不仅反映商法规范的实际运作,而且深刻并富于启发性,举一反三。

既为尝试,自有广阔的改进和发展空间,祈求专家和读者不吝赐教。这绝不是例行的客套,而是肺腑之言。

朱羿锟

2006 年 8 月

目 录

第一编 商法导论

第一章 商法与营商环境 (3)
- 第一节 商法的概念和特征 (3)
- 第二节 商法的基本原则 (11)
- 第三节 商法的渊源与商事立法 (19)

第二章 商主体 (24)
- 第一节 商主体概述 (24)
- 第二节 商法人 (28)
- 第三节 商合伙 (32)
- 第四节 商个人 (40)
- 第五节 外商投资企业 (42)

第三章 商事登记 (45)
- 第一节 商事登记与营商环境 (45)
- 第二节 商事登记程序 (48)

第四章 商号 (57)
- 第一节 商号概述 (57)
- 第二节 商号权 (63)

第五章 商事账簿 (66)
- 第一节 商事账簿概述 (66)
- 第二节 商事账簿的类型 (69)
- 第三节 商事账簿的备置 (75)

第二编 公 司 法

第六章 公司概述 (83)
- 第一节 公司的概念与特征 (83)
- 第二节 公司的类型 (89)
- 第三节 公司概念的新发展 (95)

第七章　公司设立

第一节　公司的发起与设立 …………………………………………（102）
第二节　公司设立程序 ………………………………………………（104）
第三节　公司目的与权力 ……………………………………………（111）
第四节　公司章程 ……………………………………………………（117）

第八章　公司融资

第一节　公司资本概述 ………………………………………………（121）
第二节　股东出资 ……………………………………………………（124）
第三节　股份发行与转让 ……………………………………………（129）
第四节　股权转让 ……………………………………………………（135）
第五节　公司债券 ……………………………………………………（138）
第六节　盈利分配 ……………………………………………………（141）

第九章　公司股东

第一节　股东概述 ……………………………………………………（144）
第二节　股东权 ………………………………………………………（150）
第三节　小股东保护 …………………………………………………（157）

第十章　公司治理

第一节　股东（大）会 ………………………………………………（165）
第二节　董事会 ………………………………………………………（177）
第三节　经理 …………………………………………………………（190）
第四节　监事会 ………………………………………………………（192）
第五节　董事、监事和高管的义务与责任 …………………………（195）
第六节　经营者薪酬 …………………………………………………（202）

第十一章　公司变更

第一节　公司章程修改 ………………………………………………（207）
第二节　公司资本变动 ………………………………………………（209）
第三节　公司组织形式变更 …………………………………………（210）
第四节　公司并购与分立 ……………………………………………（212）

第十二章　公司终止

第一节　公司解散 ……………………………………………………（220）
第二节　公司清算 ……………………………………………………（225）

第三编　企业破产法

第十三章　破产总论 (235)
- 第一节　破产概述 (235)
- 第二节　破产案件 (240)
- 第三节　破产程序的开始 (244)
- 第四节　债务人财产管理 (248)
- 第五节　债权申报 (262)
- 第六节　债权人会议与债权人委员会 (266)
- 第七节　破产违法行为 (268)

第十四章　重整 (272)
- 第一节　重整概述 (272)
- 第二节　重整计划 (277)
- 第三节　重整程序终止 (282)

第十五章　和解 (284)
- 第一节　和解概述 (284)
- 第二节　和解程序 (287)

第十六章　破产清算 (290)
- 第一节　破产宣告 (290)
- 第二节　别除权 (292)
- 第三节　破产变价和分配 (294)
- 第四节　破产程序终结 (298)

第四编　证　券　法

第十七章　证券市场 (303)
- 第一节　证券 (303)
- 第二节　证券交易所 (311)
- 第三节　证券公司 (318)
- 第四节　证券登记结算与服务机构 (328)
- 第四节　证券监管机构 (332)

第十八章　证券发行与承销 (336)
- 第一节　证券发行 (336)
- 第二节　证券承销 (347)

第十九章 证券交易 (351)
- 第一节 证券上市 (351)
- 第二节 证券交易一般规则 (357)
- 第三节 持续信息公开 (362)
- 第四节 禁止的交易行为 (364)

第二十章 上市公司收购 (374)
- 第一节 上市公司收购概述 (374)
- 第二节 要约收购 (382)
- 第三节 协议收购 (389)

第二十一章 证券投资基金 (393)
- 第一节 证券投资基金概述 (393)
- 第二节 证券投资基金当事人 (399)
- 第三节 证券投资基金的募集与交易 (405)

第五编 票据法

第二十二章 票据总论 (411)
- 第一节 票据概述 (411)
- 第二节 票据法律关系 (414)
- 第三节 票据行为 (418)
- 第四节 票据权利 (424)
- 第五节 票据的伪造、变造与丧失 (430)
- 第六节 涉外票据的法律适用 (434)

第二十三章 汇票 (436)
- 第一节 汇票概述 (436)
- 第二节 汇票的出票 (439)
- 第三节 汇票的背书 (442)
- 第四节 汇票的承兑 (447)
- 第五节 汇票的保证 (450)
- 第六节 汇票的付款 (452)
- 第七节 追索权 (456)

第二十四章 本票与支票 (460)
- 第一节 本票 (460)
- 第二节 支票 (465)

第六编　保　险　法

第二十五章　保险与保险业 ……………………………………………（473）
　　第一节　保险 ………………………………………………………（473）
　　第二节　保险公司 …………………………………………………（481）
　　第三节　保险经营规则 ……………………………………………（487）
第二十六章　保险合同总论 ………………………………………（495）
　　第一节　保险合同概述 ……………………………………………（495）
　　第二节　保险合同的订立与效力 …………………………………（502）
　　第三节　保险合同的履行 …………………………………………（510）
　　第四节　保险合同的变动 …………………………………………（514）
第二十七章　财产保险合同 ………………………………………（518）
　　第一节　财产保险合同概述 ………………………………………（518）
　　第二节　财产保险合同的主要内容 ………………………………（522）
第二十八章　人身保险合同 ………………………………………（531）
　　第一节　人身保险合同概述 ………………………………………（531）
　　第二节　人身保险合同的主要内容 ………………………………（536）

图　目　录

图 1-1　商法的构造 …………………………………………………（3）
图 1-2　世界银行的全球营商环境评价指标体系 …………………（11）
图 1-3　商法基本原则的构成 ………………………………………（12）
图 1-4　商法的渊源 …………………………………………………（19）
图 2-1　商主体的构造 ………………………………………………（26）
图 2-2　新通用的股权结构 …………………………………………（30）
图 2-3　有限合伙接管职工持股会股权的架构 ……………………（33）
图 3-1　不同类型商事登记机关的分布 ……………………………（48）
图 3-2　对登记机关不予核准决定的救济程序与路径 ……………（54）
图 5-1　反映营利性的会计要素 ……………………………………（66）
图 5-2　会计凭证的类型 ……………………………………………（69）
图 5-3　会计账簿的类型 ……………………………………………（71）
图 5-4　资产与负债和所有者权益的关系 …………………………（72）
图 5-5　资产负债表的构成 …………………………………………（72）
图 5-6　利润的形成与用途 …………………………………………（73）
图 5-7　上市公司的信息质量保障体系 ……………………………（79）
图 6-1　各国公司的法定类型 ………………………………………（90）
图 6-2　阿里巴巴集团子公司 ………………………………………（95）
图 6-3　否认公司法人人格的适用 …………………………………（101）
图 9-1　公务员不能参股煤矿 ………………………………………（145）
图 9-2　股东权的法定类型 …………………………………………（151）
图 9-3　持股 18.8% 的刘强东行使着 83.7% 的表决权 ……………（154）
图 9-4　阿里巴巴的股权结构 ………………………………………（155）
图 10-1　我国平行双会制 …………………………………………（165）
图 10-2　双层委员会制 ……………………………………………（166）
图 10-3　单层委员会制 ……………………………………………（166）
图 10-4　执行董事与非执行董事的作用对比 ……………………（184）
图 10-5　董事会与经理权力的边界 ………………………………（191）
图 10-6　董事、监事和高管义务的类型 …………………………（196）

图 11-1 公司并购 …………………………………… (213)
图 11-2 新设合并 …………………………………… (216)
图 11-3 吸收合并 …………………………………… (216)
图 11-4 派生分立 …………………………………… (218)
图 11-5 新设分立 …………………………………… (218)
图 12-1 解散与清算类型与路径 …………………… (221)
图 12-2 迅速增长的小额贷款公司 ………………… (225)
图 13-1 破产程序目标的二重性 …………………… (237)
图 13-2 我国破产案件的管辖架构 ………………… (241)
图 13-3 破产违法行为及其法律责任 ……………… (269)
图 14-1 重整程序的进程 …………………………… (273)
图 15-1 和解程序的进程 …………………………… (288)
图 16-1 破产清算程序的流程 ……………………… (290)
图 17-1 广义证券的类型 …………………………… (304)
图 17-2 我国首只股票：飞乐音响 ………………… (307)
图 17-3 非银行金融机构中的证券公司 …………… (318)
图 19-1 敲开市宝钟 ………………………………… (355)
图 19-2 股票交易流程 ……………………………… (360)
图 19-3 信息公开的类型 …………………………… (363)
图 20-1 上市公司收购的类型 ……………………… (375)
图 21-1 公募基金当事人的相互关系 ……………… (396)
图 22-1 汇票与支票中的票据关系 ………………… (415)
图 22-2 本票中的票据关系 ………………………… (415)
图 23-1 汇票的当事人 ……………………………… (436)
图 23-2 银行汇票的样式 …………………………… (438)
图 23-3 汇票背书的样式 …………………………… (443)
图 24-1 本票的当事人 ……………………………… (460)
图 24-2 银行本票的样式 …………………………… (462)
图 24-3 支票的当事人 ……………………………… (465)
图 24-4 中国工商银行支票样本 …………………… (466)
图 25-1 危险与损失 ………………………………… (473)
图 25-2 保险的类型 ………………………………… (475)
图 25-3 保险组织中的保险公司 …………………… (482)

表　目　录

表 1-1　我国主要商事立法 …………………………………………（22）
表 2-1　中国中小微企业的划分标准 ………………………………（28）
表 2-2　公司与合伙之差异 …………………………………………（29）
表 2-3　有限合伙、特殊的普通合伙与普通合伙的比较 …………（39）
表 2-4　外商投资企业的主要形态 …………………………………（42）
表 3-1　不同商主体的最低注册资本 ………………………………（50）
表 3-2　商事登记的申请与受理 ……………………………………（51）
表 4-1　商号与商标的差异 …………………………………………（58）
表 6-1　英美公公司与私公司之差异 ………………………………（91）
表 6-2　一般有限责任公司与一人公司和国有独资公司之比较 …（92）
表 6-3　我国有限责任公司与股份有限公司的差异 ………………（93）
表 6-4　子公司与分公司的区别 ……………………………………（95）
表 6-5　各国公司的准则主义和股东的有限责任确立时期 ………（95）
表 6-6　我国公司职工对公司治理的参与 …………………………（99）
表 7-1　有限责任公司与股份有限公司的设立条件 ………………（105）
表 7-2　公司的组织机构 ……………………………………………（107）
表 7-3　大陆法系诸国适用公司设立无效的情形 …………………（109）
表 7-4　我国有限责任公司和股份有限公司的必要记载事项 ……（119）
表 8-1　从资产负债表看资产与资本的关系 ………………………（122）
表 8-2　股权与债权融资 ……………………………………………（123）
表 8-3　股东和发起人出资形式之比较 ……………………………（125）
表 8-4　股份有别于股权 ……………………………………………（129）
表 8-5　普通股、优先股与债券比较 ………………………………（130）
表 8-6　公司股票与债券之比较 ……………………………………（138）
表 8-7　沪深上市公司分红情况 ……………………………………（141）
表 8-8　可分配利润的范围 …………………………………………（142）
表 9-1　有限责任公司与股份有限公司股东的差别 ………………（146）
表 9-2　各类股东身份之表征 ………………………………………（148）
表 9-3　股东名册的记载事项 ………………………………………（149）

表 9-4	股东名册的制备	(149)
表 9-5	股东权有别于财产所有权	(151)
表 9-6	有限公司与股份公司股东知情权的范围	(152)
表 9-7	上市公司最大股东(C_1)与前3名股东(C_3)股权集中度	(154)
表 9-8	49国最大的10家公司的前3名股东(C_3)股权集中度	(155)
表 9-9	股东直接诉讼与代表诉讼之比较	(159)
表 9-10	股东代表诉讼之原告资格比较	(159)
表 9-11	先诉请求的提交对象与等待期	(160)
表 9-12	适用异议股份回购请求权的事由	(162)
表 10-1	我国各种公司的权力机构	(166)
表 10-2	各国股东请求临时会议的条件和召开时限	(167)
表 10-3	股东(大)会会议的召集人与主持人顺序	(168)
表 10-4	股东(大)会会议通知方式与期限	(169)
表 10-5	公司确定股东(大)会通知对象的方法	(170)
表 10-6	股东提案条件之比较	(171)
表 10-7	各国股东委托代理人之比较	(172)
表 10-8	股东(大)会法定人数和普通决议的定足数之比较	(173)
表 10-9	股东(大)会决议的种类及其定足数	(175)
表 10-10	日本公司的董事会体制	(178)
表 10-11	各国董事会体制之比较	(179)
表 10-12	董事会的主要专门委员会	(179)
表 10-13	各国独立董事占董事会人数比重	(184)
表 10-14	各国董事会会议法定人数与决议的定足数	(189)
表 10-15	不同董事会体制下的监督机构	(193)
表 11-1	增资与减资程序的比较	(210)
表 12-1	不同清算程序之比较	(231)
表 13-1	破产程序的种类	(236)
表 13-2	破产主体的类型及法律适用	(238)
表 13-3	破产事由的类型及立法例	(239)
表 13-4	破产受理之时限	(246)
表 13-5	管理人与清算组之比较	(249)
表 13-6	破产无效行为的溯及期与后果	(255)
表 14-1	重整程序适用范围	(272)
表 15-1	和解与协商解决、重整之比较	(285)
表 15-2	我国新旧和解制度之比较	(287)

表号	标题	页码
表 17-1	权证与股票、可转换公司债券之比较	(310)
表 17-2	公司权证与备兑权证之比较	(311)
表 17-3	会员制与公司制交易所之比较	(312)
表 17-4	主要证券交易所的公司化进程	(312)
表 17-5	证券公司与一般公司之比较	(319)
表 17-6	各国对投资者赔偿额的限制	(328)
表 18-1	我国各种证券发行的核准机关	(339)
表 19-1	我国各种证券上市的核准机关	(353)
表 19-2	定期报告与临时报告的披露规则	(364)
表 19-3	四种禁止的交易行为的法律责任比较	(365)
表 20-1	各国权益披露标准之比较	(380)
表 20-2	协议收购与要约收购之比较	(390)
表 21-1	证券投资基金与股票、债券之比较	(393)
表 21-2	基金管理公司与证券公司之比较	(401)
表 22-1	票据与传统支付和网上支付方式	(411)
表 22-2	票据的要式性	(412)
表 22-3	汇票、本票与支票的比较	(414)
表 22-4	票据的时效期间	(429)
表 23-1	汇票与本票、支票的出票人比较	(437)
表 23-2	追索事由的类型与拒绝证明	(457)
表 25-1	保险公司与一般公司之比较	(483)
表 25-2	保险保障基金的救济额度	(491)
表 26-1	保险经纪人与保险代理人之比较	(500)
表 27-1	物权代位与委付的比较	(528)
表 28-1	人身保险合同与财产保险合同的比较	(531)

引 例 目 录

引例1-1　隐蔽瑕疵有合理的异议期 ……………………………………（5）
引例1-2　人造"定时炸弹" ………………………………………………（6）
引例1-3　互联网金融异军突起 …………………………………………（8）
引例1-4　董事会解聘CEO无需理由 …………………………………（13）
引例1-5　光大"乌龙指" …………………………………………………（15）
引例1-6　总经理免职自董事会决议之日起生效 ………………………（16）
引例1-7　李慧娟事件 ……………………………………………………（21）
引例2-1　公司密度 ………………………………………………………（24）
引例2-2　世界财富500强的中国企业 …………………………………（25）
引例2-3　百年通用破产重组中的政府救助 ……………………………（29）
引例2-4　有限合伙掌控千亿级上市公司 ………………………………（33）
引例3-1　商事登记体现营商环境竞争力 ………………………………（47）
引例3-2　商事登记改革见红利 …………………………………………（52）
引例3-3　电子执照推动监管共治 ………………………………………（56）
引例4-1　重整之中的"尚德"品牌 ……………………………………（57）
引例4-2　一波三折的"凤翔改改"商号 ………………………………（61）
引例4-3　陈永洲涉嫌损害商业信誉罪 …………………………………（64）
引例5-1　CCME因业绩造假被纳斯达克摘牌 ………………………（67）
引例5-2　万福生科业绩造假 ……………………………………………（68）
引例5-3　天价住院费背后的黑心账单 …………………………………（70）
引例5-4　上市公司"利润"中的政府补贴 ……………………………（74）
引例5-5　"四大"的中国业务遭暂停 …………………………………（79）
引例6-1　"长和系"公司王国 …………………………………………（83）
引例6-2　大股东黄光裕说了也不算 ……………………………………（85）
引例6-3　我国银行业显赫的营利能力 …………………………………（88）
引例6-4　夫妻公司就不是公司？ ………………………………………（97）
引例6-5　我国上市公司社会责任报告 …………………………………（98）
引例7-1　"资本家"不能作字号 ………………………………………（106）
引例7-2　"月球大使馆"被吊销营业执照 ……………………………（109）

引例 7-3	阿里对外投资提升估值	(114)
引例 7-4	违规担保给"啤酒花"带来灭顶之灾	(115)
引例 7-5	湘乡公司章程应予尊重	(120)
引例 8-1	阿里巴巴成长过程中的融资	(121)
引例 8-2	顾雏军的知识产权出资比例高达75%	(125)
引例 8-3	广汇能源：首例优先股	(130)
引例 8-4	京东给腾讯发行新股	(132)
引例 8-5	广东格林柯尔转让2.62亿股科龙电器股份	(133)
引例 8-6	上海友谊股份回购案	(134)
引例 8-7	置业公司出售主要资产案	(138)
引例 8-8	超日债违约案	(139)
引例 9-1	法官入股煤矿案	(145)
引例 9-2	首例类别股表决案：银山化工	(147)
引例 9-3	黄光裕死守控股股东"宝座"	(152)
引例 9-4	大股东蔡达标坐牢还能查账	(153)
引例 9-5	马云通过协议控制阿里巴巴	(155)
引例 9-6	国美战略规划的"摇摆"	(157)
引例 9-7	华润电力6名小股东诉公司高管失职案	(158)
引例 9-8	上海某公司僵局	(163)
引例 10-1	方正科技同意提议股东的请求	(168)
引例 10-2	泽熙投资缺席宁波联合的股东大会	(171)
引例 10-3	国美股东大会否决罢免董事长陈晓等提案	(176)
引例 10-4	宝钢集团有限公司率先设立董事会	(177)
引例 10-5	国美董事会的权力因人而异	(180)
引例 10-6	李泽源只能幕后操控深航	(182)
引例 10-7	工大首创董事长被罢免	(183)
引例 10-8	俞伯伟的独立声明有力量	(186)
引例 10-9	天目药业独董投反对票遭罢免	(200)
引例 10-10	顾雏军等人被取消担任董事、监事、高管的资格	(201)
引例 10-11	联想集团CEO杨元庆薪酬又涨	(203)
引例 10-12	董事长的点子奖2000万/年，该拿？！	(204)
引例 11-1	阿里巴巴公司章程修改的壁垒	(207)
引例 11-2	郑百文重组时章程增加"默示同意"条款	(208)
引例 11-3	BAT地毯式并购	(212)
引例 11-4	被改制激怒的吉林通钢职工	(215)

引例 11-5	腾讯将电商业务并入京东	(216)
引例 12-1	企业高出生高死亡率	(220)
引例 12-2	乐淘之"死"	(222)
引例 12-3	广东证券被关闭	(224)
引例 12-4	广利恒被判令解散	(224)
引例 12-5	大鹏证券从普通清算转入破产清算	(226)
引例 13-1	东星航空破产债权清偿率为 15.28%	(235)
引例 13-2	山西联盛破产可能引爆金融"炸弹"	(236)
引例 13-3	"汽车之城"底特律破产	(238)
引例 13-4	株洲市中级人民法院对太子奶三公司实施合并重整	(242)
引例 13-5	香港高等法院认可广东国投破产裁决	(243)
引例 13-6	东星航空的破产管理人	(250)
引例 13-7	破产管理人追收飞行员流动价值补偿 9264 万元	(253)
引例 13-8	GECAS 公司向破产管理人取回 9 架飞机	(256)
引例 13-9	海南发展银行向广东国投清算组主张抵销权	(259)
引例 13-10	安慰函不属于担保	(262)
引例 13-11	广东国投的债权确认	(265)
引例 14-1	东星航空债权人和出资人的重整申请被驳回	(274)
引例 14-2	森泰重整难题:重整计划	(277)
引例 14-3	太子奶重整计划的表决	(280)
引例 14-4	无锡尚德重整计划获批准	(281)
引例 15-1	山东三联对郑百文实施债务重组	(285)
引例 15-2	破产试验基地的和解案	(287)
引例 16-1	东星航空被宣告破产	(291)
引例 16-2	广东国投破产财产的拍卖	(294)
引例 16-3	国航以底价 2312 万拍下东星航空资产	(295)
引例 16-4	广东国投三次进行破产分配	(296)
引例 17-1	域外证券产品名目繁多	(305)
引例 17-2	我国发展中的证券市场	(305)
引例 17-3	中信泰富因衍生证券巨亏	(309)
引例 17-4	沪深交易所的同质竞争	(313)
引例 17-5	日益发展壮大的证券公司	(319)
引例 17-6	中国证券投资者保护基金有限责任公司	(326)
引例 17-7	职业"找碴"人的罪与罚	(331)
引例 17-8	证监会强化市场监管	(334)

引例 18-1	2013 年我国企业证券市场直接融资额	(336)
引例 18-2	京东赴纳斯达克发行 ADS	(340)
引例 18-3	红光实业欺诈发行股票	(347)
引例 18-4	万洲国际发行失败	(348)
引例 19-1	首只央企股票退市：长航油运	(356)
引例 19-2	证监会严厉查处信息披露违法案	(362)
引例 19-3	证监会重拳出击内幕交易	(366)
引例 19-4	中山原市长因内幕交易获刑	(367)
引例 19-5	林忠操纵短线山煤国际案	(369)
引例 19-6	联合"抢帽子"游戏	(370)
引例 19-7	佛山照明隐瞒关联交易遭巨额索赔	(371)
引例 20-1	上市公司并购日趋活跃	(374)
引例 20-2	天山股份以股份为收购对价	(377)
引例 20-3	南钢联合要约收购南钢股份	(382)
引例 20-4	平安收购深发展	(389)
引例 21-1	资本市场的证券投资基金举足轻重	(394)
引例 21-2	京东 8.8：互联网证券投资基金	(395)
引例 21-3	长城基金原经理韩刚因"老鼠仓"受重罚	(400)
引例 22-1	一字之错便不能主张票据权利	(413)
引例 22-2	龙信公司因无对价取得汇票而不能享有其权利	(417)
引例 22-3	苍龙公司应承担空白支票的付款义务	(423)
引例 22-4	服饰公司依法行使追索权	(425)
引例 22-5	昌江联社非善意取得汇票	(427)
引例 22-6	南开建行因未能识别伪造票据而承担赔偿责任	(431)
引例 22-7	房山工行因未能识别变造票据而承担责任	(432)
引例 23-1	薛城区建行应向汇票质权人履行票据义务	(446)
引例 23-2	宜兴中行不得以汇票被公安局调取为由而拒付	(454)
引例 24-1	南阳公司应承担空白支票的付款义务	(469)
引例 25-1	"神舟六号"宇航员的平安保险	(473)
引例 25-2	因被保险人同意而具有保险利益	(478)
引例 25-3	未能证明摔倒系李文玉死亡的直接原因而被拒赔	(481)
引例 25-4	我国保险业突飞猛进	(482)
引例 26-1	免责条款因保险公司未告知而不生效	(504)
引例 26-2	满分司机驾车出险仍在保险责任之内	(507)
引例 26-3	张先生因货车超载超速行驶而被拒赔	(507)

引例 26-4　刘某与王某离婚并不导致保险合同变更 ………………（515）
引例 27-1　受害人林某起诉保险公司 ………………………………（520）
引例 27-2　家用车搞营运出事被拒赔 ………………………………（525）
引例 27-3　保险公司因未履行说明义务而不能免责 ………………（525）
引例 27-4　保险公司取得车主的代位追偿权 ………………………（526）
引例 27-5　保险公司未足额补偿而不能取得受损房屋的所有权 …（529）
引例 28-1　刘某跳楼身亡并非意外伤害 ……………………………（534）
引例 28-2　帅英将其母亲投保年龄改小 23 岁 ……………………（539）
引例 28-3　死因与未告知部分无关 …………………………………（541）
引例 28-4　王国廷因涉嫌故意犯罪导致死亡而被拒赔 ……………（542）

第一编　商法导论

商法与营商环境
商主体
商事登记
商号
商事账簿

第一章 商法与营商环境

第一节 商法的概念和特征

一、商与商法

（一）商法

商法（business law/commercial law），亦称商事法，是指调整商主体与商行为之法。如图1-1所示，商主体即经营者，商事关系至少有一方须为经营者，经营者之法由商法作出规定，经营者之外的平等主体，已由民法、消费者权益保护法等作出规定。商行为就是经营行为，亦称商事交易，是一种特殊的私法行为，并不因其主体的广泛性而丧失特殊性，商法需对其作出特别规定。大陆法系的商事法可谓浩如烟海，英美国家的商事法也极其繁多，我国自不例外。

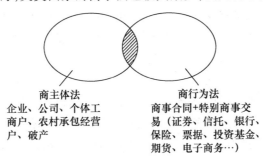

图1-1 商法的构造

（二）商与商事关系

商法以商事关系为调整对象，而"商"的含义在不同学科不尽一致。据《汉书·食货志（下）》解，"通财鬻货曰商"。其英文和法文均为"commerce"，拉丁语为"commerium"。据《韦伯斯特新国际词典》解，"商"是指商品交换或买卖的行为。《布莱克法律词典》亦作此解，"商"是指货物、产品或任何种类的财产的买卖、交易。经济学上的界定与此一脉相承，"商"被理解为直接媒介财货交易的行为，系沟通生产与消费的中间环节，即仅指流通环节。商法上的"商"则不是这种狭义的"商"，既包括流通环节，也包括生产环节。法学上对"商"的界定，其侧重点并不在于从商的方式是生产环节还是流通环节，而是看是否具有商的目的，考察其是否以营利为目的。凡是商主体从事营利性营业活动，均为"商"，足见商法调整对象的广泛性。

所谓商事关系是指商主体从事经营活动而与其他平等的主体形成的社会关系。商事活动纷繁复杂,商业模式随社会经济和技术进步而不断发展变化,而营利性这一本质性特征则是一脉相承的。商事关系就是商主体以营利为目的而营运财产所形成的经营关系。正是基于这种特殊性,商法调整这种社会关系有着自己固有的营利调节机制,是为营利创造条件和环境之法。比较而言,民法属于权利法,聚焦于静态的权利归属,商法则是价值创造之法,聚焦于价值创造及其分配,调整的是财产营运的动态过程及其社会关系。正是基于商事关系的这种本质特性,商法自应具有优先的效力。凡是商法有规定的,首先应适用商法的特别规定;商法没有规定的,就可以适用民法的规定,特别是民法的基本原则。这也表明,商事关系亦非仅由商法调整。① 商法自身永远无法,也没有必要对全部商事关系进行自足调整,将部分商事关系配置给民法调整也是合理的,难怪人们常常以"民商法"称之。

（三）商法的构造

"商法"在不同场合使用时,含义不尽相同。故,有广义的商法与狭义的商法、形式意义的商法与实质意义的商法之别。

广义的商法泛指所有商事法律法规,包括国际商法和国内商法。国内商法又包括商事公法和商事私法。商事公法是指公法上的商事法律规范,散见于行政法、刑法和诉讼法之中,并无完整体系可循。商事私法则是指私法上的有关商事法律规范。狭义的商法仅指商事私法。

形式意义的商法是指民商分立的国家所制定的以"商法典"命名的商法,如法国、德国、日本、韩国等40多个国家颁行的商法典。② 商法典只是这些国家商事活动的基本法,商法典之外还有大量的商事单行法,也未必以商法命名。实质意义的商法则是指一切以商事关系为规范对象的法律法规,形式上并不采用"商法典",有的编入"民法典",有的分别编入各种商事单行法规之中。不管是民商合一,还是民商分立,无论是大陆法系,还是英美法系,均有实质意义的商法,我国亦不例外。

学科意义上的商法就是狭义的商法,既有形式意义的商法,亦有实质意义的商法。其结构如图1-1所示,由商主体法和商行为法两大部分构成。商主体法是关于商主体资格的取得、变更或消灭的规则,系商法的核心。商行为法,亦称商事交易法,是关于商主体从事各种经营活动的行为规则。在我国,基本的商事行为已经纳入民商合一的《合同法》之中,该法大量吸收了发达国家和地区的先

---

① 参见蒋大兴:《商事关系法律调整之研究:类型化路径与法体系分工》,载《中国法学》2005年第3期。

② 参见郭锋:《民商分立与民商合一的理论评析》,载《中国法学》1996年第5期。

进商事合同规则,如《联合国国际货物销售合同公约》《美国统一商法典》《国际商事合同规则》《欧洲合同法原则》《英国货物买卖法》等。在《合同法》规定的15种有名合同中,除赠与、无偿保管、委托、居间和个人消费买卖合同外,其他均具有商事合同性质,商事色彩之浓,可见一斑(引例1-1)。特别商事交易法则具有很强的行业性,现行立法有一个显著的特点,就是除信托实行信托行为与信托主体分离的模式外,证券、证券投资基金、保险和银行实行的都是主体与行为合一的立法模式。故,商主体法与商行为法往往会发生交叉(图1-1)。实践中,商主体法往往将与商事组织本身有着密切联系的行为纳入其中,如公司并购、证券发行等,因为它们并非单纯的商事交易活动,不宜交由合同法调整,而是由公司法统一调整。

引例 1-1

隐蔽瑕疵有合理的异议期

甲向乙购买一套设备,设备实际安装需要15天,而合同约定的检验期间却只有10天。显然,按照标的物的性质、交易习惯等根本无法在此期间完成全面检验,对买方极不公平。针对商事交易的现实需要,《买卖合同司法解释》第17条第1款和第18条可谓有的放矢。据此,法院可将约定的10天认定为对外观瑕疵提出异议的期间,而对于隐蔽瑕疵的检验期间则由法官依据第17条第1款,根据诚实信用原则,结合具体案情自由裁量决定。

二、商法的特征

商法的特征是商法本质的外在表现,系区别于其他部门法的主要标志,主要体现为兼容性、创新与变革性、路径依赖性、本土性与趋同性。

（一）兼容性

1. 私法与公法融合

自由与监管交融,乃是现代市场经济的显著特点。随着商品和服务愈来愈专业化、精密化和复杂化(引例1-2),交易也愈来愈定型化、便利化和快速化,市场越发达,监管也越完善。交易当事人相互信息越不对称,外部性越强,越应强化监管。任意性规范和强制性规范相融合,就是自由与监管这种互动关系的反映。设立银行、证券、保险等特殊公司不仅需要前置行政许可,而且还需要较高的最低注册资本,商业银行的最低注册资本为10亿元,保险公司为2亿元。[①]

[①] 参见我国《商业银行法》第13条,《保险法》第69条。

保险法上则有财产保险业务和人身保险业务分业经营、保险业专营、最低偿付能力、保证金、准备金、保险保障基金等强制规范。票据法上的汇票、本票和支票如欠缺绝对必要记载事项,票据归于无效。破产法上还有破产无效行为以及破产财产清偿顺序等强制性规范。这些公法性质的规范,虽与行政法、刑法等有着不可分离的关系①,但并不能简单地将这种强制性规范视为商法公法化的表征。这是因为,无论是任意性规范,还是强制性规范,都是支撑私法自治的。所谓强制性规范,并不"管制"人们的行为,而是提供一套自治的游戏规则,亦与私法自治的理念相契合。②

引例 1-2

人造"定时炸弹"③

2014年4月4日清晨,浙江奉化居敬小区29幢高层突然速降,瞬间矮了一截,然后突然向西南方倾斜,一个半单元轰然坍塌,事故造成一人死亡、六人受伤,伤者中一名年轻的女孩惨遭截肢。而此楼建成仅20年,居敬小区曾被评为环保模范小区,小区的开发商多项工程曾荣获"甬江杯"及奉化市优质样板工程称号。这是宁波地区近5年来的第三次塌楼事件,同样的情况也发生在上海、哈尔滨、浙江绍兴、四川内江等地。20世纪八九十年代的住房"大跃进"留下了大量先天不足、后天失修的建筑,偷工减料是共同特点,也是那个"速度和利益"至上年代留下的伤疤。

2. 实体法与程序法融合

作为实体法,商法又具有极强的程序性,包括大量的非诉程序规范和诉讼程序规范。一是非诉程序规范。公司设立程序、股份和债券发行程序、证券交易程序、股东大会和董事会议事程序、公司分立与合并程序、解散与清算程序等,不一而足;还有票据法上的出票、背书、承兑、付款以及追索程序,以及保险法上的索赔与理赔程序等。其目的在于,确保当事人实体权利的实现。二是诉讼程序规范。破产程序最为典型,破产申请与受理、债权人会议、破产宣告、破产清算以及和解与重整均为诉讼程序规范。证券和票据丧失后的公示催告程序,亦然。公司法还规定了股东代表诉讼(derivative action),即针对不法侵害公司利益的

---

① 参见张国键:《商事法论》,台湾三民书局1980年版,第20页。
② 参见苏永钦:《走入新世纪的私法自治》,中国政法大学出版社2002年版,第17页。
③ 参见吕明合:《奉化垮楼 一次本可避免的灾难》,载《南方周末》2014年4月10日;郭丝露、岑欣杭、黄心宇、王乐:《我们身边还有多少"定时炸弹"》,载《南方周末》2014年4月10日。

行为,由股东代表公司提起诉讼并规定了其起诉前置条件、管辖、诉讼当事人以及和解规则等。可见,实体与程序规范双管齐下,无疑保障了当事人权利的实现。

(二) 创新与变革性

为营利创造条件和环境,乃是商法的使命。近代以来,最大的社会发明就是通过和平交易,而非武力夺取的方式增加财富和提高生活水平。[①] 唯有敏锐地应对和适应技术进步与社会经济发展变迁,商法才堪担当此重任,从而展现出鲜明的创新性和变革性,被誉为整个私法的开路先锋。[②]

其一,在抑商环境下因创新而诞生。创新显然不为商法所特有,但它的创新特色最为突出,就在于它能够在抑商环境下破土而生。中国有重农抑商的传统,中世纪的西方世界也不例外。"商"被视为挣钱行业,属于低贱之业,封建法和教会法极度敌视商业。[③] 然而,商法正是降生于抑商环境,足见其夹缝中求生存的生命力。最初的商法并不具有普适性,只是地中海沿岸一些自治城市的商人基尔特的自治法规(statuta mercatorum),仅仅适用于商人团体内部,即商人法(lex mercatoria, merchant law)。尽管只是习惯法,但这种习惯法使得当时兴起的商业革命从星星之火发展成为燎原之势,为商法争取到准生证,并成为近代西方各国制定商法典的蓝本。

其二,因创新而迅猛发展。商事关系随技术进步和商业模式而不断翻新(引例 1-3)。交易领域从最初以海商为中心,发展到以陆地贸易为主,航空贸易欣欣向荣,航天贸易初露端倪;交易标的从早期以商品和货物为主,发展到商品与服务并举,金融服务愈来愈活跃;交易方式从传统的面对面协商,发展到交易人互不见面即可迅速达成交易,电子商务方兴未艾;支付手段从现金、票据、银行卡支付,发展到电子货币、电子支票,虚拟信用卡等新型支付方式层出不穷。相应地,法律调整的需求往往最先表现于商法,许多制度创新起源于商法。正因为如此,一项有效率的制度安排会不断地为他国或其他地区所吸收,没有效率的制度安排会逐步被淘汰。[④] 以公司治理准则为例,这种软法(soft law,亦称准法)形式始于英美,十余年间便光大于全球。

---

① 参见[美]丹尼尔·贝尔:《后工业社会的来临——对社会预测的一项探索》,高铦、王宏周、魏章玲译,新华出版社 1997 年版,第 300 页。
② [德]拉德布鲁赫:《法学导论》,米健等译,中国大百科全书出版社 1997 年版,第 75—76 页。
③ 参见赵文洪:《私人财产权利体系的发展》,中国社会科学出版社 1998 年版,第 98 页。
④ Roberta Romano, The States as a Laboratory: Legal Innovation and State Competition for Corporate Charters, Yale Law School Working Paper, 2005, http://ssrn.com/abstract = 706522, 2014 年 4 月 13 日访问; G. Moodie, Forty Years of Charter Competition: A Race to Protect Directors' from Liability, Havard Law School John M. Olin Center for Law, Economics and Business Fellows' Discussion Paper No. 1, 2004.

> **引例 1-3**
>
> ## 互联网金融异军突起①
>
> 2013年,以余额宝为代表的互联网货币市场基金异军突起,在短短半年内将货币市场基金规模由不足 5000 亿元推到 1 万亿元人民币。余额宝们带来的不仅是基金规模的急剧膨胀,还有银行活期存款的"大搬家"。这就是互联网金融,以互联网为资源,以大数据、云计算为基础的一种新金融模式。它不仅大大降低金融服务成本,也扩大了金融服务的人群;目前已有网络支付(第三方支付)、P2P 网贷、网络销售基金、众筹融资,以及实体店和网络金融结合等商业模式,成为一个新兴、富有活力和创造性的业态。

(三) 路径依赖性

路径依赖源于生物学术语,是指具有正反馈机制的非线性动力系统一旦为某种偶然事件所影响,整个系统就会沿着一条固定的道路演化下去,即使有更好的替代方案也不能改变既定的路径,形成一种不可逆的自我强化机制。不仅政治、经济、法律、文化等制度环境因素可能影响商法的发展变迁,初始状态、系统演化过程中的偶然事件、认知能力的有限性、既得利益集团和转换成本等同样会促使其发展变化。商法之所以能够在抑商环境下诞生,就是它善于借用原有制度的价值母体,"旧瓶装新酒",赢得了生存空间。例如,当时的合股公司就是借"合伙"赢得发展机遇的。教会法禁止放贷生息,而合股公司规模庞大,股东人数众多,绝大多数都只能出资,不能参与公司经营管理。这种股息是否属于不劳而获的放贷生息?从实质上看,与放贷生息并无差异。若是采取这种严格的解释,合股公司早就被扼杀。然而,法学家机智地对合伙进行了扩张解释,将其作为隐名合伙,未认定其为不劳而获②,既维护了当时意识形态和教会法的体面,又为合股公司的发展赢得了空间。我国公司治理亦然,之所以采用三角形公司治理结构,就是当初在学习、移植的一刹那,大陆法上的公司治理都是荷兰模式:荷兰东印度公司模式,而历次公司法修订仍维持这种模式,就是路径依赖使然。③

如是,商法规范移植的过程往往也是本土化的过程。商法既有趋同性,也有

---

① 参见黄河:《去杠杆,刺泡沫,防风险 中国央行:艰难的平衡游戏》,载《南方周末》2014 年 4 月 3 日;由曦、刘文君、董欲晓:《立规互联网金融》,载《财经》2014 年第 9 期。
② John Noonan, The scholastic analysis of usury, Harvard University Press, 1957, p.143.
③ 参见邓峰:《中国公司治理的路径依赖》,载《中外法学》2008 年第 1 期。

多样性,不能以趋同性否定多样性。以独立董事制度为例,其对德国、意大利和日本等也具有吸引力,但若要照抄照搬,势必造成独立董事和监事会两者叠床架屋,交叉重叠,甚至相互冲突。德国和意大利创设了独立监事,并在监事会下设立审计委员会。日本则创设了委员会等设置公司,准许资本在 5 亿日元以上,或者资产在 200 亿日元以上的大公司或视同为大公司的公司,在董事会下设审计委员会、提名委员会和报酬委员会,并由独立董事主导,即可免于设立监事会。这样,日本传统的三角形架构与源于英美的公司治理结构并驾齐驱,相互竞争,和平共处。

（四）本土性与趋同性

在法理学上,法律有工具型和文化型法律之分,科特尔还将其区分为工具共同体、传统共同体、信仰共同体和情感共同体。[①] 商法则是工具型与情感型共同体的融合,大量的技术性规范与经济利益有着密切关系,亦有承载于习俗、惯例、经验、文化传统、道德的情感性规范,从而呈现出趋同性与本土性并存的局面。

首当其冲的就是技术性规范的趋同性。技术性愈强,愈是全球性或区域性趋同。无论是不同类型公司之间的转换规则,各种类别股份及类别股东会、股东大会和董事会的法定人数、董事和监事的选举与罢免规则、公司反收购措施等,还是票据的文义性、独立性、无因性,票据的出票、背书、承兑、抗辩及追索权的行使,证券交易、持续信息披露以及上市公司收购,抑或保险费率的精算、偿付能力、保险保证金、保险准备金、保险保障基金以及保险资金运用规则等,无不具有极强的技术性。趋同性也很突出,主要表现为三个方面:一是法律移植。技术性愈强,可移植性愈强。美国的股东代表诉讼制度,已为大陆法系广为接受;源于英美的有限责任合伙亦为中国[②]、日本等国继受,有限责任公司也被日本移植。二是国际条约和国际惯例。早在商法诞生之时的海商时代,为了促进各个自治城市贸易往来,商法规范就具有很强的国际性。近代西方各国商法的制定均以商人法为蓝本,同源性也促进商事立法的国际协调。二战以来,为了适应各国经济技术交往的需要,产生了大量的国际经济贸易公约、条约、协定和惯例,如《联合国国际货物销售合同公约》(1980)、联合国国际贸易法委员会的《电子商务法示范法》(1996)、国际商会的《国际数字交易保证惯例》(1997)、世界知识产权组织的《关于网络域名程序的最后报告》(1999),等等。三是区域性立法异军突起。欧盟部长理事会和欧洲委员会相继出台大量的派生立法(secondary legisla-

---

[①] R. Cotterrell, Is There a Logic Transplants, in D. Nelken and J. Feest(eds.), Adapting Legal Cultures, Hart Publishing, 2001, p.80.

[②] 我国《合伙企业法》称为特殊的普通合伙。

tion)，包括条例(regulations)、指令(directives)和决定(decisions)。条例直接就在各个成员国生效。指令是需要成员国在规定的期限内转换为本国法，若成员国没有按时进行转换，可能被欧洲委员会诉诸欧洲法院(ECJ)。决定则是针对个案作出，直接生效。欧盟的派生立法无疑促进了商法规范的区域性一体化[①]，创设了崭新的公司形态：欧洲公司(European company, societas Europaea, 简称"SE")。

商法还具有本土性，不能简单地基于趋同性而忽视本土性。自19世纪末以来，人类法律发展就已进入回应型发展阶段，坚持法律应扎根于现实土壤和实践场域，探究法律与经济、政治、文化、社会等复杂而广泛的现实因素之间的关系与互动，强调法律对社会需求的恰切而有效的回应，进而促进更远大更艰难的社会进步。法律必然是本土性的、自治性的，商法规范自不例外。正是由于许多规范承载于习俗、惯例、经验、文化传统和道德，具有鲜明的民族性，因而难以移植，也难以趋同。就欧盟公司法而言，尽管1968—2004年欧盟通过的条例和指令多达47件，仍难以触及民族性色彩浓烈的公司治理结构这个领域，基本是采用选择制这种妥协办法，谁也动不了谁的"奶酪"。再者，就算是法律移植，规范的民族性、本土性愈强，所谓移植往往也是一个本土化的过程。"法律出口国仅仅能够向进口国展示它是如何处理所面对的法律问题的。最终，仍是由进口国自己权衡具体的移植是否有益。"[②]

三、营商环境视野下的商法

营商环境是一项涉及经济社会改革和对外开放众多领域的系统工程，包括政务环境、市场环境、国际化环境、法治环境、企业发展环境和社会环境等丰富内涵。世界银行已经连续十多年编制《营商环境报告》，公布全球189个经济体营商环境排行榜。而它所评价的5个领域和11项指标，均与商法息息相关（图1-2）。

当今世界，和平交易而非武力夺取成为增加财富和提高人们生活水平的主要方式，国与国的竞争往往就是商人和国际资本的竞争，也就是营商环境的竞争。在一定程度上说，商法就是营商环境竞争力的体现。商法愈强，商法愈现代化，营商环境愈有吸引力。迪拜经验就是一个典范。它当初不过是一个阿拉伯的小渔村，但是各路国际资本源源不断流入，吸引力何在？关键是构建了一套国际资本认可的法治体系。[③] 阿拉伯联合酋长国以罕见的开放态度，赋予迪拜国

[①] Luca Enriques, EC Company Law Directives and Regulations: How Trivial Are They, ECGI Working Paper, 2005, http://ssrn.com/abstract=730388, 2014年4月13日访问。

[②] 〔荷〕扬·M.斯米茨：《法律模式的进口与出口：荷兰的经验》，魏磊杰译，载〔意〕简玛利亚·阿雅尼、魏磊杰编：《转型时期的法律变革与法律文化——后苏联国家法律移植的审视》，魏磊杰、彭小龙译，清华大学出版社2011年版，第32页。

[③] 参见罗琼、王萍：《新特区靠什么吸引人："前海试验"进行时》，载《南方周末》2013年11月21日。

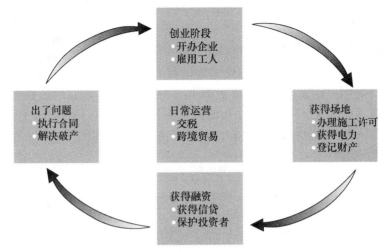

图 1-2　世界银行的全球营商环境评价指标体系

际金融中心独立的民事和商事立法权和司法权。该中心一律采用拿来主义,颁布了关于不动产、个人财产、公司、破产、合同、损害及救济、数据保护等一系列与国际惯例相一致的法律。

　　这就意味着,改进和完善商法,就是增强营商环境的竞争力和吸引力。[①] 2013年度,全球114个经济体实施了238项监管改革,改革数量增加18%。中小企业需完成的手续总和为21272个,需要248745天;基于监管的改善,手续总和比2012年节约300个(1.3%),比2005年减少2400个(11%),全球总计可以减少4万天,实效之显著可见一斑。我国台湾地区2009年还位居157位,当年即修订"公司法",采取废除有限公司和股份有限公司的最低注册资本制度等举措,2014年跃升第16位。我国在2014年全球营商环境排行榜上位居第96名,相信随着商事登记、注册资本制度及行政审批等改革的深化,我国营商环境会愈来愈有竞争力和吸引力。

第二节　商法的基本原则

　　商法直接规范商事活动,其根本目标就是促进社会财富的创造,推动价值的增加(value addition),而非价值的转移或分配(value transfer/distribution)。此乃检验商事规则是非优劣的基本标准。反映商事法的基本宗旨,对于商法规则体系具有统领作用的根本规则为:促进企业自由、提高交易效率、确保交易安全和

[①]　参见世界银行:《2014年全球营商环境报告》,http://chinese.doingbusiness.org/,2014年4月13日访问。

维护交易公平。

一、维护企业自由的原则

企业自由(free enterprise)是创造财富和增加价值的必要前提和基础。商主体作为"经济人"在市场无形之手的牵引下,在追逐自我利益的过程中,自然而然地实现了资源的合理配置。商法既以商事关系为规范对象,自应充分发挥其积极性和创造性,促进经济发展和社会繁荣、稳定与和谐。

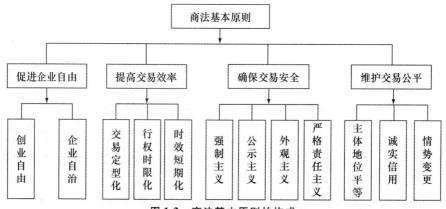

图1-3 商法基本原则的构成

(一) 创业自由

首先就是市场准入的负面清单原则,亦称否定清单(negative listings)。法无禁止即自由。凡是法律未禁止的,商主体就能够自由进入,享有广泛的行为自由。这与私法自治理念高度契合。再者,在商主体的形态法定原则下,商主体具有充分的选择权,他人不可将某种形态强加给他,不合时宜的形态将自然而然地被抛弃。商事登记均采用准则主义,就是这种反映。在全球竞争体制下,各国商法均采亲善企业(business friendly)的立场,竞相鼓励投资和创业,吸引国际投资。这样,不仅激活了商主体的活力,增进了市场活力,而且有效地限制了政府的自由裁量,促进了政府行为的公开化、透明化。

(二) 企业自治

这体现为企业自主治理、自主经营和自主交易三个方面。就自主治理而言,我国《公司法》针对有限责任公司的规范,共有8处准予公司章程另行或自行规定,充分体现了公司自治。① 至于组织架构和规章制度,商主体均有充分的自主权(引例1-4)。至于自主经营,绝大多数国家废除了公司法上的越权无效规则(ultra vires),即属于充分尊重经营自主权。英国《公司法》(1985)就引入了"一

---

① 参见我国《公司法》第43—44条、第49—51条、第55条、第71条和第75条。

般商事公司"(general commercial company),只要公司章程简单地规定本公司属于一般商事公司,即可以从事一切不受国家限制或禁止的商事活动,免除公司在章程中一一描述其经营项目,生怕挂一漏万之麻烦。在具体经营某种业务时,商主体自然是各有奇招,才能在激烈的市场竞争中追求卓越。至于自主交易,就是只要不违反公序良俗,当事人有权决定是否订立合同、与谁订立合同以及合同的条件和形式。比如,商业银行是否发放贷款以及发放多少贷款,应由银行根据项目的可行性和客户资信情况自主决定,行政机关、其他机构或个人乃至股东都无权指手画脚,横加干预。当然,在特殊商事领域,契约自由原则受到不同程度的限制。以票据为例,出票人是否出票以及票据金额的记载,均由出票人根据交易的需要而定。但是,票据属于要式行为,必须采取统一的格式,必要记载事项还须按照法定要求进行。否则,可能导致拒绝承兑,不能实现交易目的。同理,我国《保险法》第 30 条规定,对于保险合同的条款,保险人与投保人、被保险人或者受益人有争议时,法院或者仲裁机构应当作有利于被保险人和受益人的解释。究其原因,保险人系职业经营者,是保险格式合同文本的提供者,本来在保险关系中就处于优势地位,若是作出对保险人有利的解释,势必导致保险人滥用权利,肆无忌惮地在保险合同中打埋伏,设置有损投保人、被保险人或受益人利益的条款。如是,消费者就会对保险避而远之,反而会影响保险业的发展。故,这种限制仍符合促进社会财富创造的商法根本目标。

引例 1-4

董事会解聘 CEO 无需理由[①]

2011 年 3 月,A 公司的董事会作出决议,以该总经理挪用公司资金用于炒股并造成公司亏损为由,免除其职务。总经理不服,诉至法院。法院认为,董事会解聘总经理,如同其选任合适的总经理人选一样,属于公司自治范畴,法院不宜替代董事会作出判断,尊重董事会决策。

二、提高交易效率的原则

商城如战场,机会瞬息万变,稍纵即逝,时间就是金钱。只有提高交易效率,才能实现营利目的,具体表现为交易定型化、行权时限化和时效短期化。

(一)交易定型化

这是保障交易效率的重要基础,包括交易形态定型化和交易客体定型化。交

[①] 参见罗培新:《董事会解聘 CEO 无需理由》,载《董事会》2012 年第 11 期。

易形态定型化是指通过强行法规则预先规定若干类型的典型交易方式,使得任何个人或组织,无论何时从事交易,均可以获得同样的法律效果。交易客体的定型化,是指交易客体的商品化和证券化。对有形物品赋予一定规格或标记,便于对同质标的物进行批量供应,就属于商品化。若客体为无形的权利,可通过一定方式使之证券化,提高流转效率。股票、公司债券、票据、保险单、载货证券均为其典型。

(二) 行权时限化

为促进商事交易,商主体许多权利的行使受时限约束,比如除斥期间,即法律规定某种权利预定存在的期间,商主体在此期间不行使权利,即发生该项实体权利消灭的法律后果。比如,根据我国法律的规定,投保人申报的被保险人年龄不真实,并且其真实年龄不符合合同约定的年龄限制的,保险人有权解除合同,并按照合同约定退还保险单的现金价值。但是,自合同成立之日起逾 2 年,保险人则无权解除合同。法院通过强制执行程序转让股东股权,其他股东行使优先权的期限为法院通知之日起 20 日内。股东(大)会和董事会会议程序、表决方式违反法律、行政法规或公司章程或决议内容违反公司章程的,股东行使撤销权的期限为决议作出之日起 60 日内。有限责任公司异议股东行使股权收购请求权的,自股东会会议决议通过之日起 60 日内,还不能与公司达成股权收购协议的,即可在会议决议通过之日起 90 日内向法院提起诉讼。① 类似情形,不胜枚举。

(三) 时效短期化

时效短期化,是指对交易行为所生之债权的时效期间予以特别的缩短,以便迅捷地确定其行为之效果。各国商法对各类商事请求权普遍采取短于民事时效期间的短期时效。比如,票据请求权多适用 6 个月、4 个月,甚至 2 个月的短期消灭时效。依据我国《票据法》第 17 条,持票人对支票出票人的权利,自出票日起时效为 6 个月;出票人对前手的追索权,自被拒绝承兑或者被拒绝付款之日起,时效为 6 个月;出票人对前手的再追索权,自清偿日或者被起诉之日起,时效为 3 个月。海商法上船舶债权人的求偿权多适用 1 年以内的短期时效。依据我国《海商法》第 257、260、263 条,就海上货物运输向承运人主张赔偿请求权,时效为 1 年;有关海上拖航合同和共同海损分摊的请求权,时效亦为 1 年。

三、确保交易安全的原则

商事交易贵在迅捷,但亦需安全。如果没有交易安全,当事人非但不能实现交易目的,还可能危及其固有权益。强制主义、公示主义、外观主义和严格责任主义,就是这一原则的具体表现。

---

① 参见我国《保险法》第 16 条第 3 款、第 32 条,《公司法》第 22 条、第 74 条。

（一）强制主义

强制主义，亦称干预主义或要式主义，是指国家通过公法手段对商事关系施以强行法规则。无论是组织法还是行为法，这种规范可谓比比皆是：公司法上的公司设立条件，股东（大）会和董事会法定人数及其表决规则，股东大会、董事会、监事会以及经理各自的职权，董事、经理和监事的资格及其义务等；证券法上的证券交易场所、持续信息披露等；票据法上票据的必要记载事项；保险法上保单的必要记载事项；海商法上有关提单的必要记载事项以及承运人、托运人责任；破产法上破产事由、破产财产和破产债权范围、破产财产清偿顺序等，均体现了强制主义。违者，不仅有民事责任，而且可能导致行政责任，甚至刑事责任。

引例 1-5

光大"乌龙指"[①]

2013 年 8 月 16 日，光大证券的交易员按部就班地执行 ETF 基金套利策略，先后于 9 点 41 分、10 点 13 分和 11 点 02 分发出三组买入一篮子 180ETF 成分股的订单。第三组买入一篮子 180ETF 成分股的订单后，只成交了 153 只股票，有 24 只股票未成交。交易员本想通过系统中的"重下"功能补单买入 24 只股票，但被错误地执行为买入 24 组 ETF 一篮子股票。订单被几何级数放大。11 点 05 分，上证指数突然飙升，近六十只权重股瞬间涨停，大盘一分钟内涨超 5%，最高涨幅 5.62%，指数最高报 2198.85 点，盘中逼近 2200 点。11 点 44 分上海证券交易所称系统运行正常。中国证监会对光大证券处以没收违法所得 87214278.08 元，并处以 5 倍罚款，罚没款金额总计 523285668.48 元；对徐浩明、杨赤忠、沈诗光、杨剑波分别给予警告及每人 60 万元罚款，并采取终身的证券市场禁入措施，宣布徐浩明、杨赤忠、沈诗光、杨剑波为期货市场禁止进入者；停止光大证券从事证券自营业务，暂停审批光大证券新业务。

（二）公示主义

公示主义，是指涉及利害关系人利益的营业上事实必须予以公告周知的法律要求。这旨在保护交易相对人或社会公众的合法权益。比如，企业的设立、变更或消灭，非经登记不发生法律效力。依据我国《公司法》第 173 条和第 175 条，公司合并或分立的决议需要自作出决议之日起 10 日内通知债权人，并在 30

[①] 中国证监会处罚决定〔2013〕59 号。

日内在报纸上公告。商号的转让非经核准,不得对抗第三人。① 公司召集股东(大)会,亦应公告召集事由。公司招募股份或公司债券,需要公告有关事项。在证券法上,上市公司有持续信息披露义务,需要披露季度报告、中期报告、年度报告以及临时报告。在海商法上,船舶所有权的取得、变更或消灭以及抵押权的设定,都需要向船舶登记机关登记。否则,不能对抗善意第三人。

(三) 外观主义

外观主义,是指以交易当事人行为的外观为准,而认定其行为所产生的法律效果。赋予行为外观优越性,乃是为了维护交易安全(引例1-6)。德国和日本称为外观主义,法国称为外观法理,英美称为禁止反言(estoppel by representation)。各国商法上的不实登记的责任、表见股东、表见董事和表见经理,票据的文义性、要式性和背书连续性的证明力等都是外观主义的体现。在票据法上,票据所记载的出票地和日期,即使与真实的出票地和日期不相符,亦不影响其效力。依据我国《合伙企业法》第37条,合伙企业对合伙人执行合伙事业以及对外代表合伙企业的权利的限制,不得对抗不知情的善意第三人。至于股东资格的认定,以股东名册为准,工商登记则具有对抗善意第三人的效力。

引例 1-6

总经理免职自董事会决议之日起生效②

2002年,周建和与上海松江区政府合资成立上海庄城公司,注册资本1200万美元。周建和旗下的北京庄胜公司、香港建采公司合计持股85.85%,松江区政府下属的城通公司持股4.15%,外商林敏持有其余10%的股权。周建和以大股东身份出任合资公司董事长,沈伟得任总经理。庄胜集团高层对其十分信任,沈伟得具体控制了上海庄城的运营业务。2004年5月,公司免去沈伟得董事和总经理职务,但是沈伟得拒绝交出公司的公章、营业执照、财务账册、法律文书,甚至还持有董事长周建和的私人印章。沈伟得仍与施工单位签署施工合同,并动员施工单位将公司告上法庭。其实,庄城公司董事会的免职决定已于董事会决议之日起生效,因沈伟得人为阻碍而未完成工商登记变更,只是不能对抗善意第三人而已。

---

① 参见我国《企业名称登记管理规定》第23条第2款。
② 参见陆新之:《被罢免的总经理惹出的麻烦》,载《董事会》2007年第9期。

（四）严格责任主义

严格责任主义，是指从事商事交易的当事人承担比一般民事责任更为严格的责任。这是保障交易安全的又一重要举措。依据我国《票据法》第68条第1、2款，汇票的出票人、背书人、承兑人和保证人对持票人承担连带责任，且持票人可以不按照汇票债务人先后顺序，对其中一人、数人或全部行使追索权。依据我国《公司法》第94条，股份公司不能成立时，发起人对设立行为所产生的债务和费用负连带责任；对认股人已经缴纳的股款的本金和同期存款利息，也负连带责任。依据《公司法》第30条和第93条，若股东出资的非货币财产的实际价额显著低于章程所定价额，原出资股东、发起人补足其差额，公司设立时的其他股东、发起人承担连带责任。

四、维护交易公平的原则

常言道：商场无父子。商人均有各自的利益诉求，都竭力追求其利益最大化。商法必须维护竞争的公平性，这就体现为交易主体地位平等、诚实信用和情势变更。

（一）交易主体地位平等原则

商品是天生的平等派，商人在交易中地位平等便是首要的要求。任何形态的商主体的法律地位一律平等，其合法权益均受到法律保护。不论是独资企业、合伙企业，还是公司，不论是内资企业，还是外商投资企业，不论是私营企业，还是国有企业、集体企业，不论是上市公司，还是非上市公司，不论是大企业，还是中小企业，均具有平等的权利能力，平等地受到法律保护。在经济社会转轨时期，传统计划经济体制遗留下来的一些不平等待遇还不同程度地存在，这种状况亟待改变。

值得注意的是，这与中小企业（SMEs）扶持政策并不矛盾。各国均有大量的中小企业政策，比如财政税收政策、政府采购政策、技术创新政策、融资政策等，以利于中小企业获得实质上的平等地位。我国《中小企业促进法》也确立了对中小企业的资金、创业、技术创新、市场开拓和社会服务扶持等方面的支持。该法第23条规定，国家在有关税收政策上支持和鼓励中小企业的创立和发展；第29条第2款规定，中小企业技术创新项目以及为大企业产品配套的技术改造项目，可以享受贷款贴息政策；第34条明确规定，政府采购应当优先安排向中小企业购买商品或者服务。

（二）诚实信用原则

诚实信用原则被誉为民商法的"帝王条款"，对于民事和商事活动均适用。诚实信用是指商主体在从事商业活动时须以善意的方式行事，不得有欺诈行为或滥用权利。它原本属于道德要求，现已为各国民商法所认可，广泛运用于商事立法。违反该原则,可能产生严厉的法律责任。

具体说来,董事、监事和高管①对公司负有忠实义务,不得利用职权收受贿赂或者其他非法收入,不得侵占公司的财产。② 保险法则有最大诚信原则(utmost good faith)。我国《保险法》第 5 条明确要求,保险活动当事人行使权利和履行义务要遵循诚实信用原则。第 16 条规定,订立保险合同,保险人应当向投保人说明保险合同的条款内容,并可以就保险标的或者被保险人的有关情况提出询问,投保人应当如实告知。投保人故意隐瞒事实,不履行如实告知义务的,或者因过失未履行如实告知义务,足以影响保险人决定是否同意承保或者提高保险费率的,保险人有权解除保险合同。投保人故意不履行如实告知义务的,保险人对于保险合同解除前发生的保险事故,不承担赔偿或者给付保险金的责任,并不退还保险费。投保人因重大过失未履行如实告知义务,对保险事故的发生有严重影响的,保险人对于保险合同解除前发生的保险事故,也不承担赔偿或者给付保险金的责任,但应当退还保险费。第 27 条还规定,被保险人或者受益人在未发生保险事故的情况下,谎称发生了保险事故,向保险人提出赔偿或者给付保险金的请求的,保险人有权解除保险合同,并不退还保险费。投保人、被保险人或者受益人故意制造保险事故的,保险人有权解除保险合同,不承担赔偿或者给付保险金的责任,一般也不退还保险费。保险事故发生后,投保人、被保险人或者受益人以伪造、变造的有关证明、资料或者其他证据,编造虚假的事故原因或者夸大损失程度的,保险人对其虚报的部分不承担赔偿或者给付保险金的责任。投保人、被保险人或者受益人有前述情形,致使保险人支付保险金或者支出费用的,应当退回或者赔偿。

(三)情事变更原则

情事变更原则,是指商事合同成立后至履行前,如发生重大情事变迁,或基于不可归责于当事人之事由,发生非当事人所能预料的情事,而使原合同实施的效果显失公平的,当事人可请求对方适当地变更该合同,或由法院判令其变更,从而恢复交易的公平性。这也是诚实信用原则的另一种体现。比如,因不可归责于承租人之事由,致租赁物部分灭失者,承租人得按灭失的部分请求减少租金。保险契约成立后,如危险减少,被保险人可以请求保险人重新核定保险费。依据我国《保险法》第 52 条,在财产保险合同有效期内,保险标的危险程度显著增加的,被保险人按照合同约定应当及时通知保险人,保险人有权要求增加保险费或者解除合同。被保险人未履行该通知义务的,因保险标的危险程度显著增

---

① 这是高级管理人员的简称,包括经理、副经理和财务负责人。董事可以兼任高管。参见我国《公司法》第 216 条。
② 参见我国《公司法》第 148 条。

加而发生的保险事故,保险人不承担赔偿责任。第 53 条规定,除财产合同另有约定外,据以确定保险费率的有关情况发生变化,保险标的危险程度明显减少,或者保险标的的保险价值明显减少的,保险人应当降低保险费,并按日计算退还相应的保险费。凡此种种,都是为了增进交易公平。

第三节 商法的渊源与商事立法

一、商法的渊源

商法的渊源是指实质意义上的商法规范。与其他部门法一样,制定法及国际条约和国际惯例均属其渊源。此外,还有软法(soft law)和商事习惯两种特殊的法源。

(一) 软法

当今社会,软法广泛存在于人们社会生活的各个领域,呈现出不断增长之势,商法领域自不例外。一个显著的事例就是,20 世纪 90 年代以来,源于英美的公司治理准则、最佳行为守则等软法,早已光大于全球,并有十多个国际组织颁行相关的公司治理准则,如经济合作与发展组织(OECD)颁布的《公司治理原则》(1999、2004)。英国伦敦证券交易所甚至将这些准则纳入上市规则,拟上市的和已上市的公司不得不采用、遵循。从实际效果来看,它们虽不是法,却胜是法。

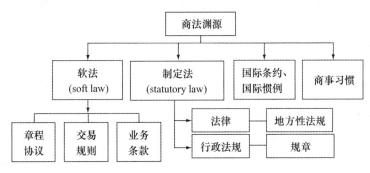

图 1-4 商法的渊源

软法亦是一定人类共同体通过其成员参与、协商的方式制定或认可的,其内容具有相应的民主性、公开性、普遍性和规范性,从而是人们的行为规则,规范社会关系。故,软法亦法。[①] 但是,软法又不是典型意义的法。其制定主体一般不

---

① 参见姜明安:《软法的兴起与软法之治》,载《中国法学》2006 年第 2 期。

是国家正式立法机关,而是非国家的人类共同体。相对于国家的制定法这种硬法,软法则处于准法地位。归结起来,主要有三种类型,一是商主体规范自身的组织和行为的章程、规则、原则,如合伙企业的合伙协议和公司章程等。二是有关行业团体或社会组织制定的自治性规则,如证券交易所的上市规则、交易规则等。三是业务条款。作为交易条件,它是交易的一方单方面制定的,并经过主管机关备案或核准的交易条款,实际上起到补充有关法规或部门规章的作用,如保险公司的机动车交通事故责任强制保险条款、财产保险的基本条款等。当然,无论哪种类型,都不能违反强制性法律规范,不能违反公序良俗和社会公共利益。

(二) 商事习惯

无论国家权力如何强大,制定法的触角也不可能深入到社会生活的任何时间和地点。即使可能,社会也无法承担如此高昂的成本。即使在一国之内,除了制定法之外,仍有大量的没有被国家主权"法律化"的各种"活法",商事习惯就是如此。习惯作为人类适应社会生活的智慧的结晶,通过一代代耳濡目染、潜移默化而得以薪火相传,并成为成员社会化过程的一部分,对习惯的容让体现了法律对民族精神、民族传统和民族生活的珍视。我国民商事立法也确认了商事习惯的法源地位。一是《民法通则》在确定涉外法律适用时认可了国际惯例。二是《合同法》确认了商事习惯在法律适用中的地位。《合同法》第60条第2款规定,当事人应当遵循诚实信用原则,根据合同的性质、目的和交易习惯履行通知、协助、保密等义务。第61条规定,合同生效后,当事人就质量、价款或者报酬、履行地点等内容没有约定或者约定不明确的,可以协议补充;不能达成补充协议的,按照合同有关条款或者交易习惯确定。

二、商法的适用顺位

首先,在多层次的商事制定法之中,法律适用的基本规则就是上位法优于下位法,即法律优于行政法规、地方性法规和规章,行政法规优于地方性法规和规章;特别法优于普通法;新法优于旧法;法律文本优于法律解释。而要实现上位法优于下位法这一基本规则,还需要一些配套条件,需要权力机关采取有效措施,及时进行法律法规合法性审查,及时清除违反上位法的非法之法,李慧娟事件就是适例(引例1-7)。

> **引例 1-7**
>
> ### 李慧娟事件①
>
> 2003年1月25日,河南省洛阳市中级人民法院开庭审理了伊川县种子公司委托汝阳县种子公司代为繁殖"农大108"玉米杂交种子的纠纷,审判长为30岁的女法官李慧娟。双方对案件事实认定无分歧,而在赔偿问题上则有很大分歧。由于《河南省农作物种子管理条例》和《种子法》的不同规定,赔偿相差几十万元。李慧娟在该案判决书中写道:"《种子法》实施后,玉米种子的价格已由市场调节,《河南省农作物种子管理条例》作为法律位阶较低的地方性法规,其与《种子法》相冲突的条文自然无效……"这一判决在全国引起不少议论。河南省人大常委会认为,法院在行使审判权时,无权对省人大及其常委会通过的地方性法规的效力进行评判。在河南省人大和省高级法院的直接要求下,洛阳市中级人民法院撤销了李慧娟的审判长职务,并免去其助理审判员资格。

其次,我国已经缔结或加入了不少的国际条约。比如,《国际船舶载重线公约》(1966)、《国际海上避碰规则公约》(1972)、《联合国国际货物销售合同公约》(1980)等。依据《民法通则》第142条,除我国声明保留的条款外,凡是国际条约与我国商事立法有不同规定的,应适用国际条约的规定。我国商事法律和前述条约没有规定的,可以适用国际惯例。易言之,国际法优于国内法,国际商事惯例对国际条约和国内商事法具有补充适用的作用。

再次,就是软法。尽管软法的类型多元,但都是在不违反强制性法律规范、不违反公序良俗和社会公共利益的条件下对制定法的有益补充,可以发挥制定法无可替代的作用,因而其适用应优先于制定法。

最后,就是商事习惯。一般说来,商事法没有规定的,适用商事习惯。只要制定法有规定,即优先适用制定法;只有制定法没有规定时,才适用商事习惯。

三、商事立法的体制

改革开放三十多年来,随着市场经济体系发展和深化,我国商事立法得以空前繁荣和发展,支撑性的商事立法业已齐备,并随着市场经济体制的不断完善而修订和改进,商法体系业已形成(表1-1)。无疑,这应归功于商事立法的实用主义策略,摒弃了由来已久的民商合一与民商分立之争。需要什么法,就立什么

---

① 参见秋风:《从李慧娟到法规审查备案室》,载《南方周末》2004年6月24日。

法；什么时候成熟，就什么时候立法，并不追求大而全的理想化商法典。这是商事立法实践基于经济社会发展的紧迫要求所作出的选择。这种选择无疑是合理的，反映了商法文明的大趋势和发展方向。这就有必要探究商法形式理性路径的特殊性。法律需要形式理性，商法自不例外。但是，形式理性并不等于形式主义，更不等于法典化。

表 1-1 我国主要商事立法

法律的名称	颁布和修订时间	法律的名称	颁布和修订时间
公司法	1993、1999、2004、2005、2013	企业国有资产法	2008
合伙企业法	1997、2006	全民所有制工业企业法	1988、2009
个人独资企业法	1999	乡镇企业法	1996
证券法	1998、2004、2005、2013	中小企业促进法	2002
证券投资基金法	2003、2012	中外合资经营企业法	1979、1990、2001
票据法	1995、2004	中外合作经营企业法	1988、2000
信托法	2001	外资企业法	1986、2000
保险法	1995、2002、2009	电子签名法	2004
海商法	1992	企业破产法	2006

其一，商法紧贴变动不居的商事实践，商法需有直接作用于商事实践的效能。作为一种高度形式理性的要求，商法需要的是确定性、可预测性与可计量性，而未必是形式化的法典。实际上，商法体系化不强，缺乏逻辑严密性，法典化未必能满足这一实质理性的要求。① 追溯商法发展史即可发现，无论是《汉谟拉比法典》，还是古希腊、古罗马的商法，这些都只是成文法上属于公法范畴的集市管理规范，而真正私法意义上的商法，商人与交易对象之间普遍适用的规则，乃是寓于商事习惯，然后上升为习惯法，进而成为成文的商法。可见，商事习惯也可以与形式理性高度契合，反映商主体对市场交易公平性、公正性和安全性的判断。易言之，商法的形式理性在于实质，而不在于法典化的形式。

其二，追求大而全的理想化商法典属于理性的无知。当今社会，技术进步一日千里，新型商业模式层出不穷（引例1-3），试图以一部统一的商法典规范所有商事关系，纯属狂妄。事实上，在采取民商分立模式的国家，其商法典已经支离破碎，在商法典之外已经制定了大量的商事单行法，有些原本在商法典里的，后来不得不分离出来，日本将其最核心的公司编也剥离出来，即为明证。

其三，实用主义路径是全球性趋势。英美法系不追求逻辑严密、体系合理的法典，自无民商合一与民商分立之争。即使制定成文商法，也是着眼于操作性、

---

① 参见赵磊：《反思"商事通则"立法——从商法形式理性出发》，载《法律科学》2013年第4期。

实用性与公平合理。英美国家的经济发展非但没有受到影响,它们反而在不同的历史时期成为了世界上商业最为发达的国家。而在大陆法系,尽管有民商合一与民商分立的不同传统,但经过二百多年的制度竞争,都走向了共同的归宿。民商分立的国家制定了浩如烟海的商事法规,而民商合一的国家亦在民法典之外制定了不可胜数的商事单行法。

其四,商法典系特定历史条件下的产物。近代西方国家商法典的前身就是中世纪的商人法,而商人法乃是当时商人阶层为了突破封建法和教会法的限制和禁令,在夹缝中求生存所采取的形式。然而现代社会,无业不商,无人不商,已不存在当时那样的商人阶层。商法具有普遍适用性,那时的商法典模式已成为昨日的黄花。就立法技术而言,无论是主观主义还是客观主义,所采用的方法不过是逻辑上的循环往复①,法典化与其说是解决问题,不如说是人为地制造麻烦。没有商法典,也就谈不上主观主义与客观主义这种无谓之争。

可见,这种实用主义选择既有助于保持商法的独立性,又能够呼应一日千里的社会经济生活发展的需要。诚然,实用主义并不意味着商事法的"碎片化"。近年来,学界又提出了折中主义的"商事通则"模式②,将商主体和商行为的基本原则、基本制度和基本规则纳入通则,以通则统率各个商事单行法。这种模式是否可行,是值得冷静思考和认真研究的。相应地,这也意味着局部领域法典化的可能。金融商法的兴起,就是适例。20世纪70年代以来,新技术被不断运用于金融业,分业经营的藩篱被不断打破,金融业获得史无前例的发展,全球金融资产的名义价值就已经达到实体经济的15—16倍。③ 这样,基于横向规制理念的金融商法和基于一体化监管理念的金融监管法日益深入人心。英国和澳大利亚率先实行了一体化监管,德国于2002年引入"大部制"(BafFin)改革,日本和韩国亦步其后尘。2007年次贷危机以后,美国亦痛定思痛,《金融监管改革法案》也确立了横贯整个金融业的金融稳定监管委员会。基于金融商品的概念,英国2000年制定了《金融市场与服务法》;日本2006年《金融商品交易法》则更进一步,无论是银行产品、保险产品、信托产品,还是证券产品、期货产品,只要有投资性,均归类为金融商品,就其共性部分厘定共同的行为准则④;欧盟《金融市场工具指令》(2004),韩国《金融投资服务与资本市场法》(2009)、《金融投资服务与资本市场法执行令》(2009)和《金融投资服务与资本市场法实施细则》(2009),亦然。

---

① 参见〔英〕施米托夫著:《国际贸易法文选》,赵秀文译,中国大百科全书出版社1993年版,第11页。
② 参见王保树:《商事通则:超越民商合一与民商分立》,载《法学研究》2005年第1期;范健:《我国〈商法通则〉立法中的几个问题》,载《南京大学学报》2009年第1期。
③ 参见朱民:《危机后全球金融格局十大变化》,载《第一财经日报》2009年12月3日。
④ 参见冯果:《金融服务横向规制究竟能走多远》,载《法学》2010年第3期。

第二章 商 主 体

第一节 商主体概述

一、商主体的概念与特征

商主体,亦称为商人、经营者,是指依商法规定,以自己的名义从事商行为,并享有民事权利和承担民事义务的人。消费者虽是商事法律关系的主体之一,但不属于商主体。作为商品和营利性服务的经营者,商主体系市场运行的关键因子,其数量和质量都是衡量市场发育成熟度与活力的重要表征。公司密度,即每千名成年人中拥有公司的数量,便是世界银行衡量各国营商环境竞争力的一个重要方面(引例2-1)。能够参与国际市场竞争的商主体的数量,自然反映出一国的国力(引例2-2)。

引例 2-1

公司密度[①]

2012年,全球189个经济体的公司密度均值为12.4家。2009年以来,离前沿距离缩短幅度最大的20个经济体实施了253项使营商更为便利的监管改革,占同期全球改革总数的20%。显著成效之一就是公司总密度大幅度增长,撒哈拉以南非洲的9个经济体增长了10倍以上,卢旺达从0.3家增长到3.4家,而俄罗斯从2006年的22家提高到2012年的35家。

商主体具有三个特征:其一,商主体系商法所规定的人。任何商主体都必须属于商法所规定的某种法律形态,依法取得营业资格的法人、其他商事组织或个人。其二,商主体必须是从事商行为的人。但并非任何从事商行为的人都是商主体,只有以经营商品和经营性服务为经常职业的人才是商主体。不从事商行为的人,自然不属于商主体。其三,商主体是以自己名义从事商行为的人。商主

---

① 参见世界银行:《2014年全球营商环境报告》,http://chinese.doingbusiness.org/,2014年4月13日访问。

体不仅从事商行为,而且是以自己的名义从事商行为。故,商主体有别于商主体的内部组织机构或商业辅助人。

> **引例 2-2**
>
> ### 世界财富 500 强的中国企业①
>
> 2005 年以来,中国大型企业平均增速达到 25%,成为中国的"国家冠军"。2011 年,在世界财富 500 强企业排行榜中,中国位居第三,2012 年跃居第二,占 73 家大型企业。2013 年,中国上榜的公司总数达到 89 家,距离百家仅咫尺之遥,仅次于美国的上榜公司 132 家。壳牌、沃尔玛、埃克森美孚稳居榜单前三,中国的中石化、中石油名列第四、第五。这些上榜企业的总收入达 5.2 万亿美元,占 500 强企业总收入的 17%。上榜企业的主体是国有控股企业,其中上榜的 9 家商业银行占据了所有 89 家公司利润总额的 55.2%。2013 年新上榜的 31 家公司中,中国公司占据了 18 个席位,占 60% 左右,中国新上榜公司的数量位居全球第一。中国工商银行系利润率最高的中国公司,净利润 378.06 亿美元,利润率为 28.3%。中国大陆金融业共有 13 家公司上榜,利润占比为 56.5%;美国金融业共有 27 家上榜,利润占比仅为 25.9%。

二、商主体的法律形态

商主体的法律形态,是指商主体从事商行为所采取的由法律所确定的形式。如图 2-1 所示,现代市场体系下的商主体以企业为中心,包括公司、国有企业、集体企业、外商投资企业、合伙企业和独资企业,个体工商户和农村承包经营户系中国特色的商个人。

无论是商法人,还是其他商事组织和商个人,均具有以下三个要素:

其一,成员。商主体由成员设立、拥有和支配。没有成员,商主体根本无法成立。商主体可以没有雇员,绝对不能没有成员。成员可以为一人,也可以为数人。商个人只能有一个成员,合伙企业、有限责任公司和股份有限公司则需要两个以上的成员,唯一人有限责任公司只能有一个成员。

其二,资产。这是商主体得以从事商行为和承担责任的物质基础。资产之

---

① 参见 Li-Wen Lin & Curtis J. Milhaupt, We are the (National) Champions: Understanding the Mechanisms of State Capitalism in China, http://www.ssrn.com/abstract=1952623, 2014 年 4 月 13 日访问;周展宏:《2013 年世界 500 强排行榜上的中国公司》, http://www.fortunechina.com/fortune500/c/2013-07/08/content_164457.htm, 2014 年 4 月 15 日访问。

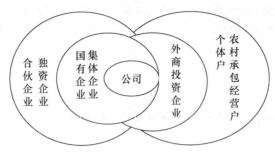

图 2-1　商主体的构造

于商主体,犹如血液之于人体。商主体是物的要素和人的要素的结合,缺一不可。商法人需有必要的独立财产,银行、保险、证券等领域还设有最低注册资本的要求,独资企业和合伙企业亦需有与其生产经营相适应的资产。

其三,财产责任。此乃商主体的必备要素,成员责任的差异也是区别不同法律形态的根本标志。凡是成员以出资额为限对商主体负责的,为有限责任;凡是不以其出资额为限对商主体负责,当商主体自身财产不足以清偿其对外债务时,成员还要以自己财产清偿债务的,为无限责任。成员的有限责任就意味着商主体的独立责任,而成员的无限责任则标明该商主体的非独立责任。商法人的成员均承担有限责任,合伙企业和独资企业的成员则承担无限责任,个体工商户和农村承包经营户的成员承担无限责任。

三、企业

当今社会,商主体以企业为中心(图 2-1),而非传统商法上的商人。故,法国、德国、葡萄牙、日本学者认为,商法是企业的对外私法,甚至主张将商法改称为"企业法"。奥地利和我国澳门地区则已经付诸实践。奥地利废弃原来的商法典,单独制定了《奥地利企业法典》,废弃了商人和商行为的术语,转而采用企业和企业主的术语。我国澳门地区虽然保留了"澳门商法典"的名义,但已经将"企业"定为商法典的基本概念,并据此建立了商业活动的整套新规则。在这里,企业和企业主的概念占有重要地位,商人和商行为退居次要地位。①《澳门商法典》首卷第一编第一章就规定了企业主、企业和商行为。企业主是指以自己的名义,自行或通过第三人经营企业的自然人或法人,公司是最典型的企业主。企业是指以持续性营利活动为目的而从事经营活动之生产要素的有机体,它是企业主的经营对象。商行为是指为了经营企业而实施的受商法典特别规范的行为。

---

① 参见叶林:《企业的商法意义及"企业进入商法"的新趋势》,载《中国法学》2012 年第 4 期。

在我国,"企业"这一用法则更为普及,深入人心。只有清末商事立法使用过"商人"术语,新中国成立后,1950年颁行的《私营企业暂行条例》就没有采用"商人"术语,而是采用"企业"这一术语。这是新中国最早采用"企业"术语的法律文本,开启了"企业"入法之先河。1956年前后完成生产资料的社会主义改造后,多数工业经济单位称为"厂"或"工厂",流通业中的经济单位称为"商店""商铺""厂(运输场)"和"社"等,只有少数从事对外经济贸易活动的经济单位延续了"公司"的称谓。改革开放以来,我国商主体立法取得了辉煌成就,企业乃是这些立法的中心之所在,这造就了多种企业法的并存。一是为了促进对外开放,吸引外资,相继制定了《中外合资经营企业法》《中外合作经营企业法》和《外资企业法》。二是为推进国家和集体组织的改革和发展,相继制定了《全民所有制工业企业法》《企业国有资产法》《全民所有制工业企业转换经营机制条例》《城镇集体所有制企业条例》和《乡村集体所有制企业条例》。三是《公司法》《合伙企业法》和《个人独资企业法》,这是20世纪90年代为确立和完善社会主义市场经济体制所制定的和现代商法接轨的企业立法。可见,我国商法在很大程度上是有关企业的主体地位、组织与运行的法。

四、中小企业

中小企业不仅数量庞大,一般都占商主体总数的99%以上,而且在国民经济和科技创新中占据重要的地位,其所雇佣人数占75%左右,产值达到60%左右。[①] 中小企业愈来愈受到各国立法高度重视,我国自不例外。其一,商主体立法的目标对象,从大企业转向中小企业,优先考虑中小企业的需求,适合中小企业的替代性组织形式愈来愈多,可塑性愈来愈强,创新和传播速度愈来愈快。其二,赋予中小企业诸多优惠待遇,以促进其发展。比如,中小企业技术创新项目以及为大企业产品配套的技术改造项目,可以享受贷款贴息政策。[②]

经营规模乃是确定中小企业的依据。一般采用雇员人数、营业额和总资产这三个标准。2003年和2011年我国先后出台的中小企业划型标准,也采用了这三个标准,但以雇员人数和营业额为主,仅建筑业、房地产开发经营及租赁和商务服务业涉及总资产标准(表2-1)。中小企业包括中型企业、小型企业和微型企业三种,中型企业的上限就是大型企业。大型企业与中型企业的划分采用单一标准,如工业企业,只要从业人员在1000人以下,或者营业额低于4亿元,满足任何一个标准,就是中型企业。反之,则为大型企业。而中型、小型和微型企业的划分,一般需要满足两个条件。再如工业企业,从业人员300人以上

---

① 参见朱羿锟:《中小企业替代组织形式探索》,载《中国工业经济》2000年第11期。
② 我国《中小企业促进法》第29条第2款。

1000人以下,且营业额2000万元以上4亿元以下,是中型企业;从业人员20人以上300人以下,且营业额300万元以上2000万元以下,即为小型企业;而从业人员20人以下,或营业额300万元以下的,就是微型企业。

表2-1 中国中小微企业的划分标准

行业	雇员（人）	营业额（亿元）	总资产（亿元）	行业	雇员（人）	营业额（亿元）	总资产（亿元）
工业	<1000	<4		餐饮业	<300	<1	
建筑业		<8	<8	信息传输业	<2000	<10	
批发业	<200	<4		软件与信息技术	<300	<1	
零售业	<300	<2		房地产开发经营		<20	<1
交通运输业	<1000	<3		物业管理	<1000	<0.5	
仓储业	<200	<3		租赁和商务服务业	<300		<12
邮政业	<1000	<3		农林牧渔业		<2	
住宿业	<300	<1		其他行业	<300		

第二节 商 法 人

商法人就是依照商法设立的以营利为目的的具有法人资格的商事组织。公司最为典型,国有企业、集体企业和中外合资经营企业均为商法人,中外合作经营企业和外资企业可以是商法人,亦可为非法人企业。

一、公司

公司(company, corporation)是指依法设立的营利性社团法人。一个股东即可设立一人公司,其与独资企业主要有两大差异:一是独资企业仅能有一个投资人,要增加投资人,必须改变商主体形态,而一人公司增加投资人则无须改变其形态;二是一人公司具有法人地位,而独资企业则没有。与合伙不同的是,一个股东即可设立公司,而一个人无论如何也不能设立合伙。此外,它们在成立的基础、是否具有法人资格、成员是否享有有限责任、财产归属以及经营实体的事务管理权配置方面,均有很大差异(表2-2)。关于公司的深入讨论详见本书第二编"公司法"。

表 2-2 公司与合伙之差异

	公司	合伙
成立基础	公司章程	合伙协议
法人地位	√	×
成员的有限责任	√	×
财产归属	公司	合伙人共有
管理	公司机关	合伙人共同管理
规模	一般较大	一般较小
争议处理	强制法规范	意思自治

(一) 普通公司与特殊公司的共性

普通公司就是依据普通公司法设立的公司,而特殊公司则是依据特别商事法设立的。我国的特殊公司主要有两类,一是依据《中外合资经营企业法》《中外合作经营企业法》和《外资企业法》设立的公司。它们虽从事普通的商事业务,但仍由特别商事法调整。二是依据《商业银行法》《保险法》《证券法》《证券投资基金法》等设立的从事银行业、保险业、证券业、投资基金业等特别业务的公司,如商业银行、证券公司、保险公司、基金管理公司等。

作为共性,它们均具有法人地位,出资人均享有有限责任,股东出资的方式和形式要求相同。公司分立与合并以及解散与清算的基本要求亦同。公司的经营规模愈大,外部性和社会性愈强,因而均有相应的制度安排使其能够负责任地退出市场,确保社会经济秩序的稳定(引例 2-3)。

引例 2-3

百年通用破产重组中的政府救助[①]

2009 年 6 月 1 日,"百年老店"美国通用汽车公司正式提交破产申请,成为美国历史上第四大破产案,也是美国制造业最大的破产案。通用在全球 34 个国家开展汽车制造业务,雇员约 24.4 万人。通用在美国的雇员约为 5.4 万人,退休员工达到 50 万,并在全球约 140 个国家销售汽车和提供服务,9 年前还高踞全球财富 500 强前列。根据美国政府主导的通用破产重组方案,通用及其子公司将其主要优质资产出售给新成立的通用,美国政府再提供 301 亿

---

① 沈雁飞:《负债 1728 亿美元百年通用破产保护 美国政府接管》,载《东方早报》2009 年 6 月 2 日。

美元的资金支持,获得60%的新通用优先股。此前通用已从美国政府累计获得194亿美元贷款援助。剩余资产及约270亿美元的债券持有人债务将保留在原通用,逐步分拆出售。重组后新通用的股权结构如图2-2。

图2-2 新通用的股权结构

(二) 普通公司与特殊公司的差异

特殊公司应优先适用特别法,特别法无规定时,才适用普通公司法。其与普通公司之差异在于:(1) 相对于普通公司的准则主义,其设立仍采取行政许可主义。(2) 仍有最低注册资本的要求,而普通公司已经取消最低注册资本。我国商业银行的最低注册资本为10亿元,保险公司为2亿元,证券公司为0.5—5亿元,投资基金管理公司为1亿元。① (3) 公司治理结构有特别要求。中外合资经营企业不设股东会,董事会为最高权力机关。董事由合营各方委派,而非选举,董事任期4年,而非普通公司的3年。中外合作经营企业亦无股东会,董事会或联合管理委员会为最高权力机关,董事或联合管理委员会委员亦是由合作各方委派,而非选举。② (4) 经营亦受特别规制。银行、保险、证券与信托原则上应分业经营。③ 为防范金融风险,各类金融机构还要提取各种风险防范基金。依据《保险法》第97—99条,保险公司应当提取责任准备金、未决赔款准备金和保险保障基金。(5) 市场退出亦有特别要求。《商业银行法》第64条规定了商业银行的接管制度,第71条要求其破产需事前征得中国人民银行的同意。为了解决

---

① 参见我国《商业银行法》第13条,《保险法》第69条,《证券法》第127条,《证券投资基金法》第13条。

② 参见我国《中外合资经营企业法实施条例》第30—31条,《中外合作经营企业法实施细则》第24—25条。

③ 参见我国《证券法》第6条。

证券公司尤其是"问题券商"的退出,保护中小投资者的取回权,各国建立了中小投资者保护机制,比如美国的投资者保护基金。2005年,我国成立了中国证券投资者保护基金有限责任公司①,启动资金达163亿元,以解决近20家证券公司②退出所需要兑付的数百亿元个人债务。

二、国有企业

国有企业,亦称全民所有制企业,是指国家投资设立的企业法人,包括国有独资企业、国有独资公司、国有资本控股公司和国有资本参股公司。随着现代企业制度建设的推进,越来越多的国有企业完成了股份制改造,公司制国有企业日益成为主流。仅就中央企业而言,公司制企业所占比重已达70%,一批大型国有企业先后在境内外资本市场上市,中央企业资产总额的52.88%、净资产的68.05%、营业收入的59.65%都在上市公司。③ 公司制国有企业自应适用公司法,这里仅探讨狭义国有企业,即依据《全民所有制工业企业法》设立的国有企业。

国有企业具有独立的法人资格,对内是自主经营、自负盈亏、自我发展、自我约束的经营者,对外独立享有民事权利,承担民事义务,以国家授予其经营管理的财产承担民事责任。其设立实行行政许可主义,须依照法律和国务院规定,由政府或者政府主管部门审核批准。其合并、分立、解散、申请破产,以及法律、行政法规和本级人民政府规定应当由履行出资人职责的机构报经本级人民政府批准的重大事项,亦然。

作为企业法人,国有企业对其动产、不动产和其他财产依据法律以及企业章程享有占有、使用、收益和处分的权利。企业享有经营管理自主权、生产经营决策权、投资决策权、产品和劳务定价权、资产处置权、联营和兼并权、内部机构设置权等广泛权利。至于经营形式,由政府主管部门决定,可以采取承包、租赁、信托、股权经营等不同形式。无疑,国有企业应对出资人负责,国家对其所出资企业依法享有资产收益、参与重大决策和选择管理者等出资人权利。国务院代表国家行使企业财产的所有权,国务院国有资产监督管理委员会代表国家行使出资职责。

国有企业实行厂长(经理)负责制,厂长(经理)系企业的法定代表人。厂长(经理)由国家委派或由职工代表大会选举,报政府主管部门批准。职工代表大会是企业实行民主管理的基本形式,是职工行使民主管理权力的机构。出资人

---

① 参见我国《证券法》第134条。
② 被责令关闭的券商有2002年鞍山证券、2003年大连证券、2004年云南证券以及2005年民安证券、闽发证券、大鹏证券、汉唐证券、五洲证券、南方证券、亚洲证券、北方证券。
③ 参见白天亮:《挺起中国经济的脊梁》,载《人民日报》2011年1月25日。

按照国务院的规定委派监事组成监事会。董事、高级管理人员不得兼任监事。

三、集体企业

集体企业,亦称集体所有制企业,是指以生产资料的劳动群众集体所有为基础而设立的,实行共同劳动,在分配方式上以按劳分配为主体的经营者,包括城镇集体企业和乡村集体企业。作为一种企业法人,集体企业自主经营,独立核算、自负盈亏。城镇集体企业依法取得法人资格,以其全部财产独立承担民事责任;乡村集体企业经依法审查,具备法人条件的,亦可取得法人资格。与国有企业一样,集体企业的设立亦实行行政许可主义,城镇集体企业由省、自治区、直辖市人民政府规定的审批部门批准,乡村集体企业须依法经乡级人民政府审核后,由县级人民政府乡镇企业主管部门以及法律、法规规定的有关部门批准。集体企业的合并、分立、停业、迁移或者主要登记事项的变更,亦需经原审批部门批准。

作为企业法人,集体企业享有广泛的经营管理自主权,其财产及合法权益受国家法律保护。集体企业实行厂长(经理)负责制,厂长(经理)是企业的法定代表人。对于城镇集体企业,职工(代表)大会是集体企业的权力机构,由其选举和罢免企业管理人员,决定经营管理的重大问题。乡村集体企业则是由所有者选举或选聘厂长(经理),决定企业的经营方向、经营形式、厂长(经理)选聘方式;职工有权参与企业的民主管理,有权对厂长(经理)和其他管理人员提出批评和控告;职工(代表)大会有权对企业经营管理中的问题提出意见和建议,评议、监督厂长(经理)和其他管理人员。

第三节 商 合 伙

一、商合伙概述

商合伙(business partnership),是指两个以上的合伙人基于合伙协议而共同出资、共同经营、共享收益、共担风险的商事组织。商合伙虽不具有法人资格,却是介于商法人和商个人之间的一种独立商主体。顾名思义,商合伙至少需有两个合伙人,商法人可以仅有一个成员,如国有企业、国有独资公司、全资子公司和一人公司,商个人则只能有一个成员。有别于商个人,合伙财产具有一定的独立性。虽然合伙财产终极意义上属于合伙人所有,但在合伙存续期间,合伙财产由合伙人共同管理和使用,在合伙清算之前合伙人不得请求分割。

商合伙主要有普通合伙、隐名合伙、有限合伙和有限责任合伙四种形式。在我国,合伙企业包括普通合伙企业(general partnership/GP)、特殊的普通合伙企业(limited liability partnership/LLP)和有限合伙企业(limited partnership/LP)三种形式。普通合伙企业,全体合伙人全部出名,并承担无限连带责任。特殊的普通合伙企业,也就是源于英美的有限责任合伙,合伙人在执业活动中因故意或重大过失所造成的责任,其他合伙人以其在合伙企业的财产份额为限承担责任,而仅因普通过失造成的合伙债务,合伙人仍应承担无限连带责任。在我国,特殊的普通合伙企业仅适用于以专业知识和专门技能为客户提供有偿服务的专业服务机构。① 有限合伙企业,则是部分合伙人承担无限责任,部分合伙人承担有限责任,其兼具公司和合伙的部分优势,可以促进物力资本和人力资本的有机结合,起到化腐朽为神奇之功效(引例2-4)。

引例 2-4

有限合伙掌控千亿级上市公司②

2014年3月17日,绿地集团宣布借壳沪市金丰投资(600606.SH)登陆A股,从而成为A股交易金额最大的"借壳"。2000年开始,职工持股会就是该公司的大股东,曾经绝对控股,2013年12月公司引入五家PE后依然持股29.09%。职工持股会的人数达到600多人,公司创造性运用有限合伙,搭建了控股架构。绿地集团管理层43人出资10万元设立管理公司格林兰投资。职工持股会成员作为有限合伙人,分别进入32家有限合伙,由格林兰投资担任其管理人。格林兰投资再与这32家合伙企业组成一家大的有限合伙企业——上海格林兰,由其吸收合并职工持股会的资产和债权债务。上海格林兰亦由格林兰投资任管理人。这样,格林兰投资实现了对上海格林兰的控制,进而控制千亿级上市公司金丰投资。

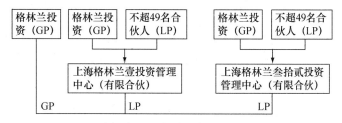

图 2-3 有限合伙接管职工持股会股权的架构

---

① 参见我国《合伙企业法》第55条。
② 参见陈中小路:《绿地职工持股会往事》,载《南方周末》2014年4月3日。

合伙企业均应办理商事登记。营业执照签发日期,为合伙企业成立日期。自然人、法人和其他组织均可作为合伙人。但是,国有独资公司、国有企业、上市公司以及公益性的事业单位、社会团体不得成为普通合伙人。

二、普通合伙企业

(一) 设立

设立普通合伙企业需具备5个条件[①]:(1) 两个以上合伙人;(2) 书面合伙协议;(3) 合伙人认缴或实际缴付的出资;(4) 合伙企业的名称和生产经营场所;(5) 法律、行政法规规定的其他条件。合伙协议需具有9项必要记载事项:(1) 合伙企业的名称和主要经营场所的地点;(2) 合伙目的和合伙企业的经营范围;(3) 合伙人的姓名及其住所;(4) 合伙人出资的方式、数额和缴付出资的期限;(5) 利润分配和亏损分担方式;(6) 合伙企业事务的执行;(7) 入伙与退伙;(8) 合伙企业的解散与清算;(9) 违约责任。该协议还可约定企业的经营期限和争议处理方式。该协议需全体合伙人同意,其修改、补充亦然,但该协议另有规定除外。未约定、约定不明的事项,由合伙人协商决定;协商不成的,依法律或行政法规的规定处理。

合伙人出资,可以是货币、实物、土地使用权、知识产权或者其他财产权利,亦可是劳务。劳务出资的评估办法由全体合伙人协商确定,并载于合伙协议。[②] 企业名称,因合伙企业为无限责任商人,其名称不得出现"有限"或"有限责任"字样。经当事人申请,登记机关认为符合前述条件的,颁发营业执照。营业执照签发之日就是其成立之日。合伙企业设立分支机构,亦需领取营业执照。

(二) 合伙企业财产

合伙企业的财产由合伙人的出资、合伙的收益和依法取得的全体财产构成,属于合伙人共有财产,由合伙人共同管理和使用。除法律另有规定外,在企业清算前,合伙人不得请求分割合伙企业的财产。

合伙财产的转让有两种情形,一是合伙人之间转让其财产份额的,只需通知其他合伙人即可;二是合伙人向非合伙人转让其财产份额的,则须经其他合伙人一致同意。合伙人转让其财产份额时,其他合伙人在同等条件下享有优先购买权。若合伙人以其财产份额出质,亦须经其他合伙人一致同意。未经其他合伙人一致同意,其出质行为无效,由此给善意第三人造成损失的,还应承担赔偿责任。

---

① 参见我国《合伙企业法》第2、3、14条。
② 参见我国《合伙企业法》第16条。

（三）合伙事务的执行

1. 合伙事务执行人

每个合伙人均有权参与合伙企业的经营管理。具体说来,合伙事务执行有两种模式,一是由全体合伙人共同执行,二是由一名或多名合伙人执行,其他合伙人不再执行,而只享有监督权。一名或多名合伙人执行模式需要有合伙协议的约定或全体合伙人的决定。无论采取何种模式,合伙企业均可聘用经营管理人员。

2. 议事规则

合伙人决定合伙事务,表决办法从合伙协议之约定。无约定、约定不明的,则实行一人一票,并经全体合伙人过半数同意的办法。当然,法律另有规定除外。但是,以下事项需要全体合伙人一致同意[①]:(1) 合变更合伙企业名称;(2) 改变合伙企业经营范围、主要经营场所的地点;(3) 处分合伙企业的不动产;(4) 转让或处分合伙企业的知识产权和全体财产权;(5) 以合伙企业名义为他人提供担保;(6) 聘任非合伙人担任管理人员。不过,只要合伙协议另有约定,这6项的表决亦可免于一致同意规则。

3. 合伙人的权利

其一,参与权。每个合伙人均有权参与合伙企业的经营管理。对于执行合伙事务,每个合伙人享有同等执行权。执行合伙事务的合伙人,对内执行合伙事务,对外代表合伙企业。

其二,知情权。为了解合伙企业的经营状况和财务状况,合伙人有权查阅合伙企业会计账簿等财务资料。如采用一名或多名合伙人执行模式,执行合伙事务的合伙人应定期向其他合伙人报告事务执行情况以及企业的经营状况和财务状况,其他合伙人有权监督执行事务合伙人执行合伙事务的情况。

其三,异议权。若合伙人分别执行合伙企业事务,合伙人可以对其他合伙人执行的事务提出异议。提出异议时,应暂停该项事务的执行。如有争议,应依合伙议事规则决定。

其四,撤销权。如受委托执行事务的合伙人不按照合伙协议或者全体合伙人的决定执行事务,其他合伙人可以决定撤销该委托。

其五,收益分配权。合伙人有权分享合伙企业经营所产生的利润。合伙人分配利润的比例,合伙协议有约定的,从约定;无约定的,由各合伙人协商决定;协商不成的,按照实际出资比例分配;无法确定出资比例的,则由合伙人平均分配。

---

① 参见我国《合伙企业法》第31条。

4. 合伙人的义务

其一，竞业禁止。合伙人不得自营或同他人合作经营与本合伙企业相竞争的业务。合伙人原则上不得同本合伙企业进行交易，即禁止自我交易，如合伙协议另有约定或经全体合伙人同意的，不在此限。

其二，限制自我交易。除合伙协议另有约定或者经全体合伙人一致同意外，合伙人不得同本合伙企业进行交易。

其三，禁止不利益行为。合伙人不得从事损害本合伙企业利益的活动，任何违背合伙人忠实义务的行为，均在此列。

其四，禁止擅自行为。对于法定或合伙协议约定需要全体合伙人同意始得执行的事务，合伙人擅自处理，给合伙企业造成损失的，或不具有事务执行权的合伙人擅自执行合伙事务，给合伙企业或其他合伙人造成损失的，均应依法承担赔偿责任。

其五，共担风险。合伙人亦应按照合伙协议的约定分担合伙的亏损，如合伙协议对此没有明确的约定，则由各合伙人协商决定。协商不成的，按照实际出资比例分配。无法确定出资比例的，则由合伙人平均分配。如合伙协议约定或全体合伙人决定增加合伙出资，用于扩大经营规模或弥补亏损，合伙人有义务增资。如合伙财产不足以清偿合伙债务，各个合伙人承担无限连带责任，合伙解散、破产后亦然。

（四）合伙企业与第三人关系

执行合伙事务的合伙人，对外代表合伙企业。合伙企业对其设置限制的，属于内部限制，不能对抗善意第三人。

合伙企业对其债务，应当先以其全部财产进行清偿。合伙企业不能清偿到期债务的，合伙人承担无限连带责任。合伙人因此清偿数额超过其法定的亏损分担比例的，有权向其他合伙人追偿。

至于合伙人发生的与合伙企业无关的债务，相关债权人不得以其债权抵销其对合伙企业的债务，也不得代位行使合伙人在合伙企业中的权利。合伙人的自有财产不足以清偿其与合伙企业无关的债务的，该合伙人可以以其从合伙企业中分取的收益用于清偿。债权人也可以依法请求人民法院强制执行该合伙人在合伙企业中的财产份额用于清偿。法院强制执行合伙人的财产份额时，应当通知全体合伙人，其他合伙人有优先购买权。其他合伙人未购买，又不同意将该财产份额转让给他人的，依法为其办理退伙结算，或者办理削减该合伙人相应财产份额的结算。

（五）入伙与退伙

1. 入伙

现有合伙人对新合伙人入伙享有否决权。除合伙协议另有约定外，新合伙人入伙需全体合伙人同意,并依法订立入伙协议。订立入伙协议时,原合伙人应当向新合伙人告知原合伙企业的经营状况和财务状况。新合伙人与原合伙人地位平等,享有同等的权利,并承担同等的义务。入伙协议另有约定的,从其约定。不过,新合伙人要对入伙前合伙企业的债务承担无限连带责任。①

2. 退伙

这有两种情形。② 一种是当然退伙。凡是具有以下5种情形之一,即可当然退伙:第一,自然人合伙人死亡或被宣告死亡的;第二,个人丧失偿债能力的;第三,法人合伙人或其他组织合伙人被吊销营业执照、责令关闭,或被宣告破产;第四,法定或合伙协议约定合伙人须具有相关资格而丧失该资格;第五,被法院执行其在合伙的全部财产份额的。

另一种就是可以退伙,其事由因合伙是否有期限而异。合伙协议有约定经营期限的,退伙事由有4种情形:第一,该协议约定的退伙事由出现;第二,全体合伙人同意退伙;第三,发生合伙人难以继续参加合伙的事由;第四,其他合伙人严重违反合伙协议约定的义务。合伙协议没有约定经营期限的,只要合伙人提前30日通知其他合伙人,且不给合伙企业事务执行造成不利影响,即可退伙。合伙人退伙时,其他合伙人应与其按照退伙时合伙企业的财产状况进行结算,退还其财产份额。退伙时有未了结的合伙企业事务的,待了结后进行结算。退伙人对其退伙前已发生的合伙企业债务,与其他合伙人承担无限连带责任。

3. 除名

合伙有权将合伙人除名,但需其他合伙人一致同意。除名的事由为③:(1)合伙人未履行出资义务;(2)因故意或重大过失给合伙企业造成损失;(3)执行合伙事务时有不正当行为;(4)合伙协议约定的其他事由。对合伙人的除名决议应书面通知被除名人。被除名人自接到除名通知之日起,除名生效,被除名人即告退伙。被除名人对除名决议有异议的,可在接到除名通知之日起30日内起诉。

4. 合伙人资格的继承

合伙人地位是可以继承的。依据《合伙企业法》第50条,合伙人死亡或被依法宣告死亡的,对该合伙人在合伙企业中的财产份额享有合法继承权的继承人,依照合伙协议的约定或经全体合伙人同意,从继承开始之日起,即取得该合伙企业的合伙人资格。以下3种情形,合伙人资格不得继承,应将被继承合伙人

---

① 参见我国《合伙企业法》第43—44条。
② 参见我国《合伙企业法》第45、46、48条。
③ 参见我国《合伙企业法》第49条。

的财产份额退还其继承人:(1)继承人不愿意继承;(2)继承人未取得法定或约定的合伙人资格;(3)合伙人协议约定不能成为合伙人的其他情形。若继承人为无行为能力人或限制行为能力人,则有两种解决方式:一是全体合伙人一致同意,将合伙转为有限合伙,从而将其作为有限合伙人;二是全体合伙人未决定采用前述方法的,应将被继承人的财产份额退还给该继承人。

三、特殊的普通合伙企业

特殊的普通合伙企业实际上就是有限责任合伙。它发源于美国,很快就移植到英国、加拿大、澳大利亚和日本等地,我国也引入了这种合伙形态。这一形态创建之初,就是为了缓解合伙企业规模化运作与传统合伙的连带责任之间的冲突。通过切断合伙人之间的连带责任,降低合伙人责任和法律风险,有利于规模化发展。它一般适用于会计师、律师、医师、建筑师、评估师、工程师等专业服务领域。我国亦将其适用范围界定为以专业知识和专门技能为客户提供有偿服务的专业服务机构,且应标明"特殊普通合伙"字样。

其特殊性就在于责任分配机制,一个合伙人或者数个合伙人在执业活动中因故意或者重大过失造成合伙企业债务的,应当承担无限责任或者无限连带责任,其他合伙人以其在合伙企业中的财产份额为限承担责任。相应地,合伙人仅仅因为普通过失造成的合伙企业债务以及合伙企业的其他债务,全体合伙人仍需承担无限连带责任。因故意或者重大过失造成的合伙企业债务,合伙企业对外承担责任后,该合伙人应当按照合伙协议的约定对给合伙企业造成的损失承担赔偿责任。

这样,就可能导致合伙人之间的责任心下降,对其他人的事务不管不问,淡化风险监控,因而需要从制度设计上保障合伙债权人的利益。国外一般采取责任保险的方式,或者将风险基金用来设立信托或购买政府公债等,使财产由第三方存管。我国采用的是执业风险基金和职业保险。执业风险基金用于偿付合伙人执业活动造成的债务,实行单独立户管理。

四、有限合伙企业

有限合伙亦属合伙,没有法人地位,但有限合伙人承担有限责任,实是吸收公司有限责任之长。其特殊性就在于,普通合伙人和有限合伙人必须同时存在(表2-3)。德国、法国、英国、美国、加拿大等国早已承认该合伙,我国亦然。它虽与德国和法国等欧洲国家的隐名合伙近似,但是隐名合伙人不出名,而有限合伙中的有限合伙人同样出名。这种形态能够有效地整合物力资本和人力资本,实现优势互补,在风险投资领域颇有用武之地(引例2-4)。

表 2-3 有限合伙、特殊的普通合伙与普通合伙的比较

	特殊的普通合伙	有限合伙	普通合伙
设立登记	√	√	√
劳务出资	√	×(有限合伙人)	√
执行合伙事务	√	×(有限合伙人)	√
合伙人无限责任	√	×(有限合伙人)	√
合伙人连带责任	×(故意、重大过失)	√	√

除法律另有规定外,其合伙人人数为 2—50 人,至少应当有一名普通合伙人。合伙事务由普通合伙人执行,有限合伙人不执行合伙事务,不得对外代表有限合伙企业,也不能用劳务出资。除合伙协议另有约定外,有限合伙人可同本有限合伙企业进行交易;可自营或者同他人合作经营与本有限合伙企业相竞争的业务;可将其在有限合伙企业中的财产份额出质;可依据合伙协议的约定向合伙人以外的人转让其在有限合伙企业中的财产份额,但应当提前 30 日通知其他合伙人。有限合伙人退伙后,合伙可以作为普通合伙继续存在。普通合伙人全部退伙后,合伙应立即解散。无论是有限合伙人转为普通合伙人,还是普通合伙人转为有限合伙人,均需全体合伙人一致同意。当然,合伙协议另有约定的除外。有限合伙人转变为普通合伙人的,对其作为有限合伙人期间有限合伙企业发生的债务承担无限连带责任;普通合伙人转变为有限合伙人的,对其作为普通合伙人期间合伙企业发生的债务亦承担无限连带责任。

五、合伙企业的解散与清算

清算事由有 7 种情形[①]:(1) 合伙协议约定的经营期限届满,合伙人不愿继续经营的;(2) 合伙协议约定的解散事由出现;(3) 全体合伙人决定解散;(4) 合伙人已不具备法定人数满 30 日;(5) 合伙协议约定的合伙目的已经实现或无法实现;(6) 被依法吊销营业执照、责令关闭或撤销;(7) 出现法律、行政法规规定的合伙企业解散的其他原因。

合伙企业一经解散即应进行清算,并通知和公告债权人。清算人由全体合伙人担任。未能由全体合伙人担任清算人的,经全体合伙人 1/2 以上同意,可以自合伙企业解散后 15 日内指定 1 名或数名合伙人,或者委托第三人,担任清算人。在此期限内未确定清算人的,合伙人或者其他利害关系人亦可申请法院指定清算人。清算人在就任期间,享有以下职权[②]:(1) 清理合伙企业财产,分别编制资产负债表和财产清单;(2) 处理与清算有关的合伙企业未了结的事务;

---

① 参见我国《合伙企业法》第 85 条。
② 参见我国《合伙企业法》第 87 条。

(3)清缴所欠税款;(4)清理债权、债务;(5)处理合伙企业清偿债务后的剩余财产;(6)代表合伙企业参与诉讼或仲裁活动。

清算费用优先从合伙财产中拨付。此后,清偿顺序为[①]:(1)合伙企业所欠的职工工资、社会保险费用、法定补偿金;(2)合伙企业所欠税款;(3)合伙企业的债务。按此顺序清偿后仍有剩余的,应按照合伙企业利润分配方法进行分配。清算结束后,还应在15日内向登记机关报送有全体合伙人签章的清算报告,并办理注销登记。合伙企业被注销或宣告破产后,普通合伙人对合伙企业债务仍应承担无限连带责任。

第四节 商 个 人

一、个人独资企业

(一)概念与特征

独资企业(sole trader, sole proprietorship),是指由一个自然人投资兴办的企业。这是企业最古老的,也是最简单的法律形态。

其特征为:(1)投资人仅为一个自然人。既有别于合伙企业和公司,亦有别于一人公司。(2)投资人自己控制企业。经营成果也完全由投资人独占,不必与其他人分享。(3)独资企业不具有法人资格。投资人对企业的债务承担无限责任,从而有别于国有独资公司、国有独资企业、集体独资企业和具有法人资格的外商独资企业。

(二)设立

其设立需具备以下5个条件[②]:(1)投资人为一个自然人;(2)有合法的企业名称;(3)有投资人申报的出资;(4)有固定的生产经营场所和必要的生产经营条件;(5)有必要的从业人员。经投资人申请,登记机关核准登记,并颁发营业执照,该企业自营业执照签发之日起成立。独资企业设立分支机构,亦然。该分支机构的民事责任由设立该分支机构的独资企业承担。

(三)经营管理

投资人自行控制该企业。他可以自行管理企业,也可以委托或者聘用其他具有民事行为能力的人负责企业的事务管理。投资人委托或者聘用他人管理个人独资企业事务,应与受托人或被聘用的人签订书面合同,明确委托的具体内容和授予的权利范围。投资人对受托人或者被聘用的人员职权的限制,不得对抗

---

① 参见我国《合伙企业法》第89条。
② 参见我国《个人独资企业法》第8条。

善意第三人。①

（四）解散与清算

其解散事由为②：(1) 投资人决定解散；(2) 投资人死亡或者被宣告死亡，无继承人或者继承人决定放弃继承；(3) 被依法吊销营业执照；(4) 法律、行政法规规定的其他情形。只要具备解散事由之一，投资人即可自行清算，或由债权人申请法院指定清算人进行清算。投资人自行清算的，应在清算前15日内书面通知债权人，无法通知的，应予以公告。债权人应当在接到通知之日起30日内，未接到通知的应当在公告之日起60日内，向投资人申报其债权。

在清算期间，该企业不得开展与清算目的无关的经营活动。其财产按照如下顺序进行清偿：(1) 所欠职工工资和社会保险费用；(2) 所欠税款；(3) 其他债务。一旦清算完毕，投资人或法院指定的清算人即应编制清算报告，并于15日内到登记机关办理注销登记。③ 企业财产不足以清偿债务的，投资人应以其个人的其他财产予以清偿。企业解散后，亦然。该责任并非永久存续，债权人在企业解散后5年内未向原投资人提出偿债请求的，该责任归于消灭。④

二、个体工商户

公民在法律许可的范围内，经核准登记，从事工商业经营的，即为个体工商户。个体工商户是个人经营，亦可家庭经营，城镇居民和农村村民均可。经营范围主要是工业、手工业、建筑业、交通运输业、商业、饮食业、服务业、修理业和其他行业。虽为个体经营者，亦可聘请一定数量的帮手，有技术的个体工商户还可以带一定数量的学徒。其实，部分个体户具有相当的规模，亦可参照国家的中小企业划型标准，进入归类和统计。

个体工商户可以起字号，以户的名义对外营业。个人经营的，以个人全部财产承担民事责任；家庭经营的，以家庭全部财产承担民事责任。

三、农村承包经营户

这是我国以家庭承包经营为基础、统分结合的双层经营体制下的产物，仅适用于农村集体经济组织的成员，从而有别于个体工商户。农村集体经济组织的成员，依照法律和承包合同的规定从事农业生产经营活动的，即为农村承包经营户。

家庭承包的承包方是本集体经济组织的农户。不宜采取家庭承包方式的荒

---

① 参见我国《个人独资企业法》第19条。
② 参见我国《个人独资企业法》第26条。
③ 参见我国《个人独资企业法》第27、29、31—32条。
④ 参见我国《个人独资企业法》第28条。

山、荒沟、荒丘、荒滩等农村土地,可以通过招标、拍卖、公开协商等方式承包,承包人不限于本集体经济组织的农户。但是,在同等条件下,本集体经济组织成员享有优先权。

农村承包经营户按照承包合同从事农业生产经营活动,享有相应的权利,承担相应的义务。个人经营的,以个人财产承担民事责任;家庭经营的,以家庭财产承担民事责任。

第五节 外商投资企业

一、外商投资企业概述

改革开放以来,为适应引进外资的需要,我国相继采用了中外合资经营企业、中外合作经营企业及外资企业等外商投资企业形态(表2-4)。这些率先起步,并在很大程度上与国际接轨的组织形式,是增强营商环境竞争力的重要因子,亦为国内其他商主体的发育和成长提供了借鉴和有益的参照系。

表2-4 外商投资企业的主要形态

		合资企业	合作企业 法人	合作企业 非法人	外资企业 法人	外资企业 非法人	合资股份公司
组织形态	有限责任公司	√	√		√		
	股份有限公司						√
最低注册资本						√	
外资最低股份25%		√	√		100%外资	√	
利润分配	出资比例	√		√	√		
	协议			√			
提前回收投资							
最高权力机构	董事会	√	√				
	股东大会						√

既为外资,无论是合资、合作经营,还是外商独资经营,均涉及国家产业政策,甚至国家经济安全。当初我国外商投资企业立法是与外资管理熔为一炉的,公司法亦尊重这一历史和现实的选择。故,外商投资的有限责任公司和股份有限公司优先适用外商投资企业法,而外商投资企业法没有规定的,则适用公司法。

二、中外合资经营企业

中外合资经营企业,亦称合资企业,是一种股权式合营企业(equity joint

venture/EJV),由中外合营者依法在中国境内共同投资、共同经营、共享收益和共担风险的商事组织。这是我国外商投资企业最早和最普遍的形态,早期均采用有限责任公司,随着国内资本市场的逐步发展,又适时采用了股份有限公司。无论哪种组织形式,均需中外合营者,均系中国企业法人。设立合资企业的协议、合同和章程实行行政许可主义,由对外经济贸易主管机关审查批准。其变更,亦然。

为顺应吸引国际资本的需要,中外合资经营企业一开始就采用了现代公司资本制度,不设最低注册资本,只是要求外国合营者出资不少于25%,亦不设上限。出资期限也尊重当事人意思自治,由中外合营者在合营合同中约定。约定一次缴清的,双方应在领取营业执照后6个月内缴清;约定分期出资的,各方首期出资不得低于其认缴出资额的15%,并在营业执照签发后3个月内缴清。

合资企业设董事会,不设股东会,有别于国内的普通有限责任公司。董事会人数由合营双方在合营合同和章程中自主确定。董事长和副董事长由合营双方协商确定,或由董事会选举产生。一方担任董事长的,另一方则担任副董事长。董事会决定合资企业的重大事项,任命或聘请总经理、副总经理。总经理、副总经理由合营双方分别担任。

合资企业宣告解散的,由董事会组织清算,报主管部门审核,并接受其监督。清算委员会成员一般由董事担任,董事不能担任或不适合担任的,可聘请中国的注册会计师、律师担任。主管机关认为必要的,亦可派人进行监督。缴纳所得税后的剩余资产,除合营协议、合同和章程另有规定外,中外合营方按照出资比例进行分配。

三、中外合作经营企业

中外合作经营企业,亦称合作企业,是中外合作者依法在中国境内共同举办的依据合作合同的约定分配收益或产品、分担风险和亏损的商事组织,属于契约式合作(contractual joint venture/CJV)。相对于合资企业,合作企业的中外合作者的投资或者提供的合作条件,并不折算为股份;合作企业并非都是企业法人,它可以是企业法人,亦可为非法人企业。其设立和变更亦实行行政许可主义,与合资企业是一样的。

相应地,中外合作者出资也实行当事人意思自治,出资方式也更为灵活。双方应依法和依约缴纳出资,提供合作条件。合资企业同样不设股东会,法人型合作企业设董事会,非法人型合作企业设联合管理机构,作为最高权力机构,决定重大事项。一方担任董事长或主任的,另一方则担任副董事长、副主任。总经理负责日常经营管理,由董事会或联合管理委员会决定或聘请,并对其负责。

合作企业期满或提前终止的,应进行清算。而合作企业的财产归属则应按照合同约定处理。如约定期满后合作企业的全部固定资产归中方合作者,则可约定外方合作者在合作期限内先行回收投资的办法,且双方应依法和依约对合作企业的债务承担责任。

四、外资企业

外资企业,是指外国投资者依法在中国境内设立的全部由其投资的商事组织。它既不同于合资企业和合作企业,也不同于外国企业。外资企业可以是企业法人,也可以是非法人企业。法人型外资企业,采用有限责任公司形式,外国投资者对企业的责任以其认缴的出资额为限。至于非法人型外资企业,外国投资者的责任适用中国相关的法律和法规。与合资企业和合作企业相同,外资企业的设立实行行政许可主义。其变更,亦然。

外资企业的资本制度和企业治理更为尊重当事人意思自治。就出资期限而言,由外资企业设立申请书和章程载明。准许分期出资,首期出资不得少于外国投资者认缴出资额的15%,需在营业执照签发之日起90日内缴清,而最后一期则应在营业执照签发之日起3年内缴清。至于企业治理,是否设立董事会,内部组织机构及其职权和议事规则,法定代表人以及总经理、总工程师、总会计师等事项,均实行章程自治。

外资企业终止,应当及时公告,并依法进行清算。在清算完结前,除为了执行清算外,外国投资者不得处理企业财产。

第三章 商事登记

第一节 商事登记与营商环境

一、商事登记概述

商事登记,亦称商业登记,是指当事人为设立、变更或终止商主体资格,依法向登记机关提出登记申请,登记机关依据法定条件和程序将其设立、变更或终止的事实记载于登记簿册,并予以公示的法律行为。它虽由两方实施,但会产生对外的公示力和公信力,故会涉及和影响第三人的利益。

它具有三个特征:第一,是导致商主体设立、变更或终止的法律行为。它以赋予商主体身份和资格,肯定其法律地位为核心,目的在于创设、变更或终止商主体的资格和能力。第二,是要式法律行为。只有符合法定条件的当事人依法向法定登记机关提出申请,登记机关按照法定程序进行核准登记后,有关登记事项才产生相应的法律效果。第三,是公法行为。这是国家为了提高交易效率和维护交易安全,利用公权力对商事活动所为的必要干预。登记机关的管辖和职权以及登记程序无疑属于行政法,而有关商主体登记条件的设定则由商法规定,登记效果亦反映在商法领域。商法规范商事登记,无可厚非。

二、商事登记的类型

各国商事登记的类型不尽相同。我国主要有设立登记、变更登记、注销登记和分支机构登记四种类型。设立登记最为基础,尤为重要。

(一) 设立登记

设立登记,是指商主体的创设人为设立商主体而向登记机关提出申请,经登记机关核准,并发给营业执照的法律行为。除农村承包经营户外,所有商主体的设立均需要设立登记。因合并、分立而新设立的商主体,亦需办理设立登记。法人企业领取《企业法人营业执照》,非法人企业领取《营业执照》。国有企业、集体企业和外商投资企业的设立均实行行政许可主义,而有限责任公司和股份有限公司则采用准则主义,只要符合法定设立条件,即可直接申请设立登记,但是对于法律、行政法规规定需要行政许可的,还应先取得相应的批准文件。

(二) 变更登记

变更登记,是指已经设立的商主体因其自身情况的变迁,经其申请,由登记机关对其登记事项予以变更的法律行为。未经变更登记,任何商主体不得擅自改变其登记事项。只要登记事项发生变化,商主体就应申请变更登记。否则,应受到相应的行政处罚。以公司为例,由登记机关责令限期登记,逾期仍不登记的,处以罚款 1—10 万元。其中,变更经营范围涉及法律、行政法规或者国务院决定规定须经批准的项目而未取得批准,擅自从事相关经营活动,情节严重的,吊销营业执照。①

(三) 注销登记

注销登记,是指登记机关依法对被终止经营的商主体,收缴营业执照、公章,撤销其注册登记号,并取消其商主体资格的法律行为。商主体在解散、歇业、被撤销、宣告破产或者因其他事由而终止经营时,均需办理注销登记。商主体因合并或分立而解散的,亦同。

(四) 分支机构登记

公司、合伙企业和独资企业均可以设立分支机构,而其设立均需办理登记。分公司的登记事项包括名称、营业场所、负责人和经营范围;合伙分支机构的登记事项包括分支机构的名称、经营场所、经营范围、经营方式以及分支机构负责人的姓名及住所。分支机构经登记后,领取《企业法人营业执照》或《营业执照》。登记事项发生变更的,亦应办理变更登记。

三、营商环境视野下的商事登记

商事登记不仅赋予商主体身份和资格,肯定其法律地位,而且还具有以下功能:一是公示商事主体经营状况和能力,确立和维持其商业信誉;二是降低交易成本,提高效率,增进交易安全;三是便利国家对商事主体的监管,维持商事经营秩序。② 正因为如此,商事登记的便利度成为衡量各国营商环境竞争力的首要因子(引例 3-1)。

为增强我国营商环境的国际竞争力,亟须从以下两个方面推进商事登记改革:

第一,回归主体登记,净化商事登记。当下的问题在于,主体登记与营业登记交叉重叠,成本高昂,效率低下。商事登记仅仅关涉一个商主体是否符合法定条件,营业资格并非商事登记的功能。营业自由表明一般经营活动的资格是

---

① 参见我国《公司登记管理条例》第 69 条。
② 参见赵旭东:《商事登记的制度价值与法律功能》,载《中国工商行政管理》2013 年第 6 期。

> **引例 3-1**
>
> ### 商事登记体现营商环境竞争力①
>
> 　　2012—2013 年度,全球 189 个经济体已有 96 个采用一站式企业登记服务,99 个已不要求最低资本限额。107 个经济体登记 310 万家有限公司,如采用最佳监管办法,只需 150 万天,可节约 4540 万天时间。开办企业全球平均需 7 项手续,25 天时间,费用相当于人均年收入的 32%。新西兰则只有 1 项手续,仅需半天时间,几乎不需要任何费用。苏里南则需 208 天,委内瑞拉需要 144 天。美国、加拿大和英国企业设立费用平均不到人均年薪的 1%。中国设立费用则占人均年薪的 11%,商事登记便利度位居全球第 158 位。

"天赋"的,只是特殊经营项目需要主管机关行政许可,这亦非商事登记机关的职能。如是,普通合伙企业、个人独资企业、个体工商户以及农村承包户的人格本来就存在,自无须登记,从而了结流动商贩登记之争。② 国外以及我国台湾地区亦对这类商人采取豁免登记。③

　　第二,商事登记制度从分散走向统一。尽管我国各类商主体的登记均实现有法可依,但是这些法规和规章极其分散,管理条例、管理规定、管理办法、意见、通知等名目繁多而琐碎。因人、因业、因事,甚至经常因偶然事件立法,呈现出碎片化格局,损害了登记规范、登记行为的严肃性。④ 就域外立法例而言,一是统一于商法典。比如,日本《商法典》第 1 编第 3 章、德国《商法典》第 1 编第 2 章和韩国《商法典》第 1 编第 6 章。二是单行法模式。比如,日本在《商法典》之外,另行制定专门的《商事登记法》,法国废除了《商法典》中第 1 卷第 4 编有关商事登记的规定,制定了专门的《商事及公司登记法》,瑞士也制定了专门的《商事注册条例》。制定统一的商事登记法,是我国更为现实的选择。

---

① 参见世界银行:《2014 年全球营商环境报告》,http://chinese.doingbusiness.org/,2014 年 4 月 13 日访问。
② 参见石少侠、李镇:《论个体工商户商事登记义务之豁免》,载《经济纵横》2012 年第 1 期。
③ 《德国商法典》第 4 条、《日本商法典》第 8 条以及我国台湾地区"商事登记法"第 4 条。
④ 参见蒋大兴:《商事登记制度的结构性改革》,载《中国工商行政管理》2013 年第 7 期。

第二节 商事登记程序

一、商事登记机关

商事登记机关,是指依法接受商事登记申请,并负责办理商事登记的国家机构。各国商事登记机关主要有4种类型(图3-1):一是法院。德国和韩国就是由地方法院办理商事登记。二是法院和行政机关均为登记机关。法国由行政机关办理公司登记,法院办理一般商事登记。三是行政机关或附设机关为商事登记机关,英国、美国、日本就是如此。日本由地方法务局办理商事登记,美国为各个州的州务卿,英国为公司登记署(company house)。四是专门注册中心和商会。荷兰由地方商会负责保管当地商事注册文件。

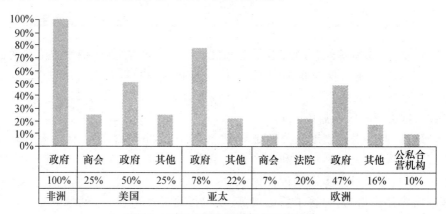

图3-1 不同类型商事登记机关的分布

我国的商事登记机关为行政机关,由工商行政管理机关负责办理。各级工商行政管理机关实行分级管辖,分级标准因商主体的类型而异。各级工商局独立行使职权,不受非法干预。下级登记机关须接受上级登记机关的领导,上级工商局有权依法纠正下级工商局的不适当行为。

非公司制企业法人的级别管辖仍以商主体"身份"为准,国务院或国务院授权部门批准设立的全国性公司、企业集团和进出口公司,由国家工商局负责商事登记;全国性公司的子(分)公司、省级政府或其授权部门批准设立的企业、企业集团和进出口公司,由省级工商局负责商事登记;其他企业,则由市县级工商局负责商事登记。

公司登记则基本上消除了"身份"主义。国家工商总局的管辖范围有:(1)国务院国有资产监督管理机构履行出资人职责的公司以及该公司投资设立并持有50%以上股份的公司;(2)外商投资的公司;(3)依照法律、行政法规或者国务院决定的规定,应当由国家工商行政管理总局登记的公司;(4)国家工商行政管理总局规定应当由其登记的其他公司。省级工商局管辖范围有:(1)省、自治区、直辖市人民政府国有资产监督管理机构履行出资人职责的公司以及该公司投资设立并持有50%以上股份的公司;(2)省、自治区、直辖市工商行政管理局规定由其登记的自然人投资设立的公司;(3)依照法律、行政法规或者国务院决定的规定,应当由省、自治区、直辖市工商行政管理局登记的公司;(4)国家工商行政管理总局授权登记的其他公司。对于县工商局、设区的市工商局、直辖市的工商分局、市辖区的工商分局而言,其登记管辖范围就是国家工商局和省级工商局管辖权之外的其他公司,以及国家工商总局和省级工商局授权其登记的公司。至于股份公司,必须在设区的市(地区)工商局登记。

二、商事登记事项

商事登记既然定位于主体登记,凡是主体资格取得与变动的事项,均为登记事项。现行法定位较为模糊,商事登记附加了诸多不必要的营业登记事项。企业法人的登记事项有11项,包括企业法人名称、住所、经营场所、法定代表人、经济性质、经营范围、经营方式、注册资金、从业人数、经营期限、分支机构。公司登记事项则有8项:名称、住所、法定代表人姓名、注册资本、公司类型、经营范围、营业期限、有限责任公司股东或股份有限公司发起人的姓名或者名称。合伙企业的登记事项则有:合伙企业的名称、主要经营场所、执行事务合伙人、经营范围、合伙企业类型、合伙人姓名或者名称及住所、承担责任方式、认缴或者实际缴付的出资数额、缴付期限、出资方式和评估方式;合伙协议约定合伙期限的,登记事项还应当包括合伙期限。执行事务合伙人是法人或者其他组织的,登记事项还应当包括法人或者其他组织委派的代表。其实,只要登记商号(商业名称)、企业类型、注册资本、代表人(负责人)、住所及公司股东(发起人)即可,而诸如企业的经济性质、经营范围、实缴资金与经营方式、经营场所、出资时间、出资方式以及经营期限等涉及企业经营管理等事项,均应予以剔除。[①]

(一) 商号

商号系商主体相互区别的标志。个体工商户可以起字号,企业则必须有名称,故商号是取得商主体资格的必要条件。如是,只要商号不与现有商号相同,或者具有欺骗性相似即可,不必添加过多的其他负担。

(二) 企业类型

商事登记具有界定商事主体成员责任的作用。公司的投资者承担的是有限责任,独资企业的投资者承担的是无限责任。普通合伙企业的全部合伙人均承

[①] 参见施天涛:《构建我国商事登记制度的基本思路》,载《中国工商行政管理》2013年第8期。

担的是无限连带责任,有限合伙企业部分合伙人承担的是有限责任。故,企业类型必然是主体登记事项,其登记与公示使得意欲与之发生商事交易关系的第三人能够了解和识别自己的交易风险。

(三)注册资本

任何商主体从事营业活动均离不开资本,没有一定物质基础,经营活动将难以为继,故有登记之必要。对内而言,注册资本是商主体实现其目的事业的初始资本和启动资金。投资者出资,即转换为商主体责任财产的构成部分,一定程度上代表着商主体的规模,彰显其信誉。对外而言,认缴就是承诺,投资者具有出资义务。如投资者承担有限责任,这种承诺对债权人具有识别交易风险的重要意义。因而,在废除公司最低注册资本的条件下,注册资本仍有登记意义(表3-2)。至于银行业金融机构、证券公司、期货公司、基金管理公司、保险公司、保险专业代理机构和保险经纪人、直销企业、对外劳务合作企业、融资性担保公司、募集设立的股份有限公司,以及劳务派遣企业、典当行、保险资产管理公司、小额贷款公司等27种特殊情形,在法律、行政法规以及国务院决定未修改之前,仍需登记实缴资本。

表 3-1　不同商主体的最低注册资本

类型	资本制度	最低资本
国有企业	法定资本	3—50万
集体企业	法定资本	3—50万
外商投资企业	法定资本	不明确
有限责任公司	法定资本	取消最低资本
股份有限公司	法定资本	

(四)法定代表人

商主体的代表人或者负责人因其对外具有的代表性,自应予以登记。

(五)住所

住所登记的意义在于可以联络该商事主体,如法律文书的送达,确定诉讼管辖地、合同履行地、涉外诉讼准据法及工商、税务或者其他市场监管管辖地等。如是,住所不等于经营场所,申请人提交场所合法使用证明即可予以登记。现行法上往往要求登记营业场所,显然是增加了商主体的负担,既没有必要,登记机关也难以把握各种商主体的经营场所的具体要求,难以操作。

(六)公司股东(发起人)

有限责任公司的股东和股份有限公司的发起人应属于登记事项,合伙企业的合伙人以及独资企业的投资人亦需进行登记。这是因为,公司是社团法人,一定成员的集合乃是社团的基本要件。公司的组建和运作离不开股东,其存在的目的最终也是为了回报其股东。何况,股东的出资义务,关乎公司财产完整性和债权人利益。股东自应进行商事登记。而股份有限公司只登记公司发起人,一方面因为发起人是公司的筹建者,并涉及发起人责任;另一方面因为公众认股人人数众多,均要求登记也不现实。

三、商事登记的申请

各国商事登记的基本程序大同小异,申请均为必经程序。

(一)申请人

申请由商主体的创办人或商主体提出(表3-3)。变更登记应由商主体自行提出申请。注销登记的申请,则由清算人向登记机关提出。

表 3-2　商事登记的申请与受理

		企业法人	公司		合伙企业	独资企业
			股份公司	有限公司		
申请人	设立	组建负责人	董事会	股东代表或代理人	合伙人代表或代理人	投资人或其代理人
	变更			商主体自身		
	注销			清算人		
申请书		√	√	√		
申请时限	设立	批准后30日	×		×	
	变更	批准后30日	决定后30日,合并、分立和减资,公告45日后		决定后15日	
	注销	无要求	清算结束后30日		清算结束后15日	
核准时限		受理后30日	因受理方式而异		受理后20日	受理后15日

(二)申请形式

申请应为书面形式,设立登记、变更登记、注销登记和分支机构登记均是如此。提交申请的方式,可以到登记机关提交,亦可通过信函、电报、电传、传真、电子数据交换和电子邮件等方式提出申请。随着互联网环境下的工商登记数字证书管理系统的应用和发展,网上申请将更为便捷。

设立登记均需提交申请书。企业法人的申请书由组建负责人签署,公司则由法定代表人签署,合伙企业由全体合伙人签署,独资企业由其投资人签署。此外,还要提交相关文件。变更登记和注销登记,亦应提交申请书和相关文件。

(三)申请时间

申请人何时向登记机关提出设立登记申请,自应由当事人自主确定(表3-3)。但是,以下3种情形需在规定时间内提交设立登记的申请:(1)依据法律、行政法规,设立有限责任公司需要报经批准的,需在批准后90日内申请设立登记。否则,申请人应报批准机关确认原批准文件的效力或另行报批。
(2) 以募集方式设立的股份有限公司,应在创立大会后 30 日内申请设立登记。
(3) 凡是有前置行政许可的企业法人,均应在主管部门或审批机关批准后 30 日内申请设立登记。

至于变更登记,其申请绝大多数设有时限。注销登记,亦然(表 3-3)。

四、商事登记的核准程序

商事登记机关接受申请后,应依法对申请书及相关文件进行审核。这种审查属于形式审查,登记机关并无实质审查的权限。即使是实行行政许可的特殊营业领域,行政许可权仍在主管机关,而非登记机关。"先照后证"的商事登记改革,即为明证(引例 3-2)。这一过程包括受理、审查核准、发(换)照与公告及不予核准登记的救济程序。随着互联网环境下的工商登记数字证书管理系统的开放与推广,可以网上受理、网上审核、网上公示和网上发照,实现全程电子化登记管理。

引例 3-2

商事登记改革见红利[①]

2013 年,深圳、珠海、东莞和顺德四地启动商事登记改革试点。一是实行"先照后证",企业先在工商部门领取从事经营活动的"身份证",再到相关审批部门去拿"工作证",而不必再因繁琐的前置审批手续使公司"难产"。二是将注册资本由实缴制变为认缴制,极大激活了民间创业热情。前 3 个季度 4 个试点地区新登记各类市场主体共 36.85 万户,同比增长 64.11%,而其他地区新登记市场主体共 43.4 万户,同比增长 -3.4%。在 4 个试点地区,注册资本 100 万元以下的占新登记市场主体总数的 84%;100 万元至 500 万元的仅占 10%。华南美国商会调查显示,90% 的受访企业把华南地区和广东省经济环境评级为良好、优秀或非常优秀。

(一) 受理

受理是指登记机关确信申请人的申请文件齐备,符合申请条件,从而接受其

[①] 参见刘熠、张素杰:《粤商事登记改革调查下篇:宽进之后如何严管》,载《南方日报》2013 年 11 月 18 日。

申请的法律行为。至于时限,则因申请人提交材料方式而异。[①] 对于直接到登记机关提交申请材料的,原则上应即时决定是否受理。如通过信函、电报、电传、传真、电子数据交换和电子邮件等方式提出申请,则应自收到申请文件、材料之日起 5 日内决定是否受理。

(二)审查与核准

审查是指登记机关依法对申请的内容进行审查的行为。一是审查申请人提交的材料是否真实、合法、有效,二是审查申请人所申请的事项是否符合法定条件。核准则是指登记机关经过审查后,对申请事项作出是否准予登记的决定的行为。

核准的时限,则因法而异。对于企业法人,登记机关作出核准决定的时限为受理起 30 日内。对于合伙企业和独资企业,则分别为接受全部文件之日起 20 日、15 日内。一经核准,即应通知申请人。

至于公司,登记机关核准决定的时限因申请人提交申请的方式而异。[②] 申请人到登记机关提交申请的,在受理时即可当场作出核准决定。申请人通过信函方式提交申请的,自受理之日起 15 日内作出核准决定。通过电报、电传、传真、电子数据交换和电子邮件等方式提交申请的,申请人应自收到《受理通知书》之日起 15 日内,提交与电报、电传、传真、电子数据交换和电子邮件等内容一致,并符合法定形式的申请文件、材料原件。如申请人到登记机关提交前述原件,登记机关应当场作出核准。如通过信函方式提交前述原件,登记机关应自受理之日起 15 日内作出核准决定。登记机关自发出《受理通知书》之日起 60 日内,未收到申请文件、材料原件,或该原件与登记机关所受理的申请文件、材料不一致的,不予核准。

(三)发(换)照与公告

一经核准,登记机关即应向申请人出具《准予设立登记通知书》或《准予变更登记通知书》。同时,应通知申请人自决定之日起 10 日内领取或换发营业执照。营业执照签发之日就是公司成立之日,公司应将其备置于公司住所。纸质营业执照和电子营业执照具有同等法律效力。登记机关应当将登记、备案信息通过企业信用信息公示系统向社会公示。

(四)不予核准登记的救济程序

登记机关不予核准登记的,应作出书面决定,出具《登记驳回通知书》,通知申请人,并说明理由,告知申请人享有依法申请行政复议或提起行政诉讼的权

---

① 参见我国《公司登记管理条例》第 51 条。
② 参见我国《公司登记管理条例》第 53 条。

利。① 其基本程序与路径如图 3-2。

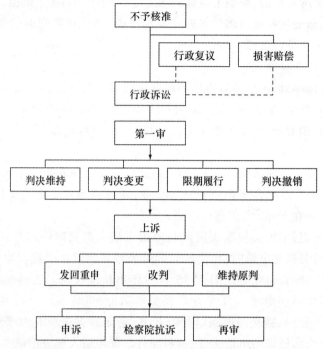

图 3-2 对登记机关不予核准决定的救济程序与路径

五、商事登记的效力

合法有效的商事登记，必然产生对第三人的效力。符合企业法人条件的，自企业法人营业执照签发之日起，该法人成立。在英美法上，公司登记证系公司成立的终局性证据（conclusive evidence）；大陆法系虽有瑕疵设立制度，但都承认注册证的表面证据作用，更何况该制度已有软化的趋势。

1. 登记和公告事项对第三人产生效力

凡是应登记的事项，一经登记并公告，则对第三人产生效力。有些国家规定登记事项需要在登记公告后一定期限届满，才能产生该效力。德国商法就规定，登记事项公告后 15 日期限届满，才能对第三人产生效力。

2. 未登记或登记而未公告的事项不得对抗善意第三人

这就要区分登记对抗主义和公告对抗主义。日本和我国台湾地区为登记对抗主义，德国为公告对抗主义。依据我国台湾地区"商业登记法"第 19 条，应登记事项只要进行了登记，即使未公告也可对抗善意第三人。公告不是对抗第三

---

① 参见我国《行政许可法》第 38 条第 2 款，《公司登记管理条例》第 54 条第 2 款。

人的必要条件。在为不实公告的情况下,不实公告没有法律效力。《日本商法典》第 11 条和 12 条亦然。依据《德国商法典》第 15 条第 1 款,登记事项公告后才能对抗善意第三人。我国立法上并未明确登记公告的效力,从推行企业信用信息公示系统的力度来看,应属公告对抗主义。

3. 公告差错对善意第三人的责任

一些国家准予善意第三人针对负有登记和公告义务的人,根据所公告的事实为法律行为。① 公告事项与登记事项不一致的,不但不能对抗第三人,而且在公告人有过错,因此造成善意第三人损失的情形下,该公告人还要对其承担民事责任。

六、商事登记信息公开

商事登记旨在提高交易效率和维护交易安全,登记信息公开则是发挥其作用的必要条件,更是采用登记对抗主义的基本要求。否则,商事登记便丧失其存在的意义。我国《公司法》第 6 条第 3 款明确赋予社会公众向登记机关查询登记事项的权利,登记机关有义务提供查询服务。这也是强化市场监管的重要基础。

当下要务有两个方面:其一,商主体信用信息公示体系。以企业法人国家信息资源库为基础构建该系统,登记机关公示商主体登记、备案、监管等信息,企业按照规定报送、公示年度报告和获得资质资格的许可信息,个体工商户、农民专业合作社的年度报告和获得资质资格的许可信息可以按照规定在系统上公示。公示内容作为相关部门实施行政许可、监督管理的重要依据,亦可为相关单位和社会公众提供方便快捷的服务。

其二,信用约束机制。通过经营异常名录,将未按规定期限公示年度报告、通过登记的住所无法取得联系等的商主体载入经营异常名录,并在市场主体信用信息公示系统上向社会公示。推进"黑名单"制度,完善以企业法人法定代表人、负责人任职限制为主要内容的失信惩戒机制。建立联动响应机制,对被载入经营异常名录或"黑名单"、有其他违法记录的市场主体及其相关责任人,各有关部门要采取有针对性的信用约束措施,实现信息共享,监管共治(引例 3-3)。

---

① 参见日本《商法典》第 14 条,德国《商法典》第 15 条第 3 款。

> **引例 3-3**
>
> ## 电子执照推动监管共治①
>
> 2013年6月18日,东莞启动电子营业执照应用平台,率先发出了全国首批10张电子营业执照。该平台以工商登记注册数据库为基础,企业登记注册后,凭第三方认证的数字证书即可申请开通电子营业执照,并将逐步实现与其他职能部门业务系统的对接和数字证书互通。一旦申领电子营业执照,平台自动将数据推送给税务等其他部门,企业再去办理税务登记时直接提供营业执照代码即可。对外则形成企业信用信息公示平台,信息实时共享,诚信企业如鱼得水,违法企业则寸步难行,"一处失信,处处受限"。

---

① 参见刘熠、张素杰:《粤商事登记改革调查下篇:宽进之后如何严管》,载《南方日报》2013年11月18日。

第四章 商 号

第一节 商号概述

一、商号的概念与特征

商号(business name/ trade name),亦称商事名称、商业名称,是指商主体从事商行为时所使用的名称。狭义的商号仅仅指字号,广义的商号则与商业名称和商事名称为同义语。诚然,商号中最核心的要素乃是字号,系识别不同商主体的主要标志。本书在广义上使用"商号"。它具有3个特征:

第一,商号是商主体所使用的名称。凡商主体均可使用商号,以表明其在营业上的活动。个体工商户和个人合伙可以起字号。至于企业,商号本身就是企业设立的条件之一。

第二,商号是商主体从事商行为时所使用的名称。商主体之所以使用商号,乃是为了从事商行为,便于不同商主体相互加以区别。若商主体不从事商行为,则无须使用商号。独资企业和合伙企业的投资者若不从事商行为,使用其姓名即可,另起商号纯属多余。商法人本来就是以从事商行为为目的而设立,自然需要商号。机关法人和社会团体法人虽有名称,但不能从事商行为,该名称不是商号。

第三,商号是商主体用以表明自己营业的名称。商场如战场,市场竞争日趋激烈,商号成为同行业商主体相互区别各自商品和服务质量的重要标志,也是客户和消费者识别不同商主体的商品和服务质量的重要信号。故,商号本身蕴涵着各个商主体日积月累的商誉,且具有愈来愈重要的商业价值(引例4-1)。

> **引例 4-1**
>
> ### 重整之中的"尚德"品牌[①]
>
> 　　无锡尚德就是光伏产业变迁的缩影。师从世界太阳能之父马丁·格林教授的施正荣,怀揣10多项太阳能电池技术的发明专利,2000年回国创业。受

---

① 参见谢丹:《尚德电力:游戏行将结束》,载《南方周末》2014年2月13日;谢丹:《尚德收购案"局中局"》,载《南方周末》2013年10月30日;谢丹:《老大铩羽而归,尚德花落"抄底者"》,载《南方周末》2013年10月30日。

益于欧美光伏市场的一系列强有力政策的刺激以及国内对光伏产业的扶持，特别是无锡市政府的鼎力扶持，无锡尚德出现"裂变"式增长。尚德电力作为母公司成为国内首家赴纽交所上市的光伏公司，被视作"无锡名片"，2006—2011年股价曾一度超过90美元。无锡尚德一度成为光伏产业的领军者，在国内的光伏业享有盛誉，施正荣个人身价在2006年达到186亿元，一度荣登"中国首富"宝座，风光无比。然而，光伏企业的生存环境急转直下，行业价格战、金融危机以及国外贸易战等原因，令无锡尚德的业绩大幅下滑。2013年3月18日，其债权银行联合向无锡中院提交无锡尚德破产重整申请。3月20日，无锡中院裁定，对无锡尚德实施破产重整。破产重整管理人小组完成清产核资后，7月就开始进入战略投资者遴选阶段，天合光能、英利集团、中国西电、北京普天新能源等竞购者虎视眈眈。相对于价格，无锡市政府最看重的是中标后打算如何让尚德重获新生，特别担心这些昔日的竞争对手会"冷冻"尚德品牌。此时，一家意想不到的公司顺风光电出现了，出价高达30亿元，远超其他竞购者。更重要的是，顺风光电愿意保留尚德品牌，这是无锡市政府最希望看到的。10月8日，顺风光电如愿胜出，接盘无锡尚德。

商号与商标均具有显著性，具有识别功能，均与商主体的信誉息息相关。正因为如此，不少商主体将商号中特取部分用作商标，甚至申请注册。比如，日本的"日立""丰田"，德国的"拜耳"公司等。但是，商号显然有别于商标。商号以商主体自身为对象，而商标则是以商品或服务为对象，系区别不同商品或服务的标志。商标不仅区分不同商主体的商品或服务，而且区分同一商主体的不同商品或服务。特定商主体只能有一个商号，但可以有多个商标。商号只能由文字构成，而商标则可由文字、图形或其组合构成。商号登记采用强制主义，而商标登记则是自愿与强制相结合，即只有人用药品和烟草制品采用强制主义，其他商品的商标注册与否，听其自便。商号仅在登记机关行政辖区内具有排他效力，而商标一经注册，在全国具有排他性（表4-1）。无论是将与他人商号中的字号相同或者近似的文字注册为商标，还是将与他人注册商标相同或者近似的文字登记为商号中的字号，引起相关公众对商标注册人与商号所有人的误认或者误解的，均属不正当竞争。

表4-1　商号与商标的差异

对象		构成			登记原则	地域性
		文字	图形	两者组合		
商号	商主体	√	×	×	强制登记	登记机关辖区内
商标	商品、服务	√	√	√	自愿与强制登记结合	全国

二、企业商号的构成

(一) 企业商号的结构

企业商号由 4 个部分构成：行政区划名称、字号、行业或者经营特点、组织形式。一般应按该顺位排列，如需调整，必须符合法定条件。比如，企业法人要将商号中的行政区划置于字号之后组织形式之前，必须属于使用控股企业商号中的字号的情形，且该控股企业的商号不含行政区划。企业为反映其经营特点，可以在名称中的字号之后使用国家（地区）名称或者县级以上行政区划的地名。此时，该地名已不属于企业商号中的行政区划。

对于设有分支机构的企业，须有 3 个以上分支机构，其商号中方可使用"总"字。不能独立承担民事责任的分支机构，其商号应当冠以其所从属企业的名称，缀以"分公司""分厂""分店"等字词，并标明其行业和所在地行政区划名称或者地名，其行业与所从属的企业一致的，才可以从略。凡是能独立承担民事责任的分支机构，应当使用独立的商号，并可以使用其所从属企业的商号中的字号。能独立承担民事责任的分支机构再设立分支机构的，所设立的分支机构不得在其商号中使用总机构的名称。对于联营企业，其商号可使用联营成员的字号，但不得使用联营成员的商号，并在其商号中标明"联营"或者"联合"字词。[①]

(二) 行政区划的名称

企业商号的第一部分必须冠以企业所在地县级以上行政区划的名称或地名，市辖区的名称不能单独用作企业商号中的行政区划。市辖区名称与市行政区划连用的企业商号，由市工商局核准。省、市、县行政区划连用的企业商号，由最高级别行政区的工商局核准。

要豁免冠以企业所在地的行政区划名称，需符合下列 6 种情形之一，并经国家工商局核准：(1) 全国性公司；(2) 国务院或其授权的机关批准的大型进出口企业；(3) 国务院或其授权的机关批准的大型企业集团；(4) 历史悠久、字号驰名的企业；(5) 外商投资企业；(6) 国家工商局规定的其他企业。

(三) 字号

字号乃商号的核心要素。字号须由两个以上的字组成，一般是汉字，不得使用汉语拼音字母、阿拉伯数字。在民族自治的地方，企业商号可以同时使用本民族自治地方通用的民族文字。企业使用外文商号的，其外文商号应当与中文商号相一致，并报登记机关登记。私营企业则可以使用投资者姓名作字号。[②] 有正当理由的，也可以使用本地或者异地地名作字号，但不得使用县以上行政区划

[①] 参见我国《企业名称登记管理规定》第 14—15 条。
[②] 参见我国《企业名称登记管理规定》第 9 条。

名称作字号。

除特殊字词外,企业拥有选择字号的自主权。但是,企业不得选择与同一登记机关核准的同行业企业商号中的字号相同的字号,也不得选择与企业变更商号未满1年的商号相同或相似的商号,更不得选择与注销登记或被吊销营业执照未满3年的商号相同或相似的商号。①

(四) 行业属性

企业名称中的行业表述应当是反映企业经济活动性质所属国民经济行业或者企业经营特点的用语,该表述应当与企业经营范围一致。若企业经济活动性质分别属于国民经济行业不同大类,则选择主要经济活动性质所属国民经济行业类别用语表述企业商号中的行业属性。如要豁免行业属性的表述,需具备以下3个条件:一是企业经济活动性质分别属于国民经济行业5个以上大类;二是企业注册资本1亿元以上或者是企业集团的母公司;三是与同一工商行政管理机关核准或者登记注册的企业名称中的字号不相同。

(五) 组织形式

组织形式是商号的结尾。企业应根据其组织结构或者责任形式,在商号中标明其组织形式。有限责任公司和股份有限公司分别应在其商号结尾标明"有限责任公司""有限公司"或"股份有限公司"字样。普通合伙企业、特殊的普通合伙企业、有限合伙企业应在商号中分别标明"普通合伙""特殊的普通合伙""有限合伙"字样。独资企业不得在商号中使用"有限""有限责任""公司"字样。依特别法设立的公司,比如,商业银行、保险公司及证券公司的商号,还应分别有"银行""保险""证券"字样。

三、企业商号的选用

(一) 商号单一原则

一个企业只准使用一个商号。确有特殊需要的,经省级以上登记主管机关核准,方可在规定的范围内使用一个从属名称。企业住所处所标明的商号以及企业的印章、银行账户、信笺所使用的商号,亦应与企业的营业执照上的商号相同。从事商业、公共饮食、服务等行业的企业商号牌匾可适当简化,但应当报登记机关备案。

(二) "中国""中华"和"国际"的选用规则

这三个词的选用,仅限于以下4种情形:(1) 全国性公司;(2) 国务院或其授权的机关批准的大型进出口企业;(3) 国务院或其授权的机关批准的大型企业集团;(4) 国家工商行政管理局规定的其他企业。此外,使用外国(地区)出

---

① 参见我国《企业名称登记管理实施办法》第31条。

资企业字号的外商独资企业、外方控股的外商投资企业,可以在商号中间使用"(中国)"字样。

(三) 禁止使用的文字

商号不得含有下列6种情形之一的内容和文字:(1) 有损于国家、社会公共利益的;(2) 可能对公众造成欺骗或者误解的;(3) 外国国家(地区)名称、国际组织的名称;(4) 政党名称、党政军机关名称、群众组织名称、社会团体名称及部队番号;(5) 汉语拼音字母(外文名称除外)、数字;(6) 其他法律、行政法规规定禁止的。在这里,"有损于国家、社会公共利益"或"可能对公众造成欺骗或者误解",往往较有弹性,登记机关解释权应受到规制。否则,可能压制应有的创新,引例4-2即为明证。

引例 4-2

一波三折的"凤翔改改"商号[①]

20世纪70年代,山西凤翔县有一个村妇叫"张改改",生来就很愚笨。在公路旁摆摊卖水,但又不识字,不认识钱。家里人为了省心,就教她,每杯水卖2分钱,并给一个2分硬币样板。客人买水所支付的钱,凡是与其同样大小就收,否则就拒收。比如,两个1分或1个5分的硬币均在拒收之列。客人自然觉得此举很蠢笨,于是"改改"便成为愚笨和傻瓜的代号,因其为凤翔人,便称其为"凤翔改改"。

2000年,经商农民樊忠虎觉得"改改"也蕴涵"诚实无欺"的精神,有商业开发的价值,一心想用其为商号。5月1日,他先斩后奏,"凤翔改改"蒸馍店开张了,虽有嗤笑声、责难声,但格外引人关注。5月12日,凤翔县一位领导偶然看见了"凤翔改改"招牌,大为不悦,要求工商部门认真清理"不良文化"。几天后,樊忠虎向凤翔县工局申请开办"凤翔改改绿色农产品开发基地"。经办人说,"凤翔改改"是"历史名人",要使用该名,需要本人或继承人同意。他便不辞辛劳,找到张改改的继子,继子欣然同意。为防再生不测,樊忠虎通过户籍管理部门,将自己的名字改为"樊改改"。不料当他再到县工商局申请登记时,又因"凤翔改改"属不良文化,对人具有讽刺意味,对凤翔人人格有贬低,而被拒绝。6月22日,他向宝鸡市工商局申请行政复议,结果是维持原决定。于是,他向法院起诉,法院于7月25日开庭审理,8月15日判决,

---

[①] 参见宋志明:《"凤翔改改"企业注册成立》,载《陕西日报》2003年7月9日。

> 维持了工商局的决定。8月26日樊提出上诉,二审法院以一审被告主体资格不合法为由发回重审。2001年4月,重审的一审法院要他变更被告,樊不同意。法院于5月驳回起诉。他再次上诉,宝鸡中院于9月终审裁定:维持原判。2001年5月他向国家工商局申请"凤翔改改""凤翔改改"和"樊改改"商标。2003年1月,正式获得商标注册证。6月8日,他向陕西省工商局申请登记"陕西西府凤翔改改商贸有限公司",7月获得营业执照,8月1日正式挂牌。此时,距2000年5月已经3年多了。

四、商号登记

商事登记机关也是商号的登记机关。一般情况下,商号与商主体的设立登记一并进行。

（一）创设登记

商号实行强制登记原则。没有登记,就不得使用商号,即使使用了,也不受法律保护。企业有特殊需要的,可以单独申请商号预登记。至于外商投资企业,则实行强制预登记制度,且应在项目建议书和可行性研究报告批准后,合同、章程批准之前,单独申请商号预登记。

登记主管机关应当在收到企业提交的预先单独申请企业名称登记注册的全部材料之日起10日内作出核准或者驳回的决定。一经核准,即核发《企业名称登记证书》,有效期为1年。经批准有筹建期的,企业名称保留到筹建期终止。保留期届满不办理企业开业登记的,商号自动失效。

对于相同或相似的商号申请,有4种处理方式:(1)申请在先。两个以上企业向同一登记机关申请相同的企业商号,登记机关依照申请在先原则核定。同一天申请的,由企业协商解决;协商不成的,由登记机关作出裁决。(2)受理在先。两个以上企业向不同登记机关申请相同的企业商号,登记机关依照受理在先原则核定。同一天受理的,由企业协商解决;协商不成的,由各该登记机关报共同的上级登记机关作出裁决。(3)登记在先。两个以上的企业因已登记的企业商号相同或者近似而发生争议,登记机关依照登记在先原则处理。(4)国际条约优先。中国企业的企业商号与外国(地区)企业的企业商号在中国境内发生争议,并向登记机关申请裁决时,由国家工商局依据我国缔结或者参加的国际条约所规定的原则处理。如无前述条约或者前述条约没有规定的,则依据中国法的规定处理。

（二）变更登记

企业商号可以变更。但是,如无特殊原因,企业不得在商号核准后1年内申请变更,以维护交易安全。企业变更商号,应当办理变更登记。

第二节 商 号 权

一、商号权的法律性质

商号权,是指商主体对经依法登记的商号享有的专用权。这是商主体的私权,也是一种绝对权。至于商号权到底是人格权,还是财产权,仍莫衷一是。

人格权说认为,商号系商主体表明自己营业所使用的名称,商号权无外乎其人格的延伸,系商主体固有的、专属的、必备的人格利益,其所具有的某些无形财产权的属性不过是其具体内容的附属性质。易言之,商号依附于商主体而存在,显然属于人格权。财产权说则认为,商号系一种无形资产,可以占有、使用、收益,并且可以连同企业被转让或继承,属于财产权。商主体以营利为目的,作为一个经营主体而存在,为营利而生存,商号虽是商主体的标志,但不是商主体人格的标志。故,商号权不属于人格权范畴,而属于财产权范畴。其实,仅认定商号权是人格权或财产权,均属片面,将其视为兼具人格权和财产权性质的权利更为恰当。

二、商号权的内容

(一) 商号专有权

商号一经登记,商号所有人即对其享有专有权,即具有排斥他人使用相同或相似商号的效力。这一排他性具有地域性,各国均是如此,只是排斥的地域范围大小不同而已。美国的商号是在全州范围内具有排他性,日本则只在同一市镇村内具有排他效力,我国台湾地区也是赋予其在同一直辖市或县(市)内具有排他性。我国与此类似,商号只是在登记机关的辖区内具有排他效力。这种排他性就有很大的局限性,很不利于保护知名商号所有人的利益。部分地区开始尝试进行知名商号的认定,凡是认定为知名商号的,即可在全省范围内获得保护,有助于扩大在县市级登记机关登记的商号的保护范围,强化商号专有权的保护。

(二) 商号专用权

商号专用权,是指商号所有人享有不允许他人妨碍其使用商号的权利。商号一经登记,所有人不仅可以专有,而且可以专用。只有商号所有人才可以在营业活动中使用该商号。非经转让等合法方式移转,其他商主体不得使用。对于非法使用他人商号的行为,各国竞争法均明令禁止或限制。德国《禁止不正当竞争法》第16条、日本《商法典》第20条、我国台湾地区的"公平交易法"、匈牙利的《禁止不正当竞争法》等,均有规定。我国《反不正当竞争法》第5条规定,禁止擅自使用他人的企业名称或姓名,引人误认为是他人的商品。

(三) 商号变更权

既然商号为所有人专有专用,所有人当然可以因生产经营需要,而变更商号。鉴于其人身权属性,商号频繁变更可能危害交易安全,影响交易效率。故,没有特殊原因,企业不得在商号核准后一年内申请变更。

(四) 商号转让权

商号具有可转让性,唯商号权与商主体声誉息息相关,根据是否需要与营业一并转让,可将各国立法归结为合并转让主义和单独转让主义。合并转让主义,是指商号必须与商主体的营业同时转让,或者营业终了时转让。转让后,出让人不仅失去商号权,而且在一定期限内不得经营相同的营业。单独转让主义,亦称自由转让主义,即商号可以与其营业分离而单独转让,也可以与营业的部分或全部结合一并转让,转让后,出让人不再享有商号权,但可继续经营相同的营业。德国和日本属于合并转让主义。① 我国应属于改良的合并转让主义,企业商号可以随企业或者企业的一部分一并转让,并应经原登记机关核准;商号只能转让给一个受让人,且转让方在商号转让后不得继续使用已经转让的商号。

三、商号权的保护措施

企业法人的商号权受到侵害的,受害人有权要求停止侵害、恢复名誉、消除影响、赔礼道歉,并可要求赔偿损失。该原则对其他商主体亦适用。对于擅自使用他人已经登记的企业商号或者有其他侵犯他人企业商号专用权行为的,受害人可以请求登记机关或法院给予保护。登记机关有权责令侵权人停止侵权行为,赔偿被侵权人因该侵权行为所遭受的损失。

针对前述侵犯企业商号权的行为,登记机关可以没收非法所得,并处以罚款5千到5万元。侵害商号,损害商业信誉的,还可能构成犯罪(引例4-3)。

引例 4-3

陈永洲涉嫌损害商业信誉罪②

2012年9月29日至2013年8月8日,《新快报》记者陈永洲先后发表10余篇有关中联重科"利润虚增""利益输送""畸形营销"及涉嫌造假等一系列报道,其中只有1篇半是陈永洲自己在他人安排采访下完成的,其余都是由他人提供现成文稿,陈永洲只在此基础上进行修改加工,有的甚至看都没看,就在

---

① 参见德国《商法典》第23条,日本《商法典》第24条。
② 傅煜、刘双双:《〈新快报〉记者陈永洲涉嫌损害商业信誉罪被批捕》,http://news.sina.com.cn/c/2013-10-30/185228574976.shtml,2014年4月17日访问。

《新快报》等媒体上刊发了。这些报道被互联网大量转载,造成了严重的社会影响。2013年5月27日,陈永洲在《新快报》发表题为《中联重科再遭举报财务造假,记者暗访证实华中大区涉嫌虚假销售》的报道,致使中联重科A股被迫停牌两天,广大股民损失惨重。2013年6月、7月,陈永洲先后赴香港、北京,向香港证监会、香港联交所和中国证监会实名举报中联重科。陈永洲先后多次从中间人处获得数十万元人民币和数千元港币作为"酬劳"。2013年10月19日,陈永洲因涉嫌损害商业信誉罪被湖南长沙警方依法刑事拘留;10月30日,因涉嫌损害商业信誉罪被批准逮捕。

第五章 商事账簿

第一节 商事账簿概述

一、商事账簿的概念与特征

商事账簿,亦称商业账簿,是指商主体为表明其财产状况和经营情况,依法制作的簿册,包括书面形式和电子形式。商法上的商事账簿是指广义商事账簿,包括商法、会计法和其他法律法规所要求制作的账簿。与政府账簿、事业单位账簿相比,商事账簿具有三个特征:

第一,商事账簿系商主体所制作的账簿。非商主体无须设置商事账簿,国家机关、社会团体和事业单位等设置的会计账簿,不属于商事账簿。

第二,商事账簿反映商主体的营利性。政府账簿反映的是政府的财政收支和财物保管情况,反映的是消耗性,而商事账簿则是反映商主体的营利性,因而更为复杂。为体现商主体的营利性,需要采用6项会计要素——资产、负债、所有者权益、收入、费用和利润[①],来反映商主体在商事活动中所形成的权利义务,从而反映营业上的财产及其损益情况(图5-1)。商主体自身、投资者、交易相对人以及政府监管机关所关注的,也是它所反映的营利性。

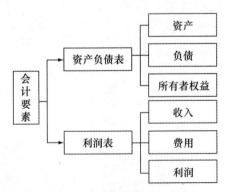

图5-1 反映营利性的会计要素

第三,商事账簿的设置具有法定性。各国商法均要求,商主体须设置商事账簿,记载其营业上的财产及其损益状态。在我国,除农村承包经营户外,其他商

---

① 参见我国财政部《企业会计准则——基本准则》第10条。

主体均须依法设置账簿。

二、商事账簿的功能

商事账簿系贯彻商事事务公开和提高透明度的重要工具,对于提高交易效率和维护交易安全均具有愈来愈重要的现实意义。

(一)对商主体自身及其成员的作用

对于商主体自身而言,商事账簿使其可以及时准确地了解自身经营状况和财务状况,可以依此进行盈余计算和利润分配,进而判断有关经营决策和方式是否合理、是否需要调整以及如何进行调整。对于大型公司而言,其业务和分支机构可能遍及全国乃至世界各地,商事账簿就是总机构对各个分支机构以及各地业务经营监督的重要手段。对于不参与商主体业务执行的成员而言,商事账簿成为其了解公司经营情况的主要渠道,也是他们决定是否投资、是否退出以及如何行使表决权的重要依据。无论是对成员实现知情权还是行使表决权,商事账簿均具有不可替代的重要意义。

(二)对第三人的作用

在交易过程中,相对人可以借助商事账簿了解商主体的经营情况和资信情况,进而决定是否交易以及如何进行交易(引例 5-1)。对于商主体而言,为了在激烈的市场竞争之中立于不败之地,亦应有完备的商事账簿,便于相对人了解自己,赢得信任,提高交易效率。诚然,如商主体经营状况不佳,亦可通过商事账簿及早了解真实经营情况,早发现问题,早挽救,以免陷于覆水难收的境地。

> **引例 5-1**
>
> ## CCME 因业绩造假被纳斯达克摘牌[①]
>
> 中国高速传媒控股公司(CCME)的前身为 2003 年成立的福建分众传媒。AIG(美国国际集团)的前 CEO 担任主席。胜达国际集团在 2010 年 1 月以 3000 万美元买进 100 万股 CCME 新发行的可转换优先股成为第三大股东,并认购 155 万股普通股的认股权证,每股均价低于 9 美元。两个月后,德勤出具 CCME 2009 年审计报告显示,当年 CCME 净利润达 4200 万美元。2010 年 6 月,CCME 以反向并购方式(RTO)在纳斯达克上市,每股发行价为 12 美元。2010 年第三季度财报更是光彩夺目:收入增长 142%,净利增长 150%,现金占资产总额的 77%。如此高的成长性和盈利能力,市盈率却不足 10 倍。此

---

① 参见冯禹丁:《中国高速传媒的神话与戏法》,载《南方周末》2011 年 5 月 26 日。

后,CCME 的股价开始暴涨,2010 年 10 月下旬最高曾达到 22.35 美元。金融危机当下,广告业哀鸿遍野,CCME 的业绩好得令人难以置信:销售人员在 4 年里几无增加,其收入却增长了 20 倍。面对香橼和浑水公司的不断质疑,德勤要求到上级银行重新确认相关账目时,未得到 CCME 的配合,无法完成核查流程,不能确认所审计过的财报的可靠性。2011 年 3 月 11 日,德勤辞去审计职务,CCME 股票交易被暂停。3 月 18 日,胜达将 CCME 公司 CEO 程征、审计师德勤和 CFO 诉至美国特拉华州联邦法院,索赔其投资损失。5 月 19 日,CCME 被纳斯达克摘牌,股票转至粉单市场交易,股价跌至 1.85 美元。此外,绿诺科技、多元环球水务、西蓝天然气、中国能源技术、泓利煤焦、旅程天下、普大煤业、西安宝润等中概股,都相继在香橼和浑水等职业"找碴"人认为其欺诈投资者的质疑之中退市。

(三) 对监管者的作用

政府监管部门可通过商事账簿,进行有关统计,并作为政府有关决策和宏观调控的重要依据。对于税收机关,商事账簿是其征税的依据,因为无论是利润还是营业额,其确定依据均是商事账簿。《税收征收管理法》第 20 条就要求商主体将其财务会计制度或财务会计处理方法报税务机关备案,第 54 条则赋予税务机关检查商事账簿的权力。商事账簿也是监管机关判断商主体是否守法经营,以及查处和认定有关违法行为的重要依据(引例 5-2)。

引例 5-2

万福生科业绩造假①

万福生科本是一家业内籍籍无名的稻米加工企业。2011 年,它以每股 25 元的发行价成功登陆创业板。2012 年中报,该公司虚增营业收入 1.88 亿元、虚增营业成本 1.46 亿元、虚增利润 4023 万元,且未披露公司上半年停产。万福生科十多种产品中,收入造假最离谱的是麦芽糊精,中报披露该产品的销售收入达到 1124 万元,实际收入不超过 10 万元,产品收入虚增超过 100 倍。葡萄糖粉、麦芽糖浆、蛋白粉的实际毛利率为 5.75%、10.88%、14.07%,而中报披露为 22.08%、21.84%、25.99%。

---

① 参见冉孟顺、袁名富、罗敏夏:《万福生科:大米神话是如何注水的》,载《南方周末》2012 年 11 月 29 日。

(四) 对诉讼的作用

在诉讼中,商事账簿属于重要的证据之一。许多国家商法均明确赋予其证据效力。依据《法国商法典》第 12 条,在商主体之间,商主体可以援引商事账簿对抗其他商人。是否采信,则由法官自由裁量。商主体可能会因为自己的商事账簿的记载,而被责令承担侵权责任。这就意味着,商事账簿记载的内容构成商主体所作的承认。《日本商法典》第 35 条和《德国商法典》第 258 条便赋予法院责令当事人提供全部或部分商事账簿的权力。德国的《民事诉讼法》也赋予法院这种职权。日本《民事诉讼法》第 224 条进一步规定,若商主体违反法院的命令,拒绝提交或者毁损商事账簿,妨害诉讼相对人使用其商事账簿的,法院可以采信相对人的主张,认定相对人关于商事账簿记载或记录的主张成立。我国《民事诉讼法》虽无单独针对商事账簿的提交义务,但商事账簿无疑属于一种重要的书证。

第二节 商事账簿的类型

各国商事账簿的类型差异较大。法国分为日记账簿(livre journal)和资产负债表(livre d'inventaire)两类,日本分为会计账册和资产负债表。有的国家则规定由序时账、分类账和备查账簿构成。在我国,一般依据《会计法》第 13 条分为会计凭证、会计账簿和财务会计报告。

一、会计凭证

会计凭证,是指记录商主体日常经营活动情况的书面证明,系登记商事账簿的依据。商主体的款项收付、款项结算、货物进出、财产增减等,均需要由经办人员取得或填制会计凭证,以此作为结算的依据。没有会计凭证,不得收付款项,不得进出货物,不得进行财产处理。依据会计凭证的填制程序和用途,可以分为原始凭证和记账凭证(图 5-2)。

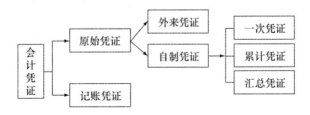

图 5-2 会计凭证的类型

(一) 原始凭证

原始凭证,亦称单据,是指在商事活动中取得或填制的,用来记录或证明交易发生和完成情况的原始书面证明(图5-2)。这是会计核算的原始凭据,只有经过审核并确认无误的原始凭证,才能作为登记明细账和编制记账凭证的原始依据(引例5-3)。

引例5-3

天价住院费背后的黑心账单①

患者翁文辉生前系中学教师,2004年被诊断患上了恶性淋巴瘤,2005年6月1日,被送进哈尔滨医科大学第二附属医院的心外科重症监护室,8月6日病逝。住院仅67天,住院费却接近139.7万元,平均每天2.1万元。让人惊奇的是,医药单上居然有病历上明确注明不能使用的严重过敏药物"氨茶碱",而病人去世后两天,医院竟还陆续开出了两张化验单,收费64元。7月30日的血费高达22197元,病人一天输血达94次,共计9400毫升,相当于成人全身血液总量的两倍多;7月31日医药单显示,医院给病人用了106瓶盐水、20瓶葡萄糖、10000毫升血,对于这些用水桶装也不知要装多少桶的液体,该医院没有一个人能够说出子丑寅卯。11月下旬,中纪委和监察部联手组成调查组调查此事。

(二) 记账凭证

记账凭证,亦称分录凭证、记账凭单,是指会计部门根据审核后的原始凭证填制的可以作为记账的直接依据的凭证。根据编制方式,可以分为单式记账凭证和复式记账凭证。其中,根据复式记账凭证所适用的经济业务类型,又分为专用记账凭证和通用记账凭证。根据记账凭证所记录的交易内容,可以分为收款凭证、付款凭证和转账凭证。原始凭证经过归类、整理,并确认会计分录,为直接记账提供凭据,记账凭证必须依据经过审核的原始凭证和有关资料编制。

二、会计账簿

会计账簿,是指按照会计制度规定的结构、程序和方法,全面、系统、连续和分类记载商主体营业活动以及财产变动状况的簿册;通常是由会计主管机关按照一定的格式统一印制,由具有专门格式且具有相互联系的账册构成。根据其用途,可将其分为序时账簿、分类账簿和备查账簿(图5-3)。根据其外表形式,

---

① 参见练学辉:《住院67天花掉550万》,载《南方日报》2005年12月1日;韩福东:《天价医药费,"哈医大二院涉嫌严重造假"》,载《南方都市报》2005年12月3日。

可分为订本式账簿、活页式账簿、卡片式账簿和磁性介质账。依据格式,可分为三栏式账簿、数量金额式账簿和多栏式账簿。我国《会计法》第 15 条,只规定了总账、明细账、日记账和其他辅助性账簿等四种。

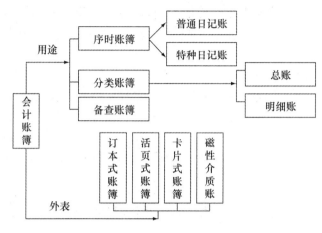

图 5-3　会计账簿的类型

序时账簿,亦称日记账簿或流水账簿,是指以事项发生的时间为序进行记录的账簿,包括普通日记账簿和特别日记账簿。普通日记账簿是指对所有经营事项均以时间为序进行登记入册的账簿,如日记账、分录簿。特别日记账簿则是分别以特别事项发生的时间为序按类登记入册的账簿,如现金日记账、银行存款日记账、进货日记账、销售日记账等。

分类账簿,则是以发生事项所归属的会计科目分别进行登记入册的账簿,包括总账和明细账(图 5-3)。总账记载各个会计科目业务的总括情况,而明细账则记载各个会计科目业务的详细情况。

备查账簿,是指对日记账和分类账不能记载或记载不全的事项,进行补充登记,以供查考的账簿。例如,租入固定资产登记簿、受托加工材料登记簿等。

三、财务会计报告

财务会计报告,亦称财务报告,是指商主体依法以货币为单位向政府或社会总括性披露一定时期的财务状况、经营成果、现金流量的书面文件。其目的,就是向财务会计报告使用者提供与企业财务状况、经营成果和现金流量等有关的会计信息,反映企业管理层受托责任的履行情况,有助于财务会计报告使用者作出经济决策。其使用者包括投资者、债权人、政府及其有关部门和社会公众等。依据其内容,可以区分为资金报表、成本报表和利润报表,而依据编制周期,则可分为月报表、季报表和年报表。根据其所反映的资金运动状况,可分为静态报表和动态报表。我国《会计法》第 20 条第 2 款确认了会计报表、会计报表附注和财务状况说明书三大组成部分。

(一) 会计报表

依据《企业会计准则——基本准则》第 44 条,会计报表反映企业财务状况、经营成果、现金流量,包括资产负债表、利润表和现金流量表(财务状况变动表)。资产负债表和现金流量表反映商主体的财务状况,而利润表则反映其盈利情况。

1. 资产负债表

资产负债表,是指反映商主体在某一特定日期的财务状况的会计报表,包括资产、负债和所有者权益三部分。其中,资产为负债与所有者权益之和(图 5-4)。

图 5-4 资产与负债和所有者权益的关系

就资产而言,它是指商主体过去的交易或事项形成的、由企业拥有或者控制的、预期会给企业带来经济利益的资源。预期在未来发生的交易或事项不在资产之列。能否确认为资产,取决于两项条件:一是与该资源有关的经济利益很可能流入商主体;二是该资源的成本或价值能够可靠地计量。符合该条件方可确认为资产,列入资产负债表。否则,不能确认为资产,不得列入资产负债表。①资产依据其形态可分为流动资产、固定资产、长期投资、无形资产、递延资产和其他资产(图 5-5)。在资产负债表中,这些资产按照流动性强弱进行排列,流动性最强的排在最前面,流动性弱的则排在后面。

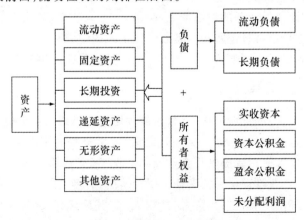

图 5-5 资产负债表的构成

---

① 参见我国财政部《企业会计准则——基本准则》第 21—22 条。

负债,是指商主体过去的交易或事项形成的、预期会导致经济利益流出企业的现时义务。未来发生的交易或者事项形成的义务,不属于现时义务,不得确认为负债。义务能否确认为负债,其条件有二:一是与该义务有关的经济利益很可能流出企业;二是未来流出的经济利益的金额能够可靠地计量。只有符合该条件,方可确认为负债,列入资产负债表。否则,不得确认为负债,不得列入资产负债表。① 从类型来看,负债包括流动负债和长期负债两种类型(图5-5)。其在资产负债表中的排列,乃是依据资金的使用期限和最终承担的风险大小,使用期限最短,承担风险最小的负债排在最前面。

所有者权益,是指资产扣除负债后由所有者享有的剩余权益。公司所有者权益,称为股东权益。它是资产负债表的必备项目,其金额取决于资产和负债的计量(图5-4)。② 其来源包括所有者投入的资本、直接计入所有者权益的利得和损失、留存收益等(图5-5)。所有者投入的资本就是通常所说的实收资本,留存收益则是指盈余公积金和未分配利润。直接计入所有者权益的利得和损失,则是指不应计入当期损益、会导致所有者权益发生增减变动的、与所有者投入资本或向所有者分配利润无关的利得或损失。

2. 利润表

利润表,亦称损益表、盈亏账簿,是指反映商主体在一定会计期间的经营成果的会计报表。利润乃是利润表的必备项目。利润包括收入减去费用后的净额、直接计入当期利润的利得和损失等(图5-6)。其金额取决于收入和费用、直接计入当期利润的利得和损失金额的计量。③

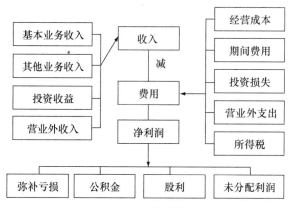

图5-6 利润的形成与用途

---

① 参见我国财政部《企业会计准则——基本准则》第24—25条。
② 参见我国财政部《企业会计准则——基本准则》第28—29条。
③ 参见我国财政部《企业会计准则——基本准则》第39—40条。

收入,是指商主体在日常活动中形成的、会导致所有者权益增加的、与所有者投入资本无关的经济利益的总流入。确认为收入的条件:一是经济利益很可能流入;二是其流入导致资产增加或负债减少;三是其流入额能够可靠地计量。只有符合该条件,方可确认为收入,列入利润表。① 费用,是指商主体在日常活动中发生的、会导致所有者权益减少的、与向所有者分配利润无关的经济利益的总流出。确认费用的条件:一是经济利益很可能流出;二是该流出导致企业资产减少或负债增加;三是流出额能够可靠地计量。只有符合该条件,方可确认为费用,列入利润表。② 而直接计入当期利润的利得和损失,则是指应计入当期损益、会导致所有者权益发生增减变动的、与所有者投入资本或向所有者分配利润无关的利得或损失。

> **引例 5-4**
>
> ### 上市公司"利润"中的政府补贴③
>
> 2013年,比亚迪实现净利润5.53亿元,同比增长579.63%。如果剔除政府补助6.77亿,比亚迪还是亏损的,所谓"利润"显然是"虚胖"。2012年,即便获得政府补助5.5亿,比亚迪依旧没有扭转亏损4.84亿的惨剧。其实,九成左右的上市公司享受政府补贴,高新技术、电子信息、生物医药、软件、新能源等,很容易申请政府补贴。进入战略性新兴产业就无异于敲开了政府补贴的大门,光伏和LED企业近年来最容易获得政府补贴。截至2014年4月10日,1556家A股上市公司发布了2013年年报,获得政府补贴的有1377家,总金额超过770亿。2012年,94%的上市公司将政府补贴收入囊中,累计金额约为1070亿。

3. 现金流量表

现金流量表,亦称财务状况变动表,是指反映商主体在一定会计期间的现金和现金等价物流入和流出的会计报表。④ 其项目分为营运资金来源和营运资金运用,两者的差额为营运资金增加(或减少)净额。营运资金来源又分为利润来源和其他来源,营运资金运用也分为利润分配和其他用途,均应分项列示。

---

① 参见我国财政部《企业会计准则——基本准则》第31—32条。
② 参见我国财政部《企业会计准则——基本准则》第34、36条。
③ 参见罗琼:《究竟是哪些公司,以什么方式,拿到多少补贴?上市公司争抢政府补贴"大红包"》,载《南方周末》2014年4月17日。
④ 参见我国财政部《企业会计准则——基本准则》第47条。

(二) 会计报表附注

会计报表附注,是指对在会计报表中列示项目所作的进一步说明,以及对未能在这些报表中列示项目的说明等。① 其主要内容包括所采用的主要会计处理方法;会计处理方法的变更情况、变更原因以及对财务状况和经营成果的影响;非经常性项目的说明;会计报表中有关重要项目的明细资料;其他有助于理解和分析报表的需要说明的事项。常见的形式有尾注说明、括弧说明、备抵与附加账户、脚注说明和补充说明。

(三) 财务情况说明书

这是会计报表的补充,系用文字和数字补充说明在会计报表中不能反映的企业财务状况的书面报告。主要内容包括商主体的生产经营状况、营利与分配情况、资金周转情况以及其他重要事项的说明。

第三节 商事账簿的备置

一、商事账簿的制备

(一) 义务主体

除农村承包经营户外,各类商主体均应设置商事账簿。故,商主体为商事账簿制作的义务主体,各个商主体的负责人应负责商事账簿的制备。公司就是由董事会负责,不设董事会的有限公司则由执行董事负责。诚然,具体事务由各商主体内部的会计机构和会计人员承担。②

(二) 制作规则

商主体不得用不真实、不合法的原始凭证记账,不准确、不完整的原始凭证应由出具单位更正或补充后,才能记账。原始凭证金额有错误的,应由出具单位重开。会计账簿登记须以经过审核的会计凭证为依据,按照连续编号的页码顺序登记。如有错误或者隔页、缺号、跳行的,应依法予以更正,并由会计人员和会计机构负责人在更正处盖章。会计账簿的记录应与实物及款项的实有数额相符、与会计凭证的有关内容相符,账簿相互之间的对应记录亦应相符,且与会计报表的有关内容相符,而会计报表则应全面反映企业的财务状况和经营成果。会计处理方法前后各期应当一致,不得随意变更。如确有必要变更,应将变更的情况、变更的原因及其对财务状况和经营成果的影响,在财务报告中说明。

---

① 参见我国财政部《企业会计准则——基本准则》第48条。
② 参见我国《会计法》第3—5条。

制作商事账簿以会计期间为周期,即年度、季度和月份,且以公历日期为年度、季度和月份的起讫日期。会计年度统一自公历1月1日起至12月31日止。记账本位币为人民币,业务收支以外币为主的商主体,可以选定其中一种货币作为记账本位币,但编报财务会计报告仍应折算为人民币。记账方法均应采用借贷记账法,记账的文字应为中文,外商投资企业和外国企业可同时使用某种外国文字。使用电子计算机进行制作的,其软件、所生成的会计凭证、会计账簿、财务会计报告和其他会计资料以及账簿的登记与更正,均应符合国家统一的会计制度的要求。

(三) 会计信息质量标准

商事账簿的信息质量应符合真实可靠性、可比性和简明性的要求。

真实可靠性,是指会计确认、计量和报告,只能以实际发生的交易或事项为依据,真实地反映与商主体的财务状况、经营成果和现金流量等相关的所有重要交易或事项。凡是已经发生的交易或事项,即应及时进行会计确认、计量和报告。为确保其准确性,会计确认、计量与报告应保持应有的谨慎,不得高估资产或收益,低估负债或费用。为此,商主体在对会计要素进行会计计量时,原则上应采用历史成本,采用重置成本、可变现净值、现值、公允价值计量的,应当保证所确定的会计要素金额能够取得并可靠计量。①

可比性,是指同一商主体不同时期的会计信息,以及具有相同或相似交易或事项的不同商主体的会计信息应具有可比性。② 对于同一商主体,其不同时期的相同或相似交易或事项,应采用一致的会计政策。确需变更会计政策的,应在附注中说明。对于具有相同或相似的交易或事项的不同商主体,则应采用规定的会计政策,确保会计信息口径一致,以便相互比较。再者,就是收入与相关成本费用的可比性。比如,为生产产品、提供劳务等发生的可归属于产品成本、劳务成本等的费用,应在确认产品销售收入、劳务收入等时,将已销售产品、已提供劳务的成本等计入当期损益。③

简明性,是指商事账簿应清晰明了,便于使用者理解和使用。④ 这是因为,编制商事账簿的目的,是为了供使用者使用,自应亲善使用者。

二、商事账簿的披露

(一) 向监管机关提交

为实施宏观调控,强化对特殊公司的监管,有关立法明确要求有关商主体定

---

① 参见我国财政部《企业会计准则——基本准则》第12、17、18、19、43条。
② 参见我国财政部《企业会计准则——基本准则》第15条。
③ 参见我国财政部《企业会计准则——基本准则》第35条。
④ 参见我国财政部《企业会计准则——基本准则》第14条。

期向有关监管者报送财务报表。依据《全民所有制工业企业转换经营机制条例》第 30 条,国有企业不仅应建立资产负债和损益考核制度,而且还要编制年度财务会计报表,报政府有关部门审批。依据《商业银行法》第 61 条,商业银行应按照规定向银监会和中国人民银行报送资产负债表、损益表以及其他财务会计报表和资料。依据《证券法》第 65—66 条,上市公司应分别自一个会计年度的上半年结束之日起 2 个月内和一个会计年度结束之日起 4 个月内,向中国证监会和证券交易所提交中期报告和年度报告。

(二) 备置于商主体所在地及向投资者送交

在商主体所在地备置商事账簿,以供投资人查阅,或向投资者提交商事账簿,是确保投资人知情权的重要内容,也是保障行使投资人表决权的基础。依据《合伙企业法》第 28、36、68 条,合伙企业应当备置其商事账簿,以便合伙人了解合伙企业的经营情况和财务状况。至于是否要向合伙人送交有关财务报告,合伙企业完全可以作出相关约定,或由合伙人作出有关决定。依据《公司法》第 165 条,有限责任公司应向所有股东送交财务会计报告,送交期限由各公司在章程中自主决定。至于股份有限公司,则应置备于本公司,便于股东查阅。备置的时间是召开股东大会例会的 20 日前。

(三) 公告

我国正在构建商主体信用信息公示制度,无论是公司,还是合伙企业和独资企业,均应于每年 1 月 1 日至 6 月 30 日,向企业信用信息公示系统报送上一年度年度报告,并向社会公示。[①] 尽管该年度报告公示的内容仍有待国务院制定,但财务会计报告无疑是核心内容。以募集方式成立的股份有限公司必须在专门报刊上公告其财务会计报告。中期报告的公开披露时间为一个会计年度的上半年结束之日起 2 个月内。年度报告的公开披露时间为一个会计年度结束之日起 4 个月内。

三、商事账簿的保管

商主体无疑对商事账簿负有保管责任。至于保存期限,大多数都采取确定期限制,比如德国、意大利、法国、比利时、日本和我国台湾等规定为 10 年[②],西班牙为 5 年,荷兰为 30 年。也有采取不定期限的,比如,智利以营业继续的期限为准,巴西则以债权时效消灭为准。

在我国,商主体每年形成的会计档案,在会计年度终了后,可暂由会计机构

[①] 参见我国《公司登记管理条例》第 58 条,《合伙企业登记管理办法》第 32 条,《个人独资企业登记管理办法》第 30 条。

[②] 参见德国《商法典》第 257 条第 4 款。

保管1年,此后应由会计机构编制移交清册,移交本单位档案机构统一保管。未设立档案机构的,应当在会计机构内部指定专人保管,出纳人员不得兼管会计档案。移交本单位档案机构保管的会计档案,原则上应当保持原卷册的封装。对于电子形式的会计档案,亦应保存相应的纸质会计档案。保管期满的会计档案的销毁,须经单位负责人审查,报财政部门和主管部门批准,造册登记后方能销毁。至于保存限限,分为永久和定期保管两种。定期保管的期限分为3年、5年、10年、15年和25年,该期限自会计年度终了后的第一天起算。年度决算报表应永久保存,各种账簿和凭证保管期至少10年以上,月报和季报的保存期为3—5年。依据《保险法》第87条,保险公司应按规定妥善保管业务经营活动的完整账簿、原始凭证和有关资料,保管期限自保险合同终止之日起计算,保险期间在1年以下的不得少于5年,保险期间超过1年的不得少于10年。

四、商事账簿信息质量的保障机制

(一)确立商主体内部的信息质量责任制

强化商主体内部的信息质量责任制,乃是信息质量保障体系的首道防线(图5-7)。其中首要的是,首席执行官(CEO)和首席财务官(CFO)的个人认证制度。我国《会计法》第4条要求商主体的负责人对其会计工作和会计资料的真实性、完整性负责。我国《证券法》第68条确认了董事和高管对定期报告的个人认证制度,以免他们不懂装懂、懵懵懂懂地签署问题成堆的财务报告。其次是审计委员会的制衡机制。为避免CEO和CFO操控审计员,各国均强调由独立董事主导的审计委员会①负责审计员的聘任和监督,决定其报酬,从而隔离外部审计员与管理层,并负责处理内部审计与管理层之间的分歧。② 我国《上市公司治理准则》博采众长,其第54条亦确立审计委员会的这种制衡作用。最后,就是信息披露的透明度和及时性。一是要求上市公司在迅速和实时的基础上,向公众披露公司财务和经营方面的重大变化;二是要求年度报告中应包括内部控制报告及其评价,并由会计师事务所对管理层的评价出具鉴证报告;三是要求审计委员会至少有1名财务专家,并予以披露;四是要求披露所有重要的表外交易和关系,以免借此打"擦边球"。③ 我国《上市公司治理准则》第88条要求,公司除按照强制性规定披露信息外,应主动、及时地披露所有可能对股东和其他利益相关者决策产生实质性影响的信息,保证所有股东有平等的机会获得信息。

---

① 参见朱羿锟:《公司控制权配置论》,经济管理出版社2001年版,第472—473页。
② 参见美国《SOX法案》第204、301、310条。
③ 参见美国《SOX法案》第401、404、409条。

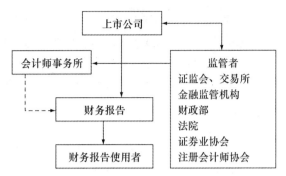

图 5-7 上市公司的信息质量保障体系

(二) 增强审计的独立性

为避免会计师成为造假的帮凶,应确保审计员的独立性,强化会计师行业的监管(图 5-7)。增强审计员独立性的举措包括,由审计委员会负责聘任和监督审计员,隔离审计员与管理层,以免管理层操纵审计员;限制或禁止审计员提供非审计业务;审计员轮换制。美国《SOX 法案》第 206 条禁止会计师事务所合伙人或复核合伙人担任特定公司审计员超过 5 年。英国和德国持同样立场,《欧盟法定审计员的地位、作用和职责》(1998)也支持会计师轮岗。而为矫正会计师行业自律的失灵,美国《SOX 法案》结束了长达 110 年的美国会计师行业完全自律的监管体制,在美国注册会计师协会(AICPA)之上设置"会监会"(PCAOB)。会监会不仅在机构上独立于会计师行业,而且经费独立。该法第 102—105 条还赋予其充分的监管职权,包括向上市公司提供审计服务的会计师事务所的注册、制定审计准则、质量控制复核以及调查与处罚。这对我国强化会计师行业监管机制建设提供了有益的借鉴。

引例 5-5

"四大"的中国业务遭暂停[①]

1996—2012 年,赴美上市的海外企业发生 272 起财务欺诈案。其中,来自中国公司的财务欺诈案达 71 起,占比 26.1%。排名第二的加拿大共 44 起;英国排名第三,共 26 起。造假企业迭出,亦令外部审计师声誉受损,如惊弓之鸟,四大会计师事务所在审计"问题"中概企业时,辞职率高达 57.1%。2012 年底,美国证券交易委员会(SEC)起诉五大会计师事务所的中国成员所,

---

① 参见张鹭、曲艳丽:《脆弱的链条》,载《财经》2013 年第 32 期。

> 因 SEC 调查在美中概股公司会计欺诈时,它们拒绝出示审计底稿,涉嫌违反美国《证券交易法》和《SOX 法案》。2014 年 1 月 22 日,美国 SEC 行政法官判决普华永道、安永、德勤、毕马威等四大会计师事务所的中国分部暂停美国执业资质 6 个月。如最终生效,将对大约 200 家中国企业产生影响。

(三) 强化造假者的责任

在美国,只要公司提交的财务报表不实,或需要重编报表,CEO 和 CFO 在违规报告公布之后或向 SEC 提交报表之日起 12 个月内获得的一切业绩报酬,包括奖金、期权和股票买卖的收益,均应归公司,以切断业绩造假的利益关系。董事或高管还可能因此被取消担任董事的资格。更重要的是刑事责任,CEO 和 CFO 知情而签署不实财务报表,最高处罚为罚金 100 万美元和 10 年有期徒刑。如系蓄意违反,罚金可高达 500 万美元,另加 20 年有期徒刑。[1]

我国也为造假者规定了相应的行政责任和刑事责任,行政责任的规定已较完善,唯刑事处罚力度仍有欠缺。依据我国《刑法》第 160—161 条,证券发行过程中的造假犯罪,其刑事责任为 5 年以下有期徒刑或拘役,并处或单处非法集资额 1%—5% 的罚金;上市之后的造假犯罪,刑事责任为 3 年以下有期徒刑或拘役,罚金 2—20 万。依据第 229 条,承担资产评估、验资、验证、会计、审计、法律服务等职责的中介组织的人员故意提供虚假证明文件,情况严重的,处 5 年以下有期徒刑或拘役,并处罚金;若涉及索取他人财物或非法收受他人财物的情形,处 5—10 年有期徒刑,并处罚金。不难看出,证券发行人的刑事责任畸轻。

---

[1] 参见美国《SOX 法案》第 305、906 条。

第二编 公司法

公司概述
公司设立
公司融资
公司股东
公司治理
公司变更
公司终止

第六章 公司概述

第一节 公司的概念与特征

一、公司的概念

公司是依法设立的营利性社团法人。近代以来,公司以其资本聚集和股东有限责任的魅力,极大地激发了人们的创业和投资热情;以其集中管理和管理的专业化、职业化,大大提高了经营管理水平和效率,从而推动了社会经济的发展和人类文明的进步。难怪巴特勒教授在1921年就感慨道,公司是现代社会最伟大的社会发明,蒸汽机和电也无法与其媲美。如果没有有限责任,蒸汽机和电的重要性也会大打折扣。① 当今社会,公司是最典型和最普遍的商主体,活跃于社会经济的各个领域,从创业谋生的基本工具,到富可敌国的商业帝国(引例6-1),公司的身影无处不在。

引例 6-1

"长和系"公司王国②

1940年从广东潮州逃难到香港的李嘉诚,白手起家创立了"长和系"公司王国,旗下公司市值约1万亿港元,分支机构遍布53个国家,关联公司超过90家,拥有逾23万雇员。2001年,其市值占港股总市值的15%,2012年,占港股总市值的比例近5%。而旗下的百佳和惠康共占整个香港超市73%的市场份额,百佳市占率就达到33.1%。

汉语中,"公司"一词意为"共同掌管"。它并非中国所固有,而是舶来品。③但这并不意味着中国历史上就没有公司。就语义来看,英语中"company"和"corporation"的含义远比公司法上的公司要丰富,主要是指合伙、合股公司、公

---

① 参见 Andrew Hicks, Corporate Form: Questioning the Unsung Hero, Journal of Business Law, July 1997, pp. 306—308.
② 参见陈新焱、徐庭芳、张玉洁:《香港再不是"李家城":李嘉诚,从"超人"到"万恶的资本家"》,载《南方周末》2013年11月7日。
③ 参见史际春:《企业、公司溯源》,载王保树主编:《商事法论》,法律出版社1997年版,第41页。

司等联合经营形式。而中国历史上一直有十分发达的工商业,两宋之后民营工商业更是得以长足发展,自有各种形式的联合经营形态,民族形式的公司久已有之①,手工业为作院、作坊、库、务、场、厂、局、作等,商业则为肆、店肆、酒肆、行、坊、茶坊、旅店、邸店、食店、柜坊、铺等,金融业为典当铺、钱庄、票号、钱会等。②道光中叶,山西票号已在国内20余个重要的工商业城镇设有分号;光绪时期,山西票号在国内的分号增加到80多家。合伙人分成制还与西方合伙巧合③,实是人类进化的殊途同归。而作为法律形态,清末《公司律》(1904)才首次确认了公司制度。新中国成立后,1950年颁行《私营企业暂行条例》,公司作为企业组织形式之一,也得到认可。1956年前后,我国完成了对生产资料的社会主义改造,除少数对外经济贸易单位延续"公司"称谓外,公司几乎销声匿迹。改革开放后,有限责任公司成为合资企业最早的组织形式。1993年《公司法》成为国有企业的公司改制和公司制度发展的标杆。该法历经2004年、2005年和2013年修订,已然确立了现代公司制度。

二、公司的特征

人格性、社团性和营利性乃是其基本特征,股东的有限责任和永久存续性则是人格特性的延伸。

(一) 人格性

公司与合伙企业的显著差异就是公司具有法人地位,是一个独立的"人"。公司虽由股东组成,但又独立于股东,有其自身的人格(引例6-2)。法人虽是法律上的拟制,并非自然意义上有血有肉的自然人,但它与自然人一样,均具有独立的人格④,具有权利能力、行为能力和相应的责任能力。

1. 公司的权利能力

公司的权利能力始于公司成立,终于公司终止。作为法律的创造物,它虽然看不见,摸不着,只存在于法律的想象之中,却像自然人一样取得了享有民事权利和承担民事义务的资格,并享有可以对抗其创造者的法律权利⑤,包括财产权、商号权、名誉权、受赠权等。

---

① 参见彭久松、陈然:《中国契约股份制概论》,载《中国经济史研究》1994年第1期。
② 参见童书业:《中国手工业商业发展史》,齐鲁出版社1981年,第154页;朱伯康、施正康:《中国经济通史》(上),中国社会科学出版社1995年版,第544—591页;张忠民:《前近代中国社会的商人资本与社会再生产》,上海社会科学院出版社1996年版,第59—94、106—127页。
③ 参见刘秋根:《中国古代合伙制下的盈余分配》,载《河北学刊》1996年第4期。
④ 各国公司法关于公司独立人格的规定,参见我国《公司法》第3条、德国《股份公司法》第1条和《有限责任公司法》第13条、法国《商事公司法》第5条、《日本商法典》第54条、美国《示范公司法》第3.02条、我国香港《公司条例》第5A条、我国台湾地区"公司法"第1条。
⑤ 参见〔美〕伯纳德·施瓦茨:《美国法律史》,王军等译,中国政法大学出版社1990年版,第74页。

> **引例 6-2**

大股东黄光裕说了也不算①

黄光裕17岁北上经营电器商行，仅十余年间即坐拥遍布全国的连锁卖场。2004年，国美电器（00493.HK）在港借壳上市，他此后三次问鼎内地首富。黄光裕家族持股33.98%，不仅是大股东，更是说一不二的"帝王"。2008年11月，黄光裕因涉嫌经济犯罪被拘。国美股票停牌，资金运转也陷入困境，陈晓临危受命。2009年6月，国美电器引入贝恩资本，融资达32.36亿港元，并接受了贝恩资本的苛刻条款。2010年5月11日，国美电器股东大会上，黄光裕否决贝恩资本的三名代表进入董事会。当晚，陈晓就召集董事会，重新委任贝恩资本的三名董事加入国美电器董事会，而这正是黄光裕2006年主持修订的公司章程赋予董事会的权力。黄陈二人的矛盾公开激化。2010年8月4日，黄光裕请求召开股东大会，罢免陈晓等公司执行董事职位。9月28日，国美股东大会表决，黄光裕提议罢免陈晓职务等四项提案均被否决。

既为法律的创造物，公司的权利能力就相应地会受到性质上和法律上的限制，甚至股东还可通过公司章程加以限制。一是基于性质上的限制。一些专属于自然人的权利，比如基于自然人的生命、身体、健康、身份、自由、亲权、继承等所产生的权利，公司自然无法享有。二是法律上的限制。该限制系基于社会经济政策的考量，不同国家甚至同一国家在不同时期的限制可能不尽相同。在我国，依据《公司法》第15条，公司不得成为承担连带责任的出资人。也就是说，公司不能投资设立普通合伙企业。既然该限制属于人为，就可能因社会经济条件的变迁而变化。比如，1993年《公司法》第12条将公司向其他公司投资的总额限制在其净资产的50%以内，只有国务院规定的投资公司和控股公司才有例外，2005年《公司法》第15条则取消了该限制。再如，1993年《公司法》第159条不准许一般有限责任公司发行债券，只准予股份有限公司、国有独资公司和两个以上的国企或国有投资主体设立的有限责任公司发行公司债券，而2005年《公司法》第154条则准许所有公司发行公司债券。三是公司章程的限制。比如，股东为了保证其投入到公司的资产的安全，约束董事、经理的行为，可依据《公司法》第16条，在公司章程中对投资或担保的总额以及单项投资或担

---

① 参见吴思嫣、严军生：《国美控制权之争的管理启示》，载《现代管理科学》2011年第1期；于宁、陈慧颖、王姗姗、王端、刘卫：《黄光裕连环案》，载《财经》2009年第17期。

保的数额加以限制。

2. 公司的行为能力

公司的行为能力,是指公司能够以自己的意思和名义,取得民事权利和承担民事义务的资格。与自然人的首要差异就是,公司的行为能力与权利能力同时产生和消灭,而自然人虽自出生就享有权利能力,但其行为能力则视其对事物的认识和判断能力而定,比如年满18周岁,精神正常。其次,公司毕竟只是法律上的拟制人,其独立意思的形成依靠公司机关,而其角色均由自然人担任。为了确保公司的有效和健康运行,确保各个要素提供者的利益,公司形成了分权制衡的治理结构:股东(大)会、董事会、经理和监事会,权力机关、决策机关、执行机关和监督机关,各司其职,各负其责。如是,在不同的情形下公司的意思由不同的公司机关作出,甚至在特定情形下,为了维护公司利益,股东即可代表公司的意志。比如,依据《公司法》第151条,有限责任公司的股东和连续180日以上单独或合计持有公司1%以上股份的股东,即可代表公司,针对侵害公司合法权益的行为提起代表诉讼。最后,公司以自己名义从事商行为,进行交易活动,亦需由公司机关和雇员去实施,唯其并不代表自己的意志,而是代表公司的意志。易言之,公司必须借助有行为能力的自然人方可实现其行为能力,而自然人自己即可实现其行为能力。

3. 公司的责任能力

公司的责任能力系权利能力和行为能力的必然逻辑延伸,即公司既然具有自己的权利能力和行为能力,自应具有独立承担责任的能力。独立的财产是其责任能力的基础,公司以其全部财产对公司债务承担责任。没有一定的财产,其所谓独立人格就是空谈。故,公司财产必须独立于股东的财产,股东的货币出资应缴纳到公司的银行账户,非货币出资则应将其财产权转移给公司。公司成立后,股东不得抽逃出资。公司在弥补亏损和提取法定公积金之前,不得向股东分配股利。这就是为公司的独立人格提供物质保障。

公司的责任能力包括公司的侵权责任能力、行政责任能力和刑事责任能力。公司的侵权责任能力是指公司的代表人或代理人在执行职务的过程中,给他人造成损失的,应由公司承担赔偿责任。至于公司的行政责任能力和刑事责任能力,因公司系从事营利性活动的工具,它在追求营利的过程中,因违反公司法、其他法律、行政法规而被课以行政责任或刑事责任的情形,可谓不胜枚举。前者包括处以罚款、没收非法所得、吊销营业执照、责令关闭等,后者包括对公司处以罚金。无论前者还是后者,公司的代表人和直接责任人均可能受到处罚,对前者的处罚包括罚款、取消担任董事、监事或高管的资格等,对后者的则有罚金、有期徒刑、无期徒刑等。《公司法》设法律责任专章,18个条文中就有15条规定公司及其主管人员和直接责任人员的行政责任,还有1条专门规定刑事责任。《证券法》则有48个法律责任的条款,其中有1条专门规定公司刑事责任,其余40多条都涉及公司及其主管人员和直接责任人员的行政责任。《刑法》除总则第30条和第31条规定包括公司在内的单位犯罪外,分则还有87条涉及公司犯罪。①公司的行为可能同时导致民事责任、行政责任和刑事责任。若公司财产不足以同时支付,则应优先支付民事赔偿。

(二) 社团性

公司属于企业法人。依据经典法人理论,法人分为社团法人和财团法人;前者以社员的结合为基础,如公司、合作社等;后者以财产的捐助为基础,如慈善机构、基金会等。公司属于社团法人,以股东的结合为基础。尽管绝大多数国家已认可一人公司,社团性仍为主流公司的显著特征,英国公司章程仍有结社条款:章程签署人借此声明它们组成公司,并认购与其姓名(名称)相对应的股份。一人公司也不例外。②

集中管理是公司社团性的首要表现。由于股东人数众多,股东人人参与公司经营管理,既没有必要,也没有可能。故,公司机关管理公司事务,而非股东直接进行管理。现代公司尤其是大中型公司无不实行所有权与经营权分离,均由职业经理经营管理。为了确保股东和其他要素提供者的利益,公司形成了分权制衡的治理结构,股东(大)会、董事会、经理与监事会各司其职,各尽其责,促进公司价值最大化。

股东可以分散风险则是社团性为股东带来的切实利益。社团性不仅有助于公司吸收社会闲散资本,实现资本的集聚和集中,壮大公司规模,实现规模经济,同时,也为股东分散投资、分散风险提供了良好的机会。股东完全没有必要"将鸡蛋放在一个篮子",孤注一掷,而是可以通过对众多公司的素质和发展潜力的对比,将其资本投入其看好的多家公司。若均有较好回报,自然皆大欢喜。即使个别公司经营失败,股东也不至于因此受到较大震荡,增强了驾驭风险的能力。俗话说,一根甘蔗不可能两头都甜。这种风险分散机制也不是尽利无弊。一个突出的问题就是,由于搭便车(free-riding)的情况,分散的投资者可能对公司事务漠不关心,而只关注公司的股价,一旦公司有什么风吹草动,便竞相抛售股票。然而,就算公司有什么问题,公司经营者要解决问题,走出困境,往往需要股东等多方面配合。而股东争相抛售股票,无异于落井下石。为此,各国自20世纪90年代均开始倡导关系投资,要求公司管理投资者关系,甚至为长期持股的股东赋予税收优待,促进公司与股东同舟共济,患难与共。

---

① 参见我国《刑法》第125、128、140—148、151—153、158—160、164、174—182、186—189、191—192、194—195、198、201、203—209、213—219、221—230、281、288、319、325、326、330、332、337—345、347、350、355、363—365、370、375、387、391、393条。

② 参见〔英〕丹尼斯·吉南:《公司法》,朱羿锟译,法律出版社2005年版,第78页。

(三) 营利性

依据经典法人理论,社团法人又有营利性社团法人和公益性社团法人之分。前者以营利为目的,后者以公益为目的。公司属于营利性社团法人。这不仅表现在公司的设立以营利为目的,公司从事的是营利活动,追求的是公司价值最大化,而且还表现在股东追求最佳投资回报上。这是公司与公益性法人区分的关键,比如,大学、医院等公益性法人虽也营利,但不能将其营利分配给其社员。

营利性为各国高度重视。OECD 的《公司治理原则》将分享公司利润作为股东的基本权利。我国《公司法》第 4 条明确规定股东享有资产收益等权利。国家对上市公司的营利性更是重视有加。国务院曾于 2005 年专门批准中国证监会的《关于提高上市公司质量的意见》,不断提高上市公司营利能力已经成为衡量上市公司质量的重要组成部分。该《意见》要求公司董事会、监事会和经理层诚实守信、勤勉尽责,努力提高公司竞争能力和盈利能力,大力提高管理效率和管理水平,努力开拓市场,不断增强盈利能力。上市公司要高度重视对股东的现金分红,努力为股东提供良好的投资回报。

引例 6-3

我国银行业显赫的营利能力[①]

截至 2010 年 11 月,我国四大国有银行市值已超过 4 万亿元,跻身全球十大市值银行之列。根据 2013 年年报,银行依然是最赚钱的行当。整个银行业净利润的 60% 多来自工农中建交这五家国有大银行,五大国有银行共实现净利润逾 8700 亿元,相当于每天赚将近 24 亿元。深沪两市 2528 家公司 2013 年合计实现净利润超过 2.26 万亿元,16 家上市银行净利润总额超过 1 万亿元,占全部上市公司净利的 44%,接近半壁江山。

(四) 股东的有限责任

股东承担有限责任是公司的又一重要特征,也是与独资企业和合伙企业的显著差异。依据我国《公司法》第 3 条第 2 款,有限责任公司的股东以其认缴的出资额为限对公司承担责任,股份有限公司的股东以其认购的股份为限对公司承担责任。这是因为,公司具有独立人格,股东与公司的人格发生分离,公司实行集中管理,股东自然无须为他人行为承担责任。

[①] 参见《数字表情(20140410)》,载《南方周末》2014 年 4 月 10 日。

(五)永久存续性

公司独立于股东而存在,有其独立人格,有自己的生命。无疑,公司可以永久存续,不因股东、代表人或雇员的变动或死亡而影响其存续。比如,某些股东身故、破产或因股份转让而退出公司,公司还是原来的公司,继续存续。可以说,自然人的生命是有限的,公司的生命则是无限的。当然,这并不妨碍股东通过章程规定其经营期限。这是公司与独资企业和合伙企业的又一差别。合伙企业会因合伙人的死亡、破产或退伙而解散。公司则可以永久存续,百年老店甚至千年老店也并非不可能。诚然,这并不意味着大多数公司都会"长寿"。市场竞争是残酷无情的,无数公司就这样被淘汰掉了。2000—2012年,我国企业数量以8%的速度增长,但一半的企业都注销了,能够生存5年的企业只占总数的49.4%,每年有将近500万家企业被注销或者吊销,最终能做大做强的公司凤毛麟角。

第二节 公司的类型

一、公司的法定类型

公司的形态并非为了存在而存在,而是以人们从事商事活动的需要为宗旨。正是为了不断满足经济社会发展的需要,公司形态结构改革从未间断,消解投资者对有限责任的追求与有限责任原则适用范围狭窄之间的矛盾成为公司法发展的重要任务。尽管两大法系有着截然不同的法律传统,但都围绕股东是否承担有限责任及承担有限责任股东的范围,设置了多种类型的公司形态,以满足人们从事商事活动的多种需求。

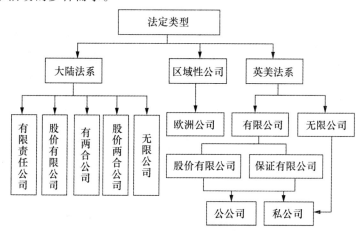

图 6-1 各国公司的法定类型

在大陆法系,就有有限责任公司、股份有限公司、两合公司、股份两合公司和无限公司共 5 种形态,英美法系亦有有限公司和无限公司之分,无限公司形态为两大法系所共有。英美法系的有限公司还有股份有限公司(company limited by shares)和保证有限公司(company limited by guarantee)之分。保证有限公司的股东以其保证的数额为限对公司债务承担责任,而股份有限公司的股东以其认购的股份为限对公司债务承担责任。保证有限公司可以有股本,亦可没有股本,为英美法系所特有。两合公司和股份两合公司则为大陆法系所特有,均由无限责任股东和有限责任股东两部分组成,无限责任股东负责公司经营管理,有限责任股东不能参与公司经营管理,仅享有监督权,唯股份两合公司将公司资本划分为股份,且通过发行股票的方式筹资,德国和意大利仍保留这种形态。① 英美公司法上虽无这种形态,但为满足物力资本和人力资本有机结合的需求,以新型的有限合伙(limited partnership/LP),吸收公司与合伙之长,满足了这种多元需求。此外,英美还有更具可塑性的有限责任公司(limited liability company/LLC),具有法人地位,而股东关系兼具合伙人的灵活性,且纳税亦享有合伙待遇,仅股东缴纳个人所得税,公司无须缴纳法人所得税。该形态于 1977 年始于怀俄明州,后光大于全美。1994 年,美国"统一州法全国委员会"制定了《统一有限责任公司法》。日本 2005 年《公司法》就移植了这种形态,创设合同公司,成为集资合公司与人合公司之长的一种中间形态。

作为主流形态,大陆法系为有限责任公司和股份有限公司,英美法系则为股份有限公司。大陆法系先采用的是股份有限公司,1892 年德国首创有限责任公司,以顺应投资者创业和经营中小企业之需。② 股份有限公司资本须划分为等额股份,而有限责任公司资本则不要求其划分为等额股份。问题是,这种区分势必导致两种封闭性公司,使得非上市的股份有限公司无所适从,处境尴尬。比较而言,英美法系依据股份是否公开募集,将股份有限公司区分为公公司(public company)和私公司(private company, close corporation),更能体现其间的本质差异(表 6-1)。公公司,亦称公开招股公司或股份上市公司,面向社会公众发行股份,且股份可自由转让,其名称结尾需标明"有限公公司"或"PLC"字样。在英国,其最低资本要求为 5 万英镑,首期实缴 1/4 以上。私公司,亦称为非公开招股公司或股份不上市公司,股东有一定数额限制,不能公开发行股份,股份转让受限制。依据美国《加利福尼亚州法》第 158 条,私公司的股东不得超过 35 人。为此,德国、日本等国早已着手解决两种封闭性公司并轨的问题。早在 1971 年,

---

① 参见德国《股份公司法》第 278 条,意大利《民法典》(2004)第 2452 条。
② 参见王保树:《公司法律形态结构改革的走向》,载《中国法学》2012 年第 1 期。

德国就提出将有限责任公司向 1965 年的股份公司靠拢,这种尝试没有成功。[①]日本 2005 年《公司法》则如愿以偿,将有限责任公司并入股份有限公司,不再保留有限责任公司的形态,实现了并轨。相应地,将股份有限公司再区分为股份转让受限的股份有限公司和股份转让不受限制的股份有限公司,分别对应于英美的私公司和公司。这样,就实现了股份有限公司名称与制度上的一元化,仅以封闭性与公开性反映其内部区分度。

表 6-1 英美公公司与私公司之差异

	公公司	私公司
最低股东人数	2	1
最低注册资本	√	×
最低董事人数	2	1
公开发行股份	√	×
股份上市	√	×
账目:审计与披露	√	部分可豁免
股东可委托的代理人	可多于 1 人	仅 1 人

区域性公司则是全球经济一体化的产物,欧洲独领风骚,欧盟理事会创设的欧洲公司(SE),系目前最早也是唯一的区域性公司形态,只是欧盟尚无统一的登记机关,欧洲公司仍需在住所地所在的成员国登记,在《欧洲共同体公报》上公示。只要登记一次,该公司即可在整个欧盟运作。与一般跨国公司相比,它只需遵循同一套法律制度,即可在整个欧盟运营,无须因子公司或分支机构分属不同国家,而不得不遵守多种不同的法律要求,大大节约了合规成本,提高了跨国经营尤其是跨国并购的效率。欧洲公司一经登记,即具有法人地位,公司名称需要表明"SE"字样。它属于股份有限公司,最低注册资本 12 万欧元,股东以其认缴的出资额为限对公司债务承担责任。[②] 欧洲公司需与职工磋商有关职工参与事宜,若不能与劳方代表(special negotiating body,SNB)达成协议,即适用《欧洲公司条例》的默示规则。欧洲公司的设立方式有 4 种:(1) 合并至少分布在 2 个以上成员国的现有公公司;(2) 由至少分布在 2 个以上成员国的公司或私公司发起设立控股公司;(3) 由至少分布在 2 个以上成员国的公司组建子公司;(4) 将在另一个成员国至少拥有子公司 2 年的公公司转换为欧洲公司。这表明,设立欧洲公司需在 2 个以上成员国有 2 个以上的公司,且营业满 2 年。[③]

---

① 参见〔德〕格茨·怀克、克里斯蒂娜·温德比西勒:《德国公司法》,殷盛译,法律出版社 2010 年版,第 289 页。

② 参见《欧洲公司条例》第 1 条。

③ 参见《欧洲公司条例》第 2 条。

二、中国公司的法定类型

我国只有两种公司形态：有限责任公司和股份有限公司。这种公司形态结构无疑属于大陆法系，但没有无限公司和两合公司。有限合伙企业可填补两合公司之需求缺口。

（一）有限责任公司

除一般有限责任公司外，我国还有两种特殊形态：一人有限责任公司和国有独资公司。一般有限责任公司与一人有限责任公司的主要差别在于（表6-2）：（1）一人有限责任公司只能有1个股东，1个自然人股东或者1个法人股东。若由1个自然人组成一人有限责任公司，该自然人最多只能设立一个一人有限责任公司，且该公司不得再投资设立新的一人有限责任公司。（2）一人有限责任公司无须设立股东会。（3）一人有限责任公司的年度报告必须经会计师事务所审计。（4）一人有限责任公司在维持公司的独立性方面具有更严格的要求，即只要股东不能证明公司财产与股东财产独立，就要对公司债务承担连带责任。

表6-2 一般有限责任公司与一人公司和国有独资公司之比较

		一般有限责任公司	一人公司	国有独资公司
股东人数		至少2人	1人	1人
股东	自然人	√	√	×
	法人	√	√	×
	国家	√	×	√
股东会		√	×	×
董事会	董事会	√	√	√
	执行董事	√	√	×
监事会	监事会	√	√	√
	监事	√	√	×

国有独资公司与一般有限责任公司的差异在于：（1）投资主体的特定性。只有当投入运营的资本是由国家单独投资时，才能采取该形式。普通法人、自然人或其他组织均不得采用该形式。只有国务院或地方人民政府授权的履行出资人职责的各级国有资产监督管理委员会（"国资委"），才能行使该公司的出资人职责。（2）该公司无须设立股东会，国资委行使股东会职权。（3）该公司的董事会必须设有职工董事。（4）该公司的董事长、副董事长、董事、高级管理人员，未经国资委同意，不得在其他有限责任公司、股份有限公司或者其他经济组织兼职。

（二）股份有限公司

相对于有限责任公司，股份有限公司属于一种公开的公司，属于最典型的社团法人。其与有限责任公司的主要差异在于（表6-3）：（1）股东人数。有限责任公司的股东为 1—50 人,而股份有限公司至少需要 2 个股东,且无最多人数的限制。(2) 制定章程的要求。有限责任公司制定章程需要所有股东同意,并在章程上签名、盖章,而股份有限公司的章程无须所有股东签名、盖章,只要创立大会通过即发生法律效力。(3) 采取募集方式设立的股份有限公司仍实行注册资本实缴制,有限责任公司和发起设立的股份有限公司则实行认缴制。(4) 有限责任公司股东的股权为出资,不是证券,不能流通,而股份有限公司股东的出资形式为股份,股东获得股票,属于可以自由转让的证券。(5) 公司治理结构不同。有限责任公司董事会董事人数为 3—13 人,股东人数少或者规模较小的有限责任公司可以不设董事会,而股份有限公司为 5—19 人。股份有限公司需设监事会,而有限责任公司的监事会人数为 3 人以上,股东人数少或者规模较小的有限责任公司可不设监事会。

表 6-3 我国有限责任公司与股份有限公司的差异

	股份有限公司	有限责任公司
最少股东	2	1
最多股东	×	50
发行股份	√	×
股份上市	√	×
商号结尾之称谓	股份有限公司	有限责任公司
董事人数	5—19	3—13

我国既为大陆法系公司形态结构,就自然而然地产生了有限责任公司和非上市的股份有限公司两种封闭性公司,而非上市的股份有限公司往往处境颇为尴尬。为整合这两种封闭性公司制度资源,需要下一步的公司形态结构改革,前述日本经验可资借鉴。①

三、公司的学理分类

(一) 人合公司、资合公司和人资兼合公司

依据公司的信用基础,可以将公司区分为人合公司、资合公司和人资兼合公司。人合公司是指主要以股东个人的信用、声誉或地位作为其对外活动基础的公司,无限公司为典型的人合公司。资合公司则是以资本的结合作为其对外活动基础的公司。其信用来源依靠公司的实有资产,信用大小与其财产的多寡成正比关系。股份公司为最典型的资合公司。人资兼合公司,亦称中间公司,或折中公司,是指兼取股东个人信用和公司资本作为其对外活动基础的公司,两合公

---

① 参见王保树:《公司法律形态结构改革的走向》,载《中国法学》2012 年第 1 期。

司和股份两合公司即为典型。

（二）本国公司、外国公司与区域性公司

依据公司的国籍，可以将其区分为本国公司、外国公司与区域性公司。本国公司是指具有本国国籍的公司。反之，不具有本国国籍的公司则为外国公司。欧盟创设欧洲公司后，区域性公司成为现实。严格的区域性公司应不属于任何一个国家，而现行欧洲公司仍需在各个成员国注册，欧盟尚未建立统一的中央登记机关，还不属于完整意义上的区域性公司。

认定公司的国籍，则有四种学说：准据法说、设立行为地说、股东国籍说和住所地说。准据法说认为，公司章程依据哪国法律制定，公司设立依据哪国法律进行，就推定公司具有该国国籍；设立行为地说主张以公司设立行为地的国家作为其国籍；股东国籍说则主张以公司主要股东的国籍作为公司国籍；住所地说主张以公司住所地的国家作为公司的国籍。我国采取准据法主义，兼采住所地主义。凡依照我国法律在中国境内设立的公司均为中国公司，依据外国法在中国境外设立的公司，则为外国公司。

（三）母公司和子公司

依据公司之间投资与控制关系，可以将其区分为母公司（parent company）和子公司（subsidiary company）。母公司又称控股公司，是指拥有他公司的股份，并对他公司直接或间接具有支配性影响的公司。他公司则为子公司。大公司往往有许多子公司，比如上海宝山钢铁集团有限公司拥有31家全资子公司、18家控股子公司，阿里巴巴集团的子公司也很多（图6-2）。

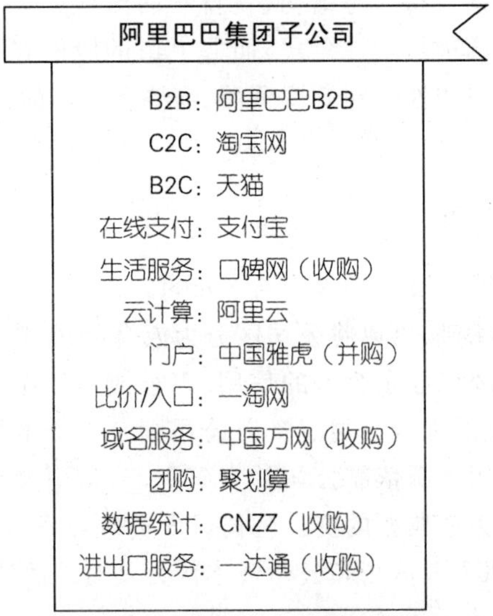

阿里巴巴集团子公司
B2B：阿里巴巴B2B
C2C：淘宝网
B2C：天猫
在线支付：支付宝
生活服务：口碑网（收购）
云计算：阿里云
门户：中国雅虎（并购）
比价/入口：一淘网
域名服务：中国万网（收购）
团购：聚划算
数据统计：CNZZ（收购）
进出口服务：一达通（收购）

图6-2 阿里巴巴集团子公司

(四) 本公司和分公司

根据公司的管辖关系,可以将其区分为本公司和分公司。本公司,亦称总公司,是指首先设立并管辖全部公司的、有权支配整个公司经营活动的公司。分公司则是在本公司设立后或同时设立的、具体负责本公司特定业务的分支机构。分公司不具有独立的主体地位和法人资格,不能独立承担责任,它与本公司属于隶属关系,必须服从本公司的统一安排和调度,故其民事责任由本公司承担(表6-4)。

表6-4 子公司与分公司的区别

	子公司	分公司
法人地位	√	×
独立财产	√	×
独立意志	√	×
独立责任	√	×

第三节 公司概念的新发展

作为现代公司出现的标志,准则主义和股东有限责任确立已逾一个半世纪,公司的经典概念亦随社会经济变迁而不断发展变化。

表6-5 各国公司的准则主义和股东的有限责任确立时期

	英国	美国	法国	德国
公司设立实行准则主义	1844	19世纪中叶	1867	1870
按份责任或绝大多数股东承担有限责任	18世纪	18世纪	1807	1843
所有股东承担能有限责任	1856	19世纪中叶	1807	1843

一、私公司人格的柔性化

作为公司人格性的体现,公司机关负责公司经营管理,股东不得以股东身份执行公司事务,目的就是通过公司人格之"面纱"将公司与股东加以隔离,确保所有股东得到平等对待,切实保护债权人利益。该框架所瞄准的目标对象乃是所有权与经营权分离的大公司,并不适合两权合一或部分合一的中小企业,中小企业利用这种公司形态往往得不偿失。20世纪60年代以来,中小企业日益成为各国国民经济的重要力量,非但不是淘汰的对象,而且应大力扶持。为顺应中小企业发展的需要,以中小企业为目标对象的公司形态,放松了公司人格性的刚性要求,呈现出各种形式的灵活性和可塑性。

这不仅体现在一些更具有可塑性的新型公司形态之中,在原有公司形态中亦有体现。美国的有限责任公司、日本的合同公司以及南非的私公司就是这种新型公司。无论是美国的有限责任公司,还是日本的合同公司,均准予股东直接参与公司经营管理的权利,每个股东对公司事务享有平等的参与权。依据日本《公司法》,若公司章程有规定或全体股东一致同意,亦可指定执行股东执行公司事务,执行股东对公司承担信义义务,任何股东均可对其提起代表诉讼。这不仅可以满足两权完全合一公司之需,亦可满足两权部分合一公司的要求。从既有公司形态来看,契约化趋势也体现出人格柔性化的一面。在英国,私公司可以通过选出(opt out)机制,选择取消股东大会例会、取消向股东大会提交账目、取消每年都任命审计员。对于两权合一的中小公司而言,股东本身参与公司经营管理,无疑有助于降低治理成本。美国《示范公司法》第7.32条准许股东协议约定是否设置董事会或限定其自由裁量权,约定不按照持股比例分配等事项。

二、一人公司

一人公司(single member company)是指全部股份均由一个股东持有的公司。因其不符合公司的社团性要求,其法律地位的发展也颇为曲折。最初,不仅不准许设立一人公司,公司存续过程中所形成的一人公司也在禁止之列。比如,德国1844年立法和日本1899年《商法典》分别要求股份公司至少有5个和7个发起人,英国1948年《公司法》还要求至少有7个发起人。这不仅排斥一个股东设立公司,而且公司在存续期间,股东人数减少到低于法定最低人数,公司就得解散,日本1938年《有限责任公司法》就有这样的规定。后来,存续中的一人公司相继得到不同程度的承认。比如,依据德国1892年《有限责任公司法》,股东人数减少至1人并非公司解散的原因。易言之,存续中形成的一人公司可以继续存续。有的国家则限制存续期限,即只允许一人公司在法定期限内存续。卢森堡1978年《商事公司法》设有6个月的期限。瑞士则是只要没有人请求解散,存续中的一人公司即可存在。奥地利、丹麦、法国和荷兰则是对其继续存续不设限制。当下,大多数国家相继准予设立一人公司。美国早在19世纪末期就有法院判例承认一人公司,20世纪20年代就有公司法允许设立一人公司。爱荷华州在1936年准予设立一人公司,到70年代美国已有28个州允许设立一人公司。美国1962年《示范公司法》亦规定:一人在公司章程上署名即可设立公司。欧盟1989年《第12号公司法指令》第2条亦然。列支敦士登1925年《自然人和公司法》不仅准予设立一人有限责任公司,也准予设立一人股份有限公司。日本和我国澳门相继准予设立一人公司。

我国2005年修订《公司法》,博采众长,亦承认一人有限责任公司的合法性。一人公司既为公司,便是对经典的公司概念的发展。这是因为,社团法人乃是社员的集合,一人公司仅有一个股东,谈何联合或集合。为此,我国《公司法》取消一人有限责任公司的股东会,由股东通过书面决议行使有关的应由股东会行使的职权①,英国则准予这种公司召集股东会,只是将其法定人数降为1人,同时也准许该唯一股东利用书面决议开展业务。为接纳一人公司,这样的变通是必需的。以此观之,即使引例6-4中沈某接受孙某的股权转让,使得公司股东变成一人,也不影响其合法性。但是,一人公司由唯一股东操控,公司人格和股东的有限责任被滥用的可能性相对较大,各国均对其设有特殊限制。比如,一个自然人只能设立一个一人公司,且该公司不得设立新的一人公司②,一人公司的会计报告必须审计,一人公司若不能证明公司财产独立于股东财产,即应对公司债务承担连带责任③。

> **引例 6-4**
>
> ### 夫妻公司就不是公司?④
>
> 孙某和沈某于1995年8月4日设立东南公司,1997年4月孙某将其股权转让给刘某,而刘某和沈某为夫妻。2001年6月刘某将公司资金54万转移到个人股票账户,东南公司起诉要求其返还公司财产。法院认为,股东在公司的财产为夫妻共同财产,东南公司不具有严格意义的有限责任公司的性质,不具有法人人格,于是驳回了东南公司的诉讼请求。

至于公司治理,一人公司亦需实行分权制衡。它虽可不设董事会,只设执行董事,执行董事还可兼任经理,但仍需设监事,且董事不能兼任监事,这说明它至少需要2名高管。⑤ 英国的一人公司虽不设监事,但有公司秘书,独任董事也不能兼任公司秘书,因此,亦需2名以上的公司高管。可见,一人公司虽只有一个股东,但不能只有一个高管,仍体现了社团性的理念。

三、公司的社会责任

公司社会责任(corporate social responsibility/CSR),是指公司在谋求股东利益最大化的同时,还要维护利益相关者的利益,为社会的一般发展作出贡献,包括遵守商业道德、生产安全、职业健康、节约资源等。我国《公司法》第5条规定

---

① 参见我国《公司法》第61条。
② 参见我国《公司法》第58条,法国《商事公司法》第36-2条,欧盟《第12号公司法指令》第2条第2款。
③ 参见我国《公司法》第62—63条。
④ 参见央视国际"经济与法"栏目:《夫妻公司争"公""私"》,2004年11月9日。
⑤ 参见我国《公司法》第50—51条。

的社会责任是裁判规范,自然也是公司的行为规范,关涉公司在日常商业决策中如何负责任地创造利润。公司社会责任与公司的营利性和股东利益最大化并不矛盾,只是股东利益有了长远利益和近期利益之分。为了长远利益,往往需要牺牲一些眼前利益。事实上,好的"公司公民"形象会使公司在激烈的市场竞争之中追求卓越。反之,唯利是图,见利忘义,搞"血汗工厂(商店)",雇佣童工,污染环境,破坏资源,则会为同行和社会所不齿,甚至受到法律制裁。

引例 6-5

我国上市公司社会责任报告①

按照沪深两市要求,深证100、沪市公司治理板块、金融类公司及 A+H 股公司均强制披露社会责任报告,鼓励其他公司自愿披露。2013年,上市公司发布独立社会责任报告共计 658 份,有 247 家公司属于自愿披露。其中,《社会责任报告》627份,《可持续发展报告》12 份,《企业公民报告》1 份,《环境报告》18 份。沪市主板上市公司占全部报告的 58.66%,高居榜首,深市主板、中小板和创业板分别占 18.09%、18.84% 和 4.41%。履行社会责任较好的上市公司大都发布了社会责任报告,央视财经50责任领先指数中有 48 家、上证社会责任指数成分股公司全部、深证责任指数成分股 100 家公司中有 95 家、深证中小责任成分股 50 家公司中有 49 家、CBN-兴业社会责任指数 100 家成分股公司中有 96 家完成披露。

公司社会责任运动催生了大量的利益相关者立法,要求公司将社会基本价值与日常商业实践、运作和政策相整合,全面考虑公司对所有利益相关者的影响,包括雇员、客户、社区、供应商和自然环境。就公司法而言,有概括性要求和公司治理结构两方面。首先来看概括性要求,我国《公司法》第 5 条第 1 款旗帜鲜明地要求公司承担社会责任。美国《示范公司法》第 3.02 条则在公司权力之中,明确赋予公司向公共福利或者为慈善、科学、教育等目的作出捐赠的权力,以及进行与不违法地促进公司经营的事务有关的支付或者捐赠。美国加利福尼亚州《公司法》第 207 条亦有类似授权。在 20 世纪 80 年代和 90 年代的美国公司法改革浪潮中,有 28 个州赋予董事考虑受其决策影响的所有人的利益的自由裁量权,宾夕法尼亚州 1990 年的第 36 号法案,则是将其作为董事的义务,即必须考虑受其决策影响的所有人的利益。英国《公司法》也要求董事不仅要考虑股

---

① 参见薛源:《中国 A 股上市公司社会责任报告研究》,载《证券时报》2013 年 9 月 9 日。

东利益,还应考虑包括公司雇员在内的整体利益。这种宣示性规范旨在让公司董事、经理将社会责任寓于公司经营决策之中,使公司行为符合社会责任的要求。若无具体规范的配合,并不具有可诉性。再说公司治理结构,英美尚无职工董事的要求,欧洲国家则有不同程度的体现,德国和荷兰在监事会强制推行职工监事,法国和荷兰是在双层董事会中自愿实行职工监事制度,卢森堡、瑞典、丹麦则是强行推行职工董事。① 欧洲公司则应按照欧盟《2001/86/EC 指令》实行职工参与②,在英国注册的欧洲公司也不例外。我国有限责任公司和股份有限公司可自主决定是否设职工董事,但是职工监事必须占 1/3 以上。两个以上国有企业或其他国有投资主体设立的有限责任公司以及国有独资公司还必须设有职工董事(表 6-6)。

表 6-6 我国公司职工对公司治理的参与

	有限责任公司			股份公司
	一般有限公司	国有独资公司	两个以上国有投资主体设立的有限责任公司	
职工董事	可设	应设	应设	可设
职工监事	≥1/3			

公司治理的软法则有更具体的要求。OECD 的《公司治理原则》明确要求董事会要为公司和股东的最佳利益行事。尽管公司利益包括股东利益,该原则将股东利益与公司利益并列,乃是有的放矢,旨在强调股东之外的利益相关者权益。我国《上市公司治理准则》第 33 条亦然。美国法学会(ALI)的《公司治理准则》第 2.01 条则是在公司目标中,为公司承担社会责任创造条件,即准予公司适当考虑非利润目标,进行合理数目的公共福利、人权、教育和慈善捐赠。OECD 的治理原则还辟专章规定利益相关者的权益,共 6 条。我国的治理准则亦然,要求上市公司尊重银行及其他债权人、职工、消费者、供应商、社区等利益相关者的合法权利;与利益相关者积极合作,共同推动公司持续、健康地发展;为维护利益相关者的权益提供必要的条件,当其合法权益受到侵害时,利益相关者应有机会和途径获得赔偿;向银行及其他债权人提供必要的信息,以便其对公司的经营状况和财务状况作出判断和进行决策;鼓励职工通过与董事会、监事会和经理人员的直接沟通和交流,反映职工对公司经营、财务状况以及涉及职工利益的重大决策的意见;在保持公司持续发展、实现股东利益最大化的同时,关注所在社区的福利、环境保护、公益事业等问题,重视公司的社会责任。③

---

① 参见朱羿锟:《公司控制权配置论》,经济管理出版社 2001 年版,第 400 页。
② 参见《欧洲公司条例》第 1 条和第 12 条。
③ 参见我国《上市公司治理准则》第 81—86 条。

四、公司法人人格否认

一根甘蔗不可能两头都甜,制度不可能只有收益而无成本,公司人格性和股东有限责任制度亦不例外。当公司的人格和股东的有限责任被滥用,公司往往成为不法活动的挡箭牌,成为逃避债务的工具,成为不法分子的保护伞,自然会严重危害社会经济秩序。"瞒天过海""借尸还魂""草船借箭"等,就是这个意思。为防止滥用公司人格和股东有限责任,英美法院通过判例确立了揭开公司面纱(lifting the corporate veil)制度。此后,各国相继仿效,德国有直索责任(Durchgriff)。我国《公司法》第20条引入了该制度。

公司法人人格否认,就是在特定情形下,不承认公司的独立人格,使股东对公司债务直接承担责任。其初衷并非否定公司的人格,而是维护公司的人格。易言之,公司仍具有独立人格,只是在被滥用之例外情形,才否认其人格。这是对公司人格一时一事的"临时性"剥夺,而非永久剥夺,有别于永久剥夺公司人格的设立无效和公司撤销制度。根据这一制度,股东滥用公司法人独立地位和股东有限责任,逃避债务,严重损害公司债权人利益的,即应适用公司法人人格否认,其后果是对公司债务承担连带责任。

何以构成公司法人人格和股东有限责任的滥用?对此,公司法没有明确规定,有赖于法官自由裁量。英美判例法重视个案经验,信赖法官良心。在成文法背景下,如何厘定滥用法人人格和股东有限责任的情形,尤为重要。标准过宽或过严均不利于发挥其应有作用,为审慎适用该规则,宜由最高人民法院出台司法解释。

股东是否滥用公司法人人格可以从股东与公司的财产、业务、机构、人员以及财务等方面是否混同加以判断;而股东是否滥用有限责任则可以看股东是否利用公司作为挡箭牌,逃避合同义务,或者为了逃避债务,先转移公司资产,注销公司之后,又设立实质上相同的公司从事商行为,即通常所说"凤凰再生"现象(图6-3)。

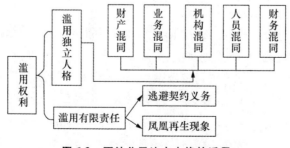

图6-3 否认公司法人人格的适用

西方经验亦可资借鉴。美国有四项准则理论(four-rule doctrine)和客观要素理论(objective elements doctrine),意大利则有残暴股东理论(tyrant shareholder theory),唯其列举详尽程度不一,更不可能详尽无遗。英国则主要有4种否认公司人格的情形[①]:一是基于欺诈目的而设立公司;二是基于股东的人际关系,而认定公司为准合伙;三是基于公共利益的需要,视敌国国民所控股的公司为敌人;四是基于公司集团的人际关系和商业现实,而否认子公司的人格。此外,亦可利用其他功能等价物(functional equivalents)追究控制股东的责任,比如侵权法上的义务假定和继承人责任,合同法上的禁止反悔和错误代理,破产法上的欺诈性转移、衡平居次、实质合并等等。环境法、证券法、劳动法等领域也有一些追究控制股东责任的规则。[②] 在美国破产法上,衡平居次有4个构成要件:(1)公司资产显著不足;(2)股东对公司行使控制权违反诚信标准;(3)股东不遵守独立公司应遵守的法规;(4)资产混同或资产输送。只要具备上述要件,公司破产时,控制股东的债权就不能与其他债权人平等对待,而是劣后于其他债权人受偿。英国破产法上则有欺诈性优先规则(fraudulent preference rule),只要能够证明股东与公司之间的债权系欺诈性优待的结果,公司债权人就可以请求优先受偿。法国破产法上有事实董事观念(de facto directorship notion)[③],与其类似,共同的构成要件为:(1)股东积极参与公司的事务管理;(2)这种管理违背了注意和勤勉义务;(3)这种违背与公司破产之间具有因果关系。一旦股东被推定为事实董事,即应对公司债务承担责任。意大利《破产法》第147条则将合伙人责任扩大到控制股东,令控制股东像合伙人一样,对公司债务承担责任。这对中国不无借鉴意义。

---

① 参见〔英〕丹尼斯·吉南:《公司法》,朱羿锟译,法律出版社2005年版,第22—27页。
② 参见蒋大兴:《公司集团内部责任构造之传统模型研究》,载徐学鹿主编:《商法研究》(2),人民法院出版社2000年版,第105、115—116页。
③ 同上书,第126页。

第七章 公司设立

第一节 公司的发起与设立

一、公司设立的概念

公司设立,是指为组建公司并取得法人资格而完成的法律行为。这是股东或发起人以组建公司为目的的共同行为,是在同一目的之下以若干人的意思共同一致而为的行为。诚然,一人公司和国有独资公司属于单独行为。公司设立有别于公司成立,设立是为了成立,成立是设立的结果。公司设立的行为可能导致公司成立,也可能归于失败,公司不能成立。故,设立乃是成立的必经阶段,而设立并不必然导致公司成立。

就行为的性质而言,设立行为有民事法律行为和行政法上的行为之分,但核心部分或主要内容均为民事法律行为,商法自然侧重于讨论公司设立过程中的民事法律行为。公司设立的手续因公司类型而异。相比而言,设立有限责任公司比较简单,不涉及向证券监管机关递交公开募集或向特定对象募集股份的核准手续,无须招股说明书、承销协议、创立大会等。

二、发起人

发起人(promoter),是指负责筹办和实施公司设立行为的人。我国《公司法》并未定义发起人。实践中,签署公司章程,向公司认购出资或者股份,并履行公司设立职责的人,就是发起人。有限责任公司的全部原始投资者均为发起人,而股份有限公司人数众多,有时部分原始投资者为发起人,有时则全部原始投资者均是发起人。

发起人乃设立中公司的机关。公司成立之前,设立中公司尚无法律人格,需由发起人代表其为法律行为,其所取得的权利或负担的义务,待公司成立后移转由公司承继。公司一经成立,发起人便消灭,就好比胎儿渐渐发育成人一样,设立中的公司与设立后的公司为同一实体,发起人发挥承前启后的作用。

发起人既然肩负创设公司的重任,自应具有完全民事行为能力,自然人和法人均可。无民事行为能力人和限制民事行为能力人不能担任发起人,但可借助代理人认股,或在公司成立之后通过继受的方式成为公司股东。部分国家对发起人的国籍和住所有要求。意大利要求外国人持有意大利公司股份达30%时,需经意大利财政部批准;挪威要求公开募集股份的公司的发起人至少 1/2 在挪威居住 2 年以上。依据我国《公司法》第 78 条,股份有限公司的发起人须有 1/2 以上在中国有住所。至于发起人的财力,《公司法》并无硬性要求。原则上,除法律法规另有规定外,无论贫富均可成为发起人。同时,鉴于发起人为设立中公司的机关,法律上对董事、监事和高管的消极资格的规定也对其适用,如《公司法》第 146 条和《公务员法》第 53 条第 14 项。

作为设立中公司的代表机关和执行机关,发起人享有以下主要权利:(1) 报酬请求权。发起人的报酬,是指发起人为设立事务而提供劳务的代价。根据《韩国商法典》第 453 条,设立费用和发起人的报酬,可以递延资产计入 5 年之内的每一决算期,且均应折旧等额以上的金额。(2) 特别利益请求权,比如优先认股权、优先股权、公司终止时优先分配剩余财产权等。(3) 非货币出资的权利。股份有限公司的发起人既可以货币出资,也可以实物、知识产权、土地使用权等非货币财产出资,而在公开募集中的认股人则只能以现金出资。(4) 选举和被选举为首届公司机关成员的权利。

相应地,发起人应承担 3 个方面的义务:(1) 发起人相互之间的义务。发起人之间属于合伙关系,发起人需对其他合伙人的行为承担连带责任。不论是在公司不能成立的情形下,对设立行为所产生的债务和费用,还是对认股人已缴纳股款的返还,或是对高估非货币财产的填补,发起人均承担连带责任。(2) 发起人对公司的义务。既为设立中公司的机关,发起人就应忠于公司利益,不得以权谋私,不得欺骗公司,不得玩忽职守。在公司设立过程中,由于发起人的过失致使公司利益受到损害的,发起人应当对公司承担赔偿责任。若高估非货币财产的价格,差额部分应由发起人向公司补足。此外,发起人持有的本公司股份,在公司成立 1 年之内不得转让。(3) 发起人对投资者的义务。公司不能成立时,对认股人已缴纳的股款,发起人负返还股款本息的连带责任。

三、先公司合同

公司自营业执照签发之日起取得法人资格,即可以自己名义签约,此乃公司的行为,其后果自然由公司承担,而在此之前,由发起人为设立中公司签订的合同就是先公司合同(prior contract),其后果视公司是否最终成立而定。若公司不能成立,发起人应对该合同所产生的债务和费用承担连带责任,自不待言。

在公司成立的情形下,先公司合同后果的归属,则有不同的处理模式,且不断发展变化。英国早期基于传统的合同和代理的教条,认为发起人不能成为一个并不存在的"将来公司"的代理人,"将来公司"不可能成为合同的一方当事人,这种合同的后果盖由发起人承担。这种单纯注重合同主体形式的、僵化的概念法学程式早已被抛弃或者修正,英美判例法发展了合同更新(novation)理论,令公司承担其后果。此外,在公司成立后合理期限内,通过明示接受、默示追认,公司履行或继续履行合同的行为,公司接受公司前身的全部财产等方式,公司亦可继受这种合同。而在大陆法系,传统民法上无权利能力社团说曾令发起人承担不能承受之重,设立中公司和成立后公司同一体说渐占据上风。设立中公司在构成上已经具备成立后公司之一部或全部,其与成立后公司可以超越人格的有无而在实质上归属为一体。设立行为所生的权利和义务,自应归于公司。① 在德国,有限公司对设立中公司的一切债务承担责任,设立中公司的法律行为并不导致有约束力后果的除外。只要是设立中公司的业务执行人在代表权限范围内为公司成立的目的而形成的债权债务,均被视为"设立中公司自身的债务",无须债务转移的特殊方式即可转移至成立后的公司,此即自然承受模式。

我国《公司法》对此无明确规定。司法实践中,则视合同的名义予以区别对待②,既非刻板教条的发起人责任模式,亦非自由的自然承受模式。凡是以发起人名义订立的先公司合同,原则上由发起人承担其后果;凡是以设立中公司的名义订立的先公司合同,原则上由公司承担其后果。作为例外,以发起人名义订立的先公司合同,公司成立后予以确认的,或者已经实际享有合同权利或者履行合同义务的,则由公司承担其后果。相应地,即使是以设立中公司的名义订约,有证据证明发起人利用设立中公司的名义为自己的利益订约的,除相对人善意外,则应由发起人承担其后果。

第二节 公司设立程序

一、公司设立的条件

公司的设立条件因公司类型而异(表7-1)。有限责任公司需符合5项条件,股份有限公司需达到6项条件,唯股份有限公司还需依法办理股份发行、筹办事项。

---

① 参见柯芳枝:《公司法论》,台湾三民书局1993年版,第163页。
② 最高人民法院《关于适用〈中华人民共和国公司法〉若干问题的规定(三)》第2—3条。

表 7-1　有限责任公司与股份有限公司的设立条件

	有限责任公司			股份有限公司
	一般有限公司	一人公司	国有独资公司	
股东或发起人人数	股东:2—50 人	股东:1 人	国家	发起人:2—200 人
认缴(购)股本	√	√	√	√
股份发行、筹办事项	×			√
公司章程	股东制定		国资监管机构制定或董事会制订	发起人制订,创立大会通过(募集设立)
公司名称、组织机构	√			√
住所	主要办事机构所在地			

（一）股东或发起人符合法定人数

有限责任公司只有股东人数的要求,而股份有限公司则限定最低发起人人数（表 7-1),因为向公众发行股份,不可能限制股东人数上限。法国、日本要求至少有 7 个发起人,德国要求至少 5 个。我国《公司法》第 78 条则不仅规定了最低人数,还规定了最高人数,即不能少于 2 人,且不能多于 200 人。至于发起人是否限于本国人,大多数国家不加限制,有的要求本国人应占一定比例,我国要求 1/2 以上发起人在中国境内有住所。

（二）认缴(购)股本

有限责任公司和股份有限公司均应有注册资本。就营商环境发展趋势来看,注册资本实行认缴制,且大多不设最低资本限额。在世界银行考察的 189 个经济体中已有 99 个不设最低资本限额,法国于 2003 年废除有限责任公司的最低注册资本限额,德国于 2008 年创设企业家公司(迷你有限责任公司,mini-GmbH)不设最低注册资本限额,日本和韩国均废除有限责任公司和股份有限公司的最低注册资本限额,我国台湾地区于 2009 年废除公司的最低注册资本限额。因应这一国际潮流,我国亦废除了最低资本限额。如是,公司注册资本多少悉由公司决定,公司信用取决于公司净资产,而非注册资本。有限责任公司实行认缴制,由股东认缴公司的出资额;股份有限公司则实行认购制,由发起人认购公司股本。

一般情况下,公司注册资本就是股东或发起人所认缴的公司股本。作为例外,尚有银行业金融机构、证券公司、期货公司、基金管理公司、保险公司、保险专业代理机构和保险经纪人、直销企业、对外劳务合作企业、融资性担保公司、募集设立的股份有限公司,以及劳务派遣企业、典当行、保险资产管理公司、小额贷款公司等 27 种公司,仍执行实缴资本制,其注册资本即为股东实际缴足的公司股本。

（三）公司章程

有限责任公司的章程由股东共同制定,不仅是因为章程实质上就是股东之间的合约,理当由其制定,而且股东人数有限,共同制定也具有可行性。一人有限责任公司的章程由股东制定。国有独资公司的章程由国有资产监督管理机构制定,或由董事会制定,报国有资产监督管理机构批准。① 股份有限公司则有所不同。采取募集设立的股份有限公司股东众多,不可能让每一股东都亲自签署章程,因而只要求发起人制订。采用募集方式设立的股份公司的章程,需经创立大会通过。②

（四）公司名称和组织机构

公司名称系公司在营业活动中所使用的名称。有限责任公司必须在其名称中标明"有限责任公司"或者"有限公司"字样,股份有限公司必须在名称中标明"股份有限公司"或者"股份公司"字样。一人有限责任公司虽无须在其名称中特别标注,但应在公司登记中注明自然人独资或者法人独资,并在公司营业执照中载明。③ 欧洲公司须在其名称中标出"SE"字样,且只有该公司才能使用该字样。④ 公司名称中字号的选择需要符合国家的有关规定（引例7-1）。

引例 7-1

"资本家"不能作字号⑤

2003年4月,陆煜章向上海浦东新区工商局申请设立"上海资本家竞争顾问有限公司"。工商局以字号不当为由驳回其申请,他便向上海市政府法制办提出行政复议,亦未获支持。于是,陆向徐汇区法院提起诉讼,请求撤销工商局的驳回决定。法院认为,"资本家"一词在目前的条件下作为公司名称中的字号使用,确有误导公众认识的不宜之处,故维持工商局的决定。

有限责任公司的组织机构通常为股东会、董事会和监事会,经理并非必设机关。股东人数较少或经营规模较小的有限责任公司,也可不设董事会和监事会,只设1名执行董事和1—2名监事。一人有限责任公司和国有独资公司不设股东大会。对于股份公司,股东大会、董事会、经理和监事会均为必设组织机构（表7-2）。

---

① 参见我国《公司法》第23、60、65条。
② 参见我国《公司法》第76条。
③ 参见我国《公司法》第8、59条。
④ 参见《欧洲公司条例》第11条。
⑤ 参见刘建:《"资本家"不能做招牌》,载《法制日报》2003年9月5日。

表 7-2　公司的组织机构

		股东(大)会	董事会	经理	监事会
有限责任公司	一般有限公司	√	√(小型除外)	可设	√(小型除外)
	一人公司	×	√(小型除外)	可设	√(小型除外)
	国有独资公司	×	√	√	√
股份有限公司		√	√	√	√

（五）住所

公司的住所具有重要的法律意义,如决定法律文书送达的处所、债务履行地、登记管辖、诉讼管辖以及涉外民事关系中的准据法等。公司可能有多个生产经营场所,但只能有一个住所。有限责任公司和股份有限公司均以其主要办事机构所在地为住所,通常是登记机关核准登记的法定地址。我国正在推行注册资本登记制度改革,深圳、珠海等地则率先推行了商事登记改革,住所登记手续得以简化,准予"一址多照"和"一照多址"。

（六）股份发行、筹办事项合法

这是股份有限公司设立的要求。有限责任公司根本不发行股份,无须符合该要件。有关发行股份的核准手续、招股说明书、认股书、承销协议以及股款缴付等事宜,详见第四编证券法。

二、公司设立的方式与设立登记

公司的设立方式主要有两种:发起设立和募集设立,有限责任公司只能采用发起设立方式,股份有限公司既可以采用发起设立,亦可采用募集设立。比较而言,募集设立的程序比较复杂,发起设立的程序则比较简单。发起设立,亦称共同设立或单纯设立,是指由发起人认足全部股本而促成公司成立。采用这种设立方式,所有公司资本均来自发起人,不能公开向社会募集股份。募集设立,亦称渐次设立或复杂设立,是指公司发起人只认购部分股份,其余部分则通过向社会公开招募或者向特定对象募集而成立公司。只有股份公司在设立阶段才可以对外募集股份,故募集设立仅适用于股份有限公司。依据我国《公司法》第77条和第84条,募集设立包括公开募集和定向募集,发起人所认购的股份不得少于公司总股份的35%。若股份有限公司采取发起设立方式设立,注册资本为在公司登记机关登记的全体发起人认购的股本总额;如采取募集方式设立,注册资本则为在公司登记机关登记的实收股本总额。①

至于设立登记,国际潮流也是越来越亲善资本、亲善企业家创业,愈来愈简便,全球189个经济体中已有96个采用一站式商事登记服务。我国公司设立亦

---

① 参见我国《公司法》第80条。

实行准则主义,只要符合前述条件,登记机关即应予以核准登记。随着电子政务和商事登记改革的推进,公司设立登记日趋简便,部分地区则实现移动化,通过手机终端即可办理。设立有限责任公司,由全体股东指定的代表或者共同委托的代理人向公司登记机关申请设立登记。设立国有独资公司,由国务院或者地方人民政府授权的本级政府国资委作为申请人,申请设立登记。设立股份有限公司,则由董事会向公司登记机关申请设立登记。以募集方式设立股份有限公司的,应当于创立大会结束后30日内向公司登记机关申请设立登记,并提交创立大会的会议记录以及依法设立的验资机构出具的验资证明;公开发行股票的,还应提交证监会的核准文件。

至于前置行政许可,无论是有限责任公司还是股份有限公司,依据法律、行政法规或者国务院决定需要批准的,则应有相关批准文件。对于有限责任公司而言,应当自批准之日起90日内向公司登记机关申请设立登记;逾期申请设立登记的,申请人应当报批准机关确认原批准文件的效力或者另行报批。在商事登记改革试点地区,则准许"先照后证"。

三、公司设立的效力

公司一经核准登记,即自营业执照签发之日起成立,成为独立享有民事权利和承担民事义务的社团法人。至于瑕疵设立(defective incorporation),即股东或发起人或其他参与人未遵守法定的实体或形式要件,英美法系和大陆法系处理方式截然不同。一是英美的有效模式。公司注册证书被视为所有的注册要求和条件均得到遵守的"终局性证据"。[①] 只要取得注册证书,就意味着毋庸置疑地取得法人资格。[②] 二是大陆法系的否认模式,其中法国、德国、意大利、比利时和欧盟采用设立无效模式,我国大陆和我国台湾地区则采取行政撤销方式处理瑕疵设立。[③] 日本、韩国和我国澳门地区则区别对待,在韩国,无限公司、两合公司和有限责任公司可视具体情节采用设立无效或者撤销方式,而股份公司只能采用设立无效模式。我国澳门地区则视瑕疵类型不同,分别采取设立无效或撤销方式。

(一) 设立瑕疵的类型

各国所列举的设立瑕疵的种类和繁简程度不尽一致(表7-3)。归结起来,主要有3种类型:

---

① 参见〔英〕丹尼斯·吉南:《公司法》,朱羿锟译,法律出版社2005年版,第46页。
② 参见美国《示范公司法》第2.03条。
③ 参见我国《公司法》第198条,我国台湾地区"公司法"第9条。

表 7-3 大陆法系诸国适用公司设立无效的情形

无效原因	德国	法国	日本	韩国	意大利	比利时	欧盟
目的违法或违背社会秩序		√	√	√	√	√	√
发起人或股东不足				√	√	√	√
章程的绝对记载事项欠缺	√		√	√	√	√	
发起人或股东无行为能力		√			√		√
没有发起人签章或公证人认证			√	√	√		
没有股份发行事项的决定或其内容违法			√	√			
发行的股份不足预定发行的1/4			√	√			
股份认购或缴纳有明显缺陷,难以弥补				√			
未召集创立大会,或未进行调查、报告或其决议无效			√	√			
设立登记无效			√	√			
资本金不足			√				√
欠缺设立文件					√		√
未履行预检程序					√		
公司形式违反法定主义要求						√	

其一,公司目的违法或违背善良风俗。大陆法系均将其作为设立瑕疵,即使在英美,法院也会判决撤销这类公司,比如娼妓公司或淫荡公司。[①] 我国虽未将其作为设立瑕疵,但《公司法》第 5 条明确规定公司应遵守法律和行政法规,遵守社会公德和商业道德,监管机关完全可以依据有关法律和行政查处甚至撤销这种公司(引例 7-2)。

引例 7-2

"月球大使馆"被吊销营业执照[②]

美国的丹尼斯·霍普利用联合国 1967 年《外层空间条约》的漏洞,注册了月球大使馆公司,自任总裁,销售月球土地,每英亩 31.5 美元。李捷如法炮制,于 2005 年向北京朝阳区工商局申请成立月球大使馆公司,被工商局否决。

---

① 参见〔英〕丹尼斯·吉南:《公司法》,朱羿锟译,法律出版社 2005 年版,第 46 页。
② 参见余姝:《月球土地能在中国买卖吗?叫卖月球土地被查封》,载《羊城晚报》2005 年 12 月 10 日。

事后,他又申请注册北京月球村航天科技有限公司,并于9月5日获得营业执照,自任首席执行官。其住所为北京朝阳区安贞桥的深房大厦,注册资本1000万元,实缴10万元,主要经营项目为太空旅游和月球开发。该公司在住所挂牌为"月球大使馆",实际从事的是月球土地销售活动,每英亩298元,并为购买者颁发月球土地证书。购买者拥有月球土地的所有权以及土地上及地下3公里以内的矿物产权。10月19日正式开盘,3天内共有34名顾客购买了49英亩月球土地。10月28日,朝阳工商分局发现其经营对象为虚无缥缈的月球土地,且对其没有支配和处分权,便以涉嫌投机倒把为由,扣留了其营业执照和相关财物,随后作出吊销营业执照、责令退回财物和罚款5万元的决定。

其二,违反设立条件。这种情形主要有:公司形式违反法定主义要求,发起人或股东不足,章程的绝对记载事项欠缺,资本金不足。我国对此没有明确规定,而是由登记机关对设立条件进行实质性审查,不符合设立条件而予以登记的,对直接负责的主管人员和其他直接责任人员给予行政处分。①

其三,违反设立程序。这是各国列举最多的情形。比如,发起人或股东没有行为能力,没有发起人签章或公证人认证,股份认购或缴纳有明显缺陷,难以弥补,未召集创立大会,或未进行调查、报告或其决议无效,欠缺设立文件等。我国大陆和我国台湾地区采取行政撤销的模式,所列举的瑕疵均属于违反设立程序之列。② 我国台湾地区规定了两种情形:未依法出资或出资后擅自抽逃资本的,以及设立或其他登记事项有伪造、变造文书的,均可由"检察机关"通知"中央主管机关"撤销或废止该公司的登记。我国《公司法》也列举了两种情形:虚报注册资本,以及提交虚假材料或采取其他欺诈手段隐瞒重要事实骗取登记,情节严

---

① 参见我国《公司法》第208条。
② 参见我国《公司法》第198条,我国台湾地区"公司法"第9条。

重的,登记机关可撤销公司登记或吊销营业执照。

(二)瑕疵设立的否认程序

唯有特定的利害关系人才可以提起无效之诉或撤销之诉。若获得登记之后,公司还没有营业,任何人均可以提出主张。若公司已营业,大多数国家限于股东、董事、监事或债权人等利害关系人提出。德国《有限责任公司法》第75条和《股份公司法》第275条允许股东、董事和监事提起无效之诉。

至于提出无效之诉的期间,韩国《商法典》第328条和第552条规定为2年,德国《股份公司法》第275条规定为3年。我国澳门的无效之诉没有期限限制,而申请设立撤销则必须在1年内提出。我国没有规定申请撤销的期限,申请人任何时候均可申请。若无效之诉或撤销之诉不成立,公司法人人格自不受影响。而一旦宣告设立无效或撤销公司,均为对公司人格的永久剥夺。但是,为了维护交易安全,无效之诉和撤销之诉的判决均没有溯及力。为抑制滥诉,日本和韩国还可要求有恶意或重大过失的原告,对由此造成公司的损失承担连带责任。①

(三)设立瑕疵的补正

比较而言,有效模式更为可取。② 其一,公司登记具有公信力。他人可以合理地相信公司是有效成立的,并与公司发生交易关系,这种交易关系所产生的权利义务应受法律保护。若使之无效,则将第三人置于非常不利的境地,危害交易安全。其二,从商事登记发展演变来看,公司设立的法定条件和程序愈严格,愈容易选择无效模式,而法律的自由化程度愈高,则愈会走向有效模式。随着商事登记改革的推进,公司设立中可能出现的瑕疵情形及其严重程度将大为降低,有效模式势在必行。其三,设立瑕疵也是可以补正的。以承担民事责任的方式进行补正,如补缴责任、连带责任、违约责任以及差额填补责任,我国《公司法》亦有规定。一般情况下,如公司希望继续经营,有关人员也会积极配合,补正也是可行的。唯公司设立目的违法或违背善良风俗,或怠于补正设立瑕疵的,才予以否认。

第三节 公司目的与权力

一、公司目的

公司目的,是指设立公司意欲从事的事业。因其记载于公司章程,英美法系称之为目的条款(object clause),法国称之为公司宗旨,德国称之为公司的经营

---

① 韩国《商法典》第191条、第269条、第328条第2款和第552条第2款,日本《商法典》第109条、第136条(3)、第142条、第147条、第428条(3)。

② 参见施天涛:《瑕疵设立公司之法律政策考量》,载《中国工商行政管理》2013年第12期。

对象,我国称之为公司的经营范围。

（一）一般目的

作为以营利为目的的社团法人,公司从事任何合法经营活动为其固有一般目的。我国《公司法》未就公司的一般目的作出明确规定。英美法系公司法均有明确规定。美国《示范公司法》第3.01条(a)规定,每个公司均可从事任何合法的经营(any lawful business),美国纽约州《公司法》第201条(a)和美国加利福尼亚州《公司法》第206条与此完全一样。加拿大《公司法》第15条第2款和第3款准予公司在国内外从事经营活动。依据英国《公司法》第3A条,只要公司在其章程的目的条款载明为"一般商事公司"(general commercial company),则无须对公司目的作具体的描述和选择即可从事任何合法经营(any trade or business)。

（二）特定目的之限制

公司的特定目的受到两方面的限制,一是法律对特定经营事项的规制,二是公司章程的限制。首先,各国法律对特定经营事项均有不同程度的限制。依据我国《公司法》第6条和第12条第2款,凡是法律和行政法规要求需要经过批准才能经营的事项,只有经过批准才能从事经营;否则,构成违法,情节严重的,甚至可能构成犯罪。依据我国《商业银行法》《保险法》《证券法》《证券投资基金法》,从事银行业、保险业、证券业、投资基金业等,均需要取得有关前置行政许可。西方国家亦有此类限制。美国《示范公司法》第3.01条(b)就明确规定,公司从事受州法规制的经营活动,需依据该立法取得相应的许可。美国加利福尼亚州《公司法》第206条规定,银行和自由职业者公司的经营事项需受银行法及相关立法的限制。依据美国纽约州《公司法》第201条(d)和(e),举办托儿所和医院需要分别取得社会服务局和公共卫生局的批准。

再者,就是公司章程亦可作出相应限制。依据我国《公司法》第12条第1款,公司的目的由公司章程规定,并需要办理登记。变更公司目的,需要公司章程,即需要股东会或股东大会作出特别决议,并办理变更登记。尽管对公司章程列举多少项目并无限制,但公司可以从事的经营活动应由章程明确。而依据英国《公司法》第31条,除非章程明确限制公司的目的,公司的目的不受限制,可从事任何合法的经营活动。美国《示范公司法》第3.01条(a)亦准许章程对公司作出限制。美国纽约州《公司法》第202条和加利福尼亚州《公司法》第206条亦然。加拿大《公司法》第16条(2)还规定,公司经营活动不得超出其章程的限制。

二、公司权力

（一）概述

作为法人,公司不仅具有权利能力,而且具有行为能力,有权以自己的行为,取得民事权利,承担民事义务。此乃公司的固有权力,但我国《公司法》对其未作一般性规定。比较而言,英美法系虽无民法典,未就法人作出一般性规定,但公司法对公司权力则有概括性规定。美国《示范公司法》第3.02条和第3.03条不仅规定了公司的一般权力,而且规定了其应急性权力(emergency power)。作为一般权力,该法赋予享有公司与自然人同样的从事经营活动所需要的权力。美国加利福尼亚州《公司法》第207条和加拿大《公司法》第15条(1)亦然。同时,美国《示范公司法》第3.02条、加利福尼亚州《公司法》第207条和纽约州《公司法》第202条还对公司的具体权力进行了列举,分别有15项、8项和16项之多,主要包括起诉与应诉,拥有公司印章,制定和修订公司细则,购买、接受、出借、出售、投资、转让动产或不动产,签约、借入或贷出资金,为他人提供担保,成为合伙、合营企业、信托或其他实体的发起人、合伙人、成员或经理,在州内外从事经营活动;选举董事,任命高管、职工和代理人,界定其职责,确定其薪酬,向其提供贷款和信贷;提供养老金、利润分享和股票期权计划,公益、科学或者教育投资或捐赠,从事任何有助于政府政策的合法经营。

此外,依据美国《示范公司法》第3.03条和纽约州《公司法》第201条(c),在发生战争或其他灾难时,公司享有应急性权力。比如,修改公司董事、高管的继任顺序;迁移主要办事机构,或指定替补的主要办事机构或地区性办事机构;董事会的会议通知只需以可行的方式通知有出席可能的董事,包括采用公告形式;在此期间为了实现公司的正常经营所采取的善意行为可以约束公司等,不一而足。

囿于篇幅,下面仅讨论公司的转投资、担保和贷款权。

(二) 公司转投资

公司转投资,是指公司依法将其部分资本投资于他公司的法律行为,以取得他公司股份的股权投资为限,而非债权投资。转投资只是改变了公司资本存在的形式,资本总量并未发生变化,与公司自己利用该资本从事经营活动一样,均属公司的固有权力。绝大多数国家对此不设限,唯我国台湾地区仍维持较为严格的限制。[①] 我国《公司法》第15条明确允许公司向其他企业投资。为确保公司资产的安全,切实约束公司管理层的行为,公司转投资需要符合三个条件:(1) 公司不得成为普通合伙人。(2) 公司转投资由董事会或股东(大)会决策。具体投资项目是董事会还是股东(大)会决定,悉听公司章程自治。(3) 公司章程可以限定转投资的总额或单项投资的数额。

公司通过转投资可能形成公司之间错综复杂的交叉持股关系。大陆法系国家对此均有规制,我国尚无明确规定。各国主要用两种方式规范一般交叉持股:

---

① 参见我国台湾地区"公司法"第13条。

一是限制交叉持股的比例。法国《商事公司法》第358—359条将其限定在10%以内。二是限制表决权的比例。法国和韩国最为严格,要求所行使的表决权不得超过被持股公司总股份的1/10,日本和德国限定为1/4,我国台湾地区限定为1/3。英美国家对一般交叉持股的比例和表决权则均不设限。

至于纵向交叉持股,即母子公司交叉持股,各国均有特殊限制,我国对此尚无明确规定。其规制方法:一是限制表决权。德国和美国采用该方法,允许母子公司相互交叉持股,但限制其表决权。德国对此适用前述1/4的表决权限制。美国则是不准许子公司就持有的母公司股份行使表决权。二是原则禁止,例外许可。英国和日本、法国采用该方法。英国和法国最为严格。英国严格禁止子公司持有母公司股份,母公司向子公司分派或转让母公司的任何股份均无效。法国《商事公司法》第359条-1规定,当一个公司的股份或表决权被一个或几个该公司直接或间接拥有控股权的公司占有时,其表决权不得在该公司股东大会上行使,该股东不计算在法定人数之内。瑞士亦然,唯一例外就是公司接管了别的公司,而该公司正好是母公司的股东。对此,子公司必须在2年内将所持股份转让或者通过母公司赎回,并以减资方式注销。在这2年内,子公司所持有的股份不得享有股权。依据《韩国商法典》第342条之二,母公司持有子公司股份达到40%以上的,子公司持有母公司的股份受到限制,依法持有的,应在6个月内予以处理。

引例 7-3

阿里对外投资提升估值[①]

2012年,阿里巴巴全年净利润是9.32亿美元,2013年全年净利润35.61亿美元,几乎全用于对外投资布局,且大都是投向电商行业之外,如O2O和移动互联网领域,进行前瞻性投资。2012年11月至2013年11月,阿里就投资超过10亿美元到互联网、无线互联网、本地生活(LBS)、社交网络(SNS)等领域。2014年前4个月就有11起投资。持股从5%到100%不等,2/3是作为战略股东入股,1/3是控股和全资。每一起投资都拉高了阿里的估值,其估值从2013年初的1000多亿美元到2014年的2000亿美元。如在美成功上市,将创造最高市值纪录。

[①] 参见谢鹏、陈中小路、幸晖晖:《马云的投资迷宫》,载《南方周末》2014年4月24日。

(三) 公司担保

准许公司提供担保,既是公司的固有权利[①],也是公司开展经营活动的实际需要。依据我国《商业银行法》第36条,商业银行贷款,借款人应当提供担保。公司是最主要的商主体,若个个都不准对外提供担保,何以取得贷款?银行贷款如何贷出去?我国《公司法》第16条明确准予公司提供担保,这无疑有利于公司实现价值最大化。而公司一旦提供担保,便形成或有债务。若实际承担担保责任,自然会影响公司资产的安全和创造价值的能力。如不适当控制担保风险,公司可能因此遭受灭顶之灾(引例7-4)。

引例 7-4

违规担保给"啤酒花"带来灭顶之灾[②]

2003年11月4日,啤酒花公司公告称,10月30日下午发现,无法联系到董事长艾沙由夫,因其已无法履行董事长职责,董事会决定由副董事长姚荣江暂时代行董事长职责。通过自查发现,公司有近10亿元的对外担保决议未按规定履行信息披露义务。对外担保金额近18亿元,远远超出其6亿元的净资产,从而引发新疆担保圈出现信用危机。11月20日,公司又公告称,公司及控股子公司绝大部分资产和权益被资产保全,主要银行账户已被查封或冻结。啤酒花股价表演高台跳水,从16.5元左右的高价直扑4元整数关,连续14个跌停,一步踏进ST行列,市值蒸发20亿元以上。4家与其有互保关系的上市公司公告称,互保金额近6亿元。这4家公司的股价也相继大幅下挫,到11月29日,其市值也蒸发10亿元以上。2004年4月8日,证监会决定,对该公司罚款60万元;对原董事长罚款30万,对其实施永久性禁入证券市场。

如何控制担保风险?由公司自主决定。一是是否准许公司担保,由公司章程自主决定;二是公司担保事项的决策权配置,亦由公司章程规定,可由董事会决定,亦可由股东(大)会决定;三是公司章程可以限定担保的总额和单项担保的数额;四是为股东或实际控制人提供担保的,受特殊规制,即该项担保必须由股东(大)会决定。股东(大)会表决时,该股东或实际控制人支配的股东必须回避,由出席会议的其他股东所持表决权的过半数通过。我国《公司法》第16条

---

① 参见美国《示范公司法》第3.02条(7)、纽约州《公司法》第202条(7)、加利福尼亚州《公司法》第207条、加拿大《公司法》第16条。德国、日本法律上没有禁止,我国台湾地区"公司法"第16条采取例外许可模式,不过例外的口子很宽,包括法律和公司章程准许两种例外。

② 参见证监罚字[2004]19号。

有关决策权的配置,旨在规范公司内部的意思形成,使之符合团体法律行为的逻辑。违反该规范的后果在于,董事会或股东(大)会决议可撤销或无效,而不直接牵涉公司对外担保行为的效力。① 若该决议被撤销或者确认无效,公司与第三人之间担保的效力受到何种程度的影响,我国《公司法》未置可否。就国外经验来看,尽量尊重过去已发生的公司对外法律关系,承认与善意第三人法律行为的效力。

(四) 公司贷款

公司是否具有贷款权力? 英美公司法明确准许公司提供贷款。依据我国《公司法》第 148 条第 1 款第 3 项,只要符合公司章程,经过董事会或股东(大)会同意,公司即可将资金借贷给他人。这表明,公司具有贷款的权力。问题是,公司能否进行贷款? 答案无疑是否定的。这是因为,贷款属于银行业务,未经国务院银行业监督管理机构批准,任何单位和个人不得从事该业务。② 可见,公司的贷款权力虽未受公司法禁止,但受到银行法控制。

至于向董事提供贷款,各国均有所控制。我国《公司法》第 115 条禁止股份公司直接或间接向董事、监事或经理提供贷款。美国《示范公司法》第 3.02 条虽然允许公司向董事和高管贷款,但《SOX 法案》第 402 条禁止上市公司向董事或高管直接提供或通过子公司提供任何形式的新贷款或信用支持,该法生效前已经提供的,可以宽限 1 次,但不得对已有信贷或信用支持进行任何修改或续展。德国《有限责任公司法》第 43 条 a,禁止公司向业务执行人、其他法定代理人、商务代理人或被授予全部业务经营权的全权代表提供贷款。英国、日本和法国则为有限许可。法国《商事公司法》第 89 条规定,经监事会批准,公司可向董事提供信贷,且不得超过事先约定的 3 个月。董事违规从公司取得贷款的,公司可请求撤销合同,董事向公司返还本金和由此所获利益。

三、越权原则

越权原则,亦称越权行为无效原则,是指公司超越章程规定的目的和权力范围所从事的行为归于无效,交易对方不得请求强制执行③,股东亦不得事后追认。它始于 19 世纪中叶的英国,理论依据就是推定通知主义。英美法系全面移植了该原则,大陆法系的日本和我国台湾地区亦受其影响,唯德国和法国并未真正确立该原则。实践表明,越权原则有辱使命,既不能真正保护股东,还会增加交易成本,各国相继废除该原则。

---

① 参见钱玉林:《公司法第 16 条的规范意义》,载《法学研究》2011 年第 6 期。
② 参见我国《商业银行法》第 11 条第 2 款。
③ 参见〔英〕丹尼斯·吉南:《公司法》,朱羿锟译,法律出版社 2005 年版,第 71 页。

受传统计划经济体制的影响,越权原则一度在我国大行其道。《合同法》第50条纠正了这种偏向。该条明确规定,公司或者其他组织的法定代表人、负责人超越权限订立的合同,除相对人知道或者应当知道其超越权限的以外,该代表行为有效。最高人民法院《关于适用〈合同法〉若干问题的解释(一)》第10条进一步明确规定,当事人超越经营范围订立合同,法院不因此认定合同无效。相应地,《公司法》第12条也删除了"公司应当在登记的经营范围内从事经营活动"。越权原则在中国寿终正寝。

如是,公司章程目的条款有何意义?其对董事是否仍有约束力?废除越权原则表明,公司目的范围并非限制公司的权利能力,从而恢复了公司作为法人的应有权利能力,即与自然人具有同等的权利能力。废除越权原则仅仅是取消了目的外行为的对外效力,董事的法律地位并不因此而改变,公司章程的目的范围仍然是股东为公司划定的活动空间,仍具有在公司内部规定公司机关权限大纲及欲推进之事业方向的意义。董事超越章程目的范围从事越权行为,仍是违反其对公司承担的勤勉义务,股东可以据此追究董事的违约责任。依据我国《公司法》第149条,董事、监事、高管违反公司章程的规定,给公司造成损失的,应承担赔偿责任。可见,公司章程目的和权力范围对内仍具有约束力。

第四节 公 司 章 程

一、公司章程概述

公司章程(articles of association/ articles of incorporation),是关于公司组织和行为的基本规范。它不仅是公司设立的最主要条件和最重要的文件,是公司成立的基础[1],也是公司存续和解散的灵魂,故英国公司法上称其为宪章(constitution)。大陆法系各国的章程为一份文件,而英美法系包括我国香港则为两份文件[2],美国分为章程(articles of incorporation)和公司细则(bylaws),英国也分为章程(memorandum of association)和公司细则(articles of association)。通常,章程规范公司外部关系,内容十分简单,必须在公司登记机关登记,而章程细则调整公司内部关系,内容甚多,仅对公司内部具有拘束力。英国还分别针对公公司、私公司和保证有限公司制定了示范公司细则[3],起到默

---

[1] 参见我国《公司法》第11、23、76条。
[2] 参见美国《示范公司法》第2.02、2.06条,英国《公司法》第8、18条。
[3] 英国《公司法》第19—20条。

示规范作用。比较而言,两分法更有利于发挥公司自主性,更具灵活性和竞争优势。①

至于章程的法律属性,可谓众说纷纭,有契约说、自治法说、权力法定说和秩序说等,其中以流行于英美的契约说和盛行于大陆法系的自治法说为主流。比较而言,自治法说更贴近现实。其一,契约为当事人之间达成的协议,而章程本身是少数服从多数的调和物,即使部分股东对公司章程有异议,也必须服从。其二,契约效力仅及于签约当事人,而章程对参与制订章程的发起人和股东以及之后加入公司的股东均有效力。其三,契约说过分强调公司法的授权规范而忽视强行规范的特性,使得强行法处于非常尴尬的境地。在我国,《公司法》准予有限责任公司章程另行或自行规定的,就有8处之多。② 这只意味着,章程可以作出《公司法》没有的规定,可以就公司法的规定作出具体化的规定,亦可对《公司法》的个别制度作出特殊化的规定,且可以优先适用,但并不意味着章程可以违反强行法的规范。③

二、公司章程的制定

既为公司生活的"宪法",公司设立就必须制定章程。有限责任公司章程由股东共同制定,股东均应在章程上签名、盖章。股份有限公司则由发起人制定章程,采用募集方式设立的,应由创立大会通过。

章程就是公司名片,公司完全可以在法定框架之内作出个性化的设计。就其内容而言,一般分为必要记载事项和任意记载事项。前者为必须记载的事项,非经记载,章程不发生效力,而后者则是可以记载,亦可不记载,但只要记载了,即发生效力。比较而言,英美法系公司章程仅调整公司对外关系,必要记载事项很少,章程极其简约,对内关系的调整则体现于章程细则。大陆法系公司章程集调整内部关系与外部关系的规范于一身,必要记载事项大为增加,如法国要求章程记载公司的期限和经营管理方式,德国要求记载董事会成员人数或确定人数的规则④,我国也不例外(表7-4)。

公司章程的必要记载事项还因公司类型而异(表7-7)。公司名称和住所,公司经营范围,注册资本,股东或发起人姓名或名称及其出资额、出资方式和时间,公司机构及其产生办法、职权、议事规则以及公司法定代表人,为有限责任公司和股份有限公司章程的共同必要记载事项。只有股份有限公司才必须在章程

---

① 参见朱慈蕴:《公司章程两分法论——公司章程自治与他治理念的融合》,载《当代法学》2006年第5期。
② 参见我国《公司法》第42—43、48—50、55、71、75条。
③ 参见钱玉林:《公司章程"另有规定"检讨》,载《法学研究》2009年第2期。
④ 参见法国《民法典》第1835条,德国《股份公司法》第23条。

表 7-4 我国有限责任公司和股份有限公司的必要记载事项

	有限公司	股份公司
公司名称和住所	√	√
公司经营范围	√	√
注册资本/股份总数、每股金额	√	√
设立方式		√
股东或发起人姓名或名称	√	√
股东或发起人出资额、出资方式和时间	√	√
公司机构及其产生办法、职权、议事规则	√	√
公司法定代表人	√	√
公司利润分配办法		√
公司解散事由与清算办法		√
公司的通知和公告办法		√

记载公司的设立方式、公司利润分配办法、公司解散事由与清算办法以及公司的通知和公告办法。至于任意记载事项,则由公司股东(大)会根据公司的实际情况,自主决定是否纳入其章程。这些记载通常与公司营业活动有关,且不得违反法律的强制性规定、公共秩序和善良风俗。《上市公司章程指引》仅具有行政指导的作用,公司可以自主采纳指引之外的条款,亦可调整和变动指引中的条款。

三、章程的效力

章程一经制定,即具有约束力,对公司、股东、董事、监事和经理均有约束力(引例 7-5)。股东(大)会、董事会的会议召集程序和表决方式违反章程,或决议内容违反章程的,股东有权自决议之日起 60 日内提起撤销之诉。

其一,公司受公司章程约束。作为公司组织与行为的基本准则,公司自应遵守公司章程。公司对股东负有遵守章程之义务。一旦公司违反公司章程,侵犯股东权益,股东可依据章程主张权利。

其二,股东受公司章程约束。作为自治性规范,每个股东无论是否参与公司初始章程的制订,均受其约束。若一个股东的权利因另一个股东违反章程规定而被侵犯,则该股东可依据章程对其主张权利。不过,股东只是以股东成员身份受到公司章程的约束,如果股东是以其他身份与公司发生关系,则不受其约束。

其三,董事、监事和经理受公司章程约束。董事、监事和经理对公司负有忠实和勤勉义务。若违反公司章程,侵害公司利益,公司可以依据公司章程对其提起诉讼,股东亦可依法提起股东代表诉讼。

> **引例 7-5**
>
> **湘乡公司章程应予尊重**[①]
>
> 2008年3月6日,湘乡公司股东会通过了《章程》和《股东大会议事规则》。《章程》第33条股东大会职权第10项规定:"审议代表本公司有表决权股份总数的5%以上的股东的提案。"《股东大会议事规则》第14条第1款规定:"单独或者合并持有本公司5%以上股份的股东,可以在股东大会召开10日前提出临时提案并书面提交董事会。董事会应当在收到提案后2日内发出股东大会补充通知,并将临时议案提交股东大会审议。"盛宇公司持有其股份4%。湘乡公司定于2012年7月23日召开股东大会,盛宇公司提交了3项临时议案,而湘乡公司董事会决定不予提交股东大会审议。盛宇公司认为,湘乡公司章程不符合《公司法》第102条有关持有股份3%以上即可提出议案之规定。法院认为,章程对股东和股东会议、董事会、监事会等公司机关及其成员均具有约束力,驳回盛宇公司的诉讼请求。

[①] 湖南省湘乡市人民法院(2012)湘法民二初字第134号。

第八章 公司融资

第一节 公司资本概述

一、公司资本与融资

（一）公司资本

公司资产是指公司所拥有或者控制的能够以货币计量的经济资源，包括各种财产、债权和其他权利。资产之于公司，犹如血液之于人体。没有资产，公司就没有成长与发展的物质基础（引例8-1）。资本与资产犹如货币的正反面（表8-1）。左边公司资产反映的是实物形态，右边公司资本则是价值形态；左边反映公司资产的去向，右边反映公司资产的价值形成和来源。公司法通常是在狭义上使用公司资本概念①，仅指公司股本，即公司股东所认缴或认购的出资额或股份。广义上的资本不仅包括股本，而且还包括资本运营产生的增值和债权融资形成的资本，资本运营产生的增值表现为资本公积金、盈余公积金和未分配利润。

> **引例 8-1**
>
> **阿里巴巴成长过程中的融资**②
>
> 发家于电商的阿里巴巴，已经成为集网上市场、搜索引擎和金融于一体的互联网巨头，其骄人成绩和风险投资频频伸出援助之手密不可分。1999年，马云带领18人创业之时各自掏口袋才凑了50万元，条件异常艰苦，只能在马云家里办公。阿里巴巴所探索的B2B商业模式，很快引起各路风险资本的青睐，能够多次融到巨额资金。1999年10月，高盛、汇亚、新加坡政府辖下科技发展基金、瑞典INVESTOR AB和美国Fidelity等机构，首次投入风险资本500万美元；2000年1月，IT风险投资界大佬软银再投风险资本2000万美元；2002年2月，日本亚洲投资公司投入战略投资500万美元。

---

① 参见〔英〕丹尼斯·吉南：《公司法》，朱羿锟译，法律出版社2005年版，第110页。
② 参见林曦、毛思璐：《今后可能要叫他中国科技首富了！》，载《羊城晚报》2014年5月8日。

表 8-1　从资产负债表看资产与资本的关系

资产	负债
流动资产	流动负债
固定资产	长期负债
长期投资	所有者权益
递延资产	实收资本
无形资产	资本公积金
其他资产	盈余公积金
	未分配利润
总资产	负债 + 所有者权益

公司对其全部资产享有法人财产权,并以其对公司债务承担责任。公司享有法人财产权的资产范围包括股东出资形成的股本、借贷资本和资本运营形成的增值。这就意味着:第一,公司资产的占有权、使用权和处分权归公司,任何股东不得以股东名义支配该资产。股东占用公司的资金,属于侵害公司的法人财产权。第二,公司行使财产权所得利益归公司所有。债权人依据融资合同和融资条件,由公司依约还本付息,而股东只能在公司赢利,且公司决定分配时,才能分取公司的赢利。第三,公司的所有资产均为其债务的担保。资产负债率越低,公司的净资产率就越高。反之,资产负债率越高,净资产率就越低。公司资产信用实际上是净资产信用,净资产越多,公司清偿能力就越强,债权人的保障度越高。

(二) 融资方式

资产负债表的右栏表明,广义上的公司资本有债权融资和股权融资两大来源(表 8-1)。使用期限短,承担风险最少的融资排列在前,而使用期限长,承担风险最多的融资则排列在后,其通常顺序为短期负债、长期负债、优先股和普通股。作为出资人,股东系公司的成员,在公司之内,参与公司治理,而债权人则处于公司之外,通常不能参与公司治理(表 8-2)。提供债权融资的债权人依据债权融资合同和融资条件获取固定的利息,旱涝保收,而提供股权融资的股东则只有在公司有盈利时才可能获取股利,享有剩余索取权。为确保剩余索取权,股东还享有剩余控制权,参与公司治理。此外,资本市场发达的国家和地区还有许多混合融资工具,如混合证券(hybrid securities)兼有股权与债权融资的特征[①],债权股权化,股权债权化。参与债券、收益债券(income bond)、调整债券(adjustment bond)的持有人均可参与公司盈利的分配,乃是债权股权化。而多种等级的优先股,如有担保的优先股、偿债基金优先股、参加优先股、限制公司财务比率

[①] 参见邱海洋:《公司利润分配法律制度研究》,中国政法大学出版社 2004 年版,第 109、117 页。

的优先股、累积优先股、可调整利率的优先股、可转换优先股、特定目标普通股等,则具有债权化的倾向。

表 8-2　股权与债权融资

	股权融资	债权融资
融资方式	内源融资	外源融资
出资者的地位	股东	债权人
出资者的回报	股息	利息
风险大小	大	小
投资期限	永久	有期限
清算	股东最后参与剩余财产分配	债权人优先于股东获得清偿

　　从理论上讲,公司债权和股权融资可以采用最优结构,单纯采用股权或债权融资均非上策。公司选择股权和债权融资的合理结构,受到税收、破产成本、资本市场发达程度以及金融市场结构等制约。在同等情形下,债权融资愈多,可供股东分配的利润就愈少,但可减轻公司所得税负。

二、公司资本体制

　　基于文化传统和法律制度的差异,各国公司资本体制主要有法定资本制和授权资本制两大体系。① 法定资本制(statutory capital system),亦称确定资本制或实缴资本制,是指公司在设立时,公司必须全部发行章程所记载的资本总额,并由股东全部认足和实缴的股权融资制度。它始于法国,曾盛行于大陆法系,我国 1993 年《公司法》就是如此。授权资本制(authorized capital system),是指公司设立之时,公司无须全部发行章程所记载的资本总额,未发行部分,授权董事会相机发行的股权融资制度。它源于英美,且已渗透到全球。这是因为,法定资本制缺乏可塑性,很容易导致公司资本闲置和浪费,增资手续繁琐,徒增融资成本,难以抵御授权资本制的灵活自主性。仍完全坚持传统法定资本制的立法例极为少见。不过,授权资本制亦有授权资本与实际发行资本不一致的缺陷。英美各国相继予以改良,确立了声明资本制(statement of capital),公司章程不再规定无实质意义的授权资本额,而是载明其实际发行股本,董事会可在运营过程中相机发行新股。②

　　折中资本制则是扬法定资本制和授权资本制之长,而避其短所形成的一种新型股权融资制度。它始于 1937 年德国《股份法》,相继为大陆法系国家借鉴。

---

　　① 参见朱羿锟、马小明:《论我国公司资本制度的现代化与合理化》,载《暨南学报》2002 年第 3 期。
　　② 参见澳大利亚《公司法》第 120 条,英国《公司法》第 10 条。美国绝大多数州亦然。参见黄辉:《现代公司法比较——国际经验及对中国的启示》,清华大学出版社 2011 年版,第 75—77 页。

如今，尚未转向授权（声明）资本制的大陆法系国家，基本是采纳了折中资本制。它包括折中授权资本制和认可资本制两种形式。折中授权资本制本质上是授权资本制，但限定首次股本发行的最低比例。若低于该比例，公司不得成立。① 认可资本制则是在公司成立之时，公司章程所记载的资本总额必须全部发行，并由股东认足。章程授权董事会在一定期限内且在公司资本额的一定比例范围内发行新股。② 如今，可谓授权（声明）资本制、折中资本制和法定资本制三足鼎立，而股份有限公司基本上由授权（声明）资本制和折中资本制平分天下。

为改善营商环境，我国 2005 年《公司法》就已经改良法定资本制，采用分期缴纳的法定资本制，2013 年修订的《公司法》更是大刀阔斧，除采用募集设立的股份有限公司等 27 种公司外，均实行认缴制，不仅取消了最低注册资本限额和首期出资限额，而且出资期限完全由公司章程自主确定，从根本上背离了传统法定资本制，吸收了授权（声明）资本制和折中资本制之长，但又有别于它们，没有授权董事会相机发行新股，章定资本需一次性发行和认缴。但是，出资期限完全实行章程自治，则比它们更为灵活。

第二节　股　东　出　资

一、出资形式

货币为一般等价物，任何国家均予认可，我国亦不例外。非货币财产则区分两种情形，一是实物、知识产权和土地使用权得到明确认可，自然可以出资；二是实物、知识产权和土地使用权之外的非货币财产，只要可以用货币估价，并可以依法转让，亦可出资。以股权出资的，仅限于股东或发起人在中国境内设立的公司所持有的股权，权属清楚、权能完整、依法可以转让。债权出资限于增资，债权转为公司股权限于对在中国境内设立的公司的债权，且需符合以下 3 种情形之一：债权人已经履行债权所对应的合同义务，且不违反法律、行政法规、国务院决定或者公司章程的禁止性规定；经法院生效裁判或者仲裁机构裁决确认；公司破产重整或者和解期间，列入经法院批准的重整计划或者裁定认可的和解协议。此外，法律和行政法规规定不得出资的，如劳务、信用、自然人姓名、商誉、特许经营权或者设定担保的财产等③，仍不得作为出资财产。有限责任公司的股东和股份有限公司的发起人，既可以用货币，也可以用非货币财产作价出资。至于募集设立的股份有限公司，公众认股人则只能用货币出资（表 8-3）。

---

① 参见韩国《商法》第 289 条第 2 款、第 305 条第 1 款。
② 参见德国《股份法》第 36a 条、第 202—206 条。
③ 参见我国《公司登记管理条例》第 14 条。

表 8-3 股东和发起人出资形式之比较

		货币	非货币		
			实物	知识产权	土地使用权
有限公司		√	√	√	√
股份公司	发起人	√	√	√	√
	公众认股人	√	×	×	×

货币出资易于准确、客观地计算其价值，无须作价评估，方便快捷，有些国家规定了货币出资的最低比例，法国和德国为25%，意大利为30%，瑞士和卢森堡为20%，体现了这种偏好。我国既无货币出资的最低比例要求，亦未就特定非货币出资设上限，完全实行公司自治（引例8-2）。

引例 8-2

顾雏军的知识产权出资比例高达75%①

广东格林柯尔企业发展有限公司设立于2001年10月22日，专门为收购科龙电器而成立。其注册资本12亿元，顾雏军占90%，其父顾善鸿占10%。顾雏军的10.8亿元投资，包括货币1.8亿元和知识产权9亿元。12亿元注册资本中的知识产权就占了75%。

非货币财产均有价值波动性，这种出资应评估作价，核实财产，不得高估或者低估作价。法律、行政法规对评估作价有规定的，从其规定。

二、出资缴纳

（一）缴纳方式

依据公司章程的约定期限和方式缴纳出资是股东的契约义务，亦是法定义务。如遇出资争议，只要原告提供了对股东履行出资义务产生合理怀疑的证据，即发生举证责任转移，被告股东就应证明其已履行出资义务②，就是明证。出资人应对出资的财产享有处分权。否则，所有权人有权追回。除法律另有规定外，受让人善意取得该财产的，即受让时善意，支付了合理价格，所转让的财产依法应当登记的已经登记，不需要登记的已经交付给受让人，则受让人出资有效，原所有权人有权向无处分权人请求赔偿损失。以贪污、受贿、侵占、挪用等违法犯

---

① 参见陈建军：《顾雏军小伎俩买得大科龙》，载《上海证券报》2005年7月15日。
② 参见最高人民法院《关于适用〈中华人民共和国公司法〉若干问题的规定（三）》第20条。

罪所得的货币出资取得股权的,则在追究和处罚违法犯罪行为时采取拍卖或者变卖的方式处置该股权。①

缴纳方式因出资形式而异。货币出资最为简单,将足额的货币存入公司在银行开设的账户即可。非货币财产出资则应依法办理财产权转移手续。一般动产只要向公司交付该动产即发生所有权转移效力,但是以船舶、飞行器和机动车等动产出资的,还应办理所有权变更登记;以不动产和土地使用权出资的,必须办理所有权和使用权变更登记;以知识产权出资的,亦应依法办理有关专有权的变更登记。以房屋、土地使用权或者需要办理权属登记的知识产权等财产出资,若产生交付与登记脱节的情形,准予补正。凡已交付使用但未办理权属变更手续,公司、其他股东或者公司债权人均可请求法院责令其在指定的合理期间内办理权属变更手续。只要在该期间内办理了权属变更手续,即告履行出资义务,并可自其实际交付财产给公司使用时起享有相应股东权利。反之,若仅仅办理权属变更手续,但未交付给公司使用,公司或者其他股东均可主张其向公司交付并在实际交付之前不享有相应股东权利。相应地,以划拨土地使用权出资,或者以设定权利负担的土地使用权出资的,亦可补正。公司、其他股东或者公司债权人均可请求法院责令其在指定的合理期间内办理土地变更手续或者解除权利负担。逾期未办理或者未解除的,即属未依法全面履行出资义务。②

以股权出资的,符合以下4项条件,即告履行出资义务:一是股权由出资人合法持有并依法可以转让;二是股权无权利瑕疵或者权利负担;三是出资人已履行关于股权转让的法定手续;四是已依法进行了价值评估。不符合前3项条件的,公司、其他股东或者公司债权人均可请求法院责令其在指定的合理期间内采取补正措施。逾期未补正的,即属未依法全面履行出资义务。至于第4项条件,则依非货币财产出资的评估程序予以补正。至于债权出资,出资是否到位完全取决于债务人的清偿能力。判断出资是否到位,并不在于债权交付手续的办理,而在于债权是否已经实现。只有债权履行完毕,债权人的出资才视为到位。③用以转为公司股权的债权有两个以上债权人的,债权人对债权应当作出分割。

(二) 缴纳期限

股东需依约按期缴纳各自认缴的出资。股东如不按期出资,公司可行使出资追缴权。经公司追缴,股东仍不履行缴纳义务的,公司可请求法院强制认股人缴款。④ 就股份有限公司而言,认股人逾期未缴纳出资的,经发起人催缴后合理期限内仍未缴纳的,发起人可以另行募集该股份,公司还可以请求认股人承

---

① 参见最高人民法院《关于适用〈中华人民共和国公司法〉若干问题的规定(三)》第7条。
② 参见最高人民法院《关于适用〈中华人民共和国公司法〉若干问题的规定(三)》第10、8条。
③ 参见葛伟军:《债权出资的公司法实践与发展》,载《中外法学》2010年第3期。
④ 参见冯果:《论公司股东与发起人的出资责任》,载《法学评论》1999年第3期。

担赔偿责任。①

出资缴纳的期限既为章程自治,股东只要能够达成一致,出资似乎无限期。这种无限实则是受到严格约束的,最大的约束就是市场。股东出资迟迟不到位,难以取信于交易对方,势必寸步难行。市场体系日趋完善,商主体无不理性,无限拖延缴纳出资的,只能是自毁前程。再者,一旦进入解散或破产程序,债务人的出资人出资期限视为到期。尚未完全履行出资义务的,管理人应当要求其缴纳所认缴的出资。②

(三) 评估与验资

基于非货币财产价值的地域性、波动性等特点,非货币财产出资应依法评估作价。否则,无论是公司和其他股东,还是债权人均可请求认定其未全面履行出资义务。一旦法院委托的评估机构确定其价额显著低于章程所定价额的,即可认定其未全面履行出资义务。③

至于验资,以募集方式设立的股份有限公司,股东缴纳的出资必须验资,由依法设立的验资机构验资,并出具验资证明,才能办理设立登记。实行认缴制的公司是否验资,则实行股东和公司自治。

(四) 出资证明

股票是股份有限公司股东出资和持股的凭证,出资证明书则是有限责任公司在其成立后以公司名义发放给股东的出资凭证,亦称股单。在法律上,出资证明书仅是一种书面形式的证据,又称书证,有别于股票,故出资证明书只能是记名形式的,不能上市流通,其转让亦受限制。公司有义务向股东签发出资证明书,该证书由公司盖章,并载明:(1) 公司名称;(2) 公司成立日期;(3) 公司注册资本;(4) 股东的姓名或者名称、缴纳的出资额和出资日期;(5) 出资证明书的编号和核发日期。

三、出资瑕疵及其责任

出资瑕疵,是指股东的出资和出资行为违反法律或公司章程的规定,既包括出资的财产或财产权存在的瑕疵,也包括出资行为的瑕疵。一是怠于履行出资义务。二是出资评估不实,非货币财产出资的实际价额显著低于公司章程所定价额。除当事人另有约定外,非货币财产出资之后因市场变化或者其他客观因素导致出资财产贬值的,并不构成出资评估不实。三是虚假出资,未交付或者未按期交付作为出资的货币或者非货币财产。四是虚报注册资本。五是抽逃出

---

① 参见最高人民法院《关于适用〈中华人民共和国公司法〉若干问题的规定(三)》第6条。
② 参见我国《企业破产法》第35条、最高人民法院《关于适用〈中华人民共和国公司法〉若干问题的规定(二)》第22条。
③ 参见最高人民法院《关于适用〈中华人民共和国公司法〉若干问题的规定(三)》第9条。

资,即在公司成立后,股东抽逃其出资。瑕疵出资的股东或发起人侵害了公司权益,自应承担相应的责任。

首先来看民事责任,无论是怠于履行出资、抽逃出资,还是出资评估不实、虚假出资,均设有民事救济。针对股东或发起人怠于出资就设置了四道防线[1]:其一,催告追缴。公司或其他股东均有权提出请求。其二,补充赔偿责任。公司债权人可请求其在未出资本息范围内对公司债务不能清偿的部分承担补充赔偿责任。如属股东在公司设立时未履行或者未全面履行出资义务,还可请求发起人与被告股东承担连带责任。如公司董事、高管未尽忠实或勤勉义务的,亦可请求其承担相应的赔偿责任。诚然,发起人及董事、高管承担责任后,可向被告股东追偿。其三,限制股东权。公司可依据章程或者股东会决议,对该股东的利润分配请求权、新股优先认购权、剩余财产分配请求权等股东权作出相应的合理限制。其四,除名。对于有限责任公司而言,股东未履行出资义务,经公司催告,在合理期间内仍未缴纳的,公司可经股东会决议解除其股东资格。

抽逃出资,则是指在公司成立之后,股东损害公司权益的任何下列行为:(1)制作虚假财务会计报表虚增利润进行分配;(2)通过虚构债权债务关系将其出资转出;(3)利用关联交易将出资转出;(4)其他未经法定程序将出资抽回的行为。救济措施有:一是返还出资本息。公司或其他股东均可请求返还所抽逃的出资的本息,协助抽逃出资的其他股东、董事、高管或实际控制人,亦应承担连带责任。二是补充赔偿责任。债权人可请求其在抽逃出资本息范围内对公司债务不能清偿的部分,承担补充赔偿责任,亦可请求协助抽逃出资的其他股东、董事、高管或实际控制人承担连带责任。前述限制股东权和除名措施同样适用于抽逃出资。[2]

至于出资评估不实,股东或发起人应对公司承担差额填补责任,有限责任公司设立时的股东和股份有限公司的发起人承担连带责任。至于虚假出资,则应对公司承担足额缴纳责任,有限责任公司的虚假出资股东还应向足额缴纳出资的股东承担违约责任,而股份有限公司的其他发起人亦应对虚假出资承担连带责任。也有人认为,虚假出资这种违反出资义务的股东,应当向公司而非股东承担违约责任。[3]

至于行政责任,无论是虚报注册资本,还是虚假出资和抽逃出资,均关涉罚款等行政处罚。罚款数额分别为虚报注册资本金额、虚假出资金额和所抽逃出资金额的5%—15%。对于实行募集设立的股份有限公司等 27 种注册资本实

---

[1] 参见最高人民法院《关于适用〈中华人民共和国公司法〉若干问题的规定(三)》第 13、16、17 条。
[2] 参见最高人民法院《关于适用〈中华人民共和国公司法〉若干问题的规定(三)》第 12、14、16、17 条。
[3] 参见朱慈蕴:《股东违反出资义务应向谁承担违约责任》,载《北方法学》2014 年第 1 期。

缴制的公司,虚报注册资本、虚假出资或抽逃出资情形严重,构成犯罪的,还应依据《刑法》第158—159条追究刑事责任。①

第三节 股份发行与转让

一、股份的概念与特征

股份是构成股份有限公司资本的成分,是构成其资本的最小的均等的计量单位。公司所发行的股份就是其资本总额。其外在形式为股票,可以向发起人发行,亦可公开募集,可以上市交易,具有证券性(表8-4)。

表8-4 股份有别于股权

	股份	股权
适用对象	股份有限公司	有限责任公司
外在形式	股票	出资证明书
证券性	√	×
公开募集	√	×
上市交易	√	×

其特征有四:(1)不可分性。既为构成公司资本的最小均等单位,也就不能再行分割。这并不妨碍公司为了需要,而对其股份进行合并或分拆。②(2)平等性。此乃股份有限公司的固有要求,这是因为,股份整齐划一,便于计算和记账,有利于表决权的行使,降低治理成本,亦便于股份上市交易、公司分配股利和剩余财产分配,提高效率。(3)可转让性。股份可依法转让,手续简便,上市公司尤其如此。有限责任公司股东之间虽可自由转让股权,但向非股东转让则需要其他股东过半数同意,而且公司章程还可以作出其他限制。(4)证券性。股票属于典型的证券,占有股票即表明股东权的存在。股票的转让与权利的转移如影随形,股票的转让实际上就是股份的转让。股票发行虽需以股份存在为前提,但股东权不是因股票而创设,它只是证权性证券,而非设权性证券。

二、股份的类型

我国《公司法》明确规定了普通股、记名股、无记名股、表决权股和面值股,亦为优先股、无表决权股和无面值股等类型的股份预留了空间,只要国务院相机作出有关规定,即可发行这类股份。同种类的每一股份应当具有同等权利。

---

① 参见全国人民代表大会常务委员会《关于〈中华人民共和国刑法〉第158条、第159条的解释》。
② 参见〔英〕丹尼斯·吉南:《公司法》,朱羿锟译,法律出版社2005年版,第120页。

（一）普通股和优先股

依据股份所代表权利的差别,可以分为普通股和优先股(表 8-5)。普通股,就是通常发行的不具有特别权利的股份,属于公司资本构成的基本股份。股东享有收益权和表决权。其收益权与公司盈利情况密切挂钩,若公司没有盈利,股东可能颗粒无收。在解散时,若没有剩余财产,也不能请求分配。一般而言,其表决权优越于优先股,通常是每股享有一个表决权:一股一票。优先股,则是指相对于普通股而具有某些特别权利的股份。其优先性主要表现为两个方面:一是优先于普通股分配股利。股利通常是事先约定的、固定的,不因公司营利情况而变动。二是在公司解散或破产时,优先于普通股股东分配公司剩余财产。比较而言,优先股比较安全可靠,股息往往比债息高,适合较为保守的投资者。但是,优先股通常不享有表决权。若公司在规定的期限内没有支付股息或应付未付股息达到一定金额,则优先股股东享有表决权。

表 8-5 普通股、优先股与债券比较

	融资成本	资本属性	经营控制权
普通股	固定或浮动股息	权益资本	弱
优先股	无固定股息	权益资本	强
债券	固定利息	负债	无

我国自 2014 年起在上市公司进行优先股试点(引例 8-3),准予以下 3 种公司公开发行优先股:(1) 其普通股为上证 50 指数成分股;(2) 以公开发行优先股作为支付手段收购或吸收合并其他上市公司;(3) 以减少注册资本为目的回购普通股的,可以公开发行优先股作为支付手段,或者在回购方案实施完毕后,公开发行不超过回购减资总额的优先股。

> **引例 8-3**
>
> ### 广汇能源:首例优先股[①]
>
> 2014 年 4 月 24 日,广汇能源公告称,拟非公开发行不超过 5000 万股优先股,募集资金总额不超过 50 亿元,为浮动股息率、非累积、非参与、不设置赎回和回售条款、不可转换的优先股。扣除发行费用后,除红淖铁路项目投资 15 亿元外,剩余募集资金将全部用于补充流动资金。4 月 29 日,广汇能源发布"修订版"预案,设置了表决权恢复的条件、回购条款等内容,并对票面股息率及其确定原则进行了修订。

① 参见曾剑:《广汇能源首发优先股预案 拟发 5000 万股融资 50 亿》,载《每日经济新闻》2014 年 4 月 25 日。

（二）记名股和无记名股

依据股票是否记载股东姓名或名称，可以分为记名股和无记名股，其差异在于行使和转让权利的方式。记名股，是指将股东的姓名或名称直接记载于股票的股份。除所有者外，其他人不得行使其股东权。股份转让后，受让人须将其姓名或名称记载于股东名册。否则，不能对抗第三人。公司向发起人和法人发行的股票，必须为记名股票，并应当记载该发起人、法人的名称或者姓名，不得另立户名或者以代表人姓名记名。无记名股，则是指股票上不记载股东姓名或名称的股份。只要持有该股份，即可取得股东资格。该股份转让时，只要交付股票即发生转让效力。公司向作为自然人的社会公众发行的股份，可以是记名股，亦可为无记名股。发行记名股的，公司应当备置股东名册；发行无记名股的，公司应当记载其股票数量、编号及发行日期。

（三）表决权股和无表决权股

依据股份上是否具有表决权，可以分为表决权股和无表决权股。表决权股的股东享有表决权，通常为一股一票，也有变种形式——一股多票或多股一票。① 无表决权股，是指股东不享有表决权的股份，但其收益权不受影响，收益权还具有优越性。各国一般都准许发行这种股份，但往往限制这种股份的数量，即不得超过总股本的一定比例。这种股份的存在对公司控制权的分配格局具有较大影响，成为所有权与控制权分离的重要工具之一。②

（四）面值股和无面值股

依据股份是否以面值表示，可以分为面值股和无面值股。面值股，亦称额面股，是指股票票面上直接标明一定金额的股份。其每股的金额完全相同，每股金额与股份总数相乘就是公司的资本总额。我国目前发行的都是面值股，美国和欧盟均废除该要求，为无面值股鸣锣开道。无面值股，亦称无额面股或比例股，是指股票票面上并不标明一定金额，而只标明其占公司资本总额的一定比例。它亦可清晰地表明股东出资在公司资本总额中所占比例，从而表明该股东在公司权益的多少。在公司增资时，无须发行新股，只要增加每股所代表的资本额即可。

三、股份发行的类型

（一）设立发行与新股发行

依据股份发行的时间，可以分为设立发行与新股发行。设立发行，是指公司在设立过程中发行股份，其目的是筹集必要的资本，以便公司设立。而新股发行则是在公司成立以后，再次发行股份（表8-4）。无论是采用发起设立还是募集

---

① 参见朱羿锟：《公司控制权配置论》，经济管理出版社2001年版，第10—18、55—56页。
② 同上书，第56页。

设立方式,设立发行所筹集的资本,均为公司设立的必要条件。如采用募集方式设立,除法律、行政法规另有规定外,发起人认购部分不得少于公司股份总数的35%,所有资本必须实缴到位,注册资本等于实缴资本。新股发行则与公司设立无关,只需变更其注册资本登记事项即可。

> **引例 8-4**
>
> ### 京东给腾讯发行新股[①]
>
> 在移动互联网时代赛跑,腾讯和京东都急需联盟,共同面对强大对手——阿里巴巴。2014年3月,腾讯将旗下全部电商资产转让给京东,京东未来有权全资控股易迅网,腾讯还支付京东2.15亿美元。作为回报,京东增资扩股,发行15%的新股给腾讯。拉拢京东,腾讯有望在移动电商领域扭转战局。

(二) 公开发行与非公开发行

公开发行,亦称公开募集,是指面向社会公众公开募集或向特定对象募集股份。与此相反,就是非公开发行。非公开发行证券,不得采用广告、公开劝诱和变相公开方式。无论是设立发行还是新股发行,均可采用公开发行。符合以下3种情形之一的,均为公开发行:(1)向不特定对象发行证券的;(2)向特定对象发行证券累计超过200人的;(3)法律、行政法规规定的其他发行行为。[②] 在走上注册制轨道之前,只要公开发行,无论是设立发行还是新股发行,均需获得中国证监会核准,均需公告新股招股说明书,制作认股书。公开发行需要遵循公开、公平和公正原则,而非公开发行只需遵循公平和公正原则。

四、股份的发行方式与价格

采用非公开发行方式的,比如采用发起设立方式,只要发起人认足章程所规定的股份,即可办理公司设立登记。若采用公开发行,不论是设立发行还是新股发行,均需制作招股说明书,载明以下事项:(1)发起人认购的股份数;(2)每股的票面金额和发行价格;(3)无记名股票的发行总数;(4)募集资金的用途;(5)认股人的权利、义务;(5)本次募股的起止期限及逾期未募足时认股人可以撤回所认股份的说明。公开发行股份时,公司必须采用间接发行方式:由证券公司承销,并与证券公司订立承销协议。股款由银行代收,公司应与银行订立代收

---

① 参见谢鹏:《两大巨头联手决斗阿里:京东的矛,腾讯的盾》,载《南方周末》2014年3月13日。
② 参见我国《证券法》第10条。

股款协议。股款收足并经验资,才能办理设立登记或注册资本变更登记。

至于发行价格,依据其与股份面值的关系,有平价、溢价和折价之分。我国只允许平价和溢价发行,禁止折价发行。采用溢价发行的,超过票面金额所得溢价列入资本公积金。发行新股时,公司可以根据其经营情况和财务状况,自主确定发行价格。

五、股份转让

股东可以依法转让股份。若股份已经上市,转让自由体现得最为充分。至于转让的场所,除沪深证券交易所外,2012年国务院批准设立的全国中小企业股份转让系统,就是为非上市股份公司提供股份转让的全国性证券交易场所。

股份转让的方式因股票是否记名而异。对于记名股,股东可以背书或法律、行政法规规定的其他方式进行转让。转让后,由公司将受让人的姓名或者名称及住所记载于股东名册(引例8-5)。股东大会召开前20日内或者公司决定分配股利的基准日前5日内,不得进行股份转让的股东名册变更登记。但是,法律对上市公司股东名册变更登记另有规定的,从其规定。至于无记名股,手续更为简便,只要股东将股票交付受让人,即发生转让效力。

引例 8-5

广东格林柯尔转让2.62亿股科龙电器股份[①]

2005年9月9日,海信空调与广东格林柯尔达成股份转让协议。格林柯尔将其持有的科龙电器的境内法人股2.62亿股转让给海信空调,每股3.432元,总价金9亿元,首付款5亿元。海信空调应在协议生效之日起7个工作日内向格林柯尔支付定金和首付款,定金付至全国工商业联合会与海信空调共同开立的共管账户。海信空调在过户日起7个工作日内向格林柯尔支付调整后的转让价款的余款。

对股份转让的限制有3种情形:(1)发起人持有的本公司股份,自公司成立之日起1年内不得转让。(2)公司公开发行股份前已发行的股份,自公司股票在证券交易所上市交易之日起1年内不得转让。(3)公司董事、监事、高级管理人员在任职期间每年转让的股份不得超过其所持有的本公司股份总数的25%,其所持本公司股份在公司股票上市交易之日起1年内不得转让。其离职后半年

[①] 参见袁克成:《海信空调斥资九亿将成第一大股东》,载《上海证券》2005年9月15日。

内,亦不得转让其所持有的本公司股份。此外,公司章程还可对其转让所持有的本公司股份作出其他限制。

六、股份回购

股份回购(share repurchase/ redemption),亦称股份回赎,是指公司依法从股东手中买回自己股份的行为。各国立法可以区分为两种模式:一是美国的原则许可模式[①];二是原则禁止、例外许可的模式,为英国和大陆法系采用,我国亦然。就发展态势而言,都在放宽,扩大例外的范围。归结起来,股东大会许可、激励职工和减资,均在各国许可之列。

我国《公司法》博采众长,适当放宽了回购股份的范围,准予以下 4 种情形下的股份回购:(1) 减少公司注册资本;(2) 与持有本公司股份的其他公司合并;(3) 将股份奖励给本公司职工;(4) 股东因对股东大会作出的公司合并、分立决议持异议,要求公司收购其股份(引例 8-6)。对于第 1 种情形和第 3 种情形,应由股东大会作出决议。因第 1 种情形而回购的,公司应当自收购之日起 10 日内注销该股份;因第 2 种情形和第 4 种情形回购的,公司应当在 6 个月内转让或者注销该股份。至于为激励职工而回购,则有数量限制,即回购数额不得超过本公司已发行股份总额的 5%,且用于收购的资金应当从公司的税后利润中支出,并在 1 年内转让给职工。

引例 8-6

上海友谊股份回购案

2011 年 8 月 10 日,上海友谊董事会发布《关于换股吸收合并上海百联集团股份有限公司异议股东收购请求权提示性公告》[②]。异议股东行使收购请求权,"等同于以 A 股 15.57 元/股、B 股 1.342 美元/股的价格卖出本公司股份,截至本公司股票停牌前最后一个交易日(2011 年 8 月 4 日),本公司 A 股股票的收盘价格为 18.56 元/股,比收购请求权的行权价格高出 19.20%;B 股股票的收盘价格为 1.925 美元/股,比收购请求权的行权价格高出 43.44%。若投资者行使收购请求权,可能导致一定亏损,请投资者慎重判断行使收购请求权的风险"。现金选择权方案要连同公司合并方案报经证监会审批,公司同意支付的现金价款低于股票价格。

---

① 参见美国《示范公司法》(2002)第 6.31(a)条。加利福尼亚、纽约和特拉华州的《公司法》亦然。
② 《上海证券报》2011 年 8 月 10 日。

七、股份设质及股票被盗、遗失或灭失

股份可以设质,但公司不得接受本公司的股票作为质押权的标的。无记名股票设质,只需有设质的合意,并将股票交付质权人即可。至于记名股票,一是要有出质人和质权人的合意;二是要将质权人的姓名或名称记载于股票的背书上;三是将股票交付质权人。股份设质后,非经质权人同意,该股份不得转让。出质人转让股票所得价金,应当用于提前清偿质权人的债权,或者向与质权人约定的第三人提存。这相当于英国普通法上的抵押。英国还允许衡平法的抵押[1],无须将质权人姓名或名称记载于股东名册,交付股票或连同空白转让书一起交付股票即可。

记名股票被盗、遗失或灭失的,股东可以利用公示催告程序予以补救。经过该程序,法院宣告该股票失效后,股东即可请求公司补发股票。无记名股票则不能享有该补救。

第四节 股权转让

一、股权转让概述

(一) 股权转让的类型

广义的股权本来包括股份,但我国《公司法》使用狭义股权概念,仅指有限责任公司股东的出资。相对于股份,股权的外在形式则为出资证明书,不能公开发行,不能上市交易,不具有证券性(表 8-3)。股权转让包括内部转让、外部转让和强制执行的转让三种情形。对于内部和外部转让,公司章程可以自主安排,且优先适用。若章程无相应安排,法定默示规则为股东内部可以相互自由转让股权,可以转让股东的全部股权,也可转让其部分股权。至于强制执行中的股权转让,所有股东均可购买。法院应当通知公司及全体股东,其他股东在同等条件下有优先购买权。其他股东自法院通知之日起满 20 日不行使优先购买权的,视为放弃优先购买权。此时,法院即可将其转让给非股东。

(二) 股权转让合同的效力与股权变动

股权转让合同是源,股权变动是流,不可混同。既为合同,股权转让合同自应遵循合同法规则,除法律、行政法规另行规定了批准或者登记的生效手续外,股权转让合同原则上自合同成立之日起生效。这并不排除双方依意思自治原则,通过附条件或附期限来控制或者限制其效力或生效时间。但是,这种约定不

---

[1] 参见〔英〕丹尼斯·吉南:《公司法》,朱羿锟译,法律出版社 2005 年版,第 182—183 页。

得违反法律逻辑,如约定"合同自受让方购买的股权在公司登记机关办理变更登记之日起生效",就有本末倒置之嫌。股权转让后,公司应注销原股东的出资证明书,向新股东签发出资证明书。公司应变更股东名册,修改股东名册中有关股东及其出资额的记载,方才产生股权变动的效力。同时,修改公司章程,唯此类章程修改无须股东会表决。

至于股权部分权能的转让,只要不违反法律法规中的强制性规定、公序良俗原则与诚实信用原则,就契约自由和营业自由而言,这种转让行为的效力亦应受到尊重。① 也有论者认为,表决权能的单独处分会减损其他股东的福利,减损股权市场对于高管的制约力量,间接推高治理成本,应认定表决权转让行为无效,以保证投票权与剩余索取权匹配,保持股东投票权之于高管的约束功能。②

瑕疵股权亦可转让。受让人知道或应当知道股东怠于履行出资义务的,不仅公司可以请求股东和受让人就履行出资承担连带责任,债权人亦可请求股东和受让人在未出资本息范围内对公司债务不能清偿的部分承担补充赔偿责任。当然,除当事人另有协议外,受让人承担责任后,可以向股东追偿。③

(三) 章程限制的效力

基于公司自治,有限责任公司章程可合理限制受让股权的主体范围,并可优先适用。但是,这并非意味着当事人的"另有规定"可以恣意妄为,章程规定不得违反法律和行政法规中的强制性规定,不得侵害股东的固有权。④ 公司章程不得禁止股东依法退股,或者无故强迫某股东向股东会决议指定的股东出让股权。

二、股东向非股东转让股权的特别规则

(一) 其他股东的同意权与优先购买权

对于外部转让,鉴于有限责任公司的人合性,这种转让受到一定限制:应当经其他股东过半数同意。征求其他股东意见的方法是,股东将其股权转让事项书面通知其他股东征求同意,其他股东自接到书面通知之日起满30日未答复的,就视为同意转让。其他股东半数以上不同意转让的,不同意的股东应当购买该股权;不购买的,则视为同意转让。

经股东同意转让的股权,在同等条件下,其他股东有优先购买权。两个以上股东主张行使优先购买权的,协商确定各自的购买比例;协商不成的,按照转让

---

① 参见刘俊海:《论有限责任公司股权转让合同的效力》,载《暨南学报(哲学社会科学版)》2012年第12期。
② 参见罗培新:《抑制股权转让代理成本的法律构造》,载《中国社会科学》2013年第7期。
③ 参见最高人民法院《关于适用〈中华人民共和国公司法〉若干问题的规定(三)》第18条。
④ 参见钱玉林:《公司章程"另有规定"检讨》,载《法学研究》2009年第2期。

时各自的出资比例行使优先购买权。

(二) 优先权的性质与股权转让合同的效力

优先权的性质与其效力不仅决定了自身的行使方式和效力,还深刻地影响到权利人利益受保护的程度,并与侵害其他股东优先权的股权转让合同的效力攸关。在期待权说、请求权说、形成权说等学说中,期待权与既得权相对应,重在描述优先购买权的行使条件,对于实践中争议较大的优先购买权的行使方式和效果问题的解决并无实际意义,而请求权说和形成权说都重在描述优先购买权的行使方式和效力特点,因而具有实际价值。形成权说居于主流,但又不得不面对新的问题——优先股的行使而形成"一股多卖"行为的效力,进一步分化为无效说、附法定生效条件说、效力待定说和可撤销说等①,众说纷纭,实不足取。

而从近代私法发展趋势来看,私法以请求权为原则,以形成权为例外,股东优先购买权不宜解释为形成权,而是请求权。② 在德国法上,承租人优先购买权就属于债权性质的权利。类似地,我国最高人民法院在《关于审理城镇房屋租赁合同纠纷案件具体应用法律若干问题的解释》(法释[2009]11号)中,就未赋予优先购买权阻挠转让人与第三人之间所订合同生效的能量,显然倾向于请求权说。其实,其他股东优先购买权这一权利结构,不仅要关照其他股东利益,亦应关照转让人和受让人的利益,除赋予其他股东"近水楼台先得月"的利益外,还有保护转让人获得最大转让利益的功能。作为一种权利平衡的工具,它不仅仅是先买权,更是在满足"同等条件"时的先买权。在股东对外转让其股权时,其他股东并非高高在上,而是内含于转让人与受让人的交易过程,面对其他股东的优先权请求,转让人有权最后拍板。这就无异于为这种闭锁性公司的股权提供了一种价格发现机制,也避免了"一股多卖"的尴尬。

三、股权回购与设质

有限责任公司准予股权回购的情形极少,只有异议股东行使异议股东股份收买请求权(评估权)时,公司才能回购股权。这有三种情形:(1) 公司连续5年不向股东分配利润,而公司该5年连续盈利,并且符合法定分配条件的;(2) 公司合并、分立、转让主要财产的;(3) 公司章程规定的营业期限届满或者章程规定的其他解散事由出现,股东会会议通过决议修改章程使公司继续存续的。实际上,这是对小股东的一种特殊救济手段(引例8-7)。

---

① 参见赵旭东:《股东优先购买权的性质和效力》,载《当代法学》2013年第5期。
② 参见蒋大兴:《股东优先购买权行使中被忽略的价格形成机制》,载《法学》2012年第6期。

> **引例 8-7**
>
> **置业公司出售主要资产案**①
>
> 郭某系置业公司的股东,持股比例为 12%。置业公司召开股东会议并作出出售部分厂房的决定。郭某明确表示反对该决议,提出按合理的价格回购股权,但被拒绝,故请求判令置业公司收购其所持有的股权。法院认为,根据公司章程的约定和置业公司资产的现状,所出售的部分厂房是该公司进行日常经营活动所必需的物质基础,应属于置业公司的主要财产,异议股东有权以此为由要求置业公司按照合理的价格收购其股权,故判令置业公司按照合理价格收购郭某的股权。

至于设质,只要股权可以转让,即可设质。质押自股权出质记载于公司股东名册之日起生效。

第五节 公司债券

一、公司债券的概念和特征

公司债券,是指公司依法发行的,约定在一定期限内还本付息的有价证券。作为债权融资的重要工具,债券与股票均属证券,在法律上却有重大差别(表 8-6)。

表 8-6 公司股票与债券之比较

	股票	债券
发行主体	股份公司	股份公司、有限公司
设立发行	√	×
核准机关	证监会	国务院授权的部门
持有人地位	股东	债权人
回报	股息	利息
面额	小	大

其特征有五:(1) 证券性。与股票一样,均属有价证券,均具有有价证券的

---

① 参见乔宝杰、王兵:《论有限责任公司异议股东股份回购请求权之情势》,载《法律适用》2011 年第 10 期。

特征,债券与其所表彰的权利不可分离,债券的占有即表明债权的存在,债券的转让亦与债权的转移如影随形。同股票一样,债券也是证权性证券,而非设权性证券。(2)可转让性。作为一种证券,债券当然可以转让,在证券交易所上市交易的债券,其转让更为自由,手续更为便捷(引例8-8)。(3)收益稳定性。公司作为发债人向债券持有人支付的股息是事先确定的、固定的,不受公司经营状况的直接影响。只要公司不破产,债券持有人对所持债券的收益即有稳定的预期。但是,公司不仅可能亏损,也可能破产,债券同样有风险(引例8-8)。(4)可回赎性。公司债券可由公司回赎,而回赎的价格高于债券的面值的溢价。公司虽可在特定情形下回购股份,股东亦可在特定情形下请求公司回购,但回购价格是该股份的市场价格或股权的公平价格。(5)可转换性。上市公司还可以发行可转换债券,其持有人可以选择是否将其转换为公司的普通股票。持有人选择转换时,公司应依照转换办法向其换发股票。

引例8-8

超日债违约案①

2012年3月5日,上海超日公开发行"11超日债",并于4月20日上市。4月17日,上海超日大幅度修正了2月29日刚发布的业绩预告,从盈利超过8300万元,到实际年报亏损超过5400万元。2013年1月24日,上海超日因涉嫌未按规定披露信息而被中国证监会立案调查。2013年7月,经历连续三年亏损,"11超日债"暂停交易。2014年2月28日,上海超日预亏13.31亿。2014年3月4日,上海超日公告称,"11超日债"本期利息将无法于原定付息日2014年3月7日按期全额支付,仅能够按期支付共计8980万元中的400万元。"11超日债"正式宣告违约,成为国内资本市场中首例违约债券案。

二、公司债券的类型

(一)记名公司债券和无记名公司债券

依据公司债券券面是否记载持有人姓名或名称,可以分为记名债券和无记名债券。顾名思义,前者的券面明确记载持有人的姓名或名称,而后者则没有记载。公司既可以发行记名债券,亦可发行无记名债券。发行记名债券的,应在公司债券存根簿上载明:(1)债券持有人的姓名或者名称及住所;(2)债券持有人

---

① 参见谭楚丹:《超日债投资者状告深交所和中信建投违规发行》,载《理财周报》2014年3月3日。

取得债券的日期及债券的编号;(3)债券总额,债券的票面金额、利率、还本付息的期限和方式;(4)债券的发行日期。发行无记名债券的,则只是在公司债券存根簿上载明债券总额、利率、偿还期限和方式、发行日期及债券的编号。无记名债券转让,只要将债券交付受让人即发生转让效力,而记名债券的转让不仅需要在债券上背书,而且公司还应将受让人的姓名或名称及住所记载于公司债券存根簿。

(二) 有担保公司债券和无担保公司债券

依据发债人是否提供担保,可以分为有担保公司债券和无担保公司债券。有担保公司债券是指以公司全部或部分资产作为偿还本息的担保而发行的债券。债券到期如不能还本付息,持有人可以以该担保财产作价抵偿债务或以变卖价金清偿其债务。有时,这种担保财产可能来自第三人。无担保公司债券,是指公司仅凭自身信用,而不提供其他财产担保所发行的债券。该债券一般附有许多约束性条款,如限定发债募集资金的用途,或要求在清偿无担保债券之前不得另行举债,特别是不能发行有担保公司债券等,不一而足。无担保公司债券的债息往往高于有担保公司债券。

(三) 转换公司债券和非转换公司债券

依据公司债券是否可以转换为股票,可以分为转换公司债券和非转换公司债券。转换公司债券,是指持有人可以选择将其持有的债券转换为公司股份的债券,否则,即属于非转换公司债券。我国上市公司可以发行转换公司债券,该债券上应标明"可转换公司债券"字样,并在公司债券存根簿上载明可转换公司债券的数额。

(四) 普通公司债券、垃圾债券和参与型公司债券

依据持有人的投资回报是否与公司经营情况挂钩,可以分为普通公司债券、垃圾债券和参与型公司债券。普通公司债券,是指无论公司盈利分配有多高,仅按照原定债息支付利息的公司债券。参与型公司债券则是在公司股利分配超过债息时,需要按照一定比例增加债券利息的公司债券,该债券已具有一定股权性。而垃圾债券则被称为另类股权,属于没有达到投资等级的债券,风险较高,盛行于 20 世纪 80 年代的公司收购浪潮之中,现已不多见。

三、公司债券的发行与转让

股份有限公司和有限责任公司均可发行公司债券,上市公司还可以发行转换公司债券。公司债券的发行均需要取得国务院授权部门的行政许可,即核准。发行转换公司债券的,应获得中国证监会的核准。未经依法核准,任何单位和个人不得公开发行债券。公司获得核准后,即应公告公司债券募集办法,并应载明:(1)公司名称;(2)债券募集资金的用途;(3)债券总额和债券的票面金额;

(4)债券利率的确定方式;(5)还本付息的期限和方式;(6)债券担保情况;(7)债券的发行价格、发行的起止日期;(8)公司净资产额;(9)已发行的尚未到期的公司债券总额;(10)公司债券的承销机构。记名公司债券的登记结算机构应建立债券登记、存管、付息、兑付等相关制度。

公司债券可以自由转让,如在沪深证券交易所上市,转让就更为自由。债券转让价格受市场调节,由转让人与受让人自主协商,达成合意。转让方式则因债券是否记名而异,记名公司债券的转让,一是要有转让人与受让人的合意,二是要采用背书或法律、行政法规规定的其他方式,三是由公司将受让人的姓名或名称及住所记载于公司债券存根。这样,该转让才有对抗效力。无记名公司债券的转让则十分简便,只要有当事人的合意,并由持有人将债券交付受让人,即可发生转让效力。

第六节 盈利分配

一、分配的概念

分配(distribution)有广义与狭义之分。广义的分配是指公司依法将其财产非经交易的渠道,让渡给相关利益主体的事实和行为。它不仅包括盈利分配,也包括公司资本的返还。狭义的分配仅指盈余分配,我国《公司法》使用狭义分配概念。既为投资,股东自然要追求投资回报,盈利分配是不言而喻的。我国资本市场运行20多年来,上市公司红利分配情况尚不尽如人意(表8-7)。2012年度,沪深上市公司实际分红4772.28亿元,沪深300和上证180指数成分股的股息率分别为2.66%和2.91%。①

表8-7 沪深上市公司分红情况②

	沪深上市公司 分红总额 (亿元)	分红公司 的占比 (%)	现金红利的 公司占比 (%)
2010	5025.1	50	18
2011	6029.43	58	20
2012	6783.59	68	24
2013	7158.36	71	27

---

① 参见中国证监会:《中国证券监督管理委员会年报(2012)》,中国财政经济出版社2013年版,第27页。

② 资料来源,根据巨潮资讯的数据进行整理和统计。

二、公司的可分配利润

(一) 分配形式与可分配利润

既为盈余分配,只能是有盈余才能分配,没有盈余谈何分配。在日本,有了盈余,也未必立即就可以分配,还需要公司净资产达到 300 万日元才能进行分配。美国公司接受赠与的财产、资产重估的增值可以纳入盈余,法国则不允许。

表 8-8 可分配利润的范围

	会计处理		分配形式	
	利润	资本公积金	现金股利	股份股利
营业净利润	√		√	√
现金赠与	×	√	×	√
非现金赠与	×	√	×	×
资产重估增值	×	√	×	√
债务重组收益	×	√	×	√
盈余公积金			√(余额≥注册资本的 25%)	√
资本公积金		√	×	√(转增)

在我国,可分配利润的范围与分配方式直接相关。各国认可的股利分配形式很多,包括现金股利、股份股利、财产股利和负债股利①,我国《公司法》未对分配形式作出具体规定,实践中主要是现金股利和股份股利两种形式。营业净利润无疑既可用于现金股利,亦可用于股份股利;而公司接受的现金赠与、资产重估增值以及债务重组收益,则不能计入利润,但可用于股份股利分配;公司接受的非现金赠与既不能用于现金股利,也不能用于股份股利;盈余公积金可以用于股份股利,但余额不得低于注册资本的 25%;资本公积金虽不属于利润,但可用于转增股本,性质上不属于股利分配。②

(二) 营业净利润

营业净利润是指税后利润,即收入减去费用之余额(图 5-6)。收入的构成包括基本业务收入、其他业务收入、投资收益和营业外收入,费用包括经营成本、期间费用、投资损失、营业外支出以及所得税。净利润才是分配的对象。

(三) 公积金

净利润也不能分光吃光。一是应提取法定公积金,比例为 10%。其累计额达到公司注册资本 50% 以上的,即可不再提取。二是若公司的法定公积金不足以弥补以前年度亏损的,在提取法定公积金之前,应当先用当年利润弥补亏损。

---

① 参见美国《示范公司法》第 1.40 条和第 6.40 条,法国《商事公司法》第 351 条;〔英〕丹尼斯·吉南:《公司法》,朱羿锟译,法律出版社 2005 年版,第 150 页。

② 参见《企业会计制度》第 82、106、110—111 条。

三是提取法定公积金后,若股东(大)会决议提取任意公积金的,在提取任意公积金之后仍有余额的,方可进行股利分配。

公积金的用途为:(1)弥补公司的亏损,资本公积金除外;(2)扩大公司生产经营;(3)转为增加公司资本。此时,所留存的法定公积金不得少于转增前公司注册资本的25%。

三、盈余分配与违法分配的后果

(一) 股利分配的决定权

美国和日本允许董事会决定盈余分配[①],我国则是由股东(大)会决定[②],德国和法国亦然。股东(大)会以普通决议决定是否分配以及如何分配股利。

(二) 股利分配比例

与美国公司、日本公司和德国有限责任公司一样,我国也准许有限责任公司的全体股东约定股利分配比例,而股份有限公司则以章程规定股东之间分配股利的比例。若无约定或章程没有规定,有限责任公司按照股东出资比例分配,股份有限公司按照股东持股比例进行分配。同时,公司持有的本公司股份,不能参与股利分配。这种默示规范,有利于公司自治,更有利于各个公司因地制宜,采用符合自身要求的个性化分配方式。

(三) 违法分配之后果

在我国,公司在弥补亏损和提取法定公积金之前向股东分配利润的,股东必须将违法分配的利润退还公司。易言之,在违法分配情形下,股东承担返还所分配利润的义务。至于董事是否因此承担责任,尚未明确规定。但是,依据我国《公司法》第147条和第149条亦可追究董事的责任。比较而言,西方国家大多有专门针对董事违法分配的责任,如美国《示范公司法》第8.33条和德国《股份公司法》第93条(3),也准许善意取得股利分配的股东不予返还。比如,法国《商事公司法》第347条和第347-1条,德国《有限责任公司法》第32条和《股份公司法》第62条(1),以及美国《示范公司法》第8.33条(b)(2),实际上是将违法分配的风险配置给董事,而非善意的股东。我国不分股东善意与否,一律要求返还公司违法分配的利润,实施成本将异常高昂,可操作性不强。

---

① 参见美国《示范公司法》第6.40条。
② 参见我国《公司法》第37、99条。

第九章 公司股东

第一节 股东概述

一、股东及其类型

持有公司股权或股份,即可成为公司股东。股东有出资义务,除实行注册资本实缴制的 27 种公司外,股东身份的取得不以出资为前提,只要认缴出资或认购股份即可。股东有别于债权人,尽管同为出资人,却有内外之别:股东在公司之内,参与公司治理,债权人在公司之外,无从置喙于公司治理。这并不妨碍债权人与股东身兼二任,德国全能银行就是如此,双重身份使其位居非金融公司治理之核心,举足轻重。[①] 职工亦可成为股东,而且还相当普遍。但是,股东有别于职工,职工应服从公司管理,听从安排,两者不容混淆。

(一)自然人股东与法人股东

1. 自然人股东

依据股东是否为自然人,可以分为自然人股东和法人股东。投资创业关乎公民基本人权,人人均可为股东,乃各国通例。这并非意味着没有限制,主要有三个方面:(1)发起人股东的民事行为能力和住所限制。作为发起人股东自应具有完全民事行为能力,我国还要求股份有限公司 1/2 以上的发起人在中国有住所。(2)公务员的禁止或限制。公务员独资或合股开办公司,搭干股分红,或以兼职取酬等方式从事或参与营利性活动,属于严禁之列(引例 9-1)。[②] (3)证券投资受限制的人员。其对象限于证券交易所、证券公司和证券登记结算机构的从业人员、证券监督管理机构的工作人员以及法律、行政法规禁止参与股票交易的其他人员,期限则以任期或者法定限期为限。只要在禁止持股期限内,直接或间接持股均在禁止之列。[③]

2. 法人股东

法人日益成为公司最重要的股东。国家作为特殊法人,持有我国上市公司 70% 左右的股份。投资基金异军突起,机构投资者日趋成为公司股东生力军。[④]

[①] 参见朱羿锟:《公司控制权配置论》,经济管理出版社 2001 年版,第 273 页。
[②] 参见我国《公务员法》第 53 条第 14 项。
[③] 参见我国《证券法》第 43 条和第 199 条。
[④] 参见 K. J. Hopt etc ed., Comparative Corporate Governance, Oxford University Press, 1999, p.1181.

图 9-1 公务员不能参股煤矿

引例 9-1

法官入股煤矿案①

张继峰系陕西省神木县法院法官,2005 年 2 月隐名入股宋家沟煤矿 180 万元,持股 10%,并于 2005 年、2006 年两次分红共得 360 万元。2007 年 7 月,该煤矿增资扩股吸收余某和冯某参与后,冯某接管煤矿,分别于 2007 年和 2008 年向张继峰分配红利 300 万元。张继峰遂将煤矿方起诉至神木县法院,请求确认其 10% 股权,并判令煤矿方给付其 1100 万元的红利及逾期给付造成的损失。一审法院支持了其诉讼请求,迅即将法官和煤矿两个具有社会高敏感度的词语推至社会舆论的风口浪尖。榆林市中级人民法院二审撤销一审判决,驳回其诉讼请求。榆林市纪委分别就该案一审立案、指定管辖、裁决等环节的有关法院领导、立案人员和审判人员的失职行为,追究责任。

法人股东亦受到 4 种限制:(1) 党政机关和军队不得经商办企业,自然不能作法人股东。基金会和社会团体亦受此限。国家在公司中的股权或股份,则是由国务院或者地方政府授权的本级政府的国资委统一履行出资人职责。(2) 商业银行原则上不得为非金融公司的股东。我国属于原则禁止,例外许可。② 美国《格拉斯·斯缔格尔法》严禁银行持有非金融公司股份,日本《禁止垄断法》准予持

---

① 张玲玲、元莉华:《陕西神木法官入股煤矿案始末:竹篮打水官财两空》,载《陕西日报》2010 年 5 月 31 日。

② 参见我国《商业银行法》第 43 条。

股非金融公司总股份的5%以内,英国虽未禁止,但银行实际持股并不多见。①(3)法人作为发起人设立股份有限公司的,亦需1/2以上的发起人在中国有住所。(4)公司不得成为自己的股东。至于母子公司交叉持股,我国未作明确规定,域外均有特殊限制,限制或禁止子公司就持有母公司的股份行使表决权,或者原则上禁止子公司持有母公司的股份。

(二)有限责任公司股东与股份有限公司股东

股东亦因公司类型而有所差别。如表9-1所示,有限责任公司持有公司股权,不仅章程可以设置股权转让的限制条件,其他股东还享有优先购买权,而股份有限公司股东持有的股份原则上可以自由转让。凡此种种,不一而足。

表9-1 有限责任公司与股份有限公司股东的差别

		有限公司股东	股份公司股东
股权与股份	称谓	股权	股份
	转让自由	受限制	√
	优先购买权	√	×
实物、知识产权和土地使用权出资		√	以发起人股东为限
记载于股东名册		所有股东	记名股份持有人
知情权范围	查阅会计账簿	√	×
股东大会召集和主持权	持有10%的表决权	√	连续持股还应≥90日
股东大会提案权		无明确规定	√
提起派生诉讼的资格		√	持股和持股时间分别≥1%和180日
评估权的范围	连续5年不分配红利	√	×
	转让主要财产	√	×
	应解散时,决定不解散的	√	×

(三)类别股东

公司可以发行多种类型的股份。资本市场越发达,股份类型越丰富多样,这不仅有助于满足公司多种融资需求,亦可便利投资者投资多元化、多样化。我国上市公司不仅可以发行普通股,亦可发行优先股;既可在沪深交易所发行A股、B股融资,亦可境外资本市场通过H股、N股、S股等方式筹集资本。同股同权,本来就意味着不同股自不应同权。如是,股东就应持有股份不同而呈现为不同类别。如公司作出的有关决议涉及有关类别股东权的变更或废除,该决议不仅

---

① 参见朱羿锟:《公司控制权配置论》,经济管理出版社2001年版,第267—268页。

要经公司股东大会通过,还应由受其影响的类别股东会议通过①,也是顺理成章的。为解决历史遗留问题,在股权分置改革中,流通股股东可以就股权分置改革方案进行单独表决,就是适例(引例9-2)。

引例 9-2

首例类别股表决案:银山化工②

2002年8月,银山化工宣布退市,仍有流通股股东11000多人。2003年1月24日,银山化工董事会决议,公司流通股与成都国贸的法人股以1∶1的比例进行置换,流通股股东将其置换后的股份的50%无偿赠与成都国贸。该方案遭到流通股股东反对,换股方案被一压再压,一改再改。9月24日,银山化工重组方案被再度提起,但以流通股股东分别表决作为必要条件。10月31日,公司公告称,临时股东大会以95.32%高票通过该方案,而参与类别股东大会的310名流通股股东中,赞成该方案的达到出席会议流通股股东所持表决权的65.28%,获得通过。流通股股东强烈质疑,并举报至证监会。11月3日,银山化工的高层紧急开会讨论重新计票;11月5日董事会决定对原封存的股东大会表决票进行重新复核。11月6日,银山化工公告称,原统计明细表与汇总表之间存在重大差异,赞成该方案的仅占出席会议流通股股东所持表决权的46.19%,该方案未获类别股东会议通过,损害小股东利益的提案被流通股股东成功否决。

二、股东资格的取得与变动

(一)概述

拥有公司股权或股份乃是取得股东资格的实质要件。在认缴制下,只要认缴出资或股份即可取得股权或股份,而在实缴制下,则应实际缴纳所认购股份的出资金额,方可取得股份。股东资格的取得虽不以缴纳出资为条件,但股东必须缴纳出资。否则,不仅需要对公司、其他股东以及债权人承担相应的民事责任,亦可通过章程限制其股东权,有限责任公司甚至还可通过股东会决议解除其股东资格。

---

① 参见《到境外上市公司章程必备条款》第79—81条。国外亦有同样的要求,比如《欧洲公司条例》第60条第1款。

② 参见李德林:《银山化工小股东翻盘,首次类别表决落幕》,载《证券市场周刊》2003年11月10日。

股东资格的取得有原始取得和继受取得两种方式。原始取得,是指在公司设立时,因认购出资或股份,或认购公开募集的股份并实际缴纳出资,从而成为原始股东。继受取得则是因股权或股份的转让、继承或公司合并等方式,而拥有股权或股份,从而取得股东资格,成为继受股东。实际上,继受取得就是股东资格变动的结果。

(二) 股东名册

股东名册,是指记载股东及其持股与变动情况的簿册。在公司与股东之间,股东名册对于确认股东身份具有表见证明力(表9-2)。① 股东可以依据股东名册之记载向公司主张股东权,公司亦可依据股东名册向股东发出股东会议通知,分配股利和剩余财产,确认表决权和新股认购权等。只要公司没有恶意,即使股东名册记载的股东与实质上的股东不一致,公司亦可免责。正因为如此,公司备置股东名册乃是公司的法定义务。② 在我国,除上市公司的无记名股份外,公司对其他股东均应备置股东名册(表9-2)。公司怠于履行该义务的,当事人可请求法院判令公司履行义务。英国、韩国和我国台湾地区还为此设有行政处罚。依据韩国《商法典》第635条,不记载或不如实记载股东名册事项的,对发起人、董事等适用罚则。英国公司未备置股东名册的,公司及其不作为的高管均会受到罚款处罚,并在不作为期间按照天数处以罚款。③ 我国台湾地区也是对董事处以罚款1—5万元新台币;连续不备置的,按次处以罚款2—10万元新台币。④

表9-2 各类股东身份之表征

表征形式	有限公司的股东	股份公司			
		上市公司股东	境外上市的外资股东	非上市公司	
				记名股份	无记名股份
股票					√
股东名册	√	√	√	√	

股东名册的记载事项因公司而异(表9-3)。有限责任公司并不要求记载股单签发日期或股东登录为股东名册之股东的日期,而股份有限则应记载股东取得股份的日期。有限责任公司由公司备置股东名册,并向登记机关办理登记。一旦登记,即具有对抗第三人的效力。上市公司的股份由作为非营利法人的证券登记结算机构统一托管,对股票交易采用托管、清算和结算三位一体的清算体

---

① 参见我国《证券法》第33条第2款、第160条,《上市公司章程指引》第30条,《关于股份有限公司境外募集股份及上市的特别规定》第16条第3款。
② 参见我国《公司法》第32条,英国《公司法》第113条,美国《示范公司法》第16.01条(c)、(d),日本《商法典》第223、263条,韩国《商法典》第396条,我国台湾地区"公司法"第103条和第169条。
③ 参见〔英〕丹尼斯·吉南:《公司法》,朱羿锟译,法律出版社2005年版,第222页。
④ 参见我国台湾地区"公司法"第103条第2款和第169条第3款。

系,清算交割与股份过户同时完成,股东名册自动生成并实时变动,因而其股东名册乃是由证券登记结算机构提供。① 至于未上市的股份有限公司,发起人股份应记载于公司章程,随章程登记而登记,而非发起人所持有的无记名股份则以股票为股东身份的表征(表9-2)。至于我国在境外上市的公司,公司可依据中国证监会与境外证券监督机构达成的谅解和协议,将外资股股东名册正本存放在境外,委托境外代理机构管理,由其提供股东名册。②

表9-3 股东名册的记载事项

	中国		中国台湾地区		日本	英国	美国
	有限公司	股份公司	有限公司	股份公司			
股东姓名、住所	√	√	√	√	√	√	√
出资/持股数额	√	√	√	√	√	√	√
股单/股票编号	√	√	√	√			
股份种类			√	√	√		
取得股份的日期		√	√	√	√	√	
丧失股东身份的日期						√	

表9-4 股东名册的制备

	有限公司	股份公司		
		上市公司	非上市的发起人股东	境外上市的外资股东
制备人	公司	证券登记结算机构	公司	认可的代理机构(正本),公司(副本)
登记	强制登记	×	强制登记	
公信力来源	登记	独立性	登记	监管机关之认可

(三) 名义股东

一般而言,股东应该名与实一致,股东就是实际出资人。然而,名与实分离也是存在的,挂名股东和冒名股东就是如此,其差别在于是否征得名义股东的同意。顾名思义,冒名股东显然是违背了名义股东的意愿,不仅名义股东不应承担出资义务,还可以追究冒名登记行为人的相应责任。③

挂名股东则是基于合意而成为名义股东,其与实际出资人的关系较为复杂。④ 既然如此,基于契约自由,只要其间协议并无《合同法》第52条所列无效

---

① 参见我国《证券法》第157条第3项、第159条和第160条。
② 参见《关于股份有限公司境外募集股份及上市的特别规定》第4条和第17条。
③ 参见最高人民法院《关于适用〈中华人民共和国公司法〉若干问题的规定(三)》第28条。
④ 参见张双根:《论隐名出资——对〈公司法解释(三)〉相关规定的批判与发展》,载《法学家》2014年第2期。

的情形,就应尊重当事人的意思自治,认定合同有效。实际出资人可依据合同向名义股东主张权利。但是,基于商法的外观主义,在对外效力方面,名义股东就是股东。实际出资人未经其他股东半数以上同意,不可请求公司变更股东名册,将名义股东替换为实际出资人。如遇未全面履行出资义务的,债权人自然可以请求名义股东在未出资本息范围内就公司债务承担补充赔偿责任。对内,名义股东则可依据约定向实际出资人追偿。相应地,名义股东将该股权转让、质押或以其他方式处分的,只要受让人受让时是善意的,支付了合理的价格,并办理了股东名册变更登记,即发生股权变动的效力,受让人成为合法有效的股东。而实际出资人可依据合同向名义股东请求损害赔偿。[①] 同理,在股权转让后,尚未向登记机关办理变更登记的,若原股东将该股权转让、质押或以其他方式处分的,只要受让人受让时是善意的,支付了合理的价格,并办理了股东名册变更登记,即发生股权变动的效力,受让人成为合法有效的股东。由此造成原受让人损失的,可请求原股东承担赔偿责任,对怠于办理变更登记有过错的董事和高管或实际控制人,应承担相应的责任。原受让股东有过错的,可适当减轻前述董事和高管或实际控制人的责任。

第二节 股 东 权

一、股东权概述

股东权,是指股东因持有股权或股份而享有的剩余索取权和剩余控制权的总称(图9-2)。公司具有独立人格,公司机关负责经营管理,股东不得以股东身份插手。为确保股东实现剩余索取权,股东还享有把握公司发展方向、选择并监督管理层等剩余控制权。股东权乃是由剩余索取权和剩余控制权组成的权利束(图9-2)。它有别于财产所有权(表9-5),就其性质而言,向来有所有权说、债券说和社员权说之争[②],莫衷一是。所有权说逻辑上不通,也与实际不相符;债权说则混淆了股权融资和债权融资的本质差异,不能成立;社员权说有其合理性,但股东权并非纯粹的社员权,对于公众投资者而言,甚至主要不在于社员身份,而在于投资回报。比较而言,现代企业理论上的剩余索取权和剩余控制权说更优,也更有说服力,本书以其界定股东权。

[①] 参见最高人民法院《关于适用〈中华人民共和国公司法〉若干问题的规定(三)》第24—26条。
[②] 参见王利明:《论股份制企业所有权的二重结构》,载《中国法学》1989年第1期;孔祥俊:《论股权》,载《中国法学》1994年第1期。

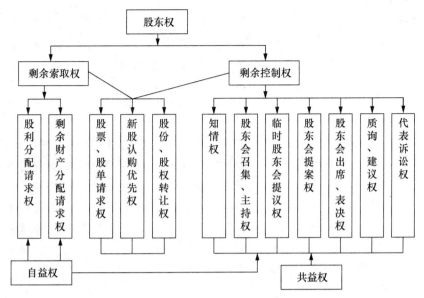

图 9-2 股东权的法定类型

表 9-5 股东权有别于财产所有权

	财产所有人	股东对公司财产	股东对股票或股单
占有	√	×	√
使用	√	×	√
收益	√	×	√
处分	√	×	√
执行判决之义务	√	×	√

　　股东权的范围因各国法律制度和资本市场发达程度而异。资本市场越发达,股东权保护法律制度就越完善。股东权愈受保护,股东愈少依赖股权集中而实现公司控制。① 如图 9-2 所示,股利分配请求权和剩余财产分配请求权,均为纯粹的剩余索取权。股票或股单请求权、新股认购优先权以及股份或股权转让权,则兼而有之。在相对控股的情形下,新股认购权对于相对控股地位的股东就十分重要,此时他们侧重于控制权的考虑,而非剩余索取权(引例 9-3)。如股权十分分散,新股认购对于控制权结构不产生较大影响,股东们看重的是剩余索取权,而非剩余控制权。

---

① 参见 La Porta, Lopezz-de-Silanes, Andrei Schleifer & Robert Vishny, Investor Protection: Origin, Consequence and Reform, NBER Working Paper, 1999, pp.41—42.

> **引例 9-3**
>
> ### 黄光裕死守控股股东"宝座"①
>
> 　　国美电器上市后,黄光裕家族仍是持股 33.98% 的大股东,且特别在意这一具有重大事项否决权的"黄金底线"。2008 年 11 月,黄光裕因操纵股价罪被调查,国美陷入迷局。2009 年 6 月,贝恩资本认购了 15.9 亿元可转债,而一旦债转股,黄光裕家族持股将被稀释到 31.6%。9 月 23 日,国美电器再次发债筹资 23.37 亿元。可转债悉数转换后,黄光裕持股比例最大将被稀释至 26.67%,无疑触及到了他的敏感神经。当时,公司董事会还决定发行新股 23—25 亿股,每股 0.672 港元。为巩固控股地位,黄光裕不辞辛劳,先减持再增持,全额行使配股权:通过减持部分股票套现,2009 年 7 月 31 日前足额认购了 8.16 亿配售新股,以 33.98% 的持股稳坐第一大股东位置,守住了这个"黄金底线"。

　　知情权、特定情形下的股东(大)会召集权和主持权、临时股东(大)会提议权、股东大会的提案权、质询与建议权、股东(大)会出席与表决权以及代表诉讼权,均属于剩余控制权。剩余控制权是剩余索取权的保障。股东行使这些权利的范围与条件,因公司类型而异。以知情权为例,有限责任公司与股份有限公司迥异(表 9-6)。有限责任公司的股东有权查阅会计账簿。若公司拒绝提供查阅的,股东可以请求法院责令公司提供查阅(引例 9-4)。

表 9-6　有限公司与股份公司股东知情权的范围

股东可查阅的范围	有限公司	股份公司
公司章程、股东名册	√	√
公司债券存根	×	√
股东(大)会会议记录	√	√
董事会、监事会会议决议	√	√
财务会计报告	√	√
会计账簿	√	×

---

　　① 参见李冰:《黄光裕隔空传音狱中增持国美股权路线图》,载《证券日报》2009 年 8 月 4 日;汪小星、张小佳:《黄光裕狱中 5 亿元认购股权,稳坐国美头把交椅》,载《南方都市报》2009 年 8 月 3 日。

> **引例 9-4**
>
> ## 大股东蔡达标坐牢还能查账[①]
>
> 2007年7月,真功夫公司成立,蔡达标系五大创始股东之一,并担任董事长。2011年4月,他因涉嫌职务侵占和挪用资金两罪入狱,并于2013年12月获刑14年。蔡达标委任蔡春红接替其担任真功夫公司董事、董事长,代表其行使股东权。真功夫公司始终不承认蔡达标对蔡春红的委任,拒绝蔡春红履行董事和董事长职责。2012年5月25日,蔡达标委托蔡春红代为查阅材料,收取材料。2012年6月,蔡春红两次发函给公司,要求代蔡达标行使知情权。真功夫认为,蔡春红本人查阅、复制材料超出了授权范围。一审和二审法院均支持了蔡达标的诉讼请求,判令真功夫公司向蔡达标提供3年间的董事会决议、监事报告、财务会计报告等进行查阅、复制。

二、股东权的学理分类

就学理而言,主要有自益权与共益权、单独股东权与少数股东权两种界分。就股东行使权利的目的而言,可以分为自益权与共益权。自益权,是指股东为实现自己利益而行使的权利。股利分配请求权、剩余财产分配请求权、新股认购优先权、股份或股权转让权以及股票交付请求权均为自益权(图9-2)。共益权,则是指股东通过控制和监督公司事务,从而间接为自己利益行使的权利,股东(大)会出席与表决权、股东(大)会召集与主持权、临时股东(大)会提议权、提案权、质询与建议权、知情权以及代表诉讼权等,均在共益权之列。纯粹的剩余索取权均为自益权,而剩余控制权则属于共益权,唯作为自益权的股票或股单请求权、新股认购优先权以及股份或股权转让权,亦间接地影响公司控制权结构,兼有剩余索取权和剩余控制权属性。

依据股东权行使的条件,又可以分为单独股东权和少数股东权。单独股东权,是指可以由股东一人单独行使的权利,比如股东(大)会出席与表决权、公司章程和股东名册查阅权、股东(大)会会议记录查阅权、股利分配请求权等,不一而足。不管股东持股数额多少,只要持有一股普通股即可行使。股东行使该权利时,完全依据自己的意志独立行使,无须征得他人同意。少数股东权,则是指持有公司已发行股份一定比例以上的股东才能行使的权利。比如,

---

① 参见陈万如、钟言:《蔡达标坐牢还能查账么?》,载《南方都市报》2014年2月27日。

提议公司召集临时股东（大）会，股东需要持有该公司10%以上表决权；股份有限公司股东要向股东大会提交提案，需要持有公司3%以上的股份。一个股东符合该条件可以行使少数股东权，多个股东合并到一起符合该条件，亦可行使该权利。一般而言，自益权均为单独股东权，而共益权中既有单独股东权，也有少数股东权。

三、控制股东与公司控制权

（一）控股与控制

公司实行集中管理，自有控制者。控制者可能基于控股而控制。一般说来，股东（大）会形成普通决议只需1/2以上表决权同意即可，持有50%以上表决权的大股东无疑属于控股股东。当然，这还取决于股东人数、股份类型等因素。如股东人数少，比如只有2个股东，控股就具有决定性意义。如公司发行多种股份，表决权因股份而异，即可减轻获得控制权的控股代价，京东即为典型（图9-3）。一般而言，家族企业为了牢牢掌握控制权，有控股之偏好。而资本市场越发达，股权越分散，控制股东越较少依赖控股，实现控制的控股代价就越小（表9-7）。

图9-3　持股18.8%的刘强东行使着83.7%的表决权

表9-7　上市公司最大股东（C_1）与前3名股东（C_3）股权集中度

国别	C_1	C_3	国别	C_1	C_3
中国	43.03%	55.11%	法国	55.7%	78.2%
英国	14.44%	26.84%	德国	61.05%	71.4%
美国	22.77%	32.26%	意大利	51.86%	63.05%

（二）强化控制权的工具

控股可以实现控制，但控制未必需要控股，甚至不需要过高的控股代价。全世界49个国家最大的10家公司的前3名股东股权集中度大多不超过50%

(表 9-8),在证券市场发达的英美国家,上市公司最大股东平均持股分别只有 14.44% 和 22.77%。资本市场越发达,法治越完善,剩余索取权和剩余控制权分离的工具就越多,控制权强化工具就越丰富多样。[1] 据不完全统计,控制权强化工具有 20 多种,主要有无表决权股份、一股夺权、股份保管、交叉持股、金字塔集团、董事长影响力等。这些工具的运行可能因公司类型、发展阶段、控制者个人偏好、法治环境等而异。京东与阿里巴巴,同为电商巨头,京东采用 A、B 股结构,而阿里巴巴则采用协议控制,殊途同归(图 9-3、9-4,引例 9-5)。

表 9-8 49 国最大的 10 家公司的前 3 名股东(C_3)股权集中度

	平均数	中位数		平均数	中位数
英美法系	43%	42%	法国法系	54%	55%
德国法系	34%	33%	北欧法系	37%	33%
49 国(地区)	46%(平均数)、45%(中位数)				

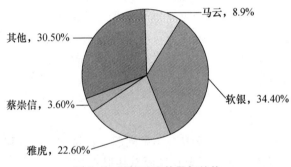

图 9-4 阿里巴巴的股权结构

引例 9-5

马云通过协议控制阿里巴巴[②]

阿里巴巴赴美上市,马云才持股 8.9%(图 9-4),如何实施控制呢?靠的就是合伙人制度,以及与大股东软银、雅虎之间的投票权协议。依据公司章程,马云和蔡崇信等 28 位合伙人有权提名大多数董事,股东们虽可以否决,但否决之后仍由这些合伙人重新提名,或指派另一人作为临时董事,直至下一届股东大会。选举新合伙人需得到所有合伙人 75% 的支持,而罢免合伙人仅需

---

① 参见朱羿锟:《公司控制权配置论》,经济管理出版社 2001 年版,第 55 页。
② 参见林曦、毛思潞:《今后可能要叫他中国科技首富了!》,载《羊城晚报》2014 年 5 月 8 日。

> 所有合伙人51%的支持。阿里巴巴与软银、雅虎还达成投票协议,软银需持有至少15%的股份才可享有董事提名权,同意将超过30%以外部分的投票权未经马云及蔡崇信同意,不投票反对任何阿里巴巴合伙人的董事提名。相应地,亦与雅虎达成回购协议,阿里巴巴有权令雅虎在IPO中向公众或者阿里巴巴本身出售2.08亿股。如是,IPO之后,马云至少掌握超过40%的投票权,再加上可能回购的12%的雅虎手中拥有的股权,即可牢固地控制阿里巴巴。交给马云和蔡崇信行使,同意在股东大会上赞成阿里巴巴合伙人的董事提名。

正因为如此,各国一方面将界定控制股东所要求的持股数量大大降低。比如,美国《投资公司法》将直接或间接持有他公司25%股份的股东作为控制股东,而《公共事业控股公司法》则以10%为基准。另一方面,又不厌其烦地将能够直接或间接地对他公司构成支配性影响的情形界定为控制关系,将实际控制人纳入控制股东。比如,有权任免他公司董事会多数成员,因与其他股东之协议而控制他公司的多数股份,依据他公司的章程或书面控制合同而对他公司具有法律认可的支配性影响等,不胜枚举。① 我国虽保留了50%的持股要求,但已将所持股份或股权所享有的表决权足以对股东会或股东大会的决议产生重大影响的股东,纳入控制股东之列。②

(三) 控制控制股东

公司离不开控制者,控制本身并不是问题。经济学的经验研究表明,控制股东与公司绩效呈U型关系。只要控制股东持股在特定幅度之内,其控制有助于公司价值最大化,也与一般股东利益一致。一旦超过该幅度,这种控制就会损害公司价值(引例9-6),通常表现为控制股东的"掠夺",谋取私人利益(private benefit)。③ 至于该幅度是多少,拐点到底在哪里,难以精确界定。有研究表明,40%就是我国上市公司最大股东最优持股之拐点,无疑具有参考意义。④ 为兴利除弊,公司法自应规范控制股东的行为。

---

① 参见欧盟《合并账户与报表指令》(83/349EEC)第12条(1)。
② 参见我国《公司法》第216条,《上市公司章程指引》第192条第1款。
③ 据有关经济学家研究39个国家1990—2000年的数据发现,控制者的私人利益占公司总市值平均达到14%。我国作为转轨经济国家,显然会高于这个比例。参见张俊喜:《股权面前人人平等?》,载《21世纪经济报道》2002年6月12日。
④ 参见吴淑琨:《股权结构与公司绩效U型关系研究:1997—2000年上市公司的实证研究》,载《中国工业经济》2002年第1期;苏武康:《中国上市公司股权集中度与公司绩效实证研究》,载《经济体制改革》2003年第3期;饶育蕾、曾阳:《中国上市公司大股东对公司绩效影响的实证研究》,载《公司治理变革与评价:国际化挑战会议论文集》,南开大学商学院2005年编印,第212页。

> **引例 9-6**
>
> ### 国美战略规划的"摇摆"①
>
> 国美电器 3 年内推行 3 个版本的"五年战略规划",堪为典型。2008 年年底,黄光裕身陷囹圄,陈晓这个"孤独的 CEO"终于走到台前,有了自我施展的机会,一改黄光裕的大规模开店的规模效应模式,转而采用他所青睐的精耕细作的单店效益模式。黄光裕夺回控制权后,立即拨乱反正,重新推出新的五年发展战略规划,再次回归大规模开店之"正轨"。如此折腾,不到两年光景,这家曾经中国本土最大家电连锁卖场的业绩已跌至谷底。

约束控制股东的主要机制为:(1)控制股东的诚信义务。控制股东行使股东权,亦应遵守法律、行政法规和公司章程,不得凌驾于法律和章程之上,不得滥用股东权。否则,应承担由此给其他股东或公司造成的损失。尤其是,控制股东不得利用关联交易损害公司利益。比如,公司向控制股东提供担保,不仅应提交股东会或股东大会审议决定,而且该控制股东不得参与该事项在股东会或股东大会的表决。(2)控制股东滥用公司法人人格和股东有限责任,逃避债务,严重损害债权人利益的,应适用公司法人人格否认制度,由控制股东对公司债务承担连带责任。

第三节 小股东保护

一、小股东保护概述

面对强势的控制股东,单个小股东往往进退维谷,在有限责任公司和未上市的股份有限公司,其股权或股份转让尚无公开市场,退出渠道不畅,小股东的处境尤为尴尬(引例 9-7)。赋予小股东特殊保护,则是从另一个侧面约束控制股东。归结起来,主要有知情权、公司事务参与权以及救济权三个方面。知情权,前文已有阐述,兹不赘述。至于公司事务参与权,主要是增强小股东参与公司事务的能力,一是在董事会和监事会不召集和主持股东大会时,持有公司表决权 10% 以上的公司股东可自行召集和主持股东(大)会,股份有限公司股东行使此权利还需连续持股 90 日以上。二是单独或合计持有 3% 以上股份的股份有限

---

① 参见张育群:《国美,一艘被狱中人遥控的迷航巨舰》,载《南方周末》2013 年 2 月 2 日。

公司股东,可在股东(大)会召开前10日提出临时议案。董事会接受的,则应由董事会通知其他股东,并将其提交股东(大)会审议。三是在股份有限公司选举董事、监事方面,股东享有累积投票权。至于救济权,则是为处于弱势地位的小股东提供事后救济。其一,股东(大)会、董事会决议有瑕疵的,小股东可以请求法院确认该决议无效或撤销该决议。其二,董事和高管违反法律、行政法规或者公司章程的规定,损害股东利益的,股东可以直接提起诉讼。其三,董事、监事和经理或者他人侵害公司合法权益,公司怠于行使诉权的,小股东可以提起代表诉讼(引例9-7)。其四,异议股东的股份回购请求权。其五,特定情形下的解散公司请求权。

引例9-7

华润电力6名小股东诉公司高管失职案[①]

华润电力系华润旗下"蓝筹三杰"。2010年,华润电力旗下太原华润斥资逾百亿元购买山西金业集团10项资产,其中有3个煤矿被指没有取得探矿证件许可。这些财产评估值不到10亿,此前还在探讨用50多亿予以出售,最终却以123亿跟华润电力成交,且华润电力已经支付了80亿,还要继续支付40多亿。6名小股东诉公司高管涉嫌在山西金业矿产收购中失职一案,一波三折,2013年8月进行首轮聆讯后被法官驳回;再提出5项新指控及证据后,分别经3轮聆讯,被驳回起诉,并被判令支付包括华润电力方在内的所有诉讼费及律师费。

二、股东代表诉讼权

股东代表诉讼(representative action),亦称股东派生诉讼(derivative action)或间接诉讼(indirect action),是指在公司合法权益受到侵害而公司怠于行使诉权时,股东代表公司旨在为公司利益而提起的诉讼。此乃各国普遍采用的事后救济措施,我国也确立了该制度。无论是来自公司内部还是外部的侵害,均可适用。它有别于股东直接诉讼,旨在维护公司利益,诉权亦归公司,而股东直接诉讼则是维护股东自己的利益,股东自己就有诉权。正因为如此,它还设有先诉请求程序。至于诉讼结果,如股东代表诉讼原告胜诉,结果归公司,股东只能获得

[①] 参见《华润电力小股东撤诉获接纳 三次改起诉书遭驳回》,http://stock.eastmoney.com/news/1532,20140108351800150.html,2014年4月22日访问。

费用补偿。① 若败诉,则由原告股东自行承担诉讼费用(表 9-9)。既为原告,按照谁主张谁举证的原则,原告股东负有证明被告侵害公司合法权益的举证责任。小股东往往远离公司经营管理核心,不得不吞下难以举证的不利后果(引例 9-7)。

表 9-9 股东直接诉讼与代表诉讼之比较

		代表诉讼	直接诉讼
诉权归属		公司	股东
目的		公司利益	自己利益
侵害来源	内部	√	√
	外部	√	×
先诉请求		√	×
结果归属	胜诉	公司	自己
	败诉	起诉的股东	

(一)股东提起代表诉讼的资格

除被告股东应当然排除之外,各国主要用持股数量和连续持股时间来界定股东代表诉讼的原告资格(表 9-10)。② 就持股数量而言,我国将有限责任公司股东代表诉讼权定位为单独股东权,只要持有一股即可,而股份有限公司则为少数股东权,需要持股达到公司总股本1%以上。至于持股期限,美国的当时持股规则③(contemporaneous ownership)较为苛刻,要求自不法行为发生之时起,直至整个诉讼期间,原告股东必须持续持有公司的股票,否则将丧失原告资格。法国、英国公司和我国有限责任公司无此要求。对于股份有限公司,我国设定了连续 180 日持股的要求。从鼓励长期投资和抑制投机视角观之,颇为合理。该期限是指原告股东向法院起诉时,连续持股已达到 180 日以上。

表 9-10 股东代表诉讼之原告资格比较

	中国		美国	英国	日本	法国	我国台湾地区
	有限公司	股份公司					
持股量	1 股	1%	1 股	1 股	1 股	0.5 – 5%	1%
连续持股时间	×	180 日	当时持股	×	6 个月	×	1 年

(二)公司先诉的请求程序

既为代表诉讼,先诉请求程序也就不言而喻,也就是通常所谓穷尽公司内部

---

① 参见美国《示范公司法》第 7.46 条,美国法学会(ALI)《公司治理原则》第 7.16 条和第 7.18 条,日本《商法典》第 268 条之 2。
② 参见意大利《民法典》第 2393 条之 2。
③ 参见美国《示范公司法》第 7.41 条。

救济(exhaustion of internal remedies)原则。① 至于先诉请求的提交对象,有两种立法例,一是日本和美国笼统地规定向公司提交,二是我国和我国台湾地区规定向董事会或监事会提交。② 被告为董事和高管的,应向监事会或不设监事会的有限责任公司的监事提出先诉请求;若被告为监事,则应向董事会或不设董事会的有限责任公司的执行董事提出;若被告为他人,没有明确规定向谁提出,应理解为向任何一个提出均可。

表9-11 先诉请求的提交对象与等待期

被告		中国	美国	日本	我国台湾地区
	董事、高管	监事会、监事	公司	公司	监事会
	监事	董事会、执行董事	×		董事会
	第三人	任选其一	公司		
等待期		30日	90日	30日	30日

公司收到先诉请求后,明确拒绝提起诉讼的,股东即可行使代表诉讼权。若公司不予理睬,则设有等待期,只要等待期届满,股东即可行使代表诉讼权。我国的等待期为自收到之日起30日,日本和我国台湾地区亦然,美国为自提交请求后90日。此外,我国和美国均准予股东在情况紧急,不立即起诉就会给公司利益带来不可弥补的损害的情形下,无须等待期届满,即可直接提起代表诉讼。

三、异议股东股份回购请求权

异议股东股份回购请求权,亦称评估权(right to appraisal)或退出权,是指在公司作出对股东利益有重大影响的决议时,该决议的异议股东享有请求公司以公平价格回购其所持有的股份的权利。犹如婚姻自由有结婚和离婚之自由,设置这一"退出通道",小股东可免受大股东的折磨,公司还可保留其营运价值,可谓两全其美。

(一) 回购请求权的性质

异议股东何以享有股份回购请求权?主要有投资期待破灭说、不公平对待风险说、平衡说、继续性法律关系说和多数决矫正说。③ 投资期待破灭说和不公平对待风险说能够解释法官在部分案件中的态度,很难说具有普适性的意义。继续性关系说提供了更为实用的解释路径,唯传统民法的继续性法律关系和股

---

① 参见朱羿锟:《董事问责:制度结构与效率》,法律出版社2011年版,第228页。
② 参见美国《示范公司法》第7.42条,日本《商法典》第267条和第280条,我国《公司法》第152条,我国台湾地区"公司法"第214条和第227条。
③ 参见叶林:《反对股东股权收购请求权的行使与保障——〈公司法〉第75条评述》,载《社会科学》2012年第9期。

东与公司的相互关系有所不同,原本并不包含股东与公司的关系。故,多数决矫正说更具有针对性,这是因为多数决规则使得多数派股东容易忽视少数股东的意见和利益,容易造成对少数派股东的客观损害。《公司法》第74条和第142条的"请求"和"要求"是否就属于请求权,而非形成权呢?恰恰相反,这是不能望文生义的。法律解释应尊重法条之文义,却不应拘泥于文义。形成权只需通过一方当事人的意思表示,即可致法律关系的变更或消灭。法院确定是否具备了行使形成权的条件,并不改变股权收购请求权的形成权性质。如将其定位于请求权,将大大增加股东行权的难度,给公司提供拖延的机会,偏离立法的初衷。难怪美国采用估价权,而非撤销权(cancellation),重心在于补偿和定价上,间接承认了反对股东行权的效力。

(二) 适用事由

在我国,异议股东股份回购请求权既适用于有限责任公司,也适用于股份有限公司(表9-12)。其适用事由可归为两类,一是组织结构变动,如公司合并、分立(引例8-6),有限责任公司和股份有限公司均适用;二是公司重大经营变动,包括公司转让主要资产(引例8-7)、公司连续盈利而不分配利润和存续期限届满后的继续经营,仅适用于有限责任公司。

比较而言,英国的适用事由最为概括,将其作为对不公平侵害的救济措施之一。所谓不公平侵害是指公司事务已经、正在或将要以侵害全部或部分股东整体利益的方式进行。① 美国和德国亦采宽泛标准②,事实合并、不对称合并和简易合并等组织结构变动,以及对特定股东权利的限制、对特定股东附加义务、公司章程的重大修改、夫妻离异或移居海外、改变公司经营范围及其结构等重大经营变动,均有涵盖。现金合并(现金逐出合并)已较为普遍,吸收方仅向目标公司股东支付现金利益,并将目标公司资产并入收购方,而目标公司股东失去了对兼并方公司的股权,也无法享受公司合并带来的规模效应(引例8-6),自应适用收购请求权。随着资本市场的发展,购买式合并、三角式合并、反三角式合并或者控股式合并等新型事实合并日趋丰富多样,取得同样合并的经济效果。美国、英国、德国及我国台湾地区已将其纳入收购请求权的适用事由,以遏制变相的合并行为。③

---

① 参见英国《公司法》第459条和第461条。
② 参见美国《示范公司法》第13.02条;〔德〕托马斯·莱赛尔等:《德国资合公司法》,高旭军等译,法律出版社2005年版,第518页。
③ 参见李凡、陈国奇:《重大资产出售中异议股东股份回购请求权功能新释》,载《证券市场导报》2012年第9期。

表 9-12 适用异议股份回购请求权的事由

事由类型	中国		美国	意大利	我国台湾地区
	有限公司	股份公司			
连续 5 年盈利却不分配股利	√				
公司合并、分立	√	√	√		√
转让主要财产	√		√		√
期限届满或章定解散事由出现,却决定存续的	√				
受让他人全部营业或财产					√
营业之出租、委托经营或共同经营契约					√
修订章程,对股东有重大不利影响			√		
转换为本国公司,而影响股东利益			√		
转换为非营利组织或非法人组织			√		
公司目的、类型变更或迁址到国外				√	

（三）适用条件

公司已就前述事项作出决议,且股东对该决议投反对票,是股东行使评估权的前提条件。美国、韩国、加拿大、日本和我国台湾地区还要求股东在作出该决议之前,向公司提交书面的反对意见,我国尚无该要求。我国台湾地区还规定若公司未实施该决议,或者取消该决议,或股东未在法定期限内提出请求的,评估权丧失效力。① 对此,我国亦无明确规定。就公司连续 5 年不分配盈余而言,如公司根本就不召开会议或进行表决,就无所谓反对股东。要召集临时会议,则需由代表 1/10 以上表决权的股东、1/3 以上的董事、监事会或者不设监事会的公司的监事提议召开。如股东代表的表决权数少于 1/10,就无法提议召开临时会议,难以出现投反对票的股东,使得《公司法》第 74 条的规定形同虚设。法院在实践中,只要公司存在连续 5 年不分配盈余的事实,就支持股东行权请求,客观上保护了股东利益。

（四）实现模式

如何才能实现请求权？我国只规定,自股东会会议决议通过之日起 60 日内,股东与公司不能达成股权收购协议的,股东可以自股东会会议决议通过之日起 90 日内向法院提起诉讼。至于异议股东应在何时以何种方式提出请求,如何确定股份的价格以及公司何时应支付商定的价金,均无明确规定。鉴于异议股东和公司之间存在价格之争,或因法律规定模糊而使各方形成不同期待,双方难以达成一致意见（引例 9-8）,法院裁判往往成为实现收购请求权的最终选择。尽管如此,收购请求权诉讼模式不同,股东实现收购请求权的难易程度截然有别。②

---

① 参见我国台湾地区"公司法"第 188 条。
② 参见叶林:《反对股东股权收购请求权的行使与保障——〈公司法〉第 75 条评述》,载《社会科学》2012 年第 9 期。

美国采用公司驱动型模式,公司必须在收到股东的支付通知之日起 60 日内向法院起诉,以评估股份的公平价值和应付利息。比较而言,我国则是股东驱动型。至于合理价格的支付,亦有先协商型和先给付型之分。先协商型居多,我国亦然。先给付型更为合理,美国就是如此。

引例 9-8

上海某公司僵局[①]

孙某、张某、段某和陈某均为上海某公司股东,分别持股 16%、8%、66% 和 10%。段某为执行董事、法定代表人,耿瑛任监事。该公司《章程》第 34 条规定公司经营期限为 10 年,期限届满即行解散。对修改章程,第 38 条要求,新章程须在股东会上经全体股东通过,并向上海市工商行政管理局登记。公司定于 2011 年 1 月 28 日召开临时股东会会议,延长经营期限就是议题之一。1 月 26 日,孙某和张某就反对列入该议题,主张解散公司。1 月 28 日,孙某和张某缺席,临时股东会会议还是通过了再延期 10 年的决议(《决议 1》)。孙某和张某不服,请求法院撤销《决议 1》,一审法院和二审法院均认为,系争公司章程的修改必须经全体股东一致通过,如有一个股东不同意,就不能通过新章程,判决撤销《决议 1》。就在该案的二审期间,监事耿瑛于 2012 年 7 月 12 日提议再次召开临时股东会会议,审议公司存续或解散以及目前公司僵局的救济方案等事宜。执行董事同意该提议,定于 8 月 11 日召开。股东会如期举行,形成《新决议 1》和《决议 3》。《新决议 1》:"股东段某和陈某要求公司存续经营,股东张某和孙某要求解散。"《决议 3》:"鉴于股东张某、孙某不同意公司存续经营,由段某和陈某按合法合理价格收购其股份。"张某和孙某不同意被告继续存续,请求法院撤销《新决议 1》,确认《决议 3》无效。法院认为,鉴于第三人愿意以合理的价格收购张某和孙某的股份,在未损害其合法权益的前提下,比照《公司法》中的相关规定,让其退出被告公司经营,乃是共赢,符合诚实信用原则和公平原则,故驳回其全部诉讼请求。

四、公司解散请求权

公司解散请求权,是指在公司陷入困境或僵局时,股东享有请求解散公司的权利。相对于股份收购请求权,这无疑体现了真正的"离婚自由",属于打破公

[①] 上海市普陀区人民法院(2013)普民二(商)初字第 58 号。

司僵局的激进手段。不过,只有穷尽其他救济措施之后,才能适用。

(一)适用事由

股东请求解散公司的事由,有概括性模式、列举模式和混合模式三种立法例。美国和日本采用列举模式[①],德国、英国以及日本的持份公司采用概括性模式[②],加拿大采用混合模式,加拿大《商事公司法》第214条第1款中基于公平合理而请求解散属于兜底式的概括性规范,而该款还针对具体情形进行了列举。

我国采用概括性模式,只要公司经营管理发生严重困难,继续存续会使股东利益受到重大损失,通过其他途径不能解决的,即可适用该救济。如何界定经营管理发生严重困难?实践中,已经明确了四种情形[③]:(1)公司持续2年以上无法召开股东会或者股东大会,公司经营管理发生严重困难的;(2)股东表决时无法达到法定或者公司章程规定的比例,持续2年以上不能作出有效的股东会或者股东大会决议,公司经营管理发生严重困难的;(3)公司董事长期冲突,且无法通过股东会或者股东大会解决,公司经营管理发生严重困难的;(4)经营管理发生其他严重困难,公司继续存续会使股东利益受到重大损失的情形。

(二)适用条件

我国将其定位为少数股东权,无论是有限责任公司还是股份有限公司,股东均需持有全部表决权的10%以上才能行使该权利。德国和日本亦然,所要求的持股比例也是10%。[④] 美国、加拿大和英国则为单独股东权,只要是股东,且有前述事由出现,即可行使解散公司的请求权。即为解散请求权,该诉讼应以公司为被告,其他股东可列为第三人。原告提起解散公司之诉的,应告知其他股东,或者由法院通知其参加诉讼,其他股东或者有关利害关系人亦可申请以共同原告或者第三人身份参加诉讼。原告股东提起解散公司诉讼时,可向法院申请财产保全或者证据保全,只要股东提供担保,并不影响公司正常经营即可。

解散毕竟是对公司僵局或困境的一种激进补救方法,且一旦解散公司,即不可逆转,故只有在不得已的情形下才予以适用。只要有可能,如公司或股东收购股份,或者减资,只要不违反法律、行政法规的强制性规定,能够保全公司的运营价值,就应优先采用这些救济措施(引例9-8)。调解或判决公司收购原告股份的,公司应当自调解书生效之日起6个月内将股份转让或者注销。股份转让或者注销之前,原告不得以公司收购其股份为由对抗公司债权人。一旦法院判决解散公司,则判决对全体股东具有约束力。

---

① 参见美国《示范公司法》第14.30条,日本《公司法》第833条第1款。
② 参见德国《有限公司法》第61条第1款,英国《破产法》第122条。
③ 参见最高人民法院《关于适用〈中华人民共和国公司法〉若干问题的规定(二)》第1条第1款。
④ 参见日本《公司法》第833条,德国《有限责任公司法》第61条。

第十章 公司治理

第一节 股东(大)会

一、股东(大)会概述

股东(大)会,是指由全体股东组成,并行使公司重大事项决定权的意思机关。有限责任公司称为股东会,股份有限公司称为股东大会。尽管股东(大)会中心主义已为董事会中心主义取代,股东(大)会均仍处于公司治理金字塔之顶,无论是中国公司治理结构(图10-1),还是西方双层委员会或单层委员会制(图10-2和10-3),无论是英美典型的资本雇佣劳动模式,还是德国、奥地利等国的资本与劳动共同治理模式,均是如此。就职能而言,我国《公司法》第37条第1款和第99条仍采用集中型立法例,赋予股东(大)会11项职权:(1)决定公司的经营方针和投资计划;(2)选举和更换非由职工代表担任的董事、监事,决定有关董事、监事的报酬事项;(3)审议批准董事会的报告;(4)审议批准监事会或者监事的报告;(5)审议批准公司的年度财务预算方案、决算方案;(6)审议批准公司的利润分配方案和弥补亏损方案;(7)对公司增加或者减少注册资本作出决议;(8)对发行公司债券作出决议;(9)对公司合并、分立、解散、清算或者变更公司形式作出决议;(10)修改公司章程;(11)公司章程规定的其他职权。不难看出,我国公司治理仍有较强的股东中心主义印迹。①

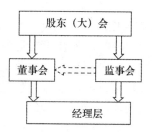

图10-1 我国平行双会制

---

① 参见邓峰:《中国法上董事会的角色、职能及思想渊源:实证法的考察》,载《中国法学》2013年第3期。

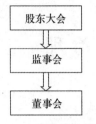

图 10-2 双层委员会制

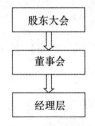

图 10-3 单层委员会制

股东(大)会具有三大特征:其一,由全体股东组成。所有股东均有权参与公司权力机构的决策,此乃各国通例。无论股东性质如何、持股多少或持股时间长短,无论公司股东人数多少,股东均为股东(大)会的一员,有权自主决定是否参加或如何参加该会议。其二,公司的意思机关。在股东行使剩余控制权范围内,股东(大)会成为股东形成公司意思的场所。作为合议体,它将单个股东的意志汇聚并转换为股东的集体意志。既为权力机构,董事会和监事会均应对其负责,但它自身不能对外代表公司和对内执行公司业务。其三,一般为必设机构。一般有限责任公司和股份有限公司应分别设股东会和股东大会(表 10-1)。一人有限责任公司和国有独资公司由股东行使其职责,中外合资有限责任公司和中外合作有限责任公司则由董事会行使其职责。

表 10-1 我国各种公司的权力机构

	有限公司					股份公司
	一般公司	一人公司	国有独资	中外合资	中外合作	
权力机构	股东会	股东	国资委	董事会	董事会	股东大会

二、股东(大)会会议种类

既为合议体,股东(大)会自应通过会议行使权力。它主要有定期会议和临时会议两种形式。首次会议的特殊性,就在于它是公司从无到有的第一次会议,有限责任公司为股东会,股份有限公司则为创立大会。股东会首次会议由出资最多的股东召集和主持,且首次会议的职权与股东会完全一致,而创立大会则由发起人主持,并行使 7 项单独的职权:审议发起人关于公司筹办情况的报告;通过公司章程;选举董事会成员;选举监事会成员;对公司的设立费用进行审核;对发起人用于抵作股款的财产的作价进行审核;发生不可抗力或者经营条件发生重大变化直接影响公司设立的,可以作出不设立公司的决议。特别股东大会则为法国股份公司所特有,修改章程和变更公司国籍,必须由其作出决议,不能以普通股东大会代替。①

定期会议因公司类型而异,有限责任公司应依照公司章程的规定按时召开,会议频度可能因公司而异,而股份有限公司则为年会,顾名思义,一年一次,难怪英文称之为"annual general meeting"(AGM)。临时会议(special meeting/extraordinary general meeting),则是指在定期会议的间隔期间,因发生应由股东(大)会决定的特殊事由而召集的股东(大)会会议。至于召集的事由,亦因公司类型而异。一是持股或持有表决权达到10%的股东,可以请求召集股东(大)会(表10-2;引例10-1)。二是董事会或董事可以召集。有限责任公司只要有1/3以上的董事提议即可,股份公司需要由董事会作出召集的决定。三是监事会或监事可以提议召开。一般有限责任公司和股份公司均由监事会提议,不设监事会的有限公司则由监事提议。四是针对股份有限公司,如遇董事人数不足法定人数或者公司章程所定人数的2/3,或公司未弥补的亏损达实收股本总额的1/3,或公司章程规定的其他情形,亦可召集临时会议。

表 10-2 各国股东请求临时会议的条件和召开时限

公司类型		股东请求之条件	召集召开时限
中国	有限公司	表决权≥10%	无要求
	股份公司	股份≥10%	2个月内
欧洲公司		股份≥10%	2个月内
美国		股份≥10%	30日内
英国	有股本的公司	≥2个股东+股份10%	21日内
	无股本的公司	≥2个股东+表决权10%	
德国	有限公司	表决权≥10%	无
	股份公司	股份≥5%	
法国	有限公司	表决权≥1/2,或表决权和股东人数≥1/4	无
	股份公司	股份≥10%	
日本股份公司		股份≥3%以上,持股≥6个月	无
我国台湾地区股份公司		股份≥3%以上,持股≥1年	15日内

对于有限责任公司,发生临时会议事由后是否召集会议,并无强制,体现了公司自治。股份有限公司则不同,一旦出现该事由,则必须在2个月内召开临时会议(引例10-1)。若董事会在期限届满后仍不召开,则由监事会、监事召集和主持;若监事会或监事也不召集,直接由少数股东自行召集和主持。

---

① 参见法国《商事公司法》第153—154条。

> **引例 10-1**
>
> ## 方正科技同意提议股东的请求①
>
> 方正科技可谓家喻户晓。2001年11月15日,上海高清等合计持股达到10.611026%。11月22日,上海高清等四位股东向方正科技联合递交召开临时股东大会的请求,提出9项提案。12月5日,方正科技认为,它们递交的书面请求中缺少联合提案人之一的南大科技园股份有限公司的盖章,法律手续不完备,董事会无法决定召开临时股东大会。12月7日,方正科技又公告称,已经同意召开临时股东大会,但要求提议股东补足有关手续。

三、股东(大)会会议的召集

(一) 召集人与通知人

股东(大)会会议的召集人因会议类型而异,有限责任公司的首次股东会会议由出资最多的股东召集,而股份有限公司的创立大会则由发起人召集。定期会议和临时会议则有3个顺序的召集人,第一顺序就是董事会,不设董事会的有限责任公司为执行董事召集,这是通常的召集人。若第一顺序的召集人怠于行使召集职责,召集权便发生转移,依次由第二顺序和第三顺序的召集人接替(表10-3)。会议的通知人应为召集人。若召集人为董事会或监事会,应以董事会或监事会的名义通知,不得以董事长、监事会主席或特定董事、监事的名义通知。

表 10-3 股东(大)会会议的召集人与主持人顺序

召集人顺序		1		2		3	
		有限公司	股份公司	有限公司	股份公司	有限公司	股份公司
		董事会/执行董事	董事会	监事会/监事	监事会	股东:表决权≥10%	股东:表决权≥10%持股≥90日
主持人顺序	1	董事长/执行董事	董事长	主席/监事	主席	召集股东	
	2	副董事长		≥1/2监事推荐的监事	副主席		
	3	≥1/2董事推荐的董事		≥1/2监事推荐的监事			

---

① 参见许峻:《高清还要和方正"过招"》,载《上海证券报》2002年1月25日。

(二) 通知方式与期限

通知方式事关股东的参与权。我国原则上采用任意主义,有限责任公司和发行记名股份的股份有限公司,由公司自主确定通知方式,专人送出、邮件送出、公告或公司章程规定的其他形式均可。发行无记名股份的股份有限公司则应采用公告方式,但对媒体的形式并无强行要求(表10-4)。上市公司和到境外上市的公司则有特别要求。上市公司发布股东大会通知的媒体,需在证监会指定的报刊和网站范围内选择。而到境外上市的公司,该通知则应向股东以专人送出或者以邮资已付的邮件送出,受件人地址以股东名册登记的地址为准。至于其内资股股东,则可采用公告方式。

表 10-4 股东(大)会会议通知方式与期限

通知方式		有限公司	股份公司	
			记名股份	无记名股份
		自行确定	自行确定	公告
通知期限	定期会议	15日前可另约定	20日前	30日前
	临时会议		15日前	

至于通知期限,我国采用区别主义立法例。有限责任公司不同于股份有限公司,上市公司不同于一般股份有限公司,定期会议不同于临时会议(表10-4)。通知方式亦与通知期限的合规性密切相关。公告送达采用发信主义,而其他通知方式则采用到达主义。以公告方式送出的,一经公告,视为所有相关人员收到通知,第1次公告刊登日即为送达日期。而通知以专人送出的,被送达人在送达回执上签收的日期才是送达日期;以邮件送出的,一般约定自交付邮局之日起经过若干工作日为送达日期。会议召开当日不应计算在通知期限之内。

(三) 通知对象

既为股东(大)会,自应通知所有股东。有限责任公司股权流通性不强,通过股东名册的记载即可确定股东,十分简便。而股份有限公司不仅有记名股份和无记名股份,而且具有高度流通性,上市公司尤其如此,则需关闭股东名册或确定股权登记日,方可将其固定下来。对于非上市的股份有限公司,在股东大会召开前20日关闭股东名册,暂停股东名册的变更登记,即可确定公司的股东人数。上市公司的股票均托管在证券登记结算机构,且股票交割过户与股东名册变更均自动生成,只要确定股权登记日,将该日结束时在证券登记结算机构登记在册的该公司股东作为通知对象即可。股权登记日由公司董事会确定。到境外上市的公司,则兼采关闭股东名册方法和登记日方法。

表 10-5　公司确定股东(大)会通知对象的方法

	有限公司	股份公司		
		一般股份公司	上市公司	境外上市公司
关闭股东名册	×	√	×	√
股权登记日	×	×	√	√

（四）通知内容

有限责任公司完全由公司自主决定，法律上无任何强行要求。对于股份有限公司，法律也只要求通知会议召开的时间、地点和审议事项。凡是未在通知列明的事项，股东大会不得作出决议。至于对审议事项披露到何种程度亦无强行要求。上市公司应充分、完整披露所有提案的具体内容以及为使股东对拟讨论的事项作出合理判断所需的全部资料或解释。如拟讨论的事项需独立董事发表意见，应同时披露独立董事的意见及理由。凡是通知未列明的事项，股东大会不得进行表决并作出决议。具体说来，应包括以下内容：(1) 会议的时间、地点和会议期限；(2) 提交会议审议的事项和提案；(3) 以明显的文字说明全体股东均有权出席股东大会，并可以书面委托代理人出席会议和参加表决，该股东代理人不必是公司的股东；(4) 有权出席股东大会股东的股权登记日；(5) 会务常设联系人姓名、电话号码。

至于到境外上市的公司，《到境外上市公司章程必备条款》第 56 条还要求：(1) 向股东提供为使其对将讨论的事项作出明智决定所需要的资料及解释，包括在公司提出合并、购回股份、股本重组或者其他改组时，应当提供拟议中的交易的具体条件和合同，并对其起因和后果作出认真的解释。(2) 如任何董事、监事、经理和其他高管与将讨论的事项有重要利害关系，应当披露其利害关系的性质和程度。如果将讨论的事项对其作为股东的影响有别于对其他同类别股东的影响，则应当说明其区别。(3) 载有任何拟在会议上提议通过的特别决议的全文。

（五）股东提案

股东行使提案权的条件有两方面（表 10-6）。一是股东持股数量。我国要求持股 3% 以上，属于中等水平。二是持股时间。与英国和法国一样，我国根本没有持股时间的限制。就提案内容而言，应当属于股东大会职权范围，并有明确的议题和具体决议事项，这是不言而喻的。至于提交时间，只要提前 10 天即可。股东向董事会提交之后，董事会有义务在收到后 2 日内通知其他股东，并提交股东大会审议。

（六）延期通知

有限责任公司股东会延期事宜亦由公司自治。对于上市公司，股东大会不得无故延期。公司因特殊原因确需延期的，应在原定会期前至少 5 个工作日发

表 10-6　股东提案条件之比较

	股东持股量	连续持股时间	提交时间
中国	≥3%	×	会前 10 日
欧洲公司	≥10%	从公司注册地法	
英国	≥5%，或≥100 股东＋平均持股≥100 英镑	×	会前 6 周
美国	≥1%，或股份市值≥1000 美元	1 年	
日本	≥3%，或≥300 股	6 个月	会前 6 周
法国	≥5%	×	

布延期通知，并说明原因和延期后的召开日期。但是，延期会议不得变更原通知规定的有权出席股东大会股东的股权登记日。

四、股东(大)会会议的召开

(一) 股东出席

出席股东(大)会乃是基本的股东权。会议程序和安排应便利出席并行使表决权，而非不恰当地使其投票困难或成本高昂。出席与否乃股东的权利，公司只能为便利股东出席提供条件，不得干预股东出席权。有限责任公司股东如何行使出席权，全由公司自主安排。股份有限公司的无记名股票持有人出席股东大会，则应于会议召开 5 日前至股东大会闭会时将股票交存于公司。个人股东亲自出席会议的，应出示本人身份证和持股凭证。法定代表人代表法人股东出席的，应出示本人身份证、能证明其具有法定代表人资格的有效证明和持股凭证。

引例 10-2

泽熙投资缺席宁波联合的股东大会[①]

至 2013 年底，泽熙投资管理的资产总规模已从当初的 40 亿元增长至接近 100 亿元，泽熙投资系著名私募基金，仅次于重阳投资排名第二。2014 年 1 月 20 日至 3 月 31 日，泽熙成为宁波联合的第二大股东。宁波联合披露了每 10 股派 1.6 元股利的分配预案，引发众多中小股东不满。2014 年 4 月初，泽熙股东大会提交一项每 10 股转增 15 股派 1.6 元的高送转临时提案。4 月 9 日，该临时提案正式被上市公司公告，应者云集，股价在两个交易日大涨 20%，被中小股东视为救星。4 月 25 日，12 名中小股东冒雨参会，为泽熙呐喊助威，均为临时提案投下赞成票。但是，泽熙投资作为提案人却缺席股东大会，该临时提案轻而易举地被第一大股东否决。

---

① 参见冉孟顺：《A 股的维权投资术》，载《南方周末》2014 年 5 月 8 日。

股东可亲自出席,亦可委托他人出席(表 10-7)。我国非常尊重股东委托代理人的自主权。一是股东可以委托任何人为代理人,可以委托 1 人,也可委托数人。二是股东自主决定代理的有效期限,未设最长有效期等限制。三是代理人的权限由股东确定,是否具有表决权以及对特定提案投赞成、反对或弃权票,均由股东授权。股东未作具体指示的,代理人是否可以按自己的意思表决,亦由委托书注明。为避免公司越俎代庖,还要求董事会向股东提供任命代理人的委托书格式时,让股东自由选择指示代理人投赞成票或反对票,并就会议每项议题所要作出表决的事项分别作出指示。代理人出席股东(大)会需持有本人身份证、委托书和持股凭证。委托书应由委托人签署或者由其以书面形式委托的代理人签署,法人股东委托代理人则应在委托书上加盖法人印章或者由其正式委任的代理人签署,委托书至少应在有关会议召开前 24 小时备置于公司住所,或者召集会议的通知中指定的其他地方。委托书由股东授权他人签署的,授权签署的授权书或者其他授权文件应经过公证。经公证的授权书或者其他授权文件也需备置于公司住所或者召集会议的通知中指定的其他地方。

表 10-7 各国股东委托代理人之比较

国别	书面委托书	时效	代理人范围
中国	√	自主决定	任何人
英国	√		任何人
法国	√	当次会议	股东、配偶等
德国	√	15 个月	任何人
意大利	√	当次会议	本公司及子公司职工、董事、外部审计员、银行代表不得为代理人。股本≥500 亿里拉的,以代理 200 个股东为限。
我国台湾地区	√		任何人;非经核准的服务代理机构,代理表决权≤3%
奥地利	√	15 个月	任何人
比利时	√		其他股东、亲属、律师、银行
荷兰	√		任何人
葡萄牙	√		股东的配偶、近亲属、其他股东、董事
西班牙	√	当次会议	股东
瑞典	√	1 年	任何人

(二) 法定人数

作为社团法人,股东(大)会形成公司意志需要出席股东符合法定人数——会议为有效地完成会议事项所需要具备的最少人数。无论是有限责任公司还是股份有限公司,我国均未规定其股东(大)会的法定人数,当然有限责任公司的章程可就此自行规定。英国、美国、加拿大、韩国和日本均准许公司章程另行约定法定人数。就立法例而言,主要有三种情形:一是股东最低人数。如英国要求为 2 人,一人公司、类别股只有 1 名股东或贸易与工业部或法院决定准予 1 人出席的情形除外。二是出席的股份或表决权最低数。加拿大、日本和我国台湾地区要求出席股东所持股份超过 1/2。法国则因公司类型而异,有限责任公司只有间接的法定人数的要求,股份有限公司第一次召集的法定人数为超过总表决权 1/4 的股东出席,第二次召集会议则无法定人数要求。① 三是根据具体事项确定法定人数。如美国要求出席人数超过特定事项总表决权的 1/2。②

表 10-8 股东(大)会法定人数和普通决议的定足数之比较

		法定人数		普通决议的定足数		
		法定要求	章程约定	法定要求	章程约定	主席关键票
中国	有限公司	无	√	无	√	×
	股份公司	无	×	>出席表决权的 1/2	×	×
欧洲公司		无	×	>有效票的 1/2	×	√
美国		>表决权的 1/2	√	赞成票>反对票	√	
英国		2 名股东	√	>有效票的 1/2	√	√
日本		>股份的 1/2	√	>出席表决权的 1/2	√	×
韩国		无	√	>出席表决权的 1/2 + 股份的 1/4	√	×
法国	有限公司	间接要求		首次 >股份的 1/2 其后 >出席表决权的 1/2	√	×
	股份公司	首次 >表决权的 1/4		>出席表决权的 1/2		
德国		无		>出席表决权的 1/2	√	×
我国台湾地区		>股份的 1/2	×	>出席表决权的 1/2	×	×

(三) 主持人

主持人的职责是把握会议议程、维持会议秩序和营造集会氛围。在表决出现赞成票与反对票相等的情形下,英国、欧洲公司以及我国到境外上市的公司还赋予主持人关键票。③ 我国股东(大)会的主持人与召集人挂钩(表 10-3)。

---

① 参见日本《商法典》第 239 条,我国台湾地区"公司法"第 174 条,法国《商事公司法》第 59 条和第 155 条。
② 参见美国《示范公司法》第 7.25 条(a)。
③ 参见我国《到境外上市公司必备条款》第 69 条,《欧洲公司条例》第 50 条第 2 款;〔英〕丹尼斯·吉南:《公司法》,朱羿锟译,法律出版社 2005 年版,第 351 页。

(四) 审议

认真审议有关议案,是股东有效地行使表决权的基础。一般说来,股东(大)会如何进行审议系公司自治领域,法律很少强制干预。实践中,股东(大)会往往例行公事,走过场居多,股份分散的股份有限公司尤其如此。为确保股东权的有效行使,软法对上市公司的要求愈来愈详尽:股东大会应给予每个提案合理的讨论时间,股东有权质询董事会,等等。①

(五) 表决与会议记录

表决则是会议形成公司意志的必经程序。表决权配置有一股一票和一人一票两种方式。我国原则上采用一股一票的规则,但准予有限责任公司章程另行约定,为一人一票方式留有充分的空间。董事和监事选举还实行累积投票权,以强化中小股东话语权。易言之,股东在选举董事或者监事时,其所持有的每一股份拥有与应选董事或者监事人数相同的表决权,且可以集中使用该表决权。

表决方式亦有投票和举手等形式。对此,我国并无明确规定,公司可自主决定其表决方式。实践中,上市公司均采用投票表决,并实行记名投票。股东亲自投票与委托代理人代为投票,具有同等法律效力。同一表决权只能选择现场、网络或其他表决方式中的一种。如出现重复表决,以第一次投票结果为准。② 每一提案的投票应至少有两名股东代表和一名监事参加清点,并由清点人代表当场公布表决结果。主持人根据表决结果决定股东大会的决议是否通过,并在会上宣布表决结果。决议的表决结果载入会议记录。在英国、加拿大和我国香港,举手表决为默示规则。经适格的股东请求,才采用投票表决。我国到境外上市的公司亦采此模式。③

股东(大)会所议事项均应作成记录。股东会会议记录由出席股东签名,股东大会会议记录由主持人和出席董事签名,并与出席股东签名册和代理出席委托书一并保存。记录的具体内容和格式一般由公司自主决定,唯上市公司股东大会会议记录内容有着明确的要求。④

五、股东(大)会决议

股东(大)会决议,亦称公司决议,是指经股东表决而形成的公司的意思表示。它以股东的意思表示为基础,依据多数决原则而形成(表10-9)。决议一经形成,即对公司机关、股东和公司产生拘束力。从表决结果来看,可以分为赞成

---

① 参见我国《上市公司治理准则》第6条,OECD《公司治理原则》第2章第C2条。
② 参见我国《上市公司章程指引》第85条,《上市公司股东大会规则》第35条。
③ 参见加拿大《公司法》第141条,我国《到境外上市公司章程必备条款》第59条和第66条。
④ 参见我国《上市公司章程指引》第72条,《上市公司股东大会规则》第41条第1款。

性决议和否决性决议,亦称积极性决议和消极性决议。普通决议和特别决议最为常见,其显著差异在于定足数的要求,体现的是议案对股东和公司的重要性。书面决议,则是指无须召开会议而由全体股东签署同意所形成的决议。它只是以股东的书面签署意见替代了现场会议表决,与决议的定足数要求无关,现场会议对决议采用何种定足数要求,书面决议亦同。英国私公司、日本股份转让受限制的公司及美国和加拿大公司可采用该形式。我国有限责任公司亦可采用书面决议形式,但必须股东一致同意,这一要求显然高于现场会议表决。[①]

表 10-9　股东(大)会决议的种类及其定足数

		普通决议	特别决议	书面决议	非常决议	选择性决议
中国	有限公司	公司自定	≥表决权的2/3	一致同意	×	×
	股份公司	≥出席表决权的1/2	≥出席表决权的2/3	×	×	×
欧洲公司		>有效票的1/2	≥有效票的2/3			
英国		>有效票的1/2	≥有效票的3/4	一致同意	≥有效票的3/4	一致同意
美国		赞成票>反对票	≥有效票的2/3	一致同意		
法国	有限公司	首次>表决权的1/2 其后>出席表决权的1/2	≥表决权的3/4			
	股份公司	>出席表决权的1/2	≥出席表决权的2/3			
德国		>出席表决权的1/2	≥出席表决权的3/4			
日本		>出席表决权的1/2	出席股份>1/2 + ≥出席表决权的2/3	一致同意		
我国台湾地区	一般股份公司	出席股份>1/2 + >出席表决权的1/2	出席股份≥2/3 + >出席表决权的1/2			
	公开发行股份公司	>出席表决权的1/2	出席股份≥1/2 + ≥出席表决权的2/3			

(一) 普通决议与特别决议

普通决议,是指就公司的一般事项依据简单多数原则而形成的决议。除特别决议之外的事项,均为其适用范围。各国对简单多数的界定大同小异(表 10-9)[②],唯法国有限责任公司对于决议的首次表决要求较高,需超过总表

---

① 参见英国《公司法》第 381 条 A,美国《示范公司法》第 7.04 条,加拿大《公司法》第 146 条,我国《公司法》第 37 条 2 款。

② 参见《欧洲公司条例》第 57 条,德国《股份法》第 134 条,法国《商事公司法》第 59 条第 2 款和第 155 条,日本《商法典》第 239 条,我国台湾地区"公司法"第 174 条。

决权的 1/2 才算通过。① 我国股份有限公司股东大会决议,要求超过出席股东所持表决权的 1/2,对于有限责任公司,则完全由公司自主确定。②

特别决议,是指就特别重大事项依据绝对多数同意所形成的决议。其适用范围,无论有限责任公司还是股份有限公司,均是指修改公司章程、增加或者减少注册资本的决议,以及公司合并、分立、解散或者变更公司形式。③ 至于绝对多数的定量要求,各国差异较大(表 10-9)。④ 我国有限责任公司和股份有限公司亦有差别,前者要求公司总表决权的 2/3 以上赞成,后者只要求出席会议的股东所持表决权的 2/3 以上赞成即可通过。

引例 10-3

国美股东大会否决罢免董事长陈晓等提案⑤

2010 年 9 月 28 日,国美电器召开颇受关注的临时股东大会,会议将审议控股股东黄光裕提议的 8 项普通决议案:(1) 重选竺稼先生为本公司非执行董事;(2) 重选 Ian Andrew Reynolds 先生为本公司非执行董事;(3) 重选王励弘女士为本公司非执行董事;(4) 即时撤销本公司于 2010 年 5 月 11 日召开的股东周年大会上通过的配发、发行及买卖本公司股份之一般授权;(5) 即时撤销陈晓先生作为本公司执行董事兼董事会主席之职务;(6) 即时撤销孙一丁先生作为本公司执行董事之职务;(7) 即时委任邹晓春先生作为本公司的执行董事;(8) 即时委任黄燕虹女士作为本公司的执行董事。黄光裕手持 33.98% 股权,优势明显,而陈晓仅握有 1.47% 股权。股东大会表决结果显示,除提案(4)及重选 3 位非执行董事获得支持外,罢免陈晓职务等 4 项提案均被否决。

(二) 决议瑕疵的法律后果

决议一经形成,即可约束公司机关、股东和公司。如决议的内容和形成程序有瑕疵的,其效力不能得到法律认可,其法律地位视瑕疵类型而异。若决议内容违反法律或行政法规,则属于无效;若仅仅是会议召集程序、表决方式违反法律、行政法规或公司章程,或决议内容违反公司章程,则该瑕疵决议属于

---

① 参见法国《商事公司法》第 59 条第 1 款。
② 参见我国《公司法》第 43 条和第 103 条。
③ 参见我国《公司法》第 44 条第 2 款和第 103 条第 2 款。
④ 参见《欧洲公司条例》第 59 条第 1 款,德国《股份公司法》第 179 条和第 182 条,法国《商事公司法》第 153 条,我国台湾地区"公司法"第 185、277、316 条。
⑤ 参见腾讯科技网:《国美控制权之争尘埃落定:陈晓继续留任》,http://tech.qq.com/a/20100928/000470.htm,2014 年 5 月 31 日访问。

可撤销的决议。前者属于当然无效,后者只有经股东申请,由法院宣告后才被撤销(引例9-8)。即使有当事人申请,若法院并未确认决议内容违反公司章程,或会议的召集程序、表决方式违反法律、行政法规或公司章程,该决议仍然有效。为了维护作为社团的公司的稳定性和交易安全,各国立法均为撤销请求权设置了时限,我国为自决议作出之日起60日内,日本为3个月内,德国为1个月。①一旦期限届满,股东丧失撤销请求权,瑕疵决议自此成为有效决议。

一旦瑕疵决议被宣告无效或被撤销,若公司依据该决议已经办理有关变更登记,公司即应向登记机关申请撤销变更登记。

第二节 董事会

一、董事会概述

(一)概念与特征

董事会,是指由股东选举产生的,由领导和管理公司事务的董事组成的公司领导机构(governing body)。作为公司治理结构的枢纽,这一集体领导机制有助于公司驾驭不确定性,追求卓越,一般有限责任公司和股份有限公司需要,国有独资公司亦然(引例10-4)。

引例10-4

宝钢集团有限公司率先设立董事会②

该公司于2005年10月设立董事会,采用4+5模式,即4名内部董事和5名国资委委任的外部董事。这5名外部董事包括2名国内大型中央企业原负责人、1名财会高级专家和2名境外企业高管。该董事会不仅以外部董事为主,而且既有外部非执行专职董事,如联通和中石油的原总裁,经验丰富,时间和精力充足,且有难得的宏观分析能力,又有外部非执行兼职董事,确保董事会的视野和独立判断能力。董事会下设4个委员会,即常务委员会、提名委员会、薪酬考核委员会、内部审计委员会。

---

① 参见德国《股份公司法》第246条,日本《商法典》第248条。
② 参见舒眉:《央企嬗变:第一家董事会浮出水面》,载《南方周末》2005年11月10日。

它具有三大特征:其一,一般为必设机构。有限责任公司和股份有限公司均应设董事会,只是股东人数较少或者规模较小的有限责任公司可不设董事会,只设1名执行董事。这种例外为各国通例。① 在日本,股份有限公司股份转让受限制的,不论是大型公司还是中小公司均可不设董事会,设1名以上董事即可(表10-10)。② 其二,常设机构。作为常设机构,它不因董事的变化而变化。作为会议体和合议体,它以会议的形式形成公司意思表示,行使其职权。董事会会议虽有开会、休会、闭会之分,但这并不影响该机构的长期连续存续性,更不能将董事会与董事会会议混为一谈。其三,公司事务的领导机构。董事会中心主义乃各国通例,董事会是公司的核心领导机构,唯其职能因各国董事会体制而异(表10-11)。无论是英国、美国、澳大利亚、加拿大、比利时、希腊、爱尔兰、西班牙、瑞士、卢森堡等单层董事会体制③,还是德国、奥地利、荷兰和葡萄牙等双层委员会体制④,抑或法国、意大利、芬兰和欧洲公司⑤的选择制,董事会均为领导机构。在我国和我国台湾地区的双委员会平行体制下亦然,唯我国股东中心主义印迹更浓。

表10-10 日本公司的董事会体制

		上市公司		限制股份转让的公司	
		大型	中小型	大型	中小型
双委员会平行	董事会	√	√	√(若设监事会)	√(若设监事会)
	监事会	√	可设	可设	可设
	会计检查人			√	可设
单层	董事会			√	
	审计委员会			√	
	提名委员会			√	
	薪酬委员会			√	
	会计检查人			√	

---

① 参见〔英〕丹尼斯·吉南:《公司法》,朱羿锟译,法律出版社2005年版,第257页;美国《示范公司法》第7.23条和第8.01条,加拿大《公司法》第102条。
② 日本的大型公司是指注册资本5亿日元以上,或资产200亿日元以上的公司,其他就是中小公司。
③ 参见美国《示范公司法》第8.01条,英国《公司法》附件A第70条,加拿大《公司法》第102条。
④ 参见德国《股份公司法》第76条、第90条和第111条。
⑤ 参见《欧洲公司条例》第39条第1款、第43条第1款。

表 10-11　各国董事会体制之比较

	单层委员会	双层委员会	双委员会平行
中国	×	×	√
欧洲公司	可选	可选	×
美国	√	×	×
英国	√	×	×
加拿大	√	×	×
日本	可选	×	可选
德国	×	√	×
荷兰	×	√	×
法国	可选	可选	×
意大利	可选	可选	×

（二）董事会职责

既为董事会中心主义，各国大多对董事会职责采用排除法，凡是法律和公司章程没有明确界定给股东大会的事项，均属董事会的职权。单层委员会体制如此，采用选择性模式的欧洲公司和法国亦然[1]，采用双委员会平行体制的日本和我国台湾地区亦将法律和公司章程另有规定之外的公司业务执行权全部赋予董事会。[2] 为避免法律无所不能，实际上却不知所为，近年来有两项重大发展：一是软法将董事会核心职责明晰化，合理厘定董事会与经理层的权力边界。[3] 既弥补了排除法之不足，又有利于董事会明确工作重心，大胆地发挥经理层的业务执行职能。二是充分发挥专门委员会的"小同行"作用，提高董事会决策效率和质量。专门委员会数量因公司而异，提名委员会、薪酬委员会和审计委员会为各国通例，我国亦然（表 10-12），美国《SOX 法案》已将审计委员会法定化。

表 10-12　董事会的主要专门委员会

	提名委员会		薪酬委员会		审计委员会	
	应设	独董比例	应设	独董比例	应设	独董比例
中国	√	>1/2	√	>1/2	√	>1/2
美国	√	>1/2	√	全部	√	全部
英国	√	>1/2	√	全部	√	全部
法国	√	>1/2	√	≥2/3	√	≥2/3
日本	√	>1/2	√	>1/2	√	>1/2

---

[1] 参见《欧洲公司条例》第 39 条第 1 款、第 43 条第 1 款，法国《商事公司法》第 113 条、第 124 条。
[2] 参见日本《商法典》第 230 条之 10，我国台湾地区"公司法"第 202 条。
[3] OECD《公司治理原则》第 6 章 D 条明确列举了 8 项主要职责。

仅少数国家采用列举法,如德国《股份公司法》第76—78条,但同样属于概括性授权。我国则最为典型,《公司法》第46条和第108条第4款详尽列举了董事会的11项职责,分别为:(1)召集股东会会议,并向股东会报告工作;(2)执行股东会的决议;(3)决定公司的经营计划和投资方案;(4)制订公司的年度财务预算方案、决算方案;(5)制订公司的利润分配方案和弥补亏损方案;(6)制订公司增加或者减少注册资本以及发行公司债券的方案;(6)制订公司合并、分立、解散或者变更公司形式的方案;(8)决定公司内部管理机构的设置;(9)决定聘任或者解聘公司经理及其报酬事项,并根据经理的提名决定聘任或者解聘公司副经理、财务负责人及其报酬事项;(10)制定公司的基本管理制度;(11)公司章程规定的其他职权。这就意味着,董事会并不享有在此之外的权力,有别于通常的董事会中心主义,而与股东中心主义一脉相承。实践中,董事会职责可能因行业、因公司而异,甚至因人而异(引例10-5)。

引例 10-5

国美董事会的权力因人而异①

2006年,黄光裕对国美电器实际控股高达75.6%。5月10日,他主导修改了公司章程,授予董事会广泛的权力:董事会有权在不经股东大会同意的情况下任命任何非执行董事,直至下一届股东大会投票表决。董事会可以随时任命董事,而不必受制于股东大会设置的董事人数限制;董事会可以各种方式增发、回购股份,包括供股、发行可转债、实施对管理层的股权激励,以及回购已发行股份。2008年年底,黄光裕入狱,陈晓临危受命。董事会依据授权,于2009年6月22日引入贝恩资本,成为国美第二大股东。黄光裕则先减持再增持,稳住了第一大股东地位。9月23日,董事会决定再次向机构投资者发债,筹资23.37亿元,危及到第一大股东的地位。黄光裕不仅在2010年5月11日股东大会否决了贝恩资本的独立董事提名人员,并提议取消授予董事会配发、发行及买卖本公司股份之一般授权,这成为9月28日临时股东大会的议案之一。然而,陈晓辞职不到1年,2011年6月10日的股东大会又再次授予了董事会增发新股和回购公司股份的权力。

---

① 参见叶一戈:《国美战争》,北京理工大学出版社2010年版,第100页。

二、董事会的产生与任期

(一) 董事人数与产生方式

董事会需由多少董事组成,各国一般只规定最少人数。① 我国不仅规定了最少人数,而且规定了最多人数,有限责任公司和股份有限公司分别为 3—13 人和 5—19 人。两个以上的国有企业或者两个以上的其他国有投资主体投资设立的有限责任公司应设职工董事,具体比例由公司自主确定。

股东(大)会选举是董事产生的主要方式,唯设职工董事的公司,职工董事由公司职工通过职工代表大会、职工大会或其他民主形式选举产生。欧洲公司和英国准予公司章程指定首任董事,英国、法国和比利时准许董事会选任填补空缺的董事,荷兰和加拿大则准许董事会选任新的董事。② 而在双层委员会体制下,董事由监事会任命。③

(二) 董事任职资格

我国董事限于自然人,美国、加拿大、德国、瑞士和日本亦然。④ 欧洲公司、英国、比利时以及法国实行单层委员会体制的公司准许法人任董事,但仍需指定自然人为常任代理人(代表)。⑤ 董事任职资格向来是采用排除法,除不适格者外均可担任董事,这无疑与创业自由相吻合。随着公司业务日益专业化,经营环境复杂化,对上市公司和特殊公司的董事素质要求也与日俱增。⑥ 我国《上市公司治理准则》第 41 条明确要求董事应具备履行职务所必需的知识、技能和素质。至于金融公司等特殊公司形态⑦,董事不仅有专业素质要求,而且需要行业监管机构核准拟任董事的任职资格。凡是违反有关法规而被认定为禁入者,则在一定期限内或永久不得担任董事。

至于消极资格,《公司法》第 146 条列举了 5 种情形,有其中任何一种情形的人当选或被委派为董事的,该选举或委派无效。若董事在任职期间出现该情形,公司应当解除其职务。它们可以归结 4 个方面:(1) 行为能力瑕疵。无民事行为能力或者限制民事行为能力的人无疑受此限。至于年龄过大是否受限,我

---

① 参见英国《公司法》第 282 条,美国《示范公司法》第 8.03 条,加拿大《公司法》第 102 条。
② 参见《欧洲公司条例》第 43 条第 3 款,法国《商事公司法》第 94 条,比利时《公司法》第 55 条,加拿大《公司法》第 106 条;〔英〕丹尼斯·吉南:《公司法》,朱羿锟译,法律出版社 2005 年版,第 258—259 页。
③ 参见《欧洲公司条例》第 39 条第 2 款,德国《股份公司法》第 84 条。
④ 参见我国《上市公司章程指引》第 95 条,美国《示范公司法》第 8.03 条,加拿大《公司法》第 105 条,德国《股份公司法》第 76 条,日本《公司法》第 231 条第 1 款第 1 项。
⑤ 参见《欧洲公司条例》第 47 条第 1 款,法国《商事公司法》第 94 条。
⑥ 参见〔英〕丹尼斯·吉南:《公司法》,朱羿锟译,法律出版社 2005 年版,第 259 页。
⑦ 参见我国《证券法》第 131 条,《证券市场禁入规定》第 3—5 条,《上市公司章程指引》第 95 条第 1 款第 6 项,《金融违法行为处罚办法》第 3 条第 3 款。

国并没有明确规定,只是国有独资公司和国有控股公司的董事受干部任职年龄的限制。部分国家对70岁以上人士担任董事有所限制。① (2)品行瑕疵。因贪污、贿赂、侵占财产、挪用财产或者破坏社会主义市场经济秩序,被判处刑罚,执行期满未逾5年,或者因犯罪被剥夺政治权利,执行期满未逾5年,属于此情形。生产经营单位主要负责人违反安全生产的规定,受到刑事处罚或撤职处分的,自刑罚执行完备或受到处分之日起,5年内不得担任任何生产经营单位主要负责人,亦属此情形(引例10-6)。② (3)能力瑕疵。一是担任破产清算的公司、企业的董事或者厂长、经理,对该公司、企业的破产负有个人责任的,自该公司、企业破产清算完结之日起未逾3年;二是担任因违法被吊销营业执照、责令关闭的公司、企业的法定代表人,并负有个人责任的,自该公司、企业被吊销营业执照之日起未逾3年;三是个人所负数额较大的债务到期未清偿。(4)特殊人士的限制。③一是公务员。公务员不得从事或者参与营利性活动,不得在企业或者其他营利性组织中兼任职务,担任董事显属限制之列。二是董事和高管利益冲突之限。如国有独资公司的董事长、副董事长、董事、高管,未经国有资产监督管理机构同意,不得在其他有限责任公司、股份有限公司或者其他经济组织兼职;一般公司的董事,未经股东(大)会同意,亦不得自营或者为他人经营与所任职公司同类的业务。

引例10-6

李泽源只能幕后操控深航④

2005年,深圳航空改制,李泽源通过个人控制的机构以27.2亿元,力挫群雄,购得深航65%的股权。他自己因人生一半时间都有犯罪记录,既未出任董事长,亦未出任总裁,连董事也不是,只能担任高级顾问。董事长赵祥曾担任辽宁锦州市市长、葫芦岛市市长,总裁李昆曾任南航常务副总裁。然而,李泽源才是名副其实的"大老板"。2013年4月,深圳航空原6名高管挪用20亿受审,原董事长赵祥在庭审期间表示,李泽源在公司是关键人物,在会议上都是做总结讲话,没有李泽源的同意,所有的事他都不能拍板。

(三)董事任期

在我国,所有董事的任期一样,每届董事同时产生,同时换届,而美国、加拿

---

① 参见英国《公司法》第293—294条,法国《商事公司法》第90-1条、第110-1条。
② 参见我国《安全生产法》第81条第3款。
③ 参见我国《公务员法》第53条第14项、《公司法》第69条、第148条第1款第5项。
④ 参见李亚蝉:《深圳航空原6名高管挪用20亿受审 两被告当庭对掐》,载《每日经济新闻》2013年4月11日。

大、英国等国则准予采用交叉制董事会(staggered board),每年都更换一定比例的董事,比如1/3。① 各国董事任期为1—6年,我国以3年为限,但可连选连任,且无最长任期之限,唯独立董事连续任职不得超过6年。加拿大、意大利、我国台湾地区的任期也是3年,日本采用单层委员会体制的公司仅为1年,采用双委员会并行体制的公司为2年,丹麦、芬兰和葡萄牙为4年,德国和西班牙为5年,欧洲公司、比利时、法国、希腊和卢森堡董事的任期最长,为6年。②

(四)董事更换

除董事因任期届满而正常更换外,董事还可辞职或被罢免。董事有权辞职,但应向董事会递交书面辞职报告。独立董事辞职,还应对任何与其辞职有关或其认为有必要引起公司股东和债权人注意的情况进行说明。辞职自送达辞职报告之日起生效。但是,董事任期届满未及时改选,或者因董事辞职导致董事人数低于法定人数的,在选出的董事就任前,原董事仍应当依照法律、行政法规和公司章程的规定,履行董事职务。

股东(大)会选举产生董事,自然可以罢免董事(引例10-7)。各国大多准予股东大会无需理由即可罢免董事,但被罢免的董事享有相应的申辩权。③ 我国未对此作出规定,但规定了有理由的罢免,即董事违反法律、行政法规、公司章程或股东(大)会决议,监事会可向其提出罢免董事的提案。对于上市公司,董事两次未亲自出席,也不委托其他董事出席董事会会议,董事会即可建议罢免。若罢免独立董事,上市公司则应将其作为特别披露事项予以披露,被免职的独立董事认为公司的免职理由不当的,可以作出公开声明。

引例 10-7

工大首创董事长被罢免④

2014年2月,泽熙投资以股权拍卖方式收购工大首创股份15.69%。3月20日,泽熙在工大首创的股东大会上,成功罢免已被刑拘的原公司董事长龚东升,提名3名泽熙人士当选工大首创的董事,包括董事长。

---

① 参见美国《示范公司法》第8.06条,加拿大《公司法》第106条;〔英〕丹尼斯·吉南:《公司法》,朱羿锟译,法律出版社2005年版,第317页。
② 参见加拿大《公司法》第106条(3),我国台湾地区"公司法"第195条,《欧洲公司条例》第46条第1款,德国《股份公司法》第84条,法国《商事公司法》第90条。
③ 参见美国《示范公司法》第8.08条,英国《公司法》第303条和第304条,加拿大《公司法》第109条,西班牙《公司法》第131条,丹麦《公司法》第50条,法国《商事公司法》第90条第2款,爱尔兰《公司法》第51条,卢森堡《公司法》第51条。
④ 参见冉孟顺:《A股的维权投资术》,载《南方周末》2014年5月8日。

三、董事会结构

既为合议体,单个董事再优秀,也不自然而然就变成董事会的集体能力。只有具备合理的结构,才能形成合力,产生 1 + 1 > 2 的效应。其一,执行董事与非执行董事力量均衡。在公司管理层兼任职务的执行董事不仅对所在行业有深刻的了解,对公司业务及其发展了如指掌,而且工作投入,组织承诺度高,而在公司管理层任职的非执行董事则十分超脱,视野开阔,具有相关行业或公司的管理经验或知识,两种力量对董事会讨论是否富有成效,决策是否科学和谨慎均具有不可替代的作用。为避免个别人或小集团一手遮天,董事会会议一团和气,非执行董事需具有足以与执行董事相匹敌的群体力量,尤其是要有足够的独立董事(图10-4)。其二,专业和知识结构以及经验和背景组合合理化。是否具有多种专业、知识、技能、经验、成就、经历和背景及其互补程度,日益成为衡量董事会领导能力的重要尺度。大型跨国公司不仅高度重视该组合的设计,而且定期进行检讨,确保其组合与时俱进。其三,董事长与首席执行官(CEO)分立,以便分权制衡。①

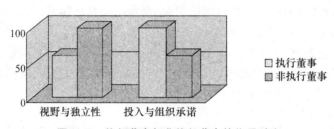

图 10-4 执行董事与非执行董事的作用对比

表 10-13 各国独立董事占董事会人数比重

国家/国际组织	独董比例	国家	独董比例
中国	≥1/3	美国	≥1/2
OECD	足够数量	法国	≥1/2
英国	≥1/2(不含董事长)	比利时	2

(一)董事会独立性

20世纪70年代以来,产生于英美的独立董事业已光大于全球,成为衡量董事会结构是否合理的关键因子。我国要求上市公司设立独立董事,并占董事人数的1/3,而在三大关键专门委员会中则需占1/2以上(表10-12和10-13)。所谓独立董事,是指不在公司担任除董事外的其他职务,并与该公司及经营者和主

---

① 参见朱羿锟:《公司控制权配置论》,经济管理出版社2001年版,第362—363、370页。

要股东不存在可能妨碍其进行独立客观判断的关系的董事。它不仅要符合董事的任职资格,还要符合以下5个条件:(1)法律、行政法规及其他有关规定所定的上市公司董事的资格;(2)具有独立性;(3)具备上市公司运作的基本知识,熟悉相关法律、行政法规、规章及规则;(4)具有5年以上法律、经济或者其他履行独立董事职责所必需的工作经验;(5)公司章程规定的其他条件。

1. 独立董事的独立性

除概括性界定独立性外,各国大多对影响独立性的具体情形进行列举。依据我国《关于在上市公司建立独立董事制度的指导意见》("指导意见")第3条,凡是具有以下7种情形之一,便丧失独立性:(1)在上市公司或者其附属企业任职的人员及其直系亲属、主要社会关系;(2)直接或间接持有上市公司已发行股份1%以上或者是上市公司前10名股东中的自然人股东及其直系亲属;(3)在直接或间接持有上市公司已发行股份5%以上的股东单位或者在上市公司前5名股东单位任职的人员及其直系亲属;(4)最近一年内曾经具有前3项所列举情形的人员;(5)为上市公司或者其附属企业提供财务、法律、咨询等服务的人员;(6)公司章程规定的其他人员;(7)中国证监会认定的其他人员。其中,第6项和第7项具有兜底性,有利于公司和证监会排除形形色色的"灰色董事"。[①]

2. 独立董事的职能

独立董事每年为公司工作的时间不应少于15个工作日,并应确保有足够的时间和精力有效地履行其职责,包括履行特别职权和发表独立意见两个方面。

就特别职权而言,独立董事就是董事,自然享有董事的所有职权,唯其独立地位的特殊性,而被赋予6项特别职权:(1)向董事会提议聘用或解聘会计师事务所;(2)向董事会提请召开临时股东大会;(3)提议召开董事会;(4)独立聘请外部审计机构或咨询机构;(5)对董事会提交股东大会讨论的事项,如需要独立财务顾问出具独立财务顾问报告的,独立财务顾问由独立董事聘请;(6)在股东大会召开前公开向股东征集投票权。独立董事行使该职权应当取得全体独立董事一致同意(引例10-8)。

至于独立意见,独立董事有权就以下事项向董事会或股东大会发表独立意见:(1)重大关联交易;(2)聘任或解聘高管;(3)公司董事、高管的薪酬;(4)上市公司的股东、实际控制人及其关联企业对上市公司现有或新发生的总额高于3000万元或高于上市公司最近经审计净资产值的5%的借款或其他资金往来,以及公司是否采取有效措施回收欠款;(5)独立董事认为可能损害中小股东权益的事项;(6)公司章程规定的其他事项。如属应披露的事项,上市公司应将独立董事的意见予以公告,独立董事无法达成一致意见的,则应分别披露。

---

① 参见朱羿锟:《经营者自定薪酬的控制机制探索》,载《河北法学》2006年第1期。

引例 10-8

俞伯伟的独立声明有力量①

俞伯伟自 1999 年起为伊利股份（600887）公司提供咨询服务，颇得董事长郑俊怀赏识，2002 年起担任独立董事。2004 年 3 月起，俞伯伟从媒体报道得知伊利股份大量投资国债，还发现华世公司的股东构成问题。他分别于 4 月 27 日和 5 月 26 日向董事会提出质疑，要求答复，而公司含糊其辞，不太合作。6 月 15 日，他联合其他独董发出声明，要求审计公司的国债交易。6 月 18 日，公司承认参与了国债交易，因涉及政策因素，华世公司高管家属近期已将所持有的该公司股权依法转让给他人。至于审计国债交易，公司正在认真研究。俞伯伟却因主要社会关系与公司有高达 510 万的交易，8 月份被临时股东大会迅即罢免独董职务。12 月 20 日，董事长郑俊怀等 5 名高管因涉嫌挪用公款等罪行被捕。2005 年底，郑俊怀因挪用公款罪获刑 6 年，其余 4 位高管分别获刑。

3. 独立董事行使职权的保障

为确保独立董事有效行使职权，公司应为其提供必要的条件。一是同等知情权。凡须经董事会决策的重大事项，公司必须按法定的时间提前通知独立董事并同时提供足够的资料，独立董事认为资料不充分的，可以要求补充。当 2 名以上独立董事认为资料不充分或论证不明确时，可书面联名提出延期召开董事会或延期审议董事会所讨论的部分事项，董事会应予以采纳。二是必需的工作条件。董事会秘书应积极为其履行职责提供协助，如介绍情况、提供材料等。其发表的独立意见、提案及书面说明应当公告的，董事会秘书应及时到证券交易所办理公告事宜。独立董事行使职权时，上市公司有关人员应当积极配合，不得拒绝、阻碍或隐瞒，不得干预其独立行使职权，所需的费用由公司承担。三是适当的津贴和责任保险。津贴的标准应当由董事会制订预案，股东大会审议通过，并在公司年报中进行披露。此外，独立董事不应从该公司及其主要股东或有利害关系的机构和人员处取得额外的未予披露的其他利益。公司亦应建立必要的独立董事责任补偿制度，降低其正常履行职责可能引致的风险。

---

① 参见高素英：《伊利 5 高管如何挪用 3 亿公款》，载《南方日报》2004 年 12 月 23 日；汤计：《伊利郑俊怀落狱反思 限制权力就是保护一把手》，http://www.nmg.xinhua.org/zhuanti/jdwt/2006-01/04/content_5963620.htm，2006 年 1 月 4 日访问。

（二）董事长与 CEO 分离

任何组织均离不开领导,董事长即为董事会的领导。除设执行董事的小型有限责任公司外,有限责任公司和股份有限公司均应设董事长,并可设副董事长。有限责任公司董事长和副董事长的产生办法完全由章程自治,而股份公司董事长则由全体董事过半数选举产生。股份有限公司的副董事长协助董事长工作,董事长不能履行职务或者不履行职务的,由副董事长履行职务;副董事长不能履行职务或者不履行职务的,由半数以上董事共同推举 1 名董事履行职务。在采用单层委员会体制的欧洲公司,若董事会的职工董事占 1/2,则董事长必须由股东大会选举的董事担任。①

CEO 源于美国,产生于 20 世纪 60 年代,业已光大于全球。当初,设置 CEO 就是为了增强公司董事会的应变力,解决决策效率不高、决策与执行脱节的问题。CEO 必然是董事,有别于仅仅负责执行董事会决策的传统形态的总经理。在美国大型公司,一般都是 CEO 兼任董事长,这与董事长仅仅作为董事会会议召集者和主持者的"虚君"模式一脉相承。而绝大多数国家和地区,则实行董事长与 CEO 分离。即使不分离,亦应从非执行董事中指定首席独立董事,以免董事长兼 CEO 一手遮天。② 显然,相同的董事长和 CEO 称谓,董事会领导体制不一样,各自职权也就大不相同。

在我国,虽然《公司法》只将董事长定位于会议召集者和主持者,至于法定代表人,亦由公司章程自主选择,可以是董事长,也可以是执行董事或经理,似乎为"虚君"模式,而实际上,在我国文化传统下,董事长就是名副其实的 CEO。尤其是国企改制形成的有限责任公司和股份有限公司,董事长不仅是全职,且往往兼任公司党委书记,完全可行 CEO 之实,而并非不开董事会就无所作为。推行董事长与总裁分离,仍具有重要的现实意义。

四、董事会会议

（一）会议种类

董事会会议有例会和临时会议两种类型。董事会例会,亦称普通会议,是指依据公司章程规定定期召开的董事会会议。有限责任公司的例会频度完全由公司章程自主确定,股份有限公司则至少每年召开 2 次例会,低于采用单层委员会体制的欧洲公司至少每年 4 次的频度。临时会议,亦称特别会议,是指针对特定事项而临时召集的董事会会议。在有限责任公司,谁有权提议召开该会议,亦由公司章程自治,而股份有限公司则只有代表 10% 以上表决权的股东、1/3 以上董

---

① 参见《欧洲公司条例》第 45 条。
② 参见朱羿锟:《公司控制权配置论》,经济管理出版社 2001 年版,第 370—372 页。

事或监事会可提议召开。董事长自接到提议后10内,应召集和主持临时会议。

(二) 会议召集

董事长系当然的第一顺序召集人。若其不能履行职务或者不履行职务,由副董事长作为第二顺序召集人履行职务。若副董事长不能履行职务或者不履行职务,则由半数以上董事共同推举1名董事为第三顺序的召集人履行职务(表10-3)。我国台湾地区也是由董事长为当然召集人,但首次会议由所得选票最多的董事召集,英国则是任何董事均可召集会议。①

有限责任公司董事会例会的通知时间、方式和对象均由公司章程自治,而股份有限公司则应于会前10日通知全体董事和监事,临时会议的通知时间和通知方式可由公司另定,对通知内容均无要求。我国台湾地区股份有限公司董事会会议的通知时间和对象与此相同,但要求通知载明会议事由。英国只要求提前合理时间通知全体董事,而美国则无须通知会议时间、地点和事由也可召开例会,临时会议则需提前2日通知会议时间、地点和事由。英国和美国均准予公司章程另行规定。②

(三) 议事规则

董事有权也有责任参加董事会会议。有限责任公司董事如何出席及其法定人数均由公司章程自治。股份有限公司的董事应亲自出席会议,因故不能出席的,可书面委托其他董事代为出席,委托书应载明授权范围。我国台湾地区限代理人接受一人之委托。许多国家准予董事以通讯方式参加会议,且视为亲自出席。③ 只有出席人达到法定人数,会议才能行使董事会的权力。股份有限公司的法定人数为超过全体董事人数的1/2。美国、加拿大、欧洲公司、我国台湾地区和日本亦然,加拿大还可以公司章程确定的最少董事人数为法定人数。英国原则上由董事会自定,否则,至少需2人出席会议。各国均准予独任董事一人即可召开会议。④

至于主持人,则与召集人完全一致:董事长、副董事长和半数以上董事共同推举1名董事分别为第一顺序至第三顺序主持人(表10-3)。监事可以列席董事会会议,并可对其决议事项提出质询或建议。经理也列席董事会会议,以便回答董事或监事的质询。

如何审议自应由公司章程自治,唯公司研究决定改制以及经营方面的重大

---

① 参见我国《公司法》第47条、第109条,我国台湾地区"公司法"第203条。另见〔英〕丹尼斯·吉南:《公司法》,朱羿锟译,法律出版社2005年版,第356页。
② 参见我国《公司法》第110条,我国台湾地区"公司法"第204条,美国《示范公司法》第8.22条。
③ 比如,加拿大《公司法》第114条第9款,我国台湾地区"公司法"第205条第2款。
④ 参见我国《公司法》第112条,《欧洲公司条例》第50条第1款,美国《示范公司法》第8.24条,加拿大《公司法》第114条第2款,日本《商法典》第260条之2,我国台湾地区"公司法"第206条。另见〔英〕丹尼斯·吉南:《公司法》,朱羿锟译,法律出版社2005年版,第356页。

问题、制定重要的规章制度时,应当听取公司工会的意见,并通过职工代表大会或者其他形式听取职工的意见和建议。即便如此,听取工会和职工意见的具体形式仍由公司自治。为确保上市公司董事会决策的质量,《上市公司治理准则》对审议过程有4项要求①:一是会议议题以及相关背景材料和有助于董事理解公司业务进展的信息和数据等材料要提前送达董事,以便董事认真准备,有备而来;二是董事应以认真负责的态度出席董事会,对所议事项表达明确的意见;三是为确保董事真正"懂事",允许董事咨询外部独立专家意见,公司承担该费用;四是当2名以上独立董事认为资料不充分或论证不明确时,可书面请求延期召开会议或延期审议该事项,董事会应予采纳。

(四) 决议与会议记录

董事会表决实行一人一票,乃各国通例,我国也不例外。至于表决方式,举手表决和投票表决均可。股份有限公司董事会会议决议的定足数为全体董事过半数同意,有限责任公司的定足数则由公司章程自治(表10-14)。欧洲公司和英国还准许在赞成票与反对票相同时,董事长享有关键票。② 对于上市公司,若董事与董事会会议决议事项所涉及的企业有关联关系,则应在表决中回避,不仅不能行使自己的表决权,也不得代理其他董事行使表决权。该会议由过半数的无关联关系董事出席即可举行,其决议由无关联关系董事过半数通过即可。若出席会议的无关联关系董事不足3人,则应将其提交股东大会审议。董事会决议一旦形成,除应提交股东(大)会审议的事项外,即对公司具有约束力。

表10-14　各国董事会会议法定人数与决议的定足数

		法定人数	决议定足数	董事长关键票
中国	有限公司	章程自治		×
	股份公司		>董事数的1/2	
欧洲公司		>董事数的1/2	>出席董事的1/2	√
美国		>董事数的1/2	>出席董事的1/2	
英国		≥2人	赞成票>反对票	√
加拿大		>董事数的1/2	>出席董事的1/2	
日本		>董事数的1/2	>出席董事的1/2	
我国台湾地区		>董事数的1/2	>出席董事的1/2	

董事会应当对所议事项的决定作成会议记录,出席董事应当在会议记录上签名。该记录应作为公司重要档案妥善保存,是日后确定能否免责的重要依据。

---

① 参见我国《上市公司治理准则》第35条、第46条。另见朱羿锟:《公司控制权配置论》,经济管理出版社2001年版,第382—386条。

② 参见《欧洲公司条例》第50条第2款;〔英〕丹尼斯·吉南:《公司法》,朱羿锟译,法律出版社2005年版,第357页。

该记录的内容并无强行要求,唯上市公司有以下要求[①]:(1)会议召开的日期、地点和召集人姓名;(2)出席董事的姓名以及受他人委托出席董事会的董事(代理人)姓名;(3)会议议程;(4)董事发言要点;(5)每一决议事项的表决方式和结果。

董事会亦可采用书面决议。书面决议一旦作出,即与董事会会议所作决议具有同等效力。[②] 我国未作明确规定,应理解为准许书面决议,这在实践中也较为普遍。

(五)决议瑕疵的法律后果

董事会决议瑕疵亦有无效和可撤销两种后果,视瑕疵类型而异。[③] 凡是违反法律和行政法规的,这种决议属于无效;若只是会议召集程序和表决方式违反法律、行政法规或公司章程,或决议内容违反公司章程,该决议属于可撤销的决议,且股东应在决议作出之日起60日内请求法院撤销。应公司的请求,法院还可要求该股东提供相应的担保。

第三节 经　　理

一、经理概述

经理,亦称经理人,是指公司聘任的主持公司日常经营管理活动的负责人。经理通常由董事会聘任,我国亦然。法国采用双层委员会体制的公司,经理由监事会任免,而我国台湾地区无限公司和两合公司的经理由全体无限责任股东聘任,有限公司的经理则由全体股东聘任。日本的持分公司亦然。[④]

经理在公司治理中的地位因各国法律传统、董事会体制以及董事会运行模式而异。其一,仅我国将其定位为公司机构之一,股份有限公司还将其与董事会并列。英美将其纳入高管(officer),系公司雇员,而非公司机构。德国、日本、韩国和我国台湾地区将其作为公司的使用人,亦属公司雇员。其二,经理地位因董事会体制而异。在单层委员会以及日本和我国台湾地区的双委员会并行体制下,经营管理权完全授予董事会,经理作为高管,只是依据公司章程或由董事会依据章程的规定授权而行使部分经营管理权,权限大小则因授权范围而异。在法国双层委员会体制下,经理享有所有经营管理权。我国则将经营管理权一分

[①] 参见我国《上市公司章程指引》第123条。
[②] 参见美国《示范公司法》第8.21条。
[③] 参见我国《公司法》第22条。
[④] 参见我国《公司法》第50条、第114条,法国《商事公司法》第120条,我国台湾地区"公司法"第29条,日本《公司法》第591条第2款。

为二,部分授予董事会,部分授予经理,唯公司章程可另行规定。其三,经理地位因董事会运行模式而异。即使董事会体制相同,若运行模式不同,经理地位亦有较大差异(图10-5)。若为看门型董事会,与其说是董事会中心主义,不如说是经理中心主义。若为经营型董事会,经理就难有作为。

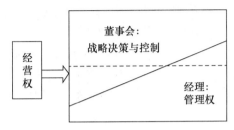

图 10-5　董事会与经理权力的边界

二、经理的资格与任免

经理任职资格,与董事相同。任免机关则有董事会、监事会和股东会三种形式,以董事会任免为通例。① 我国也不例外,经理提名和任免均由董事会决定,而副经理虽仍由董事会任免,但由经理提名。董事会可因故或无故解聘经理,若因此违反合同约定,则应承担违约责任(引例1-4)。法国采用双层委员会体制的公司,则由监事会任免经理。我国台湾地区采用股东任免模式,适用于无限公司、两合公司和有限公司经理。无限公司和两合公司经理的任免由全体无限责任股东过半数同意即可,有限公司则由全体股东过半数同意。日本持分公司经理的任免亦由股东负责。

三、经理的职权

经理职权有法定和意定之分。英美采用意定模式,大陆法系采用法定模式。授权方式亦有概括型和列举型两种类型,概括型授权为通例。② 我国独辟蹊径,采用法定与意定相结合的模式,就法定职权而言,《公司法》第49条和第113条采用列举式,明确列举了以下8项:(1) 主持公司的生产经营管理工作,组织实施董事会决议;(2) 组织实施公司年度经营计划和投资方案;(3) 拟订公司内部管理机构设置方案;(4) 拟订公司的基本管理制度;(5) 制定公司的具体规章;(6) 提请聘任或者解聘公司副经理、财务负责人;(7) 决定聘任或者解聘除应由董事会决定聘

---

① 参见美国《示范公司法》第8.40条,加拿大《公司法》第121条,日本《公司法》第10条,我国台湾地区"公司法"第29条第1款第3项。

② 参见日本《公司法》第11条第1—2款,德国《商法典》第49条,意大利《民法典》第2204条,我国台湾地区"民法典"第554—555条。

任或者解聘以外的负责管理人员;(8)董事会授予的其他职权。此乃经理的默示职权。此外,还有意定职权,包括公司章程另有规定和董事授予的其他职权两大来源。如公司章程约定经理为公司法定代表人,经理亦可享有对外代表权。

既然如此,经理职权的限制也来自于法定和意定两个方面:一是法律的直接限制。依据德国《商法典》第49条第2款,若无特别授权,经理不得实施土地让与和设定负担。依据意大利《民法典》第2204条第1款,未经明确授权,经理不得转让或抵押企业的不动产。法国和我国台湾地区有类似限制。① 二是意定的限制。既然董事会可以授权,自然可以对其作出各种限制,唯此限制不得对抗善意第三人。② 在我国,依据《合同法》第50条,这种限制也不能对抗善意第三人。

第四节 监 事 会

一、监事会的地位和职责

(一)设置与地位

有权必有责,用权必受监督,董事和经理自不例外。监事会就是由全体监事组成的对公司业务活动进行监督和检查的机构。这是我国股份有限公司和一般有限责任公司的必设机构,唯股东人数较少或者规模较小的有限责任公司可不设监事会,只设1—2名监事。

依据分权制衡的理念,监督机制乃各国通例,唯其存在形式因各国法律传统和董事会体制而异(表10-15)。归结起来,主要有两种模式:一是独立机构。我国采用独立机构模式,监事会与董事会并行,均由股东(大)会选举产生,日本和意大利实行双委员会并行体制的公司以及我国台湾地区的监察人亦然。德国和法国双层委员会体制下的监事会,不仅机构独立,而且拥有任免董事的权力,欧洲公司亦然。二是非执行董事模式。英美则没有独立的监督机构,主要由非执行董事负责监督。无论采用何种模式,均强调其组成人员的独立性。美国要求上市公司的审计委员会成员全由独立董事组成,日本要求审计委员会、薪酬委员会和提名委员会的非执行董事达到1/2以上,意大利要求采用该模式的董事会至少有1/3的董事具备独立性。③ 采用单层委员会体制的欧洲公司亦然。日本采用单层委员会体制的公司和双委员会并行体制的大型公司,还需设会计检查人,采用双委员会并行体制的中小公司可以选择设立会计检查人,检查公司的财

---

① 参见法国《商事公司法》第128条第2款,我国台湾地区"民法典"第554条第2款。
② 参见日本《公司法》第11条第3款,德国《商法典》第50条第1款,法国《商事公司法》第124条第3款,我国台湾地区"公司法"第36条。
③ 参见美国《SOX法案》第204、301、310条,日本《公司法》第400条,意大利《民法典》第2409条。

务会计报表及其附属明细表、临时财务报表以及合并财务报表,制作会计检查报告。

表10-15 不同董事会体制下的监督机构

		名称	独立机构	人员独立性
中国	双委员会并行	监事会	√	
欧洲公司	单层委员会	董事会内设		√
	双层委员会	监事会	√	
英美国家	单层委员会	董事会内设		非执行董事>1/2
德国	双层委员会	监事会	√	
法国	单层委员会	董事会内设		非执行董事>1/2
	双层委员会	监事会	√	
意大利	双委员会并行	监事会	√	
	单层委员会	董事会内设		独立董事>1/3
	双层委员会	监督委员会	√	
日本	双委员会并行	监事会	√	
	单层委员会	董事会内设		非执行董事>1/2

（二）职权

监事会和不设监事会的公司监事行使的职权如下:(1)检查公司财务;(2)对董事、高管执行公司职务的行为进行监督,对违反法律、行政法规、公司章程或者股东会决议的董事、高管提出罢免的建议;(3)当董事、高管的行为损害公司的利益时,要求董事、高管予以纠正;(4)提议召开临时股东会会议,在董事会不履行本法规定的召集和主持股东会会议职责时召集和主持股东会会议;(5)向股东会会议提出提案;(6)依法对董事、高管提起诉讼;(7)列席董事会会议,并对董事会决议事项提出质询或者建议;(8)在发现公司经营情况异常时,可以进行调查。必要时,可以聘请会计师事务所等协助其工作,费用由公司承担;(9)董事会或执行董事不履行或不能履行召集股东(大)会会议职责时,召集和主持股东(大)会;(10)公司章程规定的其他职权。至于国有独资公司,监事会只能行使前3项以及国务院规定的其他职权。

二、监事会的产生、构成与任期

（一）人数与构成

监事会需由3名以上监事组成,国有独资公司则不得少于5人,唯股东人数较少或者规模较小的有限责任公司可只设1—2名监事。这与日本、德国和意大利相似。①

就产生方式而言,股东代表监事由股东(大)会选举产生,职工代表监事由公司职工通过职工代表大会、职工大会或者其他形式民主选举产生。职工监事比例不得少于1/3,具体比例由公司章程自治。德国和荷兰也采用职工强制参与模式②,德国一般设有1/2或1/3的职工代表监事比例,而荷兰没有比例限制。

(二)监事任职资格

董事任职的消极资格,均适用于监事。此外,董事和高管均不得兼任监事。德国、意大利和日本亦设此限。③ 德国要求监事为自然人,欧洲公司则准许法人担任监事。意大利对监事有专业素质的要求,比如,至少1名监事和候补监事为取得会计师资格的人士,其余人员亦需为专业人士或大学里经济或法律专业的教授、副教授,日本对会计检查人亦设有注册会计师资格的门槛。④

(三)组成与任期

监事会设主席1人,股份有限公司还可以设副主席。主席和副主席均由全体监事过半数选举产生,唯国有独资公司由国有资产监督管理机构从监事中指定。到底是由股东代表还是职工代表任主席,法无明确规定,应理解为两者均可。意大利则是由股东大会任命监事会主席,欧洲公司则要求在职工监事占半数的公司,只能由股东代表任主席。⑤

监事每届任期为3年,连选可连任。我国台湾地区亦然。日本监事的任期为4年,会计检查人的任期为1年,德国亦然。意大利为3年;法国为6年,欧洲公司亦然。⑥ 若监事任期届满未及时改选,或者监事在任期内辞职导致监事会成员低于法定人数的,在改选出的监事就任前,原监事仍应依照法律、行政法规和公司章程的规定,履行监事职务。

三、监事会会议

(一)会议的召集

既为合议体,监事会就需通过会议行使其职权。有限责任公司和股份有限公司分别有2个顺序和3个顺序的会议召集人和主持人(表10-3)。日本则是

---

① 参见日本《公司法》第328条,意大利《民法典》第2397条,德国《股份公司法》第95条。
② 参见朱羿锟:《公司控制权配置论》,经济管理出版社2001年版,第400—401、406—408页。
③ 参见德国《股份公司法》第105条,意大利《民法典》第2399条,日本《公司法》第335条第2款。
④ 参见意大利《民法典》第2397条第2款,日本《公司法》第337条。
⑤ 参见我国《公司法》第51条第3款、第70条第2款和第117条第3款,意大利《民法典》第2398条,《欧洲公司条例》第42条。
⑥ 参见我国《公司法》第52条和第117条第5款,我国台湾地区"公司法"第217条,日本《公司法》第336条和第338条,德国《股份公司法》第102条,意大利《民法典》第2400条,法国《商事公司法》第134条,《欧洲公司条例》第46条第1款。

每个监事均可召集会议,德国还准予董事会提议召集监事会会议,若其提议不能得到满足,可自行召集监事会会议。①

监事会会议亦有例会与临时会议之分。有限责任公司的例会为每年 1 次,股份有限公司则为每年 2 次。德国与此类似,至少为每年 2 次,而意大利会议频度最高,每 90 天即应召开 1 次例会。② 临时会议则因监事的提议而随时召开。

(二) 议事规则

监事会会议方式和表决程序原则上由公司章程自治,唯决议的定足数有法定要求:由半数以上监事通过。所议事项的决定应作成会议记录,出席会议的监事均应在记录上签名。日本和德国与此类似。欧洲公司所要求的法定人数亦同,如出现僵局,主席拥有关键票。法国双层委员会体制下的监事会主席亦然。远程方式作出决议已然成为通例。③

第五节 董事、监事和高管的义务与责任

一、董事、监事和高管义务的概述

有权必有责,董事、监事和高管既然行使公司职权,自应承担相应的义务与责任。对于董事与公司之间的关系,英美定性为信托关系,大陆法系则定性为委任关系,两大法系分歧明显。但是,董事所担负的忠实义务(duty of loyalty)和勤勉义务(duty of diligence),则是共同的。依据我国《公司法》第 147 条,董事、监事和高管均承担这两大义务(图 10-6)。忠实义务旨在克服董事、监事和高管的贪婪和自私行为,勤勉义务旨在防止其偷懒(shirking)和没有责任心。部分忠实义务并不以任期为限,比如禁止泄密可能延续到离任后的合理时期内。④

值得注意的是,他们只是对公司负有义务,为公司价值最大化服务。公司利益已不再是股东利益的代名词,但股东利益最大化仍为首要目标。同时,还应维护利益相关者的权益。董事、监事和高管仅对公司整体负有义务⑤,除股东代表诉讼外,单个股东或利益相关者不能请求强制执行。

---

① 参见日本《公司法》第 391 条,德国《股份公司法》第 110 条。
② 参见我国《公司法》第 55 条和第 119 条,德国《股份公司法》第 110 条,意大利《民法典》第 2404 条。
③ 参见日本《公司法》第 393 条,德国《股份公司法》第 108 条,意大利《民法典》第 2404 条第 2—4 款,《欧洲公司条例》第 50 条第 1—2 款,法国《商事公司法》第 139 条。
④ 参见我国《上市公司章程指引》第 101 条、《到境外上市公司章程必备条款》第 118 条,《欧洲公司条例》第 49 条。
⑤ 参见我国《公司法》第 147 条,英国《公司法》第 309 条第 1—2 款,美国《示范公司法》第 8.30 条和第 8.42 条,日本《公司法》第 355 条。

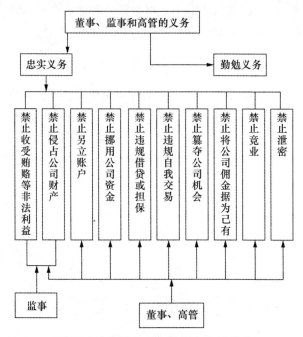

图 10-6 董事、监事和高管义务的类型

二、忠实义务

忠实义务相当于狭义的信义义务（fiduciary duty）[①]，是指董事、监事和高管受人之托，应忠人之事，不仅应为公司的最大利益行事，而且应在个人与公司利益相冲突时，以公司利益为重，服从公司利益。如果说勤勉义务是对能力的要求，忠实义务则为品行要求。

我国不仅对忠实义务有概括性要求，而且还有分类列举（图 10-6）。鉴于监事并不介入业务执行，其义务相对简单，仅有 2 项：禁止利用职权收受贿赂或其他非法收入，禁止侵占公司财产。至于董事和高管，不仅有这 2 种义务，还有以下 8 种义务：(1) 禁止挪用公司资金；(2) 禁止将公司资金以其个人名义或者以其他个人名义开立账户存储；(3) 禁止违反公司章程的规定，未经股东会、股东大会或者董事会同意，将公司资金借贷给他人或者以公司财产为他人提供担保；(4) 禁止违反公司章程的规定或者未经股东会、股东大会同意，与本公司订立合

[①] 部分学者将忠实义务与信义义务相等同，如 R. W. Hamilton, The Law of Corporations, 法律出版社 1999 年版，第 378 页和〔英〕丹尼斯·吉南：《公司法》，朱羿锟译，法律出版社 2005 年版，第 296—297 页；而部分学者认为信义义务为上位概念，包括勤勉义务和忠实义务，参见 L. D. Solomon, A. R. Palmiter, Corporations, Aspen Law and Business Inc., 1999, p.195. 鉴于多数人论述信义义务时，强调忠实义务，甚至仅指向忠实义务，故不妨将其作广义与狭义之分。

同或者进行交易;(5) 未经股东会或者股东大会同意,不得利用职务便利为自己或者他人谋取属于公司的商业机会,自营或者为他人经营与所任职公司同类的业务;(6) 禁止将他人与公司交易的佣金归为己有;(7) 不得擅自披露公司秘密;(8) 禁止违反对公司忠实义务的其他行为。该分类并无统一标准,互有交叉,同一行为可能触犯多种义务。

囿于篇幅,下文仅讨论禁止违规自我交易、禁止篡夺公司机会和竞业禁止。

(一) 禁止违规自我交易

自我交易(self-dealing),亦称利益冲突交易,是指董事、高管或与其有重大利害关系的其他人与其所任职的公司之间的交易。这种交易极易损害公司利益,19世纪晚期以前均为全面禁止,20世纪初有所放松。迄今,有限许可为各国通例。只要公平,即可得到支持。反之,即使形式上获得批准,交易不公平,亦可撤销。我国亦然。只要符合公司章程的规定,或者得到股东(大)会同意,即予认可。

至于认可机关,各国大多准予董事会和股东大会批准自我交易。[①] 我国亦然,唯韩国仅准予董事会批准自我交易,日本则仅准许股东大会予以批准。[②] 美国法学会《公司治理原则》第5.02条将董事和高管区别对待,高管的自我交易只要经无利害关系的上司批准即可,无须多数无利害关系的董事批准。[③]

我国未对认可自我交易的程序作出明确规定,自然公司章程可自行规定。美国的程序规范可资借鉴。一是事前批准。在董事会或股东大会批准该交易前,利害关系董事或高管需向其披露利益冲突。批准的决议应由出席会议的无利害关系的多数董事或股东表决通过。[④] 二是事后批准。美国《示范公司法》第8.61条承认事后披露,唯美国法学会《公司治理准则》第5.02条要求法院严格审查董事会的事后批准,考察是否因此危害公司利益。一经批准,公司与董事、高管便获得"安全港"。

经批准的自我交易并非绝对安全。法院是否认可,最终要考察其公允性。具体说来,未经批准的,只要公平,可能得到认可;反之,虽经批准但不公平,也可能被撤销。[⑤] 批准程序意义何在? 主要是程序方面,证明标准和举证责任因此而有所不同。凡是经批准的交易,推翻其所要求的不公平程度高于未经批准的交易。未经批准的交易,由有利害关系的董事、高管证明其公平性,而经批准的交易则由异议人证明其不公平性。[⑥]

---

① 参见美国《示范公司法》第8.61条。另见 L. C. B. Gower etc., Gower's Priciples of Modern Company Law (5th), Sweet & Maxwell, 1992, pp.560—562。
② 参见《韩国商法典》第398条,日本《公司法》第356条。
③ 美国法学会《公司治理原则》第5.02条。
④ 参见美国《示范公司法》第8.62条和第8.63条。
⑤ 参见朱羿锟:《董事问责标准的重构》,北京大学出版社2011年版,第40页。
⑥ 参见美国法学会《公司治理原则》第5.02条,《示范公司法》第8.61条。

(二) 禁止篡夺公司机会

公司机会是指提供给公司的或董事及高管在执行职务时所获得的、与公司经营活动相关的取得或运用合同的权利、其他有形或无形财产或财产权的各种交易机会。公司机会准则滥觞于英美,英国比美国更为严格和谨慎,日本和德国等大陆法系国家相继引入该准则。我国亦然,凡是未经股东(大)会同意,董事和高管不得利用职务的便利谋取公司的商业机会,为他人谋取亦在禁止之列。

公司机会的认定便成为关键。美国判例法上有3个标准:一是利益或期待标准。只要公司对该机会具有利益或者期待利益,便属于公司机会。二是经营范围标准。只要属于公司经营范围之内的机会,均属公司机会。三是公平标准。依据特定事实,只要董事或高管利用该机会对公司属于不公平,该机会则应属于公司机会。实践中,法院往往综合利用经营范围标准和公平标准。前者用以衡量公司是否对特定机会具有合法利益,后者用以衡量董事或高管是否可以利用该机会。以下5个因素有助于判断公司机会:(1)事先是否向公司或董事会报告过该机会;(2)是否利用职务而获得该信息;(3)是否利用公司设备或财产而取得该机会;(5)利用该机会是否与公司形成竞争;(5)公司是否实质上需要该机会。

虽为禁止,但并非绝对禁止,有限许可已成为通例。我国亦然,只要股东(大)会同意,即可利用公司机会。一般说来,公司拒绝的机会,公司不能利用的机会——既包括事实上的不能,也包括法律上的不能,以及善意利用公司机会,且不与公司形成竞争,属许可之列。

(三) 竞业禁止

董事或高管竞业禁止义务,亦称董事或高管竞业回避义务或竞业避止义务,是指董事或高管依法或依约而不得从事与所任职公司具有竞争性的营业,或在其他有限责任公司、股份有限公司或其他经济组织兼职。为预防董事或高管利用竞业机会侵犯公司利益,竞业禁止,乃各国通例。① 我国亦然,《公司法》第148条第1款第5项规定,未经股东(大)会同意,董事或高管不得自营或与他人经营与所任职公司同类的业务。第69条则专门针对国有独资公司的董事和高管规定,未经国有资产监督管理机构同意,禁止其在其他有限责任公司、股份有限公司或其他经济组织兼职。可见,同业竞业禁止义务适用于所有公司,而兼业竞业禁止义务仅适用于国有独资公司。

经特定机关同意即可解除董事或高管的竞业禁止义务,亦为通例。批准机关有董事会、监事会和股东大会,韩国为董事会,德国为监事会,日本和我国台湾地区为股东大会。我国公司的同业竞业禁止之批准机关也是股东(大)会,唯国

---

① 参见德国《股份公司法》第88条第1款,日本《公司法》第12条和第356条,韩国《商法典》第397条,我国台湾地区"公司法"第209条。

有独资公司的兼业竞业禁止之批准机关为国有资产监督管理机构。至于批准时间,原则上应为事前批准,因为事后追认无异于对董事违反义务之责任免除。批准的方式可为单个交易的批准,亦可采用概括性批准,此乃公司自治的领地。

三、勤勉义务

勤勉义务,是指董事、监事和高管需以合理的注意管理或控制公司事务。这是对董事、监事和高管能力的要求,乃各国通例,唯称谓有所不同。大陆法系一般称为善管注意义务或善管义务,英美则有多种表述,如注意义务(duty of care)、注意和技能义务(duty of care and skill)、技能和注意义务(duty of skill and care)、技能、注意和勤勉义务(duty of skill, care and diligence),均简称注意义务(duty of care)。① 我国虽使用"勤勉"称谓,反映了有关部门的偏好,其本意就是注意义务。②

何以构成勤勉？大陆法系一般要求董事、监事或高管需以善良家父(bonus parterfamilias)(理智人)应有的注意行事,此乃客观标准,亦即日本学者所说"董事应以社会通常观念上处于董事地位之人通常被要求的注意遂行其职务"③,德国《股份公司法》第93条则要求应为正直的、有责任心的业务领导人。英美判例法和制定法更为详尽。英国要求董事具有与其所任职务相当的技能、勤勉和注意,若实际技能、勤勉和注意能力超过与其所任职务相当的水平,则从其实际水平,但非执行董事没有持续关注公司事务的义务。④ 美国《示范公司法》第8.30条明确要求,董事应尽到处于相似地位的普通谨慎人在相似情况下所应尽到的注意。美国法学会《公司治理原则》第4.01条厘定了3项条件:(1)他与该交易无利害关系;(2)他意识到所作商事判断所涉及的主旨,而该主旨使其完全有理由相信他依具体情况所做的商事判断是完全适应的;(3)他完全有理由相信,其商事判断对公司是最为有利的。只要满足该3项条件,即告达到注意的要求。

勤勉义务是一把双刃剑。如要求过高,董事、监事或高管可能因过于谨慎而畏首畏尾,裹足不前,甚至因职务风险大而不敢担任这些职务。⑤ 如是,就有悖于公司价值最大化的宗旨,不能为股东和利益相关者带来最大利益。源于判例积淀的商事判断规则(business judgment rule)在美国应运而生,以免除董事或高

---

① 参见〔英〕丹尼斯·吉南:《公司法》,朱羿锟译,法律出版社2005年版,第300页;D. Campbell, Liability of Corporate Directors, Lloyd's of London Press, 1993, p.193; P. L. R. Mitchell, Director's Duties and Insider dealing, Butterworth, 1982, p.40.
② 参见 Black's Law Dictionary(6th ed.), West Publishing Co., 1990, p.457.
③ 参见〔日〕前田庸:《会社入门》,日本有斐阁1991年版,第261页;另见我国台湾地区"公司法"第23条第1款。
④ 参见〔英〕丹尼斯·吉南:《公司法》,朱羿锟译,法律出版社2005年版,第300—302页。
⑤ 参见朱羿锟:《论董事问责的诚信路径》,载《中国法学》2008年第3期。

管合理的经营失误的责任。该判例法原理已反映到制定法,比如美国《示范公司法》第 8.31 条、第 8.42 条和美国法学会《公司治理原则》第 4.01 条。据此,只要董事或高管与所涉交易无利害关系,且在作出判断时有正当理由相信其据以作出判断的信息在当时情形下是妥当的,也符合公司的最大利益,即使后来事实证明该判断存在失误,亦无须对因此给公司造成的损失负责。它并未否定勤勉义务,只是降低了勤勉义务的标准而已。它假定董事或高管以善意和合理注意的方式行事,主张其承担责任的原告必须承担举证责任。① 在法院审理时,主要审查该判断作出的过程或程序,而非判断本身正确与否。可见,其考量的程序因素大于实体因素。

日本已引入商事判断规则,德国等亦考虑将其引入。在我国,当下董事勤勉标准的把握往往摇摆于宽大和严格两个极端之间(引例 10-9)。为推进现代企业制度建设,促进公司治理运行机制化,引入该规则颇为紧迫。②

引例 10-9

天目药业独董投反对票遭罢免③

郑立新和徐壮城均为天目药业(600671)的独董,现代公司系持股 7.09% 的第三大股东。2014 年 4 月,在天目药业董事会审议的 7 份议案中,他们对《2013 年度财务决算报告》和《2013 年年度报告》两份议案投下反对票,理由为:对相关财务数据的真实性没法核实。在 2013 年 5 月 26 日股东大会上,现代公司则提出罢免其独董职务的两份临时提案,并以近 7 成的同意票获得通过,理由是他们没有正确履行职责,未尽到勤勉义务,对公司决策事项缺乏审慎判断和决策,给上市公司形象造成负面影响。此前,上交所相继于 5 月 16 日和 21 日向天目药业发出监管工作函。

四、董事、监事和高管的责任

(一) 责任的类型

董事违反前述义务,自应承担相应的责任,包括民事责任、行政责任和刑事责任。就民事责任而言,违反忠实义务和勤勉义务均可导致损害赔偿责任。违反忠实义务还可能导致停止侵害请求权、归入权、返还财产以及撤销权。尽管我国《公司法》并未就违反忠实义务规定撤销权,但并不妨碍公司依据《合同法》请

---

① 参见美国《示范公司法》第 8.31 条。
② 参见朱羿锟:《董事问责标准的重构》,北京大学出版社 2011 年版,第 109 页。
③ 李智:《天目药业独董投反对票遭罢免》,载《每日经济新闻》2014 年 5 月 28 日。

求撤销合同。对于违反忠实义务,只要有违反义务的行为,即产生相应的责任,无须证明董事、监事或高管主观上有过错。而追究违反注意义务的责任,则需要证明其主观上有过错。如引入商事判断规则,则应考察是否有重大过失。① 执行董事和高管往往与公司有合同关系,公司还可依据《合同法》追究其责任。

行政责任主要表现为罚款和取消担任董事、监事或高管的资格(disqualification)。构成犯罪的,还要依法追究其刑事责任。在我国,就取消董事、监事或高管的资格而言,《公司法》第 146 条的消极资格无疑构成重要的制约。对于证券公司,《证券法》第 152 条授权中国证监会撤销违反勤勉义务的董事、监事或高管的任职资格。对金融机构的董事和高管亦有该处罚,中国人民银行对于有违法违规行为的银行、信用社、财务公司、信托公司、金融租赁公司等机构的董事和高管,有权撤销其永久或在一定期限内担任金融机构高管或与原职务相当职务的资格。② 至于上市公司,只要董事、监事、高管被中国证监会处以证券市场禁入措施,即不能在禁入期间担任任何上市公司的董事、监事或高管(引例 10-10)。比较而言,我国一般由行政机关处罚,而英国、美国和我国香港则由法院处罚。③

> **引例 10-10**
>
> ### 顾雏军等人被取消担任董事、监事、高管的资格④
>
> 2006 年 6 月 15 日,证监会对广东科龙电器股份有限公司及其责任人员的证券违法违规行为,依法作出了行政处罚与市场禁入决定。顾雏军作为全部违法行为的组织者、领导者、策划者、指挥者,被科以永久性市场禁入;刘从梦、严友松、张宏、李志成、姜宝军、晏果茹、李振华、方志国分别对其参与、知悉的违法行为或者审议通过的相关年度报告负责,严友松、张宏被科以市场禁入 10 年,李志成、姜宝军、晏果茹、方志国被科以市场禁入 5 年。

(二)民事责任的免除与限制

免除或限制董事、监事或高管的民事责任,亦属通例。⑤ 美国和日本最为自

---

① 参见朱羿锟:《董事会结构性偏见的心理学机理及问责路径》,载《法学研究》2010 年第 3 期。
② 参见最高人民法院《关于审理企业破产案件若干问题的规定》第 103 条,《金融违法行为处罚办法》第 3 条第 3 款。
③ 参见英国《取消董事资格法》第 1—6 条,美国《SOX 法案》第 305 条和我国香港《公司条例》第 168 条 D。
④ 证监法律字〔2006〕4 号。
⑤ 参见朱羿锟:《董事问责:制度结构与效率》,法律出版社 2012 年版,第 150 页。

由,英国、加拿大、法国和德国则有较多限制条件,我国则只有法定免责。一般说来,忠实义务的责任不得免除,违反注意义务的责任可以限制或免除,事前或事后限制或免除均可。但是,因故意或不诚实所产生的责任,不在此列。

免除和限制其责任的方式,主要有以下5种:其一,法律规定。依据我国《公司法》第112条第3款,董事在董事会表决时有异议,并记载于会议记录的,可免于承担因董事会决议违法或违反公司章程、股东大会决议而产生的损害赔偿责任。在日本,代表董事和执行官以其在公司接受或应当接受的6年经济利益为限,非代表执行董事和执行官以4年为限,非执行董事、监事、会计检查人或会计参与以2年为限对损害承担赔偿责任。① 美国弗吉尼亚州公司法有类似的金额限制。其二,公司章程规定。美国、日本等国明确准许公司章程限制或免除董事、监事或高管责任②,而英国、德国和加拿大等国则不允许③。我国虽无明确规定,只要不违反强行法规范,这种规定亦属公司章程自治。其三,公司补偿。我国对此无明确规定,西方国家一般准予公司补偿其有关违反注意义务诉讼的费用和应支付的赔偿金。美国准许公司预支合理的费用,公司章程可将补偿变为强制条款。④ 其四,责任保险。这是以公司董事、监事或高管为被保险人,以其对公司或第三人的民事赔偿责任以及解决该争议所发生的费用为保险标的的险种。这种风险转移机制,亦属通例,美国尤为发达。我国《公司法》虽无明文规定,但在推行独立董事时有所倡导⑤,这亦属保险市场发展的大势所趋。其五,公司股东(大)会决议。德国虽不准许运用公司章程限制或免除该责任,但是在该责任产生3年后,准予公司通过股东大会决议,放弃公司所享有的赔偿请求权。⑥ 我国《公司法》并无禁止,公司自应享有该自由。

第六节　经营者薪酬

一、经营者薪酬概述

经营者的企业家能力与公司价值最大化休戚相关,且愈来愈具有决定性意义。薪酬激励系协调经营者与公司利益的主流工具,我国亦不例外。⑦ 激励性、

---

① 参见日本《公司法》第425条。
② 参见美国《示范公司法》第2.02条、特拉华州《普通公司法》第102条,日本《公司法》第426条。
③ 参见英国《公司法》第310条和第710条,德国《股份公司法》第23条,加拿大《公司法》第122条。
④ 参见美国《示范公司法》第2.02条、第8.53条和第8.58条。
⑤ 参见我国《关于在上市公司建立独立董事制度的指导意见》第7条第6项。
⑥ 参见德国《股份公司法》第93条第4款。
⑦ 参见我国《上市公司治理准则》第77条。

定位性和利益冲突性为其主要特征。

首先来看激励性。薪酬需足以吸引和留住经营者,才能激励其充分发挥其经营管理才能。如是,经营者薪酬价格不菲,动辄数百万、数千万,甚至数亿元(引例10-11)。就其构成来看,除固定底薪外,还有由奖金和长期激励所构成的可变部分。在美国标准普尔500公司中,股票期权就占经营者总薪酬的1/2左右。[1] 我国也准予上市公司以限制性股票、股票期权及法律、行政法规允许的其他股权激励方式激励公司经营者。该激励计划所涉及的股票总数以公司股本总额的10%为限,非经股东大会特别决议批准,任何一名激励对象通过全部有效的股权激励计划获授的本公司股票累计不得超过公司股本总额的1%。

> **引例 10-11**
>
> ### 联想集团 CEO 杨元庆薪酬又涨[2]
>
> 2013/2014年度,联想集团营收387亿美元,同比长14.3%;全年净利润为8.17亿美元,同比增长28.7%,不仅超出分析师预期,且创下历史新高。公司给予杨元庆的奖金和长期激励奖励大幅增长,推动其薪酬,年薪总额达到2136万美元,较2012年的1460万美元年薪大幅上涨46%。据美国高管薪酬调查机构Equilar统计,当年美国公司CEO薪酬的中位数为1390万美元,增幅约为9%。杨元庆的年薪及其增幅均远远超出中位数水平。

其次是定位性。经理市场并不像劳动力市场那么简单,这种市场只具有定位性(positional),无法给出明码实价,没有现货市场价。[3] 不同企业CEO薪酬差别很大,即使在相对小范围的比较群体中,如相似规模、行业和业绩的企业,CEO薪酬差异也较大。这就好比"普罗透斯"的脸,变动不居。一个经营者到底价值几何,得由企业具体情况具体分析,是企业治理结构、经营绩效、高管人力资本特征、企业文化以及高管个体偏好等多种因素共同作用的结果。

最后就是利益冲突性。鉴于经营者地位的特殊性,很容易在其薪酬决策过程中因脚踏两只船而形成自我交易。实践中,这种问题可谓比比皆是(引

---

① 参见 M. Jensen and K. Murphy, Remuneration: Where We've Been, How We Got Here, What Are the Problems, and How to Fix Them, ECGI Working Paper No. 44/2004, http://ssrn.com/abstract=561305, 2014年4月13日访问。

② 参见罗亮:《联想集团CEO杨元庆薪酬涨至2136万美元》, http://tech.caijing.com.cn/2014-05-30/114223723.html,2014年5月30日访问。

③ J. N. Gordon. Executive Compensation: If There's a Problem, What's the Remedy, ECGI Working Paper No.35/2005, http://ssrn.com/abstract=686464,2014年4月13日访问。

例 10-12），难怪其薪酬增长与公司业绩基本上不相关的顽疾久治不愈①，为此，程序公正成为规制这种自我交易从而使经营者薪酬获得公信力的关键。

> **引例 10-12**
>
> ### 董事长的点子奖 2000 万/年，该拿？！②
>
> 位于广东省广州市城乡结合部的沙东公司实施了董事长杨锦兴的两个提案，2004 年产生 9 亿元的毛利润，杨董事长于 2005 年春节前后提取"点子奖"2100 万元，而且还可以提取 4 年，合计过亿元。股东们对董事长履行其职责而领取足以创下吉尼斯纪录的"点子奖"提出了强烈的质疑，而董事长则拿出了领奖依据，即股东代表大会于 2001 年通过的《干部、职工提案奖励制度》。股东们才恍然大悟，当初董事长为何踢开 600 多名股东，利用 40 多个股东召开股东代表大会通过该制度。

二、经营者薪酬决策

该决策权的配置因董事会体制而异。在单层董事会体制下，英国、美国和日本如公司章程无规定，则董事会享有决定权，法国则由股东大会决定，但董事长薪酬由董事会确定。③ 在双层委员会体制下，德国和法国监事薪酬由公司章程确定，或由股东大会决定，董事薪酬则由监事会确定。④ 在我国，董事和监事薪酬均由股东（大）会决定，高管薪酬由董事会决定。

随着股权激励愈来愈普遍，在经营者薪酬中占比愈来愈高。股权激励由股东大会批准，乃各国通例，我国自不例外。⑤ 对于上市公司，董事会的薪酬委员会负责拟定股权激励计划草案，董事会审议通过后，应在 2 个交易日内公告董事会决议、股权激励计划草案摘要和独立董事意见，并将有关材料报中国证监会备案，同时抄报证券交易所及公司所在地证监局。中国证监会自收到完整的股权激励计划备案申请材料之日起 20 个工作日内未提出异议的，上市公司可发出召

---

① 参见朱羿锟：《论高管"问题薪酬"的董事问责》，载《现代法学》2010 年第 4 期。
② 参见龙金光和丰鸿平：《靠一个点子，董事长从公司拿奖 2000 万》，载《南方都市报》2005 年 6 月 7 日。
③ 参见美国《示范公司法》第 8.11 条，日本《公司法》第 404 条和第 409 条，法国《商事公司法》第 108—110 条。
④ 参见德国《股份公司法》第 87 条和第 113 条，法国《商事公司法》第 123 条和第 140—142 条。
⑤ 参见我国《上市公司股权激励管理办法（试行）》第 37 条和第 41 条，英国伦敦证券交易所《上市规则》第 13.13 条，欧盟委员会《培育上市公司董事的适宜薪酬体系的建议》第 6.1 条。

开股东大会的通知,审议并实施股权激励计划。在该期限内,中国证监会提出异议的,上市公司不得发出召开股东大会的通知审议及实施该计划。股东大会决议须经出席会议的股东所持表决权的 2/3 以上通过。① 此后,公司才能付诸实施。

其实,董事会在经营者薪酬决策过程中最为关键。为构筑利益冲突隔离机制,薪酬委员会由独立董事主导,甚至全由独立董事组成,乃是通例。我国要求独立董事占该委员会成员的多数席位,并由其担任召集人(表 10-12)。为增强决策依据的客观性,对审计委员会独立性亦有此要求。如是,独立董事才敢就经营者薪酬发表独立意见,实现经营者薪酬与公司价值最大化挂钩。

三、经营者薪酬信息披露

改革开放三十多年来,我国经济高速发展,人均 GDP 已进入"中等收入"发展阶段,收入分配悬殊的问题凸显②,股东"割肉",普通员工"割肉",而经营者"吃肉",受到广泛诟病。经营者薪酬成为加剧收入分配两极分化的重要因素,其包容性已经成为我国收入分配改革的一个重要课题。③ 阳光之下无憾事。强化经营者薪酬信息披露,就是促进高管薪酬包容性增长的一个重要方面。

(一) 披露形式

经营者薪酬信息披露主要有年度报告和临时报告两种形式。就年度报告而言,目前仅适用于股份有限公司,定期向股东披露董事、监事和高管的薪酬。年度报告披露的具体方式则有两种,一是德国、荷兰和意大利的分散披露模式,二是英国、美国、法国和欧盟委员会的集中披露模式。至于临时报告,主要是指股票和股票期权交易的临时报告。这是因为,股票、股票期权等激励是经营者薪酬的主要组成部分。凡是该股票或股票期权发生交易的,应依法进行临时报告。我国《上市公司股权激励管理办法(试行)》第 44 条对信息披露作出了明确要求。

(二) 披露范围

就信息披露的涵摄面来看,有全面披露和简易披露两种模式。前者不仅要求全面披露经营者的薪酬情况,而且还包括每个经营者薪酬的细节,采用这一模式的主要有英国、美国、爱尔兰、法国、意大利、荷兰、瑞典和欧盟委员会。后者只要求披露经营者薪酬的概括情况,即全体经营者薪酬总体情况,如德国、奥地利、西班牙、比利时、卢森堡、丹麦、芬兰和葡萄牙。我国已经实行全面披露模式,董

---

① 参见我国《上市公司股权激励管理办法(试行)》第 28、30、33—34、37 条。
② 参见孙亦军、梁云凤:《我国个人所得税改革效果评析及对策建议》,载《中央财经大学学报》2013 年第 1 期。
③ 参见朱羿锟:《论高管薪酬包容性增长机制》,载《法学评论》2014 年第 3 期。

事会、监事会和高管的薪酬总额以及每位现任董事、监事和高管的薪酬,均在披露之列。① 薪酬的构成,除基本工资、各项奖金外,还有福利、补贴、公积金、年金、住房津贴及其他津贴等。对于股权激励,《上市公司股权激励管理办法(试行)》第42条要求定期报告披露报告期内以下内容:(1)报告期内激励对象的范围;(2)报告期内授出、行使和失效的权益总额;(3)至报告期末累计已授出但尚未行使的权益总额;(4)报告期内授予价格与行权价格历次调整的情况以及经调整后的最新授予价格与行权价格;(5)董事、监事、高级管理人员各自的姓名、职务以及在报告期内历次获授和行使权益的情况;(6)因激励对象行权所引起的股本变动情况;(7)股权激励的会计处理方法。鉴于经营者薪酬的复杂性,如何将各种无形收入量化、显性化,并予以披露,使名义薪酬与其实际收入相吻合,仍是任重道远。

当然,薪酬政策和薪酬委员会运行情况,自应在披露之列。英国、美国和欧盟委员会均要求披露公司的薪酬政策②,欧盟委员会还规定了以下最低披露要求:(1)董事的固定与不固定薪酬的相对比例;(2)对基于绩效的股票、股票期权或其他不股东薪酬,提供其绩效标准的充分信息;(3)薪酬与绩效挂钩的充分信息;(4)年度奖金以及其他非现金利益的主要标准及其依据;(5)补充养老金计划或提前退休计划的主要内容。我国《上市公司年报准则》只要求披露其"确定依据",过于概括。英美均明确要求披露该委员会的构成及其运行情况,尤其是董事会对其方案是否有重大修正或否决情形。我国《上市公司年报准则》虽提及披露经营者薪酬决策程序,但仅涉及薪酬委员会对高管薪酬和股权激励计划的核实意见,对其制定过程、依据、成员参与情况的披露明显不足,难怪不少公司信息披露敷衍了事。③

---

① 参见朱羿锟:《高管薪酬:激励与控制》,法律出版社2014年版,第170页。
② 参见英国《公司法》附件7A第3部分,欧盟委员会的《培育上市公司董事的适宜薪酬体系的建议》第3.3条。
③ 参见朱羿锟:《高管薪酬:激励与控制》,法律出版社2014年版,第174—178页。

第十一章 公司变更

第一节 公司章程修改

一、公司章程修改概述

公司章程修改,是指公司成立后,由于某些情势的变化而依法对已生效的章程进行变更的行为。它具有三个特点:一是其根本目的是为了适应情势变化的需要;二是对已经生效的章程条款的变更;三是必须依法进行,以维护其严肃性和权威性。

章程以促进公司实现价值最大化为宗旨,变与不变,端在于此。公司章程并非"祖宗之法不可变",而是要与时俱进,顺应经营环境与公司成长和发展之需,"事变则法移"。在特定情形下,公司维护其特定的价值,章程被固化,难以修改(引例11-1)。

> **引例11-1**
>
> **阿里巴巴公司章程修改的壁垒**[①]
>
> 阿里巴巴28名创始人通过合伙人制度,以及与大股东软银、雅虎之间的投票权协议,以9.4%的持股控制51.2%的表决权,可谓"四两拨千斤"。为维护这一控制格局,公司章程将其固化,为章程修改设置令人望而却步的壁垒:需要持股比例合计达95%的股东在股东大会投票同意,方可修改章程。

二、公司章程修改的条件与程序

(一)修改主体

股东是当然的修改主体。股东既然制定章程,自然可以修改章程。此乃各国通例,我国亦然(引例11-2)。若章程变更涉及类别股东权益变化,其修改还

[①] 参见林曦、毛思璐:《今后可能要叫他中国科技首富了!》,载《羊城晚报》2014年5月8日。

应征得类别股东的同意。①

> **引例 11-2**
>
> ### 郑百文重组时章程增加"默示同意"条款②
>
> 2000年12月31日,郑百文股东大会通过了包括将公司全体股东所持股份的50%无偿过户给三联集团公司的公司资产与债务重组原则议案。为使股东所持股份的50%能顺利过户,2001年2月22日第一次临时股东大会修改了公司章程,增加了"股东大会在作出某项重大决议,需要每一个股东表态时,同意的股东可以采取默示的意思表示方式,反对股东需作出明示意思表示"。11月8日,郑州市中级人民法院确认该公司临时股东大会作出的《关于授权董事会办理股东股份变动手续的决议》有效,判令郑百文及董事会于判决生效后按上述决议完成股份过户手续。

此外,董事会和法院在有些国家亦可修改公司章程,我国尚无明确规定。董事会限于细微修改,美国就准予董事会在发行股份之前修改公司章程。只要公司章程没有相反规定,董事会无须股东大会批准,即可延长公司存续期限,删除首任董事的姓名、住址、最初法定地址和因回购而消灭的类别股,进行公司名称的细微变更,应对减少授权资本带来的相应变化,和在董事会权限内变更有关类别股条件。③ 法院判令修改公司章程,则限于对小股东因遭遇大股东不公平侵害而提供救济④,或对破产和重组公司的章程进行必要的修改。此时,无须董事会决议,也无须股东大会批准。⑤

(二) 章程修改的范围

在我国,公司章程条款可修改的范围不受限制,任何条款均在可修改之列。英美公司章程实行两分法,章程中的注册地所在国条款是不能修改的,其他必备条款和任意条款均可修改。细则条款同样可以修改,但细则的变更不得与公司章程相抵触。章程可以固化,使其不能修改,而细则条款不得固化,使其不能修改。

---

① 参见我国《到境外上市公司章程必备条款》第79—80条,美国《示范公司法》第10.04条。另见〔英〕丹尼斯·吉南:《公司法》,朱羿锟译,法律出版社2005年版,第83页。
② 参见王欣新:《"郑百文"事件法律评说》,载《证券日报》2001年5月14日。
③ 参见美国《示范公司法》第10.02条和第10.05条。
④ 参见〔英〕丹尼斯·吉南:《公司法》,朱羿锟译,法律出版社2005年版,第82页。
⑤ 参见美国《示范公司法》第10.08条。

（三）股东（大）会的特别决议

在我国，章程修改属于股东（大）会的特别决议，有限责任公司需经代表 2/3 以上表决权的股东同意，或由全体股东作出书面决议才能通过；股份有限公司只需获得出席会议股东所持表决权 2/3 以上同意即可。一般说来，各国大多将其作为特别决议，只是定足数要求有所不同而已，英国和德国为 3/4。作为例外，英国公司修改细则的条款，股东会通过普通决议即可。① 公司提高门槛，增加修改难度，乃是公司自治的体现（引例 11-1）。

（四）公司章程修改的效力

公司章程中登记事项的修改，需依法向登记机关办理变更登记，否则该项修改不能对抗善意第三人。公司章程修改未涉及登记事项的，亦应将修改后的公司章程或者公司章程修正案送登记机关备案。章程的修正案就像原本就在章程中一样，具有同等效力，对公司、股东、董事、监事和高管具有约束力。意大利则更为严格，以章程修正案的登记为生效要件，并赋予未参加章程修改决议的股东退出权。②

公司章程修改并不影响其现有权利和义务。③ 比如，公司名称修改后，并不影响以原名称起诉与应诉。公司也不得通过变更章程而规避违约责任。因变更章程而导致违约的，公司应承担违约责任。

第二节 公司资本变动

一、公司资本变动概述

公司资本不可能一成不变。资本维持原则本身就意味着，公司资本可经过法定程序而变动。事实上，公司资本需随公司业务发展的需要而不断进行调整。市场景气，行业大发展时期，公司需要扩展，就需要大幅度增加资本；市场不景气，或者行业萎缩时期，公司资本可能过剩，就需要减少资本；有些公司为了消除亏损，也需要减少资本。

增资和减资是公司资本变动的两种形态。增加资本，亦称增资，是指依法增加公司的注册资本。增资的方式有增加股份的面值、增加出资、发行新股、债转股和公积金转为资本等五种方式。减少资本，亦称减资，是指公司依法减少注册资本。减资的方式主要有减少股份面值和减少出资（股份）数额两种形式。

---

① 参见英国《公司法》第 9 条(1)，德国《股份公司法》第 179 条(2)。
② 参见意大利《民法典》第 2436、2437 条。
③ 参见美国《示范公司法》第 10.09 条。另见〔英〕丹尼斯·吉南：《公司法》，朱羿锟译，法律出版社 2005 年版，第 86—87 页。

二、公司资本变动的程序

无论是有限责任公司还是股份有限公司,无论是增资还是减资,均属于股东(大)会特别决议之列,唯前者的特别决议需代表总表决权 2/3 以上的股东同意,后者只需出席会议股东所持表决权的 2/3 以上同意(表 11-1)。

表 11-1 增资与减资程序的比较

	增资		减资	
	有限公司	股份公司	有限公司	股份公司
决议定足数	≥表决权的 2/3	≥出席表决权的 2/3	≥表决权的 2/3	≥出席表决权的 2/3
债权人行权	×	×	√	√
登记时限	决议(决定)之日起 30 日内		公告之日起 45 日后	

相对而言,增资程序十分简便,股东认缴出资或新股后,按照缴纳出资或股款的规定出资即可。而减资,则有债权人行权程序,知情是其行权的前提。公司必须编制资产负债表和财产清单,并通知债权人。通知时限为公司作出减资决议之日起 10 日内,并在 30 日内在报纸上公告。债权人需在规定期限内主张权利,接到通知的债权人自接到通知之日起 30 日内,未接到通知的债权人自公告之日起 45 日内,有权要求公司清偿债务或提供相应担保。

注册资本系公司登记事项,增资和减资均应到登记机关办理变更登记。公司增资的,应自股东(大)会作出变更决议(决定)之日起 30 日内申请变更登记。公司减少注册资本的,应自公告之日起 45 日后申请变更登记,并应当提交公司在报纸上登载公司减少注册资本公告的有关证明和公司债务清偿或者债务担保情况的说明。

第三节 公司组织形式变更

一、公司组织形式变更概述

公司组织形式变更,是指公司在不中断其法人资格的情形下,由一种公司形态转换为另一种公司形态的行为。无疑,这有助于满足公司成长和发展之需,增强其应对经营环境复杂性的能力。公司组织形式变更,乃各国通例。其最大优势就在于,公司法人资格不中断,可继续维持其因营业,无须清算程序即可从一种公司形式转换为另一种形式。[①]

[①] 比如,《欧洲公司条例》第 66 条第 2 款就明确指出,欧洲公司转换为所在国公司并不导致公司的解散,或设立新的法人。

在我国,有限责任公司和股份有限公司这两种形态可以相互转换。比较而言,西方各国公司类型更多,公司组织形式转换更为丰富多样。英国私公司与公公司可相互转换,有限私公司与无限私公司之间可相互转换,但私公司转换为无限公司仅限 1 次,不能再转换回去。① 法国准予有限公司转换为合股公司、简单两合公司或股份两合公司,股份公司也可转换为合股公司。德国不同公司形态之间转换的路径更多,股份公司、股份两合公司、有限公司可变更为无限公司、两合公司甚至民事合伙,无限公司、两合公司可转换为股份公司、股份两合公司或有限公司,个体商人亦可将其经营的企业变更为股份公司或股份两合公司,地方企业亦可变更为股份公司、有限公司,公法团体可以变更为有限公司,农业联合会可变更为股份公司,殖民地贸易公司可变更为股份公司、有限公司,具有法人资格的矿业联合会可变更为有限公司,股份两合公司可变更为股份公司,股份公司与有限公司亦可相互转换。日本的股份公司与持份公司可以相互转换。欧洲公司可转换为所在国的公公司。②

二、公司组织形式变更的条件与程序

(一) 符合目标公司的设立条件

既为转换,自应达到目标公司形态的设立要件。我国有限责任公司变更为股份有限公司时,折合的实收股本总额不得高于公司净资产额。如需公开发行股份时,应当依法办理公开募集的核准手续。组织形式变更计划,本是股东决策的依据,我国对此无明确规定,日本和欧盟则有明确要求。③

(二) 股东大会特别决议

无论是有限责任公司转换为股份有限公司,还是股份有限公司转换为有限责任公司,均需要股东(大)会作出特别决议,唯前者需代表总表决权 2/3 以上的股东同意,后者只需出席会议股东所持表决权的 2/3 以上同意。比较而言,西方国家大多要求股东一致同意④,英国私公司转换为无限公司亦然,其他情形则要求股东大会作出特别决议。⑤

(三) 债权人异议

既然变更并不中断公司的法人人格,我国未设债权人异议程序。而在日本,

---

① 参见英国《公司法》第 43、49、51、53 条。
② 参见法国《商事公司法》第 69 条和第 238 条,德国《公司形式变更法》第 1、17、20、23—24、40、42、46、48、52、56a—c、57—61、63 条以及《股份公司法》第 362、366、369、376 条,日本《公司法》第 744 条和第 746 条,《欧洲公司条例》第 66 条第 1 款。
③ 参见日本《公司法》第 743—746、775 条,《欧洲公司条例》第 37 条第 4—5 款和第 66 条 3—6 款。
④ 参见日本《公司法》第 776 条第 1 款和第 781 条第 1 款,德国《公司形式变更法》第 17、20、23—24、40、42、46、48 条和《股份公司法》第 362、366、369、376 条,韩国《商法典》第 607 条,法国《商事公司法》第 69、238 条,我国台湾地区"公司法"第 106 条第 4 款和第 76 条。
⑤ 参见英国《公司法》第 49—53 条。

股份公司与持份公司相互转换,不仅需要将规定的事项公告于政府公报,还要分别催告已知债权人,给予债权人至少1个月的异议期。债权人可在此期限内要求公司清偿债务,或者提供相应担保,或者以其得到清偿的目的向信托公司等信托相应财产。若其未在此期限内提出异议,视为同意该变更。①

（四）变更登记及其效力

组织形态乃公司的登记事项,组织形式变更自应办理变更登记。英国称之为再注册程序(re-register),有别于设立登记。登记完成后,变更即告生效。变更后的公司概括继承原公司的股东、财产以及债权债务。欧盟各国公公司转换为欧洲公司的,亦然。②

第四节 公司并购与分立

一、公司并购概述

并购系公司发展壮大的捷径,为企业成长和发展赢得时间和机遇(引例11-3)。宏观而言,并购可优化资源配置,改善其利用效率。如是,并购活跃度和并购市场发育程度,反映了一国营商环境和经济社会发达程度。

> **引例 11-3**
>
> ### BAT 地毯式并购③
>
> 为保住垄断地位,BAT 近年来展开了地毯式收购。2011 年以来,互联网并购的数量、金额比过去十年总和还多。阿里巴巴收购和入股了 30 家公司,腾讯入股了 40 家公司,百度也入股了 30 多家公司。几乎每一次大型收购背后,都有 BAT 的身影。2014 年 2 月,腾讯入股中国最大的本地生活信息平台大众点评网;3 月,腾讯以 2.14 亿美元现金实现对京东战略入股 15%。阿里则接连收购了高德地图和文化中国,并入股银泰、华数传媒;百度在 2013 年以 19 亿美元收购 91 无线,保持着互联网行业最高的单笔收购金额纪录。

"并购"一词早已流行于经济管理文献,法律上却鲜有界定。其英文为"merger & acquisition","acquisition"理解为收购并无疑义,而"merger"到底是指

---

① 参见日本《公司法》第 779 条和第 781 条。
② 参见《欧洲公司条例》第 37 条第 9 款。
③ 参见宋玮、陈庆春:《"BAT"焦虑症》,载《财经》2014 年第 12 期。

"兼并"还是"合并"则众说纷纭。依据《布莱克法律辞典》,它仅指一个公司被另外一个公司吸收,后者不仅保留自身的名称和实体资格,而且取得前者的资产、责任、特许权和权力,同时被吸收公司丧失独立人格。这就相当于狭义的"兼并",与我国的"吸收合并"相同。如是,"并购"仅包括兼并和收购,不包括新设合并。但是,"consolidation"与"merger"在英语中可交替使用。依据《布莱克法律辞典》,"consolidation"是指两个以上的公司解散,同时成立一个新公司,并接管解散公司的资产和承担的责任。此乃我国的"新设合并"。我国台湾地区所使用的"并购"就包括收购以及吸收合并和新设合并,还包括分割。本书将并购中的"并"理解为"合并",并购也就是合并(merger & consolidation)和收购(acquisition)之意(图11-1)。

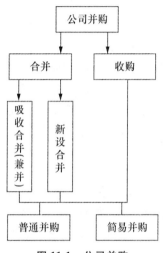

图 11-1 公司并购

(一) 类型

依据交易完成后,是否至少有一个参与交易的公司归于消灭,并购可以分为合并与收购。尽管它们均旨在获得目标公司的控制权,收购只是为了通过收购目标公司的股份、资产或营业,而获得对其的实际控制权;然而,无论吸收合并还是新设合并,均至少有一个公司归于消灭,其中新设合并中,参与交易的公司均因交易的完成而消灭,只有为此新设的公司才存续。

依据目标公司的态度,并购还可以分为善意并购与恶意并购。依据参与交易的各公司之间在产业链上的关系,则可以分为横向并购、纵向并购和复合式并购。依据是否适用一般并购程序,可以分为普通并购和简易并购。前者须适用并购的一般程序,不得简化,而后者则适用简易并购程序——并购方案无须经公司股东大会决议,只须董事会作出决议即可,简易并购程序的适用对象为公司合并其持有90%以上已发行股份的子公司。日本、意大利和我国台湾地区均设有简易程序。①

(二) 股东保护

首先,董事等承担诚信义务,是第一道防线。为避免公司董事、监事和高管以牺牲股东利益而换取自身的高额补偿或职位,自应对目标公司的股东承担忠实和勤勉义务。我国还要求收购人以及目标公司的控股股东和实际控制人不得损害目标公司及其股东的合法权益。②

其次,确保并购方案评估的客观性。并购方案科学合理是保护股东利益的关键。收购人发出要约后20日内,目标公司董事会应对收购人的主体资格、资信情况及收购意图进行调查,对要约条件进行分析,对股东是否接受要约提出建议,并可以聘请独立财务顾问提出专业意见。董事会的报告书和独立财务顾问的专业意见应报送中国证监会,同时抄报证监局,抄送证券交易所,并予以公告。若收购人对收购要约条件作出重大更改,目标公司董事会应在3个工作日内提交董事会及财务顾问就要约条件的更改情况所出具的补充意见,并予以报告、公告。欧洲公司、意大利及我国台湾地区有类似要求。③

最后,就是股东行权之救济。无论是有限责任公司,还是股份有限公司,异议股东此时均可行使股份回购请求权。④ 我国台湾地区还准予股东通过书面契约约定共同行使表决权的方式及相关事宜,并就优先购买权等事宜作出合理限制。⑤

(三) 职工保护

职工是公司最重要的利益相关者。公司并购与职工利益攸关,自应对其予以适宜的保护。依据我国《公司法》第18条第3款,公司决定这种重大事项,应当听取公司工会的意见,并通过职工代表大会或者其他形式听取职工意见。该规定过于原则,难怪不少公司并购并未对职工利益给予应有关注,引发群体性事件,以致并购搁浅(引例11-4)。

比较而言,发达经济体均对职工保护予以高度关注。荷兰要求并购方案应征得双方职工的同意,英国只是要求收购人向目标公司及其职工披露其收购意向,说明对目标公司及其下属公司职工继续聘用的意向,该要求显然低于荷兰。

---

① 参见日本《公司法》第784条,意大利《民法典》第2505条和第2505条,我国台湾地区"企业并购法"第19条。
② 参见我国《上市公司收购管理办法》第6—8条。
③ 参见我国《上市公司收购管理办法》第32条,我国台湾地区"企业并购法"第6条,意大利《民法典》第2501条,《欧洲公司条例》第22条。
④ 参见我国《公司法》第74条和第142条。另参见我国台湾地区"企业并购法"第12条,日本《公司法》第785、797、806条,美国《示范公司法》第13.02条。
⑤ 参见我国台湾地区"企业并购法"第10、11、14条。

引例 11-4

被改制激怒的吉林通钢职工[①]

吉林通钢系吉林省最大钢铁企业,1996年组建有限责任公司,1999年改制为股份有限公司,通钢集团持股98.03%。2005年11月实施重组,吉林省国资委持股46.64%,保持控股地位;引入建龙和华融,分别持股36.19%和14.6%。2009年3月建龙退出,7月再次进入,吉林省政府同意由建龙控股通钢,持股66%,吉林省国资委持股减至34%。然而,建龙在过去1300天经营管理过程中积累了大量的矛盾,职工积怨已久。改制方案亦未真正听取职工的意见。7月22日吉林省国资委作出建龙控股吉林通钢的决定,7月24日就要吉林通钢上下全面执行。7月24日一早,就有群体性抗议,7月22日被任命为总经理的陈国军被围困。他仍未选择沟通,而是对抗:"三个月内让你们全部下岗!"职工们被激怒,愤怒变成仇恨,引起了群殴,进而付出了生命代价,酿成惨剧。

我国台湾地区为职工设有四重保障[②]:一是赋予并购后的存续公司、新设公司或受让公司以通知义务,要求其在并购基准日30日前,以书面载明劳动条件通知新旧雇主商定留用的职工。二是赋予职工选择权,职工应于收到通知后10日内以书面通知新雇主是否同意留用,届期未为通知者,视为同意留用。留用职工于并购前在消灭公司、让与公司的工龄应连续计算。三是未留用和不同意留用的职工由并购前的雇主依法解除劳动合同,发放退休金和各种补偿金。四是消灭公司提取退休准备金,支付非留用职工的退休金和补偿金后,余额应移转至合并后存续公司或新设公司的专户。

二、公司合并

合并,是指两个以上公司订立合并协议,依法合并为一个公司的行为,包括新设合并(consolidation)和吸收合并(merger)两种形式(图11-2和11-3)。前者是指一个公司吸收他公司,而他公司解散,后者则是指两个以上的公司合并设立一个新公司,合并各方均解散。无论哪种形式,本质上均属于公司之间的合同行为,只能采用协议方式进行,该合同的成立及其效力,适用《合同法》。《公司法》

[①] 参见罗昌平、张伯玲、欧阳洪亮、张冰:《通钢改制之殇》,载《财经》2009年第17期。
[②] 参见我国台湾地区"企业并购法"第15—17条。

则主要规范合并程序以及对债权人和小股东的保护。

图 11-2　新设合并　　　　图 11-3　吸收合并

（一）合并协议

合并需有双方的合意,合并协议便是双方协商的成果。至于协议的内容,乃是当事人意思自治的领地(引例 11-5)。美国、日本和我国台湾地区则有必备条款的要求,值得借鉴。①

> **引例 11-5**
>
> ## 腾讯将电商业务并入京东②
>
> 　　腾讯做电商比阿里巴巴只晚两年,却一直进展不顺。阿里以 49.7% 列 B2C 市场第一位,腾讯电商仅占 7%。腾讯需要联盟以共同面对强大对手。2014 年 3 月,腾讯与京东达成入股协议,腾讯将旗下全部电商资产转让给京东,包括最值钱的易迅网,并支付现金 2.15 亿美元。作为回报,京东增资扩股,发行 15% 的新股给腾讯。腾讯与京东电商资产"全面合拢",拿下国内 B2C 市场半壁江山。

（二）股东（大）会特别决议

合并关涉公司组织结构的变动,自应由股东大会决议,且属于特别决议。有限责任公司需代表总表决权 2/3 以上的股东同意,股份有限公司需出席会议股东所持表决权的 2/3 以上同意。至于简易合并,我国台湾地区仅要求合并协议经各公司董事会 2/3 以上董事出席及出席董事过半数同意即可。

（三）债权人异议

为确保债权人利益不因合并而受影响,准予债权人异议亦为各国通例。知情乃债权人行权的前提,我国规定了公司的通知义务,即公司应自决议之日起

---

① 参见美国《示范公司法》第 11.02 条,日本《公司法》第 749、751、753、755、782、794、801 条,我国台湾地区"企业并购法"第 22 条。

② 参见谢鹏:《两大巨头联手决斗阿里 京东的矛,腾讯的盾》,载《南方周末》2014 年 3 月 13 日。

10日内通知债权人,并在30日内在报纸上公告。此后,债权人便可在规定期限内行权,即获得通知的债权人在接到通知后30日内,未接到通知的债权人则自公告之日起45日内,可要求公司清偿债务或提供相应担保。日本还规定,债权人未在规定期限内提出异议的,视为同意合并。①

（四）登记

公司合并必然涉及公司登记事项的变更,公司应依法办理变更登记;因此解散、新设的公司,应分别办理注销登记和设立登记。公司应自公告之日起45日后申请登记,提交合并协议、合并决议以及公司在报纸上登载公司合并公告的有关证明和债务清偿或者债务担保情况的说明。法律、行政法规或者国务院决定规定公司合并必须报经批准的,还应当提交有关批准文件。②

（五）合并效果

公司合并的后果体现为至少一个公司归于消灭,公司变更或新设,以及债权债务的概括承继。因合并而归于消灭的公司,无需清算程序即可经注销程序而消灭其人格,存续公司或新设公司取得其财产,其权利义务随之移转。易言之,合并各方的债权、债务随之而转由合并后存续的公司或新设的公司承继。③

三、公司收购

收购,是指公司依法以股份、现金或其他财产为对价,取得他公司的股份、营业或财产,从而获得或者可能获得对他公司的实际控制权的行为。与合并所不同的是,收购并不导致任何公司的消灭,只是为了获得目标公司的实际控制权。如果说合并需基于合并各方的合意,收购则不完全如此,目标公司同意的,可以进行协议收购;不同意的,亦可进行收购,即通常所说恶意收购。合并只有协议方式,而收购则有协议收购、要约收购和间接收购等三种形式。

依据收购的目标对象,可以分为上市公司收购和非上市公司收购。关于上市公司的收购详见本书第20章,兹不赘述。依据收购方式,则可以分为协议收购、要约收购和间接收购（引例11-3）。依据是否适用一般收购程序,可以分为普通收购和简易收购。我国对简易收购尚无明确规定,我国台湾地区则规定有适用简易收购的情形④:子公司收购母公司全部或主要营业或财产,其条件是母公司持有子公司100%的股份,子公司以受让的营业或财产作价发行新股予母公司,母子公司已依一般公认会计原则编制合并财务报表。母公司向其在我国台湾地区之外设立的100%持股的子公司让与全部或主要营业或财产,或外国

---

① 参见日本《公司法》第789、793、799、802、810、813条。
② 参见我国《公司法》第179条,《公司登记管理条例》第38条。
③ 参见我国《公司法》第174条。
④ 参见我国台湾地区"企业并购法"第28条。

母公司向其在我国台湾地区设立的 100% 持股的子公司让与全部或主要营业或财产的,董事会即可作出收购决议,无须股东大会批准。

四、公司分立

公司分立,是指一个公司依法分成两个以上公司的行为。它包括两种情形:一是派生分立,即一个公司分立成两个以上的公司,原公司继续存续;二是新设分立,即一个公司分解成两个以上的公司,而原公司消灭。前者是公司将部分财产或营业依法分离出去,由一个或多个新公司接受,而后者则是公司将其全部财产或营业分解给两个以上的新公司(图 11-4 和 11-5)。

图 11-4　派生分立　　　　图 11-5　新设分立

(一)分立计划

我国仅要求公司对其财产进行分割,编制资产负债表和财产清单,未明确要求制作书面分割计划。日本、意大利和我国台湾地区均有该要求。① 与合并一样,日本也要求自备置开始日至合并生效日后 6 个月的期间,将该计划备置于公司,供股东和债权人阅览。②

(二)股东(大)会特别决议

与公司合并一样,有限责任公司和股份有限公司的股东(大)会需对公司分立作出特别决议,唯前者需代表总表决权 2/3 以上的股东同意,后者只需出席会议股东所持表决权的 2/3 以上同意。决议通过后,异议股东可以行使股份回购请求权。

(三)通知债权人

知情是债权人行使请求权的基础,故公司有通知的义务。公司应自作出决议之日起 10 日内通知债权人,并在 30 日内在报纸上公告。与合并有所不同,此时并未赋予债权人要求公司清偿或提供担保的权利。

(四)登记

公司分立势必涉及有关公司登记事项的变更,公司应依法办理变更登记。因此而解散、新设的公司,则应分别办理注销登记和设立登记。公司应自公告之

---

① 参见我国《公司法》第 175 条,日本《公司法》第 758、760、762—763、765 条,意大利《民法典》第 2506 条,我国台湾地区"公司法"第 317-2 条和"企业并购法"第 33 条。
② 参见日本《公司法》第 782、794、801、803 条。

日起45日后申请登记,提交分立决议以及公司在报纸上登载公司分立公告的有关证明。法律、行政法规或者国务院决定规定公司分立必须报经批准的,还应当提交有关批准文件。

（五）分立效果

公司分立的效果表现为公司消灭、变更或新设。因分立而解散原公司的,无须清算程序即可经注销程序而消灭其人格,存续公司或新设公司取得其财产,权利义务随之移转。公司分立前的债务由分立后的公司承担连带责任。但是,公司在分立前与债权人就债务清偿达成书面协议另有规定的,从其约定。[①] 这与《合同法》第90条一脉相承。

[①] 参见我国《公司法》第176条。

第十二章 公司终止

第一节 公司解散

一、公司解散概述

股东可以设立公司,自然可依其意志而解散公司。公司也可能在优胜劣汰的市场竞争中被淘汰,或因国家产业政策调整而被关闭,甚至因违法而被取缔、关闭。市场机制愈完善,法治愈健全,这种退出机制就愈通畅(引例12-1)。

> **引例12-1**
>
> **企业高出生高死亡率**
>
> 截至2014年4月,全国实有企业1591.35万户,另有个体工商户4564.15万户和农民专业合作社110.27万户。① 2000—2012年,企业数量以8%的速度增长,但能够生存5年的企业只占总数的49.4%。2005—2009年每年注销和吊销企业分别达到80.55万户、67.2万户、81.46万户、87.14万户和79.47万户。②

公司解散(dissolution),是指公司基于一定事由的发生,而停止其积极业务活动,并开始处理其未了结事务的法律行为。依据解散事由是否基于公司自愿,可以将其区分为自愿解散和强制解散。自愿解散系公司自己意志的反映,而强制解散则不是,它包括法定解散、命令解散和司法解散三种情形(图12-1)。意大利还将核实解散事由并及时办理解散事宜作为董事会的义务。如怠于行使职责或疏忽而给公司、股东、债权人和第三人造成损失的,董事承担连带赔偿责任。③

解散是否导致公司法人资格的终止因国家而异。英国实行"先算后散"体

---

① 参见国家工商行政管理局:《2014年4月全国市场主体发展报告》,http://www.saic.gov.cn/ywdt/gsyw/zjyw/xxb/201405/P020140512367669221570.pdf,2014年6月1日访问。
② 参见王欣新:《破产原因理论与实务研究》,载《天津法学》2011年第1期。
③ 参见意大利《民法典》第2485条。

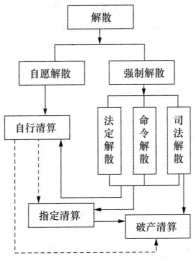

图 12-1 解散与清算类型与路径

制,解散即意味着公司法人人格的终止。我国实行"先散后算"的体制,美国、日本和欧洲大陆国家亦然,解散并不导致公司法人人格消灭,只是导致清算程序的发生。只有清算完成后,公司的法人人格才消灭。此时,解散有三大后果:其一,进入清算程序。除因合并、分立而解散外,在其他解散的情形下,公司均需进行清算。通过清算,结束其既存法律关系,分配剩余财产,最终消灭其法人资格。其二,公司仍存续,但应停止积极营业活动。在清算期间,公司虽存续,但不得开展积极的经营活动,其活动限于与清算有关的事务。[①] 其三,解散公司在特定情形下仍可恢复。我国未作规定,就自愿解散而言,应理解为可以。日本、德国和美国均明确许可,美国甚至准予命令解散的公司,经州务卿许可后恢复。如州务卿不同意,还可提起诉讼。[②]

二、自愿解散

自愿解散,是指基于公司自己决定而解散公司的情形。与强制解散相比,它体现了公司意志,系公司的自愿行为,而非法律或他人的强制,属于一种公司行为。

---

① 参见我国《公司法》第 186 条第 3 款,美国《示范公司法》第 14.05 条,日本《公司法》第 476 条,法国《商事公司法》第 391 条第 2 款,意大利《民法典》第 2488 条,我国台湾地区"公司法"第 25 条。
② 参见日本《公司法》第 473 条,德国《股份公司法》第 274 条,美国《示范公司法》第 14.22 条和第 14.23 条。

自愿解散事由，各国大体相同。① 在我国，自愿解散事由有 3 种情形②：(1) 公司章程规定的营业期限届满或者公司章程规定的其他解散事由出现；(2) 股东（大）会决议解散；(3) 因公司合并或者分立需要解散。第 1 种情形并非必须解散，可以通过修改公司章程而存续。第 2 种情形的股东（大）会决议和针对第 1 种情形所作的存续决议，均属于股东（大）会特别决议。即为自愿解散，公司和股东自然可以寻求更优的路径（引例 12-2），解散乃属最后的救济。

引例 12-2

乐淘之"死"③

2008 年，毕胜、雷军和元野作为发起人，创立了乐淘。当年 5 月便获得联创策源和雷军风险投资 200 万美元，开启网上卖玩具业务。2009 年转型开始在网上卖鞋。2010 年 6 月，又获得美国老虎基金和德同资本注资 1000 万美元，2011 年再获联创策源、老虎基金和德同资本三家共同注资 3000 万美元。仅仅三年时间，便做到了鞋类电商第一名，乐淘网站访问量和销售额等方面均排在国内鞋类电商榜首。乐淘不断扩张，成立多个分公司，却在销售额猛增的同时越做越亏。2011 年，乐淘一天卖 4 万双鞋子；2012 年转型自有品牌后，一天才几百单业务；2013 年 10 月 30 日，乐淘网新浪官方微博也停止了更新。2014 年 5 月，乐淘网创始人毕胜确认，公司将转让给他人，部分职工离职，部分职工进入新公司。

一旦公司自愿解散，即告公司进入清算程序，虽然公司尚存续，但不得从事积极的营业活动，只能从事有关清算的活动。正因为这种解散是公司自己的意志，各国大多准予基于公司自己的意志而撤销解散的决定，恢复公司的正常营运。

三、强制解散

强制解散，是指非由公司自己的意志而解散公司的情形，包括法定解散、命令解散和司法解散三种类型（图 12-1）。既然它不是公司意志的体现，一旦进入

---

① 参见意大利《民法典》第 2484 条第 1 款第 2 项，美国《示范公司法》第 14.01 条和第 14.02 条，日本《公司法》第 641 条，我国台湾地区"公司法"第 71、113、115 条和第 315 条第 1 款第 2 项。
② 参见我国《公司法》第 180—181 条。
③ 参见谢鹏：《乐淘之死 垂直电商究竟是不是一个骗局》，载《南方周末》2014 年 5 月 15 日。

解散状态,一般不可逆转,唯美国的命令解散和英国的公司注销有所例外。① 相比之下,我国重命令解散,美国、英国和日本等侧重于司法解散。

(一) 法定解散

法定解散,是指基于法律规定的解散事由的出现而解散公司的情形。主要事由有:(1) 股东不足法定人数。比如,法国《商事公司法》第240条规定,股东人数在1年多来减至7人以下,任何人均可请求解散公司。(2) 公司资本不足法定最低限额。意大利《民法典》第2484条第1款第4项就是如此。法国《商事公司法》第241条所规定的严重亏损情形,与此类似。我国未作明确规定,股东人数和资本不足并不构成法定解散的事由。

(二) 命令解散

命令解散,是指因公司违法而被主管机关撤销、吊销营业执照或责令关闭的情形。比较而言,我国有权命令解散的主管机关除登记机关外,还有其他行政机关以及行使行政权力的事业单位,如中国证监会。命令解散的依据除《公司法》外,还有其他法律和行政法规,而美国则是基于公司违反公司法。② 其一,撤销。若公司通过提交虚假材料或者采取其他欺诈手段隐瞒重要事实取得公司登记,登记机关即可对其处以罚款5—50万元。情节严重的,撤销公司登记。③ 其二,吊销营业执照。公司可能因违反《公司法》而被吊销营业执照。④ 比如,公司通过提交虚假材料或者采取其他欺诈手段隐瞒重要事实而取得登记,情节严重的;承担资产评估、验资或者验证的机构提供虚假材料的,或因过失提供有重大遗漏的报告的,等等。公司还可能因违反其他法律法规而获此处罚。比如,《产品质量法》第49—53条和第56条以及《消费者权益保护法》第50条,均可导致经营者营业执照被吊销。其三,责令关闭。公司可能因违反国家有关法律而被责令关闭。比如,依据《环境保护法》第39条、《水污染防治法》第49条,公司所在地地方政府可以责令关闭造成环境污染的公司。依据《证券法》第219条,证券公司超出业务许可范围经营证券业务,情节严重的,中国证监会可给予责令关闭的处罚(引例12-3)。

(三) 司法解散

公司的司法解散包括两种情形,一是破产宣告,二是法院基于利害关系人请求而判决解散公司。前者详见本书第三编,这里集中讨论后者。如遇公司僵局,

---

① 参见英国《公司法》第653条。
② 参见美国《示范公司法》第14.20条。
③ 参见我国《公司法》第198条。
④ 参见我国《公司法》第198、207、211、213条。

> **引例 12-3**
>
> ### 广东证券被关闭①
>
> 广东证券在经营过程中存在挪用客户交易结算资金的行为,数额巨大,且一直未采取措施整改自救,不再具备持续经营能力,为严肃法纪,维护证券市场稳定,保护投资者和债权人合法权益,中国证监会对广东证券作出取消证券业务许可,并责令关闭的行政处罚。同时,中国证监会决定委托中国证券投资者保护基金公司自 2005 年 11 月 4 日收市后组织成立托管清算组,对其实施托管清算。

准予股东请求解散公司,自不待言。在我国,持有公司全部表决权 10% 以上的股东,在公司经营管理发生严重困难,继续存续会使股东利益受到重大损失,通过其他途径又不能解决的情形下,可以请求法院解散公司。这种诉讼应以公司为被告,其他股东可列为第三人。一旦法院判令解散,即对全体股东具有约束力(引例 12-4)。

> **引例 12-4**
>
> ### 广利恒被判令解散②
>
> 近年来,我国小额贷款公司迅猛增长(图 12-2),成立于 2009 年的广利恒便是其一。金融危机袭来,浙江金华市金东区本想成立一家小贷公司,省里恰好分配了一个试点名额,2009 年底有效,过期作废。邵福林和他的恒辉铁塔公司颇有实力,被政府选中作为发起人。组建过程颇为曲折,最终拉来 4 家公司和 7 名自然人作为股东。邵福林、楼晓红、邵燕芳和徐玲玲分别持股 20%、25%、15% 和 10%,其余则由 7 名自然人股东分散持有。股东们相互缺乏了解,而面对公司资金使用权,则争夺更为激烈,公司业务陷入奇怪的割据状态——以"包收包贷"形式发放贷款。股东们互不相让,公司陷入僵局。2012 年 7 月,邵燕芳等股东请求法院判令解散公司,一审和二审法院均判令解散。广利恒存续不足 3 年,就因股东内斗而解散。

---

① 参见证监罚字[2005]33 号。
② 参见陈宁一:《广利恒:一个小额贷款公司的死亡标本》,载《南方周末》2013 年 11 月 21 日。

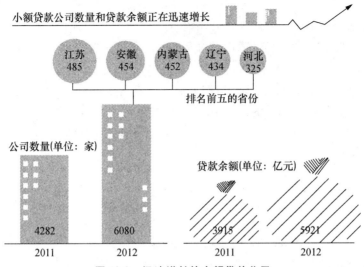

图 12-2 迅速增长的小额贷款公司

比较而言,西方国家的司法解散则不限于这种救济,还准予有关国家机关和债权人请求解散。在美国,债权人在以下两种情形下也可以请求解散公司①:(1)债权人的债权已获判决,但不能执行,且公司不具有清偿能力;(2)公司书面承认债务已到期,但公司不具有清偿能力。同时,还准予检察长在以下情形下请求解散公司:(1)公司通过欺诈而获登记;(2)公司持续超越或滥用其权力。英国贸易与工业部亦有类似权力。② 类似地,日本不仅赋予法务大臣请求法院解散公司的权利,而且准予股东、债权人或其他利害关系人提出解散请求。③

第二节 公司清算

一、公司清算概述

公司清算,是指公司解散后,处分公司财产并了结各种法律关系,最终消灭公司法人人格的行为。除公司因合并、分立而解散外,其他解散均需要清算程序。在"先散后算"体制下,只有清算完成后,公司法人人格才归于消灭。在清算过程中,公司虽继续存续,但不能从事积极营业活动,只能从事有关清算的活动。

---

① 参见美国《示范公司法》第 14.30 条。
② 美国《示范公司法》第 14.30 条。另见〔英〕丹尼斯·吉南:《公司法》,朱羿锟译,法律出版社 2005 年版,第 478—479 页。
③ 参见日本《公司法》第 824 条。

（一）类型

解散清算有别于破产清算。公司财产足以清偿债权人债务的，即为解散清算。反之，则属于破产清算，适用破产程序（详见本书第三编）。在解散清算过程中，一旦发现公司财产不足以清偿债权人的债务，即应转入破产清算程序，清算人即应将清算事务移交法院（引例12-5）。① 但是，在指定清算情形下，清算人发现财产不足以清偿债务的，只要债务清偿方案能够获得全体债权人确认，且不损害其他利害关系人的利益，法院可确认这种解散清算，无须转入破产清算轨道。②

引例 12-5

大鹏证券从普通清算转入破产清算③

2005年1月14日，大鹏证券因挪用巨额客户交易结算资金被证监会取消证券业务许可，并责令关闭，1月17日委托中审会计师事务所成立清算组，负责清算工作。5月31日，中审会计师事务所出具专项审计报告称，截至1月14日，大鹏证券的资产总额为人民币323572.19万元，负债总额为人民币601424.68万元，资不抵债金额为277852.49万元，资产负债率高达185.87%，已严重资不抵债。10月13日，证监会同意大鹏证券清算组依法申请大鹏证券破产，2006年1月24日，深圳中院宣告大鹏证券破产。

作为公司自治的体现，自行清算适用于所有解散。无论自愿解散，还是强制解散，首先适用自行清算程序。公司应在解散事由出现之日起15日内成立清算组，开始清算。有限责任公司的清算组由股东组成，股份有限公司的清算组由董事或者股东大会确定的人员组成。指定清算，亦称强制清算，是自行清算的补充，是公司怠于自行组织清算组时，由利害关系人请求法院指定清算组实施的清算程序。其适用对象为：(1) 公司逾期不成立清算组进行清算的；(2) 虽然成立清算组但故意拖延清算的；(3) 违法清算可能严重侵害债权人或者股东利益的。债权人可请求法院指定清算。债权人未请求的，股东亦可申请指定清算。④

---

① 参见我国《公司法》第187条。
② 参见最高人民法院《关于适用〈中华人民共和国公司法〉若干问题的规定（二）》第17条。
③ 参见邹恩、周琰：《大鹏证券悲情谢幕会否成被关闭券商处置样板》，载《21世纪经济报道》2006年1月26日。
④ 参见我国《公司法》第183条，最高人民法院《关于适用〈中华人民共和国公司法〉若干问题的规定（二）》第7条第2—3款。

（二）清算责任

有限责任公司股东以及股份有限公司的董事、控股股东和实际控制人，负有清算义务，系清算责任人。如怠于履行清算义务或不当履行清算义务，会导致损害赔偿责任和对公司债务的连带清偿责任。① 其一，清算责任人未在法定期限内成立清算组开始清算，导致公司财产贬值、流失、毁损或者灭失的，债权人可请求其在造成损失范围内对公司债务承担赔偿责任。其二，清算责任人因怠于履行义务，导致公司主要财产、账册、重要文件等灭失，无法进行清算的，债权人可请求其对公司债务承担连带清偿责任。其三，清算责任人在公司解散后，恶意处置公司财产给债权人造成损失，或者未经依法清算，以虚假的清算报告骗取公司登记机关办理法人注销登记的，债权人可请求其对公司债务承担相应赔偿责任。其四，公司未经清算即办理注销登记，导致公司无法进行清算，债权人可请求清算责任人对公司债务承担清偿责任。股东或者第三人在公司登记机关办理注销登记时承诺对公司债务承担责任的，债权人请求其对公司债务承担相应民事责任，自不待言。如清算责任人为二人以上，对外承担民事责任后，对内则可以依据各自过错大小，按比例分担民事责任。

二、清算人

清算人就是负责清算中公司清算事务的人。清算期间，公司虽存续，但董事会已丧失职权，由清算人取而代之，成为公司的清算机关。它是清算开始后成立，并随清算程序终结而解散的临时机关，是负责清算中公司财产的管理、变价、分配等事务的专门机关。我国通常称为清算组，域外则有清算人会和清算人委员会等称谓，大同小异。

（一）选任与解任

清算人选任方式因公司和清算类型而异。无论通过何种方式选任，清算组应当自成立之日起10日内通知已知债权人，并于60日内在报纸上公告。顾名思义，自行清算自然由公司自行确定清算组人选，而指定清算则由法院指定。具体说来，在自行清算时，有限责任公司清算组由股东组成，而股份有限公司则由董事或股东大会确定的人员组成。比较而言，域外更注重公司自治。一是日本的持份公司、德国的有限责任公司及我国台湾地区的无限公司和有限公司，均准予公司章程另行规定或股东大会另行决定清算人。② 二是就股份公司而言，英国准予债权人推荐清算人，且债权人优先；日本、德国和我国台湾地区准许公司

---

① 参见最高人民法院《关于适用〈中华人民共和国公司法〉若干问题的规定（二）》第18—21条。
② 参见日本《公司法》第647条，德国《有限责任公司法》第66条，我国台湾地区"公司法"第79、113、127条。

章程另行规定清算人。①

自行清算时,股东大会自应享有解任权。日本、德国、意大利和我国台湾地区准予利害关系人请求解任清算人。② 至于指定清算,如清算人有违反法律或者行政法规的行为,或者丧失执业能力或者民事行为能力,或有严重损害公司或者债权人利益的行为,法院即可依据债权人或者股东的请求或者依职权予以解任。③

(二) 职权

作为清算中公司的机关,清算人在清算范围内的地位与公司董事相同。④ 大陆法系通常采用列举型立法例⑤,我国列举最为具体,清算人享有7项职权: (1) 清理公司财产,分别编制资产负债表和财产清单;(2) 通知、公告债权人; (3) 处理与清算有关的公司未了结的业务;(4) 清缴所欠税款以及清算过程中产生的税款;(5) 清理债权、债务;(6) 处理公司清偿债务后的剩余财产;(7) 代表公司参与民事诉讼活动。清算人可为此获得报酬,报酬数量自应由其选任者确定,且该报酬从公司财产中优先拨付。

清算组如何行使职权,尚属空白,国外经验可资借鉴。⑥ 清算人均可执行公司业务,清算人为二人以上的,除公司章程另有规定外,则以清算人过半数作出决定,但经理的任免、分公司的设置、迁移或撤销等事项不得由各清算人决定。清算人均可代表公司,清算人为二人以上的,各自均有权代表公司,但公司章程可以规定由其共同推举或由股东大会选举代表清算人。设立清算人会或清算人委员会的,则由该会任免代表清算人,决定清算中公司的业务执行,监督清算人执行职务,但是该会不得任命法院指定的代表清算人。任何清算人均可召集清算人委员会会议,公司章程另有规定的,从其规定。清算人委员会会议程序准用董事会会议的规范。

(三) 义务与责任

既为清算中公司的机关,清算人自应承担有关董事的义务——忠实义务和勤勉义务。清算组成员应忠于职守,依法履行清算义务;不得利用职权收受贿赂

---

① 参见〔英〕丹尼斯·吉南:《公司法》,朱羿锟译,法律出版社2005年版,第472页。另见日本《公司法》第478条,德国《股份公司法》第265条,我国台湾地区"公司法"第322条。
② 参见日本《公司法》第479、648条,德国《股份公司法》第265条,意大利《民法典》第2487条,我国台湾地区"公司法"第82、113、115条。
③ 参见最高人民法院《关于适用〈中华人民共和国公司法〉若干问题的规定(二)》第9条。
④ 参见日本《公司法》第330条、第478条第6款,德国《有限责任公司法》第71条和《股份公司法》第268条,我国台湾地区"公司法"第324条。
⑤ 参见日本《公司法》第481、649条,我国台湾地区"公司法"第84条,德国《有限责任公司法》第71条和《股份公司法》第269条。
⑥ 参见日本《公司法》第482、483、489—490、650条,德国《有限责任公司法》第68条和《股份公司法》第269条,意大利《民法典》第2487条。

或者其他非法收入,不得侵占公司财产。① 日本和意大利有类似规定。② 清算人怠于行使其职责,或不适当行使职责,即构成解任事由。若因故意或重大过失给公司或债权人造成损失,清算人应承担赔偿责任。③ 对此,股东可依法提起股东代表诉讼。公司已清算完毕注销的,股东则可直接以清算组成员为被告,其他股东为第三人提起诉讼。④

三、自行清算

(一) 债权申报

知情是债权人申报债权的重要基础,清算组负有通知义务,对于已知债权人应自成立之日起 10 日内予以通知,对其他债权人则应在 60 日内在报纸上公告。债权人应在规定期限内申报债权,接到通知书的申报时限为其接到通知之日起 30 日内,未接到通知书者为公告之日起 45 日内。债权人申报债权,应说明债权的有关事项,并提供证明材料,清算组应对其进行登记。在申报债权期间,我国完全禁止清算组对债权人进行清偿。⑤ 日本和我国台湾地区则为原则禁止、例外许可⑥,如经法院许可,可清偿小额债权、设于清算中公司财产上的担保债权以及其他即使清偿也不损害其他债权人的债权。

至于逾期不申报的后果,则有失权模式和丧失已分配财产清偿权两种模式。美国采用失权模式⑦,已知债权人和未知债权人予以区别对待。已知债权人若逾期不申报,或者虽有申报但被清算中公司拒绝,又未在拒绝通知生效日后 90 日内起诉的,则产生失权后果。未知债权人未收到通知,或虽在限期内申报,但未获办理,或其请求权是基于解散生效日后发生的事件,又未在公告日后 3 年内起诉的,同样失权。否则,该债权可在清算中公司的剩余财产范围内请求清偿。日本和我国台湾地区则采用丧失已分配财产清偿权模式⑧,逾期不申报并不产生失权后果,只是将其排除在已经分配财产之外,只能从清算中公司的剩余财产范围内获得清偿。我国的补充申报就属于这种模式。⑨ 债权人逾期未申报的,只要在清算程序终结之前仍可补充申报,并可参与尚未分配财产的分配。如尚

---

① 参见我国《公司法》第 189 条。
② 参见意大利《民法典》第 2489 条,日本《公司法》第 523 条。
③ 参见我国《公司法》第 189 条第 3 款,另见日本《公司法》第 486—488、652—653 条,德国《有限责任公司法》第 71 条和第 43 条以及《股份公司法》第 268 条,意大利《民法典》第 2491 条。
④ 参见最高人民法院《关于适用〈中华人民共和国公司法〉若干问题的规定(二)》第 23 条。
⑤ 参见我国《公司法》第 185 条第 3 款。
⑥ 参见日本《公司法》第 500 条第 2 款,我国台湾地区"公司法"第 328 条第 1 款。
⑦ 美国《示范公司法》第 14.06 条和第 14.7 条。
⑧ 参见日本《公司法》第 503 条和第 665 条,我国台湾地区"公司法"第 329 条。
⑨ 参见最高人民法院《关于适用〈中华人民共和国公司法〉若干问题的规定(二)》第 13—14 条。

未分配财产不能全额清偿,除债权人因重大过错逾期申报外,还可主张股东以其在剩余财产分配中已经取得的财产予以清偿。如以公司尚未分配的财产和股东在剩余财产分配中已经取得的财产仍不能全额清偿的,债权人和清算人均不能以此为由请求破产清算。

(二) 清算方案

清算组接管公司财产,应进行清理,并在编制资产负债表和财产清单后,制作清算方案。该方案需要股东(大)会或法院确认。未经确认的清算方案不得执行。执行未经确认的清算方案给公司或者债权人造成损失的,公司、股东或者债权人可请求清算组成员承担赔偿责任。

(三) 清偿债务和分配剩余财产

清算中公司财产清偿顺序为:(1) 清算费用;(2) 职工的工资、社会保险费用和法定补偿金;(3) 所欠税款;(4) 公司债务。在清偿公司债务之前,不得向股东分配财产。若公司财产不足以清偿债务,即应中止清算,向法院申请宣告破产。此时采用"债务超过"而非"不能清偿到期债务"作为衡量是否破产的标准(引例 12-5)。

公司清偿这 4 个顺序的款项后,仍有剩余财产的,即可将其分配给公司股东。有限责任公司按照股东的出资比例分配,股份有限公司按照股东持有的股份比例进行分配。与公司分配红利有所不同的是,此时不准许公司章程另行规定。

四、指定清算

无论是自愿解散,还是强制解散,只要清算人怠于自行组织清算组开展清算,即可由债权人或股东请求法院指定清算组,开展清算工作。尽管清算工作均由清算组负责,与自行清算相比,其差异有三(表 12-1)。其一,清算人由法院选任和解任。相对于自行清算,指定清算的清算人选范围更为广泛,除了股东和董事外,还包括:(1) 公司监事和高管;(2) 依法设立的律师事务所、会计师事务所、破产清算事务所等社会中介机构;(3) 依法设立的律师事务所、会计师事务所、破产清算事务所等社会中介机构中具备相关专业知识并取得执业资格的人员。至于解任,可以基于债权人、股东的申请,法院亦可依职权予以更换。清算人具有以下 3 种情形之一即可更换:(1) 有违反法律或者行政法规的行为;(2) 丧失执业能力或者民事行为能力;(3) 有严重损害公司或者债权人利益的行为。其二,清算方案由法院确认。如遇公司财产不足以清偿债务,清算人可以与债权人协商制作债务清偿方案。只要全体债权人确认,且不损害其他利害关系人利益,法院可裁定予以认可。① 其三,需自清算组成立之日起6个月内完成清算。如因特殊情况需要延长的,须经法院同意。自行清算则无此限,悉听当事人自治。

表12-1 不同清算程序之比较

适用对象		普通清算		破产清算
		自行清算	指定清算	
适用对象	有限公司	√	√	√
	股份公司	√	√	√
清算人任免		公司	法院	法院
法院指挥与监督		×	√	√
时限		×	√	√
诉讼、强制执行程序等中止		×	×	√

五、清算终结

清算结束后,清算组应制作清算报告,并报股东(大)会或者法院确认。此乃各国通例,唯日本、德国、意大利和我国台湾地区还明定簿册资料的保存人及保存期限。②

清算组应将股东(大)会或法院确认的清算报告报送公司登记机关,申请公司的注销登记。完成注销登记后,进行公告,公司自此从法律上消失。

---

① 参见最高人民法院《关于适用〈中华人民共和国公司法〉若干问题的规定(二)》第17条。
② 参见我国《公司法》第188条,日本《公司法》第508、672条,德国《股份公司法》第273条,意大利《民法典》第2496条,我国台湾地区"公司法"第332条。

第三编 企业破产法

破产总论
重整
和解
破产清算

第十三章 破产总论

第一节 破产概述

一、破产与破产程序

(一) 破产

破产,是指债务人不能清偿到期债务,且资产不足以清偿全部债务,或有明显丧失清偿能力可能的一种事实状态。它源于古罗马的财产委付,其英文"bankruptcy"亦源于拉丁语"banca rotta"。当初,破产只是将债务人从严酷的人身处罚中解脱出来,仍属债权人本位主义,破产即有罪。自19世纪初开始,英美相继确立免责规范,并光大于全球。破产不再只是债权人实现债权的一般执行程序,也为诚实的债务人摆脱历史负债、东山再起提供了机会。20世纪中叶以来,随着社会的企业化、企业的社会化,大型企业的社会影响举足轻重,企业破产清算,倒下的不只是一个企业,其债权人往往为数众多,而破产债权清偿率十分有限,债务人破产也会殃及债权人(引例13-1)。何况,企业相互之间又有交易往来、融资、担保等错综复杂的关系,企业破产往往会带来较大的社会震荡(引例13-2)。拯救(再生)程序已为各国通例,且愈来愈成为破产程序的重心。在现代商法上,破产不再等同于"清算"或"解体",而是以拯救(再生)为要务,只有无可挽救或挽救已告失败,才进入破产清算程序。

> **引例 13-1**
>
> ### 东星航空破产债权清偿率为15.28%[①]
>
> 2005年成立的东星航空,是华中及中南地区第一家民营航空公司。2009年3月,通用电气商业航空服务有限公司等6家飞机租赁公司请求对其破产清算。2009年8月,武汉市中级人民法院宣告其破产,历经3次债权人会议和2次财产分配,普通债权的最终清偿比例为15.28%。2010年12月,武汉市中级人民法院裁定终结东星航空破产清算程序。

---

① 参见(2009)武民商破字第4-1号和(2009)武民商破字第4-20号。

> **引例 13-2**
>
> ## 山西联盛破产可能引爆金融"炸弹"[①]
>
> 作为富甲一方的"煤炭大亨",山西联盛有 6 个全资子公司、2 个控股公司和 5 个合资公司,涉足煤矿、焦化、水泥、电力、地产、农业、教育、物流等众多产业。2011 年,联盛及其关联企业纳税达到 60 亿。2013 年 11 月,山西联盛因资金链断裂,提出重整申请。其对外融资总额 268 亿,还有对外担保 145.71 亿,他人为其担保 140.94 亿。尤为严重的是,联盛还与当地 9 家民营企业形成联保互保关系,而它们还有银行贷款 500 亿,为省内其他企业提供担保共计 1500 亿。一旦山西联盛倒下,冲击波将通过担保网向外传递,无异于金融地震。

(二) 破产程序

依据债务人是否因破产程序终结而解体,破产程序有拯救型和解体型两种类型。破产清算属于传统解体型程序:债务人交出全部财产,在法院指挥和监督下将其公平地分配给所有债权人,了结其一切债权债务关系,自身也随之归于消灭。既为破产,破产清算乃各国通例,唯拯救中心主义理念已深入人心,优先适用的不是破产清算,而是各种拯救型程序,这些程序名目繁多,且愈来愈亲善企业(表 13-1)。我国《企业破产法》确立的 3 种破产程序中,重整程序与和解程序就是拯救型,破产清算则属于解体型。

表 13-1 破产程序的种类

	拯救型					解体型
	和解	重整	自愿安排	自愿管理	财产管理	破产清算
中国	√	√				√
美国		√				√
英国		√	√		√	√
澳大利亚	√	√		√	√	√
德国					√	√
法国	√	√				√
日本		√				√
我国台湾地区	√					√

[①] 参见罗琼、吴鸿:《从"煤炭大亨"到"金融炸弹"双面联盛的末日救赎》,载《南方周末》2014 年 2 月 13 日;罗琼:《山西联盛被迫重组,金融机构意兴阑珊》,载《南方周末》2014 年 4 月 3 日;罗琼:《联盛遗祸:1500 亿互保黑洞》,载《南方周末》2014 年 5 月 15 日。

如是,破产法的目标也就具有二重性(图 13-1)。破产清算属于一般执行程序,实行集体受偿原则,公平分配乃是其首要目标。而和解和重整程序则以拯救为中心,其首要目标乃是企业价值最大化:让企业解困复兴,东山再起,恢复营运能力,股东、债权人和其他利益相关者均因此获益。易言之,破产法既要面对"分蛋糕"问题——破产清算程序以公平分配为宗旨,也要面对"蛋糕做大"的问题——解困复兴,以企业价值最大化为指针,两者相辅相成,不可偏废。

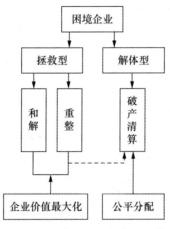

图 13-1　破产程序目标的二重性

二、破产类型与法律适用

就破产主体而言,有自然人、法人和非法人团体三种类型。首先来看自然人。破产制度本来就发端于自然人破产,自然人破产乃各国通例(表 13-2),唯我国尚未将其纳入破产行列。就社会经济发展的需要而言,应尽快建立自然人破产制度。[①] 至于法人,营利性法人均在破产之列。在我国,所有企业法人均为破产主体。无论是全民所有制企业,还是私营企业,无论有限责任公司,还是股份有限公司,只要具有法人地位,均在破产之列。而在美国,非营利法人,如政府亦在破产之列(引例 13-3)。至于非法人团体,美国、英国、澳大利亚、法国、德国均准予其破产。而在我国,非法人团体不在破产之列。只有相关法律准予其破产,如合伙企业[②],方可参照适用《企业破产法》的破产清算程序。

---

① 参见江平、江帆:《论商自然人的破产能力》,载《现代法学》1997 年第 4 期。
② 参见我国《企业破产法》第 135 条、《合伙企业法》第 92 条。

表 13-2　破产主体的类型及法律适用

	破产主体			法律适用	
	自然人	法人	非法人团体	破产法	公司法
中国	×	√	×	√	
美国	√	√	√	√	
英国	√	√	√	√	
澳大利亚	√	√	√	√（自然人）	√（公司）
法国	√	√	√	√	
德国	√	√	√	√	
日本	√	√	√	√	
我国台湾地区	√	√	√	√	√（重整）

引例 13-3

"汽车之城"底特律破产[①]

近三十年来，美国申请破产的地方政府有 250 余个。2008 年金融危机爆发后就有十几个城市申请破产。2012 年，加利福尼亚州 3 个城市在两周内相继破产。2013 年 7 月 18 日，素有"汽车之城"美誉的底特律市向法院申请破产保护，涉及超过 180 亿美元的负债，成为美国申请破产保护的最大城市。2013 年 12 月 3 日，美国联邦破产法院裁定其符合破产保护条件。

一般说来，各种破产主体均适用破产法，不因破产主体身份而异。我国亦然，企业法人破产均统一适用该法，无论是重整、和解，还是破产清算，均适用该法，唯金融机构等特殊公司破产，有关法律有特别规定的，需适用该规定。[②]国务院还可依据《企业破产法》和有关法律的规定，对金融机构破产厘定实施办法。英国和澳大利亚则不然，自然人破产适用破产法，而公司破产则适用公司法，两者分而治之。相应地，非营利机构、银行、其他承接存款业务的非银行金融机构、合伙人 5 人以上的合伙企业破产，亦适用公司法。我国台湾地区则是因破产程序而异，和解和破产清算适用破产法，公司重整则适用公司法

[①] 参见张宝钰：《底特律：破产城市将"重生"？》，载《青年参考》2014 年 6 月 4 日。
[②] 比如，我国《公司法》第 187、190 条，《商业银行法》第 71—72 条，《保险法》第 90—92 条。

(表 13-2)。

三、破产事由

破产事由,亦称破产界限、企业破产的实体条件,是指认定债务人已达到法律规定的破产状态的客观事实。它是法院启动企业破产程序的必备要件,亦是判断破产申请成立与否以及能否作出破产宣告的依据。至于重整,基于"能救则救"的理念,只要有明显丧失清偿能力的可能,即可启动重整。

破产事由的立法则有列举主义、概括主义和折中主义三种体例(表 13-3)。传统上,英美采用列举主义,大陆法系采用概括主义。美国 1978 年《破产法》转而采用概括主义,英国 1986 年《破产法》则采用折中主义,唯我国香港和澳大利亚自然人破产仍坚守列举主义,概括主义已然成为主流。我国破产立法利用后发优势,采用了主流的概括主义。

表 13-3 破产事由的类型及立法例

	立法例			破产事由			
	列举	概括	折中	不能清偿	停止支付	资不抵债	明显缺乏清偿能力
中国		√		√		√(复合元素)	√(复合元素)
美国		√		√	√(推定)		
英国			√	√	√(推定)	√(推定)	
澳大利亚	√	√		√	√		
法国		√		√			
德国		√		√	√(推定)	√	
日本		√		√	√(推定)	√(推定)	

就概括性事由而言,主要有不能清偿、停止支付和资不抵债三种类型。不能清偿,亦称支付不能,是指债务人对请求偿还的到期债务,因丧失清偿能力而无法偿还的客观财产状况。各国一般将其作为一般事由,停止支付可以推定为不能清偿,资不抵债则是清算中组织的破产原因。比较而言,我国则未将不能清偿作为一般事由,亦未规定停止支付,而是归结为两种情形,两者均由复合元素构成:一是不能清偿到期债务加资不抵债,二是不能清偿到期债务加明显缺乏清偿能力。问题是,将本为交叉关系的不能清偿与资不抵债本并列,大大提高了进入破产程序的门槛,过于苛刻;而明显缺乏清偿能力则是各国破

产立法上未出现过的新概念①,且与不能清偿具有包含与被包含关系,二者的关系令人扑朔迷离。

对此,司法解释作出了修补②:第一,将"不能清偿"变通性解释为"停止支付"。它须满足3个条件:(1)债权债务关系依法成立;(2)债务履行期限已经届满;(3)债务人未完全清偿债务。也就是说,在某种程度上将破产原因解释为破产申请原因,虽然偏离破产理论,但在"停止支付"这一推定标准缺位的情况下,这种解释反而有利于破产法的实际执行。第二,资不抵债标准明晰化。债务人的资产负债表,或者审计报告、资产评估报告等显示其全部资产不足以偿付全部负债的,除有相反证据足以证明债务人资产能够偿付全部负债外,即可认定资不抵债。第三,缓和资不抵债的要求。债务人账面资产虽然大于负债,但只要具有以下5种情形之一,即可认定其明显缺乏清偿能力:(1)因资金严重不足或者财产不能变现等原因,无法清偿债务;(2)法定代表人下落不明且无其他人员负责管理财产,无法清偿债务;(3)经人民法院强制执行,无法清偿债务;(4)长期亏损经营,扭亏困难,无法清偿债务;(5)导致债务人丧失清偿能力的其他情形。这样,资不抵债就不至于成为债务人不能清偿情形下构成推定破产原因的障碍,实际上起到将资不抵债排除出破产申请原因的作用③,强化了债权人的破产申请权。

第二节 破产案件

一、破产案件与管辖

破产案件,是指通过司法程序处理的无力偿债事件。我国3种破产程序都是独立破产程序,均可直接启动:债务人可直接向法院申请重整、和解或破产清算,债权人亦可申请债务人重整或破产清算。至于清算中的企业法人,如遇资不抵债,清算责任人应向法院申请破产清算。在法院受理破产案件之后,在破产宣告前,债务人还可申请和解;如属债权人申请债务人破产,债务人或者持有债务人注册资本1/10以上的出资人,仍可向法院申请重整。④ 自然,重整或和解失败的,均可转换为破产清算案件。

破产案件大多由普通法院管辖,唯法国和美国由专门法院管辖,法国为商

---

① 参见王欣新:《转换观念完善立法依法受理破产案件(上)》,载《人民法院报》2012年2月8日。
② 参见最高人民法院《关于适用〈中华人民共和国企业破产法〉若干问题的规定(一)》第1—3条。
③ 参见宋晓明、张勇健、刘敏:《〈关于适用企业破产法若干问题的规定(一)〉的理解与适用》,载《人民司法》2011年第21期。
④ 参见我国《企业破产法》第7、70、95条。

事法院管辖,美国则由联邦破产法院专属管辖。我国采用普通法院管辖模式,地域管辖和级别管辖均以法定管辖为准,以裁定管辖为补充和变通(图13-2)。

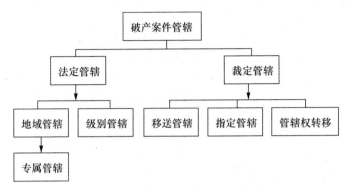

图 13-2 我国破产案件的管辖架构

首先,地域管辖。它是指依据破产案件与法院辖区的隶属关系,确定受理破产案件的分工和权限。破产案件实行专属管辖,由债务人住所地法院管辖。债务人住所地是指债务人的主要办事机构所在地,债务人无办事机构的,则由其注册地法院管辖(引例13-4)。这种管辖权配置方式与日本和我国台湾地区相同。[1]

其次,级别管辖。它是指依据案件的性质、繁简程度、影响范围而划分上下级法院之间受理破产案件的分工与权限。实践中,依据企业的登记机关的地位,分配各级法院的管辖权:县、县级市或区的登记机关登记的企业,其破产案件由基层法院管辖;地区、地级市以上登记机关登记的企业,其破产案件由中级法院管辖。

最后,裁定管辖。它也适用于级别管辖。上级法院有权审理下级法院管辖的破产案件,也可把本院审理的破产案件交下级法院审理;下级法院对所管辖的破产案件,认为需要由上级法院审理的,可报请上级法院审理。如申请人向法院申请破产,法院未接收其申请,或者未按规定办理的,申请人即可向上一级法院申请破产。上一级法院接到破产申请后,应当责令下级法院依法审查并及时作出是否受理的裁定;下级法院仍不作出是否受理裁定的,上一级法院可以径行作出裁定。上一级法院裁定受理破产申请的,可以同时指令下级法院审理该案件。[2] 这就有助于遏制"破产难"的问题。

---

[1] 参见我国《企业破产法》第3条;日本《破产法》第5条第1款第1项,我国台湾地区"破产法"第2条。

[2] 参见最高人民法院《关于适用〈中华人民共和国企业破产法〉若干问题的规定(一)》第9条。

> **引例 13-4**
>
> ### 株洲市中级人民法院对太子奶三公司实施合并重整[①]
>
> 2010年4月,债权人向株洲市中级人民法院申请对湖南太子奶集团生物科技有限责任公司重整。7月23日,法院裁定其进入破产重整程序,并指定北京市德恒律师事务所为管理人。9月19日,该院相继裁定株洲太子奶生物科技发展有限公司和湖南太子奶集团供销有限公司重整。11月17日,裁定这3家公司合并破产重整。

二、破产案件的裁定与公告

法院对破产案件的程序问题和实体问题的裁判均采用裁定。适用裁定的主要事项为:(1)受理破产申请;(2)驳回破产申请;(3)撤销债权人会议决议;(4)债权人会议未通过债务人财产管理方案和破产变价方案的,破产财产分配方案经债权人会议二次表决仍未通过的;(5)债务人重整;(6)批准重整计划;(7)终止重整程序;(8)确认债务人的破产程序前的无效行为;(9)认可和解申请;(10)认可和解协议;(11)终止和解程序;(12)破产宣告;(13)认可破产财产分配方案;(14)终结破产程序。对于破产案件审理中的争议事项,亦可用裁定。比如,职工对管理人列出的债务人欠其的工资、医疗、伤残补助、抚恤费用、社会保险费用以及法定补偿金清单有异议,而管理人不予更正的。

一旦裁定,自裁定之日起生效。对破产案件的裁定,原则上不得提起上诉。对裁定有异议的,可向原审法院申请复议。复议期间不停止裁定的执行。例外情形仅限于不予受理破产申请和驳回破产申请的裁定,自裁定送达之日起10内可向上一级法院上诉。[②]

法院所作裁定,法律要求公告的,则应予公告。受理破产申请的裁定应自裁定受理之日起25日内予以公告,破产宣告应自裁定作出之日起10日内予以公告。裁定债务人重整与和解、批准重整计划和终止重整程序、认可和解协议及终止和解程序以及终结破产程序,均需公告。公告方式有两种:一是刊登于最高人民法院指定登载公告的媒体,二是张贴于受理破产案件的法院布告。公告自最后登载日的次日起生效。

---

① 参见叶碧华:《李途纯要求:更换太子奶破产管理人》,载《21世纪经济报道》2010年10月26日。
② 参见我国《企业破产法》第12条。

三、破产程序的域外效力

对于破产程序的域外效力,向来有属地主义和普及主义之分。属地主义主张域内破产程序不对债务人位于域外的财产直接发生效力,域外破产程序也不对债务人位于域内的财产直接发生效力。普及主义则承认域内破产程序的域外效力和域外破产程序的域内效力,以便充分保护债权人利益。在全球竞争的体制下,企业活动及其财产可能遍及世界各地,属地主义显然与此格格不入,推动普及主义的潮流日趋强劲,联合国国际贸易法委员会第30届会议于1997年通过了《跨国界破产示范法》。作为该委员会36个成员之一,我国也出席了该会议。但是,真正实行普及主义的只有少数国家,比如英国。

我国则是采用颇有弹性的有限普及主义。中国境内的破产程序对债务人在中国领域外的财产发生效力(引例13-5),而外国法院作出的发生法律效力的破产案件的判决、裁定,涉及债务人在中国领域内的财产,申请或请求我国法院承认和执行的,只要有中国缔结或参加的国际条约,或已实行互惠原则,且不违反中国法律的基本原则,不损害国家主权、安全和社会公共利益,不损害中国领域内债权人的合法权益,即可裁定承认和执行。此乃目前最为现实的选择,无疑有利于我国参与国际经济贸易交往,推进区域经济贸易一体化。

引例 13-5

香港高等法院认可广东国投破产裁决[①]

广东国投不仅有80%的境外债权,更有大量财产分布在美国、澳大利亚、泰国以及我国香港和澳门。在香港高等法院审理的中芝兴业案中,该公司曾依据安慰函向广东国投申报债权而被否决,于是请求香港高等法院颁发扣押令,扣押广东国投在香港的财产。香港高等法院认可了广东省高级人民法院对广东国投破产案的管辖及其裁定,驳回其请求。

[①] 参见吕伯涛:《共和国大要案:审理广东国投破产案始末》,人民法院出版社2005年版,第471—480页。

第三节 破产程序的开始

一、破产案件的申请

（一）概述

破产申请，是指破产申请人请求法院受理破产案件的意思表示。破产程序的开始以受理为准，申请受理虽不是破产程序开始的标志，但属于开始的条件。

破产申请的意思表示应以申请书为之，并提交有关证据。申请书需载明以下事项：（1）申请人、被申请人的情况；（2）申请目的；（3）申请的事实和理由；（4）法院认为应当载明的其他事项。如属债务人提出破产申请，还应当向法院提交财产状况说明、债务清册、债权清册、有关财务会计报告、职工安置预案以及职工工资的支付和社会保险费用的缴纳情况。[1] 若申请人为证券公司、银行和保险公司，则应分别提交中国证监会、银监会和保监会的批准文件。[2] 至于诉讼费用，则从破产财产中拨付。

（二）破产申请人

破产申请人系与破产案件有利害关系，依法具有破产申请资格的民商事主体。一般而言，只有债权人和债务人才是合格的破产申请人，但有两个例外[3]：一是在公司自行清算或指定清算情形下，如遇公司资不抵债，清算责任人为破产申请人；二是在法院受理债权人申请债务人破产的案件后，在破产宣告前，持有债务人注册资本 1/10 以上的出资人可为重整申请人（引例 14-1）。

如申请人为债权人，法院应自收到申请之日起 5 日内通知债务人，债务人对此享有异议权。异议期为 7 日，自收到法院通知之日起计算。

（三）破产申请的效果

当事人向法院提出破产申请后，便产生两方面的效果：一是破产申请撤回之限制。只要在法院作出受理决定之前，当事人均可请求撤回破产申请。是否准许，由法院决定。经法院准许撤回的，也不影响其以后再次申请破产。二是诉讼时效中断。债权人申请破产的，具有请求法院保护其民事权利的性质，而债务人申请的，则有承认一般债务的性质，破产申请具有中断诉讼时效的效力。在债权人申请情形下，该中断效力仅仅及于申请人的请求权，而在债务人申请的情形下，中断效力及于申请人当时已有的所有债权人的请求权。

---

[1] 参见我国《企业破产法》第 8 条。
[2] 参见我国《证券法》第 129 条，《商业银行法》第 71 条，《保险法》第 90 条。
[3] 参见我国《公司法》第 187 条，《企业破产法》第 7 条第 3 款、第 70 条第 2 款。

二、破产案件的受理

(一) 概述

破产案件的受理,亦称立案,是指法院收到破产申请后,认为符合法定条件而予以接受,并开始破产程序的司法行为。一旦受理,破产程序即告开始,并产生一系列法律后果。决定是否受理,法院需进行形式审查和实质审查。前者是审查破产申请是否具备破产申请的形式要件的工作程序,主要是审查申请人是否具备破产申请资格,申请材料是否符合法律规定,本院对该案有无管辖权,债务人是否属于破产法适用范围内的民事主体。如法院认为,破产申请人提交的材料需要更正、补充,可以责令申请人限期更正、补充。按期更正、补充材料的,法院对更正、补充后的材料进行审查。未按期更正、补充的,视为撤回申请。实质审查,亦称理由审查,则是法院对破产申请是否具备破产事由的表面事实进行审查。至于破产事由是否具备,需要一个调查和证明的过程,而该过程只能在破产程序开始后进行,这种实质审查只是对表面事实的审查——仅依据申请人和债务人所提交的材料和证据进行审查。

(二) 受理与驳回申请的决定

对于破产申请,法院有3种处理:一是裁定受理;二是裁定不予受理;三是裁定受理后,只要还没有作破产宣告,一旦发现债务人并不具备破产事由,还可以裁定驳回申请。企业法人已解散但未清算或者未在合理期限内清算完毕,债权人申请债务人破产清算的,除债务人在法定异议期限内举证证明其未出现破产原因外,法院应当受理;债权人申请债务人破产的,债务人可以向法院提出异议,债务人未在法定期限内异议,或者异议不成立的,法院即应受理;相关当事人以申请人未预先交纳诉讼费用为由,对破产申请提出异议的,法院不予支持。[①]

法院应在规定期限内作出是否受理的决定(表13-4)。[②] 受理决定的时限因申请是否为债权人而异。一般情况下,法院决定是否受理的时限为收到破产申请之日起15日内。当事人补充、补正相关材料的期间,不计入该期限。如遇申请人为债权人,一是法院需在收到申请后5日内通知债务人,二是债务人自收到法院通知后享有7日的异议期,法院需在该异议期届满后10日内裁定是否受理。对于这两种情形,该时限均可延长,但有两个限制,一是需要上一级法院批准,二是最多延长15日。至于驳回申请,则是只要尚未宣告破产,发现债务人不具有破产事由,均可驳回破产申请。无论是裁定不予受理,还是驳回申请,申请

---

① 参见最高人民法院《关于适用〈中华人民共和国企业破产法〉若干问题的规定(一)》第5、6、8条。

② 参见我国《企业破产法》第10—12条。

人对该裁定不服的,均可自裁定送达之日起 10 日内向上一级法院上诉。

表 13-4　破产受理之时限

受理时限		受理			不受理的上诉期	驳回的上诉期
一般	债权人申请	通知申请人	债务人提交	公告	送达后 10 日	
15 日	异议期(7 日)后 10 日	裁定后 5 日	送达后 15 日	25 日		

无论是裁定受理还是不予受理,法院均应自作出裁定之日起 5 日内通知申请人。如遇债权人提出破产申请,还应自作出裁定之日起 5 日内送达债务人。为破产程序的顺利进行,实现集体受偿,法院应将受理破产申请的裁定通知已知债权人,并予以公告,其时限为裁定后 25 日内。该通知和公告应当载明[①]:(1)申请人、被申请人的名称或姓名;(2)法院受理破产申请的时间;(3)申报债权的期限、地点和注意事项;(4)管理人的名称或姓名及其处理事务的地址;(5)债务人的债务人或财产持有人应当向管理人清偿债务或者交付财产的要求;(6)第一次债权人会议召开的时间和地点;(7)法院认为应当通知和公告的其他事项。

三、受理的效果

法院受理破产案件,破产程序即告开始。破产程序一旦开始,法院即指挥和监督破产程序,债务人财产进入保全状态,债权人权利行使亦受约束。

(一)法院组成合议庭

一旦受理,法院即应组成合议庭,承担破产案件的处理工作,并在规定时限内将合议庭组成人员情况书面通知破产申请人和被申请人。对于债权人,法院则应自裁定受理破产申请之日起 25 日内通知已知债权人,并予以公告(表 13-4)。否则,其他债权人无从知悉受理破产申请的事实,无法实行集体受偿。

(二)对债务人的约束

法院一旦受理,则对债务人产生四个方面的约束:一是提交义务。如系债务人申请破产,申请时就应向法院提交财产状况说明、债务清册、债权清册、有关财务会计报告、职工安置预案以及职工工资的支付和社会保险费用的缴纳情况,已体现该义务。若债权人申请破产,债务人应自裁定送达之日起 15 日内,向法院提交其财产状况说明、债务清册、债权清册、财务会计报告等有关材料。如拒不提交,法院可以对其直接责任人员采取罚款等强制措施。[②] 二是妥善保管义务。

---

① 参见我国《企业破产法》第 14 条。
② 参见我国《企业破产法》第 8 条第 3 款、第 11 条第 2 款,最高人民法院《关于适用〈中华人民共和国企业破产法〉若干问题的规定(一)》第 6 条。

债务人应妥善保管其占用和管理的所有财产、印章和账簿、文书等资料。义务主体一般为企业法定代表人。经法院决定,企业的财务管理人员和其他经营管理人员,亦需承担该义务。该义务始于法院将破产申请受理裁定送达债务人之日,终于破产程序终结之日。① 三是配合破产工作的义务。债务人有义务配合破产工作的进行,需根据法院、管理人的要求进行工作,并如实回答询问;列席债权人会议,并如实回答债权人的询问。为此,债务人有留守于其住所的义务。未经法院许可,不得擅自离开住所地。在此期间,不得新任其他企业的董事、监事和高管。该义务的主体及期限,与妥善保管义务一样。四是不对个别债权人清偿的义务。未经法院许可,债务人不得对个别债权人清偿债务,也不得以其财产设立新的担保。否则,对个别债权人的债务清偿归于无效。②

(三) 对债权人的约束

为实现债权人集体受偿,避免个别债权人巧取豪夺,损害其他债权人的利益,一旦破产程序开始,便自动冻结债权人的个别追索行为。如是,债权人只能通过破产程序行使权利,不得个别追索债务;有财产担保的债权人,在破产宣告前,未经法院准许,不得行使优先权;债务人的开户银行,不得扣划债务人的既存款和汇入款抵还其贷款。否则,该扣划归于无效,并应退还所扣划的款项。

(四) 对其他人的约束

这主要有两个方面③:一是债务人的债务人和财产持有人。破产申请一经法院受理,它们应向管理人清偿债务或交付财产。如故意违反该义务,仍向债务人清偿或交付财产,致使债权人遭受损失的,即不能免除其清偿义务或交付财产义务。二是破产申请受理前成立的双方均未履行完毕的双务合同的对方当事人。对此,管理人有权决定解除或继续履行,并通知对方当事人。如管理人不作为,对方当事人可以催告。如管理人自破产申请受理之日起2个月内还未通知对方当事人,或收到前述催告后30日未予以答复,视为解除合同。如管理人决定继续履行,对方当事人即应履行,但有权要求管理人提供担保。如管理人不提供担保,视为解除合同。

(五) 债务人财产进入保全状态

1. 管理人接管债务人财产

法院裁定受理破产申请时,就指定管理人,由其接管债务人的全部财产,债务人即对其财产丧失控制权。相应地,债务人的债务人或财产持有人也应向管理人履行债务或交付财产。如无重整或和解,管理人管理该财产直至破产分配。

---

① 参见我国《企业破产法》第15条。
② 参见我国《企业破产法》第16条。
③ 参见我国《企业破产法》第17、18条。

如遇债务人重整,债务人申请自行管理财产和营业事务,获得法院批准的,方才由管理人将已经接管的财产移交给债务人。如遇法院裁定认可和解协议,管理人自应向债务人移交所接管的财产。①

2. 民事诉讼和仲裁的统一处理

为实现债权人集体受偿,需要集中债务人的财产和债务,也就要求集中处理有关债务人财产的所有请求和争议。这有两种情形②:一是尚未了结的现有民事诉讼和仲裁。对于法院受理破产申请时已有的尚未终结的有关债务人的民事诉讼或仲裁,首先应予中止。管理人接管债务人财产后,该诉讼或仲裁继续进行。显然,并不要求将其移送到受理破产申请的法院,而是通过管理人统一参与,实现债务人财产和债务的集中。二是新的民事诉讼。一旦破产程序开始,所有有关债务人的民事诉讼,均应由受理破产申请的法院受理。对于一审民事案件,该院可依法请求上级法院提审,或者报请上级法院批准后交下级法院审理。如该院对有关债务人的海事纠纷、专利纠纷、证券市场因虚假陈述引发的民事赔偿纠纷等案件不能行使管辖权,则可由上级法院指定管辖。③

3. 民事执行程序和财产保全程序的中止

破产程序开始后,一切有关债务人财产的保全措施均应解除,民事执行程序均应中止。④ 未执行或未执行完毕的已生效民事判决,未执行或未执行完毕的已生效民事裁定,未执行或未执行完毕的已生效刑事判决、裁定的财产部分,已向法院提出执行申请但尚未执行或未执行完毕的仲裁裁决,已向法院提出执行申请但尚未执行或未执行完毕的公证机关依法赋予强制执行效力的债权文书,均应中止;已查封、扣押、冻结或以其他方式予以保全的债务人财产,应解除保全措施,纳入债务人财产,由管理人集中管理。

第四节 债务人财产管理

一、管理人

一旦受理破产申请,法院即应指定管理人,接管债务人的财产,直至破产程序终结。管理人是债务人财产管理的关键角色。其称谓因国家甚至因适用的破产程序而异。英国有清算管理官(official receiver)和破产管理人之分,前者由贸易与工业部部长任命,行使临时接管人和临时清算人的职能,后者又因破产程序

---

① 参见我国《企业破产法》第 13、25、73、98 条。
② 参见我国《企业破产法》第 20、21 条。
③ 参见最高人民法院《关于适用〈中华人民共和国企业破产法〉若干问题的规定(二)》第 47 条。
④ 参见我国《企业破产法》第 19 条。

而异,担保权人接管程序为财产管理人,重整程序为管理人,破产清算程序则为清算人。澳大利亚、我国香港区与此类似。美国称为破产托管人。法国则有司法管理人和司法代理人之分,在观察和重整程序中司法代理人为管理人,而在清算程序中则由特派法官和司法代理人为清算人。德国、日本和我国台湾地区称为破产管理人,适用于破产清算程序。在我国的3种破产程序中均称为管理人。

表 13-5 管理人与清算组之比较

		破产法	公司法
		管理人	清算组
产生方式		法院指定	股东,公司选定、法院指定
产生时间		与破产受理同时	清算事由之日起 15 日
资格	专业知识	√(中介机构)	×
	专门执业资格	√(中介机构)	×
	独立性	√	×
职权	清算	√	√
	企业拯救	√	×

(一) 任命

管理人任命方式有 4 种模式:(1) 法院指定。日本、法国等采用该模式,破产管理人由法院选任和监督。①(2) 债权人会议选任。美国采用该模式,法院宣告破产后由债权人会议选任管理人,在破产宣告至债权人会议选任的管理人就任前由法院指定的临时破产清算人负责。(3) 法院指定和债权人会议选任相结合。德国采用该模式,破产程序开始时首先由法院任命破产管理人,但第一次债权人会议可以另选破产管理人。对于债权人会议选任的人选,如不符合任职要求,法院可以否决,但债权人可提起上诉。②(4) 因破产程序而异。英国和澳大利亚管理人任命方式因破产程序而异。在担保权人的接管程序中,财产管理人可由债权人任命,亦可由法院任命。重整程序中的管理人只能由法院任命,法院裁定重整终结时还可任命其为清算人。清算程序的清算管理官由法院任命,清算管理官在清算过程中还可请求贸易与工业部部长任命清算人。而在债权人自愿清算程序中,如遇股东大会和债权人会议所推荐的清算人选不同,以债权人会议推荐人选为准;若债权人会议未推荐人选,以股东大会推荐人选为准。③

我国采用法院指定模式(表 13-5)。法院裁定受理破产申请时,即应指定管理人。管理人需向法院报告工作,其报酬亦由法院确定,管理人辞职应经法院许

---

① 参见日本《破产法》第 74—75 条,法国《困境企业司法重整及清算法》(1985)第 148 条第 1 款。
② 参见德国《破产法》第 27、57 条。
③ 参见英国《破产法》第 100、135—137、139—140 条;〔英〕丹尼斯·吉南:《公司法》,朱羿锟译,法律出版社 2005 年版,第 443—446、454—464、482—484 页。

可。指定管理人和确定管理人报酬的办法,从最高法院之规定。可见,决定管理人的去留以及报酬多寡的权力均掌握在法院手中。毕竟,管理人管理债务人财产最终是为债权人集体受偿,债权人自应有权监督管理人的工作并影响其去留,体现为4个方面[①]:(1) 管理人执行职务需接受债权人会议和债权人委员会的监督,并应当列席债权人会议,向其报告职务执行情况,回答询问;(2) 债权人会议有权向法院对管理人的报酬提出异议;(3) 债权人会议认为管理人不能依法、公正执行职务或有其他不能胜任职务情形的,可申请法院予以更换;(4) 管理人未尽勤勉尽责、忠实执行职务的义务,给债权人造成损失的,应依法承担赔偿责任。无论是制约和监督法院权力,还是实行债权人自治,赋予债权人前述权利无疑是合理的。而在管理人任免和报酬确定方面体现一定的债权人自治,强化对法院权力的制约监督机制,也是很有必要的。

(二) 资格

管理人应具有专业性和独立性,此乃实现破产程序目标的重要保障。管理人是否仅为自然人,各国不尽一致。德国仅为自然人,日本、美国却准予法人任管理人。在我国,自然人和法人均可担任管理人,唯自然人担任管理人的,需要参加执业责任保险。管理人可以是由有关部门、机构的人员组成的清算组,也可以是依法设立的律师事务所、会计师事务所、破产清算事务所等社会中介机构(引例13-6)。[②]

引例 13-6

东星航空的破产管理人[③]

2009年3月底,武汉市中级人民法院受理东星航空破产案,指定由武汉市交通委员会、法制办、总工会、公安局等多个地方政府机构,央行武汉分行、湖北银监局等多个部属机构当地分支的工作人员及数位当地律师组成。围绕东星航空到底是破产还是重组,破产管理人、债权人和其他有关方面轮番角力。2009年8月,东星集团、东星国旅请求法院更换管理人。2009年9月,东星航空武汉、长沙、郑州、广州营业部,以及东星航空司乘组、空乘组的100多名员工要求更换破产管理人。

---

① 参见我国《企业破产法》第22条第2款、第23条、第28条和第130条。
② 参见我国《企业破产法》第24条。
③ 参见高志宏:《困境与出路:我国破产管理人制度的现实考察——以"东星航空破产案"为视角》,载《法治研究》2010年第8期。

1. 专业性

英国、澳大利亚、法国、德国、我国台湾地区等无不设此要求,有的还要求具有专门从业资格,法国要求从业者通过专门考试,澳大利亚要求具有注册清算人资格,英国需有破产从业者资格。在我国,专业性要求因人而异,如由有关部门或机构的人员组成的清算组,就没有专业性要求,而社会中介机构担任管理人,则有专业性的要求。它们应具备相关专业知识并取得职业资格。若专业人士曾被吊销相关专业执业证书,则不得担任管理人(表 13-5)。[①]

2. 独立性

为确保管理人的独立性,管理人不得与本案有利害关系。否则,不得担任管理人。

3. 品性条件

能否担任管理人,亦需审查其是否具有不良品性。在我国,因故意犯罪受过刑事处罚的,以及法院认为不宜担任管理人的,即属品性不适格。

(三) 职权及其行使

为实现破产程序的目标,管理人享有充分的权力,乃各国通例。英国赋予其完整的管理权,可以罢免、任命董事、召集公司股东大会或债权人会议、请求法院指示、处分浮动担保项下的财产等,交易相对人无须探询其是否有权行事。在我国,管理人行使9项法定职权:(1) 接管债务人的财产、印章和账簿、文书等资料;(2) 调查债务人财产状况,制作财产状况报告;(3) 决定债务人的内部管理事务;(4) 决定债务人的日常开支和其他必要开支;(5) 在第一次债权人会议召开之前,决定继续或者停止债务人的营业;(6) 管理和处分债务人的财产;(7) 代表债务人参加诉讼、仲裁或者其他法律程序;(8) 提议召开债权人会议;(9) 法院认为管理人应当履行的其他职责。这些权力涵盖债务人财产管理、企业拯救和破产清算等3个方面。显然,它比以往的破产清算组和公司解散清算中清算组的职权更为广泛(表 13-5)。

至于管理人如何行使职权,《企业破产法》有4项要求[②]:(1) 管理人应勤勉尽责,忠实执行职务。辞去职务需具有正当理由,并经法院同意。(2) 可以聘用必要的工作人员,但应经法院许可。(3) 向法院报告工作,接受债权人会议和债权人委员会监督,列席债权人会议,向其报告职务执行情况,回答其询问。(4) 若在第一次债权人会议召开之前,决定继续营业或停止债务人营业,或具有本应向债权人委员会及时报告的任何行为,均应经法院许可。至于多个管理人如何执行职务,法无明确规定。日本经验值得参考。管理人为数人时,由其共

---

① 参见我国《企业破产法》第24条第2、3款。
② 参见我国《企业破产法》第23、26—29条。

同执行职务。经法院许可的,亦可分别执行职务。第三人对其中任何一人为意思表示,即为对管理人的意思表示。管理人还可以选任代理人,但需经法院认可。

(四) 义务与责任

日本和我国台湾地区明确要求管理人执行职务,需尽到善良管理人的注意义务。违反该义务,即应对利害关系人承担连带损害赔偿责任。这种要求与公司董事、经理的注意义务毫无二致。在我国,《企业破产法》第 27 条对管理人有勤勉尽责和忠实执行职务的要求。如违反该义务,法院可依法处以罚款;给债权人、债务人或第三人造成损失的,还应依法承担赔偿责任。

二、债务人财产

债务人财产,是指破产案件受理时属于债务人的全部财产,以及受理破产案件后至破产程序终结前债务人取得的财产。一经破产宣告,该财产即成为破产财产。[①] 债务人财产自破产案件受理后即由管理人接管,控制权则可能因破产程序的进程而变化。比如,和解计划获得通过,并得到法院认可的,该财产应移交给债务人;在重整情形下,债务人请求自行管理财产,经法院批准后,管理人亦应向债务人移交该财产。

(一) 范围

就其范围而言,我国《企业破产法》采用膨胀主义[②]:破产案件受理时属于债务人的全部财产,以及破产案件受理后至破产程序终结前债务人取得的财产,均为债务人财产,破产宣告称为破产财产。为避免债务人因破产而沦为社会救济对象,各国大多设有豁免财产或自由财产,准予豁免维持债务人基本生活需要的财产。在我国,自然人尚不在破产之列,亦无豁免财产之规定。

具体说来,除债务人所有的货币、实物外,其依法享有的可以用货币估价并可以依法转让的债权、股权、知识产权、用益物权等财产和财产权益,均为债务人财产。债务人已依法设定担保物权的特定财产,仍属债务人财产。[③] 以下 4 种情形,则不属于债务人财产[④]:(1) 债务人基于仓储、保管、承揽、代销、借用、寄存、租赁等合同或者其他法律关系占有、使用的他人财产;(2) 债务人在所有权保留买卖中尚未取得所有权的财产;(3) 所有权专属于国家且不得转让的财产;(4) 其他依照法律、行政法规不属于债务人的财产。

---

① 参见我国《企业破产法》第 107 条第 2 款。
② 参见我国《企业破产法》第 30 条。
③ 参见最高人民法院《关于适用〈中华人民共和国企业破产法〉若干问题的规定(二)》第 1、3 条。
④ 参见最高人民法院《关于适用〈中华人民共和国企业破产法〉若干问题的规定(二)》第 2 条。

(二) 管理人接管和追收

债务人财产由管理人接管,自不待言。管理人应积极追收债务人财产(引例 13-7)。债务人的债务人或财产持有人应向管理人清偿债务或交付财产。若债务人的债务人或财产持有人不履行义务,管理人自应有权与其进行协商,协商不成,可以向受理破产案件的法院起诉,直接起诉亦可。债务人对外享有债权的诉讼时效,自法院受理破产申请之日起中断。债务人无正当理由未对其到期债权及时行使权利,导致其对外债权在破产申请受理前一年内超过诉讼时效期间的,法院受理破产申请之日起重新计算其诉讼时效期间。

引例 13-7

破产管理人追收飞行员流动价值补偿 9264 万元[①]

东星航空在册人员共 1380 人,其中飞行员 86 人。东星航空为招录、培训飞行员支付了巨额成本,招录费和培训费共计 1.4 亿元。破产管理人员参照民航总局等五部委文件,结合市场行情,确定飞行员流动补偿标准,分别向接受飞行员的航空公司追收飞行员流动补偿款 9264 万元。

至于质物和留置物,管理人可以通过清偿债务或提供为债权人接受的担保,将其取回。如质物或留置物的价值低于被担保的债权额,前述债务清偿或替代担保以该质物或留置物当时的市场价值为限。[②] 对于共有财产,无论是债务人对按份享有所有权的共有财产的相关份额,还是共同享有所有权的共有财产的相应财产权利,以及依法分割共有财产所得部分,均为债务人财产。[③] 就共同共有而言,破产宣告即为共有财产分割的法定事由;至于重整与和解,管理人亦可请求法院基于重整或者和解的需要分割共有财产。因分割共有财产导致其他共有人的损害而产生的债务,其他共有人可请求作为共益债务清偿。对于已经进入执行程序的债务人财产,尚未依法中止的,采取执行措施的相关单位应依法予以纠正。依法执行回转的财产,应归为债务人财产。[④] 至于债务人财产的保全措施,则区分两种情形[⑤]:一是已经对债务人采取保全措施的,在知悉法院已裁

[①] 参见张杰:《东星航空破产案的法律问题研究》,载《证券法苑》(第4卷),法律出版社2011年版,第384—403页。

[②] 参见我国《企业破产法》第37条。

[③] 参见最高人民法院《关于适用〈中华人民共和国企业破产法〉若干问题的规定(二)》第4条。

[④] 参见最高人民法院《关于适用〈中华人民共和国企业破产法〉若干问题的规定(二)》第5条。

[⑤] 参见最高人民法院《关于适用〈中华人民共和国企业破产法〉若干问题的规定(二)》第6、7条。

定受理有关债务人的破产申请后,应依法及时予以解除;二是对于可能因有关利益相关人的行为或者其他原因影响破产程序依法进行的,法院可依管理人的申请或者依职权,对其全部或者部分财产采取保全措施。

债务人的出资人尚未完全履行出资义务或返还抽逃的出资本息的,管理人应要求其缴纳所认缴的出资或返还其抽逃的出资,出资人不得以认缴出资尚未届至公司章程规定的缴纳期限或者违反出资义务已经超过诉讼时效作为抗辩。管理人可依法代表债务人提起诉讼,主张公司的发起人和负有监督股东履行出资义务的董事、高管,或者协助抽逃出资的其他股东、董事、高管、实际控制人等,对股东违反出资义务或者抽逃出资承担相应责任,并将其归入债务人财产。管理人还可以债务人的法定代表人和其他直接责任人员对所涉债务人财产的相关行为存在故意或者重大过失,造成债务人财产损失为由,请求其承担相应赔偿责任。债权人通过债权人会议或者债权人委员会,要求管理人依法向次债务人、债务人的出资人等追收债务人财产,管理人无正当理由拒绝追收的,债权人会议可以依法请求更换管理人。管理人不予追收,个别债权人亦可代表全体债权人,请求次债务人或者债务人的出资人等向债务人清偿或者返还债务人财产,或者依法申请合并破产。

三、破产程序前的无效行为

设置破产无效行为制度,就是旨在预防滥用破产程序。破产程序前的无效行为,是指债务人在破产前一定期限内实施的使债务人财产不当减少,或违反集体受偿原则,依法应被撤销或确认无效的财产处分行为。其特征为:一是有害性,有损债权人一般利益;二是不当性,有违公平正义观念。只有具备有害性和不当性的行为,才构成破产程序前的无效行为。

(一) 类型

依据我国《企业破产法》第31—33、36条,它包括3种类型(表13-6):首先是欺诈破产行为,包括一般欺诈破产行为和严重的欺诈破产行为。一般欺诈破产行为有5种情形:(1) 无偿转让财产的;(2) 以明显不合理的价格进行交易的;(3) 对没有财产担保的债务提供财产担保的;(4) 对未到期的债务提前清偿的;(5) 放弃债权的。严重的欺诈破产行为包括2种情形:(1) 为逃避债务而隐匿、转移财产的;(2) 虚构债务或者承认不真实的债务的。其次,个别清偿行为。债务人明知自身已有破产事由,仍对个别债权人进行清偿。最后,就是经营者以权谋私。债务人的董事、监事和高管利用职权从企业获取非正常收入和侵占企业财产。所谓非正常收入,是指债务人的董事、监事和高管利用职权获取的绩效奖金、普遍拖欠职工工资情况下所获取的工资性收入,以及其他非正常收入。

表 13-6 破产无效行为的溯及期与后果

无效行为的类型			溯及期	后果	
				撤销	无效
欺诈破产行为	一般	无偿转让财产	受理前 1 年内	√	
		以明显不合理的价格进行交易		√	
		为无财产担保的债务提供财产担保		√	
		提前清偿未到期债务		√	
		放弃债权		√	
	严重	为逃避债务而隐匿、转移财产	无时限		√
		虚构债务或承认不真实债务			√
个别清偿		明知无力偿债而为个别清偿	受理前 6 个月内	√	
经营者以权谋私			无时限		√

(二) 溯及期限

我国对破产程序前的无效行为均采用溯及主义。一般破产欺诈行为追溯到破产案件受理前 1 年内,严重的破产欺诈行为则不受时限限制,无论何时发生,均在溯及之列。经营者以权谋私行为亦然。至于个别清偿行为,则追溯到破产案件受理前 6 个月内。

(三) 法律后果

破产程序前的无效行为的法律后果,有撤销和无效两种。一般欺诈破产行为和个别清偿行为均为可撤销,由管理人请求法院予以撤销。至于严重欺诈破产行为,无论发生于何时,均归于无效。经营者以权谋私亦然。对由此而取得的债务人的财产,管理人均有权追回。[①] 如管理人的请求,涉及以明显不合理价格进行交易取得债务人财产的,双方均应返还从对方获取的财产或者价款。因撤销该交易后债务人应返还受让人已支付价款而产生的债务,受让人可请求作为共益债务清偿。管理人未依法请求撤销债务人无偿转让财产、以明显不合理价格交易、放弃债权等行为的,债权人可依法行使代位权,请求撤销债务人上述行为,并将追回的财产归入债务人财产。相对人不得以债权人行使撤销权的范围超出债权人的债权作为抗辩。

至于请求撤销个别清偿行为,则受到 4 种限制[②]:其一,破产申请受理前一年内债务人提前清偿的未到期债务,在破产申请受理前已经到期的,除清偿行为发生在破产申请受理前 6 个月内且债务人具备破产事由外,管理人不得请求撤销。其二,债务人对以自有财产设定担保物权的债权进行的个别清偿,除债务清偿时担保财产的价值低于债权额外,管理人亦不得请求撤销。其三,债务人经诉

---

① 参见我国《企业破产法》第 34、36 条。
② 参见最高人民法院《关于适用〈中华人民共和国企业破产法〉若干问题的规定(二)》第 12、14—16 条。

讼、仲裁、执行程序对债权人进行的个别清偿,除债务人与债权人恶意串通损害其他债权人利益外,管理人不得请求撤销。其四,对于债务人为维系基本生产需要而支付水费、电费,支付劳动报酬和人身损害赔偿金,以及使债务人财产受益的其他个别清偿,管理人不得请求撤销。

四、取回权

取回权,是指财产权利人从管理人接管的财产中取回不属于债务人财产的权利。这是因为,破产分配只能以破产财产为限,而管理人在破产案件受理时即接管债务人实际控制的财产,这种接管属于概括性接管,其中难免有债务人基于租赁、委托、保管、承揽等关系或物上担保而占有的他人财产。取回权旨在为财产权利人提供补救,消除管理人占有的财产与债务人财产之间的不一致现象,确保债务人财产的准确性与合理性(引例13-8)。

引例 13-8

GECAS 公司向破产管理人取回 9 架飞机①

2006年1月,东星航空向 GECAS 公司租赁9架空中客车飞机。2009年4月,破产管理人书面通知 GECAS 公司解除飞机租赁合同,除主张损害赔偿外,GECAS 公司还分别取回了停留在武汉天河机场、广州白云机场和郑州新郑机场的9架飞机。

取回权具有4个特征:(1)其标的物为债务人占有,但不为其所有。占有包括实际占有、曾经占有和未来占有,实际占有形成一般取回权,曾经占有形成代偿取回权,而未来占有则形成特殊取回权。(2)是对特定物的返还请求权。以债务人占有请求人财产的事实为前提,以特定物为请求标的,以该物的原物返还为请求内容。(3)其行使无须依破产分配程序,但应以管理人为相对人。(4)在取回前,其标的物视同债务人财产。若该财产受到不法侵害,管理人有权请求法律保护。

(一)种类

依据取回权成立之依据,可以分为一般取回权、特殊取回权和代偿取回权。一般取回权,亦称原物取回权,是指依据民法上原物返还的原理,请求管理人返

---

① 参见张杰:《东星航空破产案的法律问题研究》,载《证券法苑》(第4卷),法律出版社2011年版,第384—403页。

还其所占有的归权利人所有的财产的取回权。特殊取回权,是指依据破产法之特别规定,在债务人即将占有权利人的财产,但在实际占有前其破产申请即被受理时财产权利人享有的取回权。通常包括出卖人取回权和行纪取回权。行纪取回权不过是出卖人取回权的扩张而已,行纪取回权准用出卖人取回权即可。出卖人取回权源于英国法的中途停止权(right of stoppage in transit),相继为法国、德国、日本、韩国、我国台湾地区等采用。① 我国《企业破产法》第39条明确规定了出卖人取回权。代偿取回权,亦称赔偿取回权,是依据民法上损害赔偿原理所获得的取回权。这是对一般取回权的补充,在不能进行原物返还的情形下,以相同金额的赔偿金来满足取回权的行使。这种赔偿金应作为共益债务,从破产财产中优先拨付。

(二) 权利行使

在行权时间方面,取回权人可以在破产受理后,破产程序终结前,随时主张权利。一般应在破产财产变价方案或者和解协议、重整计划草案提交债权人会议表决前,向管理人提出。此后,仍可主张取回权,唯应承担延迟行使取回权增加的相关费用。该请求应向管理人提出,管理人一经查证属实,即应向取回权人返还财产。若管理人认为,请求人缺乏权利根据,可以拒绝给付。取回权人对此有异议的,可提请破产法院裁决。权利人可依据法院或者仲裁机关的相关生效法律文书向管理人主张取回权,管理人不得以生效法律文书错误为由而拒绝。如权利人未支付相关的加工费、保管费、托运费、委托费、代销费等费用,管理人有权拒绝其取回相关财产。至于重整期间,权利人不得违反双方事先约定的条件主张取回权。但是,因管理人或者自行管理的债务人违反约定,可能导致取回物被转让、毁损、灭失或者价值明显减少的,则可主张取回权。

(三) 一般取回权

凡是管理人所占有的属于他人的财产,均属一般取回权之列。这有两种情形:一是债务人合法占有的他人财产,主要有共有财产、委托管理的财产、租赁财产、借用财产、加工承揽财产、寄存财产、寄售财产,以及基于其他法律关系交债务人占有但未转移所有权的他人财产;二是债务人不法占有的他人财产,包括非法侵占的财产、受领他人基于错误所为之给付而取得的财产、破产人据为己有的他人遗失财产等。既为取回权,自然是取回原物。至于债务人占有的权属不清的鲜活易腐等不易保管的财产或者不及时变现价值将严重贬损的财产,管理人可及时变价,并提存变价款,有关权利人可取回变价款。债务人占有的他人财产被违法转让给第三人,而第三人尚未依法取得财产所有权的,原权利人无疑可取回原物。

---

① 参见德国《破产法》第44条,日本《破产法》第63条,韩国《破产法》第81条,我国台湾地区"破产法"第111条。

(四) 出卖人取回权

出卖人取回权的适用范围包括在运途中货物和所有权保留买卖合同。就在运途中货物而言,出卖人已将买卖标的物发运,买受人尚未收到,也未付清全价,即发生破产。出卖人对该标的物享有取回权。管理人也可以选择付清价金,而要求出卖人交付标的物。① 如出卖人通过通知承运人或者实际占有人中止运输、返还货物、变更到达地,或者将货物交给其他收货人等方式,对在运途中标的物主张了取回权但未能实现,或者在货物未到达管理人前已向管理人主张取回在运途中标的物,在买卖标的物到达管理人后,出卖人可向管理人主张取回标的物。如出卖人未及时行使取回权,在买卖标的物到达管理人后才向管理人主张的,则不能行使取回权。至于所有权保留买卖合同,则有3种情形可行使取回权。② 其一,如出卖人破产,管理人决定继续履行所有权保留买卖合同,买受人未依约支付价款或者履行完毕其他义务,或者将标的物出卖、出质或者作出其他不当处分,给出卖人造成损害的,除买受人已经支付标的物总价款75%以上,或者第三人善意取得标的物所有权或者其他物权外,出卖人管理人可行使标的物取回权。其二,如买受人破产,管理人决定继续履行所有权保留合同的,管理人无正当理由未及时支付价款或者履行完毕其他义务,或者将标的物出卖、出质或者作出其他不当处分,给出卖人造成损害的,除买受人已支付标的物总价款75%以上,或者第三人善意取得标的物所有权或者其他物权外,出卖人可依法取回标的物。其三,如买受人破产,管理人决定解除所有权保留买卖合同的,出卖人无疑可依法取标的物。

(五) 代偿取回权

无论是一般取回权,还是出卖人取回权,均可能导致代偿取回权。就一般取回权而言,有以下3种情形:其一,债务人占有的他人财产毁损、灭失,因此获得的保险金、赔偿金、代偿物尚未交付给债务人,或者代偿物虽已交付给债务人但能与债务人财产相区分的,权利人可取回就此获得的保险金、赔偿金、代偿物。其二,如保险金、赔偿金已经交付给债务人,或者代偿物已经交付给债务人且不能与债务人财产相区分的,只要财产毁损、灭失发生在破产申请受理后,因管理人或者相关人员执行职务导致权利人损害产生的债务,应列为共益债务;如未获得相应的保险金、赔偿金、代偿物,或者保险金、赔偿物、代偿物不足以弥补其损失的部分,只要财产毁损、灭失发生在破产申请受理后,亦应列为共益债务。其三,管理人或者相关人员在执行职务过程中,因故意或者重大过失不当转让他人财产或

---

① 参见我国《企业破产法》第39条。
② 参见最高人民法院《关于适用〈中华人民共和国企业破产法〉若干问题的规定(二)》第35、37、38条。

者造成他人财产毁损、灭失,导致他人损害所产生的前述共益债务,债务人财产不足以弥补损失的,权利人可请求管理人或者相关人员承担补充赔偿责任。

至于出卖人取回权,亦有 3 种代偿情形①:其一,如出卖人破产,管理人决定解除所有权保留买卖合同,买受人依法履行合同义务,并将买卖标的物交付出卖人管理人后,买受人已支付价款的损失形成的债权,应作为共益债务。其二,如买受人破产,管理人决定继续履行所有权保留买卖合同,对因买受人未支付价款或者未履行完毕其他义务,以及买受人管理人将标的物出卖、出质或者作出其他不当处分导致出卖人损害产生的债务,亦应列为共益债务。其三,如买受人破产,管理人决定解除所有权保留买卖合同,出卖人取回的标的物价值明显减少给出卖人造成损失的,对买受人已支付的价款不足以弥补出卖人标的物价值减少的损失而形成的债权,应列为共益债务清偿。

五、破产抵销权

破产抵销权,是指债权人在破产申请受理前对债务人负有债务的,可以其债权抵销其所负债务的权利。既已进入破产清算,所有破产债权均不能获得足额清偿,准予债权人行使抵销权,行使抵销权的债权得以全额实现,对其他破产债权人显然不公平。故,法国等少数国家不允许破产抵销。但是,大多数国家基于抵销的本质属性和破产程序效率之考虑,承认破产抵销,我国亦然(引例 13-9)。

> **引例 13-9**
>
> **海南发展银行向广东国投清算组主张抵销权②**
>
> 截至 1998 年 6 月 21 日,即海南发展银行关闭清算之日,其对广东国投享有债权 843.562916 万,其对广东国投负债总额为 200.270794 万。广东国投清算组同意该债权债务相互抵销。经抵销后,广东国投仍享有破产债权 688.503355 万(含截至 1999 年 1 月 16 日的利息)。

(一)行权条件

行使破产抵销权需符合 3 项条件:(1)只有债权人才能行使抵销权,管理人不得主动主张抵销权。(2)与破产债权相抵销的债务,须为破产债权人于破产

---

① 参见最高人民法院《关于适用〈中华人民共和国企业破产法〉若干问题的规定(二)》第 36—38 条。
② 参见吕伯涛:《共和国大要案:审理广东国投破产案始末》,人民法院出版社 2005 年版,第 388—389 页。

申请受理前对债务人所负的债务。破产申请受理后,债权人对债务人所负债务不得主张抵销。(3)需已申报债权,并获确认。也就是说,只有取得了债权人地位,进入破产程序,才能主张破产抵销权。

(二)不适用破产抵销的情形

破产抵销权具有优先权性质,为防止滥用,我国《企业破产法》第40条规定以下3种情形均不在破产抵销之列:(1)债务人的债务人在破产申请受理后取得他人对债务人的债权的;(2)债权人已知债务人有不能清偿到期债务或破产申请的事实,对债务人负担债务的;但是,债权人因为法律规定或者有破产申请1年前所发生的原因而负担债务的除外;(3)债务人的债务人已知债务人有不能清偿到期债务或破产申请的事实,对债务人取得债权的;但是,债务人的债务人因为法律规定或者有破产申请1年前所发生的原因而取得债权的除外。破产申请受理前6个月内,债务人具备破产事由的,债务人与个别债权人以抵销方式对个别债权人清偿,其抵销的债权债务属于前述第(2)、(3)情形之一的,管理人可在破产申请受理之日起3个月内请求确认该抵销无效。有前述3种不得抵销情形之一的债权人,主张以其对债务人特定财产享有优先受偿权的债权,与债务人对其不享有优先受偿权的债权抵销,除用以抵销的债权大于债权人享有的优先受偿权财产价值外,债务人管理人不得以此提出异议。

至于债务人股东,无论是因欠缴债务人的出资或者抽逃出资对债务人所负的债务,还是滥用股东权利或者关联关系损害公司利益对债务人所负的债务,均不得与债务人对其负有的债务相抵销。①

(三)破产抵销权的行使

1. 抵销的意思表示

破产抵销权应以单方意思表示为之。该意思表示应以管理人为对象,需为明示的意思表示,但不以管理人的同意为条件。而除抵销使债务人财产受益外,管理人不得主动抵销债务人与债权人的互负债务。一般而言,管理人收到债权人提出的主张债务抵销的通知后,经审查无异议的,抵销自管理人收到通知之日起生效。管理人的否认意思表示可以阻却其行权,但管理人异议受到法定条件和法院两个方面的制约。② 其一是法定条件,管理人员不得以破产申请受理时债务人对债权人负有的债务尚未到期,或债权人对债务人负有的债务尚未到期,双方互负债务的标的物种类、品质不同而提出异议。其二是抵销异议由法院裁决。管理人有异议的,应在约定的异议期限内或者自收到主张债务抵销的通知

---

① 参见最高人民法院《关于适用〈中华人民共和国企业破产法〉若干问题的规定(二)》第46条。
② 参见最高人民法院《关于适用〈中华人民共和国企业破产法〉若干问题的规定(二)》第42、43条。

之日起3个月内向法院起诉。法院驳回管理人异议的,该抵销自管理人收到主张债务抵销的通知之日起生效。

2. 行权时间

债权人行权的意思表示需在破产分配方案公布前向管理人发出。一旦公布破产分配方案,破产债权人不得再主张抵销权。

3. 附条件之债的行权

对于附条件破产债权而言,其抵销权行使因所附条件性质而异。若为附停止条件之债,在条件未成就时,不得主张抵销。若为附解除条件之债,只能在条件未成就时主张抵销权,在条件成就时不得主张抵销。

4. 抵销后的差额

债权人与债务人双方债权债务通常并不相等,会产生差额。若破产债权大于债务,在抵销后,破产债权超过被抵销债务的部分仍属破产债权,继续参与集体受偿程序。若破产债权小于债务,在抵销以后,债务超过破产债权的部分则为破产财产。管理人有权追回该财产,用于破产分配。

六、破产费用和共益债务

破产费用,是指破产程序开始后,为破产程序的顺利进行及债务人财产的管理、变价和分配所产生的费用。该费用系为债权人共同利益而产生,依据民事诉讼有关民事执行费用由债务人承担的规则,以及民法上有关共益费用优先受偿的规则,该费用从破产财产中优先拨付。依据我国《企业破产法》第41条,以下3项费用属于破产费用:(1)破产案件的诉讼费用;(2)管理、变价和分配债务人财产的费用;(3)管理人执行职务的费用、报酬和聘用工作人员的费用。

共益债务,亦称财团债务,是指在破产程序中为维护全体债权人的共同利益所形成的债务。与其相对应的权利,为共益债权。依据《企业破产法》第42条,以下6项均属共益债务:(1)因管理人或债务人请求对方当事人履行双方均未履行完毕的合同所产生的债务;(2)债务人财产受无因管理所产生的债务;(3)因债务人不当得利所产生的债务;(4)为债务人继续营业而应支付的劳动报酬和社会保险费用以及由此产生的其他债务;(5)管理人或相关人员执行职务致人损害所产生的债务;(6)债务人财产致人损害所产生的债务。

至于清偿顺位,破产费用和共益债务均为优先支付,由债务人财产随时清偿。如债务人财产不足以清偿所有破产费用和共益债务,则先行清偿破产费用。若债务人财产不足以清偿其中任何一项,则该项费用应按比例清偿。如债务人的财产不足以支付破产费用,管理人应请求法院终结破产程序。法院收到请求后,应于15日内裁定终结破产程序。

第五节 债权申报

一、破产债权的概述

破产程序开始后,法院受理破产时即对债务人享有债权的债权人,可以依法行使权利。一旦宣告破产,该债权就称为破产债权。破产债权需经依法申报并获得确认,才能进入集体受偿程序。破产清算就是为了实现破产债权的公平清偿,故破产债权及其清偿乃破产清算程序的核心。没有破产债权,谈何破产清算。

(一) 法律特征

作为财产请求权,它具有 5 个特征:(1) 需为破产案件受理前成立的请求权。(2) 需以财产给付为内容。没有财产给付内容的请求权,不得作为破产债权(引例 13-10),从而有别于不以财产给付为限的强制执行程序。(3) 需为对人的请求权。担保债权因有特定标的物作为担保,应作为别除权,而非破产债权。只有担保权人放弃优先受偿权,或虽未放弃,但标的物抵偿其债权后仍有差额,该债权或差额方可作为破产债权。基于原物返还而享有的请求权,应作为取回权,亦非破产债权。(4) 以债务人财产为受偿对象。(5) 需为可强制执行的请求权。已过诉讼时效的请求权,不得成为破产债权。

> **引例 13-10**
>
> ### 安慰函不属于担保[①]
>
> 广东国投分别于 1996 年 2 月 1 日、1997 年 12 月 19 日和 12 月 29 日向劝业银行出具 3 份安慰函,均承诺确保广信香港、广信深圳将清偿所借金额(本金、利息或其他);只要《贷款协议》继续有效及借款方之任何义务尚未履行,广东国投不会出售、行使留置权或以其他方式处置广东国投对借款方拥有之任何权益,且广东国投现在或将来对借款方可能拥有的所有追索权,将在所有方面劣后于劝业银行可能对借款方拥有的追索权。但是,它们均未承诺,当广信香港、广信深圳不履行债务时由广东国投承担连带保证责任或代偿债务。法院认为,这种安慰函不构成担保,广东国投对劝业银行的债权不承担保证责任,故劝业银行依据安慰函申报的本金 4000 万美元及利息、本金 112.4 万美元及其利息、本金 500 万美元及其利息,均不能成为破产债权。

---

① 参见曾庆春、张慧鹏:《广东国投破产案终结》,载《南方日报》2003 年 3 月 1 日。

（二）范围

凡是破产案件受理前成立的对债务人的债权,均可成为破产债权。未到期债权,在破产案件受理时视为已到期。对附利息的债权,若破产案件受理后才到期,自破产案件受理时起停止计息,1986年《破产法(试行)》则是计至破产宣告之日。附条件、附期限的债权及诉讼、仲裁未决的债权亦可作为破产债权申报。①

至于债务人的保证人或其他连带债务人,如已替债务人清偿债务,以其对债务人的求偿权申报破产债权;如尚未替债务人清偿债务,亦可以其对债务人的将来求偿权申报破产债权,但债权人已向管理人申报全部债权的除外。多个连带债务人破产的,其债权人有权就全部债权分别在各个破产案件中申报破产债权。自然,管理人或债务人解除合同,对方当事人因此享有的损害赔偿请求权,可以申报破产债权。作为委托合同委托人的债务人破产,受托人因不知该事实,继续履行委托事务而享有的请求权亦然。作为出票人的债务人破产,票据付款人因继续付款或承兑所享有的请求权,同样可以申报破产债权。②

二、债权申报

债权申报,是指债权人在破产案件受理后依法定程序主张并证明其债权,以便参加破产程序的法律行为。此乃破产程序的必经程序,以便债权人集结一处,实现集体受偿。它具有4个特征:(1)是债权人的单方意思表示。根据意思自治规则,债权人享有申报和不申报的自由。(2)以主张并证明债权为内容。债权人主张非债权权利,或不能提供债权证据,其申报便不能接受。(3)是债权人参加破产程序的必要条件。债权人申报并经确认后,方才具有参加债权人会议的资格,并依法享有相应的权利,而未申报的债权人,则不得参加破产程序。(4)必须符合法定程序。

（一）申报期限

债权申报期限,是指准予债权人向管理人申报债权的固定期间。限定申报期为破产程序及时、顺利进行之必然要求,否则,便无法确定债权人人数和债权数额,难以召开债权人会议。债权申报期限有法定主义和法院酌定主义两种立法例。我国采用法院酌定主义,由法院在受理破产案件时确定该期限,该期限不得少于30日,但不得超过3个月。③

债权人应在债权申报期限内向管理人申报债权。对于逾期未申报的债权,

---

① 参见我国《企业破产法》第44、46—47条。
② 参见我国《企业破产法》第51—54条。
③ 参见我国《企业破产法》第45条。

债权人并不因此丧失权利,还可以在破产财产最终分配前补充申报。只是已进行的分配,对其不再补充分配,而且由其自行承担审查和确认补充申报债权所需的费用。凡是未依法申报破产债权的,均不得依破产程序行使权利。[1]

(二) 申报方式

管理人为破产债权的申报登记机构,由其负责债权申报工作,对债权进行登记造册和审查。债权申报方式因债权是否为劳动债权而异。对于一般债权,由债权人主动申报债权,且应采用书面形式,向管理人说明债权的数额和有无财产担保,并提交有关证据。申报债权为连带债权的,应予以说明。作为连带债权人,可以由其中一人代表全体连带债权人申报,也可以共同申报。[2] 至于债务人职工的劳动债权,则无须职工主动申报,而是由管理人主动进行调查后列出清单,职工可以对该清单提出异议。[3] 具体说来,债务人所欠职工的工资和医疗、伤残补助、抚恤费用,所欠的应当划入职工个人账户的基本养老保险、基本医疗保险费用,以及法律、行政法规规定应当支付给职工的补偿金,首先由管理人调查后列出清单,并予以公示。职工对清单记载享有异议权,可以要求管理人更正。管理人不予更正的,职工还可向法院提起诉讼。这充分体现了对职工合法权益的特殊保障。

管理人收到申报材料后,应登记造册,对债权申报的真实性、有效性进行审查,并编制债权表。该表需提交第一次债权人会议核查。债权表和申报材料均由管理人保管,利害关系人可以查阅。[4]

(三) 调查、核查与确认

债权的调查与确认系破产程序的核心任务之一,债权人、债务人均高度关注,往往聚讼纷纭。我国《企业破产法》第57条、第58条和第61条,对债权的调查权、核查权与确认权作出了合理的区分,将确认权、调查权和核查权分别赋予法院、管理人和债权人会议。具体说来,由管理人进行调查后,编制债权表,提交第一次债权人会议核查。债权人会议通过后,仍需提请法院确认。只有经法院确认后,申报的破产债权才正式得到认可。若债权人、债务人对该表所记载的债权有异议,即应向受理破产申请的法院起诉,由其作出裁定(引例13-11)。

---

[1] 参见我国《企业破产法》第56条。
[2] 参见我国《企业破产法》第49、50条。
[3] 参见我国《企业破产法》第48条第2款。
[4] 参见我国《企业破产法》第57、58条。

> **引例 13-11**
>
> ## 广东国投的债权确认[①]
>
> 广东国投总资产 214.71 亿元,总负债 361.45 亿元,资不抵债 146.94 亿元。数百亿债务中 80% 以上借自日本、美国、德国、瑞士、我国香港等国家和地区的 130 多家著名银行。广东国投等 4 家公司进入破产程序时,共有 494 家国内外债权申报人申报债权,申报债权总额为 467 亿元。广东国投破产案有债权申报人 320 家,申报债权总额为 387.8 亿元,依法确认的债权人 200 家,确认债权金额为 202.2 亿元,否认无效债权 185.6 亿元。

三、破产债权的算定

破产债权的算定,是指将数额未确定债权和未到期债权,以破产案件受理为分界线,计算并认定为数额确定的已到期债权。实际上,这就是将所有债权同质化,便于在破产分配中进行公平清偿。

至于债权算定的标准,则要区分 4 种情形:其一,非金钱债权。无论是直接的非金钱财产给付请求,还是因实物毁损灭失而产生的损害赔偿请求,均需要转换为货币形态。对于种类物而言,按法院受理破产案件裁定之日的债务履行地的平均市场价格,计算其债权金额。对于特定物而言,则应按破产案件裁定之时债务履行地的成本水平和其他相关因素进行评估,从而确定其债权额。其二,以外币表示的金钱债权。这种金钱债权应按法院受理破产案件裁定之日的人民币市场汇率的基准价,计算该债权的金额。其三,数额未定债权。这通常是破产案件受理时尚有争议的债权,包括涉诉争议和非涉诉争议两种情形。对于涉诉争议之债,在破产案件受理前已有生效判决的,其数额以判决为准;无生效判决的,由破产法院裁定其数额。未达成协议的非涉诉争议之债,亦然。对于合同约定于未来确定数额之债,在破产案件受理时尚未确定的,如合同有明确的计算方法,从其约定。如合同未约定或约定不明,又没有可适用的法定计算依据的,则由法院依据有关事实和公平合理原则裁定其数额。其四,未到期债权。凡在破产案件受理时尚未到期的债权,均视为已到期。对于附利息之债,在计算时则应减去未到期的利息。

[①] 参见吕伯涛:《共和国大要案:审理广东国投破产案始末》,人民法院出版社 2005 年版,第 88 页。

第六节　债权人会议与债权人委员会

一、债权人会议与债权人委员会的概述

（一）地位与设置

债权人会议，是指由全体登记在册的债权人组成的表达债权人意思和统一其行动的议事机构。尽管它有时也指该机构的集会活动，但从性质上看，它是债权人团体在破产程序中的意思表达机关。它是一个组织体，而非临时集会活动。设置债权人会议，系债权人意思自治的体现。唯法国已废除债权人会议，仅由债权人代表向法官和检察官表达意见。

债权人会议有3种设置模式。一是仅由部分债权人组成债权人会议，如意大利。二是仅有债权人会议，不设常设机构。三是既设债权人会议，又设常设机构，比如债权人委员会，德国、日本、英国和美国等采用该模式。我国亦然。债权人委员会系行使监督职能的常设机构，成员最多9人，由债权人会议选任，但需有1名债务人的职工或工会代表，其构成须经法院书面认可。

（二）职权

作为债权人的集体议事机构，债权人会议行使11项职能：（1）核查债权；（2）申请法院更换管理人，审查管理人的费用和报酬；（3）监督管理人；（4）选任和更换债权人委员会成员；（5）决定继续或停止债务人的营业；（6）通过重整计划；（7）通过和解协议；（8）通过债务人财产的管理方案；（9）通过破产财产的变价方案；（10）通过破产财产的分配方案；（11）法院认为应当由债权人会议行使的其他职权。债权人委员会仅有4项职权：（1）监督债务人的财产管理和处分；（2）监督破产财产分配；（3）提议召开债权人会议；（4）债权人会议委托的其他职权。该委员会行使以上职权时，有权要求管理人、债务人就其职权范围内的事务作出说明或提供有关文件。若其拒绝接受监督，该委员会有权就监督事项请求法院作出决定，法院应在5日内作出决定。

此外，管理人实施10种行为，需及时报告债权人委员会。未设债权人委员会的，应及时报告法院。在召开第一次债权人会议之前，债务人委员会尚未成立，管理人实施这些行为之一的，还需经法院许可。[①] 这10种行为包括：（1）涉及土地、房屋等不动产权益的转让；（2）探矿权、采矿权、知识产权等财产权的转让；（3）全部库存或营业的转让；（4）借款；（5）设定财产担保；（6）债权和有价证券的转让；（7）履行债务人和对方当事人均未履行完毕的合同；（8）放

[①] 参见我国《企业破产法》第26、69条。

弃权利;(9)担保物的取回;(10)对债权人利益有重大影响的其他财产处分行为。

(三)债权人会议的成员

只有依法申报债权的债权人,才能成为债权人会议的成员。凡是债权人会议成员,均可出席债权人会议,享有表决权。对于债权尚未确定的债权人,如法院就其行使表决权而临时确定债权数额的,可以行使表决权。否则,不得行使表决权。别除权人则享有限制性的表决权。也就是说,别除权人享有表决权,但并非享有债权人会议全部所议事项的表决权,其中对与其利益无关的事项,如是否通过和解协议草案、破产财产的分配方案,不享有表决权,而对其他事项均享有表决权。究其原因,一是别除权人不受和解协议的约束;二是别除权人因为享有担保物权,在整个破产债权体系中,别除权人的权利处于优先位置,其受偿也不受破产财产分配方案的限制,故不应对和解协议草案和破产财产分配方案享有表决权。至于债务人的职工和工会代表,有权参加债权人会议,亦可就有关事项发表意见,但不享有表决权。

债权人可以亲自出席债权人会议,也可委托代理人出席。代理人出席会议的,应向法院或债权人会议主席提交债权人的授权委托书。

二、债权人会议的召集与召开

(一)召集

债权人会议的召集事由与召集人因是否为第一次债权人会议而异。① 第一次会议必须在债权申报期限届满后 15 日内召开,法院为其召集人。以后债权人会议的召集人为债权人会议主席,召集事由为:(1)法院认为必要的;(2)管理人、债权人委员会和占债权总额 1/4 以上的债权人向债权人会议主席提议召集会议的。首次债权人会议的通知,已涵盖于法院在破产案件受理裁定之日起 25 日内所发布的通知和公告之中。以后债权人会议的通知,管理人应提前 15 日通知已知的债权人。

(二)召开

债权人会议由债权人会议主席主持。债权人会议主席由法院从有表决权的债权人中指定。作为集体议事机构,债权人会议以作出有关决议为目的。一旦作出决议,即对全体债权人具有约束力。决议的定足数因决议类型而异。② 对于一般事项,决议的定足数为出席会议的有表决权债权人过半数通过,且其代表的债权额占无财产担保债权总额的 1/2 以上。特别事项则有更高的定足数要

---

① 参见我国《企业破产法》第 62 条。
② 参见我国《企业破产法》第 64 条第 1 款和第 84、86、97 条。

求。和解协议的定足数为,出席会议的有表决权债权人过半数通过,且其代表的债权额占无财产担保债权总额的 2/3 以上。重整计划则实行分组表决,每组均需出席会议的同一表决组的有表决权债权人过半数通过,且其代表的债权额占该组债权总额的 2/3 以上。每组均通过,方可通过该计划。

作为债权人自治的体现,法院原则上不干预债权人会议是否形成决议。但是,为了破产程序的及时、顺利进行,对债权人会议就特定事项久议不决也不能坐视不管,放任自流。依据我国《企业破产法》第 65 条,对于债务人财产的管理方案和破产财产变价方案,债权人会议未通过的,法院可裁定通过;至于破产财产分配方案,经债权人会议两次表决仍未通过的,法院可裁定通过。法院的裁定可以在债权人会议上宣布,亦可另行通知债权人。当然,债权人可以对法院的裁定申请复议。[①] 对于债务人财产的管理方案和破产财产变价方案的裁定不服的,任何债权人均可提出复议;对于破产财产分配方案的裁定不服的,只有债权额占无财产担保债权总额 1/2 以上的债权人方可提出复议。提出复议期限为 15 日,自裁定宣布之日或收到通知之日起计算。不过,复议期间不停止裁定的执行。

债权人会议的决议对全体债权人均具有约束力。一旦债权人会议通过该决议,无论特定债权人是否出席会议,是否有表决权,是否投票赞成,均应受其约束。和解协议和重整计划在债权人会议通过后,需经法院认可或批准后才生效。

依据我国《企业破产法》第 64 条第 2 款,任何债权人均可对债权人会议作出的决议提出异议。条件是该债权人认为该决议违法,损害其利益。提出异议的期限为 15 日,自债权人会议作出决议之日起计算。异议债权人可请求法院撤销该决议,责令其重新作出决议。

第七节 破产违法行为

一、破产违法行为的类型

为实现破产程序的目标,防止滥用破产程序,制裁破产违法行为,自不待言。它包括妨碍破产程序的行为和损害利害关系人利益的行为两种类型(图 13-3)。

[①] 参见我国《企业破产法》第 66 条。

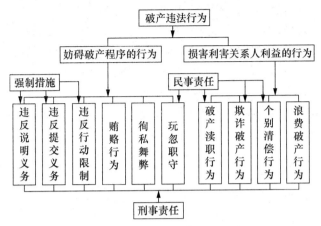

图 13-3　破产违法行为及其法律责任

(一) 妨碍破产程序的行为

1. 违反说明义务

行为主体需具备特定身份:有义务列席债权人会议的债务人有关人员,包括企业的法定代表人、经法院决定的企业财务管理人员和其他经营管理人员。在主观方面表现为故意,明知有说明义务而拒不履行。在客观方面表现为经法院传唤,无正当理由拒不到场列席债权人会议;拒不陈述、回答,或者作虚假陈述、回答。①

2. 违反提交义务

行为主体为债务人。主观方面表现为故意。客观方面表现为②:拒不向法院提交或提交不真实的财产状况说明书、债务清册、债权清册和有关财务会计报告以及职工工资的支付情况和社会保险费缴纳情况的说明;拒不向管理人移交财产和与财产有关的账簿、文件、资料、印章,或者伪造、销毁有关财产证据材料而使财产状况不明的。

3. 违反行动限制

行为主体系特定行动受到破产法限制的人员:债务人的有关人员。主观方面需为故意,客观方面表现为,在破产程序进行期间,未经法院许可而擅自离开住所地。③

4. 贿赂行为

贿赂包括行贿和受贿。行贿的主体包括破产案件当事人,但不限于当事人,

---

① 参见我国《企业破产法》第126条。
② 参见我国《企业破产法》第127条。
③ 参见我国《企业破产法》第129条。

案外人员出于帮助当事人目的而行贿的,亦可构成行贿。行贿的对象为破产程序职能机构的人员,如管理人或其代理人。行为的主观方面表现为故意,客观方面表现为向破产程序职能机构人员提供金钱或其他不当利益,从而获取受贿人在行使权力过程中给予的私人回报。至于受贿,行为主体即为行贿的行为对象:破产程序职能机构的人员,如管理人。行为的主观方面表现为故意,客观方面表现为在执行破产事务的过程中,非法索取或者收受他人提供的金钱或其他不当利益,进而妨碍公平清偿的秩序,但该违法行为的构成并不以实际损害结果为要件。

5. 徇私舞弊与玩忽职守

行为主体均为破产程序职能机构的人员,如管理人。在主观方面,前者表现为故意,后者为过失或故意,没有尽到保护当事人利益之应有注意。在客观方面,前者表现为利用职务的便利或地位,隐匿、转移财产,获取不当利益,后者表现为没有按照职责要求行使职权,或行使职权违反了职责上的要求,给债权人、债务人或第三人造成经济损失,且该行为与损害后果之间有因果关系。

(二) 损害利害关系人利益的行为

1. 破产渎职行为

行为主体需具备特定身份:企业董事、高管等负责人。主观方面表现为重大过失或故意,未尽到董事、高管等负责人应有的勤勉义务、忠实义务。客观方面表现为决策错误或失误,管理不善,造成企业严重亏损,进而破产倒闭。[①]

2. 欺诈破产行为

行为主体为债务人,主观方面需为故意,客观方面表现为用隐瞒真实情况,或制造虚假情况等手段,实施某种物的处分行为或交易行为,导致债权人财产减少或负担增加,或者使得债务人财产情况不明,从而损害债权人利益。[②]

3. 个别清偿行为

行为主体为债务人,主观方面表现为故意,客观方面表现为在破产案件受理前6个月内,已知其不能清偿到期债务,仍对个别债权人进行清偿,破坏集体受偿秩序,损害其他债权人利益。

4. 浪费破产行为

行为主体也是债务人,主观方面系放任的故意,即已知或应当知道其不能清偿到期债务,客观方面表现为进行不合理的费用开支,或挥霍财产。

[①] 参见我国《企业破产法》第125条。
[②] 参见我国《企业破产法》第128条。

二、破产法律责任

1. 民事责任

玩忽职守、破产渎职行为、欺诈破产行为和个别清偿行为,应承担相应的民事责任。其中,欺诈破产行为和个别清偿行为属于破产程序前的无效行为,管理人可以行使否认权和追回权。对于破产渎职行为,企业董事、监事和高管应依法承担民事责任,且自破产清算终结之日起3年内不得担任任何企业的董事、监事和高管。[①] 至于玩忽职守,管理人应对债权人、债务人或第三人所遭受的经济损失承担赔偿责任。[②]

2. 强制措施

依据我国《企业破产法》第126、127、129条,这种强制措施有训诫、罚款和拘留三种。训诫和拘留适用于违反行动限制的行为,违反说明义务、违反提交义务和违反行动限制,均可被课以罚款。

3. 刑事责任

破产违法行为,构成犯罪的,还应追究刑事责任。依据我国《刑法》第168条,国有公司、企业的工作人员犯破产渎职罪的,处3年以下有期徒刑或者拘役,致使国家利益遭受特别重大损失的,处3—7年有期徒刑。依据《刑法》第162条第2款,公司、企业通过隐匿财产、承担虚构的债务或以其他方法转移、处分财产,实施虚假破产,严重损害债权人或者其他人利益的,便构成虚假破产罪,对其直接负责的主管人员和其他直接责任人员处5年以下有期徒刑或拘役,并处或单处罚金2—20万元。

---

① 参见我国《公司法》第146条第1款第3项,《企业破产法》第125条。
② 参见我国《企业破产法》第130条。

第十四章 重 整

第一节 重整概述

一、重整的概念

重整,是指困境企业依法定程序,保护其继续营业,实现债务调整和企业整理,使之摆脱困境、走向复兴的拯救型债务清理制度。作为拯救型破产程序,自20世纪中叶兴起以来,重整已风靡世界各国(表14-1),唯适用范围不尽一致。美国、法国和德国的重整程序既适用于企业,也适用于个人,实际上主要是为企业而设,英国、澳大利亚和日本则仅适用于公司,我国台湾地区适用范围最狭窄,仅适用于公开发行股票或债券的公司。我国采用折中模式,只要是企业法人,无论是否为公司,均可采用重整程序(表14-1)。①

表 14-1 重整程序适用范围

	企业			个人
	公司	企业法人	其他企业	
中国	√	√		
美国	√	√	√	√
英国	√			
澳大利亚	√			
法国	√	√	√	√
德国	√	√	√	√
日本	√			
我国台湾地区	√(上市)			

与破产清算相比,重整具有以下差异:(1)目标不同。重整以企业价值最大化为目标,而破产清算则以公平清偿为目标。重整旨在将蛋糕做大,而破产清算仅着眼于现有蛋糕之公平分配。(2)成本不同。在破产清算程序中,债权人除自费参与破产清算程序外,无需其他投入,而在重整程序中,为了实现挽救企业的目的,不仅股东需要再注资,债权人往往也要减免企业债务或债转股,欲取之,必先与之。(3)收益不同。破产清算程序以债权人商主体资格消灭而告终,债权人的债权清偿率不高(引例13-1)。而一旦重整成功,债权人不仅获得更高的

---

① 参见我国《企业破产法》第2条第2款。

债权清偿率(引例 14-2),而且维持了长远的业务关系。

二、重整的开始

(一)重整原因

既然重整以企业拯救为目标,那等到病入膏肓才进行拯救,便有违其初衷,因而重整事由比破产事由更为宽泛。已经无力清偿到期债务的、将要无力清偿到期债务的,均可进入重整程序。为贯彻早发现、早治疗,法国还创设了破产预警程序。依据我国台湾地区"公司法"第 282 条,公开发行股票或债券的公司,因财务困难,暂停营业或有停业之虞的,只要有拯救的可能,即可进入重整程序。我国《企业破产法》第 2 条第 2 款博采众长,只要企业法人有明显丧失清偿能力的可能,即可启动重整程序,充分体现了"能救则救"理念。

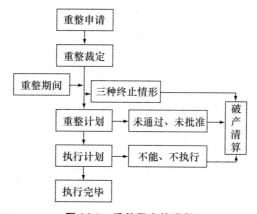

图 14-1 重整程序的进程

(二)申请

依据我国《企业破产法》第 70 条,重整申请人有债务人、债权人和持有债务人注册资本总额 1/10 以上的出资人三种类型。对于债权人,并无债权数额之要求,对公司股东亦未设持股时间要求,进入条件较为宽松。比较而言,我国台湾地区要求债权人所持有的债权占债务人发行股份的 10% 以上,这就限制了小额债权人启动重整程序;至于公司股东,持股比例 10% 之要求与我国《企业破产法》规定相同,但还设有连续持股 6 个月以上的时间门槛。[①] 法国则不准许债务人的出资人(股东)提出重整申请。

重整申请时间因申请人类型而异。债权人和债务人,均可直接向法院申请债务人重整。债权人申请债务人破产的,在法院受理后,宣告破产前,债务人可申请重整。易言之,债权人不能在破产案件受理后再主动申请重整。至于债务

---

① 参见我国台湾地区"公司法"第 282 条。

人出资10%以上的出资人,则不能直接申请重整,只能在法院受理的债权人申请债务人破产案件中,在破产宣告前提出重整申请(引例14-1)。

> **引例 14-1**
>
> ### 东星航空债权人和出资人的重整申请被驳回[①]
>
> 武汉市中级人民法院受理东星航空破产案后,中航油、东星集团等10家债权人于2009年4月8日至5月8日向武汉市中级人民法院申请重整,东星国旅、东星集团等出资人于6月22日、8月11日提出重整申请。债权人申请不符合我国《企业破产法》第70条第1款的规定,武汉市中级人民法院及湖北省高级人民法院裁定不予受理。东星集团虽提起重整申请并提交重整草案,但因其缺乏资金能力、重整草案不具备可行性以及东星航空不具备重整事实基础,武汉中院裁定驳回其重整申请。

申请人提出重整申请,不仅要提交申请书,而且还应提交有关证据。该证据须能够证明,债务人属于重整程序的适用对象,并具有重整事由。是否同意重整由法院审查决定。只要债务人为企业法人,且具备重整事由,法院即可裁定债务人重整,并予以公告。

三、重整期间及其营业

重整期间,是指用于制定重整计划,并防止债权人在重整程序开始后,对债务人及其财产采取诉讼或其他程序行动,以保护企业的营运价值的特定期间。美国称为冻结期(period of freeze),英国和澳大利亚称为延缓偿付期(moratorium),法国称为观察期。这既是制定重整计划所必需,也避免了债权人继续追索债务,为债务人赢得喘息之机,增加企业拯救的可能。依据我国《企业破产法》第72条,重整期间始于法院裁定债务人重整之日,终于重整程序终止之日。

(一)期限

重整期间长短则不尽一致。澳大利亚的延缓偿付期最长仅有60天,显然不太现实,故转而采用公司自愿管理程序(corporate voluntary administration)。美国曾不设时间限制,重整程序往往被滥用,债权人利益很容易被侵害,2005年则设定了最长18个月之限。法国一般为6个月,可以延展1次。在特殊情形下经检察官请求可以再延期不超过6个月。

[①] 参见(2009)武民商破字第4—19号。

我国并未对重整期间作出直接规定,《企业破产法》第79条对向法院和债权人会议提交重整计划的时间限制,实际上间接起到重整期间的约束作用。债务人或管理人向法院和债权人会议提交重整计划的期限为6个月,有正当理由的,法院可裁定延长3个月。实践中,债权人会议讨论该计划以及法院批准该计划,均需要一定时间,重整期间可能会略长于6个月或9个月。

(二) 重整期间的自动停止

为保护债务人的营运价值,制止债权人的个别追索行为,针对债务人的法律程序、担保权的行使以及破产抵销在重整期间均应自动停止。其一,法律程序中止。一旦进入重整程序,已经开始而尚未终结的有关债务人财产的民事诉讼或仲裁,应予中止。管理人接管债务人财产后才能恢复诉讼或仲裁。一切有关债务人财产的民事执行程序均需因此而中止,财产保全措施应予解除。在重整期间内,前述法律程序自应中止。债务人合法占有的他人财产,不符合事先约定条件的,权利人不得取回。唯因管理人或者自行管理的债务人违反约定,可能导致取回物被转让、毁损、灭失或者价值明显减少的,方可请求取回。① 其二,担保权暂停行使。综观英国、加拿大、澳大利亚、瑞典的十分同情模式,德国、荷兰、日本、瑞士、美国等的较为同情模式,比利时、西班牙和大多数拉美国家的相当敌视模式,以及奥地利、法国和意大利的十分敌视模式②,我国《企业破产法》第75条采取了折中方案,兼顾企业拯救的实际需要和担保权人利益之保护。在重整期间内,担保权人的担保权暂停行使。但是,担保物有损坏或价值明显减少的可能,足以危害担保权人权利时,担保权人有权向法院请求恢复行使担保权。为债务人继续营业,管理人可以取回质物、留置物,但应提供替代担保。

(三) 重整期间的管理人

在重整期间,债务人营业的管理者有3种模式:一是选择制。要么由管理人负责,要么由债务人负责,美国和德国就是如此。该模式有助于提高重整程序的效率,提高企业拯救的成数,但在保证公平清偿方面有局限性。二是并列制。由管理人和债务人共同负责,法国采用该模式。三是单一制。不允许债务人在重整期间管理和主持营业,仅由管理人负责债务人的营业,英国和日本采用该模式。其优势在于维护公平清偿,劣势就是可能因管理人熟悉和了解债务人的情况需要时日,而损害重整的效率和企业拯救的成数。

我国原则上采用选择制。原则上由管理人负责债务人的财产管理和营业事务。管理人还可以聘用必要的经营管理人员。作为例外,重整期间的营业亦可

---

① 参见我国《企业破产法》第76条,最高人民法院《关于适用〈中华人民共和国企业破产法〉若干问题的规定(二)》第40条。

② 参见覃有土:《商法学》,中国政法大学出版社2002年版,第215页。

由债务人负责。其适用条件有三①：一是债务人申请，二是需要法院批准，三是需要接受管理人的监督。如由债务人负责重整期间的营业，已接管债务人财产和营业事务的管理人，需要向债务人移交财产和营业事务，有关的管理人职权由债务人行使。这样，既有利于维护公平清偿，也有助于提高企业拯救的成功率。

（四）重整期间继续营业的特别权利

重整期间的继续营业，是在特定条件下依据特别规定所进行的营业。债务人既已陷入困境，濒临破产或已具备破产原因，商业信用已大打折扣，欲死里逃生，东山再起，便需要对其加以积极扶助。否则，难以实现解困复兴之使命。这种特别扶助主要有以下三个方面：

其一，财产的使用与处分。这是从事营业最基本的手段，管理人有权管理和处分债务人的财产，决定其内部管理事务。担保权人为了长远利益，暂停行使担保权，管理人在继续营业中可以使用该财产，但不得进行处分。因继续营业而需要取回质物、留置物的，一是要及时报告债权人委员会，在第一次债权人会议之前则应经法院同意，二是要提供替代担保。在英国，管理人甚至享有处分担保财产和租购协议项下资产的广泛权利。② 对于无担保财产，管理人在日常经营管理范围内自应享有充分的自主权，但是以下处分需及时报告债权人委员会，在第一次债权人会议之前则应经法院许可③：（1）涉及土地、房屋等不动产权益的转让；（2）探矿权、采矿权、知识产权等财产权的转让；（3）全部库存或营业的转让；（4）设定财产担保；（5）债权和有价证券的转让；（6）放弃权利；（7）对债权人利益有重大影响的其他财产处分行为。此外，为确保继续营业有必要的财产，债务人的出资人不得请求投资收益分配，而债务人的董事、监事和高管也不得向第三人转让其持有的债务人股权，经法院同意的不在此限。④

其二，贷款之优待。继续营业必需一定的现金流，取得新贷款往往为继续营业所必需，而不赋予新债权人特殊保护，重整期间的债务人难以取得贷款。赋予新债权人优先受偿地位，成为重要的出路。法国就准予其随时支付，且优先于除劳动债权以外的其他所有债权。⑤ 依据我国《企业破产法》第75条第2款和第42条第4项，不仅准予管理人或债务人为继续营业而借款，准予设定担保，而且将其作为共益债务，享受优先受偿待遇。

其三，劳动报酬和社会保险费用之优待。与借款的优待相同，为债务人继续营业而支付的劳动报酬和社会保险费用，也享受共益债务的待遇，随时受偿，优

---

① 参见我国《企业破产法》第73条。
② 参见英国《破产法》第9—11条。
③ 参见我国《企业破产法》第26、69条。
④ 参见我国《企业破产法》第77条。
⑤ 参见法国《困境企业司法重整与清算法》第40条。

先受偿。

第二节 重整计划

一、重整计划的概述

重整计划,是指债务人、债权人和其他利害关系人通过协商,就债务清偿和企业拯救所作出的安排。其特征为:(1)以企业拯救和债务公平清偿为目的;(2)由管理人或债务人负责制备;(3)应依据企业的财务状况和营业前景,确定以让步为基础的债务清偿方案,并确定有助于企业解困复兴的经营方案;(4)一般需征得债权人会议的同意;(5)需经法院批准方可生效。不难发现,它是当事人各方彼此谅解和让步,寻求债务解决的和解协议,也是其同舟共济、患难与共、力求企业解困复兴的行动纲领。正因为如此,它往往是企业重整进程中的焦点问题,能否形成重整计划,重整计划能否获得不同利益相关者的认同,成为重整成功与否的关键因子(引例14-2)。

> **引例14-2**
>
> **森泰重整难题:重整计划**[①]
>
> 2013年6月17日,乐清市法院受理森泰公司的破产重整申请。其负债共计6.76亿元,债权人以银行为主,涉及建行、工行、交行、中行、中信、光大、民生、浦发、华夏、招商、温州银行等11家银行。银行与其他债权人的偏好迥异。依据森泰提出的重整方案,债权人受偿比例可达90%左右,如破产清算受偿比例仅为30%左右。面对明知可行的重整计划,银行均投下反对票,均为制度使然:一是破产清算受偿多少,银行高管不承担责任,而重整方案再好,也须最上级银行批准;二是走诉讼程序可以更快核销坏账,而破产重整动辄1年,很不利于业绩考核。为期半年的重整期间届满,债权人无法就重整方案达成一致,法院不得不裁定延长3个月。

二、重整计划的制备

(一)制备人

我国实行选择制,重整期间的营业原则上由管理人管理,亦可由债务人管

---

① 参见樊殿华:《温州:"破产试验基地"的难解工程》,载《南方周末》2014年1月23日。

理。管理人负责营业事务的,由管理人负责制备重整计划;债务人负责营业事务的,即由其制备重整计划。在采用选择制的美国,则是由债务人制备,若已经任命破产托管人,或债务人不能在裁定进入重整程序后120日内提交该计划,则破产托管人、债权人委员会、股东委员会、债权人、股东、债券托管人均可提交该计划。若债务人为小企业,且选择享受小企业待遇,则只能由债务人制备该计划。英国采用单一制,由管理人负责制备,我国台湾地区也是由重整人负责拟订该计划。[①] 重整计划的制订过程实际上是一个协商过程,制备人自应听取包括债权人、股东和职工在内的利害关系人的意见(引例14-2)。

(二) 制备的期限

重整计划制备期限有法定主义和法院酌定主义两种立法例。英国、美国等采用法定主义,英国要求在颁发重整令后3个月内提交,美国要求裁定进入重整程序起120日内提交。英国对该期限要求严格,如管理人无正当理由而不能如期提交的,会受罚款处罚。若持续违法,则按日处以罚款。美国则较为宽大,该期限可予延展;但是,为避免滥用,2005年修正案将完成重整计划的最长期限限定为18个月。

我国也采用法定主义。[②] 一般情形下,管理人和债务人制备重整计划的期限为6个月,自法院裁定债务人重整之日起计算。该期限届满,未能完成该计划,具有正当理由的,经债务人或管理人申请,法院可裁定延长3个月。易言之,制备重整计划的最长期限为9个月。如不能按期向法院和债权人会议提交重整计划,法院应裁定终止重整程序,宣告债务人破产。

(三) 重整计划的内容

依据我国《企业破产法》第81条,重整计划必须记载以下事项:(1)债务人的经营方案;(2)债权分类;(3)债权调整方案;(4)债权的受偿方案;(5)重整计划的执行期限;(6)重整计划执行的监督期限;(7)有利于债务人重整的其他方案。不难看出,基本上属于概括性规定,当事人意思自治空间甚大。

1. 重整企业的经营方案

我国仅对此提出概括性要求,至于重整企业是否合并或分立以及如何筹资等,均留待当事人意思自治。为确保债务人起死回生,美国则对经营方案有较为具体的要求。比如,由债务人保留全部或部分财产,债务人与他人合并,留置的实行或变更,发行在外的证券的到期日或利率的变更,债权人章程的修改,发行证券等。如发行多种有表决权证券,若特定类别享有红利分配优先权,则应适当

[①] 参见我国《企业破产法》第80条,英国《破产法》第23条,我国台湾地区"公司法"第303条、美国《破产法》第1121条。

[②] 参见我国《企业破产法》第79条。

分配权力,确保该类别有相应的董事代表。此外,该计划所规定的高管、董事、托管人及其继任人的遴选方式,应与债权人和股东利益相一致,且符合公共政策。①

2. 债权类型

我国债权类型实行法定主义。《企业破产法》第 82 条规定了四种类型,但法院认为必要时,可以决定在普通债权组中设小额债权组。这四种类型分别为:(1)对债务人的特定财产享有担保权的债权;(2)债务人所欠职工的工资和医疗、伤残补助、抚恤费用,所欠的应当划入职工个人账户的基本养老保险、基本医疗保险费用,以及法律、行政法规规定应当支付给职工的补偿金;(3)债务人所欠税款;(4)普通债权。这就意味着,当事人不得变更债权的类型及其顺序。美国则主要由当事人意思自治,其《破产法》第 1122 条并未规定法定类型,只确定分类的原则。只有实质上相近的债权方可归为同一类;低于特定限额的无担保债权可单独归为一类,该限额系基于合理以及便于管理而定,并经法院批准。

3. 债权调整方法

我国将债权调整方法留给当事人意思自治。但是,该计划不得减免债务人企业所欠非职工个人账户的社会保险费用。该费用的债权人也不参加该计划的表决。② 一般说来,同类债权享受同等受偿条件,特定债权人同意接受不利条件的,不在此限。特定类别的债权可能根本不因该计划而受损害,则其债权人视为同意重整方案,无须征求其意见。③ 调整债权的主要方法有:(1)按比例降低清偿额;(2)一次性或延期偿付;(3)变更债权其他条件;(4)部分或全部债转股。

三、重整计划的通过和批准

重整计划不仅需要债权人会议通过,且须经法院裁定批准,方才生效(引例14-3)。唯在特定情形下,法院可强行批准未获债权人会议通过的重整计划。我国台湾地区则要求该计划经债权人和股东组成的关系人会议通过,但公司无净资本时,股东组不得行使表决权。

(一)债权人会议通过

1. 法院事前审核

管理人或债务人应在法定期限内完成重整计划,并向法院和债权人会议提交该计划。经法院审查,认为符合法律规定的,方可召开债权人会议,付诸表决。法院应在收到该计划草案之日起 30 日内召开债权人会议,对其进行表决。④

---

① 参见美国《破产法》第 1123 条。
② 参见我国《企业破产法》第 83 条。
③ 参见美国《破产法》第 1126 条。
④ 参见我国《企业破产法》第 84 条第 1 款。

2. 债权人会议及其表决

在债权人会议上,管理人或债务人应就该计划草案作出说明,并回答询问。债务人的出资人代表亦可列席讨论该计划草案的债权人会议。该会议对重整计划的表决分组进行,债权分类严格执行法定类型,4个表决组分组表决。如该计划草案涉及出资人权益调整,则应设出资人组对此事项进行表决。美国、澳大利亚、我国台湾地区等均实行分组表决制。

3. 决议的定足数

依据我国《企业破产法》第84条第2款和第86条第1款,债权人每组形成决议的定足数为出席该组的债权人过半数同意,且其所代表的债权数额占该组债权总额的2/3以上。每组均通过的,该计划即告通过(引例14-3)。美国、澳大利亚和我国台湾地区的定足数要求与此类似,唯澳大利亚要求其所代表债权额占该组参加表决的债权总额的3/4以上,我国台湾地区则无债权人人数过半之要求,只要代表该组债权数额2/3以上的债权人同意即可。①

引例 14-3

太子奶重整计划的表决

2011年8月17日,管理人向株洲市中级人民法院提交太子奶重整计划。新华联控股与三元股份组成的联合体提供7.15亿元资金偿还太子奶的全部债务,从而获得重整后的太子奶三公司的股权和全部重整资产。职工债权、税务债权、抵押担保债权均按100%受偿。对于太子奶经销商债权:小额普通债权按30%受偿;10万元以上的普通债权,10万元以下部分按30%受偿,10万元以上部分按7.99%受偿。② 9月14日,担保债权人单位代表、税务债权人代表、出资人单位代表表决通过,1600多名职工亦通过现场表决高票通过。普通债权组与其他债权组采用书面表决,花旗和苏格兰银行带头投下赞成票后,赞成比例很快就提高了。9月28日,普通债权组书面表决亦获高票通过。11月8日,株洲中院裁定批准重整计划。

(二) 债权人会议不能通过之补救

债权人会议未通过重整计划的,仍有两个补救之道③:一是再次表决。管理

---

① 参见美国《破产法》第1126条,我国台湾地区"公司法"第302条。
② 参见郭安丽:《太子奶破产重整草案公布 新华联和三元联手接盘》,载《中国联合商报》2011年9月5日。
③ 参见我国《企业破产法》第87条。

人或债务人可与未通过重整计划的表决组协商,该组可在协商后再次表决。但是,双方在协商的结果不得损害其他表决组的利益。二是强行批准。若该组拒绝再次表决,或再次表决仍不能通过该计划草案,只要符合以下6个条件,法院可经管理人或债务人申请而裁定批准该计划草案:(1)该计划的担保债权人的债权将获得全额清偿,其因延期受偿所受损失将得到公平的补偿,且其担保权未受到实质性的损害,或该组已通过该计划草案;(2)劳动债权和税款将获得全额清偿,或该组已通过该计划草案;(3)普通债权所获得的清偿比例,不低于其在重整计划被提请批准时依照破产清算程序所能获得的清偿比例,或该组已通过该计划草案;(4)该计划对出资人权益的调整公平、公正,或该组已通过该计划草案;(5)该计划草案公平对待同一表决组的成员,且所规定的债权清偿顺序不违反破产清算的法定清偿顺序;(6)债务人的经营方案具有可行性。美国、我国台湾地区等亦有强行批准制度。①

(三) 法院批准

重整计划经债权人会议通过后,须经法院批准方可生效(引例14-4)。管理人或债务人应在该计划通过后10日内请求法院批准该计划。我国台湾地区有征询"主管机关""目的事业中央机关"和"证券管理机关"意见的要求,美国甚至要求法院举行听证会,利害关系人均可反对法院批准该计划。② 经法院审查,认为符合法定要求,即可裁定批准该计划。法院批准该计划的时限为30日,自收到管理人或债务人的申请之日起计算。一旦批准该计划,法院应同时裁定终止重整程序,并予以公告。③ 重整计划未获债权人会议通过,或虽然通过,但法院未批准的,法院均应裁定终止重整程序,宣告债务人破产。

引例 14-4

无锡尚德重整计划获批准④

2013年3月18日,债权银行联合向无锡市中级人民法院申请无锡尚德破产重整。3月20日,无锡市中级人民法院裁定无锡尚德实施破产重整。2013年11月15日,无锡市中级人民法院批准重整计划,长达8个月的无锡尚德破产重整圆满结束。顺风光电支付30亿元给无锡尚德,用于偿还高达94亿元的贷款。4家有担保的债权人将在40天内受偿,职工债权和税务债权均获得100%的偿付,而500多家普通债权人的受偿比例为31%。

---

① 参见美国《破产法》第1129条,我国台湾地区"公司法"第306条第2款、第307条。
② 参见美国《破产法》第1128条,我国台湾地区"公司法"第307条。
③ 参见我国《企业破产法》第86条第2款。
④ 参见谢丹:《尚德电力:游戏行将结束》,载《南方周末》2014年2月13日。

四、重整计划的效力、执行与监督

（一）效力

重整计划一经批准，即对破产案件受理时已成立的所有债权均有约束力，对债务人亦具有约束力。[①] 不论特定债权人是否参加债权人会议，是否赞成该计划，均应受其约束。尚未申报的债权，在重整计划执行期间不得行使；该计划执行完毕后，方可按照重整计划中同类债权的清偿条件行使权利。债务人的保证人或其他连带债务人的责任，并不受该计划的影响。易言之，债权人可以对债务人的保证人或其他连带债务人行使权利。

（二）执行

重整计划由债务人负责执行。已经接管债务人财产和营业事务的管理人，自法院批准该计划后即应向债务人移交财产和营业事务。[②] 一旦重整计划执行完毕，债务人对于按照重整计划减免的债务即不再承担清偿责任。[③]

至于执行中是否准予变更以及如何变更，我国尚无明确规定。英美国家准予在重整计划实质性执行完毕前进行变更。英国管理人对重整计划进行实质性变更的，不仅要向债权人和股东提交报告，而且要召开债权人会议，经债权人会议同意方可变更。在美国，只要属于情势之需要，重整执行人即可就变更事项征求利害关系人的意见，并提请法院批准。法院需召开听证会，方可批准该项变更。[④]

（三）监督

债务人负责计划的执行，管理人则负责执行计划的监督。监督期限以该计划的规定为准。经管理人申请，法院可以裁定延长该监督期限。在监督期内，债务人应向管理人报告重整计划的执行情况和债务人的财务状况。一旦监督期限届满，管理人即应向法院提交监督报告，利害关系人可以查阅该报告。[⑤]

第三节 重整程序终止

一、重整程序终止的类型

依据重整程序终止的时间和阶段，可以分为在重整计划批准前终止、在重整

[①] 参见我国《企业破产法》第 92 条。
[②] 参见我国《企业破产法》第 89 条。
[③] 参见我国《企业破产法》第 94 条。
[④] 参见美国《破产法》第 1127 条。另见〔英〕丹尼斯·吉南著，朱羿锟译：《公司法》，法律出版社 2005 年版，第 448 页。
[⑤] 参见我国《企业破产法》第 90、91 条。

计划批准过程中终止和在重整计划执行过程中终止三种类型(图14-1)。

其一,在重整计划批准前终止。这有两种情形。[①] 一是在重整期间,因债务人出现以下情形之一而终止:(1)债务人的经营状况和财产状况继续恶化,缺乏挽救的可能性;(2)债务人有欺诈、恶意减少债务人财产或其他显著不利于债权人的行为;(3)由于债务人的行为致使管理人无法执行职务。二是重整计划制备期间届满,仍未向法院和债权人会议提交重整计划草案。

其二,在重整计划批准过程中终止。终止事由为:(1)重整计划未获债权人会议通过,且经管理人与未通过的表决组协商后,仍未获得通过;(2)该计划虽经债权人会议通过,但未依法提请法院批准,或虽已提请法院批准,法院认为其不符合规定,未予批准的。

其三,在重整执行过程中终止。在重整计划执行阶段,债务人不能执行或不执行该计划的,经管理人或利害关系人申请,亦应导致重整程序的终止。

二、重整程序终止的裁定与效果

无论在哪个阶段,无论依据何种事由,终止重整程序均应由法院作出裁定。在重整计划批准前,因出现前述第一种情形的三种事由之一而终止重整程序,需由管理人或利害关系人申请;而针对重整计划制备期间届满仍未提请批准重整计划之情形,法院可依职权直接裁定终止重整程序。在重整计划批准阶段终止重整程序,法院亦可依职权直接裁定。至于因重整计划不能执行或不执行而终止的,则应由管理人或利害关系人申请。

重整程序终止均导致债务人转入破产清算的效果(图14-1)。若因不能执行或不执行重整计划而终止,还有以下四个方面的后果[②]:(1)债权人因重整计划实施所受的清偿仍然有效,其未受清偿的债权转为破产债权;(2)债权人在重整计划中作出的让步失去效力;(3)因重整计划实施而获部分清偿的债权人,只有在其他债权人所受清偿达到相同比例时,才能继续接受破产分配;(4)为重整计划的执行提供的担保,继续有效。

---

① 参见我国《企业破产法》第78条、第79条第3款。
② 参见我国《企业破产法》第93条。

第十五章 和　　解

第一节　和解概述

一、和解的概念与特征

和解,是指具备破产原因的债务人,为避免破产清算,与债权人团体达成以让步方法了结债务的协议,并经法院认可后生效的法律程序。其主要特征为:(1)债务人已具备破产原因。和解以避免破产清算为目的,不具备破产原因的,自无和解之必要。(2)由债务人提出和解请求。是否和解由债务人自行决定,他人无权越俎代庖。(3)和解以避免破产清算为目的。(4)和解协议采用妥协让步法了结债务。债权人虽需作出减少本金、减免利息、延期偿付等让步,而通过暂时的忍让,债务人可能东山再起,债权人所获清偿往往高于破产清算。(5)债务人需与债权人团体之间达成和解协议。(6)和解程序受法定机关监督。正因为它是债务人无力清偿情形下实行公平清偿的法律程序,是否同意和解、债权人会议之召开及和解协议的认可,均受法院监督。

以博弈论观之,和解与协商解决均属合作博弈,可实现共赢。从法律上看,都是当事人意思自治的体现。但是,它们具有以下五大差异(表15-1):(1)和解属于三大破产程序之一,而协商解决则不是。(2)和解仅适用于具有破产原因的债务人,而协商解决还可适用于不具有破产原因的债务人。(3)协商解决由当事人自行磋商,一般无须第三方介入,而和解则由法院主持,是否能够进入和解程序、和解协议是否生效均需法院裁定。我国台湾地区除法院主持和解外,还有商会主持的和解。在法国,除由法院主持和解程序外,还有法院指定的促成当事人和解的和解人,其任期3个月,经其请求可延长1个月。(4)协商无须当事人向法院申请,只要双方有和解之合意即可,和解则需由债务人向法院申请,是否同意由法院裁定。(5)协商解决所达成的协议,只要当事人达成一致即发生效力(引例15-1),而和解协议不仅需由债权人会议通过,而且要经法院认可才生效。

表 15-1　和解与协商解决、重整之比较

		协商	和解	重整
原因	破产原因	√	√	√
	财务困难	√	×	√
破产程序		×	√	√
法院主持		×	√	√
申请人	债务人	无需	√	√
	债权人		×	√
	债务人的出资人		×	√
保护期		无需	×	√
协议	法院批准/认可	×	√	√
	强行批准	×	×	√
	债务人执行		√	√

引例 15-1

山东三联对郑百文实施债务重组[①]

郑百文因管理不善,仅欠建设银行的垫付货款本息就达到 21.3 亿,而账面总资产仅 11.4 亿,严重资不抵债。无论是代表建设银行的信达公司,还是郑百文的大股东都不愿其破产清算。2000 年 12 月 5 日,郑百文利用上市公司壳资源吸引山东三联对其实施债务重组。山东三联注入资金和优质资产,郑百文股东则需将 1/2 的股权无偿转让给山东三联。山东三联投入现金 3 亿,收购信达公司的债权近 15 亿;投入优质资产 2.5 亿,使其净资产由负数变为正数。12 月 31 日,郑百文的临时股东大会通过了该方案。2001 年 10 月 12 日财政部同意将 2887.7869 万国有股的 1/2 无偿过户给山东三联,12 月法院裁定准予郑百文董事会代表近 7 万户公众股东,将各自 1/2 的股权过户给山东三联。山东三联自 11 月开始向郑百文注资,完善了公司治理结构。2003 年 7 月 18 日,郑百文的股票在证券交易所恢复交易。

和解与重整同为企业拯救程序,均以企业价值最大化为目标,但其间具有五大差异(表 15-1):(1) 申请和解以债务人具备破产事由为前提,而申请重整则只要有明显丧失清偿能力的可能即可。(2) 只有债务人才可以申请和解,而在重整程序中,不仅债务人可以申请,债权人以及债务人的出资人也可以申请。

---

① 参见刘雪梅:《郑百文重组仍在迷雾中穿行》,载《21 世纪经济报道》2001 年 10 月 25 日。

(3)重整程序有重整期间,债务人在该期限的营业享受特别保护,担保权暂停行使,而和解程序则没有该保护期,担保权人可自法院裁定和解之日起行使权利。(4)和解协议经法院认可而生效,而重整计划经法院批准而生效。在特定情形下,即使债权人会议没有通过重整计划,法院亦可强行批准该计划,而和解协议则不能强行认可。(5)和解协议由债务人执行,无须管理人进行监督,重整计划虽由债务人执行,但由管理人在监督期限内对其进行监督。

二、和解制度的进化

和解制度以避免破产清算为目的,已有较悠久的历史。早在17世纪,西班牙破产制度就开辟了和解制度之先河,准予诚实债务人与债权人达成延期偿付或减债协议。法国1673年的《商事敕令》即有和解制度,以法国法为蓝本的比利时还在1887年颁行《司法和解法》,并为许多国家效仿。德国和日本曾分别在1916年和1922年专门颁行《和解法》,德国和解制度因《破产法》的实施而被废止,日本亦由《民事再生法》取代和解制度。

和解制度曾兴盛于大陆法系,却日显式微。一是要求债务人立即向债权人偿付最低限度的款项,往往令困境企业雪上加霜,无法达到解困复兴之目标。法国、德国、奥地利、巴西、丹麦、意大利、挪威和瑞典均有这种门槛。比如,德国1935年的司法和解程序的初始偿付条件为,一年内偿付35%,或者18个月内偿付40%,或者在超过18个月的情况下清偿率高于40%。二是通过和解协议的定足数要求很高。三是它既不冻结享有担保或者优先权的债权人的权利,也不限制取回权、抵销权、合同终止权或租赁物收回权,致使债务人丧失其商业复兴所必不可少的财产。有担保的债权和抵销权不受影响。英国的债务整理制度(scheme of arrangement)也属于和解性质,曾为澳大利亚、新加坡和新西兰等引入,亦因执行成本高昂,过分拘泥于僵化的形式与程序,难以满足企业拯救之急事急办要求,实效不彰。

显然,与重整程序相比,传统和解程序大为逊色。法律的生命在于实践,只有满足救济困境企业的实际需要,和解制度才能赢得生存空间。而将重整要素注入和解,和解制度焕然一新,实效也更为显著。澳大利亚的公司自愿管理程序(corporate voluntary administration)和日本的民事再生程序,堪称典型。公司自愿管理程序甚至比美国重整程序更为便捷、经济,亦更有用武之地。

在我国,和解属于独立的破产程序,适用于所有的企业法人(表15-2)。债务人既可以直接向法院申请和解,也可以在破产宣告之前,申请转入和解程序。[①] 这就有别于以前的和解与整顿程序,也更有用武之地(引例15-2)。

---

① 参加我国《企业破产法》第95条。

表 15-2　我国新旧和解制度之比较

		《企业破产法》(2006) 和解	《企业破产法(试行)》(1986) 和解与整顿
适用范围	国有企业	√	√
	企业法人	√	
申请	直接申请	√	×
	申请人	债务人	主管部门
	申请时间	直接/破产宣告前	受理后 3 个月内
通过协议的定足数	债权人人数	> 出席债权人的 1/2	
	债权额	≥ 无担保债权总额的 2/3	≥ 无担保债权总额的 2/3
协议执行		债务人	主管部门

引例 15-2

破产试验基地的和解案[①]

温州被列为全国破产试验基地。2013 年浙江全省法院受理和审结的破产案件分别为 346 件和 269 件,温州占据半壁江山,分别为 198 件和 153 件。而此前 6 年,温州各级法院共受理破产案件 51 件,不到 2013 年一年的三成。排队等候法院受理的破产案件还有 300 余件。2013 年审结的破产案中,破产重整成功为 10 例,和解成功 14 例。

第二节　和解程序

一、申请与裁定

依据我国《企业破产法》第 95 条,只有债务人才可以申请和解,并应提出和解协议草案。这就有别于重整,无论债权人还是债务人均可申请重整,债务人的出资人亦可申请重整。债务人可以直接向法院申请和解,亦可在已经开始的破产案件中,在破产宣告之前申请转入和解程序。

法院应对债务人的申请进行审查。如认为和解申请符合法定条件,法院应裁定和解,并予以公告。自该裁定之日起,对债务人特定财产享有担保权的人即可行权。

---

① 参见樊殿华:《温州:"破产试验基地"的难解工程》,载《南方周末》2014 年 1 月 23 日。

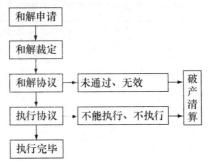

图 15-1 和解程序的进程

二、和解协议

(一) 通过

和解协议草案由债务人制备,其内容悉听债务人自主确定。这就有别于重整计划草案,法律对其具有必要记载事项的要求。以合同法观之,对于债务人发出的要约,债权人团体需通过债权人会议作出决议,协议方可成立。债权人作出决议的最理想方式,应是一致同意,这并非不可能,但成本异常高昂,多数决系通例。我国《企业破产法》亦然。至于定足数,该法第 97 条要求出席债权人会议的有表决权的债权人过半数同意,且所代表的债权额占无财产担保债权总额的 2/3 以上(表 15-2)。

(二) 效力

依据我国《企业破产法》第 98 条,和解协议需经法院认可方能生效。法院应审查协议内容和债权人会议程序是否合规,如发现协议违反法律,则应裁定协议无效,并裁定终止和解程序,并予以公告。债务人通过欺诈或其他违法行为而成立的和解协议,则应归于无效。未发现违法情事的,则裁定予以认可,并裁定终止和解程序。和解协议在裁定公告后生效。

其效力体现为三个方面:其一,约束债务人。债务人受和解协议约束,并负责其执行。债务人须认真执行和解协议,切实保护其财产,尽快恢复其营利能力;严格按照和解协议所规定的条件清偿债务,不得实施任何有损债权人利益的清偿行为和财产处分行为,不得违反协议的规定,给予个别债权人额外利益,从而损害其他和解债权人的利益。其二,约束全体和解债权人。凡是在破产案件受理时对债务人享有无财产担保债权的人,均为和解债权人。不论是否参加债权人会议,是否赞成和解协议,均应受其约束。和解债权人只能依据协议所规定的数额、时间和方式请求和接受清偿,不得超出和解协议的范围进行个别追索,亦不得违反集体受偿原则,在和解协议以外接受债务人的清偿。但是,和解债权人对于债务人的保证人和其他连带债务人主张权利,则不受该协议的影响。至于没有依法申报的和解债权,该债权人在和解协议执行期间不得行权。和解协议执行完毕后,方可按照和解协议规定的清偿条件受偿。其三,强制执行力。和解协议就是债务人与债权人团体之间的合同,具有合同的强制执行力。若债务人不按照和解协议所规定的条件清偿债务,和解债权人自然有权请求法院强制执行。

（三）执行

和解协议由债务人负责执行。和解协议一旦生效,管理人即应中止执行职务,并向债务人移交债务人的财产和营业事务,向法院提交执行职务的报告。债务人不执行或不能执行和解协议的,经和解债权人请求,法院应裁定终止和解协议的执行,宣告债务人破产。一旦和解协议执行完毕,债务人对依据和解协议减免的债务不再承担清偿责任。

三、和解程序的终止

和解协议的终止有三种类型（图15-1）:（1）因和解协议生效而终止。（2）因和解协议未通过或无效而终止。这有两种情形,一是债权人会议没有通过债务人提出的和解协议草案;二是法院因发现该协议有违法情势而不予认可,或者因该协议系债务人利用欺诈或其他不法手段成立,而被法院宣告无效。(3) 因债务人与全体债权人就债务处理达成一致而终止。

第1种和第3种类型为当事人所期待,和解程序因和解协议生效,或全体债权人与债务人达成自行处理债权债务协议而终结。这也需要债务人请求,由法院裁定认可协议,终结破产程序。至于第2种情形,则转入破产清算。在债权人会议不通过和解协议、法院不认可和解协议时,法院依职权裁定债务人破产,进入破产清算程序。债务人利用欺诈或其他不法手段而使和解协议成立,以及不能或不执行和解协议的,法院则应依债权人的请求而宣告债务人破产,从而进入破产清算程序。

对于债务人利用欺诈或其他不法手段而使和解协议成立之情形,在法院宣告和解协议无效后,债权人因和解协议所受清偿,在其他债权人所受清偿同等比例的范围内,不予返还。因不能或不执行和解协议而导致和解协议终止的,和解债权人因债务人执行和解协议所受清偿继续有效,而未受清偿的部分则转为破产债权。但是,这些债权人只有在其他债权人所受破产分配达到其清偿比例时,才能继续接受破产分配。显然,这也体现了集体受偿的原则。和解债权人在和解协议中作出的债权调整的承诺失效。而第三人为和解协议的执行所提供的担保,并不因和解程序终止而失效,而是继续有效。和解债权人仍可向该担保人主张权利。[①]

---

① 参见我国《企业破产法》第103、104条。

第十六章 破产清算

第一节 破产宣告

一、破产宣告概述

破产宣告,是指法院认定债务人已具备破产事由,并宣告其破产的司法行为。作为破产程序进程中的一个里程碑事件,自会产生一系列法律效果。它不仅是破产清算开始的标志,而且是破产案件无可逆转地进入破产清算程序的标志(图 16-1),债务人破产倒闭已无可挽回。一旦宣告破产,债务人称为破产人,债务人财产称为破产财产,法院受理破产申请时债务人所交的债权转而称为破产债权。

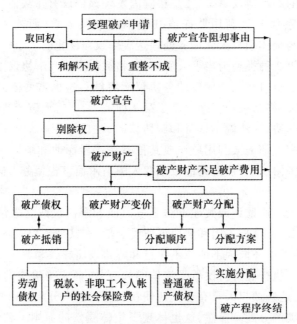

图 16-1 破产清算程序的流程

破产宣告的基本依据就是债务人已经具备破产事由。凡是债务人已具备破产事由,而不愿意进入重整或和解程序,或重整、和解不成的①,均应宣告破产(引例16-1)。没有破产事由的,则不得为破产宣告。即使已具备破产事由,具有法定排除破产宣告之事由的,债务人仍应免于破产宣告(图16-1):一是第三人为债务人提供足额担保或为债务人清偿全部到期债务的;二是债务人已全部清偿到期债务的。具备任何一种情形,法院应裁定终结破产程序。

> **引例 16-1**
>
> ### 东星航空被宣告破产②
>
> 东星航空的资产总额为3.99亿元,负债总额为10.76亿元,净资产为－6.76亿元,已严重资不抵债,无力清偿到期债务。2009年8月26日,武汉市中级人民法院裁定东星航空破产。

二、破产宣告的裁定及其效力

(一) 裁定

无论是直接申请破产清算,还是因重整或和解不成而转入破产清算,法院宣告破产均应采用书面形式。破产宣告应公开进行。法院作出裁定后5日内,应将裁定送达债务人和管理人,并在裁定后10日内通知已知债权人,且发布公告。至于因具有排除破产宣告法定事由而裁定终结破产案件的,亦应予以公告。③

(二) 效力

一旦宣告破产,破产案件便转入破产清算程序,且不可逆转地进入清算程序。其效力有3个方面:其一,对债务人及其行为的效力。破产宣告对债务人的身份和行为产生以下效力:(1) 债务人成为破产人。以营利为目的的企业转变为仅为公平清偿债务而存在的破产人,其权利受破产程序的约束,除法院认为确有必要而批准之外,不得进行生产经营活动。(2) 债务人丧失对财产和事务的管理权。自破产案件受理时起债务人便将其财产和营业事务移交管理人,破产宣告时已不存在再次移交问题。对于进入和解程序的债务人而言,管理人因和解协议的生效而将债务人的财产和营业事务移交债务人,故在破产宣告时应重新移交给管理人。④ (3) 有关人员的留守义务。法定代表人必须留守,其他人

---

① 参见我国《企业破产法》第79、88、93、99、103、104条。
② 参见(2009)武民商破字第4—20号。
③ 参见我国《企业破产法》第107、108条。
④ 参见我国《企业破产法》第98条。

员亦可因法院指定而留守。其二,对债务人财产的效力。债务人的财产成为破产财产,由管理人占有、支配,并用于破产分配,完全服从破产清算之目的;该财产作为一个集合体,受到破产法的保护。日本和我国台湾地区干脆称其为破产财团。① 其三,对债权人的效力。作为集体受偿的程序,破产宣告自然对债权人有一系列影响:破产宣告前,所有债权均处于冻结状态,债权人因该宣告而获得行权之许可;对破产人特定财产享有担保权的权利人,可由担保物获得优先清偿;无财产担保的债权人可依破产分配方案获得清偿。

第二节 别 除 权

一、别除权的概念与特征

别除权,是指债权人不依破产分配程序,而以管理人所占有财产中的特定财产单独优先受偿的权利。它以担保物权为基础,核心是优先受偿权,是物权优于债权的体现。相对于取回权,它是为担保权人提供补救,旨在消除管理人占有的财产与破产财产不一致的现象,确保破产财产的准确性。易言之,取回权和别除权的标的物均不是破产财产(图16-1)。但是,别除权的标的物归破产人所有。

其特征有四:第一,以担保物权为基础。担保物权为其基础权利,包括抵押权、质权、留置权和优先权。其中,优先权为法定权利,系基于社会政策等方面的考量而规定于有关立法之中,不以当事人意志为转移,不以登记或占有为成立要件。比如,我国《海商法》第21—22条所规定的船舶优先权。第二,以实现债权为目的。担保旨在确保债权的实现,其行使以债权有效为前提。在破产程序中,别除权的行使,也以债权申报和确认为前提。同时,其行使也仅以实现债权全部清偿为限度。这就意味着,担保物的价款超过其所担保的债务数额的,超过部分即归于破产财产。第三,以破产人的特定财产为标的物。别除权的标的物必须为破产人的财产,从而有别于取回权——其标的物属于取回权人。同时,该标的物须为特定财产,即特定物或特定化的种类物。特定财产不足以清偿债权人债权的,未足额清偿的部分只能作为破产债权,参与集体受偿的破产分配程序。② 第四,不依集体清偿程序而行权。别除权制度属于破产集体受偿原则之例外,别除权人享有就标的物优先受偿的权利。如是,别除权人可以个别地接受清偿;就标的物而言,可以排他地接受个别清偿。若标的物足以清偿别除权人的所有担保权,该债权人便获得全额清偿,这显然有别于集体受偿程序中的部分清偿。

---

① 参见日本《破产法》第156条,我国台湾地区"破产法"第82条。
② 参见我国《企业破产法》第110条。

若标的物不足以清偿别除权人的所有债权,未足额清偿部分还可以参与破产分配。

二、别除权的行使

(一) 行权条件

别除权人虽不参加集体受偿程序,行权不受破产分配程序的约束,但需符合3项条件:其一,债权和担保权合法成立和生效。别除权以担保权为基础,以实现债权为目标,其行权自应以债权和担保权合法成立和有效为前提。否则,不得行使别除权。其二,债权和担保权符合破产法规定。这就要求该债权和担保权须指向破产人及其财产,且其成立不得违反破产法上的禁止性规定。比如,破产程序前的无效行为。其三,债权已依法申报并获得确认。依据我国《企业破产法》第56条,对于既未在申报期申报,也未补充申报的债权,不能在破产程序中行使权利。即使申报,未经法院确认的担保债权,仍不能行使别除权。

(二) 标的物的占有和处分以及回赎

别除权人行权的方法,因标的物的占有情形而异:(1) 别除权人占有标的物。质权人、留置权人因实际占有别除权的标的物,即可不经管理人同意,而直接依担保法的规定,以标的物折价抵偿债务,或将标的物拍卖、变卖后,以其价款清偿债务。(2) 别除权人未占有标的物。抵押权人需向管理人主张权利,经管理人同意,取得对抵押物的占有,然后依法以抵押物折价抵偿债务,或以拍卖、变卖后的价款清偿其债务。

标的物可能为破产财产的有机组成部分,对破产财产的整体变价或功能的发挥具有重要意义,而标的物的回赎可以满足该要求。依据我国《企业破产法》第37条,管理人可通过清偿债务或提供债权人可以接受的担保,收回标的物。若标的物的价值低于被担保的债权数额,清偿或替代担保数额以标的物当时的市场价值为限。

(三) 争议处理

别除权人占有标的物的,管理人对别除权人的权利有异议,或认为标的物价款超过了债权数额,应归还超过部分的,可直接请求其归还。如协商不成,可请法院裁决。别除权人不向管理人归还超过债权数额的价款,或别除权人未占有标的物,别除权人向管理人主张权利遭到拒绝的,应协商解决。不愿意协商或协商不成的,可请求法院裁决。

(四) 法律后果

既然别除权仅以实现债权为目的,只要别除权标的物折价,或拍卖、变卖所得价款超过债权数额,该余额应归于破产财产。而其价款不足清偿全部债务的,该差额只能作为破产债权,参与破产分配。若标的物所担保的债权为债权人对破产人以外的第三人享有的债权,管理人因别除权人行权而取得追偿权,在别除权人所受偿的额度内向该第三人追偿,追偿所得归入破产财产。

第三节 破产变价和分配

一、破产变价

破产变价,是指管理人将非金钱的破产财产,通过合法方式加以出让,转化为金钱形态,以便破产分配的过程。破产分配以破产变价为前提,破产变价也是贯彻金钱分配原则的必要环节。只有这样,才能使所有破产财产同质化,既有利于维护债权人公平受偿的目标,也可以提高破产程序的效率。破产分配均以金钱分配为原则,实物分配为例外。我国亦然,当然债权人会议另有决议的除外(引例 16-2)。①

引例 16-2

广东国投破产财产的拍卖②

广东国投重大破产变现均采用拍卖方式。在拍卖广东商品展销中心股权时,竞买人经过 40 多个回合的竞价,最终才以 3.89 亿元的最高价格成交。广东国投对广东国际大厦实业有限公司 100% 的股权和债权的拍卖,前两次拍卖均流拍,第 3 次拍卖才以 11.3 亿元拍卖成交,创下了中国单笔破产财产拍卖价的最高纪录。第 1 次拍卖的起拍价 16 亿元和 2002 年 3 月第 2 次拍卖的 13 亿元,均以无人应价而流拍。

（一）破产变价方案

破产变现值的多寡直接决定了破产债权清偿率的高低,与破产债权人利益休戚相关,故破产变价方案需由管理人制备,并经债权人会议通过。但是,为确保破产程序的顺利进行,债权人会议不能通过该方案的,法院可以作出裁定,以避免久议不决。③ 诚然,破产变价受到市场变化等因素的影响,债权人会议所通过的破产变价方案一般为原则性方案。在实施过程中,管理人对破产财产的处分仍有一定的灵活处置权。这种灵活处置权自应受到债权人委员会和法院的

---

① 参见我国《企业破产法》第 114 条。
② 参见曾庆春、张慧鹏:《广东国投破产案终结》,载《南方日报》2003 年 3 月 1 日。
③ 参见我国《企业破产法》第 65 条第 1 款。

监督。

（二）破产财产的评估

为便于破产变价,需对破产财产进行评估,担保物也不例外。评估应由具备合法资格的评估机构或评估师进行。对于房屋、土地使用权等重要财产评估,应由具有有关资格的评估人员,按规定程序进行评估。对于不能变卖的实物进行折价分配,原则上也应进行评估。凡是国有资产,必须进行评估。对于其他破产财产,债权人会议对其市场价格无异议的,经法院同意,可免于评估。

（三）破产财产的变卖

为切实提高破产债权的清偿率,最大限度地维护债权人利益,变卖破产财产一般应公开进行。依照国家规定不能公开变卖的,应按照国家规定的方式予以变卖。破产企业既可以整体变卖,也可以部分变卖,但应以最大限度地提高其变现值为原则（引例16-2）。对于成套设备,原则上应整体变卖,以免部分变卖贬损其整体价值。变卖企业时,其无形资产和其他财产可以单独变卖。至于变卖方式,原则上采用拍卖方式（引例16-3）。作为例外,债权人会议另有决议同意不采用拍卖方式的,尊重当事人的意思自治,从其决定。[1] 按照国家规定不能拍卖或限制转让的财产,应按照国家规定的方式处理。

拍卖机构应具有拍卖的资格,由管理人负责委托事宜。依法不得拍卖或者拍卖所得不足以支付拍卖所需费用的,不得进行拍卖。不进行拍卖或者拍卖不成的破产财产,可以在破产分配时进行实物分配或者作价变卖。债权人对管理人在实物分配或者作价变卖中对破产财产的估价有异议的,可以请求法院进行审查。

引例 16-3

国航以底价 2312 万拍下东星航空资产[2]

2009 年 11 月 16 日,东星航空首笔资产拍卖会中,包括原材料、机供品、航材消耗件、机器设备、车辆等物品进行拍卖,参考价格为 2900 万元,竞买保证金为 200 万元/家,但却无人问津。11 月 30 日,再次进行拍卖,国航以 2312 万的底价拍下。

---

[1] 参见我国《企业破产法》第 112 条。
[2] 雯琛:《国航以底价 2312 万拍下东星航空资产》,http://finance.sina.com.cn/chanjing/gsnews/20091130/12277033731.shtml,2014 年 6 月 5 日访问。

二、破产分配

破产分配,亦称破产财产分配,是指管理人将变价后的破产财产,依照法定顺序和程序以及债权人会议通过的分配方案,对全体破产债权人进行平等清偿的程序。破产清算以破产分配为目标,一旦完成破产分配,破产程序即告终止(引例16-4)。

> **引例 16-4**
>
> ### 广东国投三次进行破产分配[①]
>
> 2000年10月31日,广东国投第3次债权人会议一致通过了破产分配方案,并获法院确认。此次会议进行了第1次破产财产分配,分配金额7.33亿元,债权清偿率为3.38%。2002年6月28日,第4次债权人会议上进行了第2次破产财产分配,破产财产金额11.2亿元,扣除清算费和税收后,实际分配8.2亿元,债权清偿率为4%。2003年2月28日,第5次债权人会议上进行了第3次破产财产分配,分配破产财产10.48亿元,债权清偿率5.14%。3次分配共分配破产财产25.58亿元,债权清偿率合计为12.52%。

(一) 分配顺序

依据我国《企业破产法》第113条,破产分配有以下三个顺序(图16-1):(1) 破产人所欠职工的工资和医疗、伤残补助、抚恤费用,所欠的应当划入职工个人账户的基本养老保险、基本医疗保险费用,以及法律、行政法规规定应当支付给职工的补偿金;(2) 破产人欠缴的非职工个人账户的社会保险费用和破产人所欠税款;(3) 普通破产债权。

劳动债权享有优先权待遇,还有一些国家赋予部分劳动债权绝对优先权地位,即优先于担保债权。比如,日本破产人的职工在破产宣告前3个月内工资和退职金,德国破产人的职工在破产前1年内工资,英国破产人的职工在破产前4个月的薪金(每人以800英镑为限。法国和我国台湾地区亦然。[②]我国只是赋予其优先权待遇,但无绝对优先地位。为满足国企改制和"政策性破产"的特殊需

[①] 参见吕伯涛:《共和国大要案:审理广东国投破产案始末》,人民法院出版社2005年版,第201—202、204页。

[②] 参见法国《商法典》第621—130、621—131条,日本《民法典》第324条,德国《破产法》第61条,我国台湾地区"劳动契约法"第29条,我国香港《破产欠薪保障条例》第3、16条,英国《破产法》附件6第9条。另见[英]丹尼斯·吉南著,朱羿锟译:《公司法》,法律出版社2005年版,第492页。

要,曾有过绝对优先待遇的政策,引起了广大担保权人尤其是银行业的强烈不满。我国《企业破产法》第132条采用"新老划断"的办法予以了结。只有2006年8月27日之前破产人所欠劳动债权仍可享有优先于担保权的待遇,此后的劳动债权只是享有一般优先权,不再优先于担保权。企业董事、监事和高管更为特殊,他们可能操纵自身的薪酬,而对企业破产又可能难辞其咎,其工资只能按照该企业职工的平均工资计算,以体现公平合理性。

实施破产分配时,在先顺序清偿完毕后,有剩余财产时,方可清偿下一顺序)。对于每一顺序的请求权,破产财产能够足额清偿的,予以足额清偿;不足清偿的,按比例清偿。

(二) 分配方案

作为记载破产财产如何用于分配以及破产债权人如何获得破产分配的书面文件,破产分配方案由管理人负责制备。依据我国《企业破产法》第115条,其必要记载事项为:(1) 参加破产财产分配的债权人姓名(名称)、住所;(2) 参加破产财产分配的债权额;(3) 可供分配的破产财产数额;(4) 破产财产分配的顺序、比例及数额;(5) 实施破产财产分配的方法。

破产分配方案与破产债权人利益攸关,自应由债权人会议通过。债权人会议第1次表决不能通过的,可以再行表决1次,仍不能通过的,由法院作出裁定。法院可以在债权人会议上宣布该裁定,亦可另行通知债权人。[①] 该方案经法院裁定认可后,方才生效,生效日为法院发布裁定之日。

(三) 实施分配方案

破产分配事宜属于管理人的职责,破产分配方案自应由管理人负责执行。其行为受债权人委员会和法院的监督。分配次数由破产分配方案确定,可以进行一次或多次分配(引例16-4)。管理人实施多次分配的,应当公告本次分配的财产额和债权额。在最后分配时,还应在公告中载明,对于附条件的债权,管理人所提存的分配额,在最后分配公告日停止条件未成就,或解除条件成就的,即应分配给其他债权人。反之,则应将该分配额交付该债权人。[②]

破产分配采用金钱分配的形式。作为例外,债权人会议决议有特别规定,准予非金钱分配的,从其规定。若采用债权分配,应以便于债权人实现债权为原则。将法院已经确认的债权分配给债权人的,由管理人向债权人出具债权分配书,债权人可以凭债权分配书向债务人要求履行。债务人拒不履行的,债权人可请求法院强制执行。

破产债权人应按照管理人的通知,及时向管理人受领分配财产。对于金钱

---

① 参见我国《企业破产法》第65条第2—3款。
② 参见我国《企业破产法》第116、117条。

分配,管理人将款项划入债权人所提供的银行账号即可。债权人领取分配财产的费用,自行负担。债权人未受领的分配额,由管理人负责提存。提存期限为最后分配公告日后 2 个月,该期限届满,仍不受领的,视为破产债权人放弃受领的权利。此时,管理人应将其分配给其他债人。[1] 对于附条件的债权,其应分配额由管理人负责提存。管理人所提存的分配额,在最后分配公告日停止条件未成就,或解除条件成就的,即应分配给其他债权人。反之,则应将其交付该债权人。若在破产分配时债权因诉讼或仲裁尚未确定,管理人亦应将应分配额提存。提存的最长期限为破产程序终结后 2 年。期限届满后,仍不能受领的,则由法院将其分配给其他债权人。[2]

一旦破产分配完毕,管理人即应向法院提交破产财产分配报告,请求法院裁定破产程序终结。

第四节 破产程序终结

一、破产程序终结的类型

破产程序的终结,亦称破产案件的终结,是指破产清算程序不可逆转地归于结束。依据终结的事由,可以分为破产宣告前的终结、破产分配前的终结以及破产分配完毕后的终结三种类型(图 16-1)。

顾名思义,破产宣告前的终结,发生在破产宣告之前,原因在于发生阻却宣告破产的事由——在破产宣告前第三人提供足额担保或为债务人清偿全部债务的,或在破产宣告前债务人已全部清偿到期债务的。破产分配前的终结,可能与破产宣告同时,也可能在破产宣告后破产分配前,其原因是破产财产不足以支付破产费用。此时,继续进行清算纯属浪费社会资源,故应立即终结破产程序。破产分配完毕后的终结,乃是实现了破产程序预期目标之后的终结,破产债权均得到一定比例的清偿。

二、破产程序终结的裁定与效果

无论何种类型,破产程序的终结均需法院裁定。对于破产宣告前的终结和破产分配前的终结,法院可依管理人的申请或依职权而裁定。对于破产分配完毕后的终结,首先应由管理人向法院提交破产财产分配报告,请求法院裁定破产程序终结。法院应在收到该请求后 15 日内作出是否终结破产的裁定。法院认

---

[1] 参见我国《企业破产法》第 118 条。
[2] 参见我国《企业破产法》第 117、119 条。

为符合破产程序规定的,即应裁定终结破产程序,并予以公告。

对于破产宣告前的终结,债务人避免了破产清算,其民事主体资格不受影响,仍继续从事生产经营活动。至于破产分配前的终结和破产分配完毕后的终结,破产人均无一例外地因破产程序的终结而丧失民事主体资格,被淘汰出局。尚未得到清偿的破产债权因此而归于消灭。破产债权人不得向承担有限责任的破产人的出资人请求清偿余额破产债权。但是,破产人有保证人或其他连带债务人的,破产债权人仍可就未受清偿的部分债权,请求其清偿。[①]

管理人应于破产案件终结后10日内,持法院终结破产程序的裁定,到破产人的原登记机关办理注销登记手续。管理人应于办理注销登记完毕的次日终止执行职务,但是有未决诉讼或仲裁的不在此限。

三、追加分配

追加分配,是指破产程序终结后,对于新发现的属于破产人而可用于破产分配的财产,由法院按破产程序对尚未获得满足的破产请求权进行清偿的补充性程序。其特征为:(1)追加分配的财产是破产程序终结后新发现的财产。(2)追加分配受法定除斥期间的限制。只有在2年的除斥期内发现该财产,才进行追加分配。(3)追加分配由法院负责实施,而非管理人。(4)追加分配应按照破产财产分配方案进行。

追加分配的财产范围为:(1)新发现的依照破产程序前无效行为而应追回的财产;(2)新发现的破产人应当供分配的其他财产。比如,破产程序中因纠正错误支出收回的款项,因权利被承认追回的财产,债权人放弃的财产和破产程序终结后实现的财产权利等。但是,若该财产数量过少,且不足以支付分配费用,则不再进行追加分配。该财产由法院上交国库。[②]

追加分配由法院执行,分配的顺序仍为破产分配顺序,分配方案仍为破产财产分配方案。凡是在破产分配中已经得到足额清偿的请求权,不得参加追加分配。在尚未获得足额清偿的请求权中,在先顺序的请求权优先清偿,同一顺序的请求权不能足额清偿的,按照比例清偿。

---

① 参见我国《企业破产法》第124条。
② 参见我国《企业破产法》第123条。

第四编 证券法

证券市场
证券发行与承销
证券交易
上市公司收购
证券投资基金

第十七章 证券市场

第一节 证 券

一、证券概述

(一) 广义证券

广义证券,是指证明或设定权利的书面凭证。它是权利的证券化,权利化为证券,证券与权利已是一而二,二而一的关系,两者相依为命,"有券斯有权,权为券上权,券不离权,权不离券"。证券本身即足以证明权利之存在。行权须提示证券,移转权利必须交付证券,权利范围及行权要件,一律以证券上所载之文字为准。依据其结合紧密程度,可以分为完全证券和不完全证券。证券权利的发生、移转和行使均以证券的占有为必要者,为完全证券,亦称绝对证券,如汇票、本票和支票。只有证券权利的移转或行使以占有证券为必要,而其发生不以作成证券为必要者,为不完全证券,亦称相对证券,比如股票、公司债券、提单、仓单等。

证券包括免责证券、金券和有价证券三种类型(图 17-1)。免责证券,亦称资格证券,是指持有人具有行使一定权利的资格,而义务人向其履行义务即告免责的证券,比如银行存单、存车牌、存物证等。它虽具有权利推定和资格证明的效力,但其本身并非财产权。金券本身就具有一定价值,票面记载一定的金额,只能为一定目的而使用。比如,邮票、印花、纸币等。券与权不可分离,属于完全证券。有价证券则是代表一定财产权的证券。虽能为持有人带来一定经济利益,但有别于本身就具有一定价值的金券。依据所表示的权利内容,可以分为物品证券和价值证券。物品证券是表明持有人对特定物品享有一定请求权的有价证券,比如提单、仓单等。价值证券则是以货币额表示的证券,包括货币证券和资本证券。本编所说证券为资本证券,第五编票据法论述货币证券。

(二) 证券法上的证券

证券法以资本证券为调整对象。作为与货币证券相对应的一种价值证券,资本证券是证明持有人对其投资享有收益分配请求权的有价证券。无论是发行人,还是持有人,均有投资的目的,即发行人为了投资而借此筹措资金,持有人则是为了分享投资收益而投入资金。这是资本证券和货币证券的分水岭。为适应

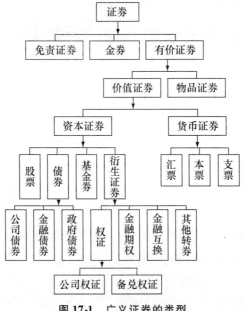

图 17-1 广义证券的类型

日新月异的资本市场发展变化,以列举方式界定资本证券,乃是通例。① 证券品种丰富多样,资本市场越发达,法治越完善,证券品种越多,各种衍生产品令人眼花缭乱(引例17-1)。在美国,任何票据、股票、库存股票、证券期货、担保债券、无担保债券、债务凭证、权益凭证或参与任何利润分享计划的证书、担保信托证书、发起协议或股份认购书、可转让股份、投资合同、表决权信托凭证、证券存托凭证、石油或煤气或其他矿产开发权中未分割部分的权利,均为证券。证券的买入期权、卖出期权、买空卖空、期权或优先权,存款凭证或证券组合和指数(包括其所产生的任何利息或价值),或者在全国性证券交易所对外汇,或任何通常被视为"证券"的权益或工具的卖出期权、买入期权、买空卖空、期权或优先权,或者认购或购买前述任何类型的临时或中介性的收据、担保、保证等各种收益凭证,亦然。

作为新兴市场,我国证券市场经过20多年的发展,证券品种亦不断推陈出新。目前,上市证券主要有股票、债券、基金券和权证(引例17-2)。我国《证券法》第2条反映了这一现实,并为其进一步发展预留了充分的空间。一是明确确认股票、公司债券、政府债券和基金份额为证券。二是采用兜底性规定,国务院可相机推出证券新品种。

---

① 参见我国《证券法》第2条,美国《证券法》第2条和《证券交易法》第3条,日本《证券交易法》第2条,德国《有价证券交易法》第2条,我国香港《证券条例》第2条,我国台湾地区"证券交易法"第6条。

引例 17-1

域外证券产品名目繁多

仅就股票而言,美国和英国股票市值早已超过 GDP,分别为 112% 和 136%。① 全球 GDP 及股票市值排名前 20 名的经济体除中国外均有股指期权,巴西、俄罗斯、印度、南非、波兰等新兴市场亦有股指期权产品。2012 年全球场内市场期权成交量达 101 亿张,期货成交量为 110 亿张,期权与期货各占半壁江山。2000—2012 年,美国场内期权市场年均增长 15%。②

引例 17-2

我国发展中的证券市场③

截至 2012 年,沪深交易所上市公司 2494 家,2013 年为 2595 家。2012 年,沪深股市总市值跃居全球第 2 位,仅次于美国;179 家企业到境外上市,融资总额 1906.59 亿美元。股票市场价值所占 GDP 的比重 1992 年仅 3.93%,2007 年曾高达 123.07%,2012 年为 43.36%。交易所债券市场现货交易品种 1170 只。2010 年,沪深 300 股指期货成功上市。2013 年,183 家银行发行理财产品共 44805 只,挂钩股票和商品类的为 2202 只。证券交易成本不断下降,2012 年证券市场降幅达 40%,期货市场降幅达 60%。

二、证券的特征与功能

(一)证券的特征

证券的特征为:第一,投资收益权凭证。持有人为了分享投资收益才出资,发行人需有营利能力方能筹资。营利能力愈强,其证券愈有市场。比如,持有股

---

① See E. Wymeersch, A Status Report on Corporate Governance Rules and Practices in Some Continental European States, in K. J. Hopt etc ed., Comparative Corporate Governance, Oxford University Press, 1998, p. 1049.

② 参见张光磊、于延超、董翠萍:《股指期权对完善我国资本市场风险管理体系意义重大》,载《上海证券报》2014 年 1 月 10 日。

③ 参见中国证监会:《中国证券监督管理委员会年报(2012)》,中国财政经济出版社 2013 年版,第 16—17、33、39 页。

票的股东在公司盈利时享有股利分配请求权,债券持有人则享有返还本息的请求权。这不仅使其有别于物品证券,而且有别于货币证券。第二,占有凭证。证券权利的实现与证券持有直接相关。其中,记名证券只有其持有人才能行使证券上的权利,其权利转让还需要持有人背书。比如,无记名证券持有人因丧失证券而丧失其权利。对于记名证券而言,若证券被盗、遗失或灭失,需经过法定程序,比如公示催告程序宣告其失效,方可申请补发证券,行使证券权利。[①] 第三,有流通性的权利凭证。证券权利可以依法转让。上市证券转让手续十分便捷。流通性就是证券的生命力。第四,风险性。既为投资,任何投资均有一定风险性。股票有风险自不待言,债券虽有本息返还的保障,似无风险。其实,若发行人破产倒闭,持有人的债权只能部分实现;若债务人财产不足以支付破产费用,债权清偿率即为零,债券持有人与股东均会颗粒无收。证券上市后,持有人还面临证券市场的风险。

(二) 证券的功能

以法律视角观之,证券主要有四项功能:其一,证明证券权利。作为证权证券,证券可证明持有人所享有的投资收益权。比如,持有股票的股东可以证明其股利请求权,而债券持有人可以证明其本息返还请求权。其二,行使证券权利。作为一种占有凭证,行使证券上的权利一般以持有证券为前提。无记名证券则因丧失证券而丧失证券权利,唯记名证券,如遇其被盗、遗失或灭失,还可经公示催告等法定程序宣告其失效,申请补发证券,从而行使证券权利。其三,转让证券权利。作为流通性的反映,证券持有人可以转让其证券。无记名证券的转让,只要将证券交付受让人即发生转让效力,而记名证券的转让不仅需要交付证券,而且还要有持有人的背书。[②] 其四,保护证券权利。持有人行使权利、转让权利遇到不法侵害时,可以请求司法救济,强制实现其权利或获得赔偿。

三、证券种类

证券品种繁多,依据证券是否上市,可以分为上市证券和非上市证券。上市证券,亦称挂牌证券,是指在证券交易所内进行公开买卖的证券。非上市证券,亦称非挂牌证券、场外证券,是指未在证券交易所挂牌交易,并允许在场外转让的证券。依据其功能,可分为股票、债券、证券投资基金券和衍生证券(图17-1)。

(一) 股票

股票,是指股份有限公司发行的证明股东所持股份的有价证券。作为一种

---

① 参见我国《公司法》第143条。
② 参见我国《公司法》第139—140、160条。

证权证券,股东基于股票的持有不仅享有直接反映经济利益的剩余索取权,还享有保障该权利实现的剩余控制权(图 9-2)。股票所证明的股东权为综合性权利,剩余控制权并非直接的财产权,而是实现财产权的必要保障。作为要式证券,股票应记载一定的事项,内容应全面真实。依据《公司法》第 128 条第 2—3 款,其必要记载事项为:(1)公司名称;(2)公司成立日期;(3)股票种类、票面金额及其代表的股份数;(4)股票的编号。发起人的股票还应标明"发起人股票"字样。股票上应有公司法定代表人的签名和公司印章(图 17-2)。

图 17-2　我国首只股票:飞乐音响

　　股票具有四个特征:(1)收益性。股票可为持有人带来收益。(2)风险性。持有股票要承担一定的风险。若公司破产倒闭,非但没有收益,出资额也会血本无归。(3)流通性。可自由转让。(4)参与性。持有人有权参与公司重大事项的决策。

　　至于类型,依据持有人的身份特征,可以分为国家股、法人股、公众股和外资股 4 种类型。依据股份所代表权利的差别,可以分为普通股和优先股。

(二)债券

　　债券,是发行人依法发行的,约定在一定期限内还本付息的有价证券。同为资本证券,债券与股票具有五大差异(表 8-6):(1)不仅股份有限公司和有限责任公司均可发行公司债券,政府还可以发行公债,而股票只有股份有限公司才能发行。(2)公司债券不能在设立时发行,只能在公司设立后发行,而股票可在公司设立时发行。(3)债券发行核准机关为国务院授权的部门,而股票公开发行由中国证监会核准。(4)债券面额一般较大,而股票面额则较小。(5)债券的风险相对较小,股票的风险较大。

债券具有三个特征:(1)偿还性和收益性。债券有规定的偿还期限,债务人需按期向持有人返还本息。股票则只有收益性,没有偿还性。(2)流通性。持有人可按自己的需要和市场状况转让债券。(3)相对安全性。持有人的收益相对固定,一般不随发行人收益的变动而变动,并且可按期收回本金。

依据计息方式,可以分为单利债券、复利债券、贴现债券和累进利率债券。依据利率是否固定,可以分为固定利率债券和浮动利率债券。依据债券的形态,又可以分为实物债券、凭证式债券和记账式债券。实物债券是具有标准格式的实物券面的债券,比如无记名国债。凭证式债券是债权人认购债券的收款凭证,而非发行人按照标准格式制作的债券。这种债券不能上市流通。记账式债券则只是在电脑账户中作记录,比如上海和深圳证券交易所发行的记账式国债。

至于类型,依据发行人的身份,可以分为公司债券、金融债券和政府债券。发行金融债券,是银行资金的重要来源,其利率通常低于公司债券,但高于政府债券和银行利率。政府债券,亦称公债,是由中央或地方政府为筹措财政资金,或为其他特定目的而发行的债券。中央政府发行的债券为国家债券,简称国债,地方政府发行的债券即为地方债券。比较而言,政府债券的优势在于安全性高、流通性强、收益稳定和免税待遇。政府债券的发行适用其他法律规定,上市交易才适用证券法。其他法律、行政法规另有规定的,优先适用其规定。①

(三)证券投资基金券

证券投资基金券,是指基金投资人持有的基金份额的凭证。这是一种利益共享、风险共担的集合证券投资方式:通过发行基金份额,集中投资者的资金,由基金托管人托管,基金管理人管理和运用资金,从事股票、债券等金融工具投资,并将投资收益按基金投资者所持份额进行分配的间接投资方式。基金管理人需为基金管理公司,而基金托管人则需为取得基金托管资格的商业银行。

证券投资基金券具有四个特征:(1)专家理财。股票和债券持有人自行判断资金的投向,自负决策风险,而证券投资基金券持有人将资金投入基金后,由专家进行管理,其资金投向由理财专家作出判断。(2)分享规模经济的利益。股票和债券持有人往往势单力薄,难以驾驭证券市场的风险,而证券投资基金所筹措的资金动辄数十亿元,可以有效地进行组合投资,其收益不至于因个股的剧烈波动而变化。易言之,只要证券市场整体有增长,基金券持有人即有利益可分享。(3)间接投资。股票和债券发行人一般通过发行股票和债券直接筹措生产经营所需资金,而证券投资基金券所募集的资金则有所不同,要通过专家理财,

---

① 参见我国《证券法》第2条第2款。

基金管理人运用该资金后,如购买股票或债券,商主体才能利用它从事生产经营活动。(4)其收益可能高于债券,但投资风险可能小于股票。

依据证券投资基金份额是否可以增加或赎回,可以分为封闭式基金券和开放式基金券;开放式基金券可以通过基金管理人随时赎回,且应保持足够的现金或政府债券,以备基金券持有人行使赎回权。[①] 依据投资风险和收益情况,可以分为成长型投资基金券、收入型投资基金券和平衡型投资基金券。依据投资对象,可以分为股票基金券、债券基金券、货币基金券、期权基金券、指数基金券、权证基金券和混合基金券。依据基金组织形态,则可分为公司型投资基金券和契约型投资基金券。

(四)衍生证券

衍生证券,是指从原生证券中派生出来的证券。它产生于20世纪70年代末期,源于美国,现已成为国际金融市场的主要角色,既是避险工具,也是投资工具。其主要类型有权证(warrant)、金融期货、金融互换、转券等。衍生证券往往采用保证金交易,只需支付一定比例的保证金即可进行全额交易,在合同期满需要以实物交割方式履行合同时,才需要买方足额付款。基于保证金交易的杠杆效应,其风险非常大,保证金要求愈低,杠杆效应愈大,风险也就愈大(引例17-3)。囿于篇幅,这里仅阐述权证。

引例 17-3

中信泰富因衍生证券巨亏[②]

中信泰富(00267.HK)在澳大利亚投资铁矿项目42亿美元,投资期限为25年,支付方式为澳元。为汇率套保,公司于2008年7月与13家外资银行签订了24款外汇累计期权合约,最大交易金额为94.4亿澳元。依据澳元合约,双方约定的接货汇率为澳元兑美元0.87,中信泰富每月都要买入,当汇率低于0.87美元时,不能自动终止协议,中信泰富更要两倍买入,直到2010年协议到期为止。每份合约都有最高利润上限,当达到约定的利润水平时,合约自动终止。2008年8—10月,澳大利亚储备银行连续两次降息,降幅很大,澳元兑美元跌幅高达10.8%,中信泰富的澳元合约遭受重创,亏损高达186亿港元。中信泰富的股价1个多月内市值缩水超过210亿港元。董事长荣智健因此辞职。

[①] 参见我国《证券投资基金法》第51—52、54条。
[②] 参见丁洪:《中信泰富外汇衍生品投资亏损案例分析与启示》,载《南方金融》2009年第3期。

权证,是指标的证券发行人或其以外的第三人发行的,约定持有人在规定期间内或在特定到期日,有权按约定价格向发行人购买或出售标的证券,或以现金结算方式收取结算差价的有价证券。它具有以小博大的效应,既可以避险,也可以投资理财。比如,A公司的股票市价为5元,权证发行价0.5元,权证行权价为6元,当股价涨至8元时,投资股票的报酬率为$(8-5)/8=37.5\%$,而投资权证的报酬率为$(8-6-0.5)/0.5=300\%$,后者为前者的8倍。其理财功能由此可见一斑。投资者还可以动用少量资金进行投资组合,分散风险。

权证的标的物可以是股票、债券,也可是其他可流通物,如黄金、外汇等,但以股票为主。作为投资工具,股票和权证均有筹资功能。没有股票,也就没有权证。但是,在发行主体、持有人身份、权利性质、风险以及期限方面,权证又与股票和可转换公司债券均有别(表17-1)。从发行人来看,权证可以由公司自身发行,也可以由证券公司、投资银行等第三人发行,而股票和可转换公司债券只能由公司自身发行。权证只能证明持有人的认股权,而股票和可转换公司债券不仅分别证明持有人的股东权和债权,而且证明其股东和债权人身份。权证均有期限,过期就作废,而股票则没有期限,不能要求退股。与股票相比,权证风险较小。

表17-1 权证与股票、可转换公司债券之比较

		权证	股票	可转换公司债券
权利性质		认股权	股东权	债权
发行人	公司本人	√	√	√
	第三人	√		
持有人身份			股东	债权人
风险		小	大	小
期限		有期限	无限期	有期限

依据权证的发行人,可以分为公司权证(equity warrant)和备兑权证(covered warrant)(图17-1)。公司权证,亦称认股权证,由公司自身发行,持有人有权在约定的时间按照约定的价格向公司认购股票,而公司必须向其发行股票。备兑权证,亦称衍生权证(derivative warrant),由证券公司、投资银行等第三人发行,持有人有权在约定的时间按照约定价格购入发行人持有的股票。公司权证以发行新股为标的,期限大多为1—5年,流通性受到限制,而备兑权证则以现有股票为标的,无须发行新股,期限大多为1—2年,流通性很强(表17-2)。

表 17-2　公司权证与备兑权证之比较

发行人		公司权证	备兑权证
发行人	公司	√	
	第三人		√
标的	现有股票		√
	新股	√	
期限		1—5年	1—2年
流通性		受限制	流通性强

第二节　证券交易所

一、证券交易所概述

证券交易所,是为证券集中交易提供场所和设施,组织和监督证券交易,实行自律管理的法人。它是证券市场的心脏,无证券交易所,也就没有证券市场。其特征为:(1)是依法设立的法人。(2)是集中竞价交易的场所,其本身并不参与证券交易。(3)是特殊法人。既负责组织证券交易,又有对其进行一线监管的职能。(4)自治性。它有权依据法律和行政法规,制定上市规则、交易规则、会员管理规则和其他有关规则,经中国证监会批准即生效。[①]

(一)职能

为确保证券市场的公开、公平和公正,我国《证券法》第53、55—56、59—61条和《证券交易所管理办法》第11条赋予其以下职能:(1)提供证券交易的场所和设施;(2)制定证券交易所的业务规则;(3)核准和安排证券上市;(4)组织、监督证券交易;(5)对会员进行监管;(6)对上市公司进行监管;(7)设立证券登记结算机构;(8)管理和公布市场信息;(9)中国证监会许可的其他职能。证券交易所可以推出新的证券交易品种,但应事先经中国证监会批准。如以联网等方式为非本所上市的证券交易品种提供证券交易服务,亦应经证监会批准。为保障其独立性,证券交易所不得从事新闻出版业、发布对证券价格进行预测的文字和资料、为他人提供担保以及未经证监会批准的其他业务。

---

① 参见我国《证券法》第118条。

(二) 类型

依据其管理方式、风险承担方式及与成员的关系,可以分为公司制证券交易所和会员制证券交易所两种类型。公司制证券交易所是以营利为目的的法人,会员制证券交易所为公益法人。其间差异如表 17-3 所示。正因为如此,两种交易所大多并存,美国、日本和我国台湾地区就是如此。世界上主要的证券交易所巨头均已转换为公司制,其吸引力可见一斑(表 17-4)。

表 17-3 会员制与公司制交易所之比较

	会员制	公司制
法人类型	公益法人	营利法人
设立	会员设立	股东设立
入场资格	会员(证券商)	股东、非股东
费用	较低	较高
损害赔偿	×	√

表 17-4 主要证券交易所的公司化进程

交易所名称	公司化时间	交易所名称	公司化时间
斯德哥尔摩证券交易所	1993	多伦多证券交易所	2000
赫尔辛基证券交易所	1995	伦敦证券交易所	2000
哥本哈根证券交易所	1996	香港联合交易所	2000
阿姆斯特丹证券交易所	1997	太平洋证券交易所	2000
意大利证券交易所	1997	巴黎证券交易所	2000
澳大利亚证券交易所	1998	德国交易所	2000
维也纳证券交易所	1998	纳斯达克市场	2001
冰岛证券交易所	1999	奥斯陆证券交易所	2001
雅典证券交易所	1999	东京证券交易所	2001
新加坡证券交易所	1999	欧洲交易所	2001
纽约证券交易所	2006		

我国上海和深圳证券交易所均为会员制。但是,《证券法》为设立公司制证券交易所预留了空间。为打破行政化体制和同质化竞争格局,公司化改制当属可以考量的改革方向(引例 17-4)。

> **引例 17-4**
>
> **沪深交易所的同质竞争**①
>
> 自 20 世纪 90 年代初,沪深交易所就陷入"谁是第一"的口舌之争。在上市资源行政化配置体系下,"沪强深弱""深强沪弱"的双城竞争格局变幻无常。2010 年 11 月,监管层还对 IPO 企业的选择定下不成文规矩:IPO 首发规模在 8000 万股以上的公司在上交所上市;5000 万股以下的公司在深交所中小板上市;首发规模在 5000 万—8000 万股的拟上市公司,由企业自主选择。金融类上市公司则按 4 亿股为"分界线"。2011 年,深交所 IPO 数量和融资额均反超上交所。2013 年上证综指全年累跌 6.75%,深市中小板、创业板则分别升 17.54% 和 82.73%;上交所每日平均成交金额仅为深交所的 80% 左右。

二、证券交易所的设立与解散

(一)行政许可

作为特殊法人,证券交易所的设立与解散不仅需要行政许可,而且只有中央政府,国务院才有权决定其设立与解散。其他任何机构或个人均无权决定其设立,其他任何单位或个人均不得使用证券交易所或近似的名称。否则,属于非法开设证券交易所,由县级以上人民政府予以取缔,没收违法所得,并处以违法所得 1—5 倍的罚款;没有违法所得或者违法所得不足 10 万元的,处以罚款 10—50 万元。对直接负责的主管人员和其他直接责任人员给予警告,并处以罚款 3—30 万元。至于依法设立的证券交易所,也不得以任何方式转让其所取得的设立和业务许可。②

(二)设立程序

章程是证券交易所的必备文件,其制定与修改均需经中国证监会批准。其必要记载事项为:(1)设立目的;(2)名称;(3)主要办公及交易场所和设施所在地;(4)职能范围;(5)会员的资格和加入、退出程序;(6)会员的权利和义务;(7)对会员的纪律处分;(8)组织机构及其职权;(9)高级管理人员的产生、任免及其职责;(10)资本和财务事项;(11)解散的条件和程序;(12)其他需要

---

① 参见冉孟顺、张玥、朱姝、汪乐萍:《曾经一起行政化,期待一起市场化 沪深交易所激战 20 年》,载《南方周末》2014 年 4 月 24 日。

② 参见我国《证券法》第 102 条第 2 款、第 196 条,《证券交易所管理办法》第 78 条。

在章程中规定的事项。

证券交易所的设立申请并非由国务院直接受理,而是由中国证监会受理,并进行审核。经其审核同意的,才报国务院决定。申请人需向中国证监会提交以下申请文件:(1)申请书;(2)章程和主要业务规则草案;(3)拟加入会员名单;(4)理事会候选人名单及简历;(5)场地、设备及资金情况说明;(6)拟任用管理人员的情况说明;(7)证监会要求提交的其他文件。[①] 国务院一经批准,证券交易所即告设立,其名称必须有"证券交易所"的字样,而其他任何单位或个人均不得使用"证券交易所"或与其近似的名称。

三、证券交易所的治理结构

证券交易所应建立分权与制衡的法人治理结构,包括会员大会、理事会和总经理,理事会还可下设监察委员会等专门委员会。由全体会员组成的会员大会为最高权力机构,理事会为决策机构,总经理为执行机构。

(一)会员大会

会员大会由全体会员组成,系证券交易所的最高权力机构。其职责为:(1)制定和修改证券交易所章程;(2)选举和罢免会员理事;(3)审议和通过理事会、总经理的工作报告;(4)审议和通过证券交易所的财务预算、决算报告;(5)决定证券交易所的其他重大事项。其中,章程的制定和修改经会员大会通过后,还需经证监会批准才生效。会员大会通过会议形成代表全体会员意志的决议。会议包括一年一次的例会和临时会议。会议要形成合法有效的决议,需有2/3以上的会员出席会议,并经出席会议的会员过半数同意。证券交易所应在会议结束后10日内将全部文件和有关情况报证监会备案。

(二)理事会

作为决策机构,理事会每届任期3年。其职责为:(1)执行会员大会的决议;(2)制定、修改证券交易所的业务规则;(3)审定总经理提出的工作计划;(4)审定总经理提出的财务预算、决算方案;(5)审定对会员的接纳;(6)审定对会员的处分;(7)根据需要决定专门委员会的设置;(8)会员大会授予的其他职责。[②] 理事会理事为7—13人,非会员理事人数不少于理事会成员总数的1/3,但不超过理事会成员总数的1/2。会员理事由会员大会选举产生,而非会员理事由证监会委派。理事连选或连续被委派,可连任,但以两届为限。理事会设理事长1人,副理事长1—2人。理事长、副理事长由证监会提名,由理事会选举产生。总经理必须是理事会成员。作为会议体,理事会亦需通过会议形成

---

① 参见我国《证券交易所管理办法》第7条。
② 参见我国《证券交易所管理办法》第20条。

其意志。理事会会议至少每季度召开1次,须有2/3以上理事出席,决议应经出席会议的2/3以上理事表决同意方为有效。该决议应在会议结束后2个工作日内报证监会备案。①

理事会可依据证券交易所章程设立各种专门委员会,其运行经费应纳入交易所的预算。监察委员会则为必设专门委员会,对理事会负责,每届任期3年。其主席由理事长兼任。其职责为:(1)监察证券交易所高管和其他工作人员守法和遵守证券交易所章程、业务规则的情况;(2)监察高管执行会员大会、理事会决议的情况;(3)监察证券交易所的财务情况;(4)证券交易所章程规定的其他职权。②

(三) 总经理

证券交易所设总经理1人,副总经理1—3人。总经理由中国证监会任免,副总经理亦然,均不得由国家公务员兼任。财务和人事部门负责人虽由交易所任免,但需经证监会批准。③ 总经理和副总经理任期均为3年。总经理连续任职不得超过两届。总经理在理事会领导下负责证券交易所的日常管理工作,为证券交易所的法定代表人。总经理因故临时不能履行职责时,由总经理指定的副总经理代其履行职责。

总经理和副总经理既应满足公司董事、监事和高管任职的消极条件,又不得具有以下消极条件:(1)因违法行为或者违纪行为被解除职务的证券交易所、证券登记结算机构的负责人或者证券公司的董事、监事、高管,自被解除职务之日起未逾5年;(2)因违法行为或者违纪行为被撤销资格的律师、注册会计师或者投资咨询机构、财务顾问机构、资信评级机构、资产评估机构、验证机构的专业人员,自被撤销资格之日起未逾5年。

四、证券交易所的证券交易组织职能

(一) 制定规则

作为证券交易的组织者,证券交易所有权依据法律、行政法规制定上市规则、交易规则和其他有关规则。这些规则一经中国证监会批准即生效。

(二) 即时公布证券交易行情

为确保集中交易的公平性,我国《证券法》第113条要求证券交易所公布证券交易即时行情,并按交易日制作证券市场行情表,予以公布。未经证券交易所许可,任何单位和个人不得发布证券交易即时行情。行情表所应包括的事项有

---

① 参见我国《证券交易所管理办法》第21条第4款。
② 参见我国《证券交易所管理办法》第26—27条。
③ 参见我国《证券交易所管理办法》第24—25条。

上市证券的名称,开市、最高、最低及收市价格,与前一交易日收市价比较后的涨跌情况,成交量、值的分计及合计,股价指数及其涨跌情况,以及证监会要求公开的其他事项。市场内成交情况的日报表、周报表、月报表和年报表,亦应及时向社会公布。公布的形式除证券交易所的电子显示屏外,还包括电视和指定的报刊等媒体,以便投资者有平等机会获取证券市场行情和其他公开披露的信息,保证交易机会均等。

(三) 设置实时监控系统

实时监控系统,是指证券交易所为实现对证券交易的有效监督和管理,通过计算机系统对证券交易情况进行统计分析,并及时警示非正常交易的监控装置。证券交易所必须设置该系统,并由专门机构负责市场监管。应中国证监会的要求,证券交易所之间还应建立以监管为目的的信息交换制度和联合监管制度,共同监管跨市场的不正当交易行为。对于重大异常交易情况的证券账户,证券交易所可视情况需要而限制其交易。采取该措施需向中国证监会备案。[1]

(四) 技术性停牌和临时停市措施

技术性停牌,是指因突发事件影响证券交易的正常进行,证券交易所采取中止特定证券上市交易资格的措施。临时停市则是指因不可抗力的突发性事件,或为维护证券交易的正常秩序,证券交易所采取临时性停止场内全部交易业务的措施。这两种措施均需及时报告中国证监会。[2]

(五) 尊重交易结果

凡是依据依法制定的交易规则进行的交易,任何单位和个人均不得改变其结果。这是维护证券市场稳定和保护交易双方利益的基本要求。违规交易者需承担相应的民事责任,而违规交易所获利益需依照规定处理。[3] 比如,没收非法所得、罚款等。情节严重的,依法追究刑事责任。

(六) 设置和管理风险基金

针对证券交易的高风险性,证券交易所应设立风险基金。该基金从所收取的交易费用和会员费、席位费中提取,提取比例和使用办法由中国证监会和财政部规定。该基金由证券交易所理事会管理,并存入开户银行专门账户,不得擅自使用。[4]

五、证券交易所的自律监管

无论是实行国家集中统一监管,还是自律型监管体制,无不注重发挥证交

---

[1] 参见我国《证券法》第115条,《证券交易所管理办法》第39条。
[2] 参见我国《证券法》第114条。
[3] 参见我国《证券法》第120条。
[4] 参见我国《证券法》第116—117条。

易所自律监管的作用。在我国,证券交易所不仅对证券交易进行一线监管,还享有监管会员和上市公司的职能。

(一)证券交易一线监管

该职能主要体现为:(1)证券能否上市交易由证券交易所依法核准。(2)证券上市交易的暂停和终止由其依法决定。(3)对违反交易规则的行为,依据规则予以处理。(4)对于证券交易中违反国家有关法律、法规、规章、政策的行为,证券交易所有发现、制止和上报的责任,并有权在职权范围内予以查处。①

(二)监管上市公司

对上市公司的监管职能主要有:(1)证券交易所依据其与上市公司之间的上市协议,对上市公司违反协议的行为享有处理权。(2)复核上市公司的配股说明书、上市公告书等与募集资金及证券上市直接相关的公开说明文件,并监督上市公司按时公布,并可要求其作出补充说明后才予以公布。(3)督促上市公司依法编制并公布年度报告、中期报告,并在其公布后进行检查,及时处理所发现问题,并在报告期结束后20个工作日内,将检查情况报告证监会。(4)审核上市公司编制的临时报告。(5)依据其设置的上市公司股东持股情况档案资料,对股东在交易过程中的持股变动情况进行即时统计和监督。(6)依据上市协议处理未按规定履行信息披露义务的上市公司,并可就其违反证券法规的行为提出处罚意见,报证监会予以处罚。②

(三)监管会员

会员监管有会员资格和交易席位管理以及会员自营和经纪业务监管两个方面。就会员资格和交易席位管理而言,主要是:(1)会员管理规则由证券交易所依法制定,经中国证监会批准即生效。(2)决定会员的接纳与开除。其接纳与开除决定应在决定后5个工作日内向中国证监会备案。(3)限定交易席位的数量,对会员取得的交易席位进行严格管理。经交易所批准,会员才能转让席位。③ 至于会员自营业务监管,则有6个方面:(1)要求会员的自营买卖业务必须使用专门的股票账户和资金账户,并采取技术手段严格管理;(2)检查开设自营账户的会员是否具备规定的自营资格;(3)要求会员按月编制库存证券报表,并于次月5日前报送证券交易所;(4)对自营业务规定具体的风险控制措施,并报证监会备案;(5)每年6月30日和12月31日过后的30日内向证监会报送各家会员截至该日的证券自营业务情况;(6)其他监管事项。对于会员的经纪业务,则监管以下内容:(1)制定标准代理协议,检查其内容的合法性;(2)规定

---

① 参见我国《证券法》第48、55—56、60—61条,《证券交易所管理办法》第38条。
② 参见我国《证券交易所管理办法》第52、54—56、58、62条。
③ 参见我国《证券交易所管理办法》第40—44条。

接受客户委托的程序和责任,并定期抽查执行客户委托的情况;(3)要求会员每月过后 5 日内就其交易业务和客户投诉等情况提交报告。① 为履行其职责,证券交易所有权要求会员提供有关业务的报表、账册、交易记录及其他文件、资料。对会员的违规行为,可以依据证券交易所章程和业务规则给予纪律处分。情节严重的,可撤销其资格,实施市场禁入。②

第三节　证券公司

一、证券公司概述

证券公司,亦称证券商,是指依法设立的经营证券业务的金融机构。作为非银行金融机构之一,它属于证券发行和交易之枢纽(图 17-3),不仅为证券发行和上市提供承销和保荐业务,而且还为发行人首次公开发行股票提供辅导服务。在证券交易过程中,证券公司不仅是沟通买卖双方的重要环节,也是实现资金融通的重要渠道,对于优化资源配置、降低融资成本、分散融资风险具有举足轻重的作用。

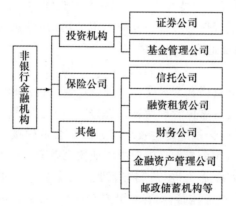

图 17-3　非银行金融机构中的证券公司

证券公司可以采用有限责任公司和股份有限公司两种形态(引例 17-5)。非公司形态的商主体不得从事证券业务。日本、韩国和我国台湾地区亦然。③ 比利时、丹麦等西欧国家准予独资企业和合伙企业从事证券业务,而英国和爱尔兰虽不准许个人从事该业务,但准予合伙企业为之。④ 既为公司,公司法自应适

---

① 参见我国《证券交易所管理办法》第 45—46 条。
② 参见我国《证券法》第 121 条。
③ 参见我国《证券法》第 123 条,我国台湾地区"证券交易法"第 47 条。
④ 参见范健:《商法》,高等教育出版社、北京大学出版社 2002 年版,第 401—402 页。

用于证券公司,证券法则应优先适用。与一般公司相比,证券公司在设立、公司治理等方面具有一些特殊性(表17-5)。

引例17-5

日益发展壮大的证券公司[①]

截至2012年,全国共有证券公司114家,总资产17159亿元,净资产6943亿元,民间资本参控股84家,占73%;外资参股13家,占11%。有24家在境外设立子公司,总资产774.84亿港元。

表17-5 证券公司与一般公司之比较

		证券公司	一般公司	
			有限公司	股份公司
设立	行政许可	√	×	
	持股5%以上股东的资格认定	√	×	
	最低注册资本	5000万—5亿	×	
	分期出资	×	√	
治理结构	董事、监事、高管任职积极资格	√	×	
	独立董事	√	×(上市公司除外)	
	撤销董事、监事、高管任职资格	√	×	
为股东及其关联人担保		×	√	
拯救措施	停业整顿	√	×	
	托管、接管	√	×	
投资者保护制度		√	×	

二、证券公司的设立与变更

(一)设立体制

设立证券公司有注册制和行政许可制两种体制。美国为注册制的典范,设立证券公司,只需注册登记即可,无须主管部门行政许可。我国则是行政许可制,证券公司的设立必须经中国证监会审查批准,否则,任何单位和个人不得经营证券业务。不仅如此,其分支机构的设立、收购或撤销,亦需经中国证监会批准。在境外设立、收购或者参股证券经营机构的,亦然。

---

① 参见中国证监会:《中国证券监督管理委员会年报(2012)》,中国财政经济出版社2013年版,第20、34页。

对未经批准而擅自设立证券公司或者非法经营证券业务的,中国证监会不仅要取缔,而且要没收违法所得,并处以违法所得1—5倍的罚款;没有违法所得或者违法所得不足30万元的,处以罚款30—60万元。对直接负责的主管人员和其他直接责任人员给予警告,并处以罚款3—30万元。若证券业务许可系通过提交虚假证明文件,或采取其他欺诈手段隐瞒重要事实而骗取的,中国证监会应撤销该许可。①

(二) 设立条件

证券公司自应符合一般有限责任公司和股份有限公司的设立要件。作为特殊公司,它还应符合《证券法》第124条所规定的7项条件:(1) 有符合法律、行政法规规定的公司章程。(2) 主要股东具有持续盈利能力,信誉良好,最近3年无重大违法违规记录,净资产不低于2亿元。(3) 符合最低注册资本之要求。证券公司的最低注册资本为实缴资本,因其从事证券业务性质和范围而异。从事证券经纪、证券投资咨询以及与证券交易、证券投资活动有关的财务顾问业务的,最低注册资本为5000万元。对于证券承销与保荐、证券自营、证券资产管理以及其他证券业务而言,从事其中一项和两项的最低注册资本分别为1亿元和5亿元。在此最低限额基础上,中国证监会还可根据审慎监管原则和各项业务的风险程度,调整其最低限额。(4) 董事、监事、高管具备任职资格,从业人员具有证券从业资格。(5) 有完善的风险管理与内部控制制度。(6) 有合格的经营场所和业务设施。(7) 法律、行政法规规定的和经国务院批准的国务院证券监督管理机构规定的其他条件。显然,这些条件高于一般公司。

(三) 设立程序

设立证券公司,应在向登记机关办理商事登记前获得设立证券公司之行政许可。对于拟设证券公司的申请,中国证监会应当自受理之日起6个月内,依照法定条件和法定程序并根据审慎监管原则进行审查,作出批准或者不予批准的决定,并通知申请人;不予批准的,应当说明理由。证券公司向登记机关领取营业执照后15日内,还应向中国证监会申请经营证券业务许可证。未取得经营证券业务许可证,不得经营证券业务。②

(四) 变更

证券公司的变更事项包括分支机构的收购或者撤销,变更业务范围或者注册资本,变更持有5%以上股权的股东、实际控制人,变更公司章程中的重要条款,合并、分立、变更公司形式以及停业。其变更均需中国证监会批准。③ 否则,

---

① 参见我国《证券法》第122、129、197、221条。
② 参见我国《证券法》第128条。
③ 参见我国《证券法》第129条第1款。

不得进行变更。对于擅自设立、收购、撤销分支机构,或合并、分立、停业的,应责令改正,没收违法所得,并处以违法所得1—5倍的罚款;没有违法所得或者违法所得不足10万元的,处以罚款10—60万元;对直接负责的主管人员给予警告,并处以罚款3—10万元。对于擅自变更主要股东、实际控制人或公司章程的重要条款的,除责令改正外,还应处以罚款10—30万;对直接负责的主管人员给予警告,并处以罚款5万元以下。①

三、证券公司治理

既为公司,证券公司自应具有治理结构。凡是证券法对其无特别要求的,证券公司即应按照公司法的要求,建立相应的组织机构,依法运行。证券法上的特殊要求主要体现在董事、监事和高管的任职资格以及独立董事制度方面。

(一) 董事、监事和高管的任职资格

对于证券公司董事、监事和高管的任职资格,《证券法》的特殊要求表现为:一是明确要求其具备一定的积极素质,正直诚实,品行良好,熟悉证券法律、行政法规,具有履行职责所需的经营管理能力,而且还应在任职前取得中国证监会核准的任职资格。否则,不得担任这些职务。二是除一般公司董事、监事和高管的任职消极资格外,还增加了两种消极资格:(1) 因违法行为或者违纪行为被解除职务的证券交易所、证券登记结算机构的负责人或者证券公司的董事、监事、高管,自被解除职务之日起未逾5年;(2) 因违法行为或者违纪行为被撤销资格的律师、注册会计师或者投资咨询机构、财务顾问机构、资信评级机构、资产评估机构、验证机构的专业人员,自被撤销资格之日起未逾5年。

如公司聘任不具有任职资格的人,中国证监会应责令改正,给予警告,还可并处罚款10—30万;对直接负责的主管人员给予警告,可以并处罚款3—10万元。若董事、监事或高管在任职期间未能勤勉尽责,致使证券公司存在重大违法违规行为或者重大风险的,中国证监会可撤销其任职资格,并责令公司予以更换。②

(二) 独立董事

与一般公司相比,证券公司必须设立独立董事。具有以下3种情形之一的,独立董事的比例不得少于董事人数的1/4:(1) 董事长和总经理由同一人担任的;(2) 内部董事占董事人数1/5以上的;(3) 证券公司的主管部门、股东(大)会或中国证监会认为必要的。

---

① 参见我国《证券法》第218条。
② 参见我国《证券法》第152、198条。

四、证券公司的营业规则

(一)注册资本与经营范围相匹配

证券公司享有自主经营权,经营范围由其自主选择,可以经营以下 7 项业务中的全部或部分:(1)证券经纪;(2)证券投资咨询;(3)与证券交易、证券投资活动有关的财务顾问;(4)证券承销与保荐;(5)证券自营;(6)证券资产管理;(7)其他证券业务。唯注册资本必须与所经营业务的性质与范围相适应。中国证监会根据审慎监管原则和各项业务的风险程度,对有关业务的注册资本最低限额有调整的,还应符合调整后的要求。证券公司的净资本,净资本与负债的比例,净资本与净资产的比例,净资本与自营、承销、资产管理等业务规模的比例,负债与净资产的比例,以及流动资产与流动负债的比例等风险控制指标,亦应符合中国证监会的规定。

相对于一般公司的认缴制,证券公司的注册资本仍实行实缴制,股东出资必须到位,不得有虚假。如有虚假出资、抽逃出资行为,中国证监会应责令其限期改正,并可责令其转让所持证券公司的股权。在股东按照要求改正违法行为、转让所持证券公司的股权前,还可限制其股东权利。同时,公司不得为股东或股东的关联人提供融资或担保。① 证券公司不得超出许可的经营范围,否则,除责令改正和没收违法所得外,还应并处违法所得 1—5 倍的罚款;没有违法所得或者违法所得不足 30 万元的,处以罚款 30—60 万元;情节严重的,责令关闭;对直接负责的主管人员和其他直接责任人员给予警告,撤销任职资格或者证券从业资格,并处罚款 3—10 万元。②

(二)隔离制度

为了防范公司与客户之间以及客户相互之间的利益冲突,应在经营过程中采取有效隔离措施,建立隔离经营制度,即通常所谓"防火墙制度"。尤其是证券经纪业务、证券承销业务、证券自营业务和证券资产管理业务必须分开办理,不得混合操作。否则,除责令改正和没收违法所得外,还应并处罚款 30—60 万元;情节严重的,撤销相关业务许可。对直接负责的主管人员和其他直接责任人员给予警告,并处罚款 3—10 万元;情节严重的,撤销任职资格或者证券从业资格。③

(三)自营业务规则

自营业务,就是证券公司为自己买卖证券的业务,包括在证券交易所进行的

---

① 参见我国《证券法》第 130、151 条。
② 参见我国《证券法》第 219 条。
③ 参见我国《证券法》第 136、220 条。

自营买卖和在证券公司的交易营业部进行的店头或柜台买卖。既然为自己利益而行事，就应以自己的名义进行，不得假借他人名义或者以个人名义进行，且不得将其自营账户借给他人使用；同时，亦应使用自有资金和依法筹集的资金。若假借他人名义或者以个人名义从事证券自营业务，除责令改正和没收违法所得外，还应并处违法所得1—5倍的罚款；没有违法所得或者违法所得不足30万元的，处以罚款30—60万元；情节严重的，暂停或者撤销证券自营业务许可。对直接负责的主管人员和其他直接责任人员给予警告，撤销任职资格或者证券从业资格，并处罚款3—10万元。①

（四）经纪业务规则

证券经纪业务，是指证券公司代理客户买卖证券，从中收取手续费或佣金的业务。此乃其最基本和最重要的业务。对此，公司应以自己的名义，为客户办理证券买卖等业务，由此发生的法律后果由客户承担。为切实维护客户利益，除执行隔离制度外，还应遵循以下五项规则：

（1）保护客户的交易结算金和证券。交易结算金和证券均非证券公司的自有财产，任何单位或个人均不得以任何形式挪用；在其破产或清算时亦非破产财产或清算财产；非因客户本身的债务或者其他法定情形，不得对其进行查封、冻结、扣划或者强制执行。对于交易结算金而言，还应存放于商业银行，以每个客户的名义单独立户管理。对于挪用客户资金或证券的行为，除责令改正和没收违法所得外，还应并处违法所得1—5倍的罚款；没有违法所得或者违法所得不足10万元的，处以罚款10—60万元；情节严重的，责令关闭或者撤销相关业务许可。对直接负责的主管人员和其他直接责任人员给予警告，撤销任职资格或者证券从业资格，并处罚款3—30万元。②

（2）规范委托关系。第一，证券公司应置备统一制定的证券买卖委托书，供委托人使用；采取其他委托方式的，须有委托记录。无论是否成交，证券公司均应依法保存委托记录。第二，委托事项需明确，并在委托授权范围内行事，即应依据委托书所载明的证券名称、买卖数量、出价方式、价格幅度等，按照交易规则代理买卖证券，并如实进行交易记录。买卖成交后，应按照规定制作买卖成交报告单交付客户。确认交易行为及其交易结果的对账单必须真实，并由交易经办人员以外的审核人员逐笔审核，保证账面证券余额与实际持有的证券相一致。第三，禁止全权委托。也就是说，证券公司不得越俎代庖，为客户决定证券买卖、选择证券种类、决定买卖数量或者买卖价格。第四，禁止作出收益或赔偿的承

---

① 参见我国《证券法》第137、209条。
② 参见我国《证券法》第139、211条。

诺。第五,禁止证券公司及其从业人员私自接受客户的委托。①

对违背客户的委托买卖证券、办理交易事项,或者违背客户的真实意思表示,办理交易以外的其他事项的,除责令改正和依法赔偿给客户造成的损失外,还应处以罚款 1—10 万元。对未经客户委托,擅自为客户买卖证券的,除责令改正和没收违法所得外,还应并处以违法所得 1—5 倍的罚款;没有违法所得或者违法所得不足 10 万元的,处以罚款 10—60 万元;情节严重的,责令关闭或者撤销相关业务许可。对直接负责的主管人员和其他直接责任人员给予警告,撤销任职资格或者证券从业资格,并处以罚款 3—30 万元。对接受客户的全权委托买卖证券,或者对客户买卖证券的收益或者赔偿证券买卖的损失作出承诺的,除责令改正和没收违法所得外,还应并处罚款 5—20 万元,可以暂停或者撤销相关业务许可。对直接负责的主管人员和其他直接责任人员给予警告,并处罚款 3—10 万元,可以撤销任职资格或者证券从业资格。对于证券公司或其从业人员私自接受客户委托的,除责令改正、警告和没收违法所得外,还应并处违法所得 1—5 倍的罚款;没有违法所得或者违法所得不足 10 万元的,处以罚款 10—30 万元。②

(3) 依法提供融资融券服务。这种服务需按照国务院另行规定进行,需经中国证监会批准方可提供该服务。否则,没收违法所得,暂停或者撤销相关业务许可,并处以非法融资融券等值以下的罚款。对直接负责的主管人员和其他直接责任人员给予警告,撤销任职资格或者证券从业资格,并处罚款 3—30 万元。③

(4) 违规责任自负。若从业人员在证券交易活动中执行公司的指令或利用职务违反交易规则,由此造成的后果全由证券公司承担。④

(5) 妥善保管有关资料。客户开户资料、委托记录、交易记录和与内部管理、业务经营有关的各项资料,应妥善保管至少 20 年。任何人不得隐匿、伪造、篡改或者毁损。⑤

五、证券公司风险控制

证券市场风云变幻,证券业务具有高风险性,风险控制对于证券公司至关重要。这主要有风险控制指标和交易风险准备金两个方面。

---

① 参见我国《证券法》第 140—141、143—145 条。
② 参见我国《证券法》第 210—212、215 条。
③ 参见我国《证券法》第 142、205 条。
④ 参见我国《证券法》第 146 条。
⑤ 参见我国《证券法》第 147 条。

（一）风险控制指标

该指标主要有证券公司的净资本,净资本与负债的比例,净资本与净资产的比例,净资本与自营、承销、资产管理等业务规模的比例,负债与净资产的比例,以及流动资产与流动负债的比例等,均应由中国证监会制定。综合类和经纪类证券公司的净资本分别不得低于2亿元和2000万元。证券公司净资本不得低于其对外负债的8%,流动资产余额不得低于流动负债余额,综合类和经纪类证券公司的对外负债分别不得超过其净资产额的9倍和3倍。

中国证监会主要通过3种方式监管风险控制指标。[①] 一是报告制度。若该指标出现以下情形之一,应在3个工作日内报告中国证监会,并说明原因和对策:(1)净资本低于前述金额的120%,或比上月下降20%;(2)净资本低于其对外负债的10%;(3)综合类证券公司的流动资产余额低于流动负债余额的120%;(4)综合类和经纪类证券公司的对外负债分别超过净资产的8倍和2倍。二是责令限期改正。三是采取整改措施。这是针对逾期未改正,或者其行为严重危及其稳健运行、损害客户合法权益的情形。该措施有:(1)限制业务活动,责令暂停部分业务,停止批准新业务;(2)停止批准增设、收购营业性分支机构;(3)限制分配红利,限制向董事、监事、高管支付报酬或提供福利;(4)限制转让财产或者在财产上设定其他权利;(5)责令更换董事、监事、高管或者限制其权利;(6)责令控股股东转让股权或者限制有关股东行使股东权利;(7)撤销有关业务许可。至于采用何种措施,由中国证监会自由裁量。整改后,公司应向中国证监会提交报告。中国证监会认为符合有关风险控制指标的,自验收完毕之日起3日内解除有关措施。

（二）交易风险准备金

为防患未然,证券公司应建立交易风险准备金。该基金专门用于弥补证券交易的损失,每年从其税后利润中提取,提取的具体比例由中国证监会规定。[②]

六、证券公司终止

（一）概述

证券公司因三种事由而终止。一是公司决定解散;二是因违法经营或出现重大风险,严重危害证券市场秩序,损害投资者利益,中国证监会决定撤销该公司或指定其他机构托管、接管;三是破产清算。无论因何种事由终止,均应经中国证监会批准,其中第2种情形就是行政处罚的结果。

---

① 参见我国《证券法》第150条,《证券公司管理办法》第34条。
② 参见我国《证券法》第135条。

与一般公司终止相比,其终止具有三大差异[①]:(1)中国证券投资者保护基金有限责任公司("基金公司")负责因撤销、破产而终止的证券公司的清算工作。(2)在清算或托管、接管期间,对于证券公司直接负责的董事、监事、高管和其他直接责任人员,中国证监会有权通知出境管理机关依法阻止其出境,或申请司法机关禁止其转移、转让或以其他方式处分财产或在财产上设定其他权利。(3)证券投资者享有特殊保护。

引例 17-6

中国证券投资者保护基金有限责任公司[②]

中国证券投资者保护基金有限责任公司(注册号:1000001003974)于 2005 年 8 月 30 日登记成立,为国有独资公司。注册资本为 63 亿元,从历年认购新股冻结资金利差余额专户中划拨。央行另给予专项再贷款 100 亿。董事会由 9 人组成。

(二)投资者保护组织

证券投资者保护公司(SIPC)之先河,为美国于 1970 年所开辟,已为各国所效仿。英国有投资者补偿计划,2001 年设立金融服务补偿计划有限公司(FSCS);欧盟有投资者赔偿计划;加拿大设有加拿大投资者保护基金(CIPF);澳大利亚设有国家保证基金(NGF);日本有日本证券投资者保护基金(SIPF);我国香港设有新投资者赔偿基金;菲律宾、印度、土耳其和我国台湾地区等均设有这种机构。我国于 2005 年设立中国证券投资者保护基金和证券投资者保护基金有限责任公司(引例 17-6)。

该组织有两种运行模式。一是独立模式。设立独立的投资者赔偿(保护)公司,由其负责投资者赔偿基金的日常运作,美国、英国、爱尔兰、德国等采用该模式。二是附属模式。由交易所或期货证券商协会等自律性组织发起成立赔偿基金,并负责其日常运作,加拿大、澳大利亚、我国香港、我国台湾地区、新加坡等就是如此。我国采用独立模式,由基金公司负责基金的筹集、管理和使用。[③]

(三)投资者保护基金

投资者保护基金的资金主要来源于会员缴纳的会费、投资收益、借款、罚金和官方拨款。美国设立 SIPC 时,美联储提供了初期资金。迄今,美国 SIPC 拥有

---

① 参见我国《证券法》第 129、153—154 条。
② 参见罗培新:《解读证券投资者保护基金公司》,载《南方周末》2005 年 9 月 15 日。
③ 参见我国《证券法》第 134 条,《证券投资者保护基金管理办法》第 2 条。

基金额高达 25 亿美元,为证券商的市场退出提供有力的保障。在我国,投资者保护基金来源为:(1) 上海和深圳证券交易所在风险基金分别达到规定的上限后,交易经手费的 20% 纳入基金。(2) 所有在中国境内注册的证券公司,按其营业收入的 0.5%—5% 缴纳基金。经营管理、运作水平较差、风险较高的证券公司,应按较高比例缴纳基金,具体缴纳比例由基金公司根据证券公司风险状况确定后,报证监会批准,并按年进行调整。(3) 发行股票、可转债等证券时,申购冻结资金的利息收入。(4) 依法向有关责任方追偿所得和从证券公司破产清算中受偿的收入。(5) 国内外机构、组织及个人的捐赠。(6) 其他合法收入。中国人民银行还安排专项再贷款,垫付基金公司的初始资金(引例 17-6)。

投资者保护基金的监管模式有 4 种:(1) 证券监管当局监管。美国、英国和我国香港采用该模式,美国由证券交易委员会(SEC)负责监管,英国由金融服务局(FSA)监管,我国香港由证监会认可并监管。(2) 行业协会监管。日本就是如此,由日本证券经纪商协会(JSDA)监管,该协会下设投资者保护基金筹备办公室。(3) 交易所监管。澳大利亚采用该模式,由澳大利亚证券交易所监管基金的运作。(4) 行业协会和交易所共同监管。加拿大采用该模式,由多伦多股票交易所、蒙特利尔交易所、加拿大风险交易所和加拿大投资经纪商协会共同监管。我国属于第 1 种模式,由中国证监会负责基金公司的业务监管,监督基金的筹集、管理和使用,但有关国有资产管理和财务的监督由财政部负责。[①]

(四) 赔偿范围与限额

至于赔偿范围,一般限于证券公司退出时所导致的中小投资者损失。机构投资者不在赔偿之列;因市场价格波动而造成的损失,亦不在赔偿之列。在我国,投资者在证券投资活动中因证券市场波动或投资产品价值本身发生变化所导致的损失,显然不在赔偿之列。该赔偿仅适用于证券公司退出市场的情形,即被撤销、关闭和破产,或被实施行政接管、托管。赔偿对象限于个人债权人。[②]

为避免道德风险,促使投资者理性地选择证券公司,有限赔付乃是通例(表 17-6),限额方法则有数额限制、赔付比例限制和对单个证券公司的赔付额限制等。在我国,依据现行政策,如《个人债权及客户证券交易结算资金收购意见》,对于个人储蓄存款和客户证券交易结算资金的合法本息,实行全额收购。2004 年 9 月 30 日前发生的收购范围内的其他个人债权,10 万以内的,全额收购,10 万以上的,只能九折收购。易言之,仅对超额部分实行收购比例限制,并无收购

---

① 参见我国《证券投资者保护基金管理办法》第 22 条。
② 参见我国《证券投资者保护基金管理办法》第 4 条第 2 款和第 17 条,《个人债权及客户证券交易结算资金收购实施办法》(2005) 第 1—2 条。

总额限制。对客户证券交易结算资金实行全额收购,乃是因为它属于客户的财产,客户依法享有取回权。

表17-6 各国对投资者赔偿额的限制

	数额限制		比例限制	单个券商限额
	总额	现金		
中国	证券交易结算资金:100%。其他可收购个人债权:<10万,100%;>10万,90%。			
美国	50万美元	10万		
英国	4.8万英镑		<3万,100%;额外2万,90%	
香港	15万港元			800万(会员)
欧盟	2万欧元		<2万,90%	
德国	2万欧元		<2万,90%	
法国	7万欧元			
瑞典	2.8万欧元			
丹麦		4万欧元		
中国台湾地区	100万台币			1亿

第四节 证券登记结算与服务机构

一、证券登记结算机构

证券登记结算机构,是为证券交易提供集中登记、存管与结算服务,不以营利为目的的法人。它是证券无纸化和交易集中化的产物,不仅有利于证券登记、托管和结算的顺利进行,而且通过减少金钱和证券的实物交割,提高证券交易效率,保障交易安全,预防信用风险。为充分发挥其作用,我国对其采用全国集中统一的运营方式。① 其特征为:(1)非营利法人。比较而言,证券交易所可以是营利法人,也可以是非营利法人。(2)专门中介机构。专门为证券交易提供集中登记、托管和结算服务。它本身不得参与证券交易,也不得代理他人进行证券交易。(3)设立需依照法定条件和程序进行。

(一)职能

证券登记结算机构因其特殊职能而存续。依据我国《证券法》第157条,该特殊职能包括:(1)证券账户、结算账户的设立;(2)证券的存管和过户;(3)证券持有人名册登记;(4)证券交易所上市证券交易的清算和交收;(5)受发行人的委托派发证券权益;(6)办理与上述业务有关的查询;(7)中国证监会批准的

---

① 参见我国《证券法》第155、158条。

其他业务。

（二）设立与解散

无论是设立，还是其解散，均需行政许可，须经中国证监会批准。依法设立的证券登记结算机构需标明"证券登记结算"字样。其他单位或个人则不得使用该名称。对于未经批准而擅自设立证券登记结算机构的，由中国证监会予以取缔，没收违法所得，并处以违法所得1—5倍的罚款。①

至于设立条件，依据我国《证券法》第156条有四项：(1) 自有资金不少于2亿元；(2) 具有证券登记、存管和结算服务所必需的场所和设施；(3) 主要管理人员和从业人员必须具有证券从业资格；(4) 中国证监会规定的其他条件。必要设施包括为证券交易所的上市证券的交易提供集中的登记、存管、结算和交收服务的结算系统，必备的电脑、通讯设备，完整的数据安全保护和数据备份措施等。就程序而言，申请人应向中国证监会提交申请文件，经其批准后，到登记机关办理注册登记，领取营业执照。营业执照签发之日为其成立之日。

（三）业务规范

1. 开立证券账户

投资者向证券登记结算机构申请开立证券账户，其应依法以投资者本人的名义开立证券账户。对于投资者而言，除国家另有规定外，须凭能证明其中国公民身份或者中国法人资格的合法证件开立该账户。

2. 证券托管与结算

上市交易时，证券持有人须将其证券全部存管于证券登记结算机构，该机构不得挪用客户的证券。按照业务规则收取的各类结算资金和证券，亦需存放于专门的清算交收账户，只能按业务规则用于已成交的证券交易的清算交收，不得被强制执行。在为证券交易提供净额结算服务时，则应要求结算参与人按照货银对付的原则，足额交付证券和资金，并提供交收担保。在交收完成之前，任何人不得动用用于交收的证券、资金和担保物。结算参与人未按时履行交收义务的，该机构有权按照业务规则处理该财产。②

3. 业务保障措施

为保证业务的正常进行，证券登记结算机构应具备三项保障措施：(1) 必备的服务设备和完善的数据安全保护措施；(2) 完善的业务、财务和安全防范等管理制度；(3) 完善的风险管理系统。

4. 妥善保管原始凭证

证券登记结算机构应妥善保存登记、存管和结算的原始凭证以及有关文件

---

① 参见我国《证券法》第155条第2款、第226条第1款。
② 参见我国《证券法》第159、167—168条。

和资料。保存期限至少为20年。

5. 提供证券登记资料

证券持有人名册系证明证券持有人权益的有效凭证。证券登记结算机构不仅应保证证券持有人名册和登记过户记录真实、准确、完整,不得隐匿、伪造、篡改或者毁损,而且还应根据证券登记结算的结果,确认证券持有人持有证券的事实,提供证券持有人登记资料。该机构应向证券发行人提供证券持有人名册及其有关资料,提供的频度可在其与证券发行人的服务合同中明确约定。①

6. 结算风险基金

证券登记结算机构必须设立证券结算风险基金。其用途为垫付或者弥补因违约交收、技术故障、操作失误、不可抗力造成的证券登记结算机构的损失。至于来源,一是从证券登记结算机构的业务收入和收益中提取,二是由结算参与人按照证券交易业务量的一定比例缴纳。筹集和管理办法由中国证监会和财政部制定。一经设立,该基金需存入指定银行的专门账户,实行专项管理。该机构以该基金赔偿后,对有关责任人享有追偿权。②

二、证券服务机构

证券服务机构,是指为证券发行、交易等活动提供专门服务的社会中介机构,主要有投资咨询机构、财务顾问机构、资信评级机构、资产评估机构和会计师事务所。任何发达的证券市场均有繁荣的、训练有素的证券服务机构。

(一)设立

设立证券服务机构,也实行行政许可,但其涉及面很宽,该许可的实施机关不再限于中国证监会,也包括有关部门批准。审批管理办法亦由中国证监会和有关部门共同制定。

至于设立条件,我国《证券法》并无统一规定。对于投资咨询机构、财务顾问机构和资信评级机构而言,该法第170条统一规定了其从业人员的要求:具备证券专业知识和从事证券业务或者证券服务业务2年以上经验。至于其他条件,应以中国证监会和有关部门共同制定的审批管理办法为准。以投资咨询机构为例,设立的条件为:(1)至少有5名取得证券咨询从业资格的专职人员,至少有1名高管取得从业资格;(2)注册资本100万元以上;(3)有固定的业务场所和与业务相适应的通讯及其他信息传递设施;(4)公司章程;(5)有健全的内部管理制度;(6)具备中国证监会要求的其他条件。符合条件的,经中国证监会批准,并向登记机关领取营业执照后,该服务机构即告成立。

---

① 参见我国《证券法》第160条,《证券交易所管理办法》第74条。
② 参见我国《证券法》第163—164条。

（二）业务规范

基于服务机构的广泛性,我国《证券法》难以为其厘定统一规范。《证券法》第171条仅厘定了投资咨询服务机构的禁止行为:(1)不得代理委托人从事证券投资;(2)不得与委托人约定分享证券投资收益或者分担证券投资损失;(3)不得买卖本咨询机构提供服务的上市公司股票;(4)不得利用传播媒介或者通过其他方式提供、传播虚假或者误导投资者的信息;(5)法律、行政法规禁止的其他行为。凡是从事前述行为,给投资者造成损失的,应依法承担赔偿责任。投资咨询机构和资信评级机构,应按照国务院有关主管部门规定的标准或者收费办法收取服务费用。

（三）法律责任

证券服务机构的法律责任包括民事、行政和刑事责任。① （1）民事责任。为证券发行、上市、交易等证券业务活动制作、出具审计报告、资产评估报告、财务顾问报告、资信评级报告或者法律意见书等文件,因未勤勉尽责,其虚假记载、误导性陈述或者重大遗漏给他人造成损失的,即应与发行人、上市公司承担连带赔偿责任,但是能够证明自己没有过错的除外。（2）行政责任。主要处罚为责令改正,没收业务收入,暂停或者撤销证券服务业务许可,并处以业务收入1—5倍的罚款。对直接负责的主管人员和其他直接责任人员给予警告,撤销证券从业资格,并处以罚款3—10万元。（3）刑事责任。构成犯罪的,还应依法追究刑事责任。作为新兴市场,如何区分言论自由和违法犯罪,仍是有待认真探索的课题（引例17-7）。

引例 17-7

职业"找碴"人的罪与罚②

2011年12月28日,加拿大EOS对冲基金中国区经理黄崑被警方逮捕,被指控诽谤在多伦多交易所和纽约交易所上市的公司希尔威(TSX & NYSE: SVM),指使人在希尔威非法安装摄像头获取有关矿场运营的视频。此前,其雇主EOS曾发布署名为阿尔弗雷德·里特(AL)的四篇报告,称"希尔威可能存在高达13亿的会计欺诈"。他们发现希尔威旗下的河南发恩德矿业有限公司的矿石样品的银品位很低。矿石样本来自于黄崑在洛阳调查期间捡拾

---

① 参见我国《证券法》第173、223条。
② 参见张鹭、曲艳丽、金焱、赵碧华:《空方囚徒》,载《财经》2013年第32期;陈中小路:《"天地侠影"PK广汇能源案跟踪报道:警方为何指控"损害商业信誉罪"》,载《南方周末》2014年3月6日。

的发恩德公司的铁矿石车上掉落下来的矿石。报告致使希尔威当天股价从7.25美元暴跌至5.86美元,跌幅达19%。希尔威CEO冯锐将AL起诉至纽约高等法院。2012年8月,卡罗尔·埃德米德法官裁定,希尔威并未指出Alfredlittle.com报告中的任何不实陈述,做空者的攻击文章是"陈述观点"而不是"陈述事实",受美国宪法关于言论的保护,驳回希尔威的起诉。而黄崑被关押在洛阳一所监狱里已逾1年。网友天地侠影(真名"汪炜华")因质疑广汇能源(600256)财务造假,也被指控涉嫌损害商业信誉罪。

第四节 证券监管机构

一、不同监管体制下的证券监管机构

证券监管以投资者保护,确保市场公平、高效和透明,以及降低系统风险为核心目标。尽管监管体制有自律型和集中型之分,政府监管机构、证券交易所和行业协会均有其用武之地。

自律型监管体制,是指由同一行业的从业人员组织起来,共同制定规则,自我约束,自我监管,维护自身利益,促进本行业繁荣与发展。英国为其典范,法国和澳大利亚与此类似。英国承担主要监管职能的机构为行业自律组织,包括证券交易商协会、证券业理事会等行业协会和证券交易所。政府宏观管理部门仍有所作为,财政部监督金融管理局和中央银行(英格兰银行),金融管理局则监督自律组织。准确地说,英国以自律监管为主,政府监管为辅。

集中型监管体制,则是由行业外部的政府监管部门对证券市场实施统一监管。因其统一和高效之优势,为大多数国家所采用,以美国最为典型。美国联邦政府有证券交易委员会(SEC)负责全国证券市场的监管,作为具有准司法权的独立政府机构,它监控全国性证券交易所和证券交易商。各州还有证券监管机构,负责本州证券法规的实施,监管本州的证券经营机构。同时,自律组织的监管机能不可忽视。比如,证券交易所、全国证券交易商协会等。作为联邦政府指定的自律组织,纽约证券交易所即有监管上市公司和会员的职能。对于违规交易者,证券交易所可以给予暂停交易、取消交易资格等处罚。这种模式实则是以政府监管为主,以自律监管为辅。

我国证券市场监管体制经历了由分散到集中、由地方与中央共享到中央统一监管的过程。在现行体制下,中国证监会对证券市场有集中统一监管职能,并根据需要在部分中心城市设立派出机构。证券业协会和证券交易所亦承担相应

的监管职能。

二、中国证监会

（一）地位与职责

证监会行使政府对证券市场的监管职能，依法对证券市场实行监督管理，维护证券市场秩序，保障其合法运行。证监会是我国对证券市场实施集中统一监管的机关。中央政府其他部门和地方政府不享有对证券市场的监管职能。为增强监管的有效性，证监会根据需要设立派出机构，授权其履行一定的监管职责。[①]

依据我国《证券法》第179条第1款，证监会享有规章制定权和执法权：（1）依法制定有关证券市场监督管理的规章、规则，并依法行使审批或者核准权；（2）依法对证券的发行、上市、交易、登记、存管、结算，进行监督管理；（3）依法对证券发行人、上市公司、证券公司、证券投资基金管理公司、证券服务机构、证券交易所、证券登记结算机构的证券业务活动，进行监督管理；（4）依法制定从事证券业务人员的资格标准和行为准则，并监督实施；（5）依法监督检查证券发行、上市和交易的信息公开情况；（6）依法对证券业协会的活动进行指导和监督；（7）依法对违反证券市场监督管理法律、行政法规的行为进行查处；（8）法律、行政法规规定的其他职责。此外，为实施跨境监督管理，还可与其他国家或者地区的证券监督管理机构建立监督管理合作机制。

（二）职责行使

1. 执法措施

为确保其监管的有效性，我国《证券法》第180条赋予其充分的执法手段，不仅包括一般执法机关的检查权、调查取证权、询问权等，而且还赋予其具有准司法权性质的执法手段，比如查封、冻结。具体说来，其执法手段包括：（1）对证券发行人、上市公司、证券公司、证券投资基金管理公司、证券服务机构、证券交易所、证券登记结算机构进行现场检查；（2）进入涉嫌违法行为发生场所调查取证；（3）询问当事人和与被调查事件有关的单位和个人，要求其对与被调查事件有关的事项作出说明；（4）查阅、复制与被调查事件有关的财产权登记、通讯记录等资料；（5）查阅、复制当事人和与被调查事件有关的单位和个人的证券交易记录、登记过户记录、财务会计资料及其他相关文件和资料；对可能被转移、隐匿或者毁损的文件和资料，可以予以封存；（6）查询当事人和与被调查事件有关的单位和个人的资金账户、证券账户和银行账户；对有证据证明已经或者可能转移或者隐匿违法资金、证券等涉案财产或者隐匿、伪造、毁损重要证据的，经国务

[①] 参见我国《证券法》第7、178条。

院证券监督管理机构主要负责人批准,可以冻结或者查封;(7) 在调查操纵证券市场、内幕交易等重大证券违法行为时,经国务院证券监督管理机构主要负责人批准,可以限制被调查事件当事人的证券买卖,但限制的期限不得超过 15 个交易日;案情复杂的,可以延长 15 个交易日。

引例 17-8

证监会强化市场监管①

2012 年,中国证监会累计对 5 家保荐机构出具警示函,对 1 家保荐机构进行监管谈话,对 6 名保荐代表人出具警示函,对 8 名保荐代表人进行监管谈话,对 8 名保荐代表人采取 3 个月暂不受理与行政许可有关文件的监管措施,对 26 人采取了内部批评提醒。

2. 约束执法行为

有权必有责,行权必受监督。在强化其权力的同时,《证券法》第 181—182、187 条也对其权力的行使进行了约束:(1) 禁止利益冲突,即不得在被监管机构任职。(2) 明示身份。一是进行监督检查、调查的人员需 2 人以上,二是应出示合法证件和监督检查、调查通知书。(3) 保密,即不得泄漏所知悉的有关单位和个人的商业秘密。(4) 忠于职守,即依法办事,公正廉洁,不得利用职务之便牟取不当利益。

3. 公开制度

作为"三公"原则之一,公开亦是对监管机构的基本要求。无论是其依法制定的规章、规则和监督管理工作制度,还是其对证券违法行为的处罚决定,均应公开。②

4. 协作与配合

为有效地监管证券市场,证监会亦需与其他机构协作和配合,包括与国务院其他金融监管机构建立监督管理信息共享机制,以便有关部门协同配合;对于涉嫌犯罪的案件,应及时移送司法机关处理。③

---

① 参见中国证监会:《中国证券监督管理委员会年报(2012)》,中国财政经济出版社 2013 年版,第 29 页。
② 参见我国《证券法》第 184 条。
③ 参见我国《证券法》第 185—186 条。

三、证券业协会

证券业协会,是指由证券公司组成的自律性社团法人。其特征为:(1)社团法人,是不以营利为目的的公益法人。(2)由证券公司组成的社团法人。在我国,证券公司必须加入证券业协会。[1] (3)证券业的自律性组织。其权力来源、组织形式和工作方式均有别于证监会,是行业自我约束、自我保护以及自我发展的组织。

依据我国《证券法》第176条,其职责为:(1)教育和组织会员遵守证券法律、行政法规;(2)依法维护会员的合法权益,向证券监管机构反映会员的建议和要求;(3)收集整理证券信息,为会员提供服务;(4)制定会员应遵守的规则,组织会员单位的从业人员的业务培训,开展会员间的业务交流;(5)对会员之间、会员与客户之间发生的证券业务纠纷进行调解;(6)组织会员就证券业的发展、运作及有关内容进行研究;(7)监督、检查会员行为,对违反法律、行政法规或者协会章程的,按照规定给予纪律处分;(8)证券业协会章程规定的其他职责。

合理的治理结构系充分发挥其自律机能的重要条件。证券业协会的治理结构包括会员大会和理事会。由全体会员组成的会员大会为权力机构,由其制定证券业协会的章程,并报中国证监会备案。理事会为其执行机构,属于必设机构,理事由会员大会选举产生。选举办法和任期由协会章程规定。[2]

---

[1] 参见我国《证券法》第174条。
[2] 参见我国《证券法》第174—175、177条。

第十八章 证券发行与承销

第一节 证券发行

一、证券发行概述

证券发行,是指发行人为筹集资金而依法定条件和程序向投资者销售证券的一系列行为的总称。此时,证券才初次面市,证券发行市场称为一级市场,证券交易和流通市场则为二级市场。证券发行系证券市场的基础环节,是证券交易的前提,没有证券发行也就没有证券交易(引例18-1)。

> **引例 18-1**
>
> ### 2013年我国企业证券市场直接融资额[①]
>
> 2013年,各类企业通过证券市场境内外融资7948.72亿元,其中境内融资6884.83亿元。A股IPO暂停,再融资和债券融资自然成为主渠道,再融资又以定向增发为主,全年有410家公司定向增发融资2246.59亿元,债券融资亦不可小觑,可转债、公司债和中小企业私募分别融资551.31亿元、321.91亿元和310.85亿元。

(一)特征

证券发行的特征为:(1)直接融资方式。作为公司的融资工具之一,证券发行属于直接融资方式,有别于从银行借贷的间接融资方式。在这种融资方式下,发行人和投资者均以营利为目的,投资者购买证券具有一定风险,购买股票尤其如此。(2)证券的初次面世。证券因发行而初次面世,形成发行市场,从而为证券交易市场的发展奠定了基础。(3)表现为证券销售行为。这种销售行为包括证券的募集和证券发行。前者是指发行人与投资者订立证券销售合同,表现为投资者认购证券并缴纳出资的行为,而后者则是指发行人向投资者交付出资凭

---

① 参见证监会:《2014年1月证券市场筹资统计表》,http://www.csrc.gov.cn/pub/zjhpublic/G00306204/zqscyb/201402/t20140217_243929.htm,2014年6月8日访问。

证,即狭义的证券发行。(4)需符合法定条件和程序。鉴于证券发行的社会性与风险性,各国无不为其发行规定相应的条件和程序。

(二)类型

1. 公开发行与非公开发行

依据证券发行目标对象的范围,可分为公开发行和非公开发行。公开发行,是指发行人面向社会公众,即不特定的投资者,而公开发售证券的方式。非公开发行,是指向少数特定的投资人进行的证券发行。公开发行不仅要符合法定条件,还需要取得法定机关的核准。凡是未经核准,任何单位和个人均不得公开发行证券。非公开发行则不得采用广告、公开劝诱和变相公开方式。否则,会导致相应的行政处罚和刑事责任。比如,责令停止发行,退还所募资金并加算银行同期存款利息,处以非法所募资金金额1%—5%的罚款。对因此而设立的公司,由依法履行监督管理职责的机构或者部门会同县级以上地方人民政府予以取缔。对直接负责的主管人员和其他直接责任人员给予警告,并处罚款3—30万元。①

至于公开发行与非公开发行的认定,依据《证券法》第10条第2款,只要具备以下情形之一,即为公开发行:(1)向不特定对象发行证券的;(2)向特定对象发行证券累计超过200人的;(3)法律、行政法规规定的其他发行行为。

2. 设立发行与增资发行

依据证券发行时发行人设立与否,可以分为设立发行和增资发行。股份有限公司发行股票,既可以采用设立发行,也可以在设立后增资发行。公司债券则只能采用增资发行,即在公司设立以后,发行债券以筹集生产经营所需资本。

3. 直接发行与间接发行

依据是否利用中介,则可以分为直接发行和间接发行。直接发行,亦称自办发行,是指证券发行人不通过证券承销商,直接向投资者出售证券,自行承担证券发行的风险与责任。它具有筹资成本低的优势。间接发行,是指证券发行人委托证券承销商发行证券,而证券承销商赚取差价收益或手续费。是否采用该方式,不完全由当事人意思自治。对于公开发行,凡是法律、行政法规要求采用间接发行方式的,发行人必须委托证券公司承销。当然,对于选择谁作承销商,全由发行人自主确定。②

4. 议价发行与招标发行

依据证券发行条件的确定方式,可分为议价发行和招标发行。议价发行,是指由发行人与承销人通过协商确定发行条件,向投资者发行证券。协议内容包

---

① 参见我国《证券法》第10、188条。
② 参见我国《证券法》第28—29条。

括发行数量、金额、价格、申请办理发行手续、发行起止日期及对发行人的限制等。招标发行,则是指证券发行人与证券承销商之间以公开招标方式确定发行条件的发行方式。常见于国债的发行。

5. 平价发行、溢价发行与折价发行

依据证券发行价格与票面金额之间的关系,可分为平价发行、溢价发行和折价发行。平价发行,亦称面值发行或等价发行,是指发行价格与证券面值相同的发行方式。溢价发行是指发行价格高于票面金额。折价发行是指发行价格低于票面金额。对于股票而言,我国准予平价发行和溢价发行,但不允许折价发行。①

6. 股票发行、债券发行、基金券发行与权证发行

依据所发行证券的品种,可以分为多种类型,且新型证券层出不穷。就现行证券市场而言,主要有股票发行、债券发行、基金券发行和权证发行。

二、证券发行审核制度

(一) 两种审核模式

为维护证券市场秩序,防范证券欺诈行为,证券发行审核势在必行,主要有注册制和核准制两种模式。比较而言,注册制重效率,而核准制则重交易安全。

1. 注册制

注册制,亦称申报制、登记制、公开主义或形式主义,是指发行人在发行证券时,仅需依法将应当公开的、与所发行证券有关的一切信息和资料,全面、准确地向证券监管机关申报,并将其合理地制作成法律文件向社会公众公开的制度。美国为其典型代表,巴西、德国、法国、意大利、荷兰、英国、加拿大等亦采用该制度。其基本假定为,投资者绝对理性,并承担其投资决策后果。证券监管机关并不对发行人所申报的资料进行实质审查,而是只作形式审查。发行人申报有关资料和信息后,只要未受到监管机关的异议和阻止,即可发行证券。

2. 核准制

核准制,亦称实质审查制,是指发行人不仅要依法全面、准确地将投资者决策所需的重要信息和资料,予以完全充分的披露,而且需经证券监管机关核准之后,方可发行证券的制度。在这种体制下,证券监管机关不仅要审查发行人公开信息和资料的真实性、准确性和完整性,而且需对其进行实质审查。不符合法定条件的证券发行申请就会被否决,从而,将不符合发行条件、低质量的发行人拒之于证券发行市场之外。

---

① 参见我国《公司法》第127条。

(二) 我国证券发行审核制度

我国证券发行制度改革的目标就是实施注册制,目前仍是核准制向注册制的过渡时期。为推进注册制改革,我国已经引入了保荐制度。依靠市场力量约束证券发行行为,促使证券公司及其从业人员树立责任意识和诚信意识,对发行人进行尽职推荐、持续督导时,真正做到勤勉尽责、诚实守信。凡是发行依法应采取承销方式的股票和可转换为股票的公司债券,或法律、行政法规规定实行保荐制度的其他证券,均需聘请具有保荐资格的机构担任保荐人,为证券发行出具保荐书。①

目前,公开发行证券仍实行核准制,上市公司非公开发行新股亦然。企业直接或者间接到境外发行证券或者将其证券在境外上市交易,则实行审批制。② 核准机关则因证券类型而异(表 18-1)。股票和基金券发行由中国证监会核准,权证发行由证券交易所核准,而公司债券发行则由国务院授权的部门或证监会核准。国务院授权的部门包括中国人民银行和国家发展与改革委员会。③ 核准之后,如发现核准决定错误,纠正措施则视证券是否发行而定。④ 如尚未发行,撤销核准决定,停止发行。如已经发行而未上市,同样撤销核准决定,由发行人依照发行价加上同期银行存款利息返还给持有人。对于保荐人,除能够证明自己无过错外,应与发行人承担连带责任。发行人的控股股东、实际控制人有过错的,亦与发行人承担连带责任。

表 18-1 我国各种证券发行的核准机关

	证监会	国务院授权部门	交易所
股票	√		
公司债券	√	√	
基金券	√		
权证			√

就股票而言,目前由中国证监会发行审核委员会("发审委")负责发行审核。发审委包括主板市场发行审核委员会(主板发审委)、创业板市场发行审核委员会(创业板发审委)和上市公司并购重组审核委员会(并购重组委)3 个委员会。发审委以会议形式履行职责,每次会议由 7 名发审委委员出席,以投票表决方式形成决议,需同意票达到 5 票方为通过。

---

① 依据我国《上市公司证券发行管理办法》第 45 条第 1 款,保荐制适用于公开发行证券和非公开发行新股。

② 参见我国《证券法》第 238 条。

③ 参见我国《证券法》第 10、14、17、22 条,《企业债券管理条例》第 11 条。

④ 参见我国《证券法》第 26 条。

三、证券发行条件

(一) 公开发行证券的一般条件

上市公司只要公开发行证券,无论是发行股票,还是发行债券或可转换公司债券,均应有健全且运行良好的组织机构、可持续的盈利能力、良好的财务状况,募集资金的数额和用途合规,无重大违法行为,而且不得具有规定的消极资格。

引例 18-2

京东赴纳斯达克发行 ADS[①]

京东赴美国纳斯达克发行 ADS(1ADS = 2 普通股),出售 ADS 93685620 份,发行价格为 19 美元,融资达 17.8 亿美元,并通过向战略伙伴腾讯控股非公开售股融资 12 亿美元。2014 年 5 月 22 日,京东正式在纳斯达克挂牌上市,股票代码为"JD",当时市值达到 286 亿美元。这是我国第 118 家赴美上市的公司,也是迄今赴美上市的中国互联网公司中最大的一次 IPO,备受瞩目。

---

1. 组织机构健全且运行良好

这主要有 5 个方面:(1) 公司章程合法有效,股东大会、董事会、监事会和独立董事制度健全,能够依法有效履行职责;(2) 内部控制制度健全,能够有效保证其运行效率、合法合规性和财务报告的可靠性;内部控制制度的完整性、合理性、有效性不存在重大缺陷;(3) 现任董事、监事和高管具备任职资格,能够忠实和勤勉地履行职务,且最近 36 个月内未受到过中国证监会的行政处罚,最近 12 个月内未受到过证券交易所的公开谴责;(4) 其与控股股东或实际控制人的人员、资产、财务分开,机构、业务独立,能够自主经营管理;(5) 最近 12 个月内不存在违规对外提供担保的行为。

2. 可持续的盈利能力

这主要有 7 个方面:(1) 最近 3 个会计年度连续盈利;扣除非经常性损益后的净利润与扣除前的净利润相比,以低者作为计算依据;(2) 业务和盈利来源相对稳定,不存在严重依赖于控股股东、实际控制人的情形;(3) 现有主营业务或投资方向能够可持续发展,经营模式和投资计划稳健,主要产品或服务的市场前景良好,行业经营环境和市场需求不存在现实或可预见的重大不利变化;(4) 高管和核心技术人员稳定,最近 12 个月内未发生重大不利变化;(5) 其重

[①] 参见曹西京:《京京乐道 京东 IPO:树挪死 股挪活》,载《新闻晨报》2014 年 6 月 7 日。

要资产、核心技术或其他重大权益的取得合法,能够持续使用,不存在现实或可预见的重大不利变化;(6)不存在可能严重影响公司持续经营的担保、诉讼、仲裁或其他重大事项;(7)最近24个月内曾公开发行证券的,不存在发行当年营业利润比上年下降1/2以上的情形。

3. 良好的财务状况

这体现为5个方面:(1)会计基础工作规范,严格遵循国家统一会计制度的规定;(2)最近3年及一期财务报表未被注册会计师出具保留意见、否定意见或无法表示意见的审计报告;被注册会计师出具带强调事项段的无保留意见审计报告的,所涉及的事项对发行人无重大不利影响或者在发行前重大不利影响已经消除;(3)资产质量良好;不良资产不足以对公司财务状况造成重大不利影响;(4)经营成果真实,现金流量正常;营业收入和成本费用的确认严格遵循国家有关企业会计准则的规定,最近3年资产减值准备计提充分合理,不存在操纵经营业绩的情形;(5)最近3年以现金或股票方式累计分配的利润不少于最近3年实现的年均可分配利润的1/5。

4. 无重大违法行为

这是指不存在4个方面的违法行为:(1)最近36个月内财务会计文件有虚假记载;(2)违反证券法律、行政法规或规章,受到中国证监会的行政处罚,或者受到刑事处罚;(3)违反工商、税收、土地、环保、海关法律、行政法规或规章,受到行政处罚且情节严重,或者受到刑事处罚;(4)违反国家其他法律、行政法规且情节严重的行为。

5. 募集资金数额和用途合规

合规性主要包括5个方面:(1)募集资金数额不超过项目需要量;(2)募集资金用途符合国家产业政策和有关环境保护、土地管理等法律和行政法规的规定;(3)除金融类企业外,本次募集资金使用项目不得为持有交易性金融资产和可供出售的金融资产、借于他人、委托理财等财务性投资,不得直接或间接投资于以买卖有价证券为主要业务的公司;(4)投资项目实施后,不会与控股股东或实际控制人产生同业竞争或影响公司生产经营的独立性;(5)建立募集资金专项存储制度,募集资金必须存放于公司董事会决定的专项账户。

6. 不具有规定的消极资格

凡是具有以下任何消极资格的,即不得公开发行证券:(1)本次发行申请文件有虚假记载、误导性陈述或重大遗漏;(2)擅自改变前次公开发行证券募集资金的用途而未作纠正;(3)最近12个月内受到过证券交易所的公开谴责;(4)其自身及其控股股东或实际控制人最近12个月内存在未履行向投资者作出的公开承诺的行为;(5)公司或其现任董事、高管因涉嫌犯罪被司法机关立案侦查或涉嫌违法违规被中国证监会立案调查;(6)严重损害投资者的合法权益和社会公共利益的其他情形。

(二) 股票发行的条件

首先来看设立发行。只有股份有限公司才能发行股票。对于设立发行,只要符合《公司法》上规定的条件和国务院批准的证监会规定的其他条件即可。①

至于新股发行,公开发行与非公开发行有所不同。上市公司非公开发行新股的条件,由证监会制定,并报国务院批准。其法定条件为:(1) 具备健全且运行良好的组织机构;(2) 具有持续盈利能力,财务状况良好;(3) 最近3年财务会计文件无虚假记载,无其他重大违法行为;(4) 经国务院批准的证监会规定的其他条件。若是公司擅自改变公开发行股票募集资金的用途,而未作纠正的,或未经股东大会认可的,亦不得公开发行新股。② 至于持续盈利能力、财务状况良好则是指:(1) 最近3个会计年度加权平均净资产收益率平均不低于6%;扣除非经常性损益后的净利润与扣除前的净利润相比,以低者作为加权平均净资产收益率的计算依据;(2) 除金融类企业外,最近一期末不存在持有金额较大的交易性金融资产和可供出售的金融资产、借予他人款项、委托理财等财务性投资的情形。新股的发行价格应不低于公告招股意向书前20个交易日公司股票均价或前一个交易日的均价。

就配股发行而言,亦需符合3项条件③:(1) 拟配售股份数量不超过本次配售股份前股本总额的30%;(2) 控股股东应在股东大会召开前公开承诺认配股份的数量;(3) 需采用代销方式发行。

(三) 公司债券发行的条件

公司首次公开发行公司债券,需符合6项条件:(1) 股份有限公司的净资产不低于3000万元,有限责任公司的净资产不低于6000万元;(2) 累计债券余额不超过公司净资产的40%;(3) 最近3年平均可分配利润足以支付公司债券一年的利息;(4) 筹集的资金投向符合国家产业政策;(5) 债券的利率不超过国务院限定的利率水平;(6) 国务院规定的其他条件。上市公司发行可转换为股票的公司债券,除应符合这些条件外,还应符合公开发行股票的条件。④ 再次公开发行公司债券,除这6项条件外,还不得具有以下消极要件:(1) 前一次公开发行的公司债券尚未募足;(2) 对已公开发行的公司债券或者其他债务有违约或者延迟支付本息的事实,仍处于继续状态;(3) 违法改变公开发行公司债券所募资金的用途。⑤

---

① 参见我国《证券法》第12条。
② 参见我国《证券法》第13、15条。
③ 参见我国《上市公司证券发行管理办法》第12条。
④ 参见我国《证券法》第16条第1、3款。
⑤ 参见我国《证券法》第18条。

（四）可转换公司债券发行的条件

上市公司可以发行可转换公司债券和分离交易的可转换公司债券。分离交易的可转换公司债券，是指认股权与债券分离交易的可转换公司债券。这两种债券的最短期限为1年，但前者最长不得超过6年。其发行应达到前述公开发行证券的一般条件，并符合以下要件。① 发行可转换公司债券需符合3项条件：(1) 最近3个会计年度加权平均净资产收益率平均不低于6%；扣除非经常性损益后的净利润与扣除前的净利润相比，以低者作为加权平均净资产收益率的计算依据；(2) 本次发行后累计公司债券余额不超过最近一期末净资产额的40%；(3) 最近3个会计年度实现的年均可分配利润不少于公司债券一年的利息。发行分离交易的可转换公司债券，则还要达到4项条件：(1) 公司最近一期末经审计的净资产不低于15亿元；(2) 最近3个会计年度实现的年均可分配利润不少于公司债券1年的利息；(3) 最近3个会计年度经营活动产生的现金流量净额平均不少于公司债券1年的利息，但最近3个会计年度加权平均净资产收益率平均达到6%的除外；(4) 本次发行后累计公司债券余额不超过最近一期末净资产额的40%，预计所附认股权全部行权后募集的资金总量不超过拟发行公司债券金额。

（五）非公开发行股票的条件

上市公司非公开发行股票，需符合3项条件②：一是特定对象需合规。符合上市公司股东大会决议所规定的要求，且不超过10人。二是上市公司非公开发行股票符合4个要件：(1) 发行价格不低于定价基准日前20个交易日公司股票均价的90%；(2) 本次发行的股份自发行结束之日起，12个月内不得转让；控股股东、实际控制人及其控制的企业认购的股份，36个月内不得转让；(3) 募集资金使用符合规定；(4) 本次发行将导致上市公司控制权发生变化的，还应当符合中国证监会的其他规定。三是上市公司本身不存在规定的消极情形。否则，该公司不得非公开发行股份。这些消极情形为：(1) 本次发行申请文件有虚假记载、误导性陈述或重大遗漏；(2) 其权益被控股股东或实际控制人严重损害且尚未消除；(3) 其本身及其附属公司违规对外提供担保且尚未解除；(4) 现任董事、高管最近36个月内受到过中国证监会的行政处罚，或者最近12个月内受到过证券交易所公开谴责；(5) 公司或其现任董事、高管因涉嫌犯罪正被司法机关立案侦查或涉嫌违法违规正被中国证监会立案调查；(6) 最近一年及一期财务报表被注册会计师出具保留意见、否定意见或无法表示意见的审计报告；保留意见、否定意见或无法表示意见所涉及事项的重大影响已经消除或者本次发行涉及

---

① 参见我国《上市公司证券发行管理办法》第14、27条。
② 参见我国《上市公司证券发行管理办法》第37—39条。

重大重组的除外;(7)严重损害投资者合法权益和社会公共利益的其他情形。

四、证券发行的程序

(一)股东(大)会决议

对于设立发行,股份有限公司尚未成立,无须股东大会决议。对于新股发行,股东大会需作出增资决议,该决议为特别决议,需经出席会议的股东所持表决权 2/3 以上通过。该决议应包括以下事项:(1)新股种类及数额;(2)新股发行价格;(3)新股发行的起止日期;(4)向原有股东发行新股的种类及数额。① 如向本公司特定的股东及其关联人发行股票,股东大会就发行方案进行表决时,关联股东应回避。

对于公司债券,无论是首次发行还是再次发行,均需股东(大)会作出决议。该决议为普通决议,有限责任公司通过该决议的定足数从其章程规定,而股份有限公司的定足数则为出席会议股东所持表决权过半数。② 如向本公司特定的股东及其关联人发行债券,股东大会就发行方案进行表决时,关联股东亦应回避。

(二)发行准备

股票发行人应聘请会计师事务所、资产评估机构、律师事务所等专业性机构,对其资信、资产、财务状况进行审定,评估并就有关事项出具法律意见书。选择证券公司,与其订立承销协议。选择代收股款的银行,签订股款代收协议。

至于公司债券发行,公司应制作公司债券募集办法,并载明以下事项:(1)公司名称;(2)债券募集资金的用途;(3)债券总额和债券的票面金额;(4)债券利率的确定方式;(5)还本付息的期限和方式;(6)债券担保情况;(7)债券的发行价格、发行的起止日期;(8)公司净资产额;(9)已发行的尚未到期的公司债券总额;(10)公司债券的承销机构。若上市公司决定发行可转换为股票的公司债券,该办法则应载明其具体转换办法。③

(三)保荐人推荐

凡是公开发行依法应采用承销方式的股票、可转换为股票的公司债券,或其他法律、行政法规规定实行保荐制度的证券,均应聘请有资格的保荐机构为保荐人。④ 公开发行股票均采用承销方式,自应依法聘请保荐人。由保荐人对其进行发行辅导、发行推荐和持续督导。发行人应与保荐人订立保荐协议,明确其权利义务和相关费用。保荐人应遵守业务规则和行业规范,诚实守信,勤勉尽责,对发行人的申请文件和信息披露资料进行审慎核查,并出具保荐书。如遇以下

---

① 参见我国《公司法》第 103 条第 2 款、第 133 条。
② 参见我国《公司法》第 37 条第 1 款第 8 项、第 43 条第 2 款、第 99 条、第 103 条第 2 款、第 133 条。
③ 参见我国《公司法》第 154 条、第 161 条第 1 款。
④ 参见我国《证券法》第 11 条第 1 款、第 28 条。

情形之一,保荐人不得推荐发行人:(1)保荐人及其大股东、实际控制人、重要关联方持有发行人的股份合计超过7%;(2)发行人持有或者控制保荐机构股份超过7%;(3)保荐人的保荐代表人或者董事、监事、高管拥有发行人权益、在发行人任职等可能影响公正履行保荐职责的情形;(4)保荐人及其大股东、实际控制人、重要关联方为发行人提供担保或融资。如保荐协议在刊登公开募集文件前终止,保荐人和发行人均应自终止之日起5日内向证监会报告,并说明原因。如遇该文件已公开刊登,则保荐人和发行人均不得终止保荐协议,发行人因再次申请发行新股或可转换为股票的公司债券另行聘请保荐人,或该保荐人被证监会除名的,不在此限。

（四）办理核准手续

证券发行需行政许可,发行人需依法办理证券发行的核准手续。一是需要依法向行政许可实施机关报送申请文件,其格式、报送方式需符合该机关的要求;二是所报送的文件必须真实、准确和完整。为发行人出具有关文件的证券服务机构和人员,亦需保证所出具文件的真实性、准确性和完整性。[①] 一经核准,上市公司即应在6个月内发行证券。6个月届满,核准文件自动失效,需重新获得核准后方可发行。如未获核准,该公司可自中国证监会作出不予核准之日起6个月内再次申请发行。[②]

（五）信息公开

这是"三公"原则的具体体现。信息公开分两个阶段,一是提交申请文件后,核准之前的预先披露,二是核准之后的发行披露。[③] 第一种情形仅适用于首次公开发行股票,发行人应依据证监会的规定预先披露有关申请文件。第二种情形适用于所有证券,一经核准,即应依照法律、行政法规的规定,在证券发行前,公告公开募集文件,并将其备置于制定场所供公众查阅。在信息依法公开之前,任何知情人均不得公开或披露该消息。对于股票的设立发行,发行人应公告招股说明书;对于新股发行,则应公告新股招股说明书和财务报告。对于发行公司债券,应公告债券募集办法。

对于权证发行,则应在核准后,在发行前2—5个工作日在指定报纸和网站公告发行说明书。该说明书的内容与格式,从交易所之规定。

（六）证券发售与交付

发行人在公告募集文件后,方可发售证券。对于依法应采用承销方式的,需由证券公司进行承销,不得进行直接发行。证券募足后,公司即应向持有人交付

---

① 参见我国《证券法》第19—20条。
② 参见我国《上市公司证券发行管理办法》第47、50条。
③ 参见我国《证券法》第21、25、64条,《公司法》第85、134、154条。

证券。

对于股票设立发行,公司只能在成立后向股东正式交付股票,在成立前不得交付股票。至于新股发行,应在股款募足后,向股东交付股票。股票可以为纸面形式,亦可为证监会规定的其他形式。股票应由法定代表人签名,公司盖章,并载明以下主要事项:(1) 公司名称;(2) 公司成立日期;(3) 股票种类、票面金额及代表的股份数;(4) 股票的编号。发起人的股票,应标明"发起人股票"字样。①

就公司债券而言,发行人应及时向债权人交付债券。若为实物券形式,债券上需载明公司名称、债券票面金额、利率、偿还期限等事项,并由法定代表人签名,公司盖章。若为可转换为股票的公司债券,应在债券上标明"可转换公司债券"字样。②

五、证券发行违法行为及其责任

(一) 违法行为

证券发行违法行为主要有4种③:(1) 未经法定机关核准,擅自公开或者变相公开发行证券;(2) 发行人不符合发行条件,以欺骗手段骗取发行核准;(3) 保荐人出具有虚假记载、误导性陈述或者重大遗漏的保荐书,或不履行其他法定职责;(4) 发行人未按规定披露信息,或所披露的信息有虚假记载、误导性陈述或者重大遗漏。

(二) 法律责任

首要的是民事责任。如发行人公告的招股说明书、公司债券募集办法、财务会计报告等有虚假记载、误导性陈述或者重大遗漏,致使投资者在证券交易中遭受损失,发行人应承担赔偿责任(引例18-3)。发行人的董事、监事、高管和其他直接责任人员以及保荐人和承销人,应与发行人承担连带赔偿责任,但能够证明自己没有过错的除外。发行人的控股股东、实际控制人有过错的,亦应与发行人一起承担连带赔偿责任。

这些违法行为均导致一定的行政责任。比如,发行人不符合发行条件,以欺骗手段骗取发行核准,尚未发行证券的,处以罚款30—60万元;已经发行证券的,处以非法所募资金金额1%—5%的罚款。对直接负责的主管人员和其他直接责任人员处以罚款3—30万元。发行人的控股股东、实际控制人指使从事该违法行为的,亦应如此处罚。

至于构成欺诈发行股票、企业债券罪的,则处5年以下有期徒刑或者拘役,

---

① 参见我国《证券法》第41条,《公司法》第128、132、136条。
② 参见我国《公司法》第155条、第161条第2款。
③ 参见我国《证券法》第69、188—189、193条。

并处或者单处非法募集资金金额 1%—5% 的罚金。单位犯该罪的,对单位判处罚金,并对其直接负责的主管人员和其他直接责任人员处 5 年以下有期徒刑或者拘役(引例 18-3)。对于构成擅自发行股票或企业债券罪的,《刑法》第 179 条规定的刑事责任与此相同。

> **引例 18-3**
>
> ### 红光实业欺诈发行股票①
>
> 红光实业(600083)于 1997 年发行上市。其募股材料显示,1994—1996 年每股收益分别为 0.38 元、0.49 元和 0.34 元。上市后即迅速变脸,连续 3 年累计亏损 7 亿元。实际上,1996 年该公司就亏损 1.03 亿元,虚报利润 1.57 亿元;1997 年中报将亏损 6500 万虚报为盈利 1674 万元,1997 年报又将亏损 2.3 亿元虚假披露为亏损 1.98 亿元。1998 年 11 月,中国证监会对该公司和有关中介机构给予行政处罚。2000 年 12 月,成都市中级人民法院判决红光实业犯欺诈发行股票罪,判处罚金 100 万元,原董事长何行毅、原总经理焉占翠、原副总经理刘正齐、原财务部部长陈哨兵分别被判 3 年有期徒刑到缓刑间的刑事处罚。2002 年 6 月,上海第一中级人民法院将其受理的吴振扬等 11 人诉红光实业及其承销商国泰君安证券案,移送成都市中级人民法院管辖。双方于 11 月达成和解协议,红光实业赔偿投资者损失的 90%。

第二节 证券承销

一、证券承销概述

证券承销,亦称间接发行,是指证券发行人委托证券公司,向证券市场上不特定投资者公开销售证券的行为。与直接发行相比,证券承销的发行事宜由证券公司承办,而非发行人自己。适用范围为法律、行政法规所规定的公开发行。② 凡是属于应采用证券承销方式的公开发行,发行人必须与证券公司签订承销协议,但发行人对于证券公司具有选择权。比如,公开发行股票必须采用承销方式。③ 通过这种方式,借助于证券公司的证券推销经验和广泛的销售网点,发行人可以

---

① 参见黄湘源:《"红光欺诈案事件"没那么容易完结》,载《证券时报》2000 年 12 月 28 日。
② 依据我国《上市公司证券发行管理办法》第 49 条,上市公司的证券发行,无论是否公开发行,均应采用承销方式。作为例外,向原前 10 名股东非公开发行股票的,可由上市公司直接发行。
③ 参见我国《股票发行与交易管理暂行条例》第 20 条。

在较短时间内募集尽量多的资金。同时,也有助于分摊证券发行的市场风险。对于股票发行,一旦代销、包销期限届满,发行人即应在规定的期限内将发行情况报证监会备案。①

二、证券承销方式

证券承销有代销和包销两种基本方式。承销团承销方式为二者必居其一,只是增加了承销人数量而已。

(一) 代销

代销,亦称尽力承销,是指证券承销人代发行人发售证券,在承销期限届满后将未售出的证券全部退还给发行人的承销方式。发行人与承销人为委托代理关系,作为代理人的承销人仅负责办理委托事项,即发售证券,其行为的后果当然地归于发行人。因此,承销人仅为发行人的证券推销者,不垫付资金,对不能售出的证券也不承担责任,证券发行风险由发行人自行承担。与包销相比较,承销人所收取的费用较少。一般说来,发行人知名度高,信用等级高,且市场较为完善,信息较为充分,可采用该承销方式。

相对于包销,代销则有发行失败的问题。股票代销,一旦代销期限届满,向投资者销售股票的数量未达到拟公开发行股票总额的 70%,即为发行失败。发行人应按照发行价加上银行同期存款利息返还给股票认购人。②

引例 18-4

万洲国际发行失败③

万洲国际系中国最大猪肉巨头双汇旗下公司。原名为万隆,2002 年完成国企改制。2013 年斥资 49 亿美元收购美国第一大猪肉企业史密斯菲尔德后,便积极推动上市进程。2014 年 1 月,更名为万洲国际。IPO 承销商阵容强大,包括中银国际、摩根士丹利、高盛等 28 家金融大鳄。4 月 14 日,万洲国际公布最高 411 亿港元的 IPO 募资计划,计划发行 36.55 亿股,发行价每股 8—11.25 港元。若不够,旧股东另设 15% 共 7.3 亿股超配权任选。市场反应十分冷淡,公司又不愿下调原定发行价。4 月 25 日,只能将新股发行数目校正于 12.99 亿股,融资额下降 65% 定于 101.4—148.2 亿港元区间。此番调降发行规模的努力,最终亦被证明未能奏效。4 月 29 日,万洲国际宣告中止在香港的 IPO 计划。

---

① 参见我国《证券法》第 36 条。
② 参见我国《证券法》第 35 条,《上市公司证券发行管理办法》第 12 条第 2 款。
③ 参见施南:《双汇败走港岛》,载《南方周末》2014 年 5 月 1 日。

（二）包销

证券包销,是指证券承销人将发行人的证券按照协议全部购入或者在承销期结束时将售后剩余证券全部自行购入的承销方式,包括定额包销和余额包销两种方式。定额包销,又称为确定的承销、助销(stand-by underwriting)、信用支持,是指证券承销人依约将发行人的证券全部购入的承销方式。此时,证券承销人与发行人之间属于证券买卖关系,证券承销人因支付证券的对价,而取得证券的所有权。余额包销,则是指证券承销人依约在证券承销期届满后,将尚未售出的证券全部购入的承销方式。实质上,它是代销与定额包销相结合的混血儿。无论是定额包销,还是余额包销,证券发行风险均由证券承销人承担,故包销的费用高于代销。

（三）承销团承销

承销团承销,亦称联合承销、承销银团,是指两个以上证券公司组成一个联合体,共同承销一只证券的承销方式。通过这种形式,大大增强了承销人的实力,单个证券承销人难以与其匹敌。为确保证券发行的顺利进行,我国要求公开发行证券的面额总值在 5000 万元以上的,必须采用该方式。承销团由主承销人和分承销人组成。主承销人由发行人依据公平竞争的原则,通过竞标或协商确定。主承销人为承销团的发起人,起组织协同作用,承担主要风险。承销团承销协议由主承销人与发行人签订,分销协议由主承销人与分承销人分别签订。

三、证券承销合同

承销合同,是指证券发行人与证券承销人之间就证券承销事宜订立的,明确各自权利义务的书面协议。其特征为:其一,合同主体的特定性。一方当事人为证券发行人,另一方当事人则为证券公司。作为发行人,需已获得证券发行的行政许可。作为证券承销人,证券公司需具有证券承销业务的资格,未经证监会批准从事证券承销业务的,不得招揽证券承销业务,不得订立该合同。其二,合同客体具有特定性。承销合同的客体必须是作为金融商品的证券,而且是经核准而公开发行的证券。证券公司承销未经核准而擅自公开发行的证券,属于违法行为,要承担行政和刑事责任。其三,合同形式和内容具有一定强制性。该合同属于要式合同,须以书面形式签订;需具备必要记载事项;代销、包销期受法定限制,不得超过 90 日。

作为强制性的体现,该合同应具有 7 个必要记载事项[①]:(1) 当事人的名称、住所及法定代表人姓名;(2) 代销、包销证券的种类、数量、金额及发行价格;(3) 代销、包销的期限及起止日期;(4) 代销、包销的付款方式及日期;(5) 代

[①] 参见我国《证券法》第 30 条。

销、包销的费用和结算办法;(6)违约责任;(7)证监会规定的其他事项。

四、承销人义务与责任

(一)义务

首先是核查义务。证券承销人负有尽职调查的义务,对公开发行募集文件的真实性、准确性和完整性进行核查。如发现有虚假记载、误导性陈述或重大遗漏,即不得进行销售。已经销售的,应立即停止销售活动,并采取纠正措施。[①] 其次,协商价格和尽力销售义务。对于股票承销而言,如采取溢价发行,承销人应与发行人协商发行价格。一旦开始证券销售,承销人即应尽力销售所承销的证券。在证券代销、包销期内,应将所代销、包销证券优先出售给认购人,不得为自身预留所代销的证券和预先购入并留存所包销的证券。[②] 最后,依法销售的义务。证券承销人不得以不正当手段招揽承销业务,更不得在承销过程中,作虚假的或误导投资者的广告或其他宣传推介活动。[③]

(二)证券承销违法行为的责任

证券承销人违反法定义务,会导致相应的民事和行政责任。构成犯罪的,还应追究刑事责任。[④] 就民事责任而言,承销人违反承销合同应承担违约责任自不待言。若承销人承销或代理买卖未经核准擅自公开发行的证券,或进行虚假的或误导投资者的广告或其他宣传推介活动,给投资者造成损失的,则应依法承担赔偿责任。对于前者,承销人与发行人承担连带赔偿责任。

至于行政责任,承销或代理买卖未经核准擅自公开发行证券的,行政处罚包括责令停止承销或代理买卖,没收违法所得,并处违法所得1—5倍的罚款;没有违法所得或者违法所得不足30万元的,处以罚款30—60万元。对直接负责的主管人员和其他直接责任人员给予警告,撤销任职资格或者证券从业资格,并处罚款3—30万元。承销人进行虚假的或者误导投资者的广告或者其他宣传推介活动,或以不正当竞争手段招揽承销业务,或从事其他违反证券承销业务规定的行为的,行政处罚包括责令改正,给予警告,没收违法所得,可以并处罚款30—60万元;情节严重的,暂停或者撤销相关业务许可。对直接负责的主管人员和其他直接责任人员给予警告,可以并处罚款3—30万元;情节严重的,撤销任职资格或者证券从业资格。

[①] 参见我国《证券法》第31条。
[②] 参见我国《证券法》第33—34条。
[③] 参见我国《证券法》第29、191条。
[④] 参见我国《证券法》第190—191、231条。

第十九章 证券交易

第一节 证券上市

一、证券上市概述

证券上市,是指已依法发行的证券,依法定条件和程序,在证券交易所或其他法定交易市场公开挂牌交易的法律行为。此乃连接证券发行与证券交易之桥梁,一经上市,证券即成为上市证券,发行人成为上市公司。发行与上市虽可合并进行,但属于两种不同的法律行为,其间有三大差异:(1)证券发行的对象为初始投资者,经申购程序而产生,而证券上市则面向所有投资者,凡是不受法定限制的人均可购买[1];(2)证券发行的价格一般事先确定,投资者以同样价格认购,而证券上市的交易价格则是通过竞价产生,随市场供求关系等变化而波动;(3)证券发行时,虽买方不特定,但卖方特定,一定为发行人或包销的证券承销人,而证券上市后,买卖双方均不特定。

证券上市对上市公司利弊兼存,利大于弊。主要利益在于:(1)增强了证券的流通性,有利于扩大其融资能力;(2)基于信息公开、市场行情、市场分析等因素,可大大提升其知名度和市场声誉,促进其成长和发展;(3)股权分散化,避免个别投资者操纵其股价或公司经营管理事务。当然,一根甘蔗不可能两头甜,上市给其带来利益的同时,上市公司也不得不承受以下不利之处:(1)接受上市公司的约束,公司经营管理事项及其成果应向投资者和公众公开;(2)证券市场可能将问题放大,公司稍有风吹草低,证券市场可能作出过激反应,可能令其难以应对;(3)股权分散后,投资者对公司事务可能漠不关心。

至于投资者,则可以方便地进行证券买卖,可以分散投资,随时退出,减轻投资风险。当然,投资者也不得不承受一定的证券市场风险。单个投资者势单力薄,对公司事务的发言权几乎被忽视,难以介入公司治理。

二、证券上市的条件

与证券发行一样,证券上市亦需符合一定条件。不符合条件的,不得上市交

---

[1] 参见我国《证券法》第43条。

易。比如,非依法发行的证券,不得上市交易。①

(一)股票上市条件

股票上市有法定条件和证券交易所制定条件之分。法定条件系最低条件,证券交易所还可以制定更高的条件。法定条件有4项:(1)股票经中国证监会核准已公开发行;(2)公司股本总额不少于3000万元;(3)公开发行的股份达到公司股份总数的25%以上;公司股本总额超过4亿元的,公开发行股份的比例达到10%即可;(4)公司最近3年无重大违法行为,财务会计报告无虚假记载。对于符合国家产业政策的公司,只要符合前述条件,股票上市属于鼓励之列。②

(二)公司债券上市条件

公司债券上市需符合3项条件③:(1)公司债券的期限为1年以上;(2)公司债券实际发行额不少于5000万元;(3)公司申请债券上市时仍符合法定的公司债券发行条件。比较而言,证券交易所则不得提高债券上市条件。

(三)权证上市条件

权证上市需符合3项条件④:其一,权证的标的证券需符合一定条件。其标的证券为股票的,该股票在申请上市之日需具备4项条件:(1)最近20个交易日流通股份市值不低于30亿元(A股);(2)最近60个交易日股票交易累计换手率在25%以上(换手率以总股本计算);(3)流通股股本不低于3亿股;(4)交易所规定的其他条件。其二,权证本身需符合6项条件:(1)约定权证类别、行权价格、存续期间、行权日期、行权结算方式、行权比例等要素;(2)申请上市的权证不低于5000万份;(3)持有1000份以上权证的投资者不得少于100人;(4)自上市之日起存续时间为6个月以上24个月以下;(5)发行人提供了规定的履约担保;(6)交易所规定的其他条件。其三,标的证券发行人之外的第三人发行权证的,发行人需提供履约担保,包括通过专用账户提供并维持足够数量的标的证券或现金作为履约担保,以及提供交易所认可的机构作为履约的不可撤销的连带责任保证人。提供用于履约担保的标的证券或现金不得有质押、司法冻结或其他权利瑕疵。

三、证券上市的核准制度

证券上市有授权上市和申报上市两种审核体制。授权上市由证券监管机关

---

① 参见我国《证券法》第37条。
② 参见我国《证券法》第50—51条。
③ 参见我国《证券法》第57条。
④ 参见《上海证券交易所权证管理暂行办法》第9—11条,《深圳证券交易所权证管理暂行办法》第9—11条。

核准上市申请,申报上市由证券交易所决定是否上市。日本、韩国和我国台湾地区等采用授权上市制,实质性审查一般由证券交易所完成,证券监管部门最后批准。美国实行申报上市制,上市申请由证券交易所的上市委员会或管理委员会直接审核决定,然后报证券主管机关备案。

我国对证券上市实行核准制,核准机关因证券类型而异(表 19-1)。股票、公司债券和权证上市,由证券交易所负责核准。政府债券上市则由国务院授权部门决定,证券交易所没有核准权。只要国务院授权部门核准,证券交易所即应安排其上市事宜。基金份额上市交易,则由证券交易所审核。①

表 19-1 我国各种证券上市的核准机关

		证监会	交易所
	股票		√
	公司债券		√
基金	封闭式基金	√	
	基金		√(授权审核)
	权证		√

四、证券上市程序

(一) 聘请保荐人

对于股票、可转换为股票的公司债券以及法律、行政法规要求实行保荐制度的其他证券,发行人应聘请有保荐资格的机构担任保荐人。上市保荐人的职责与发行保荐人一样。② 由保荐人在进行尽职调查的基础上,向证券交易所提交推荐书和证券交易所要求的其他文件。保荐人应在证券上市后,对发行人进行持续督导。

(二) 办理核准手续

为获得核准手续,发行人需向证券交易所提交有关文件。其内容和格式,从交易所之规定。证券交易所通过审核,决定是否核准。

1. 申请股票上市的文件

依据我国《证券法》第 52 条,发行人申请股票上市,需向证券交易所提交以下文件:(1) 上市报告书;(2) 申请股票上市的股东大会决议;(3) 公司章程;(4) 公司营业执照;(5) 依法经会计师事务所审计的公司最近 3 年的财务会计报告;(6) 法律意见书和上市保荐书;(7) 最近一次的招股说明书;(8) 证券交易所上市规则规定的其他文件。

---

① 参见我国《证券投资基金法》第 62 条。
② 参见我国《证券法》第 49 条。

2. 申请公司债券上市的文件

依据我国《证券法》第58条,申请公司债券上市,需向证券交易所提交以下文件:(1)上市报告书;(2)申请公司债券上市的董事会决议;(3)公司章程;(4)公司营业执照;(5)公司债券募集办法;(6)公司债券的实际发行数额;(7)证券交易所上市规则规定的其他文件。如申请上市的债券为可转换为股票的公司债券,还应报送保荐人出具的上市保荐书。

3. 申请权证上市的文件

发行人申请权证上市,需向证券交易所提交以下文件[①]:(1)上市申请书;(2)权证发行情况说明;(3)上市公告书,其内容与格式从交易所之规定;(4)董事、监事和高管持有标的证券和权证的情况报告、禁售申请;(5)交易所要求的其他文件。交易所自受理之日起20个工作日内出具审核意见,并报中国证监会备案。

(三)上市协议

证券上市申请一经核准,证券交易所即应与发行人签订上市协议。该协议系证券交易所预先制作的,具有固定格式并需报中国证监会备案的,明确双方权利义务以及有关事项的协议。据此,证券交易所接受发行人的证券挂牌交易,而发行人承诺接受其监管,承担上市协议或交易所规章所规定的义务。违者,交易所有权作出相应处理。

(四)上市信息公开

证券上市经核准后,在上市前,发行人应在规定的期限内公告股票上市文件、债券上市文件以及其他相关文件,并将其申请文件备置于指定场所供公众查阅。[②] 对于股票上市,还应公告以下事项[③]:(1)股票获准在证券交易所交易的日期;(2)持有公司股份最多的前10名股东的名单和持股数额;(3)公司的实际控制人;(4)董事、监事、高管的姓名及其持有公司股票和债券的情况。在信息公开之前,证券不得上市。

(五)挂牌交易

上市信息公开之后,发行人即可按照证券交易所安排的时间将其证券在证券交易所公开挂牌交易。公开挂牌交易的首日,证券交易所一般为发行人的证券上市举行一定仪式。比如,深圳证券交易所会敲开市宝钟(图19-1)。

---

① 参见《上海证券交易所权证管理暂行办法》第6、12条,《深圳证券交易所权证管理暂行办法》第6、12条。
② 参见我国《证券法》第53、59条。
③ 参见我国《证券法》第54条。

图 19-1　敲开市宝钟

五、证券上市的暂停与终止

一经上市,证券即可在证券交易所持续进行交易。但是,并非一上市就定终生,一劳永逸。若发行人出现特定情形,证券上市可能被暂停或终止。终止上市,即不能再恢复上市。上市暂停与终止均由证券交易所决定,并应及时公告,报中国证监会备案。对其决定不服的,可以向证券交易所的复核机构申请复核。①

（一）上市暂停

上市暂停,是指证券交易所依法对上市证券作出暂时停止上市交易的措施。既为暂停,在特定事由消除后,该证券交易仍可恢复。广义的上市暂停包括申请暂停、自动暂停和法定暂停。申请暂停,是指证券交易所依据上市公司停牌申请而决定的暂停。比如,公司计划重组或派发红利。自动暂停,则是上市证券因具备法定原因而自动暂停的情形,比如在实行股价涨跌停牌制度时,一旦股价涨跌超出规定幅度即应自动暂停。通常所说的上市暂停是指法定暂停,即因上市公司出现法定事由,而经证券交易所决定暂停其证券上市交易。

依据我国《证券法》第 55 条,以下五种情形为股票暂停上市的事由:（1）公司股本总额、股权分布等发生变化不再具备上市条件;（2）公司不按照规定公开其财务状况,或者对财务会计报告作虚假记载,可能误导投资者;（3）公司有重大违法行为;（4）公司最近 3 年连续亏损;（5）证券交易所上市规则规定的其他情形。

---

①　参见我国《证券法》第 62、72 条。

依据我国《证券法》第60条,公司债券暂停上市的事由为:(1)公司有重大违法行为;(2)公司情况发生重大变化不符合公司债券上市条件;(3)发行公司债券所募集的资金不按照核准的用途使用;(4)未按照公司债券募集办法履行义务;(5)公司最近2年连续亏损。

(二) 上市终止

上市终止,亦称摘牌,是指上市证券丧失其在证券交易所继续挂牌交易的资格。与暂停不同,一旦终止即永久失去上市交易资格,不能恢复。它包括两种类型:一是自动终止,比如债券上市因债券到期而终止。二是法定终止,因上市公司不符合法定条件而终止,通常所说上市终止是指这种情形。

1. 股票终止上市的事由

依据我国《证券法》第56条,导致股票上市终止的事由为:(1)公司股本总额、股权分布等发生变化不再具备上市条件,在证券交易所规定的期限内仍不能达到上市条件;(2)公司不按照规定公开其财务状况,或者对财务会计报告作虚假记载,且拒绝纠正;(3)公司最近3年连续亏损,在其后一个年度内未能恢复盈利;(4)公司解散或者被宣告破产;(5)证券交易所上市规则规定的其他情形。

引例 19-1

首只央企股票退市:长航油运[①]

长航油运(600087.SH)系长航集团旗下上市公司,1997年6月上市。长航集团有130多年历史,是中国最大的内河航运企业。2012年,会计师事务所为其出具前期会计差错调整,更正后,"2010年由盈转亏",加上2011年的亏损,两年连亏的长油被执行退市风险警示,名称也被改为"*ST长油"。经过2012年继续亏损、暂停上市重整、2013年依然亏损之后,长油连亏4年,达到退市条件。2014年6月4日成为其最后一个交易日。有投资者2012年入手20万股,当时每股1.8元,现在才0.75元左右。

2. 公司债券终止上市的事由

依据我国《证券法》第61条,导致公司债券上市终止的事由有:(1)公司有重大违法行为,或未按照公司债券募集办法履行义务,后果严重的;(2)公司情况发生重大变化不符合公司债券上市条件,或发行公司债券所募集的资金不按

---

① 参见刘志毅:《央企股不死神话终结 长油退市浮世绘》,载《南方周末》2014年6月5日。

照核准的用途使用,或公司最近 2 年连续亏损,上述三种情形未能在限期内消除的;(3) 公司解散或破产。

3. 权证终止上市的事由

依据沪深交易所规则,导致权证上市终止的事由有三:一是权证存续期满;二是权证在存续期内已被全部行权;三是证券交易所认定的其他情形。权证存续期满前 5 个交易日,权证终止交易,但可以行权。

第二节 证券交易一般规则

一、证券交易概述

证券交易,是指当事人在法定交易场所买卖已依法发行的证券的行为。相对于一般商品买卖,其买卖对象限于已依法发行的证券,非依法发行之证券,不得买卖。① 与证券转让相比,它属于转让方式之一,证券赠与、继承等亦属转让,而非证券交易。

证券交易的类型丰富多样。证券市场愈发达,交易场所和交易方式愈丰富,证券交易的类型也愈多。依据证券交易的场所,可以分为场内交易与场外交易;依据交易价格的形成方式,可以分为竞价交易与议价交易;依据交割期限与投资方式,又可以分为现货交易、信用交易、期货交易、期权交易和回购。

(一) 证券现货交易

证券现货交易,亦称现金现货交易,是指证券买卖双方在成交后即时清算交割证券价款的交易方式。这是最基本的形式,也是我国《证券法》第 42 条所确认的主流形式。双方均以自己真正拥有的资金与证券进行交易,风险性与投机性相对较小。

(二) 证券信用交易

证券信用交易,亦称保证金交易、垫头交易,是指买方仅依照一定比例,向证券经纪商缴纳部分价款或证券作为保证金,差额部分由经纪商垫付以完成交易的一种交易方式。依据经纪商所垫付的资金或证券,又可以分为融资交易和融券交易。融资交易,亦称保证金买空行为,是指投资者提供一定数量的现款作为保证金,而由经纪商为其垫付部分交易资金以购买证券的保证金交易方式。融券交易,亦称保证金卖空交易,是指经纪商向投资者借贷一定数量的证券,由其依约偿还同等数量证券,并支付一定费用的证券交易方式。相对于证券期货交易,它属于现货交易。该方式具有较大风险性和投机性,证券公司提供融资融券

---

① 参见我国《证券法》第 37 条。

服务需依据国家规定进行,并应经中国证监会批准。①

(三) 证券期货交易

证券期货交易,亦称期货合约交易,是指双方成交后,交割和清算依约定价格在远期进行的一种交易方式。从交易场所来看,它仅限于场内交易,场外交易不得采用该方式。根据交易标的,又可分为股票期货、股价指数期货和债权期货交易。我国《证券法》第42条已为其预留了发展空间。相对于证券现货交易,其特征为:(1)标的为证券期货合约。(2)目的一般不在于转移证券所有权,而是通过买卖期货合约,获取投资利益或转嫁投资风险。(3)最终进行清算交割的比例很小,因为双方均可通过对冲买卖,免除到期进行实物交割的义务,实现套期保值。

(四) 证券期权交易

证券期权交易,亦称选择权交易,是指当事人约定在一定时间内,以特定价格买进或卖出指定证券,或放弃买进或卖出指定证券的交易。权证交易就是如此,沪深交易所均已开展该交易。与期货交易相比,它所约定的是到期以后,当事人有权以特定的价格,买进或卖出证券,或者不买进或不卖出该证券。实际上,其买卖标的就是选择权。

(五) 证券回购

证券回购,是指在卖出(买入)证券时即约定到一定时间后按照规定价格买回(卖出)该证券。这是附有购回(卖出)条件的证券交易,沪深交易所已有该交易形式。

二、证券交易主体与场所

(一) 证券交易主体

证券投资者就是交易主体,可以是个人投资者和机构,也可以是中国投资者和外国投资者。只要具有民事行为能力,自然人和法人即可参与交易,自然人没有民事行为能力或仅有限制行为能力亦可参与交易,只不过需要由其监护人代理。作为"三公"原则的重要体现,为确保证券交易的公平性,部分人在特定情形下不得参与证券交易。这有两种情形,一是因其身份而不得参与证券交易,二是因其身份而不得出卖其所持有的股份。

1. 因身份而不得参与证券交易

有两种人因其特定身份,而不得在特定期限内参与证券交易②:(1)证券交易所、证券公司和证券登记结算机构的从业人员、证监会的工作人员以及法律、

---

① 参见我国《证券法》第42、142条。
② 参见我国《证券法》第43、45条。

行政法规禁止参与股票交易的其他人员,在任期或者法定限期内,不得直接参与股票交易,以化名、借他人名义持有、买卖股票,亦在禁止之列,也不得收受他人赠送的股票。若原已持有股票,则需依法转让。(2)为股票发行出具审计报告、资产评估报告或者法律意见书等文件的证券服务机构和人员,在该股票承销期内和期满后6个月内,不得买卖该种股票。若其为上市公司出具审计报告、资产评估报告或者法律意见书等文件,则自接受上市公司委托之日起至前述文件公开后5日内,不得买卖该种股票。否则,行为人应受相应的行政处罚。构成犯罪的,追究刑事责任。[①]

2. 因身份而不得出卖其股份

这有三种情形[②]:(1)发起人持有的本公司股份,自公司成立之日起1年内不得转让。股东所持有的公司在公开发行股份前所发行的股份,在该股票在证券交易所上市交易之日起1年内不得转让。(2)公司董事、监事、高管在任职期内,虽可以转让其所持有的股份,但每年转让的股份不得超过其所持有本公司股份总数的25%。同时,其所持本公司股份自公司股票上市交易之日起1年内不得转让。若离职,则在半年内不得转让其所持有的本公司股份。此外,公司章程还可对其转让所持有的本公司股份作出其他限制性规定。(3)上市公司董事、监事、高管以及持有其股份5%以上的股东,不得进行短线交易。若其将持有的该公司股份在买入后6个月内卖出,或在卖出后6个月内又买入,由此所得收益归该公司所有,董事会有权收回该收益。但是,证券公司因包销购入售后剩余股票而持有5%以上股份的,卖出该股票不受此限。若董事会怠于行使归入权,股东有权要求董事会在30内执行。若仍不执行,则股东有权提起代表诉讼。

(二)证券交易场所

证券交易场所有证券交易所和柜台两种,其交易也就分为场内交易和场外交易。证券交易所系证券交易的主渠道。我国不仅有主渠道,《证券法》第39条亦为柜台交易预留了发展空间。

场内交易,亦称挂牌交易,以公开竞价方式进行,而柜台交易则主要是在证券公司的营业柜台、地方证券交易中心、证券报价系统等场所进行,交易价格系买卖双方面对面协商确定,实行议价制。

三、证券交易方式

证券交易有集中竞价交易和非集中竞价交易两种方式。场内交易应当采用公开集中竞价交易方式,亦可采用经中国证监会批准的其他方式,其中自然包括

[①] 参见我国《证券法》第199、201、231条。
[②] 参见我国《公司法》第141条,《证券法》第47条。

各种非集中竞价交易方式。① 场外交易一般都采用非集中竞价交易方式。

（一）集中竞价交易

这种交易方式具有过程公开性、时间连续性、价格合理性以及快速反应等优势，系公认的主流交易方式。存在多个买主卖主时由出价最低的卖主与出价最高的买主达成交易。

这种方式采用时间优先和价格优先。价格优先，是指买主在购买报价时，买价高的申报优先于买价低的申报；在卖出申报时，则是卖价低的申报优先于卖价高的申报。时间优先，是指在相同价位买卖价申报时，依照时间先后顺序确定。具体说来，在电脑撮合交易时，以计算机主机接受报价时间为准。若以书面形式向证券经纪商报价，则以接受书面报价文件的时间顺序为准；若以口头方式报价，也以接受顺序为准。如不能确认先后顺序，可以通过抽签确定。结果可能是全部成交、部分成交或不成交。沪深交易所均采用计算机竞价成交方式（图19-2）。

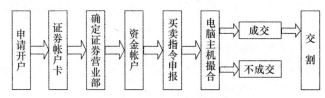

图19-2 股票交易流程

（二）非集中竞价交易

这是场外交易所采取的交易方式。通过相对买卖、拍卖、标购等方式确定交易价格及其成交当事人。相对买卖，是指一个买主对一个卖主协议成交，或买卖各方依自己的标准选择对方当事人，从而达成交易。拍卖，是指一个卖主对多个买主，卖主与出价最高的买主达成交易。标购，是指一个买主对多个卖主，买主与出价最低的卖主达成交易。该方式通常为非上市证券的交易形式。

四、证券交易基本程序

（一）开立账户

投资者需在证券登记结算机构和证券公司开立账户。鉴于投资者持有的上市证券需全部托管于证券登记结算机构，故应首先到证券登记结算机构开立账户，领取证券账户卡。投资者开立该账户，除国家另有规定外，需向证券登记结算机构提供中国公民身份、法人资格的合法证明文件。② 此后，即可选择证券公司，开立资金账户，依照规定缴存证券交易保证金。保证金属于投资者所有，证

---

① 参见我国《证券法》第40条。
② 参见我国《证券法》第166条第2款。

券公司不得以任何形式挪用,证券公司清算或破产时保证金不属于破产财产或清算财产。①

(二) 委托与成交

投资者可以采用书面形式、电话和互联网等委托方式。无论采用何种方式,均应载明证券名称、买卖数量、出价方式、价格幅度等内容。证券公司只能在授权范围内代理买卖证券。否则,便可能构成欺诈客户的行为。② 基于证券交易的风险性,以下两种委托属禁止之列③:一是全权委托,委托证券公司为其决定证券买卖、选择证券品种、决定买卖数量或买卖价格;二是在委托时,要求证券公司为其承诺收益或赔偿证券买卖的损失。

成交,是指通过集中竞价交易的方式,就证券买卖数量和价格达成一致的法律行为。沪深交易所均采用电脑撮合的方式确定是否成交或成交数量。一经成交,该系统便通知买卖双方的证券公司。证券公司则应据此向投资者出具买卖成交报告。④

(三) 结算、交割与过户

结算,是指将每一营业日中各证券公司成交的证券数量与价款相互抵销,并计算出应收或应付证券或资金的过程。交割,则是指买卖双方交付价款和证券的过程。过户,是将证券登记到购买方账户的行为。结算的结果是确定应收应付净额,并不发生财产实际转移,而交割是对应收应付证券与价款的交收,发生财产实际转移,过户则是变更账户的所有权名义。实践中,证券登记结算机构的登记结算系统与证券交易所联网,过户与结算、交割自动同时进行。证券交易的登记结算由证券登记结算机构负责。结算与交割遵循净额结算和货银两清原则,证券交易参与人应足额交付证券或资金。若证券交易参与人不履行交收义务,证券登记结算机构有权依照业务规则处理用于交收的资金、证券和担保物。⑤

交割方式主要有:(1) 当日交割。在成交当日进行证券和价款的收付,完成交割。(2) 次日交割。于下一营业日进行证券和价款的收付,完成交割。沪深交易所的A股、基金和债券均采用该方式。(3) 例行日交割。按所在交易所的规定,在成交日后的某个营业日内进行交割。(4) 特约日交割。在成交日后15天以内由双方约定交割日期,完成交割。(5) 发行日交割。仅适用于新股发行。

---

① 参见我国《证券法》第139条第2款。
② 参见我国《证券法》第79条第1款第1项。
③ 参见我国《证券法》第143—144条。
④ 参见我国《证券法》第141条第1款。
⑤ 参见我国《证券法》第167条。

第三节 持续信息公开

一、持续信息公开概述

信息公开,亦称信息披露,是指证券发行人或上市公司依法将其财务、经营等情况向证券监管机构报告,并以公告方式告知投资者的行为。这是"三公"原则的基本要求,凡未按照法定要求进行信息披露,或信息披露有虚假陈述的,证券发行人、上市公司及其董事、监事、高管和其他直接责任人即应承担相应的民事、行政和刑事责任(引例19-2)。证券监管机构、证券交易所、保荐人、承销的证券公司及有关人员,对于公司依法公开的信息具有保密义务,在公告前不得泄露。① 否则,有违公平原则。

> **引例 19-2**
>
> **证监会严厉查处信息披露违法案**②
>
> 信息披露是证券违法违纪的重点领域。2012年,中国证监会共审结各类证券期货违法违规案件82件。信息披露违法案件34件,占比超过41%。内幕交易和操纵市场案分别为33件和10件。作出56项行政处罚决定书和8项市场禁入决定书,移送司法案件1起。行政处罚对象中涉及17家上市公司、2家会计师事务所、8家其他机构、168名个人,罚没款总计4.37亿元。

持续信息公开,也是证券市场运行的根本要求,主要作用在于:(1)维护投资者利益,以便投资决策理性化。(2)促进证券发行与交易价格合理化,充分发挥证券市场的资源配置作用。(3)有利于约束证券发行人和上市公司,促进其完善治理结构,增强其对投资者的责任心。(4)既是证券监管机构监管的手段,也是监管的重要内容。

二、持续信息公开的类型

持续信息公开,包括证券发行的信息公开、证券上市的信息公开、定期报告和临时报告(图19-3)。

---

① 参见我国《证券法》第71条第2款。
② 参见中国证监会:《中国证券监督管理委员会年报(2012)》,中国财政经济出版社2013年版,第35页。

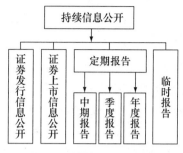

图 19-3 信息公开的类型

（一）定期报告

定期报告有季度报告、中期报告和年度报告 3 种。中期报告是上市公司和公司债券上市交易的公司依法编制的反映每个会计年度前 6 个月生产经营情况等事项的法律文件。其必要内容为[①]：(1) 公司财务会计报告和经营情况；(2) 涉及公司的重大诉讼事项；(3) 已发行的股票、公司债券变动情况；(4) 提交股东大会审议的重要事项；(5) 中国证监会规定的其他事项。

年度报告，是上市公司和公司债券上市交易的公司依法编制的反映其整个会计年度生产经营情况等事项的法律文件。必要记载事项为[②]：(1) 公司概况；(2) 公司财务会计报告和经营情况；(3) 董事、监事、高管简介及其持股情况；(4) 已发行的股票、公司债券情况，包括持有公司股份最多的前 10 名股东的名单和持股数额；(5) 公司的实际控制人；(6) 中国证监会规定的其他事项。

（二）临时报告

临时报告，是指上市公司依法编制的反映其重大事件的法律文件。重大事件，是指上市公司所发生的可能对其股票交易价格产生较大影响而投资者尚未得知的事件。依据我国《证券法》第 67 条第 2 款，主要有 12 种情形：(1) 公司的经营方针和经营范围的重大变化；(2) 公司的重大投资行为和重大的购置财产的决定；(3) 公司订立重要合同，可能对公司的资产、负债、权益和经营成果产生重要影响；(4) 公司发生重大债务和未能清偿到期重大债务的违约情况；(5) 公司发生重大亏损或者重大损失；(6) 公司生产经营的外部条件发生的重大变化；(7) 公司的董事、1/3 以上监事或者经理发生变动；(8) 持有公司 5% 以上股份的股东或者实际控制人，其持有股份或者控制公司的情况发生较大变化；(9) 公司减资、合并、分立、解散及申请破产的决定；(10) 涉及公司的重大诉讼，股东大会、董事会决议被依法撤销或者宣告无效；(11) 公司涉嫌犯罪被司法机关立案调查，公司董事、监事、高管涉嫌犯罪被司法机关采取强制措施；(12) 中国证监

---

① 参见我国《证券法》第 65 条。
② 参见我国《证券法》第 66 条。

会规定的其他事项。

三、持续信息公开规则

就定期报告而言,上市公司和公司债券上市交易的公司均为披露义务人。至于临时报告,上市公司为披露义务人(表19-2)。披露信息需真实、准确、完整,不得有虚假记载、误导性陈述或者重大遗漏。上市公司董事、高管应对公司定期报告签署书面确认意见,监事会应对董事会编制的公司定期报告进行审核并提出书面审核意见,董事、监事和高管应保证其所披露的信息真实、准确、完整。[①]

表19-2 定期报告与临时报告的披露规则

义务主体		定期报告		临时报告
		中期报告	年度报告	
义务主体	上市公司	√	√	√
	公司债券上市交易的公司	√	√	×
披露时限		2个月内	4个月内	立即
披露方式	报告	中国证监会	√	
		证券交易所	√	
	公告		√	

披露方式主要有两种形式:一是向中国证监会和证券交易所提交报告,二是公告。公告需在中国证监会指定的媒体发布。披露义务人还应将所披露的信息备置于公司住所和证券交易所,以便社会公众查阅。至于披露时限,定期报告均应在规定时限内进行披露。中期报告应在会计年度的上半年结束后2个月内完成,年度报告则应在会计年度结束后4个月内完成。临时报告则应立即报告和公告,说明事件的起因、目前状态和可能产生的法律后果。

第四节 禁止的交易行为

一、禁止的交易行为概述

禁止的交易行为,是指证券市场的参与者和监管者在证券交易过程中,依法不得实施的行为。其目的就在于保护社会公众投资者的利益,确保证券市场的"三公"。涵摄对象包括内幕交易、市场操纵、欺诈客户、虚假陈述、账外交易、挪用股款买卖股票、国有企业和国有资产控股的企业违规买卖上市交易的股票以

[①] 参见我国《证券法》第63、68、69条。

及违规资金入市。

违者,即应承担相应的法律责任,包括民事责任、行政责任和刑事责任(表19-3)。比如,法人以他人名义设立账户或利用他人账户买卖证券的,责令改正,没收违法所得,并处违法所得1—5倍的罚款;没有违法所得或者违法所得不足3万元的,处罚款3—30万元。对直接负责的主管人员和其他直接责任人员给予警告,并处罚款3—10万元。若证券公司为其提供自己或者他人的证券交易账户,除给予前述处罚外,还应撤销直接负责的主管人员和其他直接责任人员的任职资格或者证券从业资格。① 证券交易所、证券公司、证券登记结算机构、证券服务机构及其从业人员,一经发现前述违法行为,即有义务及时向中国证监会报告,以便及时查处。②

表 19-3　四种禁止的交易行为的法律责任比较

责任类型			虚假陈述	内幕交易	市场操纵	欺诈客户
民事责任			√	√	√	√
行政责任	违法人(含单位)	责令改正	√			√
		警告	√			
		没收非法所得		√	√	√
		罚款	30—60万元	1—5倍/3—60万元	1—5倍/30—300万元	1—5倍/10—60万元
		责令关闭、撤销业务许可				√
	责任人	警告	√	√	√	√
		撤销任职资格、从业许可				√
		罚款	3—30万元	10—60万元	3—30万元	
刑事责任	单位	罚金		√	√	√
	责任人	罚金	2—20万元	1—5倍	1—10万元	
		有期徒刑	<3年	<5年/5—10年	<5年	<5年
		拘役	√	√	√	√

二、内幕交易

内幕交易,亦称内线交易、内部交易或知情交易,是指知情人员或以不正当手段获取内幕信息的其他人员,违法买卖所持有的该公司的证券,或泄漏该信息,或建议他人买卖证券的行为。不仅知情人在禁止之列,非法获取内幕信息的人亦在禁止之列。20世纪30年代以来,禁止内幕交易已成为通例。③

---

① 参见我国《证券法》第208条。
② 参见我国《证券法》第84条。
③ 参见我国《证券法》第73、76条,美国《证券交易法》第10条。

> **引例 19-3**
>
> ## 证监会重拳出击内幕交易①
>
> 内幕交易是证券违法违纪的重灾区。2012 年,中国证监会受理证券期货违法违规线索 380 件,内幕交易线索达到 189 起,接近一半。启动内幕交易案件初步调查 87 起,立案调查 70 起,向公安机关移送涉嫌犯罪案件 24 起,打击内幕交易成效初步显现。并购重组相关的内幕交易案件数量明显下降,以往占内幕交易案件总数比率超过 70%,2012 年下降至 23%。国有控股企业内幕交易案件占比由 2011 年的 51% 下降至 28%。

(一) 知情人

知情人,亦称内幕人员、内部人,是指由于其地位或雇佣关系而可以接触内幕信息的人。依据其来源,可以分为公司内幕人员、市场内幕人员和政府内幕人员。依据我国《证券法》第 74 条,这主要有 7 种人:(1) 发行人的董事、监事、高管;(2) 持有公司 5% 以上股份的股东及其董事、监事、高管,公司的实际控制人及其董事、监事、高管;(3) 发行人控股的公司及其董事、监事、高管;(4) 由于所任公司职务可以获取公司有关内幕信息的人员;(5) 证券监督管理机构的工作人员以及由于法定职责对证券的发行、交易进行管理的其他人员;(6) 保荐人、承销的证券公司、证券交易所、证券登记结算机构、证券服务机构的有关人员;(7) 中国证监会规定的其他人。

(二) 内幕信息

内幕信息,是指证券交易活动中,有关公司的经营、财务或者对该公司证券的市场价格有重大影响的尚未公开的信息。依据我国《证券法》第 75 条第 2 款,包括以下 8 种情形:(1) 前述临时报告范围内的重大事件;(2) 公司分配股利或者增资的计划;(3) 公司股权结构的重大变化;(4) 公司债务担保的重大变更;(5) 公司营业用主要资产的抵押、出售或者报废一次超过该资产的 30%;(6) 公司的董事、监事、高管的行为可能依法承担重大损害赔偿责任;(7) 上市公司收购的有关方案;(8) 中国证监会认定的对证券交易价格有显著影响的其他重要信息。

(三) 内幕交易行为

内幕交易的主体不限于知情人,非法获取内幕信息的人亦在此之列。持有

---

① 参见中国证监会:《中国证券监督管理委员会年报(2012)》,中国财政经济出版社 2013 年版,第 30、36 页。

或者通过协议、其他安排与他人共同持有公司5%以上股份的自然人、法人、其他组织收购上市公司的股份,有关上市公司收购的法律另有规定的,从其规定。内幕交易的时间需为内幕信息公开之前。至于具体行为,则有3种形式:一是利用内幕信息买卖该公司的证券,二是向他人泄露内幕信息,使他人利用该信息进行内幕交易;三是依据内幕信息,建议他人买卖证券。

> **引例 19-4**
>
> ## 中山原市长因内幕交易获刑①
>
> 中山公用(000685.SZ)于1997年在深交所挂牌上市。2007年1月,李启红任中山市市长,在资本市场上烧的第一把火就是重组中山公用。2007年6月11日,重大资产重组这一内幕信息已形成,6月11日至7月3日为这一内幕信息的价格敏感期。2007年7月4日,中山公用因资产重组停牌,直至8月20日复牌。2007年5—6月,董事长谭庆中向李启红汇报资产重组事宜,并建议买一些中山公用的股票。6月中旬,谭庆中在办公室约见李启红的丈夫林永安,向其泄露有关中山公用重组的内幕信息。6月下旬,李启红向其弟媳林小雁泄露内幕信息,并让林小雁找林永安拿钱帮助买卖股票。林小雁从林永安存款账户中转出236.5万元,从其丈夫李启明存款账户转出350万元,并拿出自有资金,共筹集677万元,借用其弟林伟成和同事刘某的名义办理了证券交易开户手续,并指使朋友关某负责买卖股票。该股票复牌后,连续一字形封死14个涨停板,股价由启动前的6.76元一举飙升至31.1元,涨幅达360%。李家从中赚了个盆满钵满,累计买入该股票89.68万股,实现账面收益1983万余元。2011年,李启红因犯内幕交易、泄露内幕信息罪等罪获刑11年,并处罚金2000万元。

(四)法律责任追究

内幕交易,危害交易公平,自应承担相应的民事责任、行政责任和刑事责任(表19-3)。鉴于内幕交易的隐蔽性和复杂性,问责的难点在于内幕交易行为的认定、内幕交易行为与投资者交易行为之间因果关系的认定以及损害赔偿金的计算。

---

① 参见邓新建:《广东中山市原市长李启红内幕交易案揭秘》,载《法制与新闻》2011年5月26日。

为缓解取证难和认定难的问题,刑事司法实践已采用推定方法。① 据此将两种情形纳入非法获取证券交易内幕信息的人之列。一是内幕信息知情人的近亲属或者其他与内幕信息知情人员关系密切的人员,在内幕信息敏感期内,从事或者明示、暗示他人从事,或者泄露内幕信息导致他人从事与该内幕信息有关的证券、期货交易,相关交易行为明显异常,且无正当理由或者正当信息来源的。二是在内幕信息敏感期内,与内幕信息知情人员联络、接触,从事或者明示、暗示他人从事,或者泄露内幕信息导致他人从事与该内幕信息有关的证券、期货交易,相关交易行为明显异常,且无正当理由或者正当信息来源的。至于相关交易行为明显异常,则采用推定的方式,只要具备以下 8 种情形,即可从时间吻合程度、交易背离程度和利益关联程度等方面予以认定:(1) 开户、销户、激活资金账户或者指定交易(托管)、撤销指定交易(转托管)的时间与该内幕信息形成、变化、公开时间基本一致的;(2) 资金变化与该内幕信息形成、变化、公开时间基本一致的;(3) 买入或者卖出与内幕信息有关的证券、期货合约时间与内幕信息的形成、变化和公开时间基本一致的;(4) 买入或者卖出与内幕信息有关的证券、期货合约时间与获悉内幕信息的时间基本一致的;(5) 买入或者卖出证券、期货合约行为明显与平时交易习惯不同的;(6) 买入或者卖出证券、期货合约行为,或者集中持有证券、期货合约行为与该证券、期货公开信息反映的基本面明显背离的;(7) 账户交易资金进出与该内幕信息知情人员或者非法获取人员有关联或者利害关系的;(8) 其他交易行为明显异常情形。这种推定是必要的。只要严格掌握尺度,也是合理的。

至于内幕交易与投资者交易行为的因果关系,确实颇为复杂。有些投资者本来已经作出交易决定,只是恰逢内幕交易人作出了相反方向的交易而已②,其间并无因果关系。此时,导致投资者损失的直接原因是重大信息公开,而非内幕交易行为。但是,要证明单个投资者决策与内幕交易行为的因果关系,是极其困难的。为克服这一障碍,美国和我国台湾地区等采用了推定因果关系模式,虽有违逻辑自洽性,却在一定程度上缓解了原告的证明责任。在我国台湾地区,原告无须证明与内幕交易行为和损失的因果关系,美国《证券交易法》则推定行为与内幕交易的因果关系,原告仍需证明损失与内幕交易的因果关系。即便如此,投资者仍难以通过诉讼获得损害赔偿。③ 没有采用推定因果关系的,投资者维权

---

① 参见最高人民法院、最高人民检察院《关于办理内幕交易、泄露内幕信息刑事案件具体应用法律若干问题的解释》第 2—3 条。
② 参见缪因知:《反欺诈型内幕交易之合法化》,载《中外法学》2011 年第 5 期。
③ See R. W. Hamilton, J. R. Macey, D. K. Moll, Cases and Materials on Corporation: Including Partnerships and Limited Liability Companies, 11th Edition, West, 2010, p.924.

之难,是不难想象的。①

至于赔偿金的计算,则有3种方法:(1)实际价值计算法。赔偿金额为受害人进行证券交易时的价格与当时证券的实际价值的差额。证券的实际价值难以确定,其可操作性不强。(2)实际诱因计算法。行为人只对其行为所造成的证券价格波动负赔偿责任,对其他因素引起的证券价格波动不负赔偿责任。鉴于影响证券价格的因素颇多,操作起来很困难。(3)差价计算法。赔偿金额为证券交易时的价格与内幕交易行为暴露后一段合理时间内的证券价格的差额。操作较为简便,各国大多采用这种方式。

三、操纵市场

操纵市场,亦称操纵行情,是指利用资金优势、信息优势或滥用职权,影响证券市场,人为地制造证券行情,诱使投资者买卖证券的行为。这实际上是一种欺骗行为,旨在人为地影响证券市场的价格,欺骗广大投资者,自己从中渔利。行为人通过虚构供求关系,误导资金流向,使股票价格与上市公司的经营状况脱离,损害广大投资者的利益,破坏市场竞争机制,危害甚大。禁止操纵市场,乃各国通例,我国也不例外。②

引例 19-5

林忠操纵短线山煤国际案③

2010年6月1日,林忠利用资金优势,控制两位亲属的证券账户,以超出当时正常交易价格13.7%的涨停价格大额委托、自买自卖山煤国际,以接近涨停价格收盘。就盘面反应来看,当日交易最后2分钟时,突然遭遇两单总计超过3000万元的资金在涨停板上扫货,股价瞬间由大跌3.3%冲至涨停板。两个账户对倒成交量为102.56万股,占当日市场成交量的32.46%,占收盘前15分钟市场成交量的69.49%,占收盘前2分钟市场成交量的78.13%,将其股价锁定在涨停价23.89元。6月1日收盘后,证监会迅速展开调查,责令其于6月2日全部卖出,合计亏损314.17万元,并处罚款60万元。

依据我国《证券法》第77条第1款,操纵证券市场行为有4种:(1)单独或

---

① 参见张小宁:《证券内幕交易罪研究》,中国人民公安大学出版社2011年版,第76页。
② 参见我国《证券法》第77条。
③ 证监会处罚决定书(2010)26号。

者通过合谋,集中资金优势、持股优势或者利用信息优势联合或者连续买卖,操纵证券交易价格或者证券交易量;(2) 与他人串通,以事先约定的时间、价格和方式相互进行证券交易,影响证券交易价格或者证券交易量;(3) 在自己实际控制的账户之间进行证券交易,影响证券交易价格或者证券交易量;(4) 以其他手段操纵证券市场。就法律责任而言,同样有民事责任、行政责任和刑事责任。唯科技进步日新月异,操纵市场的手法亦变幻无穷,有效地防范各种隐性操纵行为,更是亟待解决的现实问题(引例19-6)。

引例 19-6

联合"抢帽子"游戏①

平安资管在2010年第4季度逐步买入海欣股份1200万股,成本均价在6元左右。2011年1月4—6日,海欣股份发生多笔买卖双方均为平安资管的大宗交易,合计成交总股数达3050万股,成交价格由6.67元/股升至8.13元/股。当日,平安证券研究所发布了一份关于海欣股份的研究报告,称直肠癌治疗性疫苗价值凸显,海欣股价至少低估50%。此后,海欣股份在3个月内股价多次涨停,从7元上涨至最高15.75元。而平安资管在2011年3月31日前已退出海欣股份十大流通股股东。6月30日,海欣股份2011年中报披露,平安系账户从前十大流通股股东中全部撤离。海欣股份的抗癌药没有得到国家正式临床批文,2013年医药业务盈利仅200多万元,所谓195亿元估值不过是投机炒作的一个神话。这是典型的险资策划、分析师研报煽风点火、私募游资助攻、基金分仓、老鼠仓大赚的联合"抢帽子"游戏。

四、欺诈客户

欺诈客户,是指证券公司及其从业人员在证券发行、交易及其相关活动中,诱骗投资者买卖证券以及其他违背客户真实意思,损害客户利益的行为。它不仅扰乱证券市场的正常秩序,严重侵害作为客户的投资者的利益,而且也违反了证券公司及其从业人员的法定义务。因循各国通例,我国《证券法》第79条旗帜鲜明地为其设置了禁令。据此,以下7种情形均属于欺诈客户的行为:(1) 违背客户的委托为其买卖证券;(2) 不在规定时间内向客户提供交易的书面确认文件;(3) 挪用客户所委托买卖的证券或者客户账户上的资金;(4) 未经客户的

---

① 参见冉孟顺:《扫荡"老鼠仓"》,载《南方周末》2014年5月29日。

委托,擅自为客户买卖证券,或者假借客户的名义买卖证券;(5)为牟取佣金收入,诱使客户进行不必要的证券买卖;(6)利用传播媒介或者通过其他方式提供、传播虚假或者误导投资者的信息;(7)其他违背客户真实意思表示,损害客户利益的行为。

既为欺诈,依据民法原理,行为人即应对客户的损失承担赔偿责任。我国《证券法》第 79 条第 2 款对此亦有明确规定,行为人应依法赔偿客户的损失,自不待言。有两种欺诈行为需要承担行政责任:一是为违背客户的委托买卖证券、办理交易事项,或违背客户真实意思表示,办理交易以外的其他事项;二是为证券公司挪用客户的资金或证券,或者未经客户的委托,擅自为客户买卖证券。部分欺诈客户的行为可能构成编造、传播虚假证券信息罪和诱骗证券交易罪,则需依法追究刑事责任。

五、虚假陈述

虚假陈述,是指证券市场参与者、监管者以及相关机构和人员,作出违背事实真相的陈述、记载,或信息披露不当或有重大遗漏。这不仅包括积极行为——违背事实真相的虚假记载、误导性陈述,也包括消极行为——信息披露不当或有重大遗漏。[①] 这不仅损害投资者利益,而且严重危害证券市场的运行。行为人有 3 种类型:一是前述信息公开的义务人,二是国家工作人员和传播媒介从业人员,三是证券交易所、证券公司、证券登记结算机构、证券服务机构及其从业人员、证券业协会、证券监督管理机构及其工作人员。至于法律责任,亦有民事责任、行政责任和刑事责任 3 种形式(表 19-3)。

引例 19-7

佛山照明隐瞒关联交易遭巨额索赔[②]

2010 年 7 月 15 日以来,佛山照明隐瞒了其与佛山施诺奇加州电气有限公司、佛山市泓邦电器照明有限公司等 15 家公司的关联关系。其与关联方发生交易超过披露标准,未经董事会审议,亦未及时公告。2012 年 7 月 6 日,佛山照明公告广东证监局的行政监管措施决定书,才揭示出佛山照明与 4 家关联公司的关联交易问题;2013 年 3 月,佛山照明披露涉及的关联公司已从

---

① 参见我国《证券法》第 69、78 条,《关于审理证券市场因虚假陈述引发民事赔偿案件的若干规定》第 17 条。

② 参见郭丝露、李兴丽:《股民大规模维权之门再启?虚假陈述诉讼十年检讨》,载《南方周末》2014 年 1 月 23 日。

> 4 家扩大到 15 家。在 2010 年 7 月 15 日至 2012 年 7 月 5 日之间买入佛山照明或粤照明 B 股的股票,并在 2012 年 7 月 5 日收盘时持有,或 2012 年 7 月 6 日至 2012 年 11 月 2 日之间买入佛山照明或粤照明 B 股的股票,并在 2012 年 11 月 2 日收盘时持有的股东均可参加索赔。目前,累计有 1303 名股东向广州中院起诉,索赔金额高达 1.8 亿元,这可能成为继 2003 年东方电子虚假陈述索赔案后中国证券维权史上的又一大案。

(一) 类型

虚假陈述包括虚假记载、误导性陈述、重大遗漏和信息披露不当等 4 种情形。[①] 虚假记载,是指信息披露义务人在披露信息时,将不存在的事实在信息披露文件中予以记载的行为。误导性陈述,是指虚假陈述行为人在信息披露文件中或者通过媒体,作出使投资人对其投资行为发生错误判断并产生重大影响的陈述。重大遗漏,是指信息披露义务人在信息披露文件中,未将应当记载的事项完全或者部分予以记载。不正当披露,是指信息披露义务人未在适当期限内或者未以法定方式公开披露应当披露的信息。只要构成其中任何一种情形,即属于虚假陈述。

(二) 赔偿责任人

既然发行人和上市公司为信息披露义务人,自应由其承担赔偿责任。其董事、监事、高管和其他直接责任人以及保荐人、承销的证券公司,应承担连带赔偿责任。只有能够证明它们没有过错,方可免于连带责任。这表明,对它们适用的是过错推定责任。对于其控股股东和实际控制人,亦适用连带责任,只是对它们适用过错责任,而非过错推定责任。

(三) 因果关系的认定

虚假陈述与损害具有因果关系,才能获得赔偿金。对此,虚假陈述实施日、揭露日和更正日成为重要的参照系。虚假陈述实施日,是指作出虚假陈述或者发生虚假陈述之日;虚假陈述揭露日,是指虚假陈述在全国范围发行或者播放的报刊、电台、电视台等媒体上,首次被公开揭露之日;虚假陈述更正日,是指虚假陈述行为人在中国证监会指定披露证券市场信息的媒体上,自行公告更正虚假陈述并按规定履行停牌手续之日。

符合以下三种情形即可认定这种因果关系[②]:(1) 投资人所投资的是与虚假陈述直接关联的证券;(2) 投资人在虚假陈述实施日及以后,至揭露日或者更

---

① 参见最高人民法院《关于审理证券市场因虚假陈述引发民事赔偿案件的若干规定》第 17 条第 1、3—6 款。

② 参见最高人民法院《关于审理证券市场因虚假陈述引发民事赔偿案件的若干规定》第 18 条。

正日之前买入该证券;(3)投资人在虚假陈述揭露日或者更正日及以后,因卖出该证券发生亏损,或者因持续持有该证券而产生亏损。而有些特定情形则不能作这种认定,投资者应该自行承担该损失。这有五种情形[1]:(1)在虚假陈述揭露日或者更正日之前已经卖出证券;(2)在虚假陈述揭露日或者更正日及以后进行的投资;(3)明知虚假陈述存在而进行的投资;(4)损失或者部分损失是由证券市场系统风险等其他因素所导致;(5)属于恶意投资、操纵证券价格的。

(四)损失的认定

基准日是固定投资者损失的一个重要工具。所谓基准日,是指虚假陈述揭露或者更正后,为将投资人应获赔偿限定在虚假陈述所造成的损失范围内,确定损失计算的合理期间而规定的截止日期。[2] 具体说来,有四种情形:(1)揭露日或者更正日起,至被虚假陈述影响的证券累计成交量达到其可流通部分100%之日。但通过大宗交易协议转让的证券成交量不予计算。(2)依照第1种方法在开庭审理前尚不能确定的,则以揭露日或者更正日后第30个交易日为基准日。(3)已经退出证券交易市场的,以摘牌日前一交易日为基准日。(4)已经停止证券交易的,可以停牌日前一交易日为基准日;恢复交易的,可按照第1种方法确定基准日。

赔偿责任以实际损失为限。[3] 投资者因虚假陈述而实际遭受的损失,包括投资差额损失和投资差额损失部分的佣金和印花税。对于证券发行市场,投资者亦可主张该损害赔偿。若虚假陈述导致证券发行停止,投资者只能要求返还和赔偿其所缴纳的股款以及同期银行活期储蓄存款利率的利息。

至于损失的计算,则分两种情形[4]:一是投资者在基准日及以前卖出证券,其投资差额损失,以买入证券平均价格与实际卖出证券平均价格之差,乘以投资者所持证券数量计算。二是投资者在基准日之后卖出或者仍持有证券的,其投资差额损失,以买入证券平均价格与虚假陈述揭露日或者更正日起至基准日期间每个交易日收盘价的平均价格之差,乘以投资者所持证券数量计算。至于投资者持股期间基于股东身份取得的收益,包括红利、红股、公积金转增所得的股份以及投资人持股期间出资购买的配股、增发和转配股,在计算损失时,不得扣除,不得以其冲抵赔偿金。对于已除权的证券,投资差额损失的计算,应以复权的证券价格和证券数量为准。

---

[1] 参见最高人民法院《关于审理证券市场因虚假陈述引发民事赔偿案件的若干规定》第19条。
[2] 参见最高人民法院《关于审理证券市场因虚假陈述引发民事赔偿案件的若干规定》第33条。
[3] 参见最高人民法院《关于审理证券市场因虚假陈述引发民事赔偿案件的若干规定》第29—30条。
[4] 参见最高人民法院《关于审理证券市场因虚假陈述引发民事赔偿案件的若干规定》第31—32条。

第二十章 上市公司收购

第一节 上市公司收购概述

一、上市公司收购概述

上市公司收购,是指收购人通过在证券交易所的股份交易持有一个上市公司的股份达到一定比例,或通过其他合法途径控制一个上市公司的股份达到一定程度,从而获得或者可能获得对其实际控制权的行为。比较而言,公司合并至少有一个公司归于消灭,参与新设合并的原公司均因合并完成而消灭,而收购则是以获取目标公司实际控制权为目的。收购也可以成为吸收合并的手段,目标公司因收购完成而归于消灭。

> **引例 20-1**
>
> **上市公司并购日趋活跃**[①]
>
> 2012 年,中国证监会审结并购重组 228 单,核准重大资产重组事项的交易金额 2267.23 亿元。

其特征为:第一,目标公司的特定性。目标仅以上市公司为限,收购的客体系上市公司的股份,而非上市公司本身。收购法律关系的主体系收购人与上市公司股东,而非从上市公司手中收购。第二,收购人的广泛性。收购人可以是任何具有权利能力和行为能力的投资者,可以是自然人,也可以是法人,但通常为法人。收购人可一人单独收购,亦可数人共同进行收购。"一致行动人"亦属共同收购的形式,它是指通过协议、其他安排与其他投资者共同扩大其所能够支配的一个上市公司股份表决权数量的投资者。有一致行动的投资者,互为一致行动人。在股权披露以及是否构成控制等方面,一致行动人的持股均合并计算,包括登记在投资者名下的股份,也包括登记在其一致行动人名下的股份。[②] 第三,

---

① 参见中国证监会:《中国证券监督管理委员会年报(2012)》,中国财政经济出版社 2013 年版,第 26 页。
② 参见我国《证券法》第 86、88 条,《上市公司收购管理办法》第 83 条。另见〔英〕丹尼斯·吉南著,朱羿锟译:《公司法》,法律出版社 2005 年版,第 428 页。

收购方式的多样性。收购人可以通过证券市场进行要约收购,亦可在场外进行一对一的协议收购。此外,还可以采用其他形式进行收购。比如,在证券交易所通过集中竞价的方式进行收购。通过协议收购或其他合法方式进行收购,所持有的目标公司股份达到30%时,除经豁免外,即应采用要约收购方式。第四,收购以获取实际控制权为目的。获取实际控制权乃是收购的目的之所在。一般而言,持有上市公司达到50%以上,即构成控股。虽然持股不足50%,但所持有的股份所享有的表决权已足以对股东大会的决议产生重大影响,亦构成控股。鉴于上市公司股权较为分散,控股一般无需那么多的股份。除控股之外,非股东亦可通过投资关系、协议或其他安排,实际支配公司的行为,构成实际控制人。①

二、上市公司收购的类型

上市公司收购主要有要约收购、协议收购和集中竞价交易收购三种类型。我国《证券法》第85条明确规定了要约收购和协议收购,也为集中竞价交易等收购方式预留了发展空间(图20-1)。间接收购和管理层收购则为特殊形态,已获得立法认可。

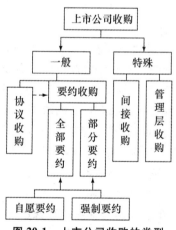

图20-1 上市公司收购的类型

(一)要约收购

要约收购,是指收购人为取得或巩固对目标公司的控制权,通过向目标公司的全体股东公开发出购买其持有的该公司股份的要约方式而进行的收购。它具有公开性和公平性,故为各国所公认。

(二)协议收购

协议收购,则是指收购人与目标公司的股东就股份收购价格和其他条件达成

---

① 参见我国《公司法》第216条第2—3项,《上市公司收购管理办法》第5条。

一致,从而由股东向收购人转让目标公司股份的收购方式。因收购人与股东进行一对一谈判缺乏公开性、公平性,有些国家并不认可该方式,而证券市场发达、监管机制完备的国家一般认可该方式。在我国,基于上市公司股权结构的特殊性,协议收购居于主流地位。不过,通过协议收购所持有的上市公司股份一旦达到30%,继续进行收购的,不得再采用协议收购,而应采用要约收购(图20-1)。[1]

(三) 间接收购

间接收购,是指实际控制人控制上市公司的情形,收购人并不成为上市公司的股东,而是通过投资关系、协议或者其他安排取得其实际控制权。这种控制权有两个来源[2]:一是通过投资关系、协议或者其他安排,导致其拥有权益的股份足以控制上市公司;二是通过投资关系取得对上市公司股东的控制权,而受其支配的上市公司股东所持股份足以控制上市公司且对该股东的资产和利润构成重大影响。

既为间接收购,也就无所谓收购价格支付以及股份过户问题。但是,实际控制人及受其支配的股东不仅应履行权益披露义务,而且有义务配合上市公司真实、准确、完整地披露有关实际控制人发生变化的信息。如不配合,上市公司无法履行证券法规定的信息披露义务而承担民事、行政责任的,上市公司可对其提起诉讼。如上市公司及其有关人员因受其指使而未依法履行信息披露义务,由中国证监会依法进行处罚。如既违反报告、公告义务,又违反配合义务,上市公司董事会应拒绝接受受实际控制人支配的股东向董事会提交的提案或临时议案,并向中国证监会、证监局和证券交易所报告。中国证监会对实际控制人责令改正,并视情节将其通过所支配的股东提名的董事认定为不适当人选,对实际控制人予以市场禁入。改正之前,受实际控制人支配的股东不得行使所持有股份的表决权。如上市公司董事会未拒绝接受实际控制人及受其支配的股东所提出的提案,证监会可认定相关董事为不适当人选,并视情节予以市场禁入。[3]

(四) 管理层收购

管理层收购的特殊性在于收购人身份的特殊性——上市公司董事、监事、高管、员工或其所投资或委托的法人或其他组织。为此,对其公司治理、批准程序、信息披露、公司估值均有特别要求[4]:(1) 公司治理。上市公司组织机构应健全且运行良好,内部控制制度有效,独立董事的比例应达到董事会成员的1/2以上。(2) 批准程序。2/3以上的独立董事赞成本次收购,经出席公司股东大会的非关联股东半数通过,独立董事应聘请独立财务顾问出具专业意见。(3) 信

---

[1] 参见我国《证券法》第96条第1款。
[2] 参见我国《上市公司收购管理办法》第56—57条。
[3] 参见我国《上市公司收购管理办法》第58、60条。
[4] 参见我国《上市公司收购管理办法》第51条、第67条第6项。

息披露。董事和高管及其亲属就其在最近 24 个月内与上市公司业务往来情况、定期报告中就管理层还款计划落实情况等予以披露。(4) 公司估值。由独立财务顾问对公司进行估值分析,全面核查本次收购的定价依据、支付方式、收购资金来源、融资安排、还款计划及其可行性、上市公司内部控制制度的执行情况及其有效性。需要指出的是,违反忠实义务的,或最近 3 年有证券市场不良诚信记录的董事、监事、高管,禁止收购上市公司。

三、上市公司收购的支付形式

无论是要约收购,还是协议收购,收购人均需向目标公司股东支付购买股份的对价。对价的形式,可以是现金,也可以是依法可以转让的证券。至于其他支付方式,只要法律、行政法规有规定即可。实践中,由收购人发行包括股票在内的证券予以支付,大大增强了收购人的收购能力。对于要约收购,支付方式则因要约方式而异。部分要约可以采用现金、证券以及法律允许的其他支付方式。但是,以退市为目的的全面要约和中国证监会强制收购人发出的全面要约,则必须向被收购公司股东提供现金选择。①

支付手段的多样化、灵活化,减轻了收购人的现金支付压力,有助于公司提升资产质量。一是绩优公司通过新发股份对同行业企业进行兼并,可实现快速扩张和成长的飞跃,发挥协同作用,增强其核心竞争力。二是缺乏独立性的公司可通过新发股份置换集团公司的相关资产和业务,实现整体上市。三是缺乏增长潜力的公司,可通过新增股份置换优良资产,引入有实力的重组方。

引例 20-2

天山股份以股份为收购对价②

2010 年 6 月 18 日,天山纺织(000813.SZ)公告称,公司拟购买新疆凯迪矿业投资股份有限公司、青海雪驰科技技术有限公司持有的西拓矿业有限公司 75% 的股权。天山纺织拟按照每股 5.66 元的价格向凯迪矿业、青海雪驰非公开发行 1.2 亿股。交易完成后,西拓矿业 75% 的股权将正式置入上市公司。2013 年 7 月,证监会核准天山纺织向凯迪矿业发行 6935.96 万股股份、向青海雪驰发行 3467.98 万股股份购买相关资产。

---

① 参见我国《上市公司收购管理办法》第 27 条。
② 参见言焱:《这个女人空手赚 10 亿 天山纺织重组谁做局?》,载《21 世纪经济报道》2010 年 7 月 9 日;宋晓颖:《天山纺织重大资产重组获证监会核准》,http://kuaixun.stcn.com/2013/0730/10641898.shtml,2014 年 4 月 13 日访问。

四、收购当事人与财务顾问

上市公司收购较为复杂,涉及多方当事人,如收购人、目标公司、目标公司股东、目标公司董事会等。收购人和目标公司的股东处于主要地位,系收购法律关系的主体。财务顾问则是收购所必需的辅助人,对收购人进行事前把关、事中跟踪和事后督导。

(一)收购人

收购人,是指通过受让上市公司股份,而获得或试图获得上市公司控制权的自然人、法人或其他经济组织。从理论上讲,任何具有权利能力和行为能力的投资者均可进行收购。实际上,收购人需具有实际履约能力,需要具备强大的经济实力。否则,不得进行上市公司收购,目标公司也不得向其提供任何形式的财务资助。[①] 为避免无实力、不诚信的收购人"空手套白狼",有5种消极资格设置,旨在将无实力、不诚信的收购人拒之于门外。凡是具备以下5种情形之一,即不得进行上市公司收购:(1)收购人负有数额较大债务,到期不能清偿,且处于持续状态;(2)收购人最近3年有重大违法行为或者涉嫌有重大违法行为;(3)收购人最近3年有严重的证券市场失信行为;(4)作为自然人收购人,具有依法不能担任董事、监事和高管的消极资格的;(5)依照有关法律、行政法规以及中国证监会的规定不得收购上市公司的其他情形。

收购人需承担信息披露、发出收购要约、报送上市公司收购报告等义务,且不得利用收购损害目标公司及其股东的合法权益,并应就其承诺的具体事项提供充分有效的履行保证。对于一致行动人而言,这些规定同样适用。违者,即应承担相应的法律责任,包括民事责任和行政责任。[②] 民事责任适用于收购人或其控股股东利用上市公司收购损害目标公司及其股东合法权益的情形。此时,收购人应承担由此给目标公司及其股东造成的损失。至于行政责任,不仅适用于这种情形,也适用于收购人未履行信息披露、发出收购要约、报送上市公司收购报告等义务,或擅自变更收购要约的情形。收购人未履行信息披露、发出收购要约、报送上市公司收购报告等义务的,或擅自变更收购要约的,在改正之前,收购人对其收购或者通过协议、其他安排与他人共同收购的股份,不得行使表决权。

(二)目标公司及其股东、董事、监事和高管

目标公司系上市公司收购中的被收购人,即收购所指向的目标。收购的客体为目标公司的股份,收购人与目标公司的股东进行交易,而非与目标公司自身

---

① 参见我国《上市公司收购管理办法》第8条第2款。
② 参见我国《证券法》第213—214条。

进行交易,只不过通过该交易,收购人获得对目标公司的控制权。

至于目标公司的控股股东或实际控制人,则有义务对收购人的收购意图、实力进行调查,并将调查情况予以披露。其自身也不得滥用股东权利损害目标公司或其他股东的利益,若其自身或关联人具有占用、违规担保等损害公司和其他股东利益的情形,即应主动消除损害,未消除损害之前,不得转让公司控制权。如控制权转让收入仍无法消除损害,则应由其就未消除损害的部分提出充分有效的履约保证,并经过股东大会批准。

在收购过程中,目标公司的董事、监事和高管对目标公司及其股东的忠实义务与勤勉义务仍然适用。其有义务公平对待所有的收购人。在要约收购期间,董事不得辞职。目标公司董事会可以采取适度的反收购措施,适当性体现为两个方面①:一是该措施需有利于维护本公司及其股东的利益,不得损害公司及其股东的合法权益;二是不得滥用职权对收购设置不适当的障碍。

(三) 财务顾问

财务顾问乃上市公司收购的必要辅助人,由在中国注册的具有从事财务顾问业务资格的专业机构担任。收购人未依法聘请财务顾问的,不得收购上市公司。其职责就是对收购人进行事前把关、事中跟踪和事后督导。② 财务顾问在执行职务时,应勤勉尽责,遵守行业规范和职业道德,保持独立性,保证其所制作、出具文件的真实性、准确性和完整性。凡是其认为收购人利用上市公司的收购损害被收购公司及其股东合法权益的,即应拒绝为收购人提供财务顾问服务。

事前把关方面,财务顾问负责对收购人的主体资格、收购目的、实力、诚信记录、资金来源和履约能力进行尽职调查,就规定的事项进行说明和分析,逐项发表明确意见。事中跟踪则是要求其关注目标公司是否存在为收购人及其关联方提供担保或借款等损害公司利益的情形,如发现有不当行为,应及时向中国证监会、证监局和证券交易所报告。至于事后持续督导,则是在督导期内,即收购人公告上市公司收购报告书至收购完成后的 12 个月内持续督导收购人,以防收购人侵害目标公司及其中小股东的合法权益。③

如财务顾问及其专业人员未依法履行职责,中国证监会责令改正,采取监管谈话、出具警示函等监管措施,并移交相关专业机构主管部门处理。如其制作、出具的文件中有虚假记载、误导性陈述或者重大遗漏,则应没收业务收入,暂停或者撤销证券服务业务许可,并处以业务收入 1—5 倍的罚款。对直接负责的主管人员和其他直接责任人员给予警告,撤销证券从业资格,并处罚款 3—10

---

① 参见我国《上市公司收购管理办法》第 8 条第 2 款。
② 参见我国《上市公司收购管理办法》第 9 条。
③ 参见我国《上市公司收购管理办法》第 69、71 条。

万元。①

五、权益披露

为确保目标公司中小股东免遭突袭或内幕交易、股价操纵等行为的侵害,大额持股权益披露制度已然成为通例(表20-1)。这既是上市公司收购法律制度的重点,也是监管机关对上市公司实施监管的有效手段。上市公司持续信息披露的义务主体为发行人和上市公司,而上市公司收购中的大额持股权益披露义务主体,则是持股达到特定比例的投资者或一致行动人。权益披露不仅适用于投资者因场内交易所拥有的权益达到披露标准的情形,而且适用于通过协议转让、行政划拨或变更、执行法院裁定或仲裁裁决以及继承、赠与等方式所拥有的权益达到披露标准的情形。②

表 20-1　各国权益披露标准之比较③

国别	预警点	继续报告的标准	报告时限
中国	5%	±5%	3日
美国	5%	±1%	10日
英国	3%	±1%	2日
法国	5%	10%、20%、1/3、2/3	5日
意大利	5%	±5%	30日
德国	5%	10%、25%、50%、75%	
奥地利	5%	10%、25%、50%、75%、90%	7日

(一) 台阶规则

首先是预警点。投资者持有上市公司股份达到特定比例,即达到预警点就应进行信息披露。绝大多数国家均将预警点确定为5%,我国亦然(表20-1)。④一致行动人的持股须合并计算。如投资者所拥有的权益因上市公司减资而达到预警点,可免于信息披露。但是,上市公司应自完成减资的变更登记之日起2个工作日内,就此引起的股份变动情况进行公告。如投资者因此所拥有权益的股份达到或超过上市公司已发行股份的20%,应自公司董事会公告有关减资之日起3个工作日内,依法进行信息披露。⑤

再就是持续披露的标准。投资者进行预警信息披露后,其持股增减达到一定比例,亦须公开披露。法国、德国、奥地利等采用确切的持续披露台阶,美国、

---

① 参见我国《证券法》第223条,《上市公司收购管理办法》第81条。
② 参见我国《上市公司收购管理办法》第13—15条。
③ 参见朱羿锟:《公司控制权配置论》,经济管理出版社2001年版,第438页。
④ 参见我国《证券法》第86条,美国《威廉姆斯法案》第13条。
⑤ 参见我国《上市公司收购管理办法》第19条。

英国和意大利等则采用增减幅度来确定持续披露台阶。我国也是采用增减幅度来确定持续披露台阶:投资者持股达到前述5%台阶后,每增减5%,均应公开披露(表20-1)。

至于披露范围,则有简要披露与详细披露之分,以其拥有的权益是否达到20%为准。① 如投资者拥有的权益占上市公司已发行股份的5%—20%,即可进行简要披露。如投资者所拥有的权益占上市公司已经发行股份的20%—30%,则应进行详尽信息披露。权益变动报告书不仅要包括简要披露的信息,还应披露投资者及其一致行动人的控股股东、实际控制人及其股权控制关系结构图,取得相关股份的价格、所需资金额、资金来源,以及其他支付安排等7项内容。

(二) 披露时限与方式

就披露时限而言,无论是最初预警点的权益披露,还是进行持续披露,投资者或一致行动人均应在该事实发生之日起3日内进行信息披露。自披露之日起6个月内,投资者需再次进行披露的,只需就与前次报告书不同的部分进行披露即可。

至于披露方式,则有报告、通知和公告等三种形式。一是向中国证监会和证券交易所报告,该报告需为书面形式。二是通知该上市公司。三是发布公告。② 无论是进行预警点权益披露,还是持续披露,在报告期内前述投资者或一致行动人均不得再行买卖该上市公司的股票。对于持续披露,在作出报告、公告后2日内,也不得再行买卖该上市公司的股票。③

六、上市公司收购的完成

一旦完成收购,收购人即应在15日内,向中国证监会和证券交易所报告收购情况,并予以公告。对于国家授权投资的机构持有的上市公司的股份而言,其收购需依据国务院的规定,经有关主管部门批准,方可生效。④ 收购人违反该义务,则应承担相应的行政责任,其直接负责的主管人员和其他直接责任人员,亦然。

至于法律效果,则有三个方面:其一,终止上市和公司形式变更。在完成收购后,目标公司股权结构发生巨大变化。其股权可能因为收购而高度集中,从而不再符合上市条件或股份有限公司的条件,目标公司股票即应在证券交易所终止上市,或变更公司形式。如遇终止上市的情形,其余仍持有目标公司股票的股东,有权向收购人以收购要约的同等条件出售其股票,收购人应当收购,以确保

---

① 参见我国《上市公司收购管理办法》第16—17条。
② 参见我国《上市公司收购管理办法》第21条。
③ 参见我国《证券法》第86条。
④ 参见我国《证券法》第100、101条。

股东平等的退出机会。① 其二,被解散公司股票的更换。若收购人通过收购,而合并目标公司,则目标公司因收购完成而归于消灭。对于目标公司的原有股票,收购人应依法予以更换。② 其三,收购股票转让的锁定期。为抑制收购人的投机行为,收购人所持有的目标公司的股份,在收购完成后12个月内属于锁定期。在此期限内,收购人不得转让该股票。如其所拥有的权益在同一实际控制人控制的不同主体之间进行转让,不受该锁定期之限。③

第二节 要约收购

一、要约收购概述

要约收购,亦称公开收购,是指要约人通过向目标公司所有股东发出在要约期内以一定价格购买其持有股份的意思表示所进行的收购。作为上市公司收购的主流方式,其目的自然是获取目标公司的实际控制权。

引例 20-3

南钢联合要约收购南钢股份④

2003年3月12日,复星集团及其关联企业与南钢股份(600282)的控股股东南钢集团合资设立南钢联合有限公司。南钢集团以其持有的南钢股份的国有股35760万股(占70.95%)及其他部分资产、负债合计11亿元作为出资,占总股本的40%,复星集团及其关联公司以现金出资16.5亿元,占南钢联合60%的股权。8月8日,南钢联合正式挂牌,国内首例要约收购终于功德圆满。

与协议收购相比,要约收购的显著特点为向全体目标公司的全体股东发出收购要约。其特征为:其一,公开性。要约收购需向目标公司所有股东发出收购要约。这是因为,目标公司股东人数众多,且变动不居,为确保所有股东获得平等对待,自应向不特定对象公开要约,以便股东知情。其二,公平性。表现为三

---

① 参见我国《证券法》第97条,《上市公司收购管理办法》第44条。
② 参见我国《证券法》第99条。
③ 参见我国《证券法》第98条,《上市公司收购管理办法》第74条第2款。
④ 参见王璐、童颖:《上市公司购并调查》,载《上海证券报》2005年4月1日。

方面,一是所有股东接受的收购条件均相同。① 收购人需对所有股东一视同仁,不得厚此薄彼。二是所有股东接受要约的机会均等。三是在部分要约收购情形下,若股东承诺出售的股份超过预定收购的股份数额,所有承诺的股东均有权按比例出售,收购人则需按比例进行收购。其三,期限性。要约收购具有期限性。该期限过短,对目标公司的股东不公平,难以在短期内作出理性决策;若是过长,则容易为证券市场带来消极影响。比如,在要约有效期限内,收购人所持有的目标公司股份处于冻结状态,而目标公司股东一旦承诺收购要约,其股票亦处于冻结状态,要约期限过长就会影响目标公司股票交易。我国为要约期限规定了上限和下限:不得少于30日,但又不得多于60日,出现竞争要约的除外。② 其四,排他性。要约收购具有排他性。一旦发出收购要约,收购人即不得采用要约规定以外的形式收购上市公司的股份。③ 易言之,要约收购排斥其他收购形式。

二、要约收购的类型

依据不同标准,可以将要约收购区分为不同类型。依据收购人是否自愿发出收购要约,可以将其分为强制要约收购和自愿要约收购。依据收购要约标的是否为目标公司其他股东持有的全部股份,则可以分为全部要约收购和部分要约收购(图20-1)。依据收购人支付对价的形式,可以分为现金收购和易券收购。无论何种形式,收购人预定收购的股份比例不得低于上市公司已发行股份的5%。④

(一) 全部要约收购和部分要约收购

全部要约收购,是指以目标公司所有股东持有的全部股份为标的的要约收购。部分要约收购,则是指收购人对上市公司所有股东发出收购要约,要约中说明准备收购的股权比例上限、准备收购的流通股数量及收购价格。它虽以收购一定量的股份为必要条件,比如,预定收购的股份不得低于目标公司已发行股份的5%,但收购人因此所持股份原则上不触发全面要约收购。我国不仅准许收购人进行全部要约收购,也准许其进行部分要约收购,有助于降低收购成本,激活上市公司收购。在部分要约收购情形下,收购期限届满,若目标公司股东承诺出售的股份数额超过预定收购的股份数额,则收购人需按比例进行收购。⑤

(二) 现金收购和易券收购

现金收购,是指收购人以现金支付要约收购对价的收购方式,而易券收购,

---

① 参见我国《证券法》第92条,《上市公司收购管理办法》第26条。
② 参见我国《证券法》第90条第2款,《上市公司收购管理办法》第37条。
③ 参见我国《证券法》第93条,《上市公司收购管理办法》第46条。
④ 参见我国《上市公司收购管理办法》第25条。
⑤ 参见我国《证券法》第88条。

则是指收购人以股票或其他证券支付要约收购对价的收购方式。诚然,收购人可以采用部分现金收购,部分易券收购。

(三) 强制要约收购和自愿要约收购

强制要约收购,是指收购人所持有目标公司股份达到一定比例,并拟继续增持,就必须向目标公司全体股东发出购买该公司全部或部分股份的要约所完成的收购。英国开此先河,法国和英国原殖民地纷纷仿效。① 这也是我国要约收购的主要形式,只要通过证券交易所的证券交易,投资者持有上市公司股份达到30%,继续进行收购的,就必须采用强制要约收购方式。

自愿要约收购,是指收购人自主决定通过发出收购要约以增持目标公司股份而进行的收购。美国、德国、日本、澳大利亚、韩国以及我国台湾地区采用该方式。英国采用强制要约收购,同样准许自愿要约收购。我国《证券法》虽无明确规定,《上市公司收购管理办法》第 23 条已予以明确认可。

三、要约收购规则

(一) 触发条件

自愿要约收购无所谓触发条件,只要其预定收购的股份为上市公司已发行股份的 5% 以上即可。对于强制要约收购,则有触发收购义务的条件。一般以投资者持有目标公司股份达到一定比例为触发条件,英国为 30%,我国香港为 35%。我国《证券法》也规定为 30%。② 投资者或一致行动人通过证券交易所的证券交易,持有一个上市公司已发行的股份达到 30% 时,继续进行收购的,即须启动强制要约收购程序。如通过协议收购或类似安排,拟收购上市公司股份超过 30%,亦须改用强制要约收购。③

(二) 上市公司收购报告书

收购人在发出收购要约前,须向中国证监会报送上市公司收购报告书,同时提交证券交易所,并通知目标公司。该报告基本上属于备案性质。证监会须在收到该报告后 15 日内进行审查。如发现不符合法律、行政法规的情形,应及时告知收购人,收购人便不得公告收购要约。证监会未异议的,即意味着收购人可以依法公告收购要约。收购人在发出收购要约前,尚可申请取消收购计划,并予以公告,但自公告之日起 12 个月内,该收购人不得再次对同一目标公司进行收购。④

为确保该报告内容的真实性、准确性和完整性,收购人应聘请律师对其进行

---

① 参见英国《城市守则》第 9 条,我国香港《收购与合并守则》第 26 条。
② 参见英国《城市守则》第 9 条,我国香港《收购与合并守则》第 26 条,我国《证券法》第 88 条。
③ 参见我国《证券法》第 96 条,《上市公司收购管理办法》第 30 条。
④ 参见我国《上市公司收购管理办法》第 28、31 条。

审核,并出具法律意见书。至于收购人履约能力的评判等事项,则应由收购人所聘请的财务顾问进行评估,出具专业意见。法律意见和专业意见应与该报告书一并公告。

(三) 收购要约

1. 公告时间

收购要约的公告,在中国证监会审查的期限届满后,未提出异议时方可刊登。若在期限内,中国证监会提出异议,即不得予以公告。

2. 收购价格

收购价格的确定方式因目标公司股份是否流通而异。[1] 如已经全部流通,同种类股票的价格以不低于下列价格中较高者为准:(1) 在提示性公告日前6个月内,收购人买入该种股票所支付的最高价格;(2) 在提示性公告日前30个交易日内,该种股票的每日加权平均价格的算术平均值。如目标公司股份并未全部流通,上市交易部分按照前述方法确定其价格,而未上市交易部分的要约收购价格以不低于下列价格中较高者为准:(1) 在提示性公告日前6个月内,收购人取得被收购公司未上市交易股份所支付的最高价格;(2) 被收购公司最近一期经审计的每股净资产值。如遇特殊情况,需对前述价格进行调整,应事先征得证监会同意。若收购人提出的收购价格显失公平,中国证监会可要求其作出调整。

3. 要约的有效期

要约的有效期不得少于30日,但不得超过60日。

4. 要约的撤销

要约的撤销,是指要约人在要约生效后,将该要约取消,从而消灭要约的效力。依据我国《证券法》第91条,要约一经生效,即不得撤销。

5. 要约的变更

在要约有效期内,如要约收购报告书所披露的基本事实发生重大变化,收购人应在该变化发生之日起2个工作日内,报告中国证监会,抄报证监局,抄送证券交易所,通知目标公司,并予以公告。如欲变更收购要约的条件,则需事先报告中国证监会和证券交易所,获得中国证监会批准后,方可进行变更,并予以公告。但是,在收购要约期满前15日内,不得变更收购要约条件。若遇竞争要约,初始要约人虽可变更要约条件,但该变更距收购要约期满不足15日的,应延长要约有效期。延长后的有效期不得少于15日,也不得超过最后一个竞争要约的期满日,并按比例追加履约保证金。[2]

---

[1] 参见我国《上市公司收购管理办法》第35条。
[2] 参见我国《证券法》第91条,《上市公司收购管理办法》第39—41条。

(四) 目标公司董事会的行为

目标公司董事会并非收购法律关系的主体,但作为其忠实义务和勤勉义务的体现,亦应在收购时就收购人的主体资格、诚信记录、收购条件的公允性以及是否接受收购要约向股东提供建议,以便股东理性选择。同时,不得作出损害公司和股东合法权益的行为。[①]

核心在于董事会报告书。董事会应就收购人的主体资格、资信情况及收购意图进行调查,对要约条件进行分析,对股东是否接受要约提出建议,形成董事会报告书。董事会可由其财务顾问提出专业意见。如遇管理层收购,则应由独立董事聘请财务顾问。该报告书与专业意见应于发出要约后20日内完成,报送中国证监会,同时抄报证监局,抄送证券交易所,并予以公告。如收购人对收购要约条件作出重大更改,目标公司董事会应在3个工作日内将其就要约条件的更改情况所出具的补充意见提交董事会及财务顾问,并予以报告、公告,以便股东决策参考。

就其行为准则而言,面对要约收购,董事会所作决策和采取的措施,应有利于维护本公司及其股东的合法权益,且董事不得辞任。自收购人作出提示性公告直至收购完成,董事会的职责限于继续从事正常的经营活动,或执行股东大会已经作出的决议。如涉及公司资产处置、对外投资、调整公司主要业务、担保、贷款等对公司的资产、负债、权益或者经营成果有重大影响的事项,需经股东大会批准。否则,不得采取前述行动。

(五) 预受

预受,是指受要约人同意接受要约的初步意思表示,在要约不可撤回之前不构成承诺。要约收购的结果需在收购要约有效期届满后才能计算出来,预受股东在该期限内的预受尚不构成法律上的承诺。但是,预受股东一经预受,并将其股票交由证券登记结算机构临时保管,则在要约有效期内不得再进行任何形式的转让。当然,预受股东有权在要约不可撤回之前,即要约期限届满3个交易日前撤回预受要约。此时,证券登记结算机构即可解除对预受要约股票的临时保管。在要约期内,收购人应当每日在证券交易所网站上公告已预受收购要约的股份数量。如遇竞争要约,接受初始要约的预受股东撤回全部或部分预受的股份,并将其售予竞争要约人,应由证券公司办理撤回预受初始要约的手续和预受竞争要约的相关手续。[②]

(六) 竞争要约

在要约收购有效期内,可能出现多个收购人的竞争要约。发出竞争要约的

---

① 参见我国《上市公司收购管理办法》第32—33条。
② 参见我国《上市公司收购管理办法》第42条。

收购人最迟不得晚于初始要约期届满前 5 个交易日发出要约收购的提示性公告。竞争要约的收购人也是收购人,自应履行收购人的收购报告义务。证监会收到要约收购报告书后 15 日内未提出异议的,收购人即可公告其收购要约。

(七)收购要约的履行

收购人需依约定的期限、价格支付收购股票的对价,受要约人需向要约人交付股票。收购人支付对价的形式可以是现金,或依法可以转让的证券。对于以退市为目的的全面要约和证监会强制收购人发出的全面要约,则必须向被收购公司股东提供现金选择。

为确保收购要约的履行,收购人需在发布提示性公告时,向证券登记结算机构交付一定履约保证金和证券。以现金为对价的,向证券登记结算机构指定的银行账户交付的履约保证金不少于收购总金额的 20%,并依法办理限制提取手续。如以可转让的证券为对价,则应将用于支付的全部证券交由证券登记结算机构保管,根据证券登记结算机构的业务规则不在保管范围内的除外。如遇收购人取消收购计划,可以申请解除对履约保证金的冻结或对相关证券的保管。①

一旦要约收购期满,对于部分要约收购,收购人应依收购要约约定的条件购买目标公司股东预受的股份。如预受要约股份的数量超过预定收购数量,收购人应按同等比例收购预受要约的股份。对于以终止目标公司上市地位为目的的收购,收购人应依收购要约约定的条件,购买目标公司股东预受的全部股份,未取得证监会豁免而发出全面要约的收购人亦然。要约期届满后 3 个交易日内,受委托的证券公司应向证券登记结算机构申请办理股份转让结算、过户登记手续,解除对超过预定收购比例的股票的临时保管。收购人则应公告本次要约收购的结果。②

四、要约收购的豁免

(一)豁免事项

要约收购的豁免仅适用于通过协议收购而触发要约收购义务的情形,对于收购人或一致行动人通过证券交易所的证券交易收购流通股,进而触发要约收购义务的情形,证监会无豁免权。③ 豁免事项有两种④:(1)免于以要约收购方式增持股份;(2)收购人存在主体资格、股份种类限制或者法律、行政法规、中国证监会规定的特殊情形的,免于向被收购公司的所有股东发出收购要约。只要未取得豁免,收购人即需在得到中国证监会通知之日起 30 日内,将其直接控

---

① 参见我国《上市公司收购管理办法》第 36 条。
② 参见我国《上市公司收购管理办法》第 43 条。
③ 参见我国《证券法》第 88、96 条。
④ 参见我国《上市公司收购管理办法》第 61 条。

的股东所持有的该公司股份减持到 30% 以下。如欲以要约以外的方式继续增持股份,即应采用全面要约收购。

(二) 豁免的类型

豁免因豁免事由和证监会适用的程序的差异,可以分为核准制豁免、备案制豁免和自动豁免三种类型。[①]

核准制豁免适用于四种情形:(1) 收购人与出让人能够证明本次转让未导致上市公司的实际控制人发生变化;(2) 上市公司面临严重财务困难,收购人提出的挽救公司的重组方案取得该公司股东大会批准,且收购人承诺 3 年内不转让其在该公司中所拥有的权益;(3) 经上市公司股东大会非关联股东批准,收购人取得上市公司向其发行的新股,导致其在该公司拥有权益的股份超过该公司已发行股份的 30%,收购人承诺 3 年内不转让其拥有权益的股份,且公司股东大会同意收购人免于发出要约;(4) 中国证监会为适应证券市场发展变化和保护投资者合法权益的需要而认定的其他情形。对此,收购人可向证监会申请豁免。证监会在受理后 20 个工作日内作出是否准予豁免的决定。取得豁免的,方可完成本次增持行为。

备案制豁免则适用于以下四种情形:(1) 经政府或者国有资产管理部门批准进行国有资产无偿划转、变更、合并,导致其在一个上市公司中拥有权益的股份占该公司已发行股份的比例超过 30%;(2) 因上市公司按照股东大会批准的确定价格向特定股东回购股份而减少股本,导致当事人在该公司中拥有权益的股份超过该公司已发行股份的 30%;(3) 证券公司、银行等金融机构在其经营范围内依法从事承销、贷款等业务导致其持有一个上市公司已发行股份超过 30%,没有实际控制该公司的行为或者意图,并且提出在合理期限内向非关联方转让相关股份的解决方案;(4) 中国证监会为适应证券市场发展变化和保护投资者合法权益的需要而认定的其他情形。此时,相关当事人均可申请豁免。证监会在受到申请文件之日起 10 个工作日内,没有异议的,即告取得豁免。相关投资者可以向证券交易所和证券登记结算机构申请办理股份转让和过户登记手续。

自动豁免则适用于以下三种情形:(1) 收购人在一个上市公司中拥有权益的股份达到或超过该公司已发行股份的 30% 的,自上述事实发生之日起一年后,每 12 个月内增加其在该公司中拥有权益的股份不超过该公司已发行股份的 2%;(2) 收购人在一个上市公司中拥有权益的股份达到或超过该公司已发行股份的 50% 的,继续增加其在该公司拥有的权益不影响该公司的上市地位;(3) 因继承导致在一个上市公司中拥有权益的股份超过该公司已发行股份的 30%。

---

① 参见我国《上市公司收购管理办法》第 62—63 条。

此时,相关投资者自动取得豁免,可直接向证券交易所和证券登记结算机构申请办理股份转让和过户登记手续,并在权益变动行为完成后 3 日内就股份增持情况作出公告,律师应就相关投资者权益变动行为发表符合规定的专项核查意见并由上市公司予以披露。

第三节 协议收购

一、协议收购的概念与特征

协议收购,是指收购人在场外,通过与目标公司股东协商一致达成协议,受让其持有股份所进行的上市公司收购。股权分置改革前,它曾是非流通股的国有股和法人股流转的主渠道。股权分置改革后,对于大额股权转让而言,它仍有用武之地(引例 20-4)。

引例 20-4

平安收购深发展[①]

2009 年 6 月 12 日,中国平安和深发展同时公告称,中国平安预计收购深发展不超过 30% 的股权,取代新桥投资成为深发展控股股东。这是一个"两截式"股权交易:(1)深发展以定向增发的方式向中国平安增发 3.7 亿—5.85 亿股新股,每股定价 18.26 元;(2)中国平安与深发展原大股东新桥投资达成协议,承诺在 2010 年 12 月 31 日前以现金或换股方式,收购新桥手中的 16.76% 深发展股权。2010 年 9 月 1 日,中国平安公告称,由中国平安以所持平安银行的约 78.25 亿股股份以及认购对价现金,以每股价格 17.75 元认购深发展非公开发行的约 16.39 亿股股份,总估值为 291 亿元,而平安银行以 2010 年 6 月 30 日为评估基准日的预估值亦为 291 亿元(86.23 亿股),平安银行全部股份对深发展换股对价为每 5.26 股换 1 股。交易完成后中国平安及其关联方持有的深发展股份比例将超过 50%,成为控股股东。2012 年 7 月,深发展更名为平安银行。

---

① 参见银监复〔2012〕397 号;黄河:《深发展:新桥平安交班》,载《南风周末》2009 年 6 月 17 日。

表 20-2　协议收购与要约收购之比较

		要约收购	协议收购
触发条件	持股＞30%	√	×
报告时间		要约前	协议之后
收购期限		30—60 日	无
公开性		√	×
公平性		√	×
排他性		√	×

协议收购的特征为：第一，无最低触发条件。只要收购人与目标公司股东就股权买卖达成协议，从而完成收购，即属于协议收购。当然，协议收购有最高比例限制。一旦收购人或一致行动人通过协议收购的股份达到目标公司总股份30%时，继续进行收购的，除取得证监会豁免外，必须转而采用要约收购方式。[①]第二，收购主体的特定性。在协议收购中，收购人与目标公司的特定股东进行一对一谈判，收购双方均具有特定性。在要约收购中，作为出让人的目标公司股东，则具有不特定性。要约收购条件适用于所有股东，任何股东均可在要约有效期内作出承诺。第三，书面收购协议。协议收购的收购人应与目标公司的股东订立股权转让协议，以书面协议为形式要件。而在要约收购中，收购人无须与目标公司股东订立这种协议。第四，非公开性。要约收购的显著特征就是公开性，协议收购则不具有公开性，买卖双方的一对一谈判具有秘密性。在依法公告收购报告书前，局外人并不知晓买卖双方的交易条件（表 20-2）。股份转让协议报送证监会和证券交易所时，双方早已达成协议。而在要约收购中，收购人公告收购要约时，根本不存在与任何目标公司股东的协议，甚至不知道与谁进行股份交易。协议收购所公告的是交易的结果，而要约收购所公告的是交易的条件。第五，非公平性。在要约收购中，收购要约的条件适用于所有股东，一视同仁。在协议收购中，收购人可以给予不同股东不同的收购条件。第六，非期限性。为维护证券市场的稳定，要约收购具有严格的时限性，要约有效期只能为 30—60 日。而在协议收购中，因收购人与目标公司股东的谈判具有秘密性，多长时间达成协议完全由当事人自主控制。第七，非排他性。要约收购具有排他性。一旦采用该方式，即排斥其他收购方式的采用。而协议收购则不具有排他性。收购人不仅可以与特定股东进行秘密协商，还可同时在场内进行集中竞价交易（表20-2）。

---

① 参见我国《证券法》第 96 条。

二、协议收购规则

（一）收购协议

收购人应依法与目标公司的股东达成收购协议。协议收购虽不具有公开性，但是收购报告书应公开披露该协议的有关内容，以便其他股东和社会公众知情。双方当事人达成收购协议后，收购人应在3日内将其报告中国证监会和证券交易所，并予以公告。在公告之前，不得履行收购协议。

（二）权益变动报告书与收购报告书

收购报告的内容则因所收购股份的数量而异。如收购人因协议收购所拥有的股份不超过目标公司已发行股份的30%，披露权益变动报告书即可。所取得权益占目标公司已发行股份的5%—20%，实行简要披露；如为20%—30%，则进行详细披露。

一旦收购人所获股份超过目标公司已发行股份的30%，且依法获得要约收购之豁免，收购人即应自与目标公司股东达成收购协议起3日内，编制收购报告书。其内容应包括要约收购报告书的相关内容，并载明协议生效条件和付款安排。该报告由收购人委托财务顾问提交证监会和证券交易所，抄报证监局，通知被收购公司，并对收购报告书摘要作出提示性公告。证监局自收到该报告之日起5日内，向目标公司所在地的市级和省级政府就目标公司控制权可能发生变化的情况征求意见。收购报告亦实行备案制。只要在其报送该报告和相关文件后15日内，证监会未提出异议，即可公告收购报告书、财务顾问专业意见和律师出具的法律意见书。如证监会发现收购报告书不符合法律、行政法规及相关规定，应及时告知收购人，收购人未纠正前，不得公告收购报告书，在公告前不得履行收购协议。①

（三）过渡期

过渡期，是指自收购协议签订到相关股份完成过户的期间。此间，目标公司不得改选董事，不得公开发行股份募集资金，不得进行重大购买、出售资产及重大投资行为，不得为收购人及其关联方提供担保或与其进行其他关联交易。但是，收购人为挽救陷入危机或面临严重财务困难的上市公司，不在此限。

（四）股份过户登记

相关当事人申请办理协议转让的股份过户登记需符合两项条件：一是当事人已履行报告与公告义务，并经证券交易所确认；二是有转让款项的全额支付凭

---

① 参见我国《证券法》第94条第2—3款，《上市公司收购管理办法》第47—49条。

证或支付保障,并经相关当事人认可。不符合条件的,均不得办理股份过户登记手续。办理过户登记虽无期限限制,但收购报告书公告之后 30 日内仍不能完成股份过户登记的,应予立即公告。只要未完成过户登记,此后每隔 30 日均应公告相关股份过户办理的进展情况。①

---

① 参见我国《上市公司收购管理办法》第 55 条。

第二十一章 证券投资基金

第一节 证券投资基金概述

一、证券投资基金的特征与功能

证券投资基金,是指基金投资人持有的基金份额的凭证(图 17-1)。这是一种利益共享、风险共担的集合证券投资方式,系通过发行基金份额,集中投资者的资金,由基金托管人托管,基金管理人管理和运用,从事股票、债券等金融工具投资,并将投资收益按基金份额持有人所持份额,或基金合同的约定进行分配的新型投资工具。它具有专家理财、规模经济、组合投资、间接投资以及风险较小等特征。一旦选择基金,投资者即成为基金的受益人,与其形成信托关系,而采用股票、债券投资形式,则分别成为公司的股东和债权人。

表 21-1 证券投资基金与股票、债券之比较

	证券投资基金	股票	债券
出资人地位	受益人	股东	债权人
风险	较小	大	小
收益的确定性	×	×	√
间接投资	√	×	×
投资回收期限	无(开放式)	无	到期即还本息

证券投资基金提供理财服务,让投资人分享经济增长和证券市场发展的成果。证券投资基金的发展,有助于引导储蓄转化为投资,将资金引入资本市场,降低银行的金融风险,为商主体在资本市场筹集资金创造更好的融资环境,提高直接融资的比例,优化资源配置。基金还可通过为社保基金和保险资金提供专业化的投资服务成为社保基金、保险资金保值增值的重要渠道。

> **引例 21-1**
>
> ### 资本市场的证券投资基金举足轻重[①]
>
> 截至 2012 年,全国共有基金管理公司 77 家,已有 20 家在香港设立子公司,管理证券投资基金 1173 只,2013 年达到 1552 只,基金资产净值总额 2.87 万亿,证券投资基金持股市值为 1.35 万亿元,占沪深流通市值的 7.59%。其中,合资基金管理公司 43 家,占 56%。合格境外机构投资者(QFII)207 家,QFII 总资产 3305 亿元,持股市值占沪深股市流通市值的 1.4%。

二、证券投资基金的类型

(一) 契约型基金和公司型基金

根据基金的组织形式,可以分为契约型基金和公司型基金。契约型基金,亦称信托制基金,是指依据基金合同设立,基金份额持有人、基金管理人和基金托管人等当事人的权利、义务依法由基金合同约定的基金。其特点是必须有人履行受托职责,对基金投资者负责。有的国家由基金托管人担任受托人,有的由基金管理人担任,有的则在基金管理人、基金托管人外单独设立受托人,有的由基金管理人、基金托管人共同履行。在我国,公募基金的受托职责由基金管理人和基金托管人共同履行(图 21-1)。[②]

公司型基金,是指依据基金章程设立,基金持有人、基金董事会的权利、义务依法由基金章程规定的基金。基金董事会代表基金持有人委任基金管理人和基金托管人,并依法由委托合同确定各方权利、义务。该基金的董事会,相当于契约型基金中履行受托职能的人,对基金投资者负责,并负责监督基金管理人和基金托管人。这是基金业较发达的国家采用的主要组织形式,我国也认可这种组织形式。[③]

(二) 封闭式基金和开放式基金

根据基金的运作方式,可以分为封闭式基金、开放式基金和其他运作方式的基金。封闭式基金,是指经核准的基金份额总额在基金合同期限内固定不变,基金份额可以在依法设立的证券交易场所交易,但基金份额持有人不得申请赎回

[①] 参见中国证监会:《中国证券监督管理委员会年报(2012)》,中国财政经济出版社 2013 年版,第 19—20、40 页。

[②] 参见我国《证券投资基金法》第 3、51 条。

[③] 参见我国《证券投资基金法》第 154 条。

> **引例 21-2**
>
> ### 京东8.8：互联网证券投资基金①
>
> 2014年4月15日，京东推出的超级理财产品"京东8.8"，追求超越8.8%的固定年化现金支付率。其背后绑定的不是货币基金，而是混合型证券投资基金：国泰安康养老定期支付基金。基金契约规定，每季度按时、按约定的年化支付比率给付投资者现金，最终年化支付率达到8.8%。

的基金。其份额持有人在基金存续期内，只能在规定的场所转让其所持基金份额，但不得请求基金管理人赎回。开放式基金，是指基金份额总额不固定，基金份额可以在基金合同约定的时间和场所申购或者赎回的基金。其份额持有人可依据基金份额的资产净值，在规定的时间和场所赎回其所持基金份额。交易型开放式指数基金亦可上市交易。② 对于其他运作方式，《证券投资基金法》第46条授权证监会对其基金份额发售、交易、申购、赎回的办法，另行规定。

（三）公募基金和私募基金

根据基金的募集方式，还可以分为公募基金和私募基金。公募基金可以向社会公众公开发布信息并募集资金，而私募基金则只能在有限范围内向特定对象募集资金。在我国，证券投资基金既可采用公募方式，亦可采用私募方式，唯私募基金只能面向合格投资者募集，且不能超过200人。

三、基金合同

基金合同，是指约定本基金合同当事人之间基本权利义务、基金运作方式等事项的协议。基金合同之于基金，犹如章程之于公司。基金合同均应具备必备事项，对于公募基金而言，基金合同系基金募集时上报中国证监会的必备文件之一，基金募集完毕，需依法向证监会办理备案手续，方可生效。

（一）当事人

无论是公募基金，还是私募基金，基金合同均有多方当事人。至于公募基金，既有在基金合同上签章的基金发起人、基金管理人和基金托管人，也有无须在合同上签字的为数众多的基金份额持有人，他们自取得基金份额时起才成为当事人（图21-1）。实际上，他们系以持有基金份额之行为，作为接受该合同的

---

① 参见贺骏：《互联网金融产品花样百出 京东8.8 打收益概念擦边球》，载《证券日报》2014年4月16日。

② 参见《上海证券交易所证券投资基金上市规则》第2条。

承诺,而不以书面签章为必要。私募基金当事人则需签订基金合同。

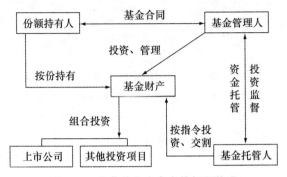

图 21-1 公募基金当事人的相互关系

（二）必备事项

基金合同均应具有必备事项。[①] 公募和私募基金合同的共同必备事项为:基金的运作方式,基金份额持有人、基金管理人和基金托管人的权利、义务,基金的投资限制,基金合同解除和终止的事由、程序,基金财产清算方式,以及当事人约定的其他事项。公募基金还应具有以下事项:(1)募集基金的目的和基金名称;(2)基金管理人、基金托管人的名称和住所;(3)封闭式基金的基金份额总额和基金合同期限,或者开放式基金的最低募集份额总额;(4)确定基金份额发售日期、价格和费用的原则;(5)基金份额持有人大会召集、议事及表决的程序和规则;(6)基金份额发售、交易、申购、赎回的程序、时间、地点、费用计算方式,以及给付赎回款项的时间和方式;(7)基金收益分配原则、执行方式;(8)作为基金管理人、基金托管人报酬的管理费、托管费的提取、支付方式与比例;(9)与基金财产管理、运用有关的其他费用的提取、支付方式;(10)基金财产的投资方向;(11)基金资产净值的计算方法和公告方式;(12)基金募集未达到法定要求的处理方式;(13)争议解决方式。私募基金合同必备的其他事项为:(1)基金的出资方式、数额和认缴期限;(2)基金的投资范围、投资策略;(3)基金收益分配原则、执行方式;(4)基金承担的有关费用;(5)基金信息提供的内容、方式;(6)基金份额的认购、赎回或者转让的程序和方式;(7)基金合同变更的事由、程序。

比较而言,私募基金较为自由。如基金管理人采用有限合伙企业形式,基金合同还应载明:承担无限连带责任的基金份额持有人和其他基金份额持有人的姓名或者名称、住所;承担无限连带责任的基金份额持有人的除名条件和更换程序;基金份额持有人增加、退出的条件、程序以及相关责任;承担无限连带责任的

[①] 参见我国《证券投资基金法》第53、93条。

基金份额持有人和其他基金份额持有人的转换程序。

(三) 成立与生效

私募基金合同适用《合同法》的一般规定,自合同成立之日起生效。公募基金合同则有所不同,自投资者缴纳认购的基金份额的款项时起成立,履行备案手续后才生效。基金募集期限届满,募集的基金份额和份额持有人达到规定的要求,基金管理人应在收到验资报告后10日内,向证监会办理合同备案手续,基金合同即生效。基金合同自生效之日起,直至基金清算结果报证监会备案并公告之日,对基金发起人、基金管理人、基金托管人和基金份额持有人等当事人具有同等的约束力。

(四) 变更与终止

私募基金合同的变更、解除和终止,遵循当事人契约自治。对于公募基金合同,如欲转换运作方式或者与其他基金合并,需符合基金合同的约定,或者由基金份额持有人大会作出变更决议。至于封闭式基金,如需扩募或延长合同期限,不仅需要符合4项条件,而且还要报证监会备案。这4项条件为:(1) 基金运营业绩良好;(2) 基金管理人最近2年内没有因违法违规行为受到行政处罚或者刑事处罚;(3) 基金份额持有人大会决议通过;(4)《证券投资基金法》所定其他条件。①

公募基金合同终止,需具有以下任何事由②:(1) 基金合同期限届满而未延期的;(2) 基金份额持有人大会决定终止的;(3) 基金管理人、基金托管人职责终止,在6个月内没有新基金管理人、新基金托管人承接的;(4) 基金合同约定的其他情形。一旦终止,基金管理人应组织清算组对基金财产进行清算。清算组由基金管理人、基金托管人以及相关的中介服务机构组成。其清算报告需经会计师事务所审计、律师事务所出具法律意见书,报证监会备案,并公告。清算后的剩余基金财产,应按照基金份额持有人所持份额比例进行分配。③

(五) 违约责任

合同即为当事人自定的"法律",任何一方违约均应依法承担违约责任。如属多方当事人违约,各方应就其过错而分别承担违约责任。构成共同违约的,依法承担连带责任。如有一方或多方当事人违约,该合同能够继续履行的,应当继续履行。守约当事方亦有义务采取适当措施,防止损失扩大;若未采取适当措施致使损失扩大的,不得就扩大的损失要求赔偿。守约方因防止损失扩大而支出的合理费用由违约方承担。

---

① 参见我国《证券投资基金法》第80条。
② 参见我国《证券投资基金法》第81条。
③ 参见我国《证券投资基金法》第82—83条。

四、基金财产

（一）概述

基金财产，是指基金投资者缴纳基金份额的款项所形成的财产及其增值部分。这是投资者利益的基础之所在。管理人和托管人的固有财产则是由其股东出资形成的财产及其增值。为维护投资者权益，在基金财产与托管人、管理人的固有财产之间构筑防火墙，乃各国通例，我国自不例外。

基金财产具有独立性，目的就在于确保其安全和独立运作，保护投资者的合法利益。其独立性主要表现为[①]：(1) 基金财产虽由基金管理人管理，但基金财产在基金托管人手中，基金管理人并未实际掌握基金财产，也没有权利从基金托管人手中取走基金财产。而基金托管人虽然掌握基金财产，但并不能具体进行投资运用。(2) 基金财产独立于基金管理人和基金托管人的固有财产，不得归入其固有财产。基金管理人、基金托管人因基金财产的管理、运用或者其他情形而取得的财产和收益，亦应归入基金财产。基金管理人、基金托管人因依法解散、被依法撤销或者被依法宣告破产等原因而终止的，基金财产不属于其清算财产。(3) 基金财产的债权，不得与不属于基金财产的债务相互抵销，不得与基金管理人、基金托管人固有财产的债务相抵，不同基金的债权债务也不得相互抵销。(4) 非因基金财产本身承担的债务，债权人不得对基金财产强制执行。(5) 基金托管人对其托管的不同基金应分别设置账户，确保每只基金的完整性与独立性。

（二）投资规则

基金的特色在于专家理财，投资者希望通过基金经理的理财服务，以资产组合方式投资，实现基金财产保值增值。基金管理人运用基金财产进行证券投资，应当遵守审慎经营规则，制定科学合理的投资策略和风险管理制度，有效防范和控制风险。私募基金具有较大的自主权，基金的投资范围、投资策略和投资限制由基金合同约定。就证券投资而言，限于买卖公开发行的股份有限公司的股票、债券、基金份额，以及证监会规定的其他证券及其衍生品种。

公募基金原则上则应采用组合投资。[②] 资产组合的具体方式和投资比例，自应由当事人依据法律和证监会的规定在基金合同中约定。其投资的证券限于上市交易的股票、债券以及证监会规定的其他证券及其衍生品种，且不得用于以下8种情形：(1) 承销证券；(2) 违规向他人贷款或者提供担保；(3) 从事承担无限责任的投资；(4) 买卖其他基金份额，证监会另有规定的除外；(5) 向基金

[①] 参见我国《证券投资基金法》第5—7、20、37条。
[②] 参见我国《证券投资基金法》第72—73条。

管理人、基金托管人出资;(6)从事内幕交易、操纵证券交易价格及其他不正当的证券交易活动;(7)法律、行政法规和证监会规定禁止的其他活动。至于运用基金财产买卖基金管理人、基金托管人及其控股股东、实际控制人或者与其有其他重大利害关系的公司发行的证券或承销期内承销的证券,或者从事其他重大关联交易,则应符合证监会的规定,依法依规进行,并应遵循基金份额持有人利益优先的原则,防范利益冲突,并履行信息披露义务。

第二节 证券投资基金当事人

一、基金管理人

(一)概述

基金管理人,是指具体对基金财产进行投资运作的机构,可以是公司,也可以是合伙企业。公募基金的管理人由基金管理公司或证监会核准的其他机构担任。至于私募基金管理人,具体规范办法由证监会另行制定。依据我国《证券投资基金法》第94条,其管理人可以采用有限合伙企业形态。专门从事私募基金管理的基金管理人,只要其股东、高级管理人员、经营期限、管理的基金资产规模等合规,经证监会核准,亦可从事公募基金管理。

(二)职责

公募基金管理人应当履行12项职责[①]:依法募集资金,办理基金份额的发售和登记事宜;办理基金备案手续;对所管理的不同基金财产分别管理、分别记账,进行证券投资;按照基金合同的约定确定基金收益分配方案,及时向基金份额持有人分配收益;进行基金会计核算并编制基金财务会计报告;编制中期和年度基金报告;计算并公告基金资产净值,确定基金份额申购、赎回价格;办理与基金财产管理业务活动有关的信息披露事项;按照规定召集基金份额持有人大会;保存基金财产管理业务活动的记录、账册、报表和其他相关资料;以基金管理人名义,代表基金份额持有人利益行使诉讼权利或者实施其他法律行为;证监会规定的其他职责。

为此,基金管理人及其董事、监事、高管和从业人员均不得有以下任何行为[②]:将其固有财产或者他人财产混同于基金财产从事证券投资;不公平地对待其管理的不同基金财产;利用基金财产或者职务之便为基金份额持有人以外的人牟取利益;向基金份额持有人违规承诺收益或者承担损失;侵占、挪用基金财

---

① 参见我国《证券投资基金法》第20条。
② 参见我国《证券投资基金法》第21条。

产;泄露因职务便利获取的未公开信息、利用该信息从事或者明示、暗示他人从事相关的交易活动;玩忽职守,不按照规定履行职责;法律、行政法规和证监会规定禁止的其他行为。违者,由证监会责令基金管理人的董事、监事、高管和从业人员改正,没收违法所得,并处违法所得1—5倍的罚款;没有违法所得或者违法所得不足100万元的,并处罚款10—100万元。基金管理人违法的,还应当对其直接负责的主管人员和其他直接责任人员给予警告,暂停或者撤销其基金从业资格,并处罚款3—30万元。如属侵占、挪用基金财产而取得的财产和收益,则应归入基金财产。法律、行政法规另有规定的,从其规定。

> **引例 21-3**
>
> ### 长城基金原经理韩刚因"老鼠仓"受重罚[①]
>
> 2009年1月6日,韩刚担任久富基金的基金经理。截至2009年8月21日,韩刚利用职务便利及所获取的基金投资决策信息,与妻子史某等人通过网络下单的方式,共同操作韩刚表妹王某于招商证券深圳沙头角金融路营业部开立的同名证券账户从事股票交易,先于或与韩刚管理的久富基金同步买入并先于或与久富基金同步卖出相关个股;或在久富基金建仓阶段买卖相关个股,涉及"金马集团""宁波华翔""澳洋科技""江南高纤"等股票15只,其中,2009年2月28日《刑法修正案(七)》公布施行后至8月21日期间,涉及"金马集团"等4只股票交易。中国证监会认定韩刚为市场禁入者,终身不得从事证券业务或担任上市公司董事、监事、高管职务。法院判处其有期徒刑1年,没收赃款303274.46元,并处罚金31万元。

(三) 基金管理公司

1. 设立与变更

公司占据基金管理人的主流地位(引例21-1)。基金管理公司的设立实行行政许可,经证监会批准,方可设立。证监会自受理基金管理公司设立申请之日起6个月内依据法定条件和审慎监管原则进行审查,作出批准或者不予批准的决定,并通知申请人;不予批准的,应当说明理由。相应地,变更持有5%以上股权的股东,变更公司的实际控制人,或者变更其他重大事项,亦应经证监会批准。证监会审批的时限为60日,自受理申请之日起算。如予批准,应通知申请人;不予批准的,则应说明理由。

[①] 参见郑晓波:《证监会披露韩刚"老鼠仓"操作细节》,载《证券时报》2011年9月27日。

表 21-2　基金管理公司与证券公司之比较

		基金管理公司	证券公司
设立	行政许可	√	√
	股东的特殊资格	√	√
	最低注册资本	1亿	5000万—5亿
	出资　分期出资	×	×
	非货币出资	×	√
治理结构	董事、监事、高管任职积极资格	√	√
	独立董事	√	√
	撤销任职资格	√	√
	督察长	√	×

设立公募基金管理公司,需要符合以下条件[①]:(1)有符合《证券投资基金法》和《公司法》规定的章程;(2)注册资本不低于1亿元,且必须为实缴货币资本;(3)主要股东应当具有经营金融业务或者管理金融机构的良好业绩、良好的财务状况和社会信誉,资产规模达到国务院规定的标准,最近3年没有违法记录;(4)取得基金从业资格的人员达到法定人数;(五)董事、监事、高管具备相应的任职条件;(6)有符合要求的营业场所、安全防范设施和与基金管理业务有关的其他设施;(7)有良好的内部治理结构、完善的内部稽核监控制度、风险控制制度;(8)法律、行政法规规定的和经国务院批准的国务院证券监督管理机构规定的其他条件。

2. 公司治理

作为一种特殊公司,公募基金管理公司的治理结构需符合特殊要求。[②](1)对董事、监事和高管有明确的任职资格要求。应熟悉证券投资方面的法律、行政法规,具有3年以上与其所任职务相关的工作经历;高管还应当具备基金从业资格。(2)对董事、监事和高管任职还有消极资格限制,并扩张到其他从业人员。(3)法定代表人、经营管理主要负责人和从事合规监管的负责人的选任或者改任,需经证监会核准。(4)禁止利益冲突。董事、监事、高管和其他从业人员,以及其配偶、利害关系人进行证券投资需事先申报,且不得与基金份额持有人发生利益冲突。公募基金管理人应建立相应的申报、登记、审查、处置等管理制度,并报证监会备案。同时,董事、监事、高管和其他从业人员也不得担任基金托管人或者其他基金管理人的任何职务,不得从事损害基金财产和基金份额持有人利益的证券交易及其他活动。

---

① 参见我国《证券投资基金法》第13条。
② 参见我国《证券投资基金法》第15—19条。

3. 风险控制

风险控制乃重中之重,公募基金尤其如此。[①] 其一,风险准备金。公募基金管理人应从管理基金的报酬中提取风险准备金。如因其违法违规、违反基金合同等原因,给基金财产或者基金份额持有人合法权益造成损失,应当承担赔偿责任的,可以优先使用该准备金赔偿。其二,重大事项报告义务。公募基金管理人的股东、实际控制人对于法定重大事项,有报告证监会的义务。如有需要报告的重大事项,证监会可责令其限期改正,并可视情节责令其转让所持有或者控制的基金管理人的股权。在其按照要求改正前,证监会还可以限制有关股东行使股东权。其三,监管措施。如公募基金管理人风险控制不合规,证监会可责令其限期改正。逾期未改正,或者其行为严重危及该基金管理人的稳健运行、损害基金份额持有人合法权益的,证监会可以区别情形,对其采取限制业务活动,责令暂停全部或部分业务等监管措施。如因违法经营或者出现重大风险,严重危害证券市场秩序、损害基金份额持有人利益的,证监会可以对其采取责令停业整顿、指定其他机构托管、接管、取消基金管理资格或者撤销等监管措施。其四,更换负责人。公募基金管理人的董事、监事、高管未能勤勉尽责,致使基金管理人存在重大违法违规行为或者重大风险的,证监会可以责令更换。其五,临时管理人。如遇公募基金管理人职责终止,新基金管理人产生前,证监会可指定临时管理人。

二、基金托管人

基金托管人,是指依法保管基金财产的机构,包括商业银行和其他金融机构。基金托管人与基金管理人不得为同一机构,不得相互出资或者持有股份。公募基金必须由托管人托管,私募基金除基金合同另有约定外,亦应由托管人托管。

(一) 托管资格

商业银行担任基金托管人的,由证监会会同银监会核准。其他金融机构担任基金托管人的,由证监会核准。担任托管人的条件为[②]:(1) 净资产和风险控制指标符合有关规定;(2) 设有专门的基金托管部门;(3) 取得基金从业资格的专职人员达到法定人数;(4) 有安全保管基金财产的条件;(5) 有安全高效的清算、交割系统;(6) 有符合要求的营业场所、安全防范设施和与基金托管业务有关的其他设施;(7) 有完善的内部稽核监控制度和风险控制制度;(8) 法律、行政法规规定的和经国务院批准的证监会、银监会规定的其他条件。未经核准,任

[①] 参见我国《证券投资基金法》第 23—27、30 条。
[②] 参见我国《证券投资基金法》第 34 条。

何单位和个人均不得从事基金托管业务。同时,该资格亦非一劳永逸。如托管人连续3年没有开展基金托管业务,或有违法行为,情节严重的,或有法律、行政法规规定的其他情形,证监会、银监会可取消其托管资格。

(二)托管职责

基金托管人履行以下职责[1]:(1)安全保管基金财产;(2)按照规定开设基金财产的资金账户和证券账户;(3)对所托管的不同基金财产分别设置账户,确保基金财产的完整与独立;(4)保存基金托管业务活动的记录、账册、报表和其他相关资料;(5)按照基金合同的约定,根据基金管理人的投资指令,及时办理清算、交割事宜;(6)办理与基金托管业务活动有关的信息披露事项;(7)对基金财务会计报告、中期和年度基金报告出具意见;(8)复核、审查基金管理人计算的基金资产净值和基金份额申购、赎回价格;(9)按照规定召集基金份额持有人大会;(10)按照规定监督基金管理人的投资运作;(11)证监会规定的其他职责。托管人应恪尽职守、履行诚实信用、谨慎勤勉的义务。一旦发现基金管理人的投资指令违反法律、行政法规和其他有关规定,或者违反基金合同约定,即应拒绝执行,立即通知基金管理人,并及时向证监会报告。如发现基金管理人依据交易程序已经生效的投资指令违反法律、行政法规和其他有关规定,或违反基金合同约定的,则应立即通知基金管理人,并及时向证监会报告。

(三)基金托管部门高管和其他从业人员

托管人必须设专门的基金托管部门,对其高管和其他从业人员有以下特别要求[2]:(1)应当满足公募基金管理人的董事、监事和高管任职所规定的消极资格限制。(2)禁止利益冲突。其本人及其配偶、利害关系人进行证券投资需事先申报,并不得与基金份额持有人发生利益冲突。公募基金管理人应建立相应的申报、登记、审查、处置等管理制度,并报证监会备案。同时,其不得担任基金管理人的任何职务,不得从事损害基金财产和基金份额持有人利益的证券交易及其他活动。(3)托管部门高管任职的积极资格。熟悉证券投资方面的法律、行政法规,具有3年以上与其所任职务相关的工作经历;具备基金从业资格。

(四)托管职责终止

基金托管人职责终止的事由有[3]:(1)被依法取消基金托管资格;(2)被基金份额持有人大会解任;(3)依法解散、被依法撤销,或被依法宣告破产;(4)基金合同约定的其他情形。一旦终止,基金份额持有人大会应在6个月内选任新

---

[1] 参见我国《证券投资基金法》第37条。
[2] 参见我国《证券投资基金法》第35条。
[3] 参见我国《证券投资基金法》第42条。

基金托管人。新基金托管人产生前,由证监会指定临时基金托管人。基金托管人应依法聘请会计师事务所对基金财产进行审计,审计结果应予公告,并报证监会备案。基金托管人应妥善保管基金托管业务资料,及时办理基金托管业务的移交手续,新基金托管人或者临时基金托管人则应及时接收。

三、基金份额持有人

(一)基金份额持有人的权利

基金的投资者就是基金份额持有人。投资者购买基金份额,便成为基金份额持有人。作为投资者,其义务主要是在申购基金份额时足额支付认购款项。其权利有8项[①]:(1)分享基金财产收益;(2)参与分配清算后的剩余基金财产;(3)依法转让或者申请赎回其持有的基金份额;(4)按照规定要求召开基金份额持有人大会,或召集基金份额持有人大会;(5)对基金份额持有人大会审议事项行使表决权;(6)对基金管理人、基金托管人、基金服务机构损害其合法权益的行为依法提起诉讼;(7)有知情权;(8)基金合同约定的其他权利。对于公募基金,他们有权查阅或者复制公开披露的基金信息资料。至于私募基金,他们则有权查阅基金的财务会计账簿等财务资料。

(二)基金份额持有人大会

基金份额持有人大会由基金份额持有人组成,对基金的重大事项作出决定。其职权为[②]:(1)决定基金扩募或者延长基金合同期限;(2)决定修改基金合同的重要内容或者提前终止基金合同;(3)决定更换基金管理人、基金托管人。(4)决定调整基金管理人、基金托管人的报酬标准;(5)基金合同约定的其他职权。这一兜底条款,体现了当事人意思自治。

基金份额持有人大会可以设立日常机构。是否设立,由基金合同约定。其职权为[③]:(1)召集基金份额持有人大会;(2)提请更换基金管理人、基金托管人;(3)监督基金管理人的投资运作、基金托管人的托管活动;(4)提请调整基金管理人、基金托管人的报酬标准;(5)基金合同约定的其他职权。其组成人员由基金份额持有人大会选举产生,其议事规则,由基金合同约定。无论是基金份额持有人大会,还是日常机构,均不得直接参与或者干涉基金的投资管理活动。

---

① 参见我国《证券投资基金法》第47条。
② 参见我国《证券投资基金法》第48条。
③ 参见我国《证券投资基金法》第49条。

第三节　证券投资基金的募集与交易

一、证券投资基金的募集

（一）概述

证券投资基金募集，是指基金管理人为筹集资金而依法定条件和程序向投资者销售基金份额的一系列行为的总称。公募基金实行注册制，适用于向不特定对象募集资金，向特定对象募集资金累计超过 200 人，以及法律、行政法规规定的其他情形。公募基金均应向证监会注册。未经注册，不得公开或者变相公开募集基金。

私募基金仅适用于合格投资者，且投资者累计不能超过 200 人。所谓合格投资者，是指达到规定资产规模或者收入水平，并且具备相应的风险识别能力和风险承担能力，其基金份额认购金额不低于规定限额的单位和个人。具体标准，由证监会规定。正因为如此，私募基金采用的是事后备案制，完全由市场调节。私募完成后，只需向基金行业协会备案即可。对募集的资金总额或者基金份额持有人的人数达到规定标准的基金，基金行业协会应向证监会报告。

（二）公募基金募集的注册

基金管理人应向证监会提交以下 6 项文件：(1) 申请报告；(2) 基金合同草案；(3) 基金托管协议草案；(4) 招募说明书草案；(5) 律师事务所出具的法律意见书；(6) 证监会规定提交的其他文件。基金合同和招募说明书均应具有必备事项。[①] 证监会依据法定条件和审慎监管原则，对募集注册申请进行审查，并作出是否注册的决定。其时限为受理募集申请之日起 6 个月。一旦作出决定，即应通知申请人。如不予核准，还应说明理由。

（三）公募基金的发售

基金发售由基金管理人负责，亦可由其委托的基金销售机构办理。一经注册，管理人即可启动基金发售。在基金份额发售的 3 日前，基金管理人应公布招募说明书、基金合同和其他有关文件，并确保其真实性、准确性、完整性。基金管理人可依法开展宣传推介，但不得有下列行为[②]：(1) 虚假记载、误导性陈述或者重大遗漏；(2) 对证券投资业绩进行预测；(3) 违规承诺收益或者承担损失；(4) 诋毁其他基金管理人、基金托管人或者基金份额发售机构；(5) 法律、行政法规和证监会规定禁止的其他行为。基金管理人应将募集资金存入专门账户。

---

① 参见我国《证券投资基金法》第 53—54 条。
② 参见我国《证券投资基金法》第 57、78 条。

在基金募集行为结束前,任何人均不得动用。

募集期限由证监会在注册文件中确定,自基金份额发售之日起计算。基金管理人必须在该期限内募集,不得进行超期募集。募集应在收到证监会核准文件之日起6个月内进行。如超过6个月才进行,只要原注册的事项未发生实质性变化,报证监会备案即可。如发生实质性变化,则应重新向证监会提出申请,另行注册。

一旦基金募集期限届满,基金募集是否成功,取决于所募集基金份额的数量和持有人人数。[①] 对于封闭式基金募集,基金份额总额需达到核准规模的80%以上。对于开放式基金募集,基金份额总额应超过注册的最低募集份额总额,且基金份额持有人人数符合证监会的要求。一旦募集成功,基金管理人即应自募集期限届满之日起10日内聘请法定验资机构验资,自收到验资报告之日起10日内,向证监会提交验资报告,办理基金备案手续,并予以公告,基金合同即告生效。

如募集期限届满,所募集的基金份额和基金份额持有人人数未达到前述要求,即为募集失败。对此,基金管理人需承担两项责任[②]:一是以其固有财产承担因募集行为而产生的债务和费用;二是在基金募集期限届满后30日内,返还投资人已缴纳的款项,并加计银行同期存款利息。

二、证券投资基金的交易、申购与赎回

(一) 公募基金上市交易

公募基金,无论是封闭式基金,还是开放式基金,均可上市交易。基金上市由交易所审核,基金管理人应向交易所提出申请,交易所审核同意的,双方签订上市协议。至于上市条件,有以下5个方面:(1) 基金的募集合法;(2) 基金合同期限为5年以上;(3) 基金募集金额不低于2亿元;(4) 基金份额持有人不少于1000人;(5) 基金份额上市交易规则规定的其他条件。符合该条件的,经审核同意即可上市交易。

基金上市终止亦由证券交易所决定,报证监会备案即可。终止上市的事由为[③]:(1) 不再具备上市交易条件;(2) 基金合同期限届满;(3) 基金份额持有人大会决定提前终止上市交易;(4) 基金合同约定的或基金份额上市交易规则规定的终止上市交易的其他情形。

(二) 公募基金的申购与赎回

对于开放式基金,基金份额的申购、赎回、登记,由基金管理人或者其委托的

[①] 参见我国《证券投资基金法》第59条。
[②] 参见我国《证券投资基金法》第61条。
[③] 参见我国《证券投资基金法》第65条。

基金服务机构办理。除基金合同另有约定外,基金管理人应在每个工作日办理基金份额的申购、赎回业务。投资人交付申购款项,申购即告成立。基金份额登记机构确认基金份额时,申购生效。基金份额持有人递交赎回申请,赎回成立;基金份额登记机构确认赎回时,赎回生效。除因不可抗力导致基金管理人不能支付赎回款项,或证券交易场所依法决定临时停市,导致基金管理人无法计算当日基金资产净值,或具有基金合同约定的其他特殊情形外,基金管理人均应按时支付赎回款项。发生这些情形的,管理人应于当日向证监会备案。一旦该情形消失,管理人就应及时支付赎回款项。

为确保持有人的赎回自由,开放式基金应保持足够的现金或者政府债券,以备支付基金份额持有人的赎回款项。其具体比例,由证监会规定。如基金份额净值计价出现错误,管理人应立即纠正,并采取合理的措施防止损失进一步扩大。如计价错误达到基金份额净值的 0.5%,管理人应公告,并报证监会备案。基金份额持有人因此遭受损失的,有权要求基金管理人、基金托管人赔偿。

三、证券投资基金的持续信息披露

信息披露义务人包括基金管理人、基金托管人和其他基金信息披露义务人。信息披露义务人应依法披露基金信息,保证所披露信息的真实性、准确性和完整性。一是要及时。应按照证监会规定的时间披露信息。二是要有效。确保投资人能够按照基金合同约定的时间和方式查阅或者复制公开披露的信息资料。

至于信息的范围,则包括 11 个方面:(1)基金招募说明书、基金合同、基金托管协议;(2)基金募集情况;(3)基金份额上市交易公告书;(4)基金资产净值、基金份额净值;(5)基金份额申购、赎回价格;(6)基金财产的资产组合季度报告、财务会计报告及中期和年度基金报告;(7)临时报告;(8)基金份额持有人大会决议;(9)基金管理人、基金托管人的专门基金托管部门的重大人事变动;(10)涉及基金财产、基金管理业务、基金托管业务的诉讼或者仲裁;(11)证监会规定应予披露的其他信息。无论披露何种信息,均不得有虚假记载、误导性陈述或者重大遗漏,对证券投资业绩进行预测,违规承诺收益或者承担损失,诋毁其他基金管理人、基金托管人或者基金销售机构,或法律、行政法规和证监会规定禁止的其他行为。

信息披露义务人不依法进行基金信息披露,或披露的信息有虚假记载、误导性陈述或者重大遗漏的,应承担相应的民事、行政和刑事责任。[①] 就民事责任而

[①] 参见我国《证券投资基金法》第 132、146、150 条。

言,要赔偿由此给基金份额持有人造成的损害。行政处罚包括责令改正、没收违法所得,并处罚款10—100万元。对直接负责的主管人员和其他直接责任人员给予警告,暂停或者撤销基金从业资格,并处罚款3—30万元。构成犯罪的,则依法追究刑事责任。

第五编 票据法

票据总论
汇票
本票与支票

第二十二章 票据总论

第一节 票据概述

一、票据的概念与特征

票据,是指由出票人签发的,承诺自己或委托他人于到期日无条件按票面金额付款的有价证券。票据属于货币证券,系以支付金钱为目的的有价证券(图17-1)。与资本证券相比,票据的主要功能就是支付。在传统支付方式中,它是替代现金的支付方式,大大提高了支付的便捷性、安全性和效率。即使互联网时代,票据仍有用武之地(表22-1)。票据还具有汇兑、信用、流通和融资等功能。

表 22-1 票据与传统支付和网上支付方式

传统支付方式	网上支付方式
现金	电子现金
票据	电子支票
银行卡(POS终端刷卡)	银行卡(网络银行)

作为货币证券,票据具有六大特征:

(1)设权性。票据所证明的权利因作成票据而创设,该权利在票据形成前并不存在。没有票据,也就没有票据上的权利。比较而言,资本证券所证明的权利,则在证券形成之前就已经存在。尽管票据的签发需基于一定的债权债务关系,但由此所产生并证明的权利并非该债权债务关系中的权利。只要转移权利凭证便能发生票据权利转让之效力,基础关系中的债权转让并非票据权利移转的前提。票据基础关系中权利义务的消灭,并不当然影响票据权利,也不消灭票据权利义务关系。

(2)要式性。要式性,是指票据的作成需依票据法规定的格式进行。如不按照规定的格式进行,就会影响票据的效力,甚至造成票据无效。主要表现为[①]:一是票据的格式应当统一,且由中国人民银行规定;二是票据行为亦需依照法定程序与方式进行。比如,在出票时票据需记载必要记载事项(表22-2)。凡票据中欠缺绝对必要记载事项的,该票据无效。比如,票据金额以中文大写和

---

① 参见我国《票据法》第8、108条。

数字同时记载,两者必须一致,两者不一致,票据无效。

表22-2 票据的要式性

	汇票	本票	支票
统一格式	√	√	√
特定类型的字样	汇票	本票	支票
无条件支付	√	√	√
确定金额	√	√	√
付款人名称	√	×	√
收款人名称	√	√	×
出票日	√	√	√
出票人签字	√	√	√

(3) 绝对性。票据不仅表现为权利的证券化,而且证券与权利已是一而二、二而一的关系,有券斯有权,权为券上权,券不离权,权不离券。与股票、公司债券等不完全证券相比,票据属于完全证券,亦称绝对证券,其绝对性、完全性表现为权券一体化,票据本身即足以证明权利之存在。行权必须提示证券,转移权利必须交付证券,权利之范围以及行权之要件,一律以证券上所载文字为准。① 而持有人一旦丧失票据,除非享有失票之救济措施,即丧失权利。

(4) 无因性。票据权利仅依票据法的规定而产生、变更或消灭,无须考虑其发生的原因或基础。这是因为,票据系信用工具,其效力只能依外观予以确认,而不问其取得是否有因、基于何因,也不问引起票据签发、背书、保证、承兑行为的原因关系是否有效,或是否被撤销。纵然票据的取得无任何原因、票据基础关系无效或被撤销,票据的效力亦不应受到影响。诚然,这种无因性是相对的,表现有三②:一是票据的取得以给付对价为基础,其签发、取得和转让,均应以真实的交易关系和债务关系为基础。二是基于欺诈、盗窃或胁迫等手段取得票据,或明知前述情形,出于恶意取得票据,即不得享有票据权利。持票人因重大过失取得不合法票据的,亦不得享有票据权利。三是基于税收、继承、赠与关系,无需对价即可取得票据,但持有人享有的票据权利不得优于其前手的权利。

(5) 文义性。票据是一种按票载文义确定效力的证券,即使所载事项与实际情况不一致,仍应按票载文义定其效力,而不得以当事人的意思或其他有关事项来确定票据上的权利义务(引例22-1)。

---

① 参见我国《票据法》第4条第2款、第27条第3款、第55条。
② 参见我国《票据法》第10—12条。

> **引例 22-1**
>
> ### 一字之错便不能主张票据权利①
>
> 1997年8月26日,汇海商场为富士绅公司签发一张商业承兑汇票(ⅨⅣ20555923),金额80万元,到期日1998年1月23日,所记载的收款人为"富士坤公司"。该汇票由出票人承兑。富士绅公司持该汇票向中国工商银行上海长宁支行申请贴现,9月3日该行予以贴现。在到期日,该行向出票人的开户银行提示付款。持票人的开户银行认为,收款人应为"富士坤公司",富士绅公司无权主张票据权利,便予以退票。工商银行便向法院请求持票人归还票据款和拖欠利息。一审和二审法院均认为,该票据所记载的收款人与其本名不相符,工商银行在贴现时未作尽职审查,责任自担,并不得主张票据权利。

(6)流通性。流通性系票据的基本功能之一。一般说来,记名票据经背书交付即可转让,而无记名票据只要交付即可转让。与一般财产权相比,其流通方式更为便捷、灵活、高效。主要表现为:一是票据权利的转让与设质,无须告知义务人,更无须经义务人同意。其他民事权利的转让则不同,当事人转让民事权利,应通知义务人。二是票据后手可以取得优于前手的权利②,而其他民事权利在转让时,权利的瑕疵一并让与,受让人的权利不可能优于前手。三是票据经背书转让后,背书人应对票据的承兑或付款负担保之责。票据背书次数越多,担保力越强,持票人所受风险就越小。而在其他民事权利转让中,转让人对权利受让人不负担保之责。四是其他民事权利因权利人与义务人归于一人而消灭,票据权利却不因混同而消灭。

二、票据的种类

就票据的法定类型而言,各国大多认可汇票、本票和支票这三种类型。我国亦然,唯本票仅限于银行本票。③ 其间主要差异在于(表22-3):(1)汇票和支票均属于委托付款,本票则是自己付款的承诺。(2)汇票和本票对支付人资格并无特殊要求,而支票的支付人必须是银行或其他金融机构。(3)汇票可以见票即付,也可以指定到期日,本票和支票却只能是见票即付。(4)除见票即付的汇

---

① 参见上海市第一中院民事判决书(1999)沪一中经终字第613号。
② 参见我国《票据法》第13条第1款。
③ 参见我国《票据法》第2条第2款、第73条第2款,我国台湾地区"票据法"第1条。

票外,汇票需经付款人承兑,本票和支票均无须承兑。

表22-3 汇票、本票与支票的比较

		汇票	本票	支票
支付属性		委托付款	自己付款	委托付款
当事人	出票人	√	√	√
	付款人	√		√
	收款人	√	√	√
支付人资格		不限	出票人	银行、其他金融机构
主债务人		承兑人	出票人	无
到期		见票、指定日期	见票	见票
承兑		√	×	×

就学理而言,首先依据付款人是否为出票人本人,可以分为自付票据和委付票据。自付票据,亦称预约票据,是指出票人约定自己于到期日无条件地按票载金额付款的票据,本票就是典型。委付票据是指出票人委托他人于到期日无条件地按票载金额付款的票据,如汇票、支票(表22-3)。其次,依据票据对权利人的记载方式,可以分为记名票据、无记名票据和指示票据。记名票据在票据上明确记载了权利人的名称,只能由其行使票据上的权利。其转让需要背书和交付。无记名票据则未记载权利人的名称,或仅记载"持票人""来人"为权利人,其转让只要交付票据即可。指示票据是指在票据上记载"特定的人或其指定的人"为权利人的票据。该票据需以背书方式转让,出票人、背书人不得作"禁止转让"之记载。最后,根据票据功能,还可以分为支付票据和信用票据。支票限于银行或其他金融机构见票即付,属于支付票据,只是代替了现金支付,并无信用功能。汇票持票人在票据没有到期之前,信赖出票人的信用,属于典型的信用票据。本票虽然也是见票即付,但付款期自出票日起可以长达2个月,亦有信用功能。①

第二节 票据法律关系

票据法律关系包括票据关系与非票据关系。票据关系为票据所固有的法律关系,而非票据关系则非票据所固有,却是与票据密切相关的法律关系。

---

① 参见我国《票据法》第77—78条。

一、票据关系

（一）概述

票据关系,是指由票据法调整的,以票据权利义务为内容的社会关系。出票人与持票人之间、付款人与收款人之间、背书人与被背书人之间即形成票据关系（图22-1、22-2）。其特征为:(1) 基于票据行为而发生。比如,出票、背书、承兑、保证等。(2) 以金钱给付为内容。付款请求权为票据债权人第一顺序的权利,也是票据债务人第一顺序的义务。(3) 权利义务具有多重性。

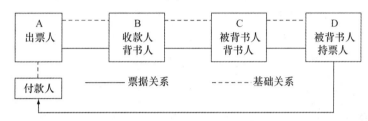

图 22-1 汇票与支票中的票据关系

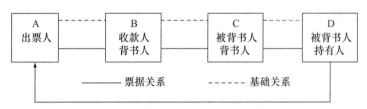

图 22-2 本票中的票据关系

（二）当事人

出票人、付款人和收款人系票据的三个基本当事人,唯本票的付款人与出票人系同一人。票据债权人为票据的持票人,有票即有权。最初票据债权人为收款人,但经过背书转让后,最后持票人才是债权人。相对于前手,后手为前手的债权人。票据债务人则有第一债务人和第二债务人之分。第一债务人,亦称主债务人,持票人通常向其主张票据权利。一般而言,付款人就是主债务人。汇票的付款人一经承兑,即成为承兑人。对于支票,银行或其他金融机构作为付款人,虽有付款义务,但不属于票据债务人,故支票原则上无主债务人。本票的主债务人就是出票人自己。至于第二债务人,亦称偿还债务人,是指持票人不能获得付款或承兑时,可以向其行使追索权以请求偿还的人,包括出票人和背书人。一般说来,出票人应先向主债务人行使付款请求权,在遭遇拒绝时方可向第二债务人进行追索,请求偿还。

（三）种类

根据票据行为的不同,票据关系可分为票据发行关系、票据背书关系、票据承兑关系、票据保证关系、票据参加关系以及票据履行关系。(1)票据发行关系。这是基于票据的签发而形成的票据关系。根据票据种类,可分为汇票发行关系、本票发行关系和支票发行关系。(2)票据背书关系。这是基于收款人或持票人的背书行为而产生的票据关系。对于转让背书,被背书人取得背书人的票据权利。至于质权背书,被背书人依法实现其质权时有权行使背书人的票据权利。对于委托取款背书,被背书人有权代背书人行使被委托的票据权利。(3)票据承兑关系。基于汇票付款人的承兑行为而发生,承兑人有义务为票据付款。拒绝付款的,即应承担法律责任。(4)票据保证关系。基于保证人的保证行为而发生,其承担的责任内容与被保证人相同。(5)票据参加关系。这是基于参加人的参加行为而发生的票据关系,包括参加承兑与参加付款。参加承兑人负有依票据金额付款的义务,参加付款人有义务为特定票据债务人利益而向持票人支付票面金额,从而对承兑人、被参加人及其前手取得持票人的权利。(6)票据履行关系。这是基于履行票据债务而形成的票据关系。付款人或承兑人履行票据债务的,票据关系即告消灭。其他票据债务人履行票据债务,只导致票据关系变动。背书人履行票据债务后,即享有持票人的权利;保证人、参加承兑人履行票据债务后,即对承兑人、被保证人或被参加人及其前手取得持票人的权利。

二、非票据关系

非票据关系,是指存在于当事人之间的票据关系以外的,与票据行为密切相关的权利义务关系,包括票据法上的非票据关系和民法上的非票据关系。民法上的非票据关系就是通常所谓票据基础关系。

(一)票据法上的非票据关系

票据法上的非票据关系,是由票据法调整的非票据关系,虽无票据权利和义务,但仍以一定的权利义务为内容。它与票据行为相牵连,但不与其直接效果挂钩。这主要有六种:(1)汇票回单签发关系。(2)票据返还关系。(3)票据复本的签发与返还关系。(4)誊本的持票人与原本接受人之间的票据原本返还关系。(5)利益偿还关系。(6)损害赔偿关系。这些非票据关系虽由票据法调整,但采用的是民法调整方法。票据权利人基于票据时效超过或票据记载事项欠缺而丧失票据权利的,仍可享有民事权利,可以请求出票人或承兑人返还其与未支付的票据金额相当的利益。①

(二)民法上的非票据关系

民法上的非票据关系,亦称票据的实质关系,是指导致票据关系产生的基础

---

① 参见我国《票据法》第18条。

关系,主要包括票据原因关系、票据预约关系和票据资金关系。票据原因,系当事人之间授受票据的缘由,比如货物买卖合同价金的支付、定金的交付、租金的交付、票据本身的买卖、委托取款等。票据预约,则是指以授受票据为目的而成立的契约,比如,出票人与收款人就票据类型、金额、到期日等事项达成合意。票据资金关系,是指票据付款人与出票人或其他资金义务人之间发生的补偿关系。付款人之所以承诺为出票人的委托而为之付款,乃是基于特定缘由,比如出票人已存放资金,付款人对出票人负有债务,或出票人与付款人之间具有信用关系。汇票和支票均需资金关系,本票本无需资金关系,但我国本票均为银行本票,本票出票人仍应具有支付本票金额的可靠资金来源。①

三、票据的无因性与基础关系

无因性乃票据的显著特征。票据关系一旦成立,即脱离基础关系。即使基础关系无效,亦不影响票据权利人行使票据权利。否则,票据已经多次背书转让,因基础关系无效而影响其效力,很不利于保护善意第三人的合法权益,使票据的流通性失去意义。我国也承认票据的无因性,但基于金融安全和防范票据欺诈的考虑,又对其设有限制。故,票据仍与基础关系具有较大的牵连性。

（一）票据关系与对价

1. 取得票据以给付对价为基础

我国不仅要求票据的签发、取得和转让需有真实的交易关系和债务关系,而且要求给付对价,即给付票据双方当事人认可的相对应的代价。持票人无对价而取得票据,即不得享有票据权利(引例 22-2)。如票据未转让,出票人可基于基础关系违法,或双方不具有真实的交易关系和债权债务关系,或持票人未付对价,请求返还票据。如票据已背书转让,票据债务人不得以此为由对持票人行使抗辩权。②

> **引例 22-2**
>
> ### 龙信公司因无对价取得汇票而不能享有其权利③
>
> 房产公司与龙信公司的法定代表人均为同一人,两公司于 1997 年 1 月 23 日订立购销合同,龙信公司以 1020 万元将其 16 件玉雕出售给房产公司,履约地为龙信公司仓库。房产公司则以所持有的以其为收款人的两张银行承

---

① 参见我国《票据法》第 21、74、82 条。
② 参见我国《票据法》第 10 条,《关于审理票据纠纷案件若干问题的规定》第 2、10、14 条。
③ 参见最高人民法院民事判决书(1998)经终字第 123 号。

兑汇票作为履行合同的对价,总金额1000万元。3月6日,龙信公司向汕头工行提示付款,该行在查询时,荆州工行以这两张支票已被湖北荆州地区法院宣告无效而拒绝付款。5月26日,龙信公司将荆州工行起诉到法院,请求判令其支付票据金额及其利息。湖北省高级人民法院和最高人民法院认为,房产公司明知这两张支票已被宣告无效,仍然将其背书转让,应承担背书后的法律后果;该汇票具有明显瑕疵,即其中一张汇票和解讫通知已被撕成两半,并用透明胶粘贴而成,龙信公司盲目接受,未尽注意义务;对于取得该汇票的对价,龙信公司虽提供了购销合同,但不能证明履约的事实,应认定为龙信公司取得该汇票无相应对价。为此,驳回了龙信公司的诉讼请求。

2. 基于税收、继承、赠与可无偿取得票据

对于基于税收、继承、赠与关系而取得票据,不受对价之限,但持票人享有的票据权利不得优于其前手的权利。①

3. 非法取得票据不享有票据权利

持票人非法取得票据,不能享有票据权利。这包括3种情形②:(1) 基于欺诈、盗窃或胁迫等非法手段取得票据;(2) 明知前述非法手段,出于恶意取得票据;(3) 持票人因重大过失取得瑕疵票据。

(二) 票据关系与资金关系

无论是汇票、支票,还是本票,均以资金关系为基础。③ 汇票出票人须与付款人具有真实的委托付款关系,具有支付汇票金额的可靠资金来源。不得签发无对价的汇票用以骗取银行或者其他票据当事人的资金。至于支票,申请人作为出票人,须先开立支票存款账户,并存入一定的资金。在我国,本票限于银行本票,出票人亦需具有支付本票金额的可靠资金来源,并保证支付。

第三节 票据行为

一、票据行为的概念与特征

票据行为,亦称票据法律行为,是指产生、变更、消灭票据关系的行为。没有票据行为,票据上的权利义务无从产生,也无从变更或消灭。

其特征有五:(1) 要式性。票据行为具有严格的要式性。否则,不能产生票

---

① 参见我国《票据法》第11条。
② 参见我国《票据法》第12条,《关于审理票据纠纷案件若干问题的规定》第15条第2—4项。
③ 参见我国《票据法》第21条、第74条、第82条第2款。

据法上的效力。其表现为:一是各种票据行为均需书面形式,且不同事项在票据上的记载位置均有特殊要求;二是每种票据行为都需要行为人签名或盖章;三是各种票据行为均有特定格式或款式。(2) 文义性。文义性是指票据行为意思表示的内容均以票据上记载的文字意义为准。无论是出票人和其他票据债务人承担票据责任,还是票据权利人主张票据权利,均以票据记载的事项为准。[1] 即使文字记载与内心想法不一致,仍按票载文义确定其行为内容。(3) 无因性。亦称抽象性,票据行为一经具备法定形式即产生效力,不受原因关系或基础关系存在与否、有效与否的影响。囿于我国信用体系的状况,对票据行为的无因性仍有所限制,要求票据的签发、取得和转让具有真实的交易关系和债权债务关系。如票据债务人对与其具有直接债权债务关系的持票人提出抗辩,持票人对已履行约定义务承担举证责任。[2] (4) 独立性。票据行为彼此独立,前一项票据行为无效,不影响后一项票据行为的效力。其表现为[3]:无民事行为能力人或者限制民事行为能力人在票据上的签章虽无效,但不影响其他签章的效力;没有代理权而以代理人名义在票据上签章的,应由签章人承担票据责任;代理人超越代理权限的,应就其超越权限的部分承担票据责任;票据上有伪造、变造的签章的,不影响票据上其他真实签章的效力;票据的背书人、承兑人、保证人在票据上签章不符合法定要求的,其签章无效,但不影响票据上其他签章的效力;背书人在票据上记载"不得转让""委托收款""质押"字样,其后手再背书转让、委托收款或质押的,原背书人对后手的被背书人不承担票据责任,但不影响出票人、承兑人以及原背书人的前手的票据责任。(5) 连带性。凡是在票据上签章的人即为票据债务人,他们对票据债权人承担连带责任。持票人行使追索权时,可以向在票据上签章的任何人进行追索。[4]

二、票据行为的性质和类型

(一) 票据行为的性质

票据行为的性质向来有争议,仍莫衷一是。主要有契约说和单方法律行为说。德国、日本等大陆法系国家多主张单方法律行为说,而英美则主张契约说。我国采用单方法律行为说。依据单方法律行为说,票据上的债务仅因债务人的单方面行为即可成立,当事人之间无须合意。该说注重票据的流通性和对善意持票人的保护。而依据契约说,票据债务人之所以承担票据责任,是因为其与票

---

[1] 参见我国《票据法》第 4 条第 1—3 款。
[2] 参见最高人民法院《关于审理票据纠纷案件若干问题的规定》第 10 条。
[3] 参见我国《票据法》第 5—6 条、第 14 条第 2 款,《关于审理票据纠纷案件若干问题的规定》第 46、66、51 条。
[4] 参见我国《票据法》第 61、80、93 条。

据债权人具有合约关系。票据本身就是一种契约,无须另行订立契约证明其存在。这显然无法解释善意持票人票据权利的来源。为克服其致命缺陷,票据法一般推定善意持票人就是票据的合法受领人,在票据上签名的人已接受对价,善意持票人与票据债务人之间仍成立合法的契约关系。最终,两者殊途同归,均保护善意持票人。

(二) 票据行为的类型

就法定类型而言,票据行为主要有出票、背书、承兑、参加承兑、保证和保付,我国只规定出票、背书、承兑和保证4种票据行为。广义而言,票据行为还包括更改、涂销、见票、划线、付款、参加付款等。

在学理上,依据票据行为是否创设票据权利,可以分为基本票据行为和附属票据行为。基本票据行为,亦称主要票据行为,是指创设票据权利的行为,比如出票。附属票据行为,亦称从票据行为,是指在已签发的票据上所为的票据行为,背书、承兑、参加承兑、保证和保付均为附属票据行为。依据票据行为是否为各种票据所共有,又可以分为共有票据行为和独有票据行为。共有票据行为系3种票据所共有,如出票、背书、保证等,而独有票据行为则单独属于特定票据类型,比如承兑仅适用于汇票,见票仅适用于本票,保付仅适用于支票。

三、票据行为的有效条件

票据行为生效须具备实质要件和形式要件。实质要件,是指票据行为的成立,须行为人具有民事权利能力和行为能力、意思表示真实、标的合法、行为内容不违反法律和社会公共利益等。民法上已有充分的论述,兹不赘述。虽然无民事行为能力人或者限制民事行为能力人并无票据行为能力,其在票据上的签章无效,但并不影响其他签章的效力。形式要件,则是票据行为要式性的体现,包括书面形式、签章、记载事项和交付等方面。

(一) 书面形式

任何票据行为均需书面形式。口头形式的票据行为一律无效。汇票、本票和支票的格式全国统一,票证格式和印制管理办法均适用中国人民银行的规定。特定记载事项记载于票据正面或其背面、粘单,均离不开书面形式。

(二) 签章

签章为各种票据行为的共同要求。凡是在票据签章的,即应承担票据责任。从签章的形式来看,可以是签名、盖章,也可以是签名加盖章。票据上的签名需为当事人的本名。至于法人和其他使用票据的单位,签章为该法人或单位的盖章加其法定代表人或其授权的代理人的签章。凡是签章不符合法定要求的,即不具有票据法上的效力。

以出票为例,各种票据出票人签章需符合以下要求①:(1)商业汇票上的出票人的签章,为该法人或者该单位的财务专用章或公章加其法定代表人、单位负责人或者其授权的代理人的签名或盖章。(2)银行汇票上的出票人的签章和银行承兑汇票的承兑人的签章,为该银行汇票专用章加其法定代表人或者其授权的代理人的签名或盖章。(3)银行本票上的出票人的签章,为该银行的本票专用章加其法定代表人或者其授权的代理人的签名或盖章。(4)支票上的出票人的签章,出票人为单位的,为与该单位在银行预留签章一致的财务专用章或者公章加其法定代表人或者其授权的代理人的签名或盖章;出票人为个人的,为与该个人在银行预留签章一致的签名或盖章。银行汇票、银行本票的出票人以及银行承兑汇票的承兑人在票据上未加盖规定的专用章而加盖该银行的公章,支票的出票人在票据上未加盖与该单位在银行预留签章一致的财务专用章而加盖该出票人公章的,签章人仍应承担票据责任。

(三)记载事项

票据通过记载事项反映当事人的意思表示,当事人权利义务完全以票载内容为准。依据其效力,可以分为必要记载事项、任意记载事项、记载有益事项和不得记载事项。

1. 必要记载事项

这是依据票据法规定而应予记载的事项,包括绝对必要记载事项和相对必要记载事项(表22-2)。若票据欠缺任何绝对必要记载事项,票据无效。这些事项为②:(1)"汇票""本票"或"支票"字样;(2)无条件支付的委托或承诺;(3)确定金额;(4)付款人名称(本票除外);(5)收款人名称(支票除外);(6)出票日期;(7)出票人签章。其中,票据金额应以中文大写和数字同时记载,两者必须一致;如不一致,票据无效。相对必要记载事项虽属法定记载事项,但如未记载,法律另定有补救措施,票据并不因此而无效。比如,汇票的付款日期、付款地、出票地等事项,本票的付款地、出票地等事项,支票的收款人名称、付款地、出票地等事项。③

2. 任意记载事项

任意记载事项,是否记载由当事人自主决定。这种事项一经记载,即产生票据法上的效力。比如,代理付款人、预备付款人、"不得转让"字样等。只要出票人、背书人在汇票上记载"不得转让"字样,该汇票便不得转让。背书人在汇票上记载该字样,其后手再背书转让的,原背书人对后手的被背书人不承担票据责

---

① 参见最高人民法院《关于审理票据纠纷案件若干问题的规定》第41—42条。
② 参见我国《票据法》第8、22、75、84条。
③ 参见我国《票据法》第23、76、86条。

任,但不影响出票人、承兑人以及原背书人的前手的票据责任。①

3. 记载有益事项

这种记载虽不发生票据法上的效力,但不妨碍发生民法上的效力。与任意记载事项有所不同,任意记载事项一经记载,即产生票据法上的效力。记载有益事项的范围系必要记载事项、任意记载事项和不得记载事项之外的其他事项。《票据法》第24条准予汇票记载法定事项之外的其他出票事项,但该记载不具有汇票上的效力,就是如此。

4. 不得记载事项

这是票据法禁止当事人在票据上记载的事项。根据违法后果,可以分为记载无益事项和记载有害事项。记载无益事项,亦称记载无效事项,该项记载虽载于票据上,该记载本身无效,票据法上视为未作记载,但不影响票据的效力。比如,支票限于见票即付,不得另行记载付款日期。记载有害事项则不然,不仅该项记载本身无效,而且使整个票据无效。比如,附条件委托付款。②

(四)交付

交付就是票据行为人将票据交付相对人持有。票据行为不同,接受交付的相对人也就不同。比如,出票人将票据交付收款人,背书人将票据交付被背书人,承兑人、参加承兑人和保证人则将其交付持票人。交付是否为票据行为的有效要件,票据法虽未作出概括性规定,但对汇票出票进行界定时,就明确要求将其交付收款人。③

(五)空白授权票据

空白授权票据,是指出票人在签发票据时将票据应记载事项不记载完全,授权收款人补齐的票据。出票人尚未签章的票据,不属于空白授权票据。各国大多允许签发空白票据,我国则只准许空白支票。④ 空白票据在补齐后可向票据债务人为票据提示,与内容齐全的一般票据具有同样的效力。若补记事项超越出票人的授权,出票人同样应承担票据责任。给他人造成损失的,出票人还应承担相应的民事责任。⑤ 当然,持票人在取得票据时知道越权补记的,因其有恶意而不能享有票据权利。

---

① 参见我国《票据法》第27条第2款、第34条,《关于审理票据纠纷案件若干问题的规定》第51条。
② 参见我国《票据法》第22、90条。
③ 参见我国《票据法》第20条。
④ 参见我国《票据法》第85—86条,《日内瓦汇票本票统一法公约》第10条,德国《票据法》第10条,日本《票据法》第10条,英国《汇票法》第20条,美国《统一商法典》第3—115条。
⑤ 参见最高人民法院《关于审理票据纠纷案件若干问题的规定》第68条。

引例 22-3

苍龙公司应承担空白支票的付款义务[①]

苍龙公司设有浙江德清办事处,并将其承包给朱伟平。1997年10月14日,苍龙公司将空白支票(AL987811)借给朱伟平,暂押给建材厂,一旦朱伟平付清购买建材货款,即应将空白支票返还给苍龙公司,且朱伟平不得在该支票上填写任何内容,否则应承担责任。10月17日,朱伟平持苍龙公司德清办事处的介绍信和该支票,向施福公司购买价值61793元的钢材。10月23日,施福公司持票请求付款,因苍龙公司存款不足而被退票。施福公司诉讼到法院,请求苍龙公司支付票面金额及其利息。苍龙公司则认为,朱伟平不是本单位职工,所持介绍信无效,且无权补记支票内容,故不应承担票据义务。一审和二审法院均认为,朱伟平与苍龙公司之间的内部关系不能对抗第三人,施福公司取得支票系向其供应了钢材,支付了对价,故苍龙公司应承担该票据上的付款义务及其利息。

四、票据代理

(一)概述

票据行为亦可代理。票据代理是指代理人基于被代理人的授权,在票据上明示被代理人的名义及为其代理的意思,并在票据上签章的行为。它具有三大特点[②]:(1)形式要件的严格性。代理人在票据上签章时,不仅要明示被代理人的名义,而且应在票据上表明其代理关系。如未记载被代理人的名称,未表明代理的意思,应认定为代理人自己的行为,由代理人承担票据责任。法人的工作人员基于职务代理,于实施票据行为时在票据上直接加盖法人的印章和法定代表人的印章。此代理行为视同被代理人自己的行为。(2)无权代理后果的确定性。无权代理人实施无权代理行为的,本人既无追认权,也无撤销权,第三人也无撤回权,票据责任由无权代理人承担。超越代理权的,越权部分的票据责任由超越代理权的人承担。(3)表见代理的广泛性。票据行为注重形式与外观,更容易形成表见代理。

(二)成立要件

票据代理的成立,需符合四项条件:(1)被代理人授权。这是票据代理成立

[①] 参见上海市第一中院民事判决书(1998)沪一中经终字第1716号。
[②] 参见我国《票据法》第5条。

的前提和基础。被代理人为票据当事人,代理人只要具有民事行为能力即可。(2)明示被代理人的名义。既然代理系以被代理人名义进行,票据上自应明示其名义。明示方法就是代理人在票据上记载被代理人的姓名或名称。(3)明示为被代理人代理的意思。代理人在票据上记载"代理人"字样,即可表明其代理意思。依据票据交易惯例,足以认定存在代理人代本人为票据行为的记载,亦可视为有代理的意思。(4)代理人在票据上签章。票据代理人需在票据上签章,签署代理人自身的姓名或名称,票据代理方可成立。

五、票据更改

票据更改,是指有权更改票据记载事项的人变更票据记载事项的行为。票据行为成立后,如发现记载错误或客观情况发生变化,需要对已经生效的票据进行变更的,票据法准予有更改权的人对其进行更改。一经更改,票据便依更改后的文义发生效力。

票据更改,需具备三项条件[①]:(1)只有原记载人方可更改。在票据上记载的人便成为票据债务人,要变更其义务,自应由该义务负担人进行更改。如由其他人进行变更,更改人与义务主体不一致,义务履行就会发生紊乱。(2)只能更改票据法准予更改的事项。除票据金额、日期、收款人名称外,票据上的其他记载事项均可更改。若更改禁止更改事项,更改的票据无效。(3)更改时,原记载人需在票据上签章证明。

第四节 票据权利

一、票据权利概述

票据权利,是指持票人请求票据债务人支付票据金额的权利。这是票据关系的核心内容,与其相对应的就是票据义务。

票据权利在性质上属于债权,其特征有三:(1)以取得票据金额为目的的权利。作为金钱债权,持票人旨在获取一定金额的支付。反之,不是以获取一定金额支付为目的,则不能成立票据权利。比如,付款人要求持票人交出票据的权利,持票人要求出票人给予汇票复本的权利,就不在票据权利之列。(2)与票据密不可分。票据权利以票据为载体,票据以票据权利为内涵,两者互相结合、权券一体。票据权利因票据的制成而产生,又因票据的毁灭而消灭。票据权利的主张、行使、处分均离不开票据。主张自己享有票据权利,须占有票据;行使票据

---

① 参见我国《票据法》第9条第2—3款,《关于审理票据纠纷案件若干问题的规定》第44条。

权利,则须提示票据;处分票据权利,即应交付票据。(3)具有双重性。票据权利人享有付款请求权和追索权双重权利。付款请求权为票据权利人的第一顺序权利,追索权则为第二顺序的权利。[①] 票据权利人需首先请求付款人付款,如付款请求遭到拒绝,票据权利人可以向第二债务人行使追索权。

> **引例 22-4**
>
> ### 服饰公司依法行使追索权[②]
>
> 工贸公司分别于 2003 年 5 月 16 日、17 日、19 日向服饰公司购买服装辅料,并向服饰公司出具支票 1 张(BT950156),出票日为 5 月 19 日,票面金额 32470 元,出票人为工贸公司,收款人为服饰公司。服饰公司向银行提示付款时,因出票人存款不足而被退票。服饰公司便将工贸公司起诉到法院,请求判令其支付票面金额。一审和二审法院均认为,该支票合法有效,服饰公司取得工贸公司出具的支票即取得票据权利,包括付款请求权和追索权,工贸公司因此应承担付款责任。

二、票据权利的种类

就法定类型而言,票据权利有付款请求权和追索权两种。前者为第一顺序的权利,后者为第二顺序的权利。付款请求权的权利主体为持票人,可能是收款人,也可能是被背书人;义务主体为付款人。对于经承兑的汇票,承兑人为义务主体,本票的义务主体为出票人自己,支票的义务主体则为银行或其他金融机构。除保付支票外,银行或其他金融机构并不构成法律关系上的主债务人。追索权,是指票据不获付款时,持票人请求票据债务人支付被拒绝付款的金额、利息及其他费用的权利。这是第二顺序的权利,权利主体仍为持票人,可以是最后的持票人,也可以是已为清偿的被追索人。保证人清偿债务后,亦可行使追索权。该权利的义务主体为付款人、承兑人以外的偿还义务人,比如出票人、背书人和保证人。

从学理来看,依据权利行使的顺序,可以分为先序权利和后序权利。付款请求权为先序权利,追索权为后序权利。后序权利的行使以业已行使了先序权利且未能实现为前提。持票人不得在未行使先序权利的情况下,径直行使后序权

---

① 参见我国《票据法》第 4 条第 3 款,《关于审理票据纠纷案件若干问题的规定》第 5 条。
② 参见上海市第二中院民事判决书(2003)沪二中民三(商)终字第 432 号。

利。只有当其行使了先序权利,且不获付款后,才能行使后序权利。依据权利来源,又可分为原本权利和辅助权利。原本权利,亦称固有权利,基于票据的签发、背书、保证、承兑行为而产生。辅助权利,则基于参加行为而产生。

三、票据权利的取得

票据权利有原始取得和继受取得两种方式。既为流通性证券,继受取得乃常见方式。

(一)原始取得

原始取得,是指持票人最初取得票据权利,而非从其他前手权利人处受让取得。一般说来,它包括出票取得和善意取得两种情形。出票系出票人签发票据并将其交付收款人的票据行为。票据权利因出票而创设,故称为原始取得。善意取得,则是指票据上的受让人,依据法定转让方式,善意地从无权利人手中取得票据,从而享有票据权利。善意取得需符合四项条件:(1)需从无权利人手中受让票据。受让人的直接前手为无权利人,其间接前手是否有权利在所不问。比如,前手的票据系通过盗窃、欺诈、胁迫等手段取得。(2)受让人需依据票据法规定的权利转让方式取得票据,包括背书交付和单纯交付,其中单纯交付适用于无记名票据和空白背书票据。(3)受让人在取得票据时无恶意或重大过失。恶意,是指受让人在取得票据时明知转让人无权处分票据。比如,明知票据系盗窃而来,仍予以受让。重大过失,是指受让人虽然并非明知转让人无权处分票据,但只要稍加注意即可得知,而受让人未尽这种注意。(4)受让人取得票据,给付了相应的对价。票据虽为无因证券,但我国要求取得票据均需给付对价。善意取得人获得票据权利,真正权利人因而丧失票据权利,以给付对价作为条件,是公平合理的。

(二)继受取得

继受取得包括转让和法定继受。通过转让而继受取得票据,系最常见的继受取得方式。转让方式可以是背书交付,也可以是单纯交付。票据依法定继受方式取得的主要情形有继承、赠与、税收等。基于这种方式取得,可不受给付对价的限制。但是,继受人所取得的票据权利不得优于其前手。① 易言之,前手权利有瑕疵,继受人应继受该瑕疵;前手无权利时,继受人也不能取得权利。

四、票据权利的行使与保全

票据权利的行使,是指票据权利人请求票据债务人履行票据债务的行为。比如,请求付款,行使追索权。票据权利的保全,是指阻止票据权利丧失的行为。比

---

① 参见我国《票据法》第11条。

如,按期提示、作成拒绝证书以保全追索权,中断时效以保全付款请求权和追索权。

（一）方法

行使票据权利的方法包括依法提示票据,并在票据上签章。这无异于民法上的请求,只是民法上的请求可以口头请求,可以书面请求,而基于票据的要式性和无因性,票据提示则非出示票据不可。无券即无权,出示票据系行权的必要前提。

票据权利保全方法包括按期提示和作成拒绝证书。按期提示,是指票据权利人应按期向票据债务人出示票据,请求其履行债务。其目的在于中断票据时效。拒绝证书,系证明票据权利人已依法行使权利而被拒绝,或无法行使票据权利。票据权利人行使后序权利,需出具先序权利的拒绝证书。否则,便丧失对其前手的追索权。可见,拒绝证书系保全后序权利的方法,出具该证书系承兑人或付款人的法定义务。否则,承兑人或付款人应承担由此产生的民事责任。[①]

（二）时间

票据权利行使与保全时间,应当是票据法规定的行为期内的营业时间。如行为期最后一日为非营业日,则以非营业日之后的第一个营业日为最后一日。

（三）处所

无论是票据权利的行使,还是保全,均在票据当事人的营业场所进行。如无营业场所,则应在其住所进行。[②]

五、票据抗辩

（一）概述

票据抗辩,是指票据债务人依法对票据债权人拒绝履行义务的行为。具体说来,就是票据债务人基于特定合法事由,拒绝票据债权人行使票据权利的行为。这是票据债务人的一项权利,故称为抗辩权,票据债务人所提出的合法事由即为抗辩事由或抗辩原因。

引例 22-5

昌江联社非善意取得汇票[③]

管件公司以 4 辆小汽车为抵押,曹家岭中行于 1997 年 4 月 2 日、9 日和 14 日分别出具 4 张银行汇票,金额合计 115 万元。前 3 张汇票的收款人为钢

[①] 参见我国《票据法》第 62 条。
[②] 参见我国《票据法》第 16 条。
[③] 参见《解读最高人民法院请示与答复》编选组:《解读最高人民法院请示与答复》,人民法院出版社 2004 年版,第 352 页。

管厂,第4张汇票的收款人为钢管公司。管件公司取得汇票后,在背面第一背书人栏加盖了自己的公章和法定代表人私章,在第二背书人栏加盖了收款人的公章和法定代表人的私章(均为伪造),并于4月13日和19日持该汇票到昌江联社申请质押贷款115万元。该社同意质押贷款,预先扣除利息后,向管件公司发放款项111.67万元。1997年5月12日,管件公司被核准注销,其法定代表人下落不明。该汇票到期后,昌江联社向曹家岭中行提示付款被拒付,便将曹家岭中行起诉到法院。最高人民法院答复针对该案的请示认为,管件公司未将汇票交付收款人,在汇票第一背书人栏目加盖本单位公章和法定代表人私章,致使汇票背书秩序混乱、不连续;昌江联社应当知道管件公司不是合法持票人,仍然接受该汇票质押并贷出款项,属于重大过失,故不得享有票据权利。

票据抗辩的特征为:(1)票据债务人的行为。任何在票据上签章的人均有抗辩权,而不限于主债务人。(2)需有合法事由。只有具备合法事由,方可抗辩。否则,抗辩不成立。(3)其目的在于阻止或拒绝票据权利人行使权利。

(二)抗辩事由

抗辩事由,是指票据债务人据以拒绝票据权利人行使票据权利的合法原因或事由。无抗辩事由,即无所谓抗辩。依据抗辩事由是否对抗一切票据债权人,可以分为绝对抗辩和相对抗辩。绝对抗辩,亦称客观抗辩、物的抗辩,是指基于票据关系本体所发生的抗辩。这种抗辩可以对抗一切票据债权人,不因持票人的变更而受影响。相对抗辩,亦称主观抗辩、人的抗辩,是指基于票据债务人与特定债权人之间的关系而产生的抗辩。这种抗辩只能对抗特定债权人。持票人一经变动,该抗辩亦受其影响。

依据抗辩事由的性质,还可分为票据权利不存在的抗辩和拒绝履行票据义务的抗辩。票据权利不存在之抗辩,主要基于以下事由[①]:(1)票据欠缺绝对必要记载事项;(2)票据记载事项不符合法定要求;(3)更改禁止更改的记载事项;(4)票据能力欠缺;(5)票据的签章被伪造;(6)票据到期日未届至;(7)票据权利因时效而消灭;(8)票据权利因法院的除权判决而消灭;(9)票据权利因保全手续的欠缺而消灭;(10)因恶意或重大过失取得票据。其中,前9项为绝对抗辩,最后1项为相对抗辩。拒绝履行票据义务之抗辩,主要有以下事由[②]:(1)票据债务人基于与自己有直接票据关系的持票人之间的债权债务关系而进

---

① 参见我国《票据法》第9、17、18、22、31条,《关于审理票据纠纷案件若干问题的规定》第16条。
② 参见我国《票据法》第10、12、13条,《关于审理票据纠纷案件若干问题的规定》第15条。

行的抗辩;(2)无对价抗辩;(3)明知票据债务人与出票人或与持票人的前手之间存在抗辩而受让票据的;(4)其他有关拒绝履行票据义务的抗辩。

(三)抗辩的限制

为确保票据的流通性,维护持票人的合法权益,限制票据抗辩乃为通例。绝对抗辩系基于票据本体而产生,可以对抗一切票据债权人,该限制对其并不适用。

至于相对抗辩,各国均限制其对非直接当事人主张该抗辩。依据我国《票据法》第13条,对相对抗辩设有两项限制:一是票据债务人不得以自己与出票人之间的抗辩事由对抗持票人;二是票据债务人不得以自己与持票人前手之间的抗辩事由对抗持票人。但是,如持票人有恶意,即明知存在抗辩事由而取得票据的,票据债务人则可以以其与出票人或持票人的前手之间的抗辩对抗持票人。

六、票据权利的消灭与利益偿还请求权

(一)票据权利的消灭

票据权利的消灭分为绝对消灭和相对消灭两种。相对消灭,是指票据债务人为数人时,一债务人因被追索而清偿债务,或保证人、参加人履行票据义务,持票人的票据权利因而归于消灭,但整个票据关系并未消灭。产生相对消灭的事由包括清偿、抵销、免除、丧失追索权等。至于绝对消灭,则是指持票人获得票据金额,且整个票据关系因此归于消灭。其事由为:(1)付款人或承兑人为票据付款;(2)时效期间届满;(3)票据被除权;(4)不得变动之记载事项的更改、变造;(5)涂销。

就票据的时效而言,若持票人不在法定时效期间行使票据权利,该票据权利即告消灭。[①] 比如,持票人对出票人和承兑人的权利以2年为限,自票据到期日起算。持票人对其前手的追索权则以6个月为限,自被拒绝承兑或被拒绝付款之日起算(表22-4)。

表22-4 票据的时效期间

		时效期限	起算
持票人对出票人、承兑人的权利	汇票、本票	2年	到期日
	见票即付的汇票、本票	2年	出票日
	支票	6个月	出票日
持票人追索前手		6个月	拒绝之日
持票人再追索前手		3个月	清偿日、被诉日

---

① 参见我国《票据法》第17条第1款。

(二) 利益偿还请求权

利益偿还请求权,是指票据权利因票据时效届满或者保全手续的欠缺而丧失,持票人对于出票人或承兑人返还其与未支付的票据金额相当利益的权利。该请求权不是票据权利,而是民事权利,系为了平衡当事人之间的利益,依据民法方法而规定于票据法的非票据权利。它主要适用于两种情形:一是票据权利因超过票据时效而消灭,二是票据权利因保全手续欠缺而丧失。《票据法》第18条对第一种情形的规定与此一致,唯将第二种情形表述为"票据记载事项欠缺",于逻辑不通。这是因为,票据记载事项欠缺,该票据归于无效,也就谈不上什么票据权利。既无票据权利,也就无所谓票据权利丧失,谈何利益偿还?为此,该情形应修改为票据权利因欠缺保全手续而丧失。

适用利益偿还请求权需具备五项条件:(1) 请求权人限于正当持票人。无论是最后被背书持票人,还是其他正当票据持有人,比如再追索权人,因继承、赠与或税收而取得票据的人,均为正当票据持有人,均可为请求权人。(2) 票据权利曾经有效存在。票据权利有效存在是前提。若票据权利未曾存在,就谈不上利益偿还。(3) 利益偿还义务主体以出票人或承兑人为限。这就意味着,背书人、保证人或其他票据债务人无此义务。(4) 票据权利丧失的原因限于时效超过和保全手续欠缺。这表明,因其他原因而丧失票据权利的,不能适用利益偿还请求权。(5) 出票人或承兑人需因此受益。既为利益偿还请求权,出票人或承兑人需实际上有受益,才谈得上偿还。如仅有持票人丧失票据权利,而出票人或承兑人并未因此受益,即无须偿还利益。

第五节 票据的伪造、变造与丧失

一、票据的伪造

票据的伪造,是指假冒他人名义而实施的票据行为。假冒出票人名义出票,假冒他人名义背书、承兑、保证等,均属票据的伪造。无论是伪造票据,还是故意使用伪造票据,均属违法犯罪行为。[①]

(一) 构成要件

构成票据伪造有三项条件:(1) 伪造票据的签章。比如,伪造出票人、背书人、承兑人的签章而出票、背书、承兑。(2) 假冒他人的名义。(3) 以行使票据权利为目的。这表明,非以行使票据权利为目的,即使假冒他人名义而为票据行为,也不属于伪造。

---

① 参见我国《票据法》第14、102条。

（二）法律后果

该后果分为五个方面：其一，对被伪造人的效力。签章系票据行为成立的要件之一，被伪造人并无签章，无须承担票据责任。该抗辩事由属于绝对抗辩，可以对抗任何持票人，包括取得票据时并无恶意或重大过失的持票人。其二，对伪造人的效力。伪造人虽不承担票据责任，但应承担民事赔偿责任、行政责任和刑事责任。比如，因其伪造给他人造成损失的，即应承担民事赔偿责任。其三，对真实签章人的效力。票据上有伪造签章的，并不影响其他真实签章的效力。其他票据债务人仍应承担票据责任。其四，对持票人的效力。善意持票人仍可取得票据权利，可以行使票据付款请求权和追索权。如其在取得票据过程中，有恶意或重大过失，即不能享有票据权利（引例22-6）。其五，对付款人的效力。如付款人因未尽注意义务，有重大过失而未能识别伪造票据，便支付票据金额，应自己承担付款的责任。给持票人造成损失的，应依法承担赔偿责任。付款人在承担责任后可以向伪造者追偿。① 如已尽注意义务，仍不能识别伪造票据，付款人的付款行为有效，其损失可以依据民法请求伪造人赔偿。

引例 22-6

南开建行因未能识别伪造票据而承担赔偿责任②

1998年8月28日，迈柯恒公司在南开建行开立账户512-273036189，前后存入款项2000万元。12月9日，该公司发现其存款被他人以迈柯恒公司名义分10次取走1999.8万元。12月11日，迈柯恒公司向法院起诉，请求判令南开建行赔偿所支付的1999.8万元及其利息。原来，犯罪嫌疑人成敬采用电脑扫描、喷涂等技术手段，伪造汇票委托书、转账支票等凭证，分数次从南开建行骗取前述款项。迈柯恒公司未涉嫌参与共同诈骗。一审法院和最高人民法院均认为，南开建行未能识别出成敬在汇票委托书和转账支票上加盖的伪造印鉴，给迈柯恒公司造成损失，应依法承担赔偿责任。

二、票据的变造

票据的变造，是指无更改权的人在票据上变更签章以外的其他记载事项的行为。与票据伪造一样，票据变造和故意使用变造的票据，均属违法犯罪行为。

---

① 参见最高人民法院《关于审理票据纠纷案件若干问题的规定》第69条。
② 参见最高人民法院民事裁定书（2001）民二终字第126号。

与伪造之区别在于：一是变造的票据在变造前系合法有效的票据，而伪造的票据在实施伪造行为前尚无此票据；二是变造是变更签章之外的其他记载事项，而伪造则是伪造所有记载事项，包括伪造签章；三是变造的票据上的被变造人的签章属于真实签章，而被伪造人在票据上的签章则属伪造。

（一）构成要件

构成票据变造有三项条件：（1）变更已经生效的票据上除签章以外的其他记载事项。通常表现为更改票据金额（引例22-7）。（2）进行变造的人无变更权。如属有更改权的人所为，则属合法票据行为。（3）需以行使票据权利为目的。

（二）法律后果

该后果分为三个方面：其一，签章人的责任。变造的票据，仍然有效。签章人的票据责任则视其在变造之前后而异。① 在变造之前签章的人，对原记载事项负责；在变造之后签章的人，对变造之后的记载事项负责；不能辨别是在票据被变造之前或者之后签章的，视同在变造之前签章，以防止持票人欺骗。其二，变造人的责任。与票据伪造人一样，变造人不是票据上的签章人，无须承担票据责任，但应承担民事赔偿责任、行政责任和刑事责任。② 其三，对付款人的效力。如付款人因未尽注意义务，有重大过失而未能识别变造的票据，便支付票据金额，应自己承担付款的责任。给持票人造成损失的，应依法承担赔偿责任。付款人在承担责任后可以向变造者追偿。如已尽注意义务，仍不能识别变造的票据，付款人的付款行为有效，其损失可依据民法请求变造人赔偿。

> **引例 22-7**
>
> ### 房山工行因未能识别变造票据而承担责任③
>
> 2000年10月26日，中油公司为支付京一家具厂货款，而向京一家具厂出具1张转账支票（24910293）。该支票上的金额为680元，在该数字前用￥符号作了划封处理，但未使用中文大写记载支票金额，亦未记载出票日期和权利人。京一家具厂取得该支票后，未作补记，直接将其转让给他人，最终转让给服务站。该站向银行提示付款时，其数码金额已被涂改，划封标志￥被改为阿拉伯数字"3"，在其前面又加上了"27"，从而使原金额680元变为273680元。

---

① 参见我国《票据法》第14条第3款。
② 参见我国《票据法》第14条第1款、第102条，《关于审理票据纠纷案件若干问题的规定》第67条。
③ 参见北京市第一中院民事判决书（2001）一中经终字第1351号。

11月1日,房山工行从中油公司账户将273680元划出。中油公司便起诉到法院,要求房山工行、京一家具厂承担赔偿责任。法院认为,中油公司、京一家具厂以及支票变造者的行为,均不同程度地为最终损害的发生提供了条件,但这些条件并不意味着损害必然发生,最终导致这一损害发生的原因,在于房山工行未履行对支票进行基本的票据形式审查的法定义务,在涉案支票变造痕迹明显、目击可查的情况下,兑付了该支票,故仅房山工行需对中油公司承担赔偿责任。

三、票据的丧失与救济

票据的丧失,是指持票人非出于自己的本意而丧失票据占有的客观状态。它包括绝对丧失和相对丧失两种情形。绝对丧失,指票据在物质形态上毁灭,比如撕毁、烧毁等。相对丧失,指因遗失、被盗等原因,票据脱离持票人占有。鉴于票据为完全证券,有券即有权,失券即失权。但是,票据丧失并非出于持票人的本意,故票据法为其提供了救济措施。依据我国《票据法》第15条,共有挂失止付、公示催告和普通民事诉讼三项救济。

(一)挂失止付

挂失止付,是指失票人将丧失票据的情况通知付款人,并使其停止付款的行为。这是一项临时性救济,目的在于防止票据金额被他人冒领,但并不能使失票人的票据权利得到恢复。不过,未记载付款人或者无法确定付款人及其代理付款人的票据,不能适用该项救济。当然,该项救济并非公示催告、普通民事诉讼的前置程序。其效力在于:(1)收到通知的付款人应暂停支付。否则,付款人要承担付款的法律后果。(2)暂时保全其票据权利,不至于让他人冒领其票据金额。

(二)公示催告

公示催告,是指法院应失票人的申请,以公示的方法,催告票据利害关系人在一定期限内向法院申报权利,如不申报即产生失权效果的程序。这是一种使票据权利与票据本身相分离的法律程序,有别于普通民事诉讼程序。与挂失止付相比,它可以产生除权判决,使权券分离,进而恢复其票据权利。

失票人可以直接申请公示催告,亦可在挂失止付后3日内申请该程序。有权申请该程序的失票人为依法可以背书转让的票据在丧失票据占有以前的最后合法持票人。出票人已经签章的授权补记的支票丧失的,出票人已经签章但未记载代理付款人的银行汇票丧失的,超过付款提示期限的票据丧失的,失票人亦可申请该程序。如失票人先挂失止付,在其后3日内申请该程序,公示催告申请书应载明:(1)票面金额;(2)出票人、持票人、背书人;(3)申请的理由、事实;

(4)通知票据付款人或者代理付款人挂失止付的时间;(5)付款人或者代理付款人的名称、通信地址、电话号码等。是否受理,由法院依法作出决定。

一旦受理,法院可向付款人发出停止支付通知。该通知具有裁定保全性质,应在立案的同时通知付款人及代理付款人。付款人或者代理付款人收到法院发出的止付通知,即应立即停止支付,直至公示催告程序终结。非经发出止付通知的法院许可擅自解付的,不得免除票据责任。

法院在法定期限内可发出公示催告公告,即催告票据利害关系人在指定期间、地点申报权利的启示。该公告应于立案后 3 日内发出,刊登于全国性报刊。公告期间因票据是否涉外而异,国内票据的公告期间为 60 日,涉外票据可酌情延长,但以 90 日为限。[①] 利害关系人应依据公告的要求申报权利。公告期限届满后,在除权判决前申报的,与申报期间的申报具有同等效力。如无利害关系人申报,或虽有申报,但被驳回,法院即可依据利害关系人的申请,作出除权判决,终结公示催告程序。如利害关系人的权利申报与申请人发生权利争议,即应转入普通民事诉讼程序。

(三)普通民事诉讼

适用普通民事诉讼程序之救济有两种情形:一是因利害关系人的权利申报与申请人发生权利争议,从而转入该程序。二是失票人在丧失票据后,直接提起普通民事诉讼程序;其目的就是请求法院判令票据债务人向其支付票据金额,或补发票据,或返还票据,从而实现其票据权利。

第二种情形下,诉讼的被告为与失票人具有票据债权债务关系的出票人、拒绝付款的票据付款人或者承兑人。若要求返还票据,被告则为非法持有票据人。失票人提起普通民事诉讼,需要提供担保。担保金额为相当于票据金额的数额。[②]

第六节 涉外票据的法律适用

一、涉外票据法律适用概述

广义上讲,涉外票据是指票据关系中含有涉外因素的票据。我国《票据法》第 94 条采用的是狭义涉外票据,仅指票据行为含有涉外因素的票据,即出票、背书、承兑、保证、付款等行为中,既有发生在我国境内,又有发生在我国境外的票据。如是,判断票据是否涉外的标准就是票据的行为地,而非票据债务人的国籍和营业地。

---

① 参见《关于审理票据纠纷案件若干问题的规定》第 33 条。
② 参见《关于审理票据纠纷案件若干问题的规定》第 35—38 条。

涉外票据的法律适用有三大特点：(1) 原则上不准许当事人意思自治。凡是涉外票据关系的法律适用均需适用票据法的规定，基本上没有当事人自主选择的空间，唯支票出票时的记载事项，经当事人协议，可以选择适用付款地的法律。① (2) 实际上无须适用国际公约。尽管《票据法》第95条规定，我国缔结或参加的国际条约与我国《票据法》有不同规定的，适用国际条约的规定，我国声明保留的条款除外。凡是我国《票据法》和我国缔结或参加的国际条约没有规定的，则可适用国际惯例。但是，我国并未参加1930年和1931年的日内瓦票据公约，而《联合国国际汇票和国际本票公约》也未生效，还谈不上适用国际条约的问题。(3) 同一票据的票据行为涉及多个法域的，需分别按照其行为地适用不同的准据法。

二、涉外票据的准据法

（一）票据债务人的民事行为能力

票据债务人的民事行为能力，适用其本国法律。作为例外，若依其本国法律为无民事行为能力或者为限制民事行为能力，而依照行为地法律为完全民事行为能力的，则适用行为地法律。② 目的就是尽可能促进票据交易与流转，确保交易安全，维护善意持票人的合法权益。

（二）票据行为

一是背书、承兑、付款和保证行为，一般以行为地法为准据法。我国亦然，票据的背书、承兑、付款和保证行为，适用行为地法律。③ 二是票据的记载事项，一般适用出票地法律。我国亦然，出票地法为汇票和本票记载事项的准据法。对于支票的记载事项，原则上适用出票地法，但具有一定弹性，准予当事人协议选择适用付款地法。④

（三）票据权利

首先是票据追索权。我国采用日内瓦票据法体系的做法，以出票地法为准据法。⑤ 再就是提示与拒绝证明，一般都是采用付款地法为准据法。我国因循这一趋势，亦采付款地法为准据法。⑥ 至于失票救济，一般都适用付款地法，以便付款地法院承认和执行裁决。我国亦然，也以付款地法作为失票救济程序的准据法。⑦

---

① 参见我国《票据法》第94条第1款、第97条第2款。
② 参见我国《票据法》第96条。
③ 参见我国《票据法》第98条。
④ 参见我国《票据法》第97条。
⑤ 参见我国《票据法》第99条。
⑥ 参见我国《票据法》第100条。
⑦ 参见我国《票据法》第101条。

第二十三章 汇 票

第一节 汇票概述

一、汇票的概念与特征

汇票,亦称信用证券或委托证券,是出票人签发的,委托付款人在见票时或在指定日期无条件支付确定的金额给收款人或者持票人的票据。它具有四个特征:(1)委托他人付款。与本票有所不同,汇票的出票人只是票据的发行人,付款人则是另有其人(图23-1)。汇票系委托支付证券,而本票则是支付证券。支票虽属委托支付,但支票的付款人仅限于银行和其他金融机构,且支票的付款人不属于票据债务人。(2)在指定的到期日或见票时支付。与见票即付的支票和本票不同,汇票可以见票即付,也可以指定一定的付款期。这种到期日可以是定日付款、出票后定期付款,也可以是见票后定期付款。汇票一般都有指定到期日,故为信用证券。(3)确定的金额。汇票以支付一定金额为目的,票据金额为绝对必要记载事项。如汇票欠缺确定的金额,该汇票归于无效。(4)无条件支付。汇票一经签发,付款人即应无条件支付票据金额给收款人。若汇票已经背书转让,则应无条件支付给持票人。所谓无条件,有两层含义:一是出票人签发汇票时,不得附有任何条件。支付命令系无条件的。否则,汇票无效。二是付款人须无条件付款。付款人只有两个选择,要么无条件付款,要么拒绝支付,二者必居其一。否则,汇票难以释放其支付工具的应有功能。

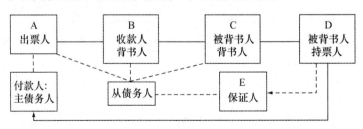

图 23-1 汇票的当事人

二、汇票的当事人

汇票的当事人因票据行为而异(图23-1)。就出票而言,汇票有三方当事人:出票人、收款人和付款人。出票人是依法签发汇票委托他人付款的人。收款人是汇票指定的收取汇票金额的人,可以是收款人本人,也可以是收款人指定的人。付款人是按照出票人的付款委托无条件支付汇票金额的人。

如遇背书转让,则有背书人和被背书人,被背书人取得汇票后仍可继续背书转让,直至最后持票人提示付款(图 23-1)。

如遇保证行为,会涉及保证人和被保证人。保证人必须是汇票债务人以外的其他人,被保证人则为特定的汇票债务人。

三、汇票的种类

(一)商业汇票和银行汇票

依据汇票出票人的身份,可以分为商业汇票和银行汇票(表 23-1)。商业汇票,是指企业和其他组织签发的,并委托他人依票据记载向收款人或持票人无条件支付确定金额的汇票。银行汇票,是指银行签发的,由其在见票时按照实际结算金额无条件支付给收款人或者持票人的汇票(图 23-2)。根据承兑人的不同,商业汇票又可分为商业承兑汇票和银行承兑汇票。商业承兑汇票,由银行之外的企业和其他组织承兑、付款,银行承兑汇票则是由银行承兑、付款。

表 23-1　汇票与本票、支票的出票人比较

出票人		汇票		银行本票	支票
		银行汇票	商业汇票		
银行		√		√	
非银行	企业		√		√
	其他组织		√		√
个人					√

(二)即期汇票与远期汇票

根据汇票的付款日期,可以分为即期汇票和远期汇票。即期汇票,是指以见票日为付款日的汇票,即见票即付的汇票。远期汇票,则是以将来某一时间届至为到期日的汇票,包括定日汇票、计期汇票和注期汇票。定日汇票,亦称定期汇票、板期汇票,是指在票面上载明付款日的汇票。计期汇票,亦称出票后定期付款的汇票,是指自出票日起经过一定期间而为付款的汇票,比如出票日后 1 个月或 3 个月。注期汇票,亦称见票后定期付款汇票,是指自提示承兑之日起经过一定期间而为付款的汇票。该汇票需持票人提示承兑后方可计算出到期日。

(三)记名汇票、指示汇票和无记名汇票

依据汇票上记载权利人的方式,可以分为记名汇票、指示汇票和无记名汇票。记名汇票,就是出票人明确记载收款人姓名或名称的汇票。出票人签发后,必须将其交付票面上载明的收款人,汇票方才生效。如转让汇票,必须以背书方式进行。指示汇票,是指出票人在票据上记载收款人姓名或名称,并附加"或其

图 23-2 银行汇票的样式

指定人"字样的汇票。出票人不得禁止收款人背书转让,而转让只能采用背书方式。无记名汇票,则是汇票上不记载收款人姓名或名称,或仅记载向"来人"支付字样的汇票。这种汇票只要交付即可发生转让效力。当然,持票人亦可在汇票上记载自己或他人的姓名或名称,从而转化为记名汇票。

(四)一般汇票和变式汇票

依据汇票当事人是否身兼二任,可以分为一般汇票和变式汇票。一般汇票,是指出票人、付款人、收款人分别为不同人的汇票。易言之,三个角色各异其人。变式汇票,是指汇票关系中一人兼任数个当事人身份的汇票,包括指己汇票、付受汇票、对己汇票和己受己付汇票。指己汇票,亦称己受汇票,是指出票人以自己为收款人而签发的汇票。比如,买卖合同的卖方以自己为收款人签发汇票,以买方为付款人。卖方可以转让该汇票,可以申请贴现,亦可请求付款人承兑付款。付受汇票,则是指以付款人为收款人的汇票,即付款人与收款人为同一人。对己汇票,亦称己付汇票,则是指出票人以自己为付款人的汇票。己受己付汇票,则是指出票人以自己为收款人和付款人而签发的汇票,即出票人、收款人与付款人三位一体,集于一身。

(五)完成汇票和空白授权汇票

依据汇票是否授权他人补记有关记载事项,可以分为完成汇票和空白汇票。完成汇票,是指记载事项完备的汇票。空白授权汇票,亦称未完成汇票,是指预留票据记载事项的空白,授权他人补记的汇票。我国尚不准许空白授权汇票,只准许空白授权支票。①

第二节 汇票的出票

一、出票的概念与特征

汇票的出票,亦称汇票的发票、汇票的签发、汇票的发行,是指出票人签发票据,将其交付给收款人的票据行为。它属于票据创设行为,系最基本最主要的票据行为。没有出票,就谈不上背书、承兑、保证等附属票据行为。

其特征为:(1)基本票据行为。一切票据行为均从出票开始。出票之后,才谈得上其他票据行为,如背书、承兑、保证等。(2)具有出票人资格的人所为。出票人因汇票种类而异。银行汇票只能由银行签发,商业汇票则是由银行之外的企业和其他组织签发。个人不在汇票的出票人之列,但个人可以成为支票的出票人。(3)出票人作成票据的行为。出票是由出票人在汇票上依法记载一定

---

① 参见我国《票据法》第22、85、86条。

事项,创设票据权利义务关系。票据权利义务关系因出票而创设,而背书、承兑则是就已有票据而为一定行为。(4) 出票人发行票据的行为。出票人不仅要作出票据,而且还要将其交付收款人,交付就是票据的发行行为。只作成票据,而无票据发行行为,汇票不能发生效力。

二、汇票的记载事项

汇票不仅要记载一定事项,而且需依法定格式进行记载。依据其对汇票效力的影响,可以分为必要记载事项、任意记载事项、不得记载事项和记载有益事项。

(一) 必要记载事项

首先是绝对必要记载事项。依据我国《票据法》第 22 条,其绝对必要记载事项为:(1) 表明"汇票"的字样;(2) 无条件支付的委托;(3) 确定的金额;(4) 付款人名称;(5) 收款人名称;(6) 出票日期;(7) 出票人签章。作为绝对必要记载事项,欠缺其中任何一项,汇票即告无效。这些事项需依照法定格式进行记载。否则,会导致汇票无效。比如,汇票的金额,需以中文大写和数字同时记载,两者必须一致。如不一致,汇票无效。至于签章,商业汇票上的出票人的签章,需为该法人或者该单位的财务专用章或者公章加其法定代表人、单位负责人或其授权的代理人的签名或者盖章;银行汇票上的出票人的签章和银行承兑汇票的承兑人的签章,需为该银行汇票专用章加其法定代表人或其授权的代理人的签名或盖章。付款日期,需为见票即付、定日付款、出票后定期付款或见票后定期付款,四者必居其一。[①]

至于相对必要记载事项,则不会因不记载而导致票据无效,并可依法律的推定而存在。付款日期、付款地、出票地等事项就是如此。出票人对其记载应当清楚、明确。作为当事人意思自治的体现,如有这种记载,即以记载为准。如无记载,则以默示规范为准。如汇票上未记载付款日期,视为见票即付;如未记载付款地,以付款人的营业场所、住所或者经常居住地为付款地;如未记载出票地,以出票人的营业场所、住所或者经常居住地为出票地。[②]

(二) 任意记载事项

任意记载事项全由当事人自主确定。而该事项一经记载,便具有票据法上的效力。除必要记载事项、不得记载事项和记载有益事项外,其他均属任意记载事项,比如代理付款人、预备付款人、利息与利率、禁止背书等。我国《票据法》

---

① 参见我国《票据法》第 8、25 条,最高人民法院《关于审理票据纠纷案件若干问题的规定》第 41 条。

② 参见我国《票据法》第 23 条。

第 27 条第 2 款仅就禁止背书作出明确许可,即准予出票人在汇票上记载"不得转让"字样。只要记载了该字样,该汇票便不能转让。如后手将其贴现、质押,因此取得汇票的持票人不得主张票据权利。[①]

(三) 不得记载事项

当事人不得在汇票上记载这种事项。根据违法后果,又分为记载无益事项和记载有害事项。记载无益事项仅导致该记载本身无效,票据法上视为未作记载,但不影响票据的效力。比如,出票人在汇票上记载"免除保证承兑和付款的责任"字样,该记载因违反出票人的承兑和付款的保证责任而无效,但不影响汇票的效力。对于记载有害事项,不仅该项记载本身无效,而且使整个汇票也无效。比如,附条件委托付款。

(四) 记载有益事项

该记载虽不发生票据法上的效力,但不妨碍发生民法上的效力。与任意记载事项之差别在于,任意记载事项一经记载,即产生票据法上的效力。记载有益事项的范围系必要记载事项、任意记载事项和不得记载事项之外的其他事项。我国《票据法》第 24 条准予汇票记载法定事项之外的其他出票事项,但该记载不具有汇票上的效力,即为此情形。

三、出票的效力

出票一经完成,即对出票人、收款人和付款人产生相应的效力。首先,对出票人的效力。依据我国《票据法》第 26 条,出票人一经出票,即应承担保证该汇票承兑和付款的责任。如遇汇票不能承兑或付款,出票人应向持票人承担偿还责任。易言之,出票人需对其出票行为承担担保责任。汇票的出票人系委托他人付款,此乃单方行为,而付款人是否接受付款委托乃由付款人自主决定。为保护持票人的利益,由出票人承担担保责任,就是票据法对拒绝承兑和拒绝付款提供的补救。

其次,对付款人的效力。出票系单方法律行为,无须出票人与付款人事先形成合意。付款人毕竟只是受委托而付款,是否付款取决于其是否承兑。只有承兑后,才产生付款人的付款责任。否则,付款人不承担付款责任。易言之,出票的委托行为并不能约束付款人,付款人因自己的承兑行为而受约束。

最后,对收款人、持票人的效力。汇票一经出票,收款人或最后持票人便取得票据权利,享有付款请求权和追索权。这只是一种期待权,只有经付款人承兑,该权利方才转换为现实的权利。如已获承兑,持票人即可请求承兑人付款。如被拒绝承兑,持票人可行使追索权。

---

① 参见最高人民法院《关于审理票据纠纷案件若干问题的规定》第 53 条。

第三节 汇票的背书

一、背书概述

背书,是指在票据背面或粘单上记载相关事项并签章的票据行为。其目的,就是转让票据权利或授予票据权利给他人。虽为附属票据行为,基于票据的流通性,背书在票据法中举足轻重。

(一)背书的特征

背书具有四个特征:(1)附属性。作为附属票据行为,背书需在出票后方能进行。出票在先,背书在后。没有出票,也就谈不上背书。若出票因欠缺法定有效要件而无效,背书也因此而无效。(2)以转让汇票权利或将一定汇票权利授予他人为目的。该目的有两种情形:一是持票人将汇票权利转让给他人。二是持票人将一定汇票权利授予他人行使。比如,委任背书、设质背书。(3)系持票人的行为。背书系持票人的行为。第一次背书人就是收款人,受让人为被背书人。被背书人取得汇票,继续转让的,自己又成为背书人,依此类推。汇票信用愈高,背书转让链条就愈长。(4)要式性。背书亦需符合法定记载要求。否则,背书无效。

(二)背书的记载要求

1. 必要记载事项

背书需有必要记载事项,包括背书人签章、被背书人的名称以及背书日期。背书人签章和被背书人的名称为绝对必要记载事项;背书日期为相对必要记载事项,如背书未记载该事项,推定为在汇票到期日前背书。司法实践中,实际上将被背书人名称作为相对必要记载事项,准予被背书人自行补记。若背书人未记载被背书人名称即将票据交付他人,持票人在票据被背书人栏内补记自己的名称,该记载与背书人记载具有同等法律效力。① 至于质押背书,"质押"字样属于绝对必要记载事项。即使出质人另有质押合同、质押条款,但汇票或其粘单欠缺"质押"字样,汇票质押也不能成立。②

2. 任意记载事项

背书人也可记载任意记载事项。该事项一经记载,便具有票据法上的效力。"不得转让""不得背书"等字样通常为任意记载事项。我国《票据法》第34条准

---

① 参见我国《票据法》第29—30条,最高人民法院《关于审理票据纠纷案件若干问题的规定》第49条。

② 参见我国《票据法》第35条第2款,最高人民法院《关于审理票据纠纷案件若干问题的规定》第55条。

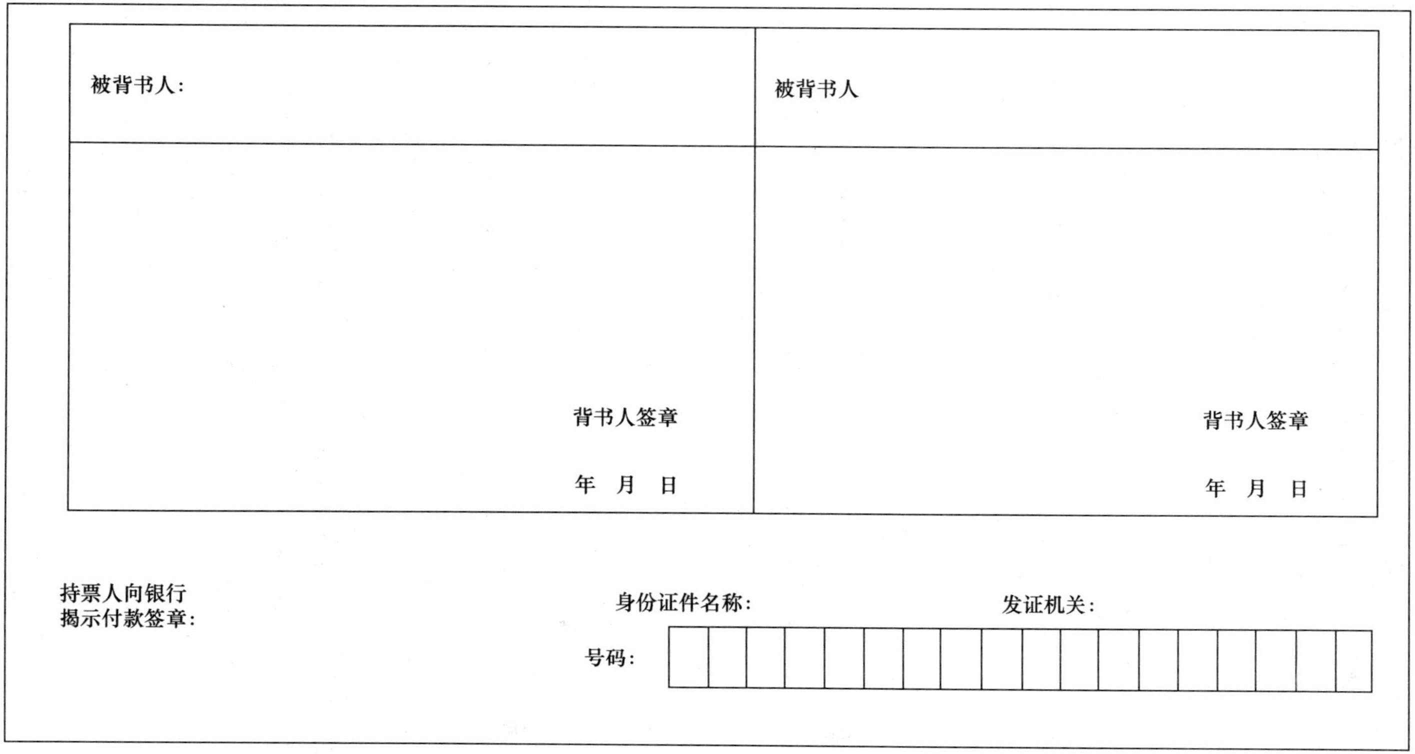

图 23-3 汇票背书的样式

书人记载"不得转让"字样。如有此记载,表明背书人仅对其直接后手负责。直接后手又将汇票背书转让的,该背书虽不因此而无效,但后来的被背书人如被拒绝承兑或付款,便不得向已经作"不得转让"记载的背书人进行追索;对于其他背书人、出票人、承兑人,则仍然可以行使追索权。如背书人在票据上记载"不得转让"字样,后手以其进行贴现、质押的,原背书人对后手的被背书人也不承担票据责任。①

3. 不得记载事项

汇票背书不得记载的事项包括附条件以及转让汇票金额的部分、将汇票金额分别转让给两人以上。附条件属于无益记载事项,所附条件视为未记载,背书仍然有效。转让汇票金额的部分、将汇票金额分别转让给两人以上则属于有害记载事项,不仅该记载无效,背书也因此无效。

(三) 粘单

背书一般记载于汇票的背面。如汇票背面不够记载时,可用粘单方法增加记载空间。粘单,就是粘附于汇票凭证上用于记载背书事项的单证。粘附须以票据凭证已无空白处可供记载为前提。粘单上的第一记载人须在汇票和粘单的粘接处签章。② 粘单并非票据附件,而是票据的组成部分。粘单上所进行的票据行为与在原汇票上进行的票据行为的效力相同。

二、转让背书

转让背书,是指以转让汇票权利为目的的背书。通常所说背书就是指转让背书。背书需具有连续性,持票人以背书的连续性证明其汇票权利。后手应对其直接前手背书的真实性负责。转让背书所转让的汇票金额需为全部金额,而非部分金额。将汇票金额分别转让给两人以上的,亦在禁止之列。③ 依据是否存在特殊情形,转让背书可分为一般转让背书和特殊转让背书。

(一) 一般转让背书

依据一般转让背书的记载方式,可分为完全背书和空白背书。完全背书,亦称正式背书、记名背书,是指背书人需在背书处载明背书的意图、被背书人名称,并由背书人签章的背书。诚然,除必要记载事项外,该背书还可记载任意记载事项。空白背书,亦称不完全背书、无记名背书,是指背书人为背书时,不记载被背书人名称,而仅由背书人签章的背书。各国大多承认空白背书,准予背书不指明受益人,或仅由背书人签名。我国《票据法》第 30 条将被背书人名称作为背书

---

① 参见最高人民法院《关于审理票据纠纷案件若干问题的规定》第 53 条。
② 参见我国《票据法》28 条。
③ 参见我国《票据法》第 31—33 条。

的绝对必要记载事项,不承认空白背书。而司法实践中,实际上认可了空白背书的存在。①

(二) 特殊转让背书

特殊转让背书包括期后背书和回头背书。期后背书,是指在汇票到期日届满后所为背书。我国不承认期后背书。汇票被拒绝承兑、被拒绝付款或者超过付款提示期限的,不得背书转让。如背书人背书转让这种汇票,自应承担汇票责任。② 回头背书,亦称还原背书,是指以汇票上的债务人为被背书人所为之背书。这就导致民法上的混同。票据关系并不因此而消灭,为促进票据的流通性,回头背书仍可背书转让。只是在行使追索权时,持票人为出票人的,对其前手无追索权;持票人为背书人的,对其后手无追索权。③

三、非转让背书

与转让背书相比,非转让背书仅以授予被背书人一定汇票权利为目的,而非以转让汇票为目的。易言之,其目的不是转让汇票权利,而是另有目的。它包括委任背书和设质背书两种类型。

(一) 委任背书

委任背书,亦称委托取款背书,是指持票人为行使汇票权利,而授予被背书人代为取款权利的背书。这种背书需在汇票上载明"委托收款"字样。该背书一经成立,被背书人即不得再以背书转让汇票权利。④ 其特征有三:(1) 不以转让汇票权利为目的。汇票权利仍属背书人,被背书人只是行使汇票权利的代理权而已。(2) 不产生切断抗辩的效力。票据债务人仍可基于与背书人之间的抗辩事由对抗被背书人。(3) 背书人在委任期间,不能行使汇票权利。而背书人一旦收回汇票,即可行使汇票权利,无须涂销委任背书。

(二) 设质背书

设质背书,亦称质押背书,是指持票人以在汇票上设定质权为目的而为的背书。设质背书需在汇票上明确记载"质押"字样。即使出质人另有质押合同、质押条款,汇票上无"质押"字样的,质押仍不能成立。其特点为⑤:(1) 被背书人以自己利益而行使权利,而委任背书的被背书人则是以背书人的利益而行使权利。(2) 产生设定质权的效力。被背书人取得汇票质权,只要设质的汇票到期

---

① 参见最高人民法院《关于审理票据纠纷案件若干问题的规定》第49条。
② 参见我国《票据法》第36条,最高人民法院《关于审理票据纠纷案件若干问题的规定》第58条。
③ 参见我国《票据法》第69条。
④ 参见我国《票据法》第35条1款。
⑤ 参见我国《票据法》第35条2款,最高人民法院《关于审理票据纠纷案件若干问题的规定》第51条。

日届至,被背书人即可依法行使其汇票权利,包括付款请求权和追索权。(3)被背书人可以再为背书。委任背书人不得再为转让背书、设质背书。否则,原背书人对后手的被背书人不承担票据责任。

> **引例 23-1**
>
> ## 薛城区建行应向汇票质权人履行票据义务[①]
>
> 　　1997年5月28日,薛城区建行在未收到任何款项的情形下,向洗煤厂出具5号银行汇票(ⅥⅤ00316605),金额75万元,出票人为薛城区建行,收款人为洗煤厂。次日,洗煤厂向该行出具借条1张,借款75万元。同日,洗煤厂与城郊信用社订立质押借款合同,以该汇票为质押,向信用社借款75万元,期限1个月。洗煤厂向信用社交付了5号汇票和权利质押声明书。6月26日,该贷款期限届满,洗煤厂并未还款。同日,薛城区建行出具了8号汇票(ⅥⅤ00316608),出票人薛城区建行,收款人为洗煤厂,金额75万元。洗煤厂以8号汇票换回了5号汇票,并向信用社交付以8号汇票为质押物的权利质押声明书。鉴于洗煤厂逾期未还贷款本息,信用社于7月17日通过票据交换系统,请求薛城区建行付款,但被薛城区建行退票。信用社便将薛城区建行起诉到法院,请求判令其支付票据金额及其利息。一审和二审法院均认为,当事人虽未背书记载"质押"字样,但并不影响质押以质押合同以及汇票交付质权人而成立,当事人在8号汇票上设立的质押关系合法有效,信用社依法取得汇票的质权,故判令薛城区建行支付票据的票面金额及其利息。

四、背书的效力

　　背书具有权利转移效力、权利担保效力和权利证明效力,以权利转移为主要效力。

　　(一)权利转移效力

　　背书一经成立,汇票上的权利便依背书由背书人转移给被背书人,被背书人也依背书而受让汇票上的一切权利,包括付款请求权和追索权。只有转让背书才产生权利转移效力,质押背书和委任背书均不产生该效力,其所取得的权利分别为被背书人汇票质权和为背书人收款的代理权。

[①] 参见《最高人民法院公报》2004年第11期。

（二）责任担保效力

转让背书和设质背书均具有责任担保效力,而委任背书则不具有该效力。转让背书和设质背书一经成立,背书人即应对其后手所持汇票承担承兑和付款的担保责任。如汇票未能得到承兑或付款,背书人应向持票人承担偿还责任。如持票人行权遭到拒绝,即可向背书人行使追索权。担保责任不仅限于其直接后手,而且包括其所有后手,后手对前手行使追索权还具有选择权。如背书人作了"禁止背书"的记载,该背书人只对其直接后手承担担保责任,对其他后手不承担该责任。①

（三）权利证明效力

对于转让背书而言,只要汇票上的背书具有连续性,即可推定持票人为正当持票人,享有汇票的一切权利。转让背书的汇票持有人需以汇票的连续性,证明自己为权利人;汇票债务人向背书连续的持票人支付汇票金额,即可免除其票据责任;汇票债务人主张背书连续的持票人不是真正的权利人,应承担举证责任。所谓背书连续,是指背书人与被背书人在汇票上的签章依次前后衔接,其中第一背书人应为汇票上记载的收款人,最后持有人应是最后一次背书的被背书人。②委任背书和设质背书虽具有权利证明效力,但并非是证明票据权利,而是分别证明代理权和质权。持票人仅凭背书的连续性即可证明其代理权或质权,无须另行举证。付款人对其付款后,即可免责。

第四节 汇票的承兑

一、承兑概述

汇票的承兑,是指汇票付款人承诺在汇票到期日支付汇票金额的票据行为。出票系单方法律行为,出票之后,付款人可能接受,也可能不接受,权利义务尚不稳定。只有付款人承兑之后,该权利义务才得以稳定,收款人的期待权才转换为现实的权利。

其特征有四:(1)附属性。与背书一样,承兑也是附属票据行为。其存在以有效的出票为前提,没有出票中的委托,也就谈不上付款人的承兑。(2)为汇票所特有。只有汇票才有承兑制度,本票、支票均无该制度。本票的出票人与付款人系同一人,无须承兑。支票的付款人为银行或其他金融机构,签发支票以在银行或金融机构开立支票存款账户,并存入一定资金为前提,且见票即付,亦无须

---

① 参见我国《票据法》第34条。
② 参见我国《票据法》第31条,最高人民法院《关于审理票据纠纷案件若干问题的规定》第50条。

承兑。汇票虽须承兑,但并非一切汇票均须承兑,见票即付的汇票便无须承兑。(3) 承诺在汇票到期日支付汇票金额的行为。出票人虽已为无条件支付的委托,但这并不意味着付款人就当然成为票据债务人,付款人只有经其承诺无条件支付才成为主债务人。承兑不得附条件,一经承兑,承兑人便承担到期付款的责任。(4) 要式行为。付款人为承兑的意思表示需在汇票上予以记载。一般应在汇票正面为之,通常是在汇票上记载"承兑"字样以及承兑日期,并由承兑人签章。

二、承兑提示

(一) 概念

承兑提示,是指持票人向付款人出示汇票,请求付款人承诺付款的行为。它虽不是票据行为,却是承兑的前提。这相当于民法上的请求,而民法上的请求可以是书面的,也可以是口头的,票据上的提示则需现实地向付款人出示票据。在提示承兑中,提示人系持票人,其可以是真正持票人,也可以是委任背书的代理人或设质背书的质权人。被提示人只能是付款人,代理付款人不能成为被提示人。提示人提示的目的就是行使和保全票据权利。如付款人承兑,则可在到期日请求其付款;如遭拒绝,可以要求付款人作成拒绝证书,以行使追索权。

(二) 期间

凡是需要提示的汇票,均需在法定期限内承兑,未在此期限内提示承兑的,持票人便丧失对前手的追索权。至于承兑提示的期限,则因汇票到期日而异。[①] 定日付款或出票后定期付款的汇票,持票人应在汇票到期日前向付款人提示承兑;见票后定期付款的汇票,持票人应自出票日起1个月内向付款人提示承兑;见票即付的汇票无须提示承兑。

三、承兑及其效力

(一) 承兑

付款人承兑亦有期限限制,应自收到提示承兑的汇票之日起3日内承兑或者拒绝承兑。在收到持票人提示承兑的汇票时,应向持票人签发收到汇票的回单,该回单应记明汇票提示承兑日期并签章。

至于付款人承兑的记载事项,必要记载事项包括"承兑"字样、承兑日期和付款人签章。对于见票后定期付款的汇票,还应记载付款日期。"承兑"字样和付款人签章为绝对必要记载事项。我国并不承认没有"承兑"字样,仅有付款人签章的略式承兑。承兑日期则属于相对必要记载事项。如汇票上未作此记载,

---

① 参见我国《票据法》第39—40条。

则以默示承兑日为准,即付款人收到提示承兑的汇票的第 3 日为承兑日。承兑没有任意记载事项,也不得附条件。凡是附条件的,即视为拒绝承兑。[①]

(二) 承兑的效力

首先,对付款人的效力。付款人一经承兑,即应在汇票到期时依票载文义支付汇票金额。在承兑前,付款人仅为汇票关系人,不是汇票债务人。一经承兑,付款人即成为承兑人,成为汇票的主债务人,承担汇票到期付款的责任。即使持票人为出票人,承兑人也应对其承担付款责任。如出票人没有提供资金,承兑人则可提出抗辩。其次,对持票人的效力。汇票一经承兑,持票人的期待权变为现实的权利。汇票一到期,持票人即可向承兑人行使付款请求权。除遇时效超过或欠缺保全手续外,持票人不会丧失该权利。最后,对出票人和背书人的效力。对于出票人和背书人,付款人一旦承兑,他们即可免于期前追索。这是因为,拒绝承兑系持票人行使期前追索的法定事由。

四、参加承兑

参加承兑,是指预备付款人或第三人为特定票据债务人的利益,为阻止持票人进行期前追索,而为付款人代为承兑的附属票据行为。这是汇票特有的制度安排,我国尚未认可。

(一) 参加承兑的特征

其特征有四:(1) 以出票为前提。既为附属票据行为,它同样以出票为前提和基础。没有出票,就谈不上参加行为。(2) 以阻止持票人行使期前追索为目的。在特定情形下,持票人可以进行期前追索。参加承兑人一经参加承兑,持票人不得再行使期前追索。正因为如此,该行为需在到期日前为之。(3) 为特定票据债务人的利益而为之。参加人为预备付款人、票据债务人以外的第三人或汇票上的原债务人,被参加人可以是汇票上所有债务人,但参加承兑时需指定被参加人,将其特定化。(4) 需在汇票上为参加承兑的意思表示。参见承兑的意思需记载于汇票,并按照法定格式进行记载。

(二) 参加承兑的记载事项

与承兑一样,参加承兑亦需在汇票上记载"参加承兑"的字样,且不得附任何条件。同时,还应记载被参加人的名称、参加承兑的日期以及参加承兑人签章。其中,"参加承兑"字样和参加人签章为绝对必要记载事项,被参加人的名称和参加承兑的日期为相对必要记载事项。如未记载被参加人的名称,出票人为默示的被参加人。

[①] 参见我国《票据法》第 42—43 条。

(三) 参加承兑的效力

首先，对参加人的效力。参加人的责任系第二次责任。持票人在汇票到期时仍应向付款人或代理付款人请求付款。如遭拒绝，持票人凭拒绝证明再向参加人请求付款。参加人不仅需要对持票人负责，而且需要对被参加人的后手承担责任。与承兑的差别在于，参加人付款后，票据关系并未消灭。参加人因付款而取得持票人的地位，可以转而请求承兑人付款，或向被参加人及其前手追索。

其次，对持票人的效力。对于持票人，如其同意参加承兑，则不得在到期日前行使追索权。持票人不信任参加人到期付款的，可以拒绝参加承兑。既然同意其参加承兑，即不可提前行使追索权。

最后，对被参加人的效力。因持票人被阻止期前进行追索，被参加人以及汇票上所有偿还义务都免于期前追索。只是在汇票到期时，才由第一责任的债务人首先向持票人履行付款责任。如拒绝，则应作出拒绝证明，持票人借此要求第二责任的参加人承担付款责任。

第五节 汇票的保证

一、保证概述

汇票的保证，是指票据债务人以外的第三人以担保票据债务履行为目的的附属票据行为。保证并非汇票所特有，也可适用于本票。[①]

其特征为：(1) 附属性。与基本票据行为相比，保证属于附属票据行为；与被保证主债务的关系，系主从关系，汇票保证以形式上的被保证之债存在为前提。相对于出票和被保证之债，它具有附属性、从属性。如汇票在形式上无效，保证也因此无效。[②] 如主债务因基础关系、原因关系而无效，保证仍有效。可见，保证又是一种独立的法律行为。[③] (2) 对汇票债务的担保。保证的目的就是保证汇票债务的履行，所担保的债务可以是承兑人的付款义务，也可以是出票人、背书人等的偿还义务。出票人和承兑人的利益返还义务并非票据债务，不在保证债务之列。汇票上的债务人均可成为被保证人，付款债务人和偿还债务人均可，而汇票保证人需为票据债务人以外的他人。国家机关、以公益为目的的事业单位、社会团体、企业法人的分支机构和职能部门不能为票据保证人，但经国务院批准为使用外国政府或者国际经济组织贷款进行转贷，国家机关提供票据

[①] 参见我国《票据法》第45、80条。
[②] 参见我国《票据法》第49条。
[③] 参见最高人民法院《关于审理票据纠纷案件若干问题的规定》第46条。

保证的,以及企业法人的分支机构在法人书面授权范围内提供票据保证的除外。① (3)要式性。汇票或汇票的粘单需依法记载必要记载事项。如欠缺绝对必要记载事项,如"保证"字样,即导致保证无效。

二、保证的类型

依据保证记载事项的法定要求,可以分为正式保证与略式保证。正式保证,是指保证人在汇票上签章,并记载"保证"字样的保证,而略式保证则仅有保证人的签章即可。我国仅承认正式保证。②

依据保证人人数是否多于一人,可以分为单独保证和共同保证。单独保证,就是保证人为一人的保证,而共同保证则是保证人为两人以上的保证。对于共同保证,保证人之间承担连带责任。③

依据保证金额,又可分为全部保证和部分保证。全部保证,就是为汇票金额的全部所为之保证,而部分保证则是仅就汇票金额的部分所为之保证。我国仅承认全部保证,对部分保证则无明确规定。若出现部分保证,则不应导致保证无效,而是仍由保证人承担足额清偿责任。④

依据保证是否附条件,还可分为单纯保证和不单纯保证。单纯保证,是指不附任何条件的保证,而不单纯保证则是附有限制性条件的保证。我国不承认不单纯保证。即使保证附有限制性条件,该条件无效,保证人继续无条件承担保证责任。⑤

三、保证的记载事项

首先是必要记载事项。依据我国《票据法》第46条,保证的必要记载事项为:(1)表明"保证"的字样;(2)保证人名称和住所;(3)被保证人的名称;(4)保证日期;(5)保证人签章。这些必要记载事项需记载于汇票或其粘单。其中,第1、2、5项为绝对必要记载事项,若不记载,保证无效。第3项和第4项属于相对必要记载事项。若无该项记载,则以默示规则为准。具体说来,未记载被保证人名称的,如汇票已经承兑,以承兑人为被保证人;如尚未承兑,则以出票人为被保证人。对于未记载保证日期而言,则视出票日期为保证日期。

至于不得记载事项,与背书一样,保证不得附条件。附条件即属于保证的不

---

① 参见我国《票据法》第45条,最高人民法院《关于审理票据纠纷案件若干问题的规定》第60条。
② 参见我国《票据法》第46条第1、2、5项,最高人民法院《关于审理票据纠纷案件若干问题的规定》第62条。
③ 参见我国《票据法》第51条。
④ 参见我国《票据法》第50条。
⑤ 参见我国《票据法》第48条。

得记载事项,即其中的记载无益事项。也就是说,虽记载该事项,但该记载并不导致保证无效,而只是所附条件无效,保证人仍应无条件承担对汇票的保证责任。

四、保证的效力

首先,对保证人的效力。首要的就是责任。保证一经成立,保证人即应对合法取得汇票的持有人承担保证责任。(1)保证人与被保证人负同一责任。保证人与被保证人的票据责任,不仅金额相同,而且性质也完全一样,他们之间无先后顺序之分,对持票人承担连带责任。只要汇票到期,持票人未得到支付,即可请求保证人付款,保证人应当足额付款。(2)保证人独立承担责任。即使被保证债务无效,也不影响保证责任。如被保证的汇票因形式要件欠缺而无效,保证人可不承担保证责任,但并不排除保证人承担相应的民事责任。(3)共同保证人承担连带责任。如属共同保证,保证人之间承担连带责任。此乃法定连带责任,即使他们无这种意思表示,亦应承担连带责任。至于权利,保证人因履行保证义务而取得汇票出票人的地位,享有对被保证人及其前手的追索权。这种权利因法定而原始取得,而非从被保证人那里继受取得,被保证人及其前手不得以其对出票人的抗辩事由对抗保证人。

其次,对持票人的效力。一旦汇票到期,持票人既可请求承兑人或其前手付款,或对其进行追索,亦可直接向保证人行使付款请求权或追索权。

最后,对被保证人的效力。如被保证人为承兑人,票据关系因保证人的履行而归于消灭。保证人便依据民法方法对承兑人进行追索。如被保证人系票据关系的偿还义务人,保证人承担保证义务后,既可向被保证人追索,也可向被保证人的前手追索,被保证人的后手的责任得以免除。

第六节 汇票的付款

一、付款概述

汇票的付款,是指汇票的付款人或其代理付款人向持票人支付汇票金额,从而消灭票据关系的行为。作为准票据行为,其目的在于消灭票据关系,是汇票的终点,系完成汇票使命的最后一站。

其特征有三:(1)付款人的行为。作为支付工具,汇票权利体现为支付请求,付款人需支付汇票金额。这种支付相当于民法上的清偿,只是民法上的清偿并不以金钱支付为限。(2)付款人支付汇票金额的行为。付款系专指付款人支付汇票金额的行为。也就是说,并非任何支付金钱的行为都可以构成支付。比如,偿还义务人的支付只能导致追索权的转移,而不能消灭票据关系,付款人的付款行为方可彻底消灭票据关系。(3)以消灭票据关系为目的的行为。这种行为虽不是票据行为,而是准票据行为,但可以彻底消灭票据关系。出票为汇票的起点,付款则为终点。付款人依法付款后,即解除全体债务人的责任。①

二、提示付款

提示付款,是指持票人向付款人或代理付款人出示汇票,并请求按票载金额付款的行为。鉴于票据的流通性,提示付款系付款的必经程序;如未提示付款,票据义务人无主动付款的义务。

(一) 提示关系的当事人

提示人和被提示人为提示关系的当事人。持票人为提示人,持票人为2人以上的,其中1人或数人的提示视为全体持票人的行为。收款人委托收款银行或票据交换系统提示的,视为持票人的提示。被提示人为付款人、代理付款人、收款银行、付款银行或票据交换系统。② 付款人包括已为承兑的付款人和未承兑的付款人。如遇付款人破产,则应向破产管理人提示;如付款人丧失民事行为能力,则向其法定代理人提示;如付款人死亡,则向其继承人提示。代理付款人无须在汇票上签章,其只是付款人的代理人而已,并非票据债务人。

(二) 提示期限与到期日

提示需在法定期限内进行。汇票提示期限因汇票类型而异。对于见票即付的汇票,应自出票日起1个月内向付款人提示付款;对于定日付款、出票后定期付款或者见票后定期付款的汇票,则自到期日起10日内向承兑人提示付款。持票人在该期限内委托收款人或票据交换系统向付款人提示的,与其本人提示具有同等效力。若持票人未按期提示,只需说明情况,承兑人或者付款人仍应继续对持票人承担付款责任。③ 易言之,持票人的权利并不因超过提示期限而丧失,超过票据时效的除外。

到期日,就是付款人履行票据付款义务的日期。到期日亦因汇票类型而异。对于见票即付的汇票,提示付款的日期即为到期日。定日付款的汇票,以汇票所确定的日期为到期日。对于出票后定期付款和见票后定期付款的汇票而言,则分别以出票日或见票日为起算时间,经历票据上记载的期限后,以该期限之最后一日作为到期日。

(三) 提示方式

提示方式需为向付款人或代理付款人现实地出示汇票。仅有口头或书面请

---

① 参见我国《票据法》第60条。
② 参见我国《票据法》第53条。
③ 参见我国《票据法》第53条2款。

求,而未现实地出示汇票,则不构成提示。现实地出示包括当面向付款人、代理付款人出示,也可以通过邮寄方式出示。持票人委托收款人或票据交换系统向付款人提示,亦然。

(四) 提示地点

付款的提示地点应为汇票的付款地,即票据债务人的营业场所。如无营业场所,则应向其住所为提示。①

三、付款

(一) 付款时间

持票人一经提示付款,付款人即应在当日足额付款,不允许拖延支付。对于未按期提示的汇票,只要未超过票据时效,经持票人说明情况,一经提示,承兑人或付款人仍应即时付款。对定日付款、出票后定期付款或者见票后定期付款的汇票,如付款人在到期日前付款,则由其自行承担所产生的责任。② 易言之,期前付款不具有免责效力,如遇真正权利人出现,并请求其支付,付款人不得以已经支付为由对抗真正权利人。

引例 23-2

宜兴中行不得以汇票被公安局调取为由而拒付③

1998年5月20日,鼎球公司向华业公司出具银行承兑汇票,汇票编号为Ⅶ00580767,金额100万元,到期日8月20日。宜兴中行已经承兑。鼎球公司将其交付华业公司后,华业公司将其背书转让给盛东公司,盛东公司又将其转让给南方公司,南方公司将其转让给石化公司。汇票到期日,石化公司便通过开户行请求宜兴中行付款,该行于8月24日收到该汇票。但是,宜兴公安局当日即从该行调取该汇票作为华业公司朱玉明诈骗案的证据。8月25日,宜兴中行以此为由拒付。多次交涉无果,石化公司并将宜兴中行起诉到法院,请求支付票据金额及其利息。一审和二审法院均认为,票据一经出票、转让,即与基础关系脱离,因本案并无证据证明石化公司取得汇票出于恶意,宜兴中行应承担票据义务,故判令其支付票据款项及其利息。

---

① 参见我国《票据法》第16条。
② 参见我国《票据法》第58条。
③ 参见最高人民法院、中国应用法学研究所编:《人民法院案例选》(第40辑),人民法院出版社2002年版,第226—233页。

（二）审查责任

付款人和代理付款人负有审查责任。其审查的范围包括汇票背书的连续性和提示付款人的合法身份证明或者有效证件。如其因恶意或重大过失付款，则应自行承担责任。比如，明知或只要稍加注意即可判断出持票人与汇票上记载的被背书人不一致，仍予以付款的，即应承担错误付款的责任。如在公示催告期间对公示催告的汇票付款，或在收到法院的止付通知后付款，或因其他恶意或者重大过失而付款，亦应由其承担错误付款责任。①

（三）付款方式

付款人需支付汇票金额的全额，不准许部分支付。至于币种，当事人有约定的，从其约定。如无约定，则应以人民币支付。如汇票金额为外币，则以付款日的市场汇价，以人民币支付。②

对于付款银行，其责任限于按照汇票记载事项从付款人的账户支付汇票金额。收款人收款时应签收，并将汇票交回付款人。如收款人委托收款银行的，收款银行将代收的汇票金额转账收入持票人的账户，便视同收款人已签收。收款银行的责任限于按照汇票记载事项将汇票金额转账存入收款人的账户。③

（四）付款的效力

付款人一经全额支付汇票金额，汇票权利人的权利得以实现，全体汇票债务人的责任即告解除，汇票圆满地实现其使命，票据关系因此而消灭。

四、参加付款

参加付款，是指为了特定债务人的利益，由付款人或代理付款人之外的他人进行付款。日本、德国以及采用《日内瓦汇票本票统一公约》的其他国家均承认参加付款，我国尚未规定参加付款制度。其目的在于防止追索权的行使，参加付款不必经持票人同意。

（一）参加付款的时间

参加付款应在持票人行使追索权前为之。否则，持票人一经行使追索权，参加付款便失去实际意义。无论是期前追索，还是到期追索，均可为参加付款，只是参加付款需不得迟于拒绝证书作成期限的最后一日。

（二）参加付款的记载

参加付款虽系准票据行为，而非票据行为，参加人仍应在拒绝证书上为必要的记载。一般说来，记载事项为"参加付款"字样、被参加人的名称、参加人的名

---

① 参见我国《票据法》第57条，最高人民法院《关于审理票据纠纷案件若干问题的规定》第70条。
② 参见我国《票据法》第59条。
③ 参见我国《票据法》第55—56条。

称以及参加付款的日期。

(三) 参加付款的效力

首先,对参加付款人的效力。这有三个方面:(1) 参加付款人取得持票人的地位。参加付款人在付款之后,即可向承兑人行使付款请求权,对被参加人及其前手行使追索权。(2) 切断抗辩。参加付款人的权利系基于法定而原始取得,而非继受取得,票据债务人不得以其对原持票人的抗辩事由对抗参加付款人。(3) 不得背书转让。鉴于参加付款本身就说明该汇票的支付存在一定问题,参加付款人不得再行背书转让该汇票。

其次,对持票人的效力。对于参加付款人的参加付款,持票人没有权利拒绝。否则,便丧失对前手的追索权。一经获得参加付款人的付款,其在汇票上的权利即告消灭,其权利转移给参加付款人。持票人有义务将汇票及其收款清单交回参加付款人。如有拒绝证书,还应交回拒绝证书。

最后,对被参加人的效力。参加付款只是免除部分票据债务人的责任,不能免除全部债务人的责任。具体说来,被参加人后手的票据责任因此而免除,但承兑人、被参加人以及被参加人的前手的责任并不能免除。

第七节 追 索 权

一、追索权概述

追索权,亦称偿还请求权,是指汇票持票人在汇票到期不获付款,或期前不获承兑,或者发生其他法定原因时,可以请求其前手偿还票据金额、利息及有关费用的权利。作为偿还请求权,它属于后序权利,即第二次请求权。最后持票人系初始追索权人,已为清偿的被追索人享有再追索权,系再追索权人。保证人清偿票据债务后,亦可向被保证人或其前手追索。为避免循环追索,持票人为出票人的,对前手无追索权;持票人为背书人的,对后手无追索权。[①]

至于类型,依据行使追索权的时间,可以分为期前追索权和到期追索权。期前追索权,是指持票人在汇票到期日届至前所行使的追索权,到期追索权则是指持票人在汇票到期时,因不获付款而行使的追索权。依据行使追索权人的身份,又可分为初始追索权和再追索权。初始追索权是指最后持票人因提示承兑或提示付款遭遇拒绝,或因其他法定事由而行使的追索权,再追索权则是指被追索人向追索权人清偿了最初追索金额之后取得的追索权。

---

① 参见我国《票据法》第69条。

二、追索权的行使

(一) 追索事由

追索事由因期前追索和到期追索而异。① 到期追索的追索事由只有拒绝付款。至于期前追索,追索事由则有三项:(1)汇票被拒绝承兑的;(2)承兑人或者付款人死亡、逃匿的;(3)承兑人或者付款人被依法宣告破产的,或者因违法被责令终止业务活动的。

表 23-2 追索事由的类型与拒绝证明

	追索事由	拒绝证明
到期	未付款	拒绝证书
期前	拒绝承兑	拒绝证书 破产宣告 行政处罚决定书
	付款人、承兑人死亡或逃匿	
	付款人、承兑人破产	
	付款人、承兑人被责令关闭	

(二) 提示原汇票

追索权人行使追索权,原则上需向付款人提示汇票,请求承兑或付款。这是追索权后序权性质的体现。如遇付款人死亡、逃匿、受破产宣告或其他原因而无法为承兑提示或付款提示的,追索权人无须为提示。对于持票人因不可抗力而不能在法定期限内提示承兑或提示付款的,应将该事由通知出票人、背书人和其他票据债务人。不可抗力一旦消除,持票人即应即时提示。如该事由延至到期日后,持票人可直接行使追索权。

(三) 提供和出示有关拒绝证明

追索权人行使追索权时,需提供和出示被拒绝承兑或被拒绝付款的有关证明。对于提示承兑、提示付款而被拒绝的情形,承兑人或付款人有义务出具拒绝证明,或出具退票理由书;如未履行该义务,由其承担因此所产生的民事责任。对于因承兑人或付款人死亡、逃匿或者其他原因而行使追索权的,持票人应取得并提供其他有关证明。比如,法院出具的宣告承兑人、付款人失踪或者死亡的证明、法律文书;公安机关出具的承兑人、付款人逃匿或者下落不明的证明;医院或者有关单位出具的承兑人、付款人死亡的证明;公证机构出具的具有拒绝证明效力的文书。如承兑人或付款人被法院依法宣告破产,持票人应提供法院的有关司法文书;若承兑人或付款人因违法被责令停止业务活动,持票人应提供有关行

---

① 参见我国《票据法》第61条。

政主管部门的处罚决定。①

如持票人不能出示拒绝证明、退票理由书或者未按期提供其他合法证明,则丧失对前手的追索权。但是,承兑人或者付款人仍应对持票人承担责任。②

（四）拒绝事由的通知

首先是通知顺序与时间。如汇票遭遇拒绝承兑或拒绝付款,持票人有义务通知其前手,前手有义务通知其再前手。以此类推,直至出票人。当然,持票人也可以同时通知各个汇票债务人。至于通知时间,持票人应自收到被拒绝承兑或者被拒绝付款的有关证明之日起3日内,将拒绝事由通知其前手。其前手应自收到该通知起3日内通知其再前手。

拒绝通知需采用书面形式。该通知应载明汇票的主要记载事项,并说明该汇票已被退票。至于通知方法,持票人可以自行送达通知,也可以通过邮寄送达。如邮寄送达,只要持票人在前述期限内将通知按照法定地址或者约定的地址邮寄,即视为已经发出通知。

对于怠于履行通知义务的责任,英美法系为丧失追索权,采用《日内瓦汇票本票统一公约》的国家则为不丧失追索权。我国采用不丧失主义。持票人仍可行使追索权。但是,若该延期通知对前手或出票人造成损失,怠于履行通知义务的汇票当事人应承担损害赔偿责任,赔偿范围以汇票金额为限。③

三、追索权的效力

（一）对人的效力

因出票人、背书人、承兑人和保证人对持票人承担连带责任,最后持票人可对其行使追索权,而且无须以汇票债务人的先后顺序为序,可选择其中任何一人、数人或全体进行追索。对其中一人或数人已经进行追索的,对其他汇票债务人仍可进行追索。被追索人一旦履行清偿义务,即取得持票人的地位,从而取得对其前手的再追索权。为避免循环追索,持票人为出票人的,对其前手无追索权;持票人为背书人的,对其后手无追索权。

（二）对物的效力

首先是初始追索权的对物效力。依据我国《票据法》第70条,持票人向汇票债务人行使追索权,请求支付的金额包括汇票金额、法定利息和追索费用三部分。法定利息,是指汇票金额自到期日或者提示付款日起至清偿日止,按照中国人民银行规定的利率计算的利息。追索费用是指取得有关拒绝证明和发出通知

---

① 参见我国《票据法》第62—64条,最高人民法院《关于审理票据纠纷案件若干问题的规定》第71条。
② 参见我国《票据法》第65条。
③ 参见我国《票据法》第66条第2款。

书的费用。被追索人清偿债务时,持票人应交出汇票和有关拒绝证明,并出具所收到的利息和费用的收据,被追索人的责任从而得以解除。

至于再追索权的对物效力,依据我国《票据法》第71条,被追索人对其他汇票债务人行使再追索权,可请求支付的金额也包括三部分,即已经清偿的全部金额、法定利息和追索费用。法定利息,是指已经清偿的金额自清偿日起至再追索清偿日止,按照中国人民银行规定的利率计算的利息。追索费用为发出通知书的费用。被追索人清偿债务时,持票人应交出汇票和有关拒绝证明,并出具所收到的利息和费用的收据,被追索人的责任因此而解除。

四、追索权的丧失

追索权可因法定事由而丧失。一是因未在规定期限行使或保全票据权利而丧失。比如,持票人不能出示拒绝证明、退票理由书或者未按照规定期限提供其他合法证明的,丧失对其前手的追索权。当然,承兑人、付款人仍应对持票人承担责任。二是因时效超过而丧失。票据权利因时效完成而归于消灭,作为后序权利的追索权也不例外。三是因未在法定期间内提示承兑而丧失。比如,见票后定期付款的汇票,持票人应当自出票日起1个月内向付款人提示承兑。汇票未按期提示承兑的,持票人丧失对前手的追索权。[①]

---

① 参见我国《票据法》第40条第1—2款。

第二十四章 本票与支票

第一节 本 票

一、本票概述

本票,是指出票人签发的,承诺自己在指定日期或见票时无条件支付确定的金额给收款人或者持票人的票据。既为票据,本票自然具有票据的支付功能、流通功能、信用功能、结算功能和融资功能,唯更倾向于信用功能;同时,本票亦具有票据的设权性、要式性、完全性、无因性、文义性和流通性。我国采用统一票据法,本票与汇票、支票适用同一部法律。本票的出票人与付款人同一,基本当事人只有出票人和收款人,而汇票和支票除了出票人和收款人外,还有付款人。

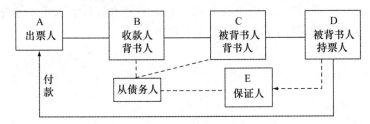

图 24-1 本票的当事人

本票具有三个特征:(1)自付证券。既为自付证券,就是出票人承诺自己付款的票据,仅有出票人和收款人两个基本当事人,而作为委付证券的汇票和支票则另有付款人,有3个基本当事人。汇票和支票的付款人资格和法律地位不尽相同。汇票的出票人虽可兼任付款人,但这毕竟属于两个不同的角色,只是出票人一身二任而已。(2)无条件支付票载金额。本票的支付承诺必须无条件,不得附带任何条件和限制。(3)信用证券。本票不同于支票,它并非仅仅限于即期付款的证券,亦可用于远期,发挥信用功能,属于信用证券。这是商业本票的基本特性,唯我国对本票有所限制:一是种类上限于银行本票。二是限于见票即付。没有规定在指定日期支付的情形,这在一定程度上限制了其信用功能。①相对于支票,法律对本票提示见票期间所作的限制比支票少得多,目的就在于尽可能发挥其信用功能。

---

① 参见我国《票据法》第 73 条。

二、本票的种类

依据本票记载权利人的方式,可以分为记名本票、指示本票和无记名本票。本票票面记载收款人名称的就是记名本票,不记载收款人名称的即为无记名本票,而记载收款人名称,并附加"或其指定人"字样的,则为指示本票。与汇票一样,我国本票的收款人名称系绝对必要记载事项,仅承认记名本票。支票则不同,收款人名称属于相对必要记载事项,经出票人授权可以补记。①

依据本票的付款日期,又可分为即期本票和远期本票。即期本票,是指见票即付的本票,而远期本票则是由票面指定付款日期,包括定日付款本票、出票后定期付款本票和见票后定期付款本票,付款日期均由出票人指定。这与汇票一样,具有信用功能。我国仅承认即期本票,使其主要成为一种支付证券。

依据本票出票人的身份,可以分为商业本票和银行本票。银行签发的本票即为银行本票,而企业和其他组织签发的本票则为商业本票。我国仅承认银行本票,签发银行本票的银行需为经中国人民银行批准办理银行本票业务的银行。②

三、本票的特殊规则

票据法以汇票为中心。本票则是在其性质许可的范围之内准用汇票的有关规范,我国亦然。鉴于本票与汇票的共性,除汇票的承兑等少数规范外,大多数规范相同,除需针对本票设定特别规则外,一般可准用汇票的有关规范。我国《票据法》第 80 条就明确规定,本票的背书、保证、付款行为和追索权的行使,除有特殊规定外,均适用有关汇票的规定。汇票出票的记载有益事项,也适用于本票出票行为。

(一) 出票

本票的出票,是指出票人作成票据,并将其交付收款人的票据行为。在形式上与汇票出票无异,但内容有别。汇票的出票系出票人委托付款人支付确定金额的票据行为,而本票的出票则是出票人承诺自己支付票据金额的票据行为。

1. 必要记载事项

出票人在出票时需记载一定事项于票面,包括绝对必要记载事项和相对必要记载事项。依据我国《票据法》第 75 条,绝对必要记载事项有:(1) 表明"本票"

---

① 参见我国《票据法》第 22 条第 1 款第 5 项、第 75 条第 1 款第 4 项、第 86 条。
② 参见我国《票据法》第 73 条第 2 款,《票据管理实施办法》第 7 条。

付款期限
× 个 月

××银行

地名 本票号码

本 票 2

出票日期（大写） 年 月 日

收款人：			申请人：	
凭票即付 人民币（大写）				
转 账	现 金			
备注：		出票行签章	出纳 复核 记账	

此联出票行结清本票时作借方凭证

（使用清分机的，此区域供打印磁性字码）

规格：8×17cm(专用水印纸蓝油墨)

图 24–2 银行本票的样式

的字样;(2)无条件支付的承诺;(3)确定的金额;(4)收款人名称;(5)出票日期;(6)出票人签章。既为绝对必要记载事项,欠缺其中任何一项,本票即归于无效。出票人签章,是指银行的本票专用章加其法定代表人或者其授权的代理人的签名或者盖章。如出票人未加盖规定的专用章而加盖该银行的公章,签章人亦应承担票据责任。① 至于相对必要记载事项,我国《票据法》第76条规定了付款地和出票地两项。本票应对其作清楚、明确的记载。若未记载,也不至于导致本票无效,而是适用默示规范。未记载付款地的,以出票人的营业场所为付款地;未记载出票地的,以出票人的营业场所为出票地。

2. 效力

出票一经完成,即产生相应的法律效力,表现为对出票人和持票人的效力两方面。

首先是对出票人的效力。一经出票,即应承担票据责任。该责任的特征为:(1)系主债务人的责任。依据票据责任的不同,票据责任有第一次责任与第二次责任之分,出票人承担的是第一次责任,即主债务人的责任,系付款的责任。(2)无条件性。背书人、保证人的责任限于主债务人拒绝付款时才承担偿还责任,而出票人的责任不能附加任何条件。只要持票人提示见票,就必须承担付款责任。(3)绝对性。自本票到期日到时效届满,出票人的责任不因持票人对其权利的行使和保全手续欠缺而免除。易言之,即使持票人未按期为见票提示,或未按期提示付款,均不影响作为付款人的出票人的付款义务。(4)终极性。一旦出票人履行付款义务,持票人的票据权利得以实现,票据关系即归于消灭。这与偿还义务人的偿还责任有所不同,偿还义务履行只能导致票据责任的转移,而不能消灭票据关系。如本票记载代理付款人,持票人向代理付款人请求付款遭到拒绝后,仍可请求出票人付款。

至于持票人,其效力有两个方面:一是持票人享有付款请求权。与汇票有所不同,本票没有承兑制度。付款期一旦届至,持票人即可请求出票人付款。此时,付款人和付款日期均是确定的,这种请求权是现实的。二是追索权。与付款请求权相比,这是后序权利。只有当付款遭到拒绝时,持票人才可以向其前手追索;不仅可以向背书人、保证人等票据债务人追索,亦可直接向出票人追索。

(二) 见票

见票,是指本票出票人,为确定见票后定期付款的本票到期日的起算点,在持票人提示见票时,在本票上记载"见票"字样并签章的行为。这相当于汇票的承兑功能,但具有三大差别:一是见票系本票所特有,而承兑为汇票所特有。二是见票系出票人的行为,而承兑是付款人的行为。三是本票见票的目的在于确

---

① 参见最高人民法院《关于审理票据纠纷案件若干问题的规定》第41条第3项、第42条。

定到期日,仅适用于见票后定期付款的本票,定期付款、出票后定期付款和见票即付的本票无须见票;而承兑除见票即付的汇票外,其余汇票均需承兑。我国仅承认见票即付的本票,见票与提示付款相差无几。

1. 提示见票

提示见票,是指持票人或代理付款人向出票人或代理付款人现实地出示本票以行使和保全本票的行为。提示本身不是票据行为,只是见票的前提条件。提示应在规定时间和地点进行。至于提示时间,应在出票后的合理时间内提示。合理时间的长短取决于当事人的约定,如无约定,则应依据本票的性质、银行或交易惯例或特定案件事实而定。至于见票地点,应以本票记载的见票地为准。如无记载,则应在出票人或代理付款人的营业场所进行。

2. 见票记载

出票人或代理付款人收到持票人提示见票的本票时,应向持票人签发收到本票的回单,该回单应记明本票的提示见票日期并签章。出票人接受见票的,应在本票上记载"见票"字样和见票日期,并签章。出票人还应在见票时记载付款日期,如未记载见票日期,则以出票人或代理付款人收到本票的第3日为见票日。

3. 票据退还

出票人或代理付款人在本票上记载是否见票后,应将其退还给持票人,见票程序即告完成。退还有别于退票,退票是指持票人提示见票或提示付款遭到拒绝的情形,而退还则是为了让持票人行使票据权利。

4. 见票的效力

这就要区分按期提示见票和未按期提示或未作成拒绝证书两种情形。按期提示见票产生两方面的法律效果:其一,出票人或代理付款人接受见票的,持票人有权在到期日届至时请求出票人或代理付款人付款。其二,出票人或代理付款人拒绝见票的,持票人应在法定期限内请求其作成拒绝见票证书,从而向前手行使追索权。持票人可以行使期前追索权,无须再为付款提示,更无须再作成拒绝付款证书。至于未按期提示,或虽按期提示,但在被拒绝时未依法作成拒绝证书的,持票人丧失对出票人以外的所有前手的追索权。我国《票据法》第79条有同样的规定。

(三) 付款期限

本票的付款行为适用汇票的规范。而付款期限则有特别规定,自出票之日起,付款期限最长不得超过2个月。①

---

① 参见我国《票据法》第78条。

第二节 支 票

一、支票概述

支票,是指出票人签发的,委托办理支票存款业务的银行或者其他金融机构在见票时无条件支付确定的金额给收款人或者持票人的票据。虽与汇票一样,支票也有三个基本当事人——出票人、收款人和付款人,但付款人并不构成票据债务人。既为委付证券,支票自然有别于作为自付证券的本票。比较而言,支票出现最晚,运用却最为普遍。

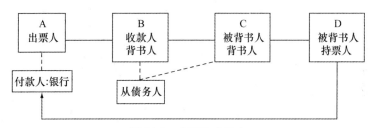

图 24-3 支票的当事人

其特征有三:(1)委托银行或其他金融机构付款的票据。支票与汇票均为委付证券,但汇票对付款人并无资格限制,而支票的付款人仅限于办理支票存款业务的银行、城市信用合作社、农村信用合作社等金融机构。支票的付款人也不构成票据债务人。(2)出票人与付款人在签发支票前需先有资金关系。出票人委托银行或其他金融机构为其支付支票金额,需先与银行或其他金融机构建立资金关系。出票人需具有可靠的资信,存入一定的资金,方可开立支票存款账户和领用支票;开立支票存款账户,需使用申请人的本名,并提交证明其身份的合法证件;在开立支票存款账户时,申请人还需预留其本名签名式样和印鉴。出票人签发支票的金额仅以其在付款人处的实有存款为限。否则,即为空头支票。签发空头支票会导致刑事责任。① (3)见票即付的支付证券。与作为信用证券的汇票和本票不同,支票系支付证券,用以替代现金支付,需随时兑换,故法律强调其见票性。支票属于见票即付,不存在另外的到期日,也不准许在票面上另行记载付款日期。②

---

① 参见我国《票据法》第 82 条、第 102 条第 3 项。
② 参见我国《票据法》第 90 条。

二、支票的种类

(一) 普通支票、现金支票与转账支票

依据支票的用途,可以分为普通支票、现金支票和转账支票。普通支票可用于支取现金,也可用于转账结算。现金支票则是专门用于支取现金的支票,转账支票就是专门用于转账结算的支票。转账支票不得用于支取现金,现金支票不得用于转账。① 从外观来看,支票上印有"现金"字样即为现金支票,支票上印有"转账"即为转账支票,支票上未印有"现金"或"转账"字样即为普通支票,其左上角划两条斜线即为划线支票,划线支票只能用于转账(图 24-4)。

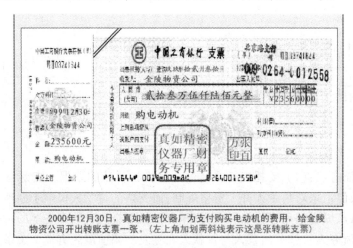

2000年12月30日,真如精密仪器厂为支付购买电动机的费用,给金陵物资公司开出转账支票一张。(左上角加划两斜线表示这是张转账支票)

图 24-4 中国工商银行支票样本

(二) 即期支票与远期支票

以支票的出票日与实际发票日是否一致,可分为即期支票和远期支票。即期支票,是指支票所记载的出票日与实际发票日相同的支票,而远期支票则是以未来某个日期为出票日的支票。实际上,远期支票也是见票即付的即期支票,只是其出票日为未来特定日期,故习惯上称为远期支票。

(三) 普通支票与特殊支票

依据支票的付款有无特殊保障,可以分为普通支票和特殊支票。特殊支票系付款享有特殊保障的支票,包括保付支票和划线支票。保付支票,是指付款人在支票上记载"保付"字样,承担绝对付款责任的支票。支票上其他债务人的责任因此而免除,付款人成为唯一债务人。划线支票,是指出票人、背书人或持票人在支票正面划两道平行线或横线的支票。其付款人只能向持有该支票的另一

---

① 参见我国《票据法》第 83 条。

银行或其他金融机构或自己的客户付款,持票人只能委托与其有往来的银行代为取款,以维护支票交易安全。

（四）记名支票、指示支票与无记名支票

依据支票上记载权利人的方式,可以分为记名支票、指示支票和无记名支票。该类型与汇票和本票的同一分类标准相同,兹不赘述。

（五）一般支票与变式支票

依据支票当事人是否有兼任情形,可以分为一般支票和变式支票。变式支票又包括对己支票、指己支票和受付支票。依据我国《票据法》第86条第4款,我国也承认变式支票。对己支票,是指出票人以自己为付款人而发行的支票。鉴于付款人只能是银行或其他金融机构,这种支票的出票人限于银行或其他金融机构。指己支票,是指出票人以自己为收款人而发行的支票。它类似于指己汇票,凡是可以签发支票的出票人均可签发这种支票,第86条第4款所指变式支票,就是这种形式。受付支票,是指出票人以付款人为收款人而签发的支票。这种支票的收款人不是一般的法人或其他组织,而是银行或其他金融机构。

三、支票的特殊规则

我国采用统一票据法模式,票据法以汇票为中心。凡是与汇票规范相同的规则,即可准用汇票的规范。有关支票的背书、付款、追索权的行使,除适用支票的特殊规则外,均准用汇票的有关规范。在出票方面,汇票的记载有益事项以及出票人的偿还责任,亦准用于支票。[①]

（一）支票的资金关系与空头支票

既为支付证券,支票对资金关系要求最高。支票付款人为银行或其他金融机构,并非票据债务人。如出票人没有足够的资金,持票人便不可能得到足额支付,有碍支票实现其支付功能。票据法特别强调支票的资金关系,主要表现为：(1)出票人需具有可靠的资信,存入一定的资金,方可开立支票存款账户和领用支票。申请人开立支票存款账户,需使用其本名,并提交证明其身份的合法证件;还需预留其本名签名式样和印鉴。(2)出票人签发支票的金额仅以其在付款人处的实有存款为限。否则,即为空头支票。签发空头支票情节轻微,会受到行政处罚;情节严重,构成犯罪的,依法追究刑事责任。(3)出票人不得签发与其预留的签名式样或印鉴不符的支票。否则,便构成违法犯罪,视其情节轻重,分别受到行政处罚和刑事处罚。[②] 无论是签发空头支票,还是签发与其预留的

[①] 参见我国《票据法》第93条。
[②] 参见我国《票据法》第88条、第102条第3项、第103条。

签名式样或印鉴不符的支票,对他人造成损失的,出票人和背书人应承担相应的民事责任。①

资金关系并不影响支票的效力。即使没有资金关系,出票人签发的支票仍然有效。付款人退票后,持票人可行使追索权,出票人仍需承担偿还责任。

(二) 出票

支票的出票,是指出票人作成票据,并将其交付收款人的行为。除专门针对支票出票行为有特殊规定外,汇票出票规范准用于支票出票行为。

1. 支票存款账户

鉴于支票与资金关系的密切联系,我国《票据法》第 82 条为支票出票规定了支票存款账户这一前置条件。出票人需先开立支票存款账户,方可出票。只有出票人具有可靠的资信,存入一定的资金,方可开立支票存款账户和领用支票。申请人开立支票存款账户,需使用其本名,并提交证明其身份的合法证件;还需预留其本名的签名式样和印鉴。出票人不得签发与其预留的签名式样或印鉴不符的支票。

2. 记载事项

支票的记载必要事项包括绝对必要记载事项和相对必要记载事项。依据我国《票据法》第 84 条,其绝对必要记载事项为:(1) 表明"支票"的字样;(2) 无条件支付的委托;(3) 确定的金额;(4) 付款人名称;(5) 出票日期;(6) 出票人签章。既为绝对必要记载事项,其中任何一项欠缺,均导致支票无效。至于签章,出票人为单位的,为与该单位在银行预留签章一致的财务专用章或者公章加其法定代表人或者其授权的代理人的签名或者盖章;出票人为个人的,为与该个人在银行预留签章一致的签名或者盖章。② 签章需与其预留的签名式样或印鉴相符。至于支票的金额,出票人可以授权补记。在补记前不得使用,一经补记即可使用。可见,支票的金额实际上为相对必要记载事项,而非绝对必要记载事项。③

至于相对必要记载事项,依据我国《票据法》第 86 条,收款人名称、付款地和出票地也是如此。如支票欠缺该事项,并不导致支票无效,而是以默示规范为准。收款人名称经出票人授权可以补记,以补记的名称为收款人;未记载付款地的,以付款人的营业场所为付款地;未记载出票地的,则以出票人的营业场所、住所或者经常居住地为出票地。

---

① 参见最高人民法院《关于审理票据纠纷案件若干问题的规定》第 73 条。
② 参见最高人民法院《关于审理票据纠纷案件若干问题的规定》第 41 条第 4 项。
③ 参见我国《票据法》第 85 条,最高人民法院《关于审理票据纠纷案件若干问题的规定》第 45 条。

> **引例 24-1**
>
> ## 南阳公司应承担空白支票的付款义务①
>
> 1999年5月7日，建筑公司为向德仁公司支付货款18.69万元，便向德仁公司交付未记载收款人名称的支票2张，用途为货款，出票人为南阳公司，出票日期分别为5月31日和6月21日，金额分别为8.69万元和10万元。收到该支票后，德仁公司将自己补记为收款人，并于6月9日和21日分别向付款行请求付款，均被付款行以存款不足而退票。德仁公司便请求法院判令南阳公司支付票据金额及其利息。南阳公司则认为，德仁公司无权补记，且建筑公司系以欺诈手段取得其支票，故不应承担票据义务。一审和二审法院均认为，德仁公司为合法票据持有人，有权主张票据权利，故判令南阳公司支付票据的票面金额及其利息。

支票亦有不得记载事项。依据我国《票据法》第90条，支票不得另行记载付款日期。凡是另行记载付款日期的，该记载归于无效。这并不导致支票无效，属于记载无益事项。

3. 效力

对出票人，支票一经签发，出票人即应承担保证向该支票的持票人付款的责任。若该支票得不到支付，出票人应承担偿还责任。② 至于持票人，则享有向付款人请求付款的权利。如付款遭到拒绝，可以向其前手行使追索权。对付款人而言，其并非票据债务人，只是因接受委托而承担付款的责任。付款人并不因出票人的出票而当然付款。付款人是否付款，取决于出票人是否具有足额的资金。如出票人在付款人处的存款足以支付支票金额，付款人即应当日付款。否则，付款人可以退票，拒绝付款。

（三）付款

付款提示乃是必需的。支票收款人或持票人应在法定期限内向付款人现实地出示支票，请求支付票载金额。提示期限一般为出票日起10日内，异地使用的支票的提示期限，从中国人民银行的另行规定。如逾期提示，付款人可不予付款，但出票人仍承担票据责任。③ 持票人并不因为逾期提示而丧失对出票人的追索权。

---

① 参见上海市第一中院民事判决书(1999)沪一中经终字第1695号。
② 参见我国《票据法》第89条。
③ 参见我国《票据法》第91条。

至于付款时间,作为见票即付的票据,只要持票人提示付款,且出票人在付款人处有足额资金,付款人即应在当日足额付款。① 出票人的存款不足,则可退票,拒绝付款。

　　付款人一旦付款完毕,其责任即予以免除,不再对出票人承担受委托付款的责任,对持票人也不再承担付款的责任。但是,付款人以恶意或者重大过失付款的除外。② 比如,付款人明知持票人并非真正权利人而为付款,付款人需对这种错误付款承担责任。而一旦出现真正权利人,付款人还应承兑付款责任,并不因为其已经付款而免除付款责任。

---

① 参见我国《票据法》第90条。
② 参见我国《票据法》第92条,最高人民法院《关于审理票据纠纷案件若干问题的规定》第70条。

第六编 保险法

保险与保险业
保险合同总论
财产保险合同
人身保险合同

第二十五章 保险与保险业

第一节 保　　险

一、保险概述

（一）保险与危险处理

危险，就是某种损失发生的不确定性。危险无处不在，无时不有，而有挑战即有应战。面对各种危险，人类已探索出避免、保留、预防与控制、中和以及转移等处理方式。保险便是危险转移的方式之一（引例25-1）。

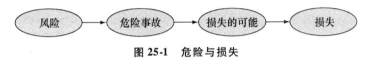

图 25-1　危险与损失

引例 25-1

"神舟六号"宇航员的平安保险①

2005年10月12日"神舟六号"升空，科技含量最高，风险也最高。中国人寿保险公司为两名航天员设计了专项保单，保险金额为1000万元，涵盖发射前后的整个过程。从航天员前往发射基地到进入舱门、升空、返回再到一周后通过全身检查，确定身体没有任何问题，针对每一个细分阶段设计保险，在升空、空中飞行以及返回地球之前的风险最高，保额也最高。

保险，是指投保人根据合同约定，向保险人支付保险费，保险人对于合同约定的可能发生的事故所造成的财产损失承担赔偿保险金责任，或者当被保险人死亡、伤残、疾病或者达到合同约定的年龄、期限时承担给付保险金责任的商业保险行为。② 作为一种转移式的风险处理方式，保险本质上系一种商业化的经济互助机制：一人损失，大家分摊，"人人为我，我为人人"。显然，商法上的保险

---

① 参见郑莉莉：《神六保额几多？宇航员保险套餐的中国特色》，载《国际金融报》2005年10月13日。

② 参见我国《保险法》第2条。

以商业保险为限,不包括社会保险,亦与储蓄、捐赠、自保和赌博有着显著区别。

(二)保险的要素

保险机制有三大要素。其一,危险的存在。保险以危险存在为前提。保险与危险同在,无危险则无保险可言。可保危险需具有不确定性,因其不确定性,保险才有意义。不确定性是指危险发生与否难以确定,何时发生难以确定,发生的原因和所导致的结果难以确定。如危险一定会发生,保险人不会承保;危险一定不会发生,投保人也不会投保。人们有意识促成的事件,而非不可预料的客观现象,亦不在可保危险之列。其二,众人协力。保险与众人协力同在。没有众人协力,也就无法实现保险功能。具体说来,有互助保险的直接方式和保险公司的间接方式两种形式。互助保险的每个成员既是保险人,也是被保险人,这无疑是成员之间的直接互助共济。保险公司则为第三者,可能遭受同一危险的组织或个人事先向其缴纳一定金额的保险费,保险事故发生后,由其向遭受意外损失的组织或个人支付保险金。表面上看,投保人之间并无互助共济,实际上这是间接互助共济。其三,填补损失。危险并不因保险而消灭,保险只是一种分散因保险事故给当事人造成的损失的机制。就其直接功能而言,就是补偿被保险人因意外所遭受的损失。这种损失补偿并非天上掉下的馅饼,而是以投保人支付保险费为对价。保险系一种以较小代价换取具有更大价值的财产或人身安全的机制。财产保险和人身保险的损失填补方式还有所不同。财产保险的标的系财产或与财产有关的利益,其损失可以用货币度量,故按照实际损失赔付。人身保险的标的为寿命和身体,损失难以用货币度量,赔付一般采用定额形式。一旦发生保险事故,即按照保险合同约定的金额支付。

二、保险的类型

(一)财产保险与人身保险

依据保险标的,可以分为财产保险和人身保险(图25-2)。财产保险,亦称损失保险,是指以物或其他财产利益或责任、信用为保险标的的保险。狭义的财产仅指处于静态的有形财产,比如房产、机器设备等。广义的财产还包括无形财产、责任以及处于运动中的财产,比如运输中的货物、建设中的建筑物、行驶中的车辆、航行中的船舶、飞行中的飞机、生长中的种植物和养殖物等。在我国,财产保险主要有企业和家庭财产保险、运输保险、工程保险、农业保险、产品责任保险、雇主责任保险、机动车第三者责任保险、投资信用保险等。

至于人身保险,则是指以人的寿命或身体作为保险标的的保险。人寿保险、健康保险和伤害保险均属人身保险。在我国,人身保险主要有简易人身保险、终身寿险、团体人身意外伤害保险、团体人身保险、养老金保险、医疗保险、学生平安保险、航空旅客人身意外伤害保险、分红保险等。

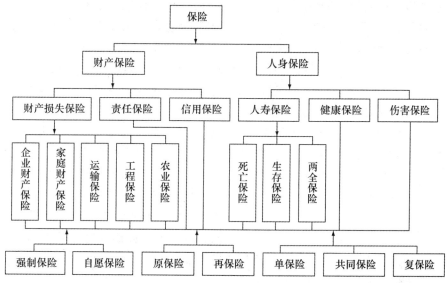

图 25-2 保险的类型

（二）自愿保险与强制保险

依据保险实施的形式，可以区分为自愿保险和强制保险。自愿保险，是指基于投保人自己的意思而进行的保险。是否投保、投何种保险、以何种条件投保、向谁投保等，均由投保人自主确定，不受任何第三者干预。投保人和保险公司在平等互利、等价有偿的基础上，通过协商一致订立的保险合同完全出于当事人自愿。自愿保险居于主流，而强制保险属于例外。① 自愿是双向的。投保人既有投保的权利，也有不投保的自由。保险人有决定承保与否、如何承保或承保多少的权利。

强制保险，亦称法定保险，是指依据法律和行政法规，凡是在规定范围内的单位或个人，不管愿意与否都必须参加的保险。机动车第三者责任保险就是强制保险。② 这种强制保险以国家意志干预个人意愿，其范围受到严格限制。依据我国《保险法》第 11 条第 2 款和第 186 条第 2 款，只有法律和行政法规方可设定强制保险，规章和地方性法规无权设定强制保险。

（三）原保险与再保险

依据保险人承担责任的次序，可以分为原保险和再保险。原保险，亦称第一次保险，是指保险人对被保险人因保险事故所致损害承担直接赔付责任的原始保险。通常所说保险就是指原保险。原保险是再保险的基础，再保险人的保险

---

① 参见我国《保险法》第 11 条第 2 款。
② 参见我国《机动车交通事故责任强制保险条例》第 2、46 条。

责任以原保险人的责任为前提。没有原保险,也就谈不上再保险。

再保险,亦称分保、第二次保险,是指保险人将自己承保后所收取的保险费的一部分交纳给再保险人,由再保险人在保险事故发生时承担部分保险责任的保险形式。再保险系原保险人与再保险人之间的保险合同关系,与原被保险人无直接关系,再保险人仅对原保险人负责。再保险接受人不得向原保险的投保人要求支付保险费;原保险的被保险人或者受益人不得向再保险接受人提出赔偿或者给付保险金的请求;再保险分出人不得以再保险接受人未履行再保险责任为由,拒绝履行或者迟延履行其原保险责任。[①] 就性质而言,它本属于责任保险,而基于再保险的特殊性,通常所说责任保险并未包括再保险。在我国,依据《保险法》第 103 条,凡保险公司对每一危险单位承担的保险责任超过其实有资本加公积金总和的 10% 的部分,必须办理再保险。依据责任限制方式,再保险又可分为比例再保险和非比例再保险。比例再保险又包括成数再保险、溢额再保险和混合再保险。非比例再保险包括超额赔款再保险和超额赔付率再保险。

(四) 单保险、共同保险与重复保险

依据保险人的人数,可以分为单保险、共同保险和重复保险。单保险,是指一个保险人就投保人的一个保险标的、一个保险利益、一个保险事故而订立保险合同的保险。这种形式最为普遍。

共同保险,亦称共保,是指两个以上保险人就同一保险业务各自承担一定份额,或依据保单的约定要求被保险人分担同一保险业务中一定份额的保险。包括两种类型:一是两个以上保险人对投保人的同一保险标的订立保险合同,各保险人就保险事故的责任按照承保份额分担责任。二是投保人进行不足额保险,不足部分视为被保险人自保。实际上,是保险人与被保险人共同保险。

重复保险,亦称复保险,是指投保人以同一保险标的、同一保险利益、同一保险事故分别向两个以上保险人订立保险合同的保险。保险属于危险分散机制,其作用就是填补被保险人的损失。就财产保险而言,保险金额不得超过保险价值,重复保险亦不例外。若重复保险的保险金额总额超过保险价值,各保险人赔偿金额的总和以保险价值为限,各自责任范围以其保险金额占保险金额总和的比例为准,合同另有约定的,从其约定。[②]

三、保险制度的基本原则

保险法律制度已然形成了自身的基本原则:保险利益原则、最大诚信原则、损失补偿原则、近因原则和合法性原则。在人身保险与财产保险中,其适用又有

---

① 参见我国《保险法》第 29 条。
② 参见我国《保险法》第 56 条第 2 款。

所不同。

（一）保险利益原则

保险利益，亦称可保利益，是指投保人对保险标的具有的法律上承认的利益。这体现了投保人或被保险人与保险标的之间的经济联系，系投保人或被保险人可以向保险公司投保的利益：投保人或被保险人因保险标的遭受风险事故而受损失，因保险标的未发生风险事故而受益。保险利益是投保人对保险标的享有保险保护的前提，系保险合同的效力要件之一。对于人身保险合同，投保人在订立合同时对保险标的不具有保险利益的，保险合同无效；至于财产保险合同，被保险人在保险事故发生时对保险标的不具有保险利益的，不得请求赔偿保险金。[①]

1．类型

依据保险合同所具有的损失填补机能，可以分为积极保险利益和消极保险利益。积极保险利益，是指投保人对保险标的原本可以享有的利益。这种利益遭受损害，可通过保险予以补偿。比如，财产所有者对自己财产享有的利益。消极保险利益，是指投保人对保险标的原本无积极利益，仅在危险事故发生时，可能对他人承担赔偿责任的不利益。这种不利益的负担，亦可通过保险机制而转移。

2．构成

保险利益由适法性、经济性和确定性三要素构成。适法性，是指只有得到法律认可和保护的利益，才能成为保险利益。不法利益不能构成保险利益，比如盗窃所得。经济性，是指可以用货币计算估价的利益，即金钱上的利益。被保险人所遭受的非经济上的损失，比如行政处分、刑事处罚、精神创伤等，则不能构成保险利益。确定性，是指事实上或客观上的利益，包括现有利益和期待利益。这表明，保险标的不存在所谓"无价之宝"。客观上不存在的利益不能成为保险利益。

3．主体

财产保险和人身保险有所不同。对于财产保险，一般认为，对保险标的享有所有权或经营管理权的人、保险标的的合法占有人、担保权人以及期待权人，对保险标的享有保险利益。至于人身保险，我国《保险法》第31条明确规定5种人员享有保险利益：（1）本人；（2）配偶、子女、父母；（3）第2项之外与投保人具有抚养、赡养关系的家庭其他成员、近亲属；（4）与投保人有劳动关系的劳动者；（5）除前述4种情形外，凡是被保险人同意投保人为其订立保险合同的，视为投保人对其具有保险利益。

---

① 参见我国《保险法》第12条、第31条第3款、第48条。

> **引例 25-2**
>
> ## 因被保险人同意而具有保险利益①
>
> 张先生和刘女士曾为同事,1999年开始同居,却一直未办理婚姻登记手续。2003年初,张先生和刘女士为表达各自对对方的感情,互相为对方购买了一份20年期生死两全保险。张先生以刘女士为被保险人购买了保险,刘女士以张先生为被保险人购买了保险,保险金额都是10万元。2004年初,刘女士在外出购物的时候遭遇车祸身亡。事后,悲痛万分的张先生以受益人身份请求保险公司支付保险金。

4. 存在时间

人身保险和财产保险亦有所不同。对于人身保险,投保人在订立合同时,必须具有保险利益,至于保险事故发生时,投保人是否具有保险利益则无关紧要。至于财产保险,被保险人在投保时虽不具有严格意义上的保险利益,只要在损失发生时,被保险人对保险标的具有保险利益即可。反之,若保险事故发生时,被保险人对保险标的不具有保险利益,则不得向保险人请求保险金赔偿。

(二) 最大诚信原则

商法的诚实信用原则对保险法同样适用,唯保险作为危险分散机制,需遏制败德行为,其对当事人诚信程度的要求也就远远高于一般商行为,故称为最大诚信原则。其基本内容包括告知与说明以及保证两项。

1. 告知与说明

告知与说明义务相互对应,投保人履行告知义务,保险人则负有说明义务。告知,亦称申报,是指在保险合同订立时,投保人应将与保险标的的有关的重要情况,如实向保险公司陈述、申报或声明。这只是狭义的告知,广义的告知还包括保险期间保险标的的危险增加时被保险人的通知义务,以及保险事故发生时被保险人的通知义务。一般所说告知仅指狭义的告知,即保险合同订立时的告知,而保险期间保险标的危险的增加和保险事故发生时的告知,则为通知。依据我国《保险法》第16条、第21条和第52条,投保人的告知义务以订立合同时的告知义务为限。违者,可能导致保险人行使保险合同解除权,并对合同解除前的保险事故拒赔。而对于违反通知义务,保险人只可以对因危险增加而发生的保险事故拒赔。

---

① 参见王方琪:《未婚同居给对方买保险能否拿到赔偿金》,载《北京现代商报》2005年8月2日。

至于告知的内容,则为重要事实。凡能够影响一个正常的、谨慎的保险人决定其是否接受承保,或者据以确定保险费率,或者决定是否在保险合同中增加特别条款的事实,均为重要事实。至于告知的形式,则有询问回答式和无限告知两种。对于询问回答式的告知,保险人书面询问的问题即为重要事实。对于保险人的询问之外的问题,投保人没有告知义务。这是较为宽松的告知形式,多数国家采用该形式,我国亦然。① 至于无限告知,法律对告知的内容无明确规定,只要事实上与保险标的危险状况有关的任何重要事实,投保人都有义务告知保险人。这种形式对投保人相当苛刻,英国、美国、法国等国仍采用该形式。

保险人的说明义务与投保人的告知义务相对应。它要求保险公司在订立保险合同时,就保险合同的条款内容向投保人进行说明。这是因为,保险公司拟订的格式合同,投保人对其内容往往不甚了解。为保护被保险人利益,保险合同中规定的有关保险公司责任免除的条款,保险公司负有向投保人明确说明的义务。否则,免责条款不产生效力。②

2. 保证

保证,是指保险人和投保人在保险合同中约定,投保人担保对某一事项的作为或不作为,或担保某一事项的真实性。保证可以是明示保证,也可以是默示保证。明示保证表现为保险单上的书面约定。比如,人身保险合同中有关投保人不出国的约定,财产保险合同中有关不在保险标的中存放特别危险品的约定等。默示保证于保险单则无约定,该保证义务来源于法律规定或交易习惯。比如,海上保险合同有关船舶具有适航性、不改变航道等的约定③,即为投保人的默示保证。

3. 法律后果

投保人违反告知义务,分为两种情形:一是隐瞒事实,故意不如实告知;二是因过失未能履行如实告知义务。无论是故意还是重大过失,只要该项隐瞒足以影响保险人决定是否同意承保或者提高保险费率,保险人均有权解除保险合同。对于合同解除前发生的保险事故,是否承担赔付责任,则有所差别。④ 对于第1种情形,保险人既不承担赔偿或支付保险金的责任,也不退还保险费。对于第2种情形,只有该项不告知对保险事故的发生具有严重的影响,保险人才不承担赔偿或支付保险金的责任,但应退还保险费。诚然,保险人不得滥用投保人的告知义务。其一,投保人未告知的事实如与保险事故无关,保险人仍应承担赔付责任。其二,保险人在订立合同时已经知道投保人未如实告知的情况的,保险人亦

---

① 参见我国《保险法》第16条第1款,《海商法》第222条。
② 参见我国《保险法》第17条。
③ 参见我国《海商法》第244条第1款第1项。
④ 参见我国《保险法》第16条第2—5款。

不得解除合同。其三,保险人须自知悉解除事由之日起 30 日内行使解除权。否则,该权利归于消灭。其四,自合同成立之日起超过 2 年的,保险人即不得解除合同。①

至于保险人违反说明义务,后果就是有关责任免除条款不产生效力。投保人违反保证义务的,后果就是合同解除或无效,保险人不承担保险责任。

(三) 损失补偿原则

保险的目的就是通过危险分散,填补投保人或被保险人因保险事故所遭受的损失,损失填补乃保险法的一项基本原则。只有当保险事故发生使被保险人遭受损失时,保险人才在其责任范围内对被保险人进行赔偿。如有险无损,或虽有损,但不在约定的保险事故之列,保险人亦不赔偿。保险人补偿的数量以实际损失为限,以使保险标的恢复到保险事故发生前的状态。该原则主要适用于财产保险,但定值保险合同等不完全适用。对于人身保险,一般不适用于以给付为目的人寿保险。

委付、代位求偿与重复保险分摊就是该原则衍生的制度安排。委付源于海上保险,在保险标的发生推定全损时,由被保险人将保险标的物的所有权转让给保险人,保险人则向其支付全部保险金额。② 代位求偿制度,是指在财产保险中,如果保险事故是由于第三者的过错造成的,被保险人从保险人处获得全部赔偿后,需将其对第三者享有的有关损失财产的所有追偿权利都转让给保险人,由保险人代位对第三者追偿。③ 这就避免了被保险人获得双重赔偿,体现了损失填补原则。重复保险分摊制度,是指财产保险中投保人对同一保险标的、同一保险利益、同一保险事故分别向两个以上保险人订立保险合同,当发生保险事故时,除合同另有约定外,各保险人按照其保险金额与保险金额总和的比例承担赔偿责任,被保险人从各保险人处所获赔偿不能超过保险价值或受损价值。任何一个保险人支付的赔偿金额超过其应当承担的赔偿责任的,有权向未按照比例承担赔偿责任的保险人追偿。④

(四) 近因原则

我国通常称为因果关系,英美等国家则称为近因原则。近因,是指导致结果发生的决定性或最有力的原因。保险法上的近因就是指造成保险标的损害的主要的、起决定性作用的原因。近因原则可以明确保险人对保险标的损失是否负保险责任以及在何种程度上承担保险责任。近因属于保险责任,保险人才承担赔付责任。否则,保险人不承担赔付责任。

---

① 参见我国《保险法》第 16 条第 3 款、第 32 条。
② 参见我国《海商法》第 249—250 条。
③ 参见我国《保险法》第 60 条,《海商法》第 252—253 条。
④ 参见我国《保险法》第 56 条第 2 款,《海商法》第 225 条。

> **引例 25-3**
>
> **未能证明摔倒系李文玉死亡的直接原因而被拒赔**[①]
>
> 2003年10月10日,赵女士向太平洋人寿保险公司购买个人人身意外伤害保险1份,丈夫李文玉为被保险人。2004年8月13日,李文玉骑自行车摔倒后死亡。赵女士向保险公司索赔遭拒,便请求法院判令保险公司赔付保险金10万元。法院认为,摔倒造成了李文玉左颧部有一处2×3厘米皮挫伤和左膝部有一处2×2厘米皮挫伤,该伤情通常不会直接造成死亡,鉴于赵女士无证据证明摔倒系李文玉死亡的直接原因,故驳回其诉讼请求。

(五) 合法性原则

无论是保险人,还是投保人、被保险人和受益人均应依法进行保险活动。当事人行为违法,不仅导致有关行为不产生法律效果,情节严重的,还可能导致行政处罚和刑事责任。

对于投保人、被保险人或受益人,如从事保险欺诈活动,情节轻微的,依照国家有关规定给予行政处罚。如情节严重构成犯罪的,依法追究刑事责任。有关保险欺诈的情形有[②]:(1)投保人故意虚构保险标的,骗取保险金的;(2)编造未曾发生的保险事故,或者编造虚假的事故原因或者夸大损失程度,骗取保险金的;(3)故意造成保险事故,骗取保险金的。保险事故的鉴定人、评估人、证明人故意提供虚假的证明文件,为投保人、被保险人或者受益人进行保险诈骗提供条件的,亦属违法。保险人及其工作人员同样可能因保险违法行为而承担行政责任和刑事责任。[③]

第二节 保险公司

一、保险公司概述

(一) 保险组织中的保险公司

保险组织乃是以经营保险为业的商主体。基于保险的高风险性、社会性和专业性,保险组织在保险法中居于核心地位。只有适宜的保险组织,才能支持保

---

① 参见晨风:《骑车摔倒后猝死,保险公司应该拒赔》,载《中国保险报》2006年4月10日。
② 参见我国《保险法》第176条。
③ 参见我国《保险法》第116、162条。

险业的可持续发展（引例 25-4）。

引例 25-4

我国保险业突飞猛进①

近三十多年，中国保险业取得了突飞猛进的发展。截至 2012 年，全国共有保险公司 165 家。截至 2013 年，保险业总资产达 80903.66 亿元，资金运用余额 74683.11 亿元，当年 1—11 月，原保险保费收入 15886.38 亿元，财产险原保险保费收入 5837.49 亿元，人身险原保险保费收入 10301.43 亿元。全国保险密度为 1265.67 元/人（209.1 美元/人），保险深度为 3.03%。

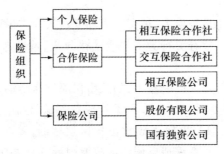

图 25-3　保险组织中的保险公司

就组织形态而言，有个人保险组织、合作保险组织和保险公司三种形式。保险公司最为普遍，居于主流。我国也主要认可公司形态的保险组织，其他保险组织则以法律、行政法规规定为准。②

个人保险组织是以个人为保险人经营保险业务的形态。作为最初的保险组织形式，随着社会经济的高速发展，这种形态已不多见。合作保险组织是指由具有同一保险需要的人共同组织起来，通过互助共济的方式分担损失，包括相互保险合作社、交互保险合作社和互助保险公司三种形式。（1）相互保险社。由一些对某种危险有同一保险要求的人组成一个团体，当其中某个成员遭受保险危险时，由全体保险成员来分摊损失。社员限于投保人或被保险人，社员缴纳很少的保险费，在保险危险发生时，再依据实际需要由社员分摊缴纳。这种形式的保险组织在英美仍有不少。（2）交互保险合作社。此乃存在于美国的合作保险组

---

① 参见郭金龙、周小燕、张磊：《保险业发展仍处于黄金期》，载《中国金融》2014 年第 2 期；李忠献：《独家解析：中国保险业发展的区域性差异》，载《中国保险报》2014 年 2 月 20 日。
② 参见我国《保险法》第 6、183 条。

织形式,投保人仅以社员为限,交互保险也限于社员之间。各个社员以个人名义在一定金额范围内承担责任,而非分担,故有别于一般的相互保险合作社。(3)互助保险公司。这是保险业特有的公司形态,是由所有参加保险的人自己设立的非营利性保险法人。[①] 其股东为全体投保人或被保险人,公司以成员认缴的资本金为经营基础,成员需缴纳保险费,公司承担被保险人遭遇危险的损失。

至于保险公司,则是最为普遍的保险组织。它可以采用有限责任公司形式,亦可采用股份有限公司,还可采用国有独资公司形态。依据保险公司是否利用外资,可以分为中资保险公司和外资保险公司,外资保险公司又包括中外合资保险公司、外资独资保险公司以及外国保险公司分公司。[②]

(二)保险公司与一般公司之比较

相对于普通公司,保险公司在设立、公司治理和拯救措施等方面有明显的特殊性(表25-1)。这正是保险法单独作出规定的正当性之所在。这些差异主要是:其一,普通公司设立实行准则主义,没有最低注册资本限额,且实行认缴制,而保险公司则采用行政许可制,既有最低注册资本限额要求,又实行实缴制。其二,保险公司的治理结构亦有别于一般公司。[③](1)保险公司的董事、监事、高管需具有积极任职资格,具备任职专业知识和业务工作经验。如董事长、总经理变更,任职资格需经保监会审查。如董事、监事和高管人员怠于履行职责或存在重大失职行为,保监会可以取消其任职资格。(2)保险公司原则上需设独立董事,审计委员会和提名薪酬委员会均应由独立董事任主任委员。对于一般公司而言,只有上市公司才必须设独立董事。其三,为避免因保险公司的退出而影响社会稳定,除要求保险公司解散需经批准以及寿险公司不得解散之外,对于未按照规定提取或者结转各项准备金,或未按照规定办理再保险,或者严重违反有关资金运用规则的保险公司,设有整顿和接管等监管措施。[④]

表 25-1 保险公司与一般公司之比较

		保险公司	一般公司	
			有限公司	股份公司
设立	行政许可	√	×	×
	最低注册资本	2 亿	×	×
	分期出资	×	√	√
	非货币出资	×	√	√

---

① 参见朱义坤:《公司治理论》,广东人民出版社1999年版,第305—332页。
② 参见我国《保险法》第185条。
③ 参见我国《保险法》第69条。
④ 参见我国《保险法》第141、145条。

（续表）

		保险公司	一般公司	
			有限公司	股份公司
治理结构	董事、监事、高管任职积极资格	√	×	×
	独立董事	√	×（上市公司除外)	
	撤销董事、监事、高管任职资格	√	×	×
挽救措施	整顿	√	×	×
	接管	√	×	×

二、保险公司的设立

（一）行政许可制

与证券公司、基金管理公司一样，保险公司的设立也采用行政许可制。其设立须经保监会批准。① 未经保监会批准，任何单位、个人不得在中国境内经营或者变相经营商业保险业务。擅自设立保险公司或者非法从事商业保险业务活动，属于违法行为，由保监会予以取缔。构成犯罪的，依法追究刑事责任；尚不构成犯罪的，没收其违法所得，并处以违法所得1—5倍的罚款，没有违法所得或者违法所得不足20万元的，处以罚款20—100万元。②

（二）设立条件

依据我国《保险法》第68—69条，设立保险公司需符合七项条件：（1）主要股东具有持续盈利能力，信誉良好，最近3年内无重大违法违规记录，净资产不低于2亿元；（2）有符合《保险法》和《公司法》规定的章程；（3）注册资本最低限额为人民币2亿元；保监会可以依据保险公司的业务范围、经营规模调整最低限额，但最低不得低于2亿元；（4）有具备任职专业知识和业务工作经验的董事、监事和高管；（5）有健全的组织机构和管理制度；（6）有符合要求的营业场所和与经营业务有关的其他设施；（7）法律、行政法规和保监会规定的其他条件。该条件对中资保险公司和外资保险公司均适用。

（三）设立程序

无论是设立中资保险公司，还是设立外资保险公司，申请人均需向保监会提出申请。该项申请分为两个阶段。第一阶段是申请筹建，第二阶段为申请开业。只有保监会批准开业后，该保险公司方可办理商事登记，正式成立。

申请筹建保险公司，应向保监会提交以下材料：（1）设立申请书，申请书应当载明拟设立的保险公司的名称、注册资本、业务范围等；（2）设立保险公司可行性研究报告，包括发展规划、经营策略、组织机构框架和风险控制体系等；

---

① 参见我国《保险法》第71条。
② 参见我国《保险法》第159条。

(3)筹建方案;(4)保险公司章程草案;(5)保监会规定投资人应当提交的有关材料;(6)筹备组负责人、拟任董事长、总经理名单及本人认可证明;(7)保监会规定的其他材料。是否准予筹建,由保监会批准。决定的时限为6个月,自收到完整的申请材料之日起计算。批准筹建的,申请人即应着手筹建工作。如决定不予批准,不仅要书面通知申请人,还要说明理由。

保险公司筹建应在1年内完成。期限届满,未能完成筹建工作的,原批准文件自动失效。一旦完成筹建工作,申请人即应申请开业。申请开业应向保监会提交规定的材料。① 保监会决定是否批准的时限为60日,自收到完整的开业申请文件之日起计算。如核准开业,即颁发经营保险业务许可证。决定不核准的,应书面通知申请人,并说明理由。一旦领取保监会颁发的经营保险业务许可证,即可办理商事登记手续,领取营业执照,保险公司即自营业执照签发之日起成立。申请人应在取得许可证后6个月内办理商事登记。如期限届满,申请人无正当理由,未办理商事登记的,许可证自动失效。②

三、保险公司的分设、变更与终止

(一)保险公司的分设

保险公司的分设,是指保险公司设立分支机构和代表机构的行为。与代表机构相比,分支机构虽不具备法人资格,民事责任亦由保险公司承担,但分支机构取得分支机构经营保险业务许可证,可以开展营业活动,而代表机构不得从事保险经营活动。保险公司是否设立分支机构完全视其自身业务发展的需要而定。如需在其住所地以外的省、自治区、直辖市开展业务,则需设立分公司。与设立保险公司一样,无论是在境内外设立分支机构,还是设立代表机构,均实行行政许可制。③ 未经保监会批准而设立分支机构或代表机构,属于违法行为。④

设立分支机构不仅要符合保监会规定的条件,也要像设立保险公司一样,分筹建和开业两个阶段分别申请。申请筹建,需向保监会提交符合规定的材料。保监会决定的时限为30日,自收到完整的申请材料之日起计算。决定不批准的,既要书面通知,也要说明理由。一旦批准,即进入为期6个月的筹建阶段。期限届满,尚未完成筹建的,则应重新提出设立申请。⑤ 一旦完成筹建工作,申请人即应申请开业。申请时,同样应向保监会提交规定的材料。保监会决定是否批准的时限为30日,自收到完整的开业申请材料之日起计算。决定不予核准

---

① 参见我国《保险法》73条。
② 参见我国《保险法》第77—78条。
③ 参见我国《保险法》第74、76、79条。
④ 参见我国《保险法》第165条第6项。
⑤ 参见我国《保险法》第76条。

的,应予书面通知,并说明理由。决定核准的,即应向申请人颁发分支机构经营保险业务许可证。一经获得核准文件和分支机构经营保险业务许可证,申请人即应办理商事登记,领取分支机构营业执照,分支机构自营业执照签发之日起成立。

(二) 保险公司的变更

保险公司的变更,是指保险公司在组织上的变更,以及在活动宗旨、业务范围上的变化。范围包括公司名称、注册资本、公司或者分支机构的营业场所的变更,调整业务范围,公司分立或者合并,修改公司章程,变更出资人或者持股5%以上的股东,更换董事长、总经理,以及保监会规定的其他变更事项。鉴于保险的社会性,保险公司的变更关涉千家万户,变更自应依法进行。依据保险监管措施的层级,可分为批准制和报告制两种。无论何种变更,凡是涉及保险许可证记载内容的变更事项,均应持有关文件和保险许可证,自获得批准或者报告之日起1个月内到发证机关更换许可证。未依法进行变更的,属于违法行为,会导致有关行政处罚。[1]

(三) 保险公司的终止

保险公司的终止,是指依法设立的保险公司因法定原因或经保监会批准,关闭其营业机构而永久停止从事保险业务。保险公司的解散实行行政许可制,禁止寿险公司解散,保险公司破产亦需保监会同意,以维护投保人、被保险人、受益人的利益,确保社会安定。

1. 终止事由

保险公司终止事由包括解散、依法撤销和破产。首先来看解散。保险公司依据章程或股东大会决议而解散的,应由保监会批准。保险公司应向保监会提交解散申请书、股东会决议、清算组织及其负责人、清算程序、债权债务安排方案、资产分配计划和资产处分方案以及保监会规定提交的其他材料。一经批准,即应停止接受新业务,上缴保险许可证。对于经营寿险业务的保险公司,除因分立、合并或者被依法撤销外,不得解散。[2]

保险公司可能被依法撤销。保险公司撤销分支机构和破产亦需保监会批准或同意。撤销本身就是对保险公司违反法律、行政法规的行政处罚,即吊销其经营保险业务许可证,依法撤销。对于具有破产事由的保险公司,经保监会同意,保险公司或者债权人可依法申请重整、和解或破产清算,保监会亦可依法申请对其进行重整或破产清算。[3]

---

[1] 参见我国《保险法》第163条。
[2] 参见我国《保险法》第89条。
[3] 参见我国《保险法》第90条。

2. 清算

清算为公司终止的必经程序,保险公司自不例外。保险公司解散的,需依法成立清算组,进行清算,保监会负责监督指导。如属撤销,由保监会组织股东、有关部门和有关专业人士成立清算组。至于破产,则由法院组织破产程序。无论何种终止事由,保监会均可介入清算事务。

保险公司依法解散或者被撤销的,资产处分应当采取公开拍卖、协议转让或者保监会认可的其他方式,在保险合同责任清算完毕之前,公司股东不得分配公司资产,或者从公司取得任何利益。如遇经营人寿保险业务的保险公司被撤销或者被宣告破产,其持有的人寿保险合同及准备金,必须转移给其他经营有人寿保险业务的保险公司。如不能同其他保险公司达成转让协议的,由保监会指定经营有人寿保险业务的保险公司接受。转让或者由保监会指定接受该人寿保险合同及准备金的,均需维护被保险人、受益人的合法权益。[1]

至于保险公司破产,破产财产清偿的顺序需依特别法规则进行。[2] 在支付破产费用和共益债务后,再按照以下4个顺序进行清偿:(1) 所欠职工工资和医疗、伤残补助、抚恤费用,所欠应当划入职工个人账户的基本养老保险、基本医疗保险费用,以及法律、行政法规规定应当支付给职工的补偿金;(2) 赔偿或者给付保险金;(3) 保险公司欠缴的除前述第(1)项之外的社会保险费用和所欠税款;(4) 普通破产债权。可见,赔偿或者给付保险金优先于税款。如破产财产不足以清偿同一顺序的清偿要求,则按照比例分配。至于董事、监事和高管的工资,则以该公司职工的平均工资为准。

一旦清算完毕,保险公司即应办理注销登记,注销经营保险业务许可证。完成注销手续之后,该保险公司即告消灭。

第三节 保险经营规则

一、保险公司的经营范围

(一) 概述

保险公司以经营保险为业,包括财产损失保险、责任保险、信用保险、保证保险等财产保险业务和人寿保险、健康保险、意外伤害保险等人身保险业务。保险公司的经营范围实行批准制,特定保险公司的具体经营范围需由保监会批准。保险公司只能在批准的业务范围内从事保险经营活动。如需扩大业务范围,注

---

[1] 参见我国《保险法》第92条。
[2] 参见我国《保险法》第91条。

册资本、偿付能力等应符合保监会的规定，并经保监会批准。超出批准的业务范围从事保险业务，属于违法行为。①

财产保险业务与人身保险业务实行分业经营。② 同一保险人不得同时兼营财产保险业务和人身保险业务。作为例外，经营财产保险业务的保险公司经保监会批准，可以经营短期健康保险业务和意外伤害保险业务。否则，属于违法行为。其处罚与超出核定经营范围从事保险业务的相同。

保险业还实行保险专营。③ 如无法律、行政法规的规定，其他公司不得经营保险业务。相应地，保险公司也不得经营非保险业务。从《证券法》第6条和《保险法》第95条第1款第3项的立法精神来看，专营并非一成不变。只要国家相机出台另行规定，保险公司即可依法进行兼营。确切地说，保险原则上实行专营。

(二) 财产保险公司的经营范围

财产保险公司的保险业务主要有8项：(1) 财产损失保险；(2) 责任保险；(3) 法定责任保险；(4) 信用保险和保证保险；(5) 农业保险；(6) 其他财产保险业务；(7) 短期健康保险和意外伤害保险；(8) 前述保险业务的再保险业务，包括分出和分入保险。特定保险公司可以申请保监会核定经营其全部或部分。

(三) 人寿保险公司的经营范围

人寿保险公司的主要保险业务也有8项：(1) 意外伤害保险；(2) 健康保险；(3) 传统人寿保险；(4) 人寿保险新型产品；(5) 传统年金保险；(6) 年金新型产品；(7) 其他人身保险业务；(8) 前述保险业务的再保险业务，包括分出和分入保险。特定保险公司可以申请保监会核定经营其全部或部分。

二、保险公司的保险条款与保险费率

(一) 监管体制

为保护社会公众利益，防止不正当竞争，保监会对保险公司的保险条款和费率进行监管。监管措施包括审批、备案、责令改正和责令停止使用。凡是需要审批的保险条款，需经保监会批准方可使用。否则，即属于违法行为。④ 无论适用审批制，还是备案制，保险公司使用的保险条款和保险费率所采用的语言均应通俗易懂、明确清楚，便于理解。中国保险行业协会应当积极推进保险条款和保险费率的通俗化、标准化工作，建立行业基础数据平台及标准产品数据库。

保监会履行监管职责，遵循保护社会公众利益和防止不正当竞争原则，遵循

---

① 参见我国《保险法》第161、181条。
② 参见我国《保险法》第8条、第95条第2款。
③ 参见我国《保险法》第6、183条。
④ 参见我国《保险法》第137条、第165条第7项。

与偿付能力监管、公司治理结构监管、市场行为监管协调配合原则。保险公司则应严格执行经保监会批准或者备案的保险条款和保险费率,不得违规改变保险条款或者保险费率。如需修改已经批准或者备案的保险条款或者保险费率,应重新报送审批或者备案。凡是经保监会重新批准或者备案的,保险公司不得在新订立的保险合同中使用原保险条款和保险费率。保险公司应当指定一名法律责任人和一名精算责任人,分别负责保险条款和保险费率的法律事务和精算事务。

(二) 审批制的适用范围

审批制适用的范围:(1) 关系社会公众利益的保险险种;(2) 依法实行强制保险的险种;(3) 新开发的人寿保险险种。具体目录由保监会制定和调整。凡是适用审批制的保险条款和保险费率,在保监会批准前,保险公司不得经营使用;如需修改经批准的保险条款和保险费率,亦应经保监会批准。[1]

(三) 备案制的适用范围

适用审批制之外的其他保险条款和保险费率,均实行备案制。如该保险条款和保险费率有变更,亦应向保监会备案。备案的期限为保险条款和保险费率经营使用后10个工作日之内。

三、保险公司的偿付能力维持规则

偿付能力,是指保险公司履行赔偿或给付责任的能力。为切实维护投保人、被保险人、受益人的利益,促进保险公司稳健经营和发展,保险公司需具备最基本的偿付能力。为确保其具有正常的偿付能力,还应提取保证金、保险公积金、保险准备金和保险保障基金。

(一) 最低偿付能力

最低偿付能力需与其业务规模相适应,实际偿付能力在任何时点均不得低于最低偿付能力。最低偿付能力的额度标准由保监会规定和调整,并通过建立健全监管体系,以监控保险公司的偿付能力。实际偿付能力额度就是认可资产减去认可负债的差额。[2]

一旦保险公司的实际偿付能力额度低于最低偿付能力额度,即应采取有效措施,改善偿付能力状况,以达到保监会的要求。偿付能力充足率就是实际偿付能力额度除以最低偿付能力额度。如保险公司偿付能力充足率低于100%,保监会即可将其列为重点监管对象,并视具体情况采取相应的监管措施。[3] 这些措施主要有:责令增加资本金、办理再保险,限制业务范围,限制向股东分红,限

---

[1] 参见中国保监会《人身保险公司保险条款和保险费率管理办法》第20条,《财产保险公司保险条款和保险费率管理办法》第7条。

[2] 参见我国《保险法》第101条。

[3] 参见我国《保险法》第139条,保监会《保险公司管理规定》第60条。

制固定资产购置或者经营费用规模、限制资金运用的形式、比例、限制增设分支机构、责令拍卖不良资产、转让保险业务、限制董事、监事、高管的薪酬水平、限制商业性广告,以及责令停止接受新业务。

(二) 保证金

这是保险公司依法需在成立时向国家缴纳的保证金额。用途就是在保险公司清算时用于清偿债务。就数额而言,是在保险公司成立时按照其注册资本的20%提取,存入保监会指定的银行,除保险公司清算时用于清偿债务外,不得动用或处置。① 这是确保保险公司偿付能力的重要方式。

(三) 责任准备金

此乃保险公司为承担未到期责任或未决赔款,而从保险费收入中提取的准备金,包括未到期责任准备金和未决赔款准备金。保险公司提取各项责任准备金必须真实、充足。未到期责任准备金,亦称未满期保险准备金,是指在准备金评估日为尚未终止的保险责任而提取的准备金。未决赔款准备金,则是指保险公司为承担已经提出的保险赔偿或者给付金额,以及已经发生保险事故但尚未提出的保险赔偿或者给付金额,而从保险费中提取的准备金。各项责任准备金的提取和结转具体办法,由保监会制定。②

(四) 保险公积金

保险公积金,是指保险公司的储备基金。这是保险公司为自我发展、扩大经营规模以及弥补亏损,而依法从每年税后利润中提取的资金。具体比例以有关法律、行政法规及国家财务会计制度的规定为准。③ 依据我国《公司法》第166条,法定公积金比例为公司当年税后利润的10%。如法定公积金累计额达到公司注册资本的50%以上,可不再提取。如法定公积金不足以弥补以前年度亏损,在提取法定公积金之前,应先用当年利润弥补亏损。公司还可依股东(大)会决议提取任意公积金。

(五) 保险保障基金

保险保障基金,是指由保险公司依法缴纳形成的,用于在规定情形下救助保单持有人、保单受让人或者处置保险风险的非政府性行业风险救助基金。提取和使用办法由保监会制定,目的就在于保障被保险人的利益,支持保险公司稳健经营。该基金实行集中管理,统筹使用,用途限于三种情形:一是在保险公司被撤销或者被宣告破产时,向投保人、被保险人或者受益人提供救济;二是在保险公司被撤销或者被宣告破产时,向依法接受其人寿保险合同的保险公司提供救

---

① 参见我国《保险法》第97条。
② 参见我国《保险法》第98条。
③ 参见我国《保险法》第99条。

济;三是国务院规定的其他情形。① 实质上,该基金具有相互保险基金性质,相当于各保险公司共同提交的一种共同基金,由中国保险保障基金有限责任公司集中管理。如遇特定保险公司丧失偿付能力,比如,被撤销、被宣告破产以及保监会认为保险业面临重大危机,可能危及社会公共利益和金融稳定的情形下,该基金用于向保单持有人或保单受让公司等提供救济。

各种保险业务需按照规定的标准缴纳保险保障基金。财产保险保障基金和人身保险保障基金实行分账管理、分别使用。财产保险保障基金仅用于向财产保险公司的保单持有人提供救助,以及在依法认定存在重大风险的情形下,对财产保险公司进行风险处置;人身保险保障基金仅用于向人身保险公司的保单持有人和接受人寿保险合同的保单受让公司提供救助,以及在依法认定存在重大风险的情形下,对人身保险公司进行风险处置。该基金的动用,需由中国保监会拟定风险处置方案和使用办法,同有关部门会商后,报经国务院批准。救助金额与比例如表25-2所示,保监会可以视社会经济发展的实际情况,经国务院批准后,会同有关部门适时予以调整。救助金额扣减的顺序为:(1)被依法撤销或者依法实施破产的保险公司保险保障基金余额;(2)其他保险公司保险保障基金余额。其他保险公司保险保障基金余额的扣减金额,按照各保险公司上一年度市场份额计算。在撤销决定作出后或者在破产申请依法向法院提出前,保单持有人可以与保险保障基金公司签订债权转让协议,保险保障基金公司以保险保障基金向其支付救助款,并获得保单持有人对保险公司的债权。清算结束后,保险保障基金获得的清偿金额多于支付的救助款的,保险保障基金应当将差额部分返还给保单持有人。

表 25-2　保险保障基金的救济额度

	损失	救济额度	
非人寿保险	<5万元	100%	
	≥5万元(超过部分)	个人	90%
		机构	80%
人寿保险	个人	不超过转让前保单利益的90%	
	机构	不超过转让前保单利益的80%	

四、保险资金的运用

保险资金的运用,是指保险公司在经营过程中,将所积聚的部分保险资金用于投资或融资,使其保值增值的活动。这有助于增强保险公司的偿付能力,确保

---

① 参见我国《保险法》第100条。

投保人、被保险人、受益人的利益,也有利于提高保险公司的竞争力。保险资金运用亦有相应的风险,故应遵循稳健、安全性原则。[1]

保险资金的运用方式有[2]:(1)银行存款;(2)买卖债券、股票、证券投资基金份额等有价证券;(3)投资不动产;(4)国务院规定的其他资金运用方式。具体方式以及具体项目的资金占保险公司资金的比例由保监会规定。如需在境外运用保险资金,亦需符合国家有关规定。就限制而言,保险资金不得用于设立证券经营机构,也不得用于设立保险业以外的企业。但是,保险公司可以设立保险资产管理公司,并委托其运用保险资金。[3] 保险公司应按照保监会的规定,建立对关联交易的管理和信息披露制度,控股股东、实际控制人、董事、监事、高管不得利用关联交易损害公司的利益。

依据国家有关规定,保险资金可以用于股票投资。无论是保险公司自身,还是保险资产管理公司,均需取得股票投资的资格方可从事该项投资。投资范围和比例需符合保监会的规定。保险公司和保险资产管理公司应建立独立的托管机制,遵循审慎、安全、增值的原则,自主经营、自担风险、自负盈亏;同时,应具备长期投资和价值投资的理念,优化资产配置,建立完善的投资风险控制机制。股票投资决策、研究、交易、清算管理人员及其他相关人员不得从事内幕交易。保险公司和保险资产管理公司不得在不同性质的保险资金证券账户之间转移利润,采用非法手段融资购买股票,或进行保监会规定禁止的其他行为。

保险公司和保险资产管理公司从事股票投资需具备法定条件,并取得行政许可。其可以投资的股票为人民币普通股票、可转换公司债券和保监会规定的其他投资品种。其既可以在一级市场申购,也可以通过二级市场交易进行股票投资。投资股票的具体比例需符合保监会的规定,但特定保险公司、保险资产管理公司持有一家上市公司的股票不得超过其人民币普通股的30%。

五、保险公司的风险控制

保险公司以经营保险为业,风险甚高。保险公司所掌握的保险费不仅要保值增值,而且要安全。若不能确保保险资金的安全性,投保人、被保险人、受益人就绝对不"保险"了。为此,有必要通过自留保险费、限制承保责任和强制再保险等机制予以防范。

(一)自留保险费

保险费并非保险公司的资本,而是其负债。保险公司的自留保险费愈高,其

---

[1] 参见我国《保险法》第106条第1款。
[2] 参见我国《保险法》第106条第2款。
[3] 参见我国《保险法》第107条。

所承担的风险也就愈大。为此,限制财产保险公司的自留保险费数额,系控制其承担过大风险的重要手段。依据我国《保险法》第102条,经营财产保险业务的保险公司当年自留保险费,不得超过其实有资本金加公积金总和的4倍。至于人寿保险公司,当年自留保险费数额则无法定限制。

(二) 限制承保责任

为促使保险公司稳健经营,避免因承保特定危险单位的业务量过大,出现一次支付过多保险金,陷入困境,从而危及投保人、被保险人、受益人利益的情形,各国大多规定了保险公司对每一个危险单位承保责任的限额。依据我国《保险法》第103条,保险公司对每一危险单位,即对一次保险事故可能造成的最大损失范围所承担的责任,不得超过其实有资本金加公积金总和的10%。如有超过,超过的部分应办理再保险。保险公司对危险单位的计算办法和巨灾风险安排计划,应报经保监会核准。

(三) 强制再保险

再保险就是保险的保险,可以分散原保险公司的风险,也是控制保险公司风险的一个重要途径。凡是保险公司对每一危险单位所承担的保险责任超过法定限额,即超过其实有资本加公积金之和的10%,超过部分实行强制再保险。办理再保险事宜需遵守保监会的规定,审慎选择再保险接受人。① 国家鼓励保险人、保险联合体和保险经纪人积极为农业保险和地震、台风、洪水等巨灾保险提供保险及再保险服务。

六、保险公司的整顿与接管

保监会有权对有违法行为的保险公司采取有关监管措施。整顿与接管既是对有关违法行为的监管措施,也是对有违法行为的保险公司的挽救措施。

(一) 整顿

整顿的前提有两个,一是保险公司具有违法行为,包括未依法提取或者结转各项准备金、未依法办理再保险和严重违反资金运用的规定;二是保监会已对其处以监管措施,责令限期改正,保险公司逾期未改正。此时,保监会即可对其进行整顿。整顿组织由保监会选派保险专业人员和指定该保险公司有关人员组成。整顿决定应载明被整顿保险公司的名称、整顿理由、整顿组织和整顿期限,并予以公告。②

整顿组织在整顿过程中,有权监督该保险公司的日常业务。保险公司负责人及有关管理人员,应在整顿组织的监督下行使其职权。在整顿过程中,保险公

---

① 参见我国《保险法》第103、105条。
② 参见我国《保险法》第141条。

司的原有业务继续进行,但保监会有权责令其停止开展新的业务或者停止部分业务,调整资金运用。经过整顿,保险公司已纠正其违法行为,恢复正常经营状况的,由整顿组织提出报告,经保监会批准,结束整顿。[①]

(二) 接管

接管系更为严厉的监管措施,目的在于恢复保险公司的正常经营,维护被保险人的利益。它适用于两种情形:一是公司的偿付能力严重不足;二是其违法行为损害社会公共利益,可能严重危及或者已经危及保险公司的偿付能力。接管的决定由保监会作出,接管组织的组成和接管的实施办法,亦由其决定,并予以公告。被接管的保险公司的债权债务关系不因接管而变化。[②]

接管期限届满,保监会可以决定延期,但接管期限最长以 2 年为限。接管期限届满,如被接管的保险公司已恢复正常经营能力,保监会即可决定终止接管。如接管组织认为,被接管的保险公司具有破产事由,保监会可依法申请法院进行重整或破产清算。[③]

---

① 参见我国《保险法》第 142—144 条。
② 参见我国《保险法》第 145—146 条。
③ 参见我国《保险法》第 147—149 条。

第二十六章　保险合同总论

第一节　保险合同概述

一、保险合同的概念与特征

保险合同,亦称保险契约,是指投保人与保险人约定保险权利义务关系的协议。① 为了分散和转移危险,投保人依约向保险人交付保险费,如遇保险事故,保险人则依约向被保险人或受益人支付赔偿金或保险金。其特征有五:

其一,最大诚信合同。作为最大诚信原则的具体体现,投保人有告知义务和保证义务,保险人则负有说明义务。订立保险合同时,投保人应将与保险标的有关的重要情况,如实向保险人陈述、申报或声明。如因故意或重大过失而隐瞒有关重要情况,只要该项隐瞒足以影响保险人决定是否同意承保或者提高保险费率,保险人有权解除保险合同。对于合同解除前发生的保险事故是否承担赔付责任,则因故意或重大过失而异。② 故意隐瞒有关重要情况的,保险人既不承担赔偿或支付保险金的责任,也不退还保险费。因重大过失而未告知的,如未告知事项对保险事故的发生具有严重影响,保险人不承担赔偿或支付保险金的责任,但应退还保险费。如投保人违反保证义务,后果就是保险合同解除或无效,保险人不承担保险责任。保险人则有义务就保险合同的条款内容向投保人进行说明。否则,有关责任免除条款不产生效力。③

其二,双务、有偿合同。投保人有缴纳保险费的义务,而保险人则在发生保险事故时,承担由事故所造成的财产损失的赔偿责任,或在被保险人死亡、伤残、疾病或达到约定年龄、期限时,承担给付保险金的义务。显然,保险合同属于双务合同,同时,也是有偿合同。投保人取得保险赔偿或给付是以交付保险费为对价,保险人收取保险费,则是以承担可能的赔偿或给付为对价。无论投保人还是保险人,各自所享有的合同权利均为有偿取得。

其三,射幸合同。亦称机会合同,系与交换合同相对应的概念,是指当事人一方支付的对价,所获取的只是一个机会,可能因此获得巨大利益,也可能毫无收益。保险合同是如此,财产保险合同尤其如此。投保人支付保险费所获取的

---

① 参见我国《保险法》第10条。
② 参见我国《保险法》第16条第2—4款。
③ 参见我国《保险法》第17条。

只是可能得到补偿的机会。如在保险期间发生保险事故,投保人(被保险人、受益人)所获得的赔偿或给付会远远超过保险费。如未发生保险事故,除人寿保险外,投保人则无任何收益可言。反之,如发生保险事故,保险人对特定投保人所支付的赔偿也远远大于该投保人所交付的保险费。如未发生保险事故,则只享有收取保险费的权利,而无赔付义务。当然,就保险合同整体而言,保险人所收取的保险费率与保险赔付乃是依据大数法则计算出来的,两者大体平衡。

其四,附合合同。也就是一种定式合同、格式合同或标准合同,保险合同的条款由保险人单方面制订,投保人要么接受、服从,要么拒绝。这种附和性显然是对契约自由的限制,使得投保人处于被动和不利地位,保险人可能滥用优势地位,在保险合同中埋伏"霸王条款"。为平衡双方利益,凡是保险合同的条款发生歧义或文义不清,即应作出有利于被保险人和受益人的解释。①

其五,非要式合同。一般说来,保险合同双方就保险条款达成一致,保险合同即可成立。即使保险事故发生在保险单或暂保单签发之前,亦不影响保险合同的效力。②

二、保险合同的类型

(一)财产保险合同与人身保险合同

依据保险合同的标的属性,可以分为财产保险合同与人身保险合同。财产保险合同以财产及其有关利益为保险标的,人身保险合同则以人的寿命和身体为保险标的。财产保险合同的投保人系财产所有人、管理人或对保险标的具有保险利益的其他人,包括自然人和法人,而人身保险合同的被保险人只能是自然人,且为定额保险合同,其保险费带有储蓄性。

(二)定值保险合同与不定值保险合同

依据保险标的的价值是否确定,可以分为定值保险合同与不定值保险合同。人身保险合同均为定额保险合同,不存在保险价值问题,该分类只适用于财产保险合同。定值保险合同,是指双方当事人事先确定保险标的的实际价值并载明于合同中的保险合同。该合同大多适用于不易确定价值的财产,比如字画、古董、船舶等。保险价值事先约定,一旦发生财产全损或推定全损,无须再行估价,即可依据约定的金额全额赔付。若为部分损失,则依据损失程度进行赔付。至于不定值保险合同,是指双方当事人在订立合同时不预先确定保险标的的保险价值,仅载明须至危险事故发生后,再行估计其价值而确定其损失的保险合同。一旦发生保险事故,尚需另行确定保险价值,一般以事故发生时该保险标的的实

---

① 参见我国《保险法》第30条,《合同法》第41条。
② 参见我国《保险法》第13条。

际价值为准。① 比较而言,定值保险合同适用于海上保险合同、内陆货物运输保险合同以及艺术品、矿石标本等不易确定其价值的财产的保险,不定值保险合同则适用于大多数财产保险。

（三）足额保险合同、不足额保险合同与超额保险合同

依据保险金额与保险价值的关系,又可分为足额保险合同、不足额保险合同与超额保险合同。超额保险合同为保险法所禁止。② 足额保险合同,亦称全额保险合同,是指保险金额等于保险价值的保险合同。定值保险合同的保险价值就是该合同所载明的保险价值,不定值保险合同的保险价值为保险事故发生时保险标的的实际价值。如系全损,保险人全额赔付;如系部分损失,保险人赔偿实际损失。不足额保险合同,亦称低额保险合同,是指保险金额低于保险价值的保险合同。一旦发生保险事故,保险人对被保险人损失的赔偿责任以保险金额为限,超出保险金额的部分,保险人不予赔偿。若发生全损,保险人按保险金额赔偿被保险人的损失,不足部分由被保险人自保。若为部分损失,保险合同有约定的,从其约定;无约定的,保险人按照保险金额与实际价值的比例承担赔偿责任。③ 超额保险合同,是指保险金额超过保险价值的保险合同。依据我国《保险法》第 55 条第 3 款,超过保险价值的部分归于无效。如因被保险人善意高估保险标的的价值,或市场价格波动导致保险标的贬值,只是超额部分无效,保险合同仍然有效;如因被保险人故意欺骗,虚报保险标的的价值,各国大多规定该保险合同无效,造成保险人损失的,还应赔偿保险人的损失。如虚构保险标的,骗取保险金,构成犯罪的,还应依法追究刑事责任。④

（四）补偿性保险合同与给付性保险合同

依据保险合同的目的,可以分为补偿性保险合同与给付性保险合同。补偿性保险合同,亦称评价保险合同,是指在发生保险事故时,由保险人评估被保险人的实际损失,从而补偿其损失的保险合同。易言之,目的就是补偿被保险人因保险事故所遭受的损失。财产保险合同大多属于补偿性保险合同。给付性保险合同,是指当被保险人死亡、伤残、疾病或者达到合同约定的年龄、期限时,由保险人向被保险人或其受益人给付保险金的保险合同。人身保险合同大多属于给付性的保险合同。

（五）个别保险合同、集合保险合同与总括保险合同

依据保险标的的数量与范围,可以分为个别保险合同、集合保险合同与总括保险合同。个别保险合同,亦称单独保险合同,是指以单个人或单个物为标的的

---

① 参见我国《保险法》第 55 条第 2 款。
② 参见我国《保险法》第 55 条第 3 款。
③ 参见我国《保险法》第 55 条第 4 款。
④ 参见我国《保险法》第 176、181 条。

保险合同。保险合同大多属于个别保险合同。集合保险合同,是指集合多个性质相同的保险标的而订立的保险合同。该合同对每个保险标的分别确定其保险金额。一旦发生保险事故,保险人对每个保险标的在其保险金额内根据实际损失或保险金额承担赔偿或给付责任。依据标的物的性质,集合保险合同又可以分为集团保险合同与团体保险合同,前者系以多数物为标的,后者以多数人为标的。总括保险合同,亦称综合保险合同、统保单,是指不设特定保险标的,保险人所承保的标的为除外责任之外的一切危险的保险合同。凡是未列入除外责任的危险,均在保险人承保范围之内。该合同只是针对总括保险标的确定保险金额,不对每个保险标的分别确定保险金额。

(六) 原保险合同与再保险合同

依据保险人承担责任的次序,还可分为原保险合同与再保险合同。原保险合同,就是保险人直接对被保险人承担保险责任的保险合同。当事人为保险人与投保人。相对于再保险,其赔偿责任具有原始性。再保险合同,是指保险人将其承保的保险业务,以分保形式部分转移给其他保险人,而与接受该分保业务的保险人所订立的保险合同。再保险大多用于财产保险,人身保险中则少见。再保险的双方均为保险人,而且所承保的保险标的系原保险合同承担的部分保险业务。

三、保险合同的当事人与关系人

(一) 当事人

保险合同当事人,是指订立保险合同,并享有保险合同权利、承担保险合同义务的人,包括保险人和投保人。保险人,亦称承保人,是指依法经营保险业务,与投保人订立保险合同,收取保险费,在保险事故发生或保险期限届满时,承担赔偿或给付责任的保险公司。我国保险公司有国有独资公司和股份有限公司两种形态。只有依法设立的保险公司方可经营保险业务,且各保险公司只能在核定的业务范围内从事保险经营活动。擅自设立保险公司或非法从事保险业务活动,或超出核定业务从事保险业务,均属违法行为。情节严重的,便构成犯罪。[①]

另一方就是投保人,亦称要保人,是指与保险人订立保险合同,并依约支付保险费的人。投保人可以是自然人,也可以是法人;可以是被保险人本人,也可以是被保险人以外的第三人。无论何种情形,作为保险合同当事人一方的投保人应具有相应的权利能力和行为能力,无行为能力和限制行为能力人所订立的保险合同,除经法定代理人或监护人的代理或同意外,属于无效合同。

(二) 关系人

一般合同均由当事人为自己的利益而订立,保险合同则既可以为自己利益

---

① 参见我国《保险法》第 159、161、181 条。

订立,也可以为他人利益而订立,从而产生了第三方当事人——保险合同的关系人,包括被保险人和受益人(图26-1)。被保险人,亦称保户,是指其财产或人身受保险合同保障,享有保险金请求权的人。无论财产保险合同,还是人身保险合同,投保人均可为被保险人,自然也可以是与投保人不同的人。[①] 尽管被保险人不是合同当事人,但对于以死亡为给付保险金条件的保险合同而言,其订立需经被保险人书面同意,并认可保险金额。否则,该保险合同无效。保险人签发的保险单未经被保险人书面同意,不得转让或质押。作为例外,父母为未成年子女投保人身保险不受此限,但因被保险人死亡而给付的保险金以保监会限额为准。[②]

受益人,亦称保险金受领人,是指人身保险合同中由投保人或被保险人指定的享有保险金请求权的人。投保人、被保险人或第三人均可为受益人,以被保险人、投保人的指定为准,但投保人指定受益人需经被保险人同意;投保人为与其有劳动关系的劳动者投保人身保险,不得指定被保险人及其近亲属以外的人为受益人。[③] 若投保人、被保险人和受益人三位一体,投保人就是为自己利益而订立保险合同;若投保人为他人利益订立保险合同,则受益人为被保险人或第三人。受益人不受民事行为能力以及保险利益之限。

四、保险合同的辅助人

保险市场日趋发达,分工日益精细化,保险辅助人利用自身专业知识和技能帮助保险人和投保人订立保险合同,主要包括保险代理人、保险经纪人和保险公估人。

(一) 保险代理人

保险代理人,是指根据保险人的委托,向保险人收取代理手续费,并在保险人授权的范围内代为办理保险业务的单位和个人。保险代理人必须以保险人的名义进行保险业务,而不得以自己的名义进行保险业务;保险代理人需在保险人授权范围内进行活动,代理权限视保险人的授权而定;代理行为的后果由保险人承担。[④]

保险代理机构有合伙企业、有限责任公司和股份有限公司三种形式。采用公司形式,需符合保监会规定的条件。无论何种形式,均应向保监会申领经营保险代理业务的许可证,其名称及分支机构的名称应有"保险代理"或者"保险销售"字样。保险公司只能向具有合法资格的保险代理人支付佣金,对保险代理人的授权不得超出保险公司自身的经营区域和业务范围。保险公司应建立本公司保险代理人登记簿,加强对保险代理人的培训和管理,提高保险代理人的职业

[①] 参见我国《保险法》第12条第5款。
[②] 参见我国《保险法》第33—34条。
[③] 参见我国《保险法》第39条。
[④] 参见我国《保险法》第117、127条。

道德和业务素质,不得唆使、误导保险代理人进行违背诚信义务的活动。①

保险代理人应将许可证置于住所或营业场所的显著位置,按照核定的保险代理业务范围以及保险公司授予的代理权,开展保险代理业务。在办理保险代理业务过程中,应遵循保险公司所规定的业务流程,接受保险公司对其委托的保险业务的指导、监督与核查;设立专门账簿,记载保险代理业务收支情况。个人保险代理人代为办理人寿保险业务时,不得同时接受两个以上保险人的委托。②

(二) 保险经纪人

保险经纪人,是基于投保人的利益,为投保人与保险人订立保险合同提供中介服务,并依法收取佣金的单位,包括直接保险经纪人和再保险经纪人。③ 相对于保险代理人,经纪人为投保人的利益服务,而非为保险公司;保险代理人包括机构代理人(代理机构)和个人代理人,而经纪人只有机构经纪人(经纪机构),不存在个人经纪人;保险经纪人以自己的名义从事保险中介活动,并承担其法律后果,而代理人以保险人的名义从事保险业务,并由保险人承担其法律后果;代理人只能向保险公司收取佣金,经纪人则既可向投保人收取,亦可向保险公司收取。

表 26-1　保险经纪人与保险代理人之比较

			保险经纪人	保险代理人
服务对象			投保人	保险人
组织形式	个人		×	√
	机构	合伙	√	√
		有限公司	√	√
		股份公司	√	√
报酬	名义		佣金	佣金
	收取对象		投保人、保险人	保险人

保险经纪机构亦有合伙企业、有限责任公司和股份有限公司三种形式。如采用公司形式,需符合保监会规定的条件。无论何种形式,均应向保监会申领经营保险经纪业务的许可证。其名称及分支机构的名称应有"保险经纪"字样。未经保监会批准,任何单位、个人不得在中国境内经营或者变相经营保险经纪业务。

保险经纪业务范围包括:(1) 为投保人拟订投保方案、选择保险公司以及办理投保手续;(2) 协助被保险人或者受益人进行索赔;(3) 再保险经纪业务;

---

① 参见我国《保险法》第 112 条。
② 参见我国《保险法》第 123、125 条。
③ 参见我国《保险法》第 118 条。

(4)为委托人提供防灾、防损或者风险评估、风险管理咨询服务;(5)保监会规定的其他业务。特定保险经纪机构的具体受托权限,视其与客户的委托合同授权而定。保险经纪机构必须在保监会核定的业务范围和客户授权范围之内开展保险经纪业务;应将许可证置于住所或者营业场所显著位置,与委托人签订书面委托合同,依照与保险合同当事人的约定收取佣金,并应建立专门账簿,记载保险经纪业务收支情况,开立独立的客户资金专用账户。投保人、被保险人支付给保险公司的保险费以及为投保人、被保险人和受益人代领的退保金、保险金,均只能存放于客户资金专用账户。对于在经营过程中知悉的保险公司、投保人、被保险人、受益人的业务和财产情况以及个人隐私,其负有保密义务。[1]

在开展保险经纪业务过程中,保险经纪人应制作规范的客户告知书,载明其名称、住所、经营场所、业务范围、法律责任等事项,并应向客户出示客户告知书,按客户要求说明佣金的收取方式和比例。保险经纪机构及其董事、高管与经纪业务相关的保险公司、保险中介机构存在关联关系的,应当在客户告知书中说明;应向客户说明保险产品的承保公司,应对推荐的同类产品进行全面、公平的分析;向投保人明确提示保险合同中责任免除或者除外责任、退保及其他费用扣除、现金价值、犹豫期等条款。因过错给投保人、被保险人造成损失的,保险经纪人应承担赔偿责任。[2]

(三)保险公估人

保险公估人,是指依法设立的,接受保险当事人委托,专门从事保险标的的评估、勘验、鉴定、估损、理算等业务,并按照约定收取报酬的机构。其既是服务于保险活动的辅助人,又是独立于保险业的营利组织。与保险经纪机构一样,保险公估人仅限于公估机构,不存在个人公估人。

保险公估机构也有合伙企业、有限责任公司和股份有限公司三种形式。无论采用何种形式,均应符合保监会规定的条件,并向保监会申领经营保险公估业务的许可证。保险经纪机构的名称应有"保险公估"字样。未经保监会批准,任何单位、个人不得在中国境内以保险公估机构的名义从事保险标的的评估、勘验、鉴定、估损、理算等业务。

保险公估机构的业务范围包括:(1)保险标的承保前的检验、估价及风险评估;(2)对保险标的出险后的查勘、检验、估损、理算及出险标的的残值处理;(3)保险风险管理咨询;(4)经保监会批准的其他业务。特定保险公估机构的具体经营范围,需由保监会核定。保险公估机构只能在经核定的业务范围内从事保险公估业务,且应在保监会核定的经营区域内从事该业务。

---

[1] 参见我国《保险法》第131条。
[2] 参见我国《保险法》第128、166、181条。

保险公估机构应将许可证置于住所或者营业场所显著位置,与委托人订立书面合同,依约收取报酬;建立专门账簿,记载保险公估业务收支情况,建立完整规范的业务档案,记录应当完整、真实。保险公估机构、保险公估分支机构及其从业人员在开展公估业务过程中,应勤勉尽职,保险公估报告不得存在重大遗漏。如因其过错给保险公司或者被保险人造成损害的,应承担赔偿责任。

第二节 保险合同的订立与效力

一、保险合同的订立

合同的订立采用要约和承诺方式。至于保险合同,要约和承诺分别表现为投保和承保。订立保险合同需经投保人投保与保险人承保两个阶段。投保人的告知义务和保险人的说明义务则是最大诚信原则在保险合同订立中的体现。

（一）投保

投保,亦称要保,是指投保人向保险人提出订立保险合同的意思表示。这是投保人单方面的意思表示,即保险要约,未经保险人接受不产生保险的效力。其表现形式通常为书面的投保单,该投保单一般为保险人准备的统一格式,投保人只要依照其所列项目逐一填写即可,交付保险人即构成投保,产生合同要约的效力。投保人或者投保人的代理人没有亲自签字或者盖章,而由保险人或者保险人的代理人代为签字或者盖章的,投保不生效。如投保人已交纳保险费,则视为对代签字或者代盖章行为的追认。如保险人或者保险人的代理人代为填写保险单证后经投保人签字或者盖章确认,代为填写的内容视为投保人的真实意思表示。但是,有证据证明保险人或者保险人的代理人存在法定不当行为的除外。[①]

（二）承保

承保,是指保险人同意投保人的保险要约的意思表示,即保险承诺。保险人一经承诺,保险合同即告成立。一般说来,保险人收到投保人的投保单后,经必要审核,在投保单上签字盖章,便构成承诺,保险合同自保险人在投保单上签字盖章时起成立。[②] 作为非要式合同,保险合同的成立并不以保险单或暂保单的签发为准,只要就保险合同的条款达成协议,保险合同即告成立。如保险人已接受投保人提交的投保单并收取了保险费,但尚未承保,即发生保险事故,只要符合承保条件,被保险人或者受益人即可请求保险人依约承担赔偿或者给付保险金责任。不符合承保条件的,保险人不承担保险责任,但应退还已经收取的保险

[①] 参见我国《保险法》第116、131条,最高人民法院《关于适用〈中华人民共和国保险法〉若干问题的解释（二）》第3条。

[②] 参见我国《保险法》第13条第1款。

费。保险人主张不符合承保条件的,应承担举证责任。①

(三)告知与说明义务

作为最大诚信原则的体现,在订立保险合同时,投保人负有告知义务,保险人则负有说明义务。

首先来看告知义务。订立保险合同时,凡是投保人明知的与保险标的或者被保险人有关的情况,均属应当如实告知之列。操作上,我国采用询问回答方式。只要投保人对保险人就保险标的或被保险人的有关情况的询问作了如实回答,即算履行告知义务。对于海上保险合同,保险人知道或在通常业务中应当知道的情况,只要保险人没有询问,被保险人无须告知。② 如当事人对询问范围及内容有争议,保险人负举证责任。至于投保单询问表中所列概括性条款,除本身有具体内容外,保险人不得以违反概括性条款为由主张解除合同。合同成立后,保险人知道或者应当知道投保人未履行如实告知义务,仍收取保险费的,亦不得主张解除合同。③ 投保人因故意或重大过失违反告知义务,足以影响保险人决定是否同意承保或者提高保险费率的,保险人有权解除合同。

至于保险人的说明义务,保险合同中有关保险人责任免除的条款,保险人在订立该合同时负有向投保人明确说明的义务。如保险人违反该义务,该条款不产生效力(引例26-1)。④ 就其范围而言,保险人提供的格式合同文本中的责任免除条款以及免赔额、免赔率、比例赔付或者给付等免除或者减轻保险人责任的条款,即属此情形,而保险人因投保人、被保险人违反法定或者约定义务享有解除合同权利的条款,则不是。⑤ 至于说明的方式,需区分以下四种情形:⑥(1)保险人将法律、行政法规中的禁止性规定情形作为保险合同免责条款的免责事由的,保险人对该条款作出提示即可。(2)保险合同订立时,保险人在投保单或者保险单等其他保险凭证上,对保险合同中免除保险人责任的条款,以足以引起投保人注意的文字、字体、符号或者其他明显标志作出提示即可。(3)至于保险合同中有关免除保险人责任条款的概念、内容及其法律后果,保险人以书面或者口头形式向投保人作出常人能够理解的解释说明即可。(4)以网络、电话等方式订立保险合同的,保险人可以网页、音频、视频等形式对免除保险人责任的条款予以提示和明确说明。无论何种情形,保险人对其履行明确说明义务负举证责任。凡是投保人对保险人履行了明确说明义务并在相关文书上签字、盖章或者

---

① 参见最高人民法院《关于适用〈中华人民共和国保险法〉若干问题的解释(二)》第4条。
② 参见我国《海商法》第222条第2款。
③ 参见最高人民法院《关于适用〈中华人民共和国保险法〉若干问题的解释(二)》第6—7条。
④ 参见我国《保险法》第17条。
⑤ 参见最高人民法院《关于适用〈中华人民共和国保险法〉若干问题的解释(二)》第9条。
⑥ 参见最高人民法院《关于适用〈中华人民共和国保险法〉若干问题的解释(二)》第10—13条。

以其他形式予以确认的,除另有证据证明保险人未履行该义务外,即应认定其履行了该义务。

> **引例 26-1**
>
> ### 免责条款因保险公司未告知而不生效①
>
> 2004年9月14日,海口市金龙路发生一起撞车事故,一辆大货车在倒车时不慎撞到了一辆小车,导致小车的左后灯、后面的大玻璃、玻璃膜以及后车身损坏。相撞的两辆汽车均属于罗先生,一辆是他自己的,一辆是他代管的,两车均有第三者责任险,被保险人均为罗先生。《机动车辆综合险条款》规定:私有、个人承包车辆的被保险人,或其允许的驾驶员及他们所有或代管的财产、保险车辆,造成人身伤亡和财产损毁的,不论法律上是否应当由被保险人承担赔偿责任,保险人均不负责赔偿。为此,保险公司以免责为由拒赔。双方诉至法院,法院查明,本案的撞车属于单方肇事事故行为;保险公司不能举证证明已针对免责条款向罗先生作了明确说明,该免责条款对罗先生不生效,故判令保险公司按单方肇事事故绝对免赔率20%的标准赔偿原告960元。

二、保险合同的形式

保险合同虽不以书面形式为成立要件,但依据我国《保险法》第13条,保险合同均为书面形式。除保险单和其他保险凭证外,保险当事人还可以采用其他书面形式。主要形式有投保单、保险单、暂保单和保险凭证。及时向投保人签发保险单或其他保险凭证,乃是保险人的义务。保险人违反该义务,给他人造成损害的,应依法承担民事责任。

其一,投保单。亦称要保书、投保书,是指投保人向保险人申请订立保险合同的意思表示。它本身不是合同,但保险合同成立后,投保单即成为保险合同的重要组成部分。投保单通常由保险人统一印制,投保人逐一填写,并交付保险人即可。如投保单填写不实或者有隐瞒、欺诈情形,则会影响合同效力。投保单有记载,保险单上即使遗漏,也不影响保险合同的效力。如投保人在投保单中告知不实,保险单上又未改正,保险人可以投保人违背告知义务而解除合同。

其二,暂保单。亦称临时保单,是指保险人或其代理人在正式保险单签发之

---

① 参见任爵一、纪若梅:《自家车相撞保险公司该不该赔?》,载《金融时报》2005年3月28日。

前出具给被保险人的临时保险凭证。其作用在于证明保险公司已经同意承保，等待签发正式保险单，但人寿保险一般不用暂保单。暂保单的内容比较简单，只载明被保险人的姓名、承保危险的种类、保险标的等重要事项，凡是未列明的，均以正式保险单为准。虽系暂保单，其法律效力与正式保险单相同，只是有效期较短，一般为30日。一旦签发正式保险单，暂保单自动失效。

其三，保险单。亦称保单，是指保险人与投保人之间订立的保险合同的正式书面凭证，由保险人制作、签章并交付给投保人。它载明了双方当事人的具体权利义务，其内容主要表现为保险合同的基本条款，故保险单与保险合同往往通用。一旦发生保险事故，它是被保险人向保险人索赔的主要凭证，也是保险人向被保险人赔偿或给付保险金的主要依据。准确地说，保险合同与保险单并不能画等号。这是因为，保险合同为非要式合同，保险当事人只要就保险条款达成合意，保险合同即告成立，即使尚未签发保险单，也不影响保险合同的效力和保险人应负的赔付责任。当然，当事人可以特别约定，以签发保险单作为保险合同生效的要件。

其四，保险凭证。亦称小保单，是指保险人向被保险人签发的、用以证明保险合同已有效成立的文件。实质上，它是一种简化的保险单，与保险单具有同等法律效力。如遇保险凭证未列明事项，即以保险单为准。其用途有三：一是对于团体保险，保险人可以为该团体每个成员签发保险凭证。二是货物运输保险，就每笔运输货物单独出具保险凭证。三是机动车以及第三者责任保险，为便于被保险人携带而出具保险凭证。

实践中，不同凭证所记载的内容互不一致的情形时有发生。此时，其认定有以下规则[①]：(1) 投保单与保险单或者其他保险凭证不一致的，以投保单为准。如不一致的情形系经保险人说明并经投保人同意，则以投保人签收的保险单或者其他保险凭证载明的内容为准。(2) 非格式条款与格式条款不一致的，以非格式条款为准。(3) 保险凭证记载的时间不同的，以形成时间在后的为准。(4) 保险凭证存在手写和打印两种方式的，以双方签字、盖章的手写部分的内容为准。

三、保险合同条款

（一）概述

保险合同的条款体现保险合同的内容，规定保险责任范围，并界定当事人权利义务以及其他相关事项。依据其性质，可以分为法定条款和约定条款。前者为必备条款，后者因当事人的特别约定而存在。

---

① 参见最高人民法院《关于适用〈中华人民共和国保险法〉若干问题的解释（二）》第14条。

首先来看法定条款。我国《保险法》第18条规定了10项：(1)保险人的名称和住所；(2)投保人、被保险人的名称和住所，以及人身保险的受益人的姓名、名称和住所；(3)保险标的；(4)保险责任和责任免除；(5)保险期间和保险责任开始时间；(6)保险金额；(7)保险费以及支付办法；(8)保险金赔偿或者给付办法；(9)违约责任和争议处理；(10)订立合同的年、月、日。

至于约定条款，既为任意条款，则因当事人的约定而形成。如无当事人的特别约定，即无所谓约定条款。一般说来，这种特别约定的效力优于保险合同的一般条款。就形式而言，主要有协会条款、附加条款和保证条款三种。协会条款仅见于海上保险合同，专指伦敦保险人协会依据实际需要制定的有关船舶保险的货运保险条款。一经添加协会条款，即具有修改、补充、限制正式保险单的效力。附加条款，是指为了适应特殊情况的需要，当事人就有关事项作出约定，而添加于正式保险单之后的条款。保证条款，是指保险人要求被保险人保证作为或不作为，或保证某种事实状态的存在或不存在的条款。相对于协会条款和附加条款，保证条款不是对保险人责任的限制或扩大，而是投保人或被保险人对保险人作出的承诺。如违反该承诺，保险人不承担保险责任。

(二) 主要条款

1. 当事人的名称及住所

保险合同应载明保险人和投保人的名称和住所。保险人的名称一般印制于保险单，投保人的名称和住所则是在投保时予以记载。如另有被保险人、受益人，还应载明其名称与住所。其目的有二：一是可以借此识别当事人资格是否符合法定要件；二是便于合同义务的履行以及合同纠纷的解决。

2. 保险标的

保险标的，是指作为保险对象的财产及其有关利益和责任，或人的寿命和身体。保险标的因保险合同类型而异，财产保险合同的标的包括物、其他财产利益、责任或信用，人身保险合同的标的就是人的寿命或身体，其实就是被保险人基于生命和健康所具有的利益。保险标的以合同约定为准，未在保险合同约定之列或被保险合同明确排除的，均不属于保险标的，保险人不对其承担保险责任。

3. 保险责任

保险责任，是指保险单上载明的危险发生造成保险标的损失，或约定的人身保险事故发生或期限届满时，保险人所承担的赔偿或给付责任。范围以保险责任条款的规定为准，凡是属于保险责任的范围，保险人即应承担赔偿或给付责任。保险责任又可分为基本保险责任和特约保险责任。基本保险责任是针对基本险的，包括单一险、综合险和一切险。特约保险责任则是针对附加险和特保危险的，是指保险人承担的由当事人特别约定的保险责任，大多属于单一险责任。就附加险而言，它只能依附于基本险，不能单独适用。

> **引例 26-2**
>
> ### 满分司机驾车出险仍在保险责任之内①
>
> 出险司机杨乐渝购买了太平洋财产保险公司的机动车综合险。依据保险条款第5条第8款第6项,驾驶员"无有效驾驶证"属于拒赔情形。2003年9月至11月,出险司机杨乐渝先后4次违章停车,被处以罚款,并因违章被扣分累积达到12分(截至2003年11月24日)。出险前杨已缴纳有关罚款,但直到2005年3月17日,他才被通知参加相关学习。在此期间,其驾照并没有被暂扣。其间,杨乐渝因驾车出险,请求保险公司赔偿4万元。保险公司以其"无有效驾驶证"为由拒赔,双方诉至法院。2006年4月20日,北京第一中级人民法院终审认为,杨乐渝积满12分仍驾驶机动车的行为应属有关部门行政处理范畴,但不符合前述拒赔条件,故判决保险公司承担赔付责任。

4. 责任免除

责任免除,亦称除外责任,是指保险合同规定的保险人不负保险责任的情形。这是保险合同对保险责任的限制性规定。它不仅应在保险合同中列明,而且保险人在订立合同时需向投保人作出明确说明。否则,该条款不产生效力。除外责任因保险险别而异,但一般都会免除以下危险所导致的损失,即被保险人的故意行为导致的损失、物品的自然损耗、因战争或罢工造成的损失、核辐射造成的损失等。

> **引例 26-3**
>
> ### 张先生因货车超载超速行驶而被拒赔②
>
> 2005年9月1日,张先生与保险公司就其营运货车订立保险合同,保险条款约定:"……保险车辆装载必须符合《中华人民共和国道路交通管理条例》中有关机动车辆装载的规定。"9月17日4点50分,被保险车辆发生交通事故。交通部门认定:行人步行进入高速公路发生交通事故,负主要责任,张先生的货车超速且超载行驶,负次要责任。10月14日,经交通部门调解,张先生赔偿了死者家属17.5万元。于是,张先生依据合同向保险公司索赔4.75万元,但保险公司以其违反装载的规定为由,拒绝赔偿。张先生便将保险公司诉至法院,北京市丰台区法院认为,该保险车辆超速且超载,违反了交法规定,保险公司可以依约拒绝赔偿。

---

① 参见徐华初、伊泠:《法院终审满分司机驾车出险该赔》,载《中国保险报》2006年4月25日。
② 参见《超载货车发生事故,诉保险公司索赔被驳回》,载《北京青年报》2006年4月24日。

5. 保险期间和保险责任的开始时间

保险期间,亦称保险期限,是指保险人依约提供保险保障和承担保险责任的起讫时间。对于保险责任期间发生的保险事故,保险人应承担保险责任。保险责任开始时间,则是指保险人开始承担保险责任的某一确定时刻。一般情况下,保险责任始于保险合同生效之时,但有时两者又不一致,保险合同的约定便具有重要的法律意义。对于一般保险合同,保险责任开始时间以保险合同的约定为准,投保人按照约定的时间交付保险费,保险人按照约定的时间承担保险责任。至于海上保险合同,被保险人应在合同订立后立即支付保险费,保险人对保险费的交付具有同时履行抗辩权。[①] 对于保险责任开始之前的事故,保险人不承担保险责任。

6. 保险价值

保险价值,亦称保险价额,是指当事人订立保险合同时所约定的保险标的的价值,或发生保险事故时保险标的所具有的价值。这是财产保险合同的专有条款,人身保险合同的标的无法以金钱约定保险价值。至于财产保险,依据保险合同是否约定保险价值,可以分为定值保险合同与不定值保险合同。定值保险合同的保险标的的价值在保险合同中有明确约定。如在保险期间发生保险事故,导致保险标的的全损,无论其实际价值为多少,均依约赔偿。如为部分损失,则依据损失程度按比例进行赔偿。不定值保险合同则以保险标的的实际价值估算其损失,即在保险事故发生时才估算保险标的的实际价值。

7. 保险金额

保险金额,亦称保额,是指投保人对保险标的实际投保的金额,也是保险人于保险事故发生时承担赔付责任的最高限额。一般说来,保险金额应与保险价值相等,即足额保险。对于定值保险合同,足额保险和不足额保险均可,但超额保险中超过保险价值的部分归于无效。不定值保险合同同样不得超额保险。至于人身保险合同,因不存在保险价值问题,保险金额由投保人与保险人根据实际情况约定即可。

8. 保险费及其支付办法

保险费,亦称保费,是指投保人向保险人支付的费用,系保险人承担赔偿或给付责任的对价。缴纳保险费是投保人的基本义务,当然保险费可以一次性缴纳,亦可分期缴纳。如保险合同无约定,则为保险合同成立时一次性缴纳。至于海上保险合同,投保人未缴纳保险费之前,保险人可以拒绝承担保险责任。

9. 保险金赔偿或给付办法

保险金赔偿或给付办法是指保险事故发生后,或保险合同约定的条件成就

---

① 参见我国《保险法》第14条,《海商法》第234条。

时,保险人依约向被保险人或受益人赔偿或给付保险金的具体方式和标准。具体方法因投保人投保的险别而异。

10. 违约责任和争议处理

违约责任是指保险合同当事人违约所应当承担的法律后果。争议处理则是指解决保险合同纠纷的方式,比如协商、仲裁和诉讼。

四、保险合同的生效

保险合同的生效无须办理批准、登记等手续,一经成立即告生效。只要保险合同主体具备相应的民事行为能力,意思表示真实,合同内容和形式合法,保险合同即可生效。当然,当事人可以对保险合同的生效附条件。① 附生效条件的合同,自条件成就时生效;附解除条件的合同,自条件成就时失效。如当事人为自己的利益不正当地阻止条件成就的,视为条件已成就;不正当地促成条件成就的,视为条件不成就。保险合同不以书面形式为生效要件,也不以投保人缴纳保险费为生效要件;但是,法律另有规定,或当事人在保险合同中另有约定的,则可能因此而成为生效要件。

至于生效时间,一般说来,保险合同自其成立时生效。作为例外,法律对其生效时间有规定的,从其规定。当事人还可以对合同生效作出特别约定,比如约定生效期限,该合同自期限届至时生效。② 如保险合同对合同生效时间约定不清,依据我国《保险法》第31条,应作出有利于被保险人和受益人的解释。

五、保险合同的无效

保险合同的无效,是指保险合同因法定原因或约定原因而全部或部分不产生法律约束力的情形。全部无效是指保险合同全部不发生法律效力,而部分无效则是指部分条款不发生法律效力,而其他条款的效力则不受影响。

无效事由则有法定事由和约定事由之分。法定事由有:(1)因违反保险法而无效。主要情形包括无保险利益、超额保险、未经被保险人同意的死亡保险、保险人违反说明义务等。(2)因违反其他法而无效。比如,具备我国《合同法》第52条所规定的合同无效事由,主要包括一方以欺诈、胁迫的手段订立合同,损害国家利益;恶意串通,损害国家、集体或者第三人利益;以合法形式掩盖非法目的;损害社会公共利益;违反法律、行政法规的强制性规定。

至于法律后果,则是自始不发生法律效力。如属全部无效,整个合同均不发生法律效力;如为部分无效,则只是部分条款无效,其余条款的效力不受其牵连。

---

① 参见我国《合同法》第45条。
② 参见我国《合同法》第46条。

在发生保险合同约定的保险事故时,保险人不承担保险责任。当事人因无效合同所取得的财产,应予以返还,或依法予以收缴。有过错的一方应赔偿对方因此所受的损失,双方都有过错的,应各自承担相应的责任。双方恶意串通、订立无效合同损害国家、集体或第三人利益的,应追缴双方所得的财产,收归国家所有或者返还给集体、第三人。对于人身保险合同而言,因投保人对被保险人不具有保险利益导致保险合同无效,投保人仍可请求保险人退还扣减相应手续费后的保险费。①

第三节 保险合同的履行

既为双务合同,一方的合同权利即为对方的合同义务,反之亦然。保险合同一经生效,当事人即应依约全面履行自己的义务,以实现保险合同的目的。

一、投保人的义务

投保人既有法定义务,也有约定义务,主要包括缴纳保险费、维护标的安全与危险增加的通知义务、出险通知义务以及出险施救义务。

(一)缴纳保险费的义务

依据我国《保险法》第14条,保险合同成立后,投保人按约交付保险费是投保人的主要义务。对于财产保险合同,保险费一般应在合同成立后一次缴清,经双方特别约定,也可以分期支付。若投保人未按约定交付保险费,保险人可以请求交付,也可以通知被保险人终止合同。至于人身保险合同,保险费多为分期支付。如约定分期支付,投保人应于合同成立时支付首期保险费,并应依约按期支付其余各期的保险费。投保人支付首期保险费后,除合同另有约定外,如投保人超过规定的期限60日未支付当期保险费,合同效力即告中止,或者由保险人依约减少保险金额。对于人寿保险的保险费,保险人不得以诉讼方式要求投保人支付。②

(二)维护标的安全与危险增加的通知义务

保险系危险的分散与转移机制,为避免投保人、被保险人的败德行为,投保人自应维护保险标的的安全,遵守国家有关消防、安全、生产操作、劳动保护等方面的规定。如怠于履行该义务,保险人有权增加保险费或解除保险合同。③而在保险合同的有效期内,如保险标的危险程度增加,投保人或被保险人应依约及

---

① 参见最高人民法院《关于适用〈中华人民共和国保险法〉若干问题的解释(二)》第2条。
② 参见我国《保险法》第35—36、38条。
③ 参见我国《保险法》第51条第1—3款。

时通知保险人。保险人有权要求增加保险费或者解除合同。所谓危险增加,是指订立保险合同时所未预料或未估计到的危险可能性的增加。订约时已经预见的危险和危险事故发生过程中危险程度和危险因素的不断增加,不属于危险增加。如被保险人违反该义务,对于因保险标的危险增加所发生的保险事故,保险人不承担赔偿责任。①

(三) 出险通知义务

依据我国《保险法》第 21 条,投保人、被保险人或者受益人负有出险通知义务。目的在于使保险人能够迅速勘查现场,调查取证,采取适当的措施,防止损失进一步扩大,或保全保险标的的残余部分,以便赔偿或给付保险金。通知义务人为保险事故发生后获悉发生保险事故的投保人、被保险人或受益人。任何一方只要获悉保险事故,即有通知义务。至于通知的方式,可以采用书面形式,也可以是口头形式。法律并无明确要求。如保险合同约定书面通知,则需采用书面通知。至于通知期限,有的规定为知悉发生保险事故后 5 日内,有的规定为 10 日内或两周内。我国只有原则性规定,只要及时通知即可,无具体期限要求。

违反该义务的法律后果,我国并未明确规定。通常有两种处理模式:一是保险人可以免责。二是保险人不能解除合同,但对于因迟延通知而扩大的损失,可以拒绝赔偿。

(四) 出险施救义务

依据我国《保险法》第 57 条,在出险时投保人或被保险人负有施救义务。发生保险事故时,被保险人有责任尽力采取必要的措施,防止或减少损失。为支持和鼓励被保险人施救,保险人应承担被保险人为防止或减少保险的损失所支付的必要的合理的费用,其所承担的数额在保险标的损失赔偿金以外另行计算,但最高以保险金额为限。反之,被保险人应承担不利的后果。比如,对于海上保险合同,如被保险人收到保险人发出的有关采取防止或减少损失的合理措施的特别通知,却未按照通知要求处理,对于因此而导致损失扩大的,保险人对于扩大的损失不承担保险责任。②

二、保险人的义务

(一) 及时签发保险单的义务

保险合同一经成立,保险人即应及时向投保人签发保险单或其他保险凭证。这是保险合同成立后保险人的法定义务。如保险人违反该义务,因此导致投保人、被保险人损失的,保险人应依法承担赔偿责任。

---

① 参见我国《保险法》第 52 条。
② 参见我国《海商法》第 236 条。

（二）赔偿或给付保险金的义务

这是保险人最主要的义务，与投保人缴纳保险费的义务相对应。任何单位或者个人都不得非法干预保险人履行赔偿或者给付保险金的义务，也不得限制被保险人或者受益人取得保险金的权利。一旦发生保险事故，或保险合同约定的条件成就，凡是属于保险责任的，保险人即应依约履行赔偿或给付保险金的义务。对于不属于保险责任的情形，应向被保险人或受益人发出拒绝赔偿或拒绝给付保险金的通知书。[①]

至于赔偿或给付时间，保险合同有约定的，从其约定。如无约定，保险人应在与被保险人或受益人达成有关赔偿或给付保险金金额的协议后10日内，履行赔偿或给付义务。为防止保险人"久核不决"，我国《保险法》第25条对核定时间达到60日的情形，规定了保险人的先予支付义务。如保险人自收到赔偿或者给付保险金的请求和有关证明、资料之日起60日内，仍不能确定赔偿或者给付保险金的数额的，即应根据已有证明和资料可以确定的最低数额先予支付，并在最终确定赔偿或者给付保险金的数额后，支付相应的差额。

如保险人违反义务，未及时履行赔偿或给付保险金的义务，其后果有二：一是继续履行支付保险金义务。二是赔偿被保险人或受益人因此所遭受的损失。[②]

（三）保密义务

投保人在订立保险合同时负有告知义务，保险人因而掌握了投保人、被保险人、受益人或再保险分出人的业务和财务情况以及个人隐私。为切实维护投保人、被保险人、受益人的合法权益，预防保险人滥用有关信息和资料，保险人、再保险接受人负有保密义务。[③]

三、索赔与理赔

索赔与理赔系履行保险合同的最重要的组成部分。索赔，是指被保险人或受益人在保险标的出险后，依约向保险人主张保险金的行为。理赔，则是保险人依据其工作程序，核定保险责任，确定是否支付保险金的行为。索赔和理赔均应遵守规定的程序。

（一）索赔

1. 出险通知和索赔请求

无论是投保人，还是被保险人、受益人，一旦知悉保险事故发生，即应及时通

---

① 参见我国《保险法》第23—24条。
② 参见我国《保险法》第23条第2款。
③ 参见我国《保险法》第116条第12项。

知保险人,以便保险人勘查现场,并进行理赔。通知的内容包括保险事故发生的时间、地点、原因、程度以及保险证明材料。同时,应在法定期限内提出索赔。索赔的法定期限因保险类型而异。对于人寿保险以外的其他保险,被保险人、受益人索赔的期限为2年,自其知道保险事故发生之日起计算。至于人寿保险,被保险人、受益人索赔的期限为5年,亦自其知道保险事故发生之日起计算。无论何种类型,一旦期限届满,被保险人、受益人的索赔权即归于消灭。①

2. 提供索赔单证

被保险人、受益人索赔时,应向保险人提供其所能提供的与确认保险事故的性质、原因、损失程度等有关的证明和资料。比如,保险单、保险标的的原始凭据、出险报告、损失鉴定证明、财产损失清单、施救费清单等。如保险人认为有关的证明和资料不完整,通知其补充的,还应补充提供有关证明和资料。

被保险人、受益人对其所提供单证的真实性负责。若以伪造、变造的有关证明、资料或者其他证据编造虚假的事故原因或者夸大损失程度,保险人对其虚报的部分不承担赔偿或者给付保险金的责任。如保险人因此向其支付保险金或者支出费用的,保险人有权要求其退回或者赔偿。②

3. 领取保险金

一旦保险人核定完毕,确认属于保险责任,并核算出保险金,被保险人、受益人即可依法领取保险金。保险金一般采用现金方式给付,如特殊标的或保险合同另有约定,保险人可以采取修复、重建或重置等方式予以赔偿。

(二) 理赔

1. 立案检验与现场勘查

接到出险通知和索赔请求后,保险人即应查验索赔单证,核对无误后即予立案,并派人到现场查勘,了解事故原因和损失情况。

2. 核定责任

核定责任主要有四方面:(1)审核保险合同的合法性与有效性。(2)根据近因原则,审查导致保险标的损害的原因,确认是否属于保险事故。(3)审核被保险人是否及时施救。(4)审查是否存在对保险事故承担损害赔偿责任的第三者。一旦作出核定结论,即应通知被保险人或受益人。如经核定,确认不属于保险责任,则应向其发出拒绝赔偿或拒绝给付保险金的通知书。在核定过程中,如遇行政管理部门依法律规定制作的交通事故认定书、火灾事故认定书等,除有相反证据能够推翻外,应确认其相应的证明力。③

---

① 参见我国《保险法》第26条。
② 参见我国《保险法》第27条第3—4款。
③ 参见最高人民法院《关于适用〈中华人民共和国保险法〉若干问题的解释(二)》第18条。

3. 核算损失并给付保险金

保险人应依法或依约及时核算损害,并确定保险金的数额。为防止保险人"久核不决",我国《保险法》第25条对其课以先予支付义务。如保险人自收到赔偿或者给付保险金的请求和有关证明、资料之日起60日内,仍不能确定赔偿或者给付保险金的数额的,即应根据已有证明和资料可以确定的最低数额先予支付,并在最终确定赔偿或者给付保险金的数额后,支付相应的差额。

4. 损余处理

对于财产保险合同,保险人在赔偿或给付保险金之后,还要进行损余处理。如属足额保险,保险人已支付了全部保险金额,受损保险标的的全部权利归于保险人;如属低额保险,保险人按照保险金额与保险价值的比例取得受损保险标的的部分权利。[①]

5. 代位追偿

如对保险标的的损害应归责于第三者,保险人赔偿被保险人后,即在赔偿金额范围内取得对该第三者的代位追偿权。被保险人无权放弃对第三者的追偿权。否则,保险人不承担赔偿保险金的责任。[②] 保险人应以自己的名义行使保险代位求偿权,且诉讼时效期间应自其取得代位求偿权之日起计算。[③]

第四节 保险合同的变动

一、保险合同的变更

保险合同生效后,在依法履行完毕之前,当事人可以变更。此乃合同当事人的权利,只要合同当事人协商一致,即可变更保险合同[④],无须办理批准、登记手续。

(一)类型

保险合同的变更包括投保人、被保险人的变更以及合同内容的变更两种。合同内容的变更需采用协议变更方式。

1. 投保人、被保险人的变更

这种变更属于合同的转让或保险单的转让。在保险合同有效期内,投保人、被保险人将保险合同利益转让给他人,即引起合同主体的变更。但仅限于投保人、被保险人变更,而保险人往往不会发生变化。至于财产保险合同,投保人、被

---

① 参见我国《保险法》第59条。
② 参见我国《保险法》第60—61条。
③ 参见最高人民法院《关于适用〈中华人民共和国保险法〉若干问题的解释(二)》第16条。
④ 参见我国《保险法》第20条第1款。

保险人的变更大多是由于买卖、继承等法律行为,导致保险标的的所有权转移而引起。对于人身保险合同,原投保人的死亡等原因可引起投保人的变更。离婚未必导致人身保险合同的变更。

引例 26-4

刘某与王某离婚并不导致保险合同变更①

2002年2月,刘某为其妻王某购买一份养老保险,经妻子同意将自己确定为受益人。2003年12月,刘某与王某离婚。离婚后,刘某仍按期缴纳保险费用。2004年3月,王某因车祸意外身亡。王某的父亲和刘某在得知这一消息后,均向保险公司请求给付保险金,保险公司一时决定不下。刘某、王父分别将保险公司告上法院。法院将两案并案审理,判决保险公司支付刘某18万元保险金,驳回了王父的诉讼请求。

2. 内容变更

内容变更是指合同主体不变,当事人对合同的内容进行修改或补充的法律行为;通常表现为保险标的、财产数量的增减、品种、价值、存放地点的变化,货物运输合同中航程的变化、船期的变化,以及保险期限、保险金额的变更等。

(二) 方式

保险合同变更的方式包括协议变更和通知变更两种。协议变更,是指合同当事人就变更事项达成合意,才能发生变更的效力。依据我国《保险法》第20条第1款,合同有关内容的变更需采用协议变更方式。通知变更,则无须征得保险人的同意,只要投保人通知保险人,即发生合同变更的效力。比如,海上货物运输合同经被保险人背书即可转让。②

(三) 形式

保险合同变更的形式包括批单和变更协议两种。批单,是指保险人应投保人或被保险人的要求出具的变更保险合同内容的书面文件。一经批注或附贴于原保险单或其他保险凭证,批单就成为保险合同的重要组成部分。变更协议,就是保险合同当事人就变更事项所签署的协议。该协议一经订立,即构成对原保险合同相关内容的变更。

---

① 参见刘杰:《夫妻离异后,保单收益如何分配》,载《北京现代商报》2006年4月24日。
② 参见我国《海商法》第229条。

二、保险合同的解除

保险合同的解除,是指保险合同生效后,在有效期届满前,当事人依法提前终止合同的法律行为。对于保险人,保险合同生效后,如无法定原因或合同另行约定,不得解除保险合同。投保人则完全相反,只要没有法定限制或合同另行约定,即可解除保险合同。但是,就货物运输保险合同和运输工具航程保险合同而言,保险责任开始后,双方均不得解除合同。[①]

(一) 类型

依据解除合同的事由,可以分为任意解除、法定解除和约定解除。

任意解除,是指当事人依法可以根据自己的意愿解除合同。投保人享有任意解约权,我国也不例外。只要没有法定限制或合同另行约定,投保人可任意解除保险合同。保险人则不具有该权利。即使是投保人,对货物运输保险合同和运输工具航程保险合同,只要保险责任已经开始,则不再享有任意解除权。

法定解除,是指只要具备法定事由,任何一方当事人即可行使合同解除权。保险人虽不具有任意解除权,但在具备特定法定事由时,即可依法解除合同,消灭已生效的保险合同关系。该事由主要有:(1) 投保人违反告知义务;(2) 被保险人、受益人谎称发生保险事故;(3) 投保人、被保险人、受益人故意制造保险事故;(4) 保险标的的危险增加;(5) 人身保险合同的投保人申报的被保险人年龄不真实,而其真实年龄不符合合同约定的年龄限制。针对第 1 种情形和第 5 种情形,我国《保险法》第 16 条和第 32 条对保险人的解除权作出了相应的限制。其一,限期行权。保险人应自知道解除事由之日起 30 日内行权,否则该权利消灭。其二,不可抗辩规则。保险合同成立超过 2 年的,保险人不得行使解除权,发生保险事故的,应当承担赔偿或者给付保险金的责任。其三,保险人在订立合同时明知投保人未如实告知或者年龄不真实的,不得行使解除权。对于投保人违反告知义务的情形,如保险人未行使合同解除权,不得直接主张不承担赔偿或给付保险金的责任。[②]

约定解除,是指双方当事人可依合同所约定的解除条件解除合同。一旦条件成就,任何一方均可解除保险合同。无论是投保人,还是保险人,均可行使约定解除权。

(二) 方式

合同解除采用通知方式,保险合同的解除亦然。[③] 任何一方行使解除权,均

---

① 参见我国《保险法》第 15—16、50 条。
② 参见最高人民法院《关于适用〈中华人民共和国保险法〉若干问题的解释(二)》第 8 条。
③ 参见我国《合同法》第 96 条。

应通知对方,合同自通知到达对方时解除。如遇对方异议,可以请求法院、仲裁机构确认解除合同的效力。

(三) 效力

保险合同一经解除,当事人的合同权利义务即告终止,当事人所受领的利益应予返还,但是法律另有规定或合同另有约定除外。比如,保险人因投保人违反告知义务而解除合同,如系投保人故意不告知,保险人有权不退还保险费;如系因重大过失未告知而对保险事故的发生具有严重影响的,保险人仍应退还保险费。[1]

三、保险合同的终止

保险合同的终止,是指保险合同的效力永久性地停止,从而使保险合同约定的当事人权利义务归于消灭。合同终止后,当事人仍应依据诚实信用原则和交易习惯履行通知、协助、保密等义务。[2]

至于终止的事由,则有以下五种:其一,因期限届满而终止。保险合同为有期限的合同,保险合同均有明确的保险期限,保险期限届满,保险人的保险责任即告终止。这是最普遍、最基本的原因。尽管到期后可以续保,但续保不是原合同的继续,而是新保险合同的成立。其二,因保险人履行赔偿或给付保险金而终止。在保险合同有效期限内,如发生保险事故,保险人依约履行赔偿责任或给付全部保险金额后,保险合同即告终止。其三,因解除而终止。保险合同解除系保险合同终止的事由之一,即保险合同的提前终止。其四,因保险标的发生部分损失而终止。如保险标的发生部分损失,在保险人赔偿后30日内,投保人可以终止合同;除合同约定不得终止合同的外,保险人亦可终止合同。如保险人终止合同,应当提前15日通知投保人,并将保险标的未受损失部分的保险费,扣除自保险责任开始之日起至终止合同之日止应收的部分后,退还投保人。[3] 其五,因保险标的灭失而终止。如保险标的非因保险事故而全部灭失,保险合同因失去保险标的而自然终止。

---

[1] 参见我国《保险法》第16条第4—5款。
[2] 参见我国《合同法》第92条。
[3] 参见我国《保险法》第58条。

第二十七章 财产保险合同

第一节 财产保险合同概述

一、财产保险合同的概念与特征

财产保险合同,亦称物保险合同、非寿险保险合同,是指以财产及其有关利益为保险标的的保险合同。相对于人身保险合同,其标的为财产以及与财产有关的利益。非财产和非财产利益不在其保险标的之列。这些财产以及与财产有关的利益,不仅包括有形财产,比如房屋、车辆、机器设备、产品等,而且包括无形的经济利益,现有利益与期待利益、积极利益与消极利益均在此列。其中,期待利益又包括因现有利益所产生的期待利益,以及因合同所产生的期待利益。消极利益,则是指不受损失的利益,即免除由于事故的发生所增加的额外支出,比如机动车造成交通事故的赔偿责任。

其特征有三:第一,保险金的补偿性。财产保险以赔偿被保险标的的损失为直接目的,严格贯彻损失填补原则。只有当被保险标的遭遇保险合同所约定的危险,发生经济损失时,保险人才承担经济补偿责任。如无损失,也就谈不上任何保险责任。被保险人只能就其实际遭受的损失请求保险人赔偿,不得获取高于实际损失的赔偿。被保险人仅能通过保险补偿其实际损失,而不能因此取得额外利益。第二,保险金额不得超过保险价值。实际上,这是财产保险合同补偿性的延伸。保险金额,是指保险人承担保险责任的最高限额,也是投保人对保险标的实际投保的金额。保险价值,是指保险标的的实际价值,既可以由投保人与保险人在保险合同中约定,也可以按照保险事故发生时保险标的的实际价值确定。如准予保险金额超过保险价值,无异于让被保险人获取高于实际损失的保险金,有违损失填补原则。我国《保险法》第55条第3款明确禁止保险金额超出保险价值。否则,超过保险价值的部分归于无效。若为足额保险,保险标的发生保险事故,遭受全损,被保险人所获得的保险金正好填补其损失。若为低额保险,即保险金额低于保险价值,除保险合同另有约定外,保险人则按照保险金额与保险价值的比例承担赔偿责任。第三,保险人对第三人引起的损害赔偿享有代位求偿权。在财产保险合同中,保险人对第三人所引起的损害赔偿责任享有保险代位求偿权。在人身保险合同中,保险人则无此项权利。如被保险人已获得保险金,即无权放弃对第三人的求偿权,如未经保险人同意而放弃对第三人的代位求偿权,该行为无效。[①]

二、财产保险合同的类型

(一) 财产损失保险合同、责任保险合同以及信用与保证保险合同

依据财产保险合同的标的,可以分为财产损失保险合同、责任保险合同以及信用与保证保险合同。

1. 财产损失保险合同

财产损失保险合同,是指投保人以其所有或经营管理的财产,或以其有利害关系的他人财产为保险标的,向保险人交付保险费,由保险人依约负担被保险财产的毁损、灭失风险责任的保险合同。其保险标的通常有房屋、建筑物及其附属装修设备,建造中的房屋、建筑物和建筑材料,机器设备,工具、仪器和生产设备,交通运输工具,管理工具和低值易耗品,原材料、半成品、成品、在产品、库存商品,账外或摊销的财产。保险责任的范围通常包括五个方面:(1) 火灾、爆炸;(2) 雷击、暴风、龙卷风、暴雨、洪水、海啸、地震、地陷、岩崩、雪灾、雹灾、冰凌、泥石流;(3) 空中运行物体的坠落;(4) 被保险人的供水、供电、供气设备因前述灾害或事故遭受损害,导致停水、停电、停气,从而直接造成被保险财产的损失;(5) 在发生保险事故时,为抢救财产或防止灾害蔓延,采取合理的必要措施而造成的被保险财产的损失。凡被保险财产遭受的属于保险责任范围的危险,保险人即应承担保险责任。反之,保险人可以拒赔。

2. 责任保险合同

责任保险合同,亦称第三者责任保险合同,是指被保险人以其对第三人依法应承担的赔偿责任为保险标的的保险合同。与财产损失保险的标的相比,责任保险的标的为消极利益,而非积极利益。

依据其险别,还可分为多种类型,比如,产品责任保险合同、公众责任保险合同、雇主责任保险合同、职业责任保险合同、展览会责任保险合同、机动车第三者责任保险合同、飞机第三者责任保险合同、轮船旅客责任保险合同、矿山爆破作业责任保险合同等。依据承保的范围和对象,又可分为个人责任保险合同、企业责任保险合同与职业责任保险合同。依据投保是否基于投保人的自愿,可分为自愿责任保险合同与强制责任保险合同。强制责任保险需有法律、行政法规的依据,目前仅对机动车交通事故责任等少数险别实行强制责任保险,其余均为自愿责任保险。机动车交通事故责任强制保险实行的是统一的保险条款和基础保险费率,具体费率由保监会按照该保险业务不盈利不亏损的原则审批。审批时,

---

[①] 参见我国《保险法》第 61 条第 2 款。

保监会可以聘请有关专业机构进行评估,可以举行听证会听取公众意见。①

一旦发生保险事故,保险人可以向被保险人赔偿保险金,也可以直接向受害人赔偿保险金。② 至于受害人是否可以直接要求保险人支付保险金,立法尚无明确规定。以机动车交通事故责任强制保险为例,受害人可以直接通知保险人发生保险事故,保险人应立即答复,并告知受害人具体的赔偿程序等有关事项。这里虽未明确规定受害人直接向保险人请求保险金的权利,实践中已有判例确认受害人享有该权利,这无疑符合责任保险的立法精神(引例30-2)。但是,对于因抢救受伤人员需要保险人支付或垫付抢救费的,只要有公安交通管理部门通知,保险人经核对,应及时向医疗机构支付或垫付该费用。③

引例 27-1

受害人林某起诉保险公司④

2004年8月9日,李某投保机动车辆第三者责任险,责任限额为5万元,保险期限自2004年8月10日0时起至2005年8月9日24时止。2004年10月22日,李某驾驶小客车与行人谢某发生碰撞,造成谢某死亡。公安交警部门认定,谢某与李某担同等责任。但在赔偿问题上,谢的妻子韦某与李某及保险公司发生严重争执。韦某等人诉至法院,要求法院判令被告李某、保险公司赔偿原告因受害人死亡发生的医疗费、伙食补助费、误工费、丧葬费、死亡补偿费、交通费、精神损失费等共计6.9万余元,其中要求保险公司赔偿原告5万元,李某赔偿1.9万余元。法院依据我国《道路交通安全法》第76条,认为赔偿权利人对保险公司享有直接请求权,遂判决保险公司直接赔偿韦某2.4万元。

3.信用与保证保险合同

信用与保证保险合同包括信用保险合同与保证保险合同。信用保险合同其实就是特殊的保证保险合同。

保证保险合同,是指投保人向保险人支付保险费,保险人对被保证人的行为或不行为导致的被保险人的损失承担赔偿责任的保险合同。其目的在于,通过保险形式,填补被保证人的行为或不行为造成的被保险人的损失。其投保人可以是被保证人(债务人),也可以是被保证人的相对人(债权人)。但是,如法律

---

① 参见我国《机动车交通事故责任强制保险条例》第6条。
② 参见我国《保险法》第65条。
③ 参见我国《道路交通安全法》第76条,《机动车交通事故责任强制保险条例》第31条。
④ 参见贝政明:《受害人不能起诉保险公司》,载《新闻晚报》2006年4月26日。

规定或合同约定应当提供担保,则需由被保证人投保,即投保人只能为被保证人。保证保险合同又可以分为诚实保证保险合同与确实保证保险合同。诚实保证保险合的保险责任范围一般限于被保险人因其雇员盗窃、侵占、贪污、伪造证件或票据、私用、挪用、非法转移等行为所造成的损失。确实保证保险合同,是指被保证人的不作为或不履行义务所造成的被保险人的损失,由作为保证人的保险人予以赔偿的保险合同,包括合同保证保险合同、司法保证保险合同以及行政保证保险合同。

信用保险合同,是指保险人因对被保险人的信用放款、信用售货提供担保而与投保人订立的保险合同。作为保证保险合同的特殊形式,其投保人为被保证人的相对人(债权人),同时也是被保险人。如发生保险事故,保险人依约赔偿被保险人的损失,但保险人有权向负有责任的第三人追偿。该保险合同主要有商业信用保险合同、投资信用保险合同与出口信用保险合同三种形式。

(二)个人财产保险合同与单位财产保险合同

依据投保人的身份,可以分为个人财产保险合同与单位财产保险合同。

个人财产保险合同,是指以个人或家庭所有、占有、保管或租赁的财产为保险标的而订立的保险合同。顾名思义,其投保人均为自然人。至于单位财产保险合同,则是指以单位所有或经营管理的财产为保险标的而订立的保险合同。相对于个人财产保险合同,其投保人均为单位,可以是国家机关、事业单位、社会团体,也可以是公司、国有企业、集体企业。其中,企业投保最为普遍,因而习惯上称为企业财产保险合同。这种保险合同属于短期保险合同,保险期限一般为1年,也可以短于1年。保险期限届满,经办理续保手续,可以再续保。

(三)火灾保险合同、运输保险合同、工程保险合同与农业保险合同

依据承保财产所分布的行业,又可分为火灾保险合同、运输保险合同、工程保险合同以及农业保险合同等。

1. 火灾保险合同

火灾保险合同,亦称火险合同,是指以存放或坐落于固定场所范围内,并处于相对静止状态的各种有形财产及其有关利益为保险标的而订立的保险合同。与早期单一的火灾危险相比,现代火灾保险合同的承保范围不仅包括火灾,还扩展到闪电雷击、暴风雨、洪水、地震、爆炸等风险所造成的损失。它已经成为一种普通的财产保险合同,只是习惯上仍称为火灾保险合同。至于保险标的的范围,一般包括房屋及其附属设备,在建的建筑物和建筑材料,库存商品、机器设备、原材料、半成品、在产品,办公室的管理用具和易耗品,账外及已摊销的财产,各种生活消费品等。

2. 运输保险合同

运输保险合同,是指为承保运输过程中因自然灾害或意外事故所造成的损

失而订立的保险合同,包括运输工具保险合同和货物运输保险合同两类。运输工具保险合同又可分为船舶保险合同、航空器保险合同、铁路机车保险合同以及机动车辆损失保险合同等。货物运输保险合同还可分为海上货物运输保险合同、航空货物运输保险合同、国内(水上、陆上)货物运输保险合同。

与一般财产保险合同相比,其特点为:(1)保险标的具有流动性;(2)保险责任范围广泛,具有综合保险的特征;(3)保险期限以一个航程为限;(4)通常采用定值保险方式。

3. 工程保险合同

工程保险合同,是指以在建中的各种工程项目的风险损失为承保对象而订立的保险合同,主要包括建筑工程一切险保险合同、安装工程一切险保险合同、机器损害保险合同等。

4. 农业保险合同

农业保险合同,亦称两业保险合同,是指农业生产者就其从事种植业和养殖业生产过程中可能遭遇的自然灾害或意外事故而订立的保险合同。它以农业财产为承保标的,以农业生产经营者为保险对象。依据风险分布的行业,可以分为种植业保险合同与养殖业保险合同。种植业保险合同又包括农作物保险合同、林木种植保险合同等,养殖业保险合同则包括畜禽保险合同、水产养殖保险合同等。

第二节 财产保险合同的主要内容

一、保险标的

(一)范围

依据我国《保险法》第12条第4款,凡是财产和与财产有关的利益均可作为财产保险合同的保险标的。保险标的因险别而异,不同类型的财产保险合同,保险标的也就不同。我国《保险法》并未对各种财产保险合同的保险标的作出具体规定,我国《海商法》第218条详尽地列举了海上保险合同的7种标的:(1)船舶;(2)货物;(3)船舶营运收入,包括运费、租金、旅客票款;(4)货物预期利润;(5)船员工资和其他报酬;(6)对第三人的责任;(7)由于发生保险事故可能受到损失的其他财产和产生的责任、费用。其中,船舶和货物就是属于有形物质财富,船舶营运收入、货物预期利润、船员工资和其他报酬则属于期待利益,而对第三人的责任则属于消极利益。

就特定险别而言,保险人可以决定是否接受特定财产或与财产有关的利益为保险标的。以火灾保险为例,对于风险特别、保险金额又难以确定、市场价格波动较大的财产,如无保险人与投保人的特别约定,保险人不予承保。比如,矿井、矿坑内的设备、物资,古玩字画、金银珠宝、艺术品等。易言之,这类财产属于需经特约,方可承保的保险标的。对于一些无法以货币衡量其价值的财产或利益,火灾保险则一般不予承保。比如,土地滩涂、森林草原、水产矿藏资源、违章建筑、非法占有的财产等。

(二) 保险标的转让的后果

依据保险利益原则,投保人需对保险标的具有法律上认可的利益,方可投保。如投保人在合同订立时对保险标的拥有保险利益,比如为该财产的所有人或经营管理人,财产保险合同即已依法成立。合同成立后,投保人转让保险标的,受让人承继被保险人的权利和义务,但被保险人或者受让人应及时通知保险人,货物运输合同以及另有约定的合同不在此限。因保险标的的转让导致危险程度显著增加的,保险人自收到前款规定的通知之日起30日内,可以按照合同约定增加保险费或者解除合同。保险人解除合同的,应当将已收取的保险费,按照合同约定扣除自保险责任开始之日起至合同解除之日止应收的部分后,退还投保人。被保险人、受让人未履行通知义务的,因转让导致保险标的的危险程度显著增加而发生的保险事故,保险人不承担赔偿保险金的责任。[①] 至于海上货物运输保险合同[②],被保险人背书即可转让,或经其他方式转让,不以保险人同意为条件。保险合同一经转让,如有尚未支付的保险费,被保险人和合同受让人负连带责任。

二、保险价值与保险金额

(一) 保险金额不得超过保险价值

这是财产保险合同的专有条款。保险价值可以在合同订立时确定,也可以保险事故发生时保险标的所具有的价值为准,前者为定值保险合同,后者为不定值保险合同。依据保险金额与保险价值的关系,又可分为足额保险合同、低额保险合同与超额保险合同。基于保险的损失填补原则,各国大多不承认超额保险合同,我国亦然。超过保险价值的部分归于无效。重复保险亦然,各保险人的赔偿额总和以保险价值为限。[③]

至于足额保险合同,如保险事故导致保险标的的全损,保险人应依约全额赔偿;如为部分损失,则依据损失程度按比例进行赔偿。但是,保险人的实际赔偿额完全可能超过保险价值。比如,保险标的在保险期间发生几次保险事故,即使

---

① 参见我国《保险法》第48—50条,《海商法》第230条。
② 参见我国《海商法》第229条。
③ 参见我国《保险法》第55条第4款,《海商法》第225条。

所造成的损失总额超过保险金额,保险人仍应赔偿。① 对于低额保险合同,除合同另有约定外,保险人按照保险金额与保险价值的比例承担赔偿责任。

(二) 保险价值的确定

保险价值的确定有三种方法。一是当事人约定。这是首要选择,该约定应记载于保险合同。这种方法优先适用,没有约定才谈得上适用其他方法的问题。二是依法定标准计算。比如,我国《海商法》第219条对计算海上保险合同的保险标的的保险价值规定了四种方法:(1)船舶的保险价值,为保险责任开始时船舶的价值,包括船壳、机器、设备的价值,以及船上燃料、物料、索具、给养、淡水的价值和保险费的总和;(2)货物的保险价值,为保险责任开始时货物在起运地的发票价格或者非贸易商品在起运地的实际价值以及运费和保险费的总和;(3)运费的保险价值,为保险责任开始时承运人应收运费总额和保险费的总和;(4)其他保险标的的保险价值,为保险责任开始时保险标的的实际价值和保险费的总和。三是实际价值,依据保险事故发生时保险标的的实际价值为准。

三、保险责任和责任免除

(一) 保险责任

保险责任条款,亦称危险条款,是规定保险人承担风险的范围的合同条款。这是保险合同最重要的条款之一,否则,保险合同也就名不副实,不成其为保险合同了。

保险责任的范围因保险类型而异。比如,就货物运输保险合同而言,就有四种保险责任供投保人选择,即货物运输基本险、货物运输综合险、货物运输一切险以及附加险。同为货物运输保险,险别不同,保险费率不同,保险责任范围也就不同。至于机动车交通事故强制保险,保险责任范围就是被保险的机动车发生道路交通事故所造成的本车人员、被保险人以外的受害人的人身伤亡和财产损失。② 投保人投保后,只有被保险财产发生的保险事故在保险责任范围之内,方可获得保险赔偿。否则,即使投保,也得不到保险赔偿。

即使在保险责任范围之内,被保险人还需履行维护保险标的安全的义务和危险增加的通知义务。前者要求被保险人遵守国家有关消防、安全、生产操作、劳动保护等规定,维护保险标的的安全。否则,保险人有权要求增加保险费或解除保险合同。后者要求被保险人将保险标的危险程度的增加依约及时通知保险人。否则,对于因保险标的风险增加所发生的保险事故,保险人也不承担赔偿责任(引例27-2)。

---

① 参见我国《海商法》第239条。
② 参见我国《机动车交通事故责任强制保险条例》第2条。

引例 27-2

家用车搞营运出事被拒赔①

2004年初,重庆市万州区龙驹镇的姜某买来一辆长安面包车跑客运。2月,姜某到保险公司以家庭自用车名义,为长安面包车购买了1年期保险。11月20日下午,姜某驾面包车装载13人从龙驹镇开往梨树乡,因操作不当,翻到河沟中致1人死亡,6人不同程度受伤,车辆严重受损。事故发生后,姜某共对死伤人员给予了7万元赔付。为此,他请求保险公司依约给予赔偿,因协商未果,他将保险公司告上法庭。重庆市第二中级人民法院终审认为,姜某将家庭自用性质的保险车辆用于搞营运,擅自改变保险车辆用途,应属保险标的发生重大变化,且面包车出事时严重超载,其诉讼请求缺乏依据,故驳回其诉讼请求。

（二）责任免除

责任免除,亦称除外责任,是指保险人不承担保险责任的情形。任何保险合同均有除外责任条款,只是除外责任的范围有所不同而已。鉴于责任免除条款不利于投保人、被保险人,加之保险人为保险合同文本的提供方,我国《保险法》第17条对保险人就订立责任免除条款课以明确说明义务。如保险人在订立保险合同时,未对此作出明确说明,该条款不产生效力,保险人仍需对这种保险事故承担保险责任（引例27-3）。

引例 27-3

保险公司因未履行说明义务而不能免责②

2004年7月7日,南京货运公司的汽车在温州高速公路发生交通事故,其司机负全责,损失3.45万元。货运公司的所有车辆均在南京市一家保险公司投保机动车辆险,该公司赔偿之后便向保险公司索赔。保险公司认为,该驾驶员在事发时还是实习驾驶员,属于保险合同的免责范围,便作出拒赔决定。双方诉至法院,法院在审理中查明,货运公司出具的保险单正本根本未附保险条款,也没有粘贴材料后被撕下的痕迹;保险公司的投保单复印件也没有货运公司的盖章和签名,足见保险公司根本无证据证明已将保险条款交付客户,故认定免责条款不生效,判令保险公司承担该事故赔付责任。

---

① 参见张力:《家用车搞营运出事 保险公司不赔》,载《重庆时报》2006年4月24日。
② 参见《未说明免责条款,保险公司输官司》,载《扬子晚报》2005年3月29日。

具体的免责情形因保险合同的类型而异,即使同一险别,不同保险人的免责范围也不尽一致。对于企业财产保险合同,免责范围包括战争、军事行动、核风险、道德风险、间接损失、保险标的自身瑕疵以及未采取防护措施的暴雨、暴风、暴雪损失等。至于海上保险合同,除合同另有约定,以下前3种原因所造成的货物损失,第4—5种原因导致的船舶损失,均属于免责的范围①:(1) 航行迟延、交货迟延或者行市变化;(2) 货物的自然损耗、本身的缺陷和自然特性;(3) 包装不当;(4) 船舶开航时不适航,但是在船舶定期保险中被保险人不知道的除外;(5) 船舶自然磨损或者锈蚀。对于机动车交通事故责任强制保险,以下3种原因造成受害人的财产损失属于免责的范围②:(1) 驾驶人未取得驾驶资格或者醉酒;(2) 被保险机动车被盗抢期间肇事;(3) 被保险人故意制造道路交通事故。

四、代位求偿权

代位求偿权,亦称权益转让,仅适用于财产保险合同,是指保险人对于因第三者过错导致的保险标的所发生的保险责任范围内的损失,在依约支付保险金之后,享有对该第三人请求赔偿的权利。相应地,被保险人在取得保险金后,应将对该第三人的求偿权让渡给保险人(引例27-4)。

引例 27-4

保险公司取得车主的代位追偿权③

2004年12月19日晚,车主李某把车子停在自家楼下,刚进屋不到10分钟,汽车突然燃烧,李某当即向销售公司服务店报告,该店派车将烧毁的车辆拉回南京。李某多次要求销售公司赔偿,均遭到拒绝。于是,李某向保险公司索赔,保险公司依约向李某赔偿22万元。保险公司赔付后,取得了代位追偿权,便将汽车生产商和销售商告上法院,请求法院判令被告承担产品责任。

(一) 成立要件

保险人行使代位求偿权,需符合两项条件。其一,保险事故需为第三人的过

---

① 参见我国《海商法》第243—244条。
② 参见我国《机动车交通事故责任强制保险条例》第22条。
③ 参见褚燕娟:《轿车自燃是否质量缺陷,保险公司状告厂商》,载《江南时报》2006年4月29日。

错造成。只有因第三人的过错所造成的保险事故,保险人才能行使代位求偿权。非因第三人的过错所造成的保险事故,也就谈不上代位求偿权。因第三人过错所造成的非保险事故,也谈不上保险人的代位求偿权。其二,需以保险人支付保险金为前提。实质上,代位求偿权也是一种债权转移。在保险人支付保险金之前,它与造成保险事故的第三人没有任何债务关系。只有在其支付保险金之后,其对第三人的赔偿请求权才产生。这就好比保证人的追偿权,只有在履行了一定义务之后方能产生。一旦保险人履行赔付义务,其代位求偿权即自动产生,无须履行其他手续。①

(二) 行使

1. 时间

对于因第三人过错所造成的保险事故,保险人自向被保险人支付保险金之日起即取得代位求偿权。既然该项权利系自动产生,无须被保险人为任何意思表示,被保险人也就无权处分该权利。这就意味着,被保险人在领取保险金之后,若未经保险人同意放弃对第三人的求偿权,该放弃归于无效。而在取得保险金之前,若被保险人放弃对第三人的求偿权,保险人即可不承担保险责任。

2. 范围

既为代位求偿,保险人只能在其支付保险金的范围内,对第三人享有求偿权。若保险人从第三人处取得的赔偿超过其支付的保险金,超过部分属于被保险人,应返还给被保险人。② 如被保险人先从第三人处取得赔偿,保险人支付保险金时即可相应地扣减被保险人从第三人处获得的赔偿额。

3. 被保险人的协助义务

保险人系以被保险人名义行使求偿权,被保险人应对保险人行使该权利提供必要的协助。比如,提供必要的文件和其所知道的有关情况。如因其过错,导致保险人不能行使代位求偿权,保险人可以相应地扣减保险金。

4. 被保险人仍可就未赔偿部分向第三人求偿

如保险人对被保险人支付的保险金不足以补偿其损失,保险人在所支付的保险金范围内享有对第三人的代位求偿权。未获得足额赔偿的被保险人,仍可就其未赔偿部分向第三人请求损害赔偿。③ 此时,保险人和被保险人对第三人的求偿权并行不悖。

(三) 例外

如第三人为被保险人的家庭成员或其组成人员,则保险人不得对其行使

---

① 参见我国《保险法》第60条第1款。
② 参见我国《保险法》第60条第1款,《海商法》第254条第2款。
③ 参见我国《保险法》第60条第3款。

代位求偿权。当然,如属故意造成保险事故,保险人仍可对其行使代位求偿权。①

五、物权代位与委付

物权代位和委付制度,均为推定全损时处理保险标的残余价值归属的制度。委付实际上也属于物权代位,只不过属于特殊的物权代位,它源于海上保险,迄今仍适用于海上保险。相对于物权代位,其差别在于(表27-1):(1)委付发生在支付全部保险金额之前,而物权代位只能在支付全部保险金额之后。(2)委付由保险人决定是否接受,而物权代位无须保险人同意,只要符合法定事由即应适用。(3)委付及于保险标的的全部,而物权代位则可能及于全部,也可能及于部分,因保险是否足额而异。

表 27-1 物权代位与委付的比较

		物权代位	委付
适用对象	推定全损	√	√
	适用时间	支付保险金后	支付保险金前
范围	保险标的的全部	√	√
	保险标的的部分	√	×
需保险人同意		×	√

(一)物权代位

物权代位,是指保险人依约对保险事故造成的损失支付了全部保险金额后,即可依法取得保险标的的全部或部分权利。实际上,这也是损失填补原则的体现。保险人既已支付全部保险金额,被保险人的损失得到填补,对于推定损失但实际未损失的保险标的,自应归保险人所有。

物权代位仅适用于财产保险合同,而不能适用于人身保险合同。保险人行使该权利的前提,不仅需要发生保险事故,而且需要已经支付了全部保险金额。如保险人支付的保险金并非全部保险金额,说明该保险金只是填补了保险标的的实际损失,不存在推定损失,故不能取得对保险标的的权利(引例27-5)。保险标的需未发生实际全损。如保险标的发生实际全损,也就谈不上任何物权代位。也就是说,只有在推定全损情况下,才有适用物权代位的可能。

---

① 参见我国《保险法》第62条。

> **引例 27-5**
>
> ### 保险公司未足额补偿而不能取得受损房屋的所有权①
>
> 1999年6月,邹某与某批发城签订了动迁安置协议,因为一直没有达到进户标准,邹某将某批发城告上法庭。原来,邹某早在1997年2月就以被动迁房屋与保险公司签订家庭财产保险单,保额25万元,期限1年。5月邹某又以同一房屋与另一保险公司签订家庭财产保险合同,保额30万元,期限1年。1998年2月6日,该房屋发生火灾。邹某与保险公司确定赔偿金额为27万元,两家保险公司按照54.54%和45.46%的比例承担。二审法院认为,争议的房屋在失火灭失后,两家保险公司给付的赔偿金少于实际损失,没有足额补偿邹某因保险事故所造成的经济损失,不能取得受损房屋的所有权。邹某作为所有人,与某批发城订立的动迁安置协议合法有效,故判令某批发城应当承担违约责任。

物权代位的效力分为两种情形②:(1)足额保险。对于足额保险而言,保险事故发生后,保险人已支付全部保险金额,受损保险标的的全部权利即应归保险人。(2)不足额保险。对于保险金额低于保险价值的情形,保险人按照保险金额与保险价值的比例取得受损保险标的的部分权利。

（二）委付

委付,是指保险标的发生推定全损时,由被保险人将其所有权转让给保险人,由保险人向被保险人支付全部保险金额。

适用委付需符合三项条件:(1)保险标的发生推定全损。对于船舶而言,推定全损是指发生保险事故后,认为实际全损已经不可避免,或者为避免发生实际全损所需支付的费用超过保险价值时,推定保险标的发生全损。至于货物,推定全损是指发生保险事故后,认为实际全损已经不可避免,或者为避免发生实际全损所需支付的费用与继续将货物运抵目的地的费用之和超过保险价值时,推定保险标的发生全损。(2)需经保险人同意。对于被保险人的委付请求,保险人可以同意,也可以不同意。无论如何,保险人均应在合理的时间内作出决定,并通知被保险人。委付一经保险人接受,即不可撤回。(3)不得附任何条件。委付需就整个保险标的进行,不能仅就部分进行委付。同时,委付也不得附加任何

---

① 参见《保险公司未足额补偿不能取得受损房所有权》,载《每日经济新闻》2006年4月3日。
② 参见我国《保险法》第59条。

条件。

发生全损的保险标的一经委付,被保险人的全部权利义务均转移给保险人。保险人不仅取得对保险标的的全部权利,也要承担该保险标的所负担的全部义务。① 如因第三人的过错造成保险事故,保险人可据此行使对第三人的代位求偿权。

---

① 参见我国《海商法》第250条。

第二十八章 人身保险合同

第一节 人身保险合同概述

一、人身保险合同的概念与特征

人身保险合同,就是以人的寿命和身体为保险标的的保险合同。保险标的为人的寿命和身体,财产保险合同则以财产及其有关利益为保险标的(表28-1)。也就是说,只有具有生命、独立存在的自然人才能成为被保险人。法人虽然也是人,但不具有自然人意义上的生命,不能成为人身保险合同的被保险人。尚未出生的胎儿和已经丧失生命的死尸,也不能作为被保险人。其特征有六:

表28-1 人身保险合同与财产保险合同的比较

	人身保险合同	财产保险合同
保险标的	人的寿命、身体	财产及其有关利益
保险人	人寿保险公司	财产保险公司
保险价值确定	×	√
存在超额保险	×	√
事先确定保险金	√	×
强制执行保险费	×	√
代位求偿权	×	√

第一,投保人与被保险人一般都具有特定身份关系。依据保险利益原则,投保人需对保险标的具有保险利益,而人身保险合同以人的寿命和身体为保险标的,故投保人与被保险人一般都具有特定的身份关系。依据《保险法》第31条,投保人除了可为本人投保外,还可为配偶、子女、父母,以及与投保人具有抚养、赡养或扶养关系的家庭其他成员、近亲属投保。显然,投保人与前述家庭成员、近亲属均具有特定的亲属关系。投保人为不具有这种亲属关系的人投保只是例外,且以被保险人同意投保人为其订立人身保险合同为前提。

第二,定额给付性。与财产保险合同保险金的补偿性相比,人身保险合同给付的保险金则具有定额性。这是因为,作为人身保险合同保险标的的寿命和身体不是商品,难以用金钱来衡量其实际价值,人身保险合同尤其是人寿保险合同的保险金额,只能由投保人与保险人根据需要和可能,协商确定一个固定金额,并以此作为保险人给付保险金的定额。一旦发生约定的保险事故,保险人即应向被保险人或受益人依约给付所约定的保险金。保险金的多少已经事先约定。该保险金额并不构成人身保险合同的保险标的的价值。事实上,尽管科学技术日新月异,目前仍难以评估人的生命价值。对于人身保险合同而言,除非有法定限制或保险人的限制,投保人可以为人投保任何保险金额,也不存在财产保险合同那样的超额保险问题。

第三,长期性。与保险期限大多为1年的财产保险合同相比,人身保险合同则具有长期性,尤其是人寿保险合同,其保险期限持续几年乃至几十年,甚至终身。在如此长的期限内,社会经济情况往往发生很大变化,这就对保险机构的稳定性、保险费测算、偿付能力计算、各种责任准备金提留以及资金运用提出了特殊要求,我国不仅对人身保险业务与财产保险业务原则上实行分业经营,而且经营人寿保险业务的保险公司除了分立、合并外,不得解散,即使被依法撤销或被宣告破产,其所持有的人寿保险合同以及准备金,必须转移给其他经营人寿保险业务的保险公司,或保监会指定的经营人寿保险业务的保险公司。新开发的人寿保险险种的保险条款和保险费率均需经保监会审批,方可投入经营使用。[①]

第四,储蓄性。人身保险合同除了填补损失外,还有储蓄性质,为自己年老或丧失劳动能力后提供经济保障,或在自己身故后抚养、赡养或抚养自己的亲属。保险费一般有危险保险费和储蓄保险费两部分。储蓄保险费实际上相当于存放于保险人处的储蓄款项,以预定利率在长期缴费期间进行积累。正因为如此,保险公司资金运用的安全性和增值能力就十分紧要,保险公司的资金运用受到严格的监管。

第五,保险费不得通过诉讼方式请求支付。订立人身保险合同后,投保人应依约缴纳保险费。在应缴付保险费时,投保人可以选择缴纳保险费维持保险合同,也可以不缴纳保险费,从而终止保险合同。保险人可行使合同解除权,但不得用诉讼方式请求投保人支付。[②]

第六,不适用代位求偿权。人身保险合同以难用金钱衡量其价值的寿命和身体为保险标的,因而不存在足额保险问题,代位求偿权不能适用。如人身保险的被保险人因第三人的行为而发生死亡、伤残或者疾病等保险事故,保险人向被保险人或者受益人给付保险金后,不得享有向第三者追偿的权利,而被保险人或者受益人仍有权向第三人请求赔偿。[③]

---

① 参见我国《保险法》第89条第2款、第92条、第136条。
② 参见我国《保险法》第38条。
③ 参见我国《保险法》第46条。

二、人身保险合同的类型

(一) 人寿保险合同、健康保险合同与意外伤害保险合同

依据保障范围,可以分为人寿保险合同、健康保险合同与意外伤害保险合同。

1. 人寿保险合同

人寿保险合同,是指以人的寿命为保险标的,以被保险人生存、死亡或生存死亡两全为保险金给付条件的保险合同。这是定额保险,保险金额为投保人与保险人所约定的承担责任的限额,但并不反映被保险人寿命的实际价值。保险事故表现为被保险人的生存或死亡。也就是说,被保险人在约定的期限内死亡,或生存到保险期限届满时,保险人即应依约向被保险人、受益人给付保险金。

人寿保险合同又可以分为死亡保险合同、生存保险合同、生死两全保险合同和年金保险合同等。死亡保险合同,是指以被保险人在保险期限内死亡为保险事故的保险合同。依据保险期限,死亡保险合同又可以分为终身保险合同和定期保险合同。除父母为未成年子女投保该险外,投保人不得为无民事行为能力人投保该险,保险人也不得承保该险。除父母为未成年子女投保该险外,该保险合同需经被保险人书面同意,并认可保险金额。否则,该保险单不得转让或质押。[①] 其目的在于使被保险人身故后家庭其他成员可以安定地生活。

生存保险合同,是指以被保险人在保险期限内生存为保险事故的保险合同。只要被保险人生存到保险期限届满,保险人即应依约向被保险人、受益人支付约定的保险金。如被保险人在此期限内死亡,保险合同终止,保险人不承担给付保险金的责任。其目的在于使被保险人老有所养。

生死两全保险合同,是指以被保险人在保险期限内死亡、伤残,或生存到保险期限届满为保险事故的保险合同。该险要么以生存保险为基础,对保险金的给付附以死亡条件,要么以死亡保险为基础,对保险金的给付附以生存条件。

年金保险合同,是指在被保险人生存期间,每年支付一定金额的生存保险合同。但是,该险并不以生存保险为限,亦可加保死亡保险。实践中,年金保险通常为生死两全保险。

2. 健康保险合同

健康保险合同,亦称疾病保险合同,是指以被保险人因患病、分娩生育所造成的医疗费支出和工作能力丧失、收入减少为保险事故的保险合同。该险虽具有补偿性,即以填补医疗费为限,但是,其保险金额仍为定额支付,仍属人身保险范畴。

[①] 参见我国《保险法》第33—34条。

健康保险合同又可分为医疗费给付保险合同、工资收入保险合同、营业收入保险合同、残疾或死亡保险合同。医疗费给付保险合同,是指以被保险人因重大疾病而支出大额医疗费为保险责任范围的保险合同。其目的在于补偿被保险人医疗费的支出,包括住院费、诊断费、手术费、护理费、药费等。工资收入保险合同,则是以被保险人因疾病所丧失的工资收入为保险责任范围的保险合同。营业收入保险合同,是指以被保险人因疾病所丧失或减少的营业收入为保险责任范围的保险合同。疾病或死亡保险合同,是指被保险人因疾病、分娩而致残、死亡时,由保险人以保险金形式向被保险人或受益人给付生活费、教育费、婚嫁费、扶养费、赡养费、丧葬费等的保险合同。

3. 意外伤害保险合同

意外伤害保险合同,亦称伤害保险合同,是指以被保险人在保险期限内遭受意外伤害,而导致残疾、死亡为保险金给付条件的保险合同。该险也是向被保险人、受益人支付确定金额的保险金,不属于填补损害的保险合同。与健康保险的差别在于,导致该险的损害后果的原因需为意外事故,因疾病所致伤亡,不在此列;因其他非意外事故所致伤亡,也不在此列。主要除外责任有:(1)被保险人自杀行为所致伤亡;(2)被保险人在违法犯罪中所受意外伤害;(3)疾病;(4)被保险人在其故意制造事端挑起的斗殴中所受意外伤害;(5)被保险人在吸食、注射毒品过程中发生的意外伤害;(7)酗酒;(8)不必要的冒险行为。

> **引例 28-1**
>
> ## 刘某跳楼身亡并非意外伤害[①]
>
> 2003年1月5日下午3时,刘某在与情人约会时,情人的丈夫突然回家,刘某慌不择路,从一幢出租屋的三楼跳下摔死。丈夫摔死后,刘某妻子在清理遗物时发现2张意外保险单,理赔金额共15万元,两份保险为刘某单位所购买。刘某的妻子请求两家保险公司支付保险金,均被以故意跳楼并非意外伤害为由而拒赔。法院认为,保险合同中的"意外伤害"是指遭受外来的、突发的、非本意的、非疾病的使身体受到伤害的客观事件。刘某跳楼是故意的,应预见可能发生的结果,仍从三楼跳下,导致摔成重伤后治疗无效而死亡,这就不属于意外,故驳回刘某妻子的诉讼请求。

意外伤害保险合同又可分为普通伤害保险合同、团体伤害保险合同、旅行伤

[①] 参见《跳楼身亡属意外吗?》,载《证券时报》2005年1月23日。

害保险合同、交通事故伤害保险合同、职业伤害保险合同等。普通伤害保险合同,亦称一般伤害保险合同,用于单个自然人的保险,其保险金包括因伤害致死的死亡保险金和因伤害致残的残疾保险金,亦可附加医疗保险金。团体伤害保险合同,是指以多个被保险人为团体而与保险人订立的伤害保险合同。它与普通伤害保险合同无异,唯被保险人人数众多,通过该形式简化了手续,减轻了投保人的保险费负担。旅行伤害保险合同,是指以被保险人在旅行期间发生意外事故为保险责任范围的保险合同。与普通伤害保险合同相比,其保险期限短,只负责被保险人的一个旅程。交通事故伤害保险合同,是指以被保险人因交通事故所受伤害为保险责任范围的保险合同。该险专门针对火车、汽车、电车、轮船、飞机等交通工具发生交通事故所造成的被保险人的伤亡。职业伤害保险合同,是指以被保险人执行职务所受到的伤亡为保险责任范围的保险合同。一旦发生保险事故,由保险人以给付保险金的形式补偿被保险人的医疗费或工资收入。该险一般采用团体保险的形式。

(二) 团体人身保险合同和个人人身保险合同

依据投保方式,可以分为团体人身保险合同和个人人身保险合同。

个人人身保险合同,是指以单个自然人为被保险人所订立的人身保险合同。每张保单只能为一个人提供保障。团体人身保险合同,则是指以某一单位内全体或大多数成员为被保险人所订立的人身保险合同。该合同表现为总保险单,为该单位内参加保险的职工提供保障。

(三) 一次性给付人身保险合同与分期给付人身保险合同

依据保险金给付方式,又可以分为一次性给付人身保险合同与分期给付人身保险合同。

一次性给付人身保险合同的保险金,是在发生保险事故时由保险人一次性支付给被保险人、受益人。分期给付人身保险合同,则是在发生保险事故时,由保险人将保险金分期支付给被保险人、受益人,直至保险金支付完毕,或直到被保险人死亡为止。

(四) 分配型人身保险合同与非分配型人身保险合同

依据是否参加保险人的利益分配,还可分为分配型人身保险合同与非分配型人身保险合同。分配型人身保险合同,亦称分红保险单,是指被保险人不仅可以在发生保险事故时获得约定的保险金,而且可以参加保险人的红利分配。非分配型人身保险合同,亦称不分红保险单,则是指被保险人只能在发生保险事故后获得约定的保险金,不得参加保险人的红利分配。

第二节 人身保险合同的主要内容

一、保险单所有权

保险单所有权,是指保险单所有人享有的转让保险单、以保险单为质押进行贷款、受领红利、领取保险金、指定或变更受益人的权利。该条款主要适用于人身保险合同,而不适用于财产保险合同,因为后者大多为短期保险,保险单不具有现金价值。人身保险合同则有所不同,尤其是人寿保险合同,不仅具有长期性,还有储蓄性。保险单所有人与受益人往往并非同一人,保险单所有权对于人身保险合同颇有意义。

（一）保单转让

对于财产保险合同而言,除货物运输保险合同或合同另有约定外,该合同的转让需经保险人同意,并依法变更合同。人寿保险合同则不然,被保险人处分保险单的权益,无须经保险人同意。一般说来,被保险人转让保险单的权益,需以转让证书正式通知保险人。否则,保险人不受该转让的约束,因不知转让的事实而将保险金给付原受益人的,保险人不承担错误给付的责任。

（二）保单质押

基于人寿保险合同的储蓄性,被保险人可以不用退保,而是在保险单的现金价值内,以保险单为质押而申请贷款。被保险人应将质押的事实正式通知保险人。保险人在优先将保险金给付质押权人时,如仍有剩余,仍应支付给受益人。

（三）红利分配

这是针对分配型人身保险合同的。最初只有互助保险合作社签发这种保险单,现在保险公司也签发该保险单。被保险人通常选择以下五种之一来处理保险人所分配的红利:(1)支付现金或抵交保险费;(2)累积生息;(3)交付增购保险费;(4)增购定期保险;(5)生死两全保险的提前给付。

二、受益人

（一）概述

受益人,亦称保险金领取人,是指人身保险合同中由被保险人或投保人指定的享有保险金请求权的人。受益人权利的取得属于原始取得,而非继受取得,所领取的保险金不属于被保险人的遗产,也不在被保险人债权人执行的范围内。

受益人可以是自然人,也可以是法人;可以是被保险人,也可以是其他人;可以是完全行为能力人,也可以是无行为能力人。如以被保险人以外的他人为受益人,则保险合同应载明其姓名,以便保险人及时给付保险金。

投保人、被保险人和受益人可以有五种组合:(1)三位一体。同一个人充当三个角色,投保人同时也是被保险人、受益人。(2)三角色分别由三个不同的人充当。(3)投保人和受益人为同一人,被保险人为另一人。(4)被保险人和受益人为同一人,投保人为另一人。(5)投保人与被保险人为同一人,受益人为另一人。

(二) 种类

受益人有法定和指定之分。指定受益人,是由被保险人或投保人所指定。这是产生受益人的一般途径,也是当事人私权自治的体现,因为投保人因缴纳保险费而享有保险合同的权利,被保险人系遭受保险事故损害的人,当然享有保险索赔权,这种指定就是对各自权利的一种处分。指定受益人又可分为原始指定受益人和后继受益人。前者为最初指定的受益人,后者为保险单注明在原始受益人死亡后行使受益权的受益人。可见,原始受益人在受益顺序上优于后继受益人。

法定受益人,则是被保险人的法定继承人。一般情形下均适用指定受益人,法定受益人则为例外。在被保险人死亡后,如遇以下三种情形之一,才由法定受益人行使受益权[①]:(1)没有指定受益人的;(2)受益人先于被保险人死亡,没有其他受益人的;(3)受益人依法丧失受益权或者放弃受益权,没有其他受益人的。此时,保险金成为被保险人的遗产,由法定受益人向保险人领取。法定继承人需拥有继承权,且未放弃继承权或者丧失继承权。即使为法定继承人,如已放弃继承权或丧失继承权,也不能成为法定受益人。比较而言,指定受益人所领取的保险金不属于被保险人的遗产,而法定受益人所领取的保险金则属于被保险人的遗产。

(三) 指定与变更

法定受益人无须指定,只有指定受益人才需要被保险人或投保人指定,所指定的受益人可以为一人,亦可为数人。被保险人、投保人可以单独指定受益人,亦可共同指定受益人。投保人指定受益人时需经被保险人同意。如被保险人无民事行为能力,或行为能力受限制,则由其监护人指定受益人。[②] 监护人指定受益人时,应维护被保险人的利益。

指定受益人既然为被保险人或投保人所指定,亦可由其变更。与受益人的指定一样,投保人变更受益人时,亦需经被保险人同意。否则,该变更无效。被

---

① 参见我国《保险法》第42条。
② 参见我国《保险法》第39条。

保险人、投保人变更受益人时,需要书面通知保险人。保险人在收到变更受益人的书面通知后,应在保险单上加批注①,即注明变更后的受益人。

(四) 受益顺序和受益份额

法定受益人既为例外适用,则只要有指定受益人,就不存在法定受益人受益的问题。易言之,指定受益人的受益顺序优于法定受益人。在指定受益人中,原始受益人受益顺序优于后继受益人。

至于份额,如被保险人或投保人指定数人为同一顺序的受益人,由其确定每人的受益份额,份额可以相等,也可以不等。如未确定受益份额,各受益人享有相等的份额。

三、告知义务与不可抗辩条款

(一) 概述

投保人在订立人身保险合同时,负有告知义务。我国采用询问回答式的告知,只要投保人对保险人就被保险人的有关情况提出的询问作如实告知,即算投保人履行告知义务。如投保人因其过错而未如实告知,因而足以影响保险人决定是否同意承保或者提高保险费率,保险人则有权解除保险合同。对于合同解除前发生的保险事故是否承担赔付责任,则因投保人过错程度而异。② 如属故意隐瞒事实,保险人既不承担赔偿或支付保险金的责任,也不退还保险费;如因重大过失而未如实告知,只有该项不告知对保险事故的发生具有严重的影响的,保险人才不承担赔偿或支付保险金的责任,但仍应退还保险费。

(二) 年龄误告

人身保险合同以人的寿命和身体为保险标的,投保人如实申报被保险人的年龄,乃是其告知义务的重要组成部分。投保人误告被保险人年龄,法律后果有三种情形③:(1) 投保人申报的被保险人年龄不真实,并且其真实年龄不符合合同约定的年龄限制的,保险人可以在知道解除事由后30日内行使合同解除权,并按照合同约定退还保险单的现金价值。(2) 因投保人申报的被保险人年龄不真实,所支付的保险费少于应付保险费的,保险人有权更正,并要求投保人补交保险费,或者在给付保险金时按照实付保险费与应付保险费的比例支付。(3) 因投保人申报的被保险人年龄不真实,实付保险费多于应付保险费的,保险人应将多收的保险费退还投保人。

---

① 参见我国《保险法》第41条。
② 参见我国《保险法》第16条第4—5款。
③ 参见我国《保险法》第32条。

引例 28-2

帅英将其母亲投保年龄改小 23 岁①

投保人帅英系四川省渠县有庆镇财政所会计,1998 年 7 月和 2000 年 3 月分别为帅母向渠县人寿保险公司投保了康宁终身保险,死亡保险金 27 万元。依据康宁终身保险条款,凡 70 周岁以下、身体健康者均可作为被保险人,由本人或对其具有保险利益的人作为投保人向保险公司投保本保险。1998 年帅母已 77 岁高龄,但当时保险业务刚起步,业务员发保单就像发传单一样,不见被保险人也不审查。帅英将帅母年龄改小为 54 岁,使其符合投保年龄,购买了康宁终身保险。帅母 80 大寿时,保险公司镇代办所的一名业务员还来祝贺吃酒。

2003 年 3 月 15 日,帅母因疾病身故,帅英向保险公司申请给付身故保险金 27 万元。6 月 15 日保险公司召开了赔款兑现大会,给付赔款 27 万元。7 月上旬,保险公司连续接到省保监局、四川省公司转来的十几位群众的联名举报信。保险公司便成立专案组,并向市公安局经侦支队报案。调查发现,帅英故意隐瞒其母亲张某出生于 1921 年 1 月 7 日的事实,将户口篡改为 1944 年 11 月 7 日,即将当时已经 77 岁的帅母年龄改为 54 岁,找他人代为体检参保;保险事故发生后,又篡改自己的入党申请书等人事档案材料。于是,市公安局于 7 月 25 日将帅英刑事拘留,8 月 8 日被市检察院逮捕,同时要求县检察院起诉。帅英两次修改帅母年龄的事实确凿,她是否构成保险诈骗罪却极富争议,案件一波三折。帅英两度被关进看守所,第一次 85 天,第二次 143 天;县检察院不起诉,市检察院撤销不起诉决定;县检察院起诉,一审法院判帅英无罪;县检察院抗诉,二审法院因意见分歧请示到省高级人民法院,进而请示到最高人民法院,最终二审法院判决其有罪。

(三) 不可抗辩条款

为避免保险人滥用告知义务,逃避保险金给付义务,不可抗辩规则成为平衡双方利益的一个重要工具。不可抗辩规则,亦称不可争议条款、不可否认条款,是指人身保险合同的投保人虽违反告知义务,保险人享有合同解除权,但是该合

---

① 有关本案是否适用刑法的讨论,参见何海宁:《难倒法官的骗保案》,载《南方周末》2005 年 4 月 14 日;张卫东、王勇:《试析裁判中的利益衡量》,http://www.chinacourt.org/public/detail.php? id=169572,2014 年 4 月 13 日访问;刘紫凌、周梦榕:《我国应强化法治管理堵住骗赔"黑洞"》,http://www.ah.xinhuanet.com/xhnetv/2006-03/06/content_6392121.htm,2014 年 4 月 13 日访问。

同经过法定或约定的除斥期后,保险人即不得以违反该义务为由而解除合同,拒绝承担保险责任。依据我国《保险法》第 16 条第 2 款和第 32 条第 1 款,投保人虽然在订立合同时误告被保险人的年龄,只要该合同已经成立满 2 年,保险人即不得行使合同解除权。发生保险事故的,保险人应当承担赔偿或者给付保险金的责任。

四、保险费及其缴纳

(一) 缴纳方式

人身保险合同一经成立,投保人即应依约缴纳保险费,这乃是投保人的首要义务。依据我国《保险法》第 35 条,投保人缴纳保险费有一次性缴纳和分期缴纳两种方式。无论采用何种形式,均应在合同中作出约定。鉴于人身保险合同的长期性,大多采用分期支付方式。如采用分期缴纳方式,投保人应在合同成立时交付首期保险费,其余保险费则应依约按时缴纳。支付保险费的义务以投保人自愿履行为原则,若投保人未依约缴纳保险费,保险人不得用诉讼方式要求其支付。[1]

(二) 缴纳期限

投保人缴纳保险费的期限以合同约定为准。如采用分期缴纳方式,首期保险费应在合同成立时缴纳,其余各期保险费则应依约缴纳。合同还可以约定一个宽限期,只要投保人在宽限期内缴纳保险费,就不构成违约。如当事人在合同中未约定宽限期,则适用法定宽限期,即约定的缴纳日期后 60 日内。[2] 宽限期届满,投保人仍不缴纳保险费,合同效力中止。当然,保险人亦可选择依约减少保险金数额。

人身保险合同效力中止,是指保险合同的效力的暂时停止,只要符合法定或约定条件,其效力仍可恢复。合同效力中止的条件为,投保人在宽限期届满时仍不缴纳保险费。也就是说,投保人未在约定的宽限期内缴纳保险费,合同效力即告中止。虽无约定宽限期,法定宽限期届满,投保人未缴纳保险费的,合同效力亦告中止。

人身保险合同效力中止以后一定期限内,仍可恢复其效力。在我国,该期限为 2 年。在合同效力中止后 2 年内仍可恢复其效力。在这 2 年的复效期内,除非合同另有约定,保险人不得解除合同。恢复已经中止的人身保险合同的效力需符合 3 项条件[3]:(1) 投保人需在复效期内提出申请,即在中止后 2 年内申请

---

[1] 参见我国《保险法》第 38 条。
[2] 参见我国《保险法》第 36 条。
[3] 参见我国《保险法》第 37 条。

复效。(2) 投保人与保险人达成合意。(3) 投保人补缴保险费。

五、保险金给付

(一) 概述

给付保险金乃是保险人的基本义务。一旦发生保险事故,保险人即应依法或依约向被保险人、受益人支付保险金。保险人收到索赔请求后,经理赔审核,凡是属于保险责任的,即应立即通知被保险人、受益人领取保险金。不属于保险责任的,保险人应及时向被保险人、受益人告知拒绝赔偿的决定及其理由。凡是属于保险责任范围的,保险人不得借故拒赔,或久拖不赔(引例28-3)。

> **引例 28-3**
>
> ### 死因与未告知部分无关[①]
>
> 2004年5月15日,孝感新华人寿保险公司业务员来到杨某家中,杨某的丈夫周某购买"美满人生"基本险2份。12月28日,周某在家里不慎摔倒,被医院诊断为腰椎压缩性骨折、高血压病3级、慢性阻塞性肺病、脑梗塞、脑积水。2005年7月17日,周某因脑梗塞死亡。8月15日,杨某请求保险公司支付身故保险金2.1万元。保险公司以周某在投保时未告知曾患乙肝住院治疗的事实而拒赔。于是,杨某将保险公司告上法庭。法院认为,该保险合同为有效合同;周某并非因其未告知的疾病复发而死亡,保险公司应支付保险金2.1万元。

(二) 支付方式

保险人支付保险金的方式因险别而异,主要有五种方式:(1) 一次性支付全部金额。(2) 固定期间分期支付。在固定期限内,由保险人按期向被保险人、受益人支付一定金额。(3) 固定金额分期支付。(4) 按期给付利息。被保险人、受益人将保险金全额存入保险人处,保险人按期支付利息,但被保险人、受益人可随时领取全部本金。(5) 终身年金。保险人向被保险人、受益人按期支付一定金额,直至其死亡。

(三) 除外责任

人身保险合同有以下三种法定除外责任。其一,投保人、受益人故意造成被保险人死亡、伤残或疾病。依据我国《保险法》第43条,如投保人、受益人故意

[①] 参见窦清:《死因与告知不实部分无关,保险公司被判赔》,载《楚天都市报》2006年3月20日。

造成被保险人死亡、伤残或者疾病,保险人不承担给付保险金的责任。如投保人已交足2年以上保险费,保险人应依约向其他享有权利的受益人退还保险单的现金价值。如受益人故意造成被保险人死亡或者伤残,或故意杀害被保险人未遂,即应丧失受益权。其二,被保险人自杀。它仅适用于以死亡为给付保险金条件的人身保险合同。依据我国《保险法》第44条,如被保险人死于自杀,保险人无须承担给付保险金的责任。但是,对投保人已支付的保险费,保险人应按照保险单退还其现金价值。作为例外,若该合同自成立之日起已满2年,即使被保险人自杀,保险人亦应依约给付保险金。其三,被保险人故意犯罪致其自身伤亡。依据我国《保险法》第45条,被保险人故意犯罪导致其自身伤残或死亡的,保险人也无须承担给付保险金的责任。如投保人已交足2年以上保险费,保险人应按照保险单退还其现金价值。

引例 28-4

王国廷因涉嫌故意犯罪导致死亡而被拒赔①

王国廷系哈尔滨天福宴京楼酒店的老板,曾在黑龙江平安人寿保险公司购买2份"平安鸿盛"终身寿险和2份平安世纪理财投资连结险及附加意外伤害保险,保险金额共计95.34万元。保险合同约定,在保险期限内,被保险人因意外伤害事件身亡,保险公司将按合同约定给付保险金,身故受益人为长女王文宇。2003年9月19日晚,王国廷带领7名工人在酒店屋顶做防水。23时50分左右,他蹲下调整电焊机,工人们听到"砰"的一声响,只见王国廷应声倒下,经抢救无效死亡。9月20日,警方得出鉴定结论,王国廷生前涉嫌非法持有枪支,但人已死亡,枪支来源不清。9月19日晚23时许,王国廷所非法携带的手枪走火,击中王国廷头部致其死亡,属于非他杀,非正常死亡。事发当晚,王文宇即通知平安保险公司,并提出理赔申请。2004年4月19日,平安保险公司作出"拒赔"决定,退还现金和未满期保险费5527.89元。王文宇将保险公司诉至法院,一审法院驳回了其诉讼请求。

(四)保险人无代位求偿权

与财产保险合同有所不同,人身保险合同的保险人不能取得代位求偿权。依据我国《保险法》第46条,即使被保险人的死亡、伤残或疾病等保险事故系因第三人的行为所致,保险人向被保险人、受益人支付保险金后,无权向该第三人

---

① 参见亓树新:《百万保金拒赔案遭遇法律尴尬》,载《中国青年报》2006年4月4日。

追偿,而被保险人、受益人仍可向该第三人请求赔偿。

六、人身保险合同的解除

人身保险合同的解除事由,因投保人、保险人而异。首先来看投保人解除人身保险合同的事由。只要无法律的另行规定或保险合同的另行约定,投保人可以任意解除合同。① 如法律另有规定或合同另有约定,则在符合该规定或约定时,投保人可行使合同解除权。

保险人的合同解除权则完全相反。只要没有法律的明确规定或保险合同的约定,保险人便不得解除合同。就法定事由而言,保险人可基于两种事由而解除保险合同:(1) 年龄误告。如投保人申报的被保险人年龄不真实,而其真实年龄又不符合合同约定的年龄限制,自合同成立之日起 2 年内保险人可以解除合同。(2) 超过合同复效期。保险合同效力中止超过 2 年,投保人与保险人未就复效达成协议,保险人有权解除保险合同。②

合同一经解除,当事人的合同权利义务即告终止。鉴于人身保险合同的长期性、储蓄性,解除合同时还应依法处理保险单的现金价值。对于年龄误告导致的合同解除,保险人应按照合同约定退还保险单的现金价值。对于超过合同复效期导致的合同解除,保险人亦应按照合同约定退还保险单的现金价值。投保人解除合同的,保险人应当自收到解除合同通知之日起 30 日内,按照合同约定退还保险单的现金价值。③

---

① 参见我国《保险法》第 15 条。
② 参见我国《保险法》第 37 条。
③ 参见我国《保险法》第 37、47 条。